Richard David Precht

SEI DU SELBST

GOLDMANN
Lesen erleben

Richard David Precht

SEI DU SELBST

Eine Geschichte der Philosophie

Band 3

Von der Philosophie nach Hegel
bis zur Philosophie
der Jahrhundertwende

GOLDMANN

Originalausgabe

Dieses Buch ist auch als E-Book erhältlich.

MIX
Papier aus verantwortungsvollen Quellen
FSC® C014496

Verlagsgruppe Random House FSC® N001967

1. Auflage

Umschlaggestaltung: UNO Werbeagentur, München
Umschlagmotiv: © Bridgeman Images: Caspar David Friedrich:
Der Wanderer über dem Nebelmeer, 1818
(Öl auf Leinwand)/Hamburger Kunsthalle
Redaktion: Regina Carstensen
JT · Herstellung: KW
Satz: Buch-Werkstatt GmbH, Bad Aibling
Druck und Bindung: GGP Media GmbH, Pößneck
Printed in Germany
ISBN 978-3-442-31402-7
www.goldmann-verlag.de

Besuchen Sie den Goldmann Verlag im Netz

Inhalt

Dem unbekannten Schwebebahnschaffner

Wir werden nicht den Weg von der Utopie zur Wissenschaft zurücklegen. Denn das führt uns zur Endstation, deren gesamte technische Raffinesse uns bis ins Jenseits verfolgen wird!

Ein Wuppertaler Schwebebahnschaffner, am 25. Mai 1971[1]

Einleitung

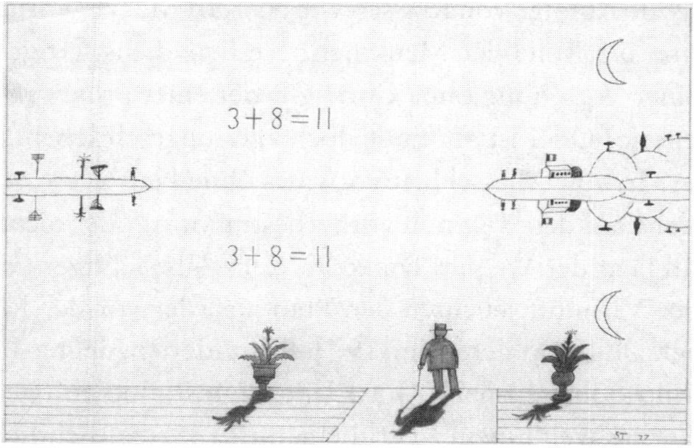

Was für ein Jahrhundert! Am Anfang steht der Staatsstreich des achtzehnten Brumaire des Jahres VIII. Napoleon, der Rückkehrer seines ägyptischen Feldzugs, wird Erster Konsul und damit Alleinherrscher Frankreichs. In wenigen Jahren wird er die Geografie des Alten Europa umpflügen und eine politische Dynamik auslösen, die jahrzehntelang mehr als den halben Kontinent in Atem hält. Als wären die politischen Umbrüche nicht schon genug, schwankt auch bei allen anderen Gewissheiten der Boden. Mitreißender, zerstörerischer und verheißungsvoller noch als die Galionsfiguren der Weltgeschichte sind die Wissenschaften. War das 18. Jahrhundert das Jahrhundert der Physik, so ist das 19. Jahrhundert das der Biologie. Das Leben hat nun nicht nur eine Naturgeschichte wie im Jahrhundert zuvor. Es bekommt eine *Entwicklungsgeschichte*. Die Welt, im Jahr 1800 nur wenige tausend Jahre alt, dehnt sich nach rückwärts aus in immer schwindelerregendere Tiefe. Am Ende des Jahrhunderts zählen die Jahre in Milliarden.

Aus einfachen dunklen Anfängen zum Menschen und dann – wohin? Die Zukunft wird vom Menschen geschrieben, so viel steht fest. Doch wer bestimmt den Text? Gehorcht die Kulturgeschichte den gleichen Gesetzen wie die Natur? Schreitet sie überhaupt gesetzmäßig voran? In »Stadien« wie bei Auguste Comte? Oder als dialektische Abfolge von Klassen wie bei Karl Marx? Worin genau liegt dann die Rolle der Menschen? Sind sie dienstfertige Werkzeuge einer Vorsehung ohne Gott? Glieder einer programmierten Maschinerie? Oder ist am Ende doch alles ungeschrieben, unklar, unsicher? Irrt die Menschheit vorwärts ohne Plan?

Ob der Lauf der Welt nun vorherbestimmt ist oder nicht, in jedem Fall liegt der Weg im Dunkeln. Kein Allmächtiger und kein Licht der Vernunft leuchten den Pfad aus, der vor der Menschheit liegt. Philosophieren im 19. Jahrhundert bedeutet fast immer: Philosophieren nach Gott! Und Philosophieren nach Gott heißt, in eine Welt hinein zu grübeln, die ganz offensichtlich nicht für den Menschen geschaffen worden ist. Eine verstörende Erkenntnis! Genau zu diesem Zweck hatten sie früher den Allmächtigen immer wieder in ihre Systeme gemogelt: Descartes, Spinoza, Leibniz, Locke, Kant und Hegel. Hier formen die Bedürfnisse des Menschen noch das Universum und bestimmen den Gang einer wohlprogrammierten Geschichte. Das 19. Jahrhundert aber erkennt die exzentrische Stellung des *Homo sapiens*. In der Geschichte der Natur steht er nicht im Zentrum, sondern genau daneben, allein, verloren und ohne Obdach. Wer jetzt von »Gesetzen« der Natur und der Gesellschaft redet, erkennt sie nicht mehr als durchdachte Regeln für eine komfortable Heimstatt, sondern als unpersönlich und fremd. Und wer weiterhin das Wort »Gott« niederschreibt, wie Søren Kierkegaard, kennt keinen Gott als Weltbaumeister mehr und kein göttliches System. Niemand und nichts fügt sich irgendwo passend ein. Übrig bleibt allein der persönliche, der subjektive Gott.

Der Umbruch ist radikal. Wahrheiten kommen nun nicht mehr von der Kanzel, sondern stehen in Zeitungen oder ticken im Takt der Telegrafie. Wer die Bibel bisher *wörtlich* nahm, muss lernen, sie *ernst* zu nehmen: als Literatur von Unwissenden (David Friedrich

Strauß), als menschliche Wunschprojektion (Ludwig Feuerbach) oder als epische Verkleidung dunkler Triebe (Sigmund Freud).

Gott ist tot und mit ihm alle alte Metaphysik. Auf diese nackte Leinwand malt das 19. Jahrhundert nach und nach die Koordinaten der Moderne. Vielleicht braucht die Gesellschaft noch den Kitt der Religion, wie für den späten Henri de Saint-Simon und seinen Schüler Comte. Aber diese »Zivilreligion« betet keinen Schöpfer mehr an, sondern die erlesensten unter den menschlichen Geschöpfen. Sie mögen genial sein, kreativ und vorausblickend, wie die besten der Wissenschaftler. Aber sie sind keine Engel und fallen nicht vom Himmel. Geschaffen wurden sie wie alle Menschen aus einfachen Keimen. Der Gedanke, im 18. Jahrhundert geboren, bei Pierre Louis Moreau de Maupertuis und Denis Diderot, wird 1811 zum ersten Mal systematisch: in Jean-Baptiste de Lamarcks *Philosophie zoologique* (*Zoologische Philosophie*). Sie bietet die neue Blaupause für eine evolutionäre Gesellschaftstheorie, lange bevor Darwins Selektionstheorie dazukommt. Gesellschaften und ihre Ziele lassen sich von nun an ohne Gott erklären. Aber damit zugleich ihre »optimale« Ordnung und ihre »richtige« Moral?

Was auch immer diese passende Ordnung ist, sie muss vor allem mit dem Fortschritt vereinbar sein, mit stetigem Wirtschaftswachstum und neuer Technik. Denn deren Wunderwerke machen die Menschen schneller gottlos als alle Philosophen der Aufklärung zusammen es vermocht hatten. Die Technik zaubert Neues in die Welt und ersetzt damit Glaube, Aberglaube und Magie. In kürzester Zeit wird sie selbst zum wild umtanzten Fetisch. Auf der Leinwand erscheinen Höllenmaschinen; Eisenbahnen und Dampfschiffe zuerst, am Ende des Jahrhunderts noch Flugzeuge und das Automobil. Hochöfen schwärzen den Himmel der immer schneller wachsenden Großstädte. Die Technik ist überall. Uhren messen in der Anzugweste die Zeit nahe beim Herzen. Die Elektrifizierung beleuchtet und beschleunigt die Welt seit den 1880er-Jahren. Das Leben wird getaktet, Fahr- und Arbeitspläne bestimmen den Rhythmus. Auf den Feldern explodieren derweil die Erträge, die Nahrungsmittelchemie bereitet den Weg, Kunstdünger befeuert den Ertrag. Mehr, schneller, höher, weiter. Die Bevölkerung Europas steigt, trotz Krankheiten und Epidemien, von unter zweihundert Millionen im Jahr 1800 auf über vierhundertzwanzig Millionen im Jahr 1900. Es ist das einzige Jahrhundert, in dem sich die Bevölkerung des Kontinents mehr als verdoppelt.

Es scheint, als sei die Welt eine einzige Maschinerie geworden. Was Georg Wilhelm Friedrich Hegel ein Welt*prozess* zum Höheren war, ist nun das Werk von Maschinen. Fortschritt wird in Fabriken fabriziert. Aber ersetzen sie wirklich den dialektischen Fortschritt zu einer immer besseren Gesellschaftsordnung? Stehen Maschinen für ein gelingendes Leben? Die Frage treibt die Maschinisten der historischen und naturalistischen Logik hervor. Die einen sehen das Gute im Kapitalismus gleichsam verkörpert, von den Klassikern der britischen Nationalökonomie bis zu Herbert Spencer. Die anderen dagegen fordern seine zügige Überwindung, wie William Godwin, Saint-Simon, Charles Fourier und Marx und Engels. Sie skizzieren, jeder auf seine Weise, einen zwingenden Weg in eine alternative Zukunft. Wenn moderne Fahrzeuge Zeit und Raum überwinden, die moderne Kommunikation alle mit allen verbindet, wenn Umwälzung das Zeichen der Zeit ist – warum überwindet man nicht auch die bisherigen Besitzverhältnisse, verbindet die Menschen als Gleiche unter Gleichen und wälzt nicht die Gesellschaftsordnung um?

Revolutionen in der Technik und in der Wirtschaft sind überall. Und in den Köpfen? Tatsächlich befeuern Wandel, Disruption und Fortschritt das Denken in alle Himmelsrichtungen, nach rechts und nach links. Was der Mensch ist, seine wahre Natur, ist nach dem Tod Gottes unergründlich. Es gibt keine »Universalien« mehr, keine feste Definition des Humanen. Wo früher »Natur« drüberstand, steht jetzt »Kultur«. Was der Mensch ist, erklärt sich durch die Antworten, die er auf seine Umwelt findet. Menschen leben nicht in einer vorgefundenen Welt, sondern sie stellen sie her, von Kontext zu Kontext verschieden. Braucht es da noch eine alles ergründende Philosophie? Die Frage nach dem Was beantwortet eine neue Disziplin, die *Soziologie*, die Frage nach dem Warum eine andere – die *Psychologie*.

Die Soziologen streben nach ganz oben: Sie schwingen sich auf zur Vogelschau der Gesellschaft, wie bei Georg Simmel, Émile Durkheim und Max Weber. Die Psychologen dagegen blicken nach unten in die Tiefe der Seele: Friedrich Eduard Beneke, Johann Friedrich Herbart, Carl Gustav Carus, Wilhelm Wundt, William James und Sigmund Freud. Die Perspektiven, die sie eröffnen, und die Theorien, die sie entwerfen, beschäftigen ihre Wissenschaften bis heute. Dabei ist ihr politischer Blick oft seltsam verengt. Wie so viele ihrer Zeitgenossen bewegen sich die Pioniere der empirischen Geistes- und Gesellschaftswissenschaften in einem weiten Feld bis heute nicht ausgestorbener Ismen: dem Nationalismus, dem Kommunismus, dem Sozialismus, dem Konservativismus, dem Liberalismus, dem Rassismus. Die Ismen springen ein, wo sich der Mensch des 19. Jahrhunderts seiner philosophischen Wesensbestimmung nicht mehr sicher sein kann. Sie sind »Ideologien«. Mochte Antoine Louis Claude Destutt de Tracy, der Vater des Begriffs, in der *idéologie* noch den Zauber einer »einheitlichen Wissenschaft der Vorstellungen und Wahrnehmungen« sehen – ihre Unmöglichkeit macht sie zum Schimpfwort. Als zweckdienliche Verkürzungen stecken die Ismen das Terrain ab, bündeln das zunehmend überfordernde Leben zu Überzeugungen, legitimieren Hass, Angst und Wut und rastern dadurch die Leinwand des 19. Jahrhunderts. Das Dynamit, das sie in sich tragen, wird bald hochgehen, fast jede dieser »Weltanschauungen« im 20. Jahrhundert eskalieren.

Das Schema von rechts und links, Restauration und Revolution, Pessimismus, Kulturpessimismus und Fortschrittsglaube – die DNA des 20. und noch des frühen 21. Jahrhunderts wird hier festgelegt. Und die neue Lohnarbeits- und Leistungsgesellschaft bildet vom frühen 19. Jahrhundert an für mindestens zweihundert Jahre die Matrix des Lebens und Zusammenlebens in Europa und Nordamerika. Erst jetzt, im nicht mehr ganz so jungen 21. Jahrhundert, werden Auflösungserscheinungen sichtbar. Ein neues Maschinenzeitalter, jenes der künstlichen Intelligenz, macht sich auf, das alte abzulösen. Sollte die Betrachtung des Werdens der alten Matrix nicht helfen, die Gegenwart besser zu verstehen und durchzustehen? Sollte sie uns nicht das Zeitbedingte der Denkmuster, der Symbole und der Legitimation des Kapitalismus zu erkennen lehren, die uns heute oft so zeitlos wie alternativlos erscheinen?

Das 19. Jahrhundert selbst erlebt noch nicht die Dauer einer fundamentalen Alternative. Die Zeitläufte treiben viele politische Spielarten, Fortschritte und Rückschritte hervor, besonders in Frankreich: von der großen Revolution über Napoleon, die Restaurationszeit, die Revolutionen von 1830 und 1848, Napoleon III. und die kurze Phase der Pariser Kommune bis zur Dritten Republik. Aber sie schaffen keine radikal neue Wirtschaftsordnung. In Deutschland kann davon ohnehin nicht die Rede sein. Solange das Jahrhundert reicht, schafft man es nicht einmal zur Staatsform der Republik. Und in England blüht von 1837 an bis zur Jahrhundertwende das Viktorianische Zeitalter mit seinem wirtschaftlichen Erfolg, seiner imperialen Größe und seinem Sozialdarwinismus.

Fundamental dagegen ist die Veränderung in der Philosophie. Von nun an marschieren ihre avanciertesten Vertreter in eine neue Himmelsrichtung. Der Weg, die Welt zu erklären, hat sich umgekehrt. Wer nichts mehr von Gott herleiten kann, der kennt auch sonst keinen Anfang, von dem aus sich die Welt denkend enträtselt. Wo Prinzipien herrschten, bleiben nur Beobachtungen. Die Deduktion tritt zurück, die Induktion wird zur neuen Methode. Von Comte über John Stuart Mill bis zu Ernst Mach treten die *Positivisten* ihren Siegeszug an. Die Metaphysik der Philosophen ist ihnen ein Graus, philosophieren sollen die Fachleute: wie in den Naturwissenschaften, so in den neu definierten »Geisteswissenschaften«. »Materialisten« ohne Metaphysik gab es schon lange zuvor. Aber sie deduzierten fleißig aus der Himmelsphysik für das Menschenleben, wie Claude Adrien Helvétius und Paul Henri Thiry d'Holbach. Die Positivisten dagegen möchten Empiriker sein, exakte Buchhalter der Realität, und sei sie uns auch oft durch falsche Begriffe und Traditionen verstellt. Sie sind die großen Entzauberer. Was wir für die Dinge der Welt halten, oder gar für ein »Ich«, existiere nicht objektiv. Sind das nicht alles nur »Anpassungen« unseres Bewusstseins, eine selbst konstruierte Welt aus Symbolen, damit das Menschentier sich orientieren kann? Nicht anders sehen es die Väter des »Pragmatismus« in den USA, insbesondere Charles Sanders Peirce. Für ihn enträtseln allerdings nicht die Empiriker die Welt, sondern die Logiker, sofern sie das Gehäuse ihrer Zunft gründlich überarbeiten.

»Philosophen, schärft euren Realitätssinn!« So lautet die Losung des Jahrhunderts. Was der Technik zu ihren schwindelnden Erfolgen verhilft, soll auch die Philosophie wieder bedeutsam machen. Wie die Mathematiker und die Techniker hat sie es nun mit der schlichten Frage nach »Problem« und »Lösung« zu tun. Und welches scharf umrissene Problem sollte sich so nicht zügig lösen lassen? Der Optimismus, der Comte, Mill, Spencer und die US-amerikanischen Pragmatisten beseelt, scheint schier grenzenlos. Alles wird erkannt werden, und alles wird auf seine Tauglichkeit für die Zukunft überprüft. Was nützt der Gesellschaft? Und was kann weg?

Doch hat die Philosophie dabei nicht gleichzeitig ungeheuer viel zu verlieren? Wenn es nur noch um »Nutzenwissen« geht, was leisten Philosophen dann noch, was andere nicht besser können? In der Mitte des Jahrhunderts verliert die Philosophie die empirisch arbeitenden Psychologen aus ihren Reihen und parallel dazu die ebenso empirisch orientierten Soziologen. Das Fundament schrumpft im Eiltempo. Was soll der verbliebene Rest noch sein? Wissenschaftstheorie? Geschichtsphilosophie? Moralwissenschaft?

Je wissenschaftlicher die Philosophie wird, umso weniger weiß

Wesen des Menschen liegt in seinem Handeln

sie noch, was ihr Gegenstand sein soll. In die Enge treiben sie ein Geodät (Peirce), ein Physiologe (William James) und ein Physiker (Mach). Sind die Naturwissenschaftler die wahren Philosophen? Doch was wissen sie von der enormen Breite der Kulturen, den menschlichen Eigenarten und der Besonderheit eines jeden, die man nach den deutschen Hochschullehrern Wilhelm Dilthey, Wilhelm Windelband und Heinrich Rickert nur *verstehen*, aber nicht *erklären* kann? Das Ringen um Objektivität tut der Besonderheit und dem Individuellen Abbruch. Sagt nicht der klare Verstand, dass das, was in Menschen vorgeht, trübe und dunkel ist? Weltanschauungen, das Modewort der zweiten Jahrhunderthälfte, lassen sich nicht rationalisieren, sondern nur einkreisen und ausdeuten. Und gilt das Gleiche nicht auch für den individuellen »Lebensstil«, den die Soziologen des Fin de Siècle beschreiben?

Doch wenn der Gegenstand der Philosophie das »subjektive Erleben« ist, das den Naturwissenschaftlern und allen Empirikern verborgen bleibt, wie geht man damit um? Die Antwort kommt früh, schon in der Reaktion auf die Romantik. Arthur Schopenhauer und stärker noch Kierkegaard sehen das Wesen des Menschen in dem, was er *tut*. Leben ist nicht mit Begriffen fassbar und nicht denkend zu begreifen. Es ist das, was geschieht, während wir dabei sind zu verstehen, was geschieht. Die Sphäre des Lebens ist Empfindung und Selbstempfindung. Sie ist in erster Linie ästhetisch und deshalb auch nur ästhetisch zu beschreiben. Texte über das Leben müssen leben als lebendiger Dialog oder Monolog, Anklage, Rechtfertigung oder Predigt. Die Lebens- und die Existenzphilosophie nehmen von hier aus ihren Anfang. Ihre Themen sind das persönliche Glück und der »Sinn« einer jeden Existenz – Fragen, von denen die Empiriker aller Couleur nichts verstehen. Denn der Sinn des Lebens wird nicht *vorgefunden*, er wird ihm *gegeben*.

Zu Hochform läuft diese Gegenströmung auf, wenn Friedrich Nietzsche sie mit äußerstem Pathos auskleidet: als gnadenlose Kritik an der Vernunftphilosophie und an der Kultur des Abendlands. Doch sollte Existenzphilosophie nicht auch bedeuten, über die materielle Existenz der Menschen nachzudenken? Kierkegaard und Schopenhauer mussten nie arbeiten. Und Nietzsche ist Frührentner. Für die Sozialisten sind deren Sorgen Luxussorgen. »Sei du selbst!« – heißt das nicht, überhaupt die Möglichkeit einer Wahl zu haben, um seine Lebensform selbst zu bestimmen?

Das 19. Jahrhundert ist nicht nur die Kontroverse zwischen wissenschaftlicher und Existenzphilosophie, Psychologie und Logik. Es ist auch der Kampf elitärer ästhetischer Lebensausdeutung gegen die Ansprüche aller auf ein selbstbestimmtes Leben. Nietzsches Verachtung der Arbeiter spricht Bände. Endet die Vernunftphilosophie der Aufklärung mit ihren universalen Rechten für jeden in der »Massenkultur«, dann will das vornehme Bürgertum nichts damit zu tun haben. In diesem Spannungsfeld denken auch Simmel und Weber, die Soziologen der Jahrhundertwende. In gleichem Maße, in dem der Fortschrittsoptimismus der Arbeiterbewegung und der Sozialdemokratie steigt, wächst der Kulturpessimismus der bürgerlichen Soziologen, nehmen sie, vor allem Simmel, Zuflucht zur Lebensphilosophie.

Zu Anfang des 20. Jahrhunderts ist *die* Philosophie tot; stattdessen gibt es Dutzende neuer unvollständiger Ansätze, der eine radikaler als der andere. Das »Ich« ist dekonstruiert, die Objektwelt subjektiviert. Werte stehen, trotz allem Ringen der Neukantianer, als irrational und beliebig da. Und die »Wahrheit« weist niemandem mehr den Weg. Sie wird nach der Nützlichkeit bemessen, um sich der Umwelt geschmeidig anzupassen. Vor allem anderen aber steht *ein* Scheitern: Der Anspruch der Philosophie, strenge Wissenschaft zu sein, hat sich nicht einlösen lassen! Und eine neue rationale Moral ist nicht in Sicht. Am Ende kommt das Fiasko. Die ganze Leinwand wird geschwärzt und blutrot getränkt: Soziologen wie Simmel und Weber, der Neukantianer Paul Natorp, die Anhänger der Lebensphilosophie und andere bejubeln, auf die große Erlösung hoffend, den Ersten Weltkrieg …

Der Wanderer über dem Nebelmeer

Vom irrealen Zauber des Seins

Ein Mann in dunkelgrünem Rock steht einsam im Gebirge. Der Fels ist abschüssig, die Füße des Wanderers stehen versetzt, ein Stock gibt ihm Halt. Nebel zieht vom Tal herauf, in gleichem Blaugrau vermischt er sich mit dem fahlen Himmel; Atemzüge eines Sommermorgens. Im Dunst sind Felsen erkennbar, bizarr geformte Spitzen, spärlich besetzt mit Nadelholz. Zwei Hänge fallen von beiden Seiten sanft herab und scheinen sich im Wanderer zu treffen, genau auf der Höhe seines Herzens. »Ich muss allein bleiben und wissen, dass ich allein bin, um die Natur vollständig zu fühlen und zu schauen«, wird der Maler des Bildes von sich sagen. »Ich muss mich dem hingeben, was mich umgibt, mich vereinigen mit meinen Wolken und Felsen, um das zu sein, was ich bin.«[2]

Dieser Maler ist *Caspar David Friedrich* (1774–1840), ein Mann aus Vorpommern, der sein Erwachsenenleben in Dresden verbringt. Doch Wolken hin, Felsen her – weder er selbst noch ein Zeitgenosse berichten von dem Bild, das hier beschrieben ist. Erst 1939 taucht es bei einem vierschrötigen Berliner Galeristen auf, wahrscheinlich aus jüdischem Eigentum. Reiche Industrielle besitzen es in den Vierziger- bis Sechzigerjahren. Im Dezember 1970 kauft es die Hamburger Kunsthalle. Und ein jeder vermutet, dass es sich eigentlich nur um ein Werk Friedrichs handeln kann, gemalt um das Jahr 1818. Zwei Skizzen von Felsformationen, gezeichnet von der Hand des Meisters, finden sich ausgesprochen ähnlich auf dem Bild wieder. Ein verschollenes Werk Friedrichs, den »Adler über dem Nebelmeer« zitierend, erhält es den Titel »Der Wanderer über dem Nebelmeer«.

Friedrich hat sich die Landschaft, die auf dem »Wanderer« gemalt ist, mit eigenen Füßen erlaufen und erklettert. Mit Wanderstock und Zeichenmappe ist er durch die Sächsische Schweiz gestreift, angezogen vom Elbsandsteingebirge, jener sächsischen Fantastenlandschaft und Traumkulisse, die sich später für Karl May in die Schluchten des Balkans und in die Felsformationen am Silbersee verwandeln wird. Friedrich ist gerne gewandert, wenn auch selten in große Ferne. Die deutsche Ostseeküste, seine Heimat, war ihm seelisch immer am nächsten. Nicht mal die Alpen, die er nach Skizzen anderer gemalt hat, wollte er persönlich sehen.

Doch der Maler, der die Stimmungen im Gebirge festhält, ist

kein romantisch gestimmter Wanderer unter vielen. Als Friedrich im Mai und Juni 1813 durchs Elbsandsteingebirge spaziert und Landschaftsskizzen für den »Wanderer« anfertigt, befindet sich Sachsen im Brennpunkt der napoleonischen Kriege. Dresden ist von den Franzosen besetzt, die umgebende Landschaft gleicht einem Heerlager. Selbst im Gebirge ist Napoleon persönlich gewesen, um strategische Orte für militärische Operationen zu sichten. In Dresden leidet die Bevölkerung unter Hunger und Seuchen. Im August verteidigen die französischen Besatzer die Stadt bei der Schlacht um Dresden gegen die Heere Österreichs, Preußens und Russlands und verwüsten dabei das vor Dresden gelegene Räcknitz bis auf die Grundmauern. Erst nach der Völkerschlacht bei Leipzig gelingt es den Russen im November 1813, die Franzosen zu vertreiben.

Friedrich ist nicht aus Zeitvertreib in der Sächsischen Schweiz, sondern um den Kriegswirren zu entgehen. Doch kein Krieg, nicht einmal die feinsten Spuren von Menschenwerk und -unwerk, sind auf seinem Bild zu sehen. Die Landschaft des Elbsandsteingebirges erscheint unbeschrieben, eine leere Seite im Buch der Weltgeschichte, wie Hegel deren wenige glückliche Tage beschreibt. Seltsam stillgestellt, ereignet sich auf Friedrichs Bildern nie Geschichte, nur Naturgeschichte.

Erstaunlich ist das schon. Denn der Maler ist politisch hoch interessiert. Er ist überzeugter Demokrat. Und der Feudalismus, der nach der französischen Besetzung in Sachsen wieder erstarkt, ist ihm ein Gräuel. Zugleich denkt Friedrich wie so viele deutsche Republikaner seiner Zeit antifranzösisch und deutschnational. Von einem geeinten Deutschland erhofft er sich die Republik. In Zeiten der Restauration, die nach dem Wiener Kongress 1815 einsetzt, eine gefährliche Überzeugung! Doch Friedrich lässt sich nicht einschüchtern. Von nun an tragen die Gestalten auf seinen Bildern allesamt die von Ernst Moritz Arndt so bezeichnete »teutsche Kleidertracht«: einen schlichten Leibrock, kein Halstuch und ein Samtbarett – die Kluft der Patrioten und Demokraten. Auch der Wanderer über dem Nebelmeer steht dort in altdeutscher Tracht. Nur das Samtbarett fehlt, wie man es von den Männern kennt, die auf Friedrichs Werken der gleichen Zeit das Meer betrachten oder den Mond. Stattdessen zausen dem Wanderer die Morgenluft und die unruhigen Zeitläufte das blonde Haar. Seine »teutsche« Kleidung weist ihn als »Demagogen« aus, wie der Maler bei einem anderen seiner Bilder halb ironisch bemerkt – frei nach dem in den Karlsbader Beschlüssen von 1819 sogenannten Straftatbestand der »demagogischen Umtriebe«.

Doch nicht nur der Wanderer, keine von Friedrichs Bildfiguren tut je etwas Konspiratives. Sie tun überhaupt nichts. Stets stehen oder hocken sie und starren mehr oder weniger stumm in eine unermessliche Ferne. Die politischen Verhältnisse sind der Horizont, aber nicht das Thema der Bilder. Nur abwesend sind sie anwesend. Man ahnt sie, wenn die altdeutsche Tracht – nicht nur ein Bekenntnis, sondern auch eine Vermummung – die Identifizierung der Figuren im Hier und Jetzt vernebelt. Als Rückenfiguren ohne erkennbares Antlitz sind Friedrichs Gestalten vor der Polizei und den Spitzeln der Restauration sicher; man muss sie in Frieden lassen.

Friedrich hat die Rückenfigur nicht erfunden. Auf den Veduten, den Architekturbildern des 18. Jahrhunderts, finden sich ungezählte kleine Figuren. Dem Betrachter abgewandt, stehen sie winzig auf Plätzen und in Hallen herum, um die Architektur großartiger wirken zu lassen. Doch so, wie Friedrich Rückenfiguren ins Zentrum seiner Bilder rückt, hat das niemand zuvor getan. Und keine stand jemals so groß und wuchtig in der Landschaft wie der Wanderer über dem Nebelmeer.

Warum tut er das? Zunächst macht Friedrich mit seinen dem Bildbetrachter abgewandten Betrachtern aus einer Not eine Tugend. Er ist Landschaftsmaler, kein Porträtmaler. Seine malerischen Mittel haben nicht die Qualität der bedeutenderen Zeitgenossen Francisco de Goya, Eugène Delacroix, Théodore Géricault oder William Turner. Friedrichs Ambitionen halten sich im Rah-

P. Klee, Kunst u. Sichtbarmachen

men seiner malerischen Möglichkeiten. Auch von einer größeren künstlerischen Entwicklung kann nicht die Rede sein. Vom Frühwerk bis zum Spätwerk erkennt man kaum eine »Reifung«, keine auffällige Verbesserung der malerischen Mittel, was die Datierung der stets unsignierten Bilder außerordentlich erschwert.

Friedrich ist kein allzu facettenreicher Maler. Stattdessen verfolgt er ein Leben lang eine ganz bestimmte Konzeption. Er möchte den Betrachter in eine irgendwie immer gleiche Stimmung versetzen, nicht in völlig verschiedene. Seine Bilder, lebloses Leben, gleichen Dioramen in einem Naturkundemuseum. Sind Rückenfiguren darin zu sehen, so stehen sie herum wie ausgestopfte Tiere. Äußerlich meist unbewegt, starren sie in die verschleierte Ferne. Alle Bewegung kommt nur durch den Betrachter ins Bild. Soll im Museum das gemalte Abend- oder Morgenlicht die Tiere konturieren, so ist es bei Friedrichs menschlichen Exponaten umgekehrt; sie bringen den gemalten Hintergrund zur Geltung, in den sie so versunken schauen. Gemeinsam bleibt, dass das Tier im Diorama und das Menschentier bei Friedrich niemals als konkrete Individuen gemeint sind. Wie der präparierte Hirsch, so ist die Rückenfigur eine charakterologische Leerstelle – der Mensch im Bild wird zum »Menschen«, zum stellvertretenden Gattungswesen.

Dazu passt, dass Friedrich die Natur völlig der Stimmung unterwirft. Seine Landschaften sind frei von Launen. Stattdessen gehorchen sie dem Kalkül einer festgelegten Geometrie, die sie stets ein wenig unwirklich macht. Theatralik und strenge Komposition schaffen kein realistisches Szenario, sondern eine Bühne für ein Naturschauspiel. Seine Kunst will, frei nach Paul Klees berühmtem Satz über die Kunst, nicht das Sichtbare wiedergeben, sondern sichtbar machen. Oder mit Friedrich selbst gesagt: »Schließe dein leibliches Auge, damit du mit dem geistigen Auge zuerst siehest dein Bild. Dann fördere zutage, was du im Dunkeln gesehen, daß es zurückwirke auf andere von außen nach innen.«[3] Auf diese Weise philosophiert der Künstler mit Farben und Formen, Licht und Schatten. Wie ein dunkles Dreieck steht der Wanderer im Vordergrund auf dem Felsen, genau in der Mitte einer hellen Landschaft, die auf seinen Brustkorb zentriert ist. Plakativer kann man die Geometrie in der Landschaftsmalerei kaum einsetzen, Hell und Dunkel kaum scheiden.

Friedrichs Landschaftsbilder sind artifizieller als die seiner meisten Vorgänger. Und auch der Standpunkt des Wanderers im weglosen Gelände ist kein zufälliger. Als Zentrum in der Bildmitte lenkt er den Blick des Betrachters auf den blickenden Betrachter; als stünde man selbst hinter dem Mann im dunkelgrünen Rock und sehe ihm beim Sehen zu. Der Betrachter außerhalb des Bildes ist damit zugleich im Bild. Sehend versetzt er sich in den Sehenden hinein. Doch was sehen wir da? Wozu und zu welchem Endpunkt komponiert Friedrich seine Bilder? In welchen Zustand will er uns versetzen und warum?

Die Kunsthistoriker haben den sich in die Landschaft erstreckenden Seeleninnenraum höchst unterschiedlich interpretiert. So fällt es nicht schwer, Friedrichs in Selbstzeugnissen vielfach dokumentierte Religiosität heranzuziehen und die Bilder christlich zu deuten. Andererseits konnte es der Maler mit seinen Bildern wie dem Tetschener Altar gerade strenggläubigen Christen nicht recht machen. Der konservative preußische Diplomat Basilius von Ramdohr hatte Friedrichs Altarbild mit dem »Kreuz im Gebirge« wegen seiner unchristlichen Naturmystik übel verrissen: »In der Tat ist es eine wahre Anmaßung, wenn die Landschaftsmalerei sich in die Kirchen schleichen und auf Altäre kriechen will.« Ramdohrs Gegner ist »jener Mystizismus, der jetzt überall sich einschleicht und wie aus Kunst wie aus Wissenschaft, aus Philosophie wie aus Religion gleich einem narkotischen Dunste uns entgegenwittert!«.[4]

Ramdohr stört, dass seit Mitte des 18. Jahrhunderts das Erhabene kein Alleinbesitz der christlichen Kunst mehr ist. Philosophen wie Edmund Burke, Immanuel Kant und Friedrich Schiller haben es als eine neue Kategorie der Ästhetik definiert. Nach

Schiller ist das Erhabene das, was unsere Fassungskraft und unsere Lebenskraft übersteigt. Wir betrachten den erhabenen Gegenstand »als eine Macht, gegen welche die unsrige in Nichts verschwindet«.[5] Doch gerade dieses Aufzeigen von Grenzen zieht uns, nach Schiller, »mit unwiderstehlicher Gewalt« an. Aus dem Spannungsfeld von überforderter Vernunft und überwältigten Sinnen ergreife ein »Zauber« unser »Gemüth«. Er entspringt aus der Macht unserer Fantasie, die dort ganz bei sich ist, wo Sinne und Vernunft kapitulieren.

Schiller hat diese Sätze geschrieben, als Friedrich neunzehn Jahre alt ist. Und das Erhabene darzustellen ist *das* ästhetische Ausdrucksbedürfnis der Zeit. Die Ergriffenheit im Angesicht des Unermesslichen wird der Hoheitsgewalt der Kirche entzogen und in der Natur wiedergefunden. Und auch die »Versunkenheit« gilt seit Mitte des 18. Jahrhunderts nicht mehr als rein religiöses Gefühl, sondern findet sich, angestiftet durch Diderot, als häufiges Motiv in der französischen Salonmalerei. Was ehedem als Haltung gegenüber Gott verstanden wurde, wird nun zur ästhetischen Leerstelle. Ob Friedrichs Wanderer über dem Nebelmeer tatsächlich von Gottes Schöpfung ergriffen ist oder von der Schönheit der Natur an sich, bleibt der Interpretation des Bildbetrachters überlassen. Der Maler legt die Deutung nicht fest, sondern in die subjektive Empfindung desjenigen, der vor dem Gemälde steht. Statt einfach nur Transzendenz auszustrahlen, sind seine Bilder transzendental – sie verweisen zurück auf den Seeleninnenraum des Betrachters, der in der Natur sehen darf, was er sehen will.

Friedrichs Gemälde sind Räume für Subjektivität. Sie geben Anlass zu vielerlei philosophischen Spekulationen. Nicht schwer, im Nebelmeer das Walten eines vom Menschen unabhängigen Natur-Willens zu sehen, wie Arthur Schopenhauer ihn zur genau gleichen Zeit in *Die Welt als Wille und Vorstellung* beschreibt. Friedrich hat Schopenhauer, der 1818 in Dresden sein Hauptwerk vollendet, nicht gekannt; getroffen hat er nur dessen weithin als Salondame bekannte Mutter. Und wenn der Maler das helle Nebelmeer, bewegt vom Willen der Natur, der dunklen Vorstellungswelt des Wanderers entgegensetzt, vor dessen Augen sich das Naturschauspiel vollzieht, so spiegelt sich darin keine philosophische Lektüre. Gleichwohl gestaltet Friedrich mit künstlerischen Mitteln, was Schopenhauer mit dem Sezierbesteck der Philosophie scheidet. Und so wenig der Maler den Philosophen studierte, so intensiv der Philosoph den Maler. Im Jahr 1815 rühmt er ihn, neben anderen, dafür, dass seine Bilder den Betrachter zu »reinobjektiver Betrachtung« zwingen und damit »eine sehr bedeutende viel sagende Idee ausdrücken«.[6]

Friedrich musste Schopenhauer nicht lesen, um aus der gleichen Quelle zu trinken. Sein seelisches Bedürfnis und sein Verhältnis zur Natur sind dem vierzehn Jahre jüngeren Philosophen ähnlich, selbst wenn der Maler sich dabei nicht von Gott verabschieden muss wie der Philosoph. Schopenhauers Natur ist erhaben und grausam zugleich, Friedrichs Morgen- und Abendstimmungen fehlt jegliche Gewalt. Sie spiegeln jene friedliche Versöhnung von Menschenwelt und Naturschauspiel, die Schopenhauer allein der Kunst zugesteht, nicht aber dem wirklichen Leben. Und doch kommen sie philosophisch im Wesentlichen überein: Was der Mensch ist, sich selbst und der Natur gegenüber, kann nicht mit Worten, mit überhaupt keinen Mitteln der Vernunft gesagt werden, sondern nur empfunden und in Kunst gezeigt. Die Worte versagen vor dem Sein. Die Wahrheit ist keine Eigenschaft von Gedankengebäuden, sondern von schönen Sommerabenden und Morgenstunden im Nebelgebirge. Man denke noch einmal an Friedrichs Zitat vom Anfang: »Ich muss mich dem hingeben, was mich umgibt, mich vereinigen mit meinen Wolken und Felsen, um das zu sein, was ich bin.«

Die Zwiesprache mit der Natur ist still und stumm; ihr Ziel kein System des vernünftigen Denkens, gebaut aus dem eisernen Draht der Logik, den Backsteinen der Begriffe und dem Mörtel der Kausalität. Das eigentliche Sein ist der Vernunft gegenüber

»irreal«, weil nicht zu fassen. Die Forderung des 19. Jahrhunderts, »Sei du selbst!«, die von Søren Kierkegaard zu Friedrich Nietzsche führt, kennt diesen irrealen Zauber des Seins. Von hier aus misstraut sie gründlich aller Vernunftphilosophie. In dieser Absage an objektive Erkenntnis liegt Friedrichs Modernität. Die Philosophie wird diesen Gedanken der Romantik weiterentwickeln zur Lebens- und Existenzphilosophie. Leben steht immer *vor* den Worten und Gedanken. Du bist du selbst, lange bevor du versuchst, dein Leben gedanklich einzuholen und dich zu dir selbst in ein diskursives Verhältnis zu setzen.

Überholt dagegen wird der Maler noch zu Lebzeiten vom zweiten Hauptstrang der Philosophie des neuen Jahrhunderts: einer Philosophie nach der Blaupause der Naturwissenschaften. Sie wird im Nebelmeer nicht mehr sehen als Luft reflektierendes H_2O. Während der Existenzphilosophie alles subjektiv wird, wird der Philosophie nach naturwissenschaftlichem Zuschnitt alles objektiv. Anders als im 18. Jahrhundert, insbesondere im System Kants, ist zwischen beiden Polen nicht mehr zu vermitteln. Wie schnell der Wind sich in diese Richtung dreht, erkennt auch der Laie. In Friedrichs Bildern macht er auf den ersten Blick Zeugnisse der Romantik aus: rückwärtsgewandt in ihrem altdeutschen Habitus, hoffnungslos sentimental im Fernblick auf eine fortschrittslose Zukunft. Wie ein Denkmal aus den Befreiungskriegen steht der Wanderer in der bedeutungstragenden Landschaft; ein Memorial der Romantik, stillgestellt in der Vergangenheit.

Die Zeitläufte dagegen verändern sich rasant. Friedrich malt das Bild mutmaßlich im Geburtsjahr von Karl Marx. In Sachsen hat gerade ein beispielloser industrieller Aufschwung eingesetzt; im Erzgebirge, im Vogtland, in der Oberlausitz und in Westsachsen ersetzen Spinnmühlen menschliche Arbeitskraft. Seit 1807 werden sie nicht nur in England, sondern auch in Chemnitz gebaut, dem »sächsischen Manchester«. Die Bevölkerungszahl Sachsens verdoppelt sich in kurzer Zeit. Nirgendwo in Deutschland schreitet die Industrieproduktion so schnell voran. Zwanzig

Jahre nachdem Friedrich seinen Wanderer in die Einsamkeit über dem Nebelmeer schickt, fahren die ersten Dampfschiffe auf der Elbe, zerschneidet die erste deutsche Eisenbahn-Fernverkehrsstrecke zwischen Leipzig und Dresden die vormals fast menschenleere Friedrich'sche Mondlandschaft. Beobachter in altdeutscher Kluft gibt es nicht mehr, die Zeit hat sie aus der Geschichte entfernt, der Dampf der Lokomotiven sie vernebelt, der Rauch der Schlote sie geschwärzt. Das neue sächsische Lumpenproletariat, das der Maler noch erlebt, findet in dessen Bildern keinen Platz. Die drängenden sozialen Probleme passen nicht in sein Weltbild.

Die strenge Geometrie und die Koordinaten haben sich verändert. Sie orientieren sich nicht an der Frage Frankreich oder Deutschland, Einheit oder Flickenteppich, bürgerliche Freiheit oder feudaler Obrigkeitsstaat. Der Blick ins Unermessliche hat sich mit Messbarem gefüllt, mit Zahlen und Kurven des industriellen Fortschritts. Nicht Transzendenz, sondern Effizienz lautet das Zauberwort der neuen Zeit; nicht Leere, sondern Fülle, statt Nebel – Durchblick. Die Dynamik erfasst alle und alles. Auch die Philosophen verlieren ihren Gott in gleichem Maße wie sie den Naturwissenschaften die Wahrheit überlassen. Zum neuen Gott aber wird der wirtschaftliche Fortschritt. Und dessen Dampfschiffe und Eisenbahnen machen selbst vor dem Elbsandsteingebirge nicht Halt. Als Friedrich 1840 in Dresden stirbt, ein fast vergessener Mann, beginnt in der Sächsischen Schweiz der planmäßige Tourismus …

PHILOSOPHIE NACH HEGEL

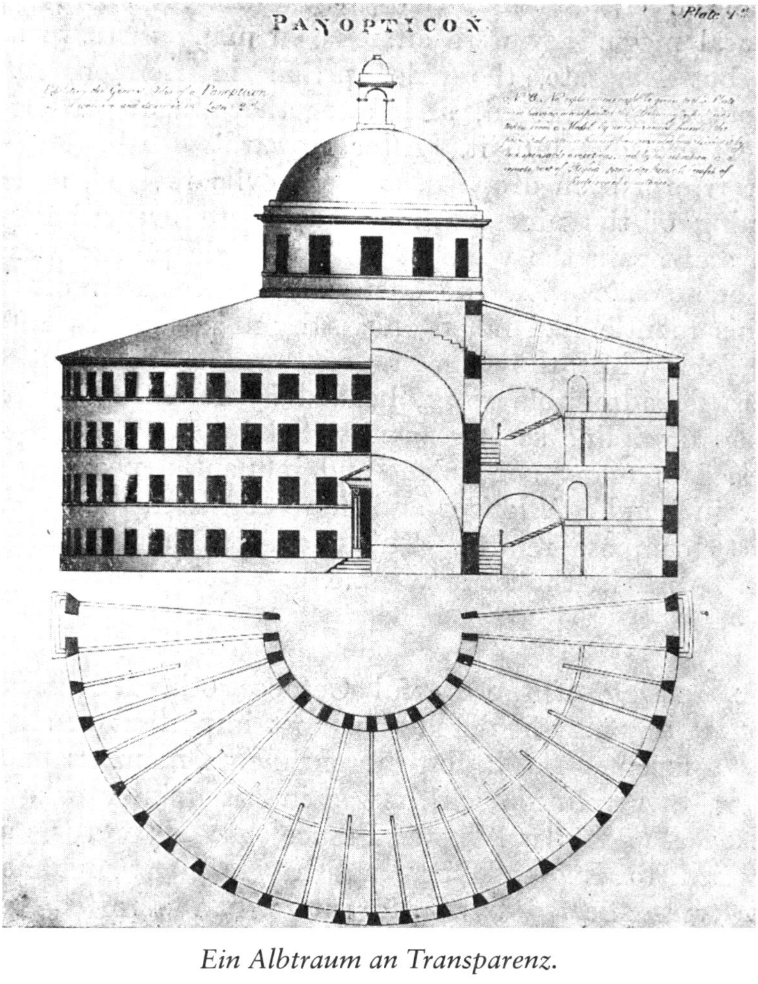

Ein Albtraum an Transparenz.
Jeremy Benthams Entwurf für ein Panopticon (1791),
ein vom Aufseher jederzeit
vollständig einsehbares Gefängnis.

PHILOSOPHEN ZEITLEISTE PHILOSOPHIE NACH HEGEL

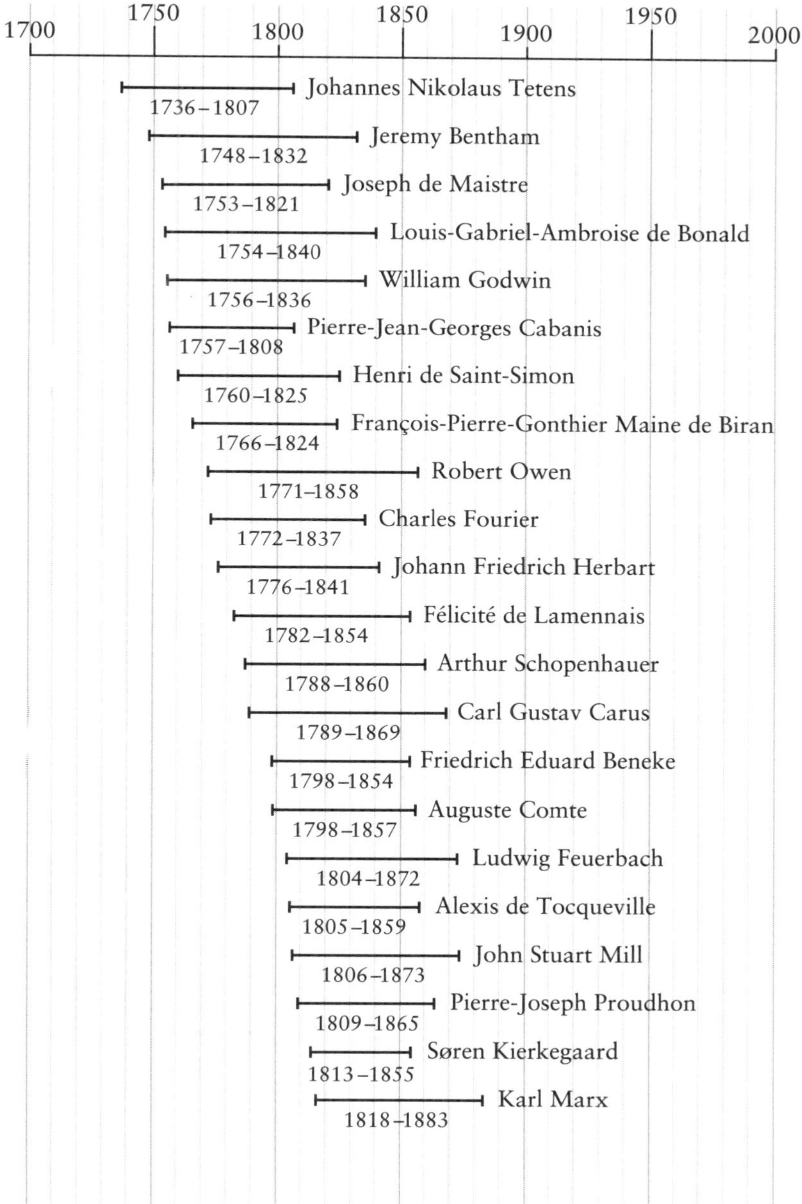

Eine sinnlose Welt

Der Rächer der Philosophie – Wille und Vorstellung –
Mitleid und Entsagung – Die Kunst zu leben –
Der Spion – Der Sprung – Drei Lebensformen –
Ein fruchtbares Erbe

Der Rächer der Philosophie

An Selbstbewusstsein fehlt es dem jungen Mann nicht. Als er von Dresden aus seine Vorlesung an der Universität Berlin ankündigt, will er über die »gesammte Philosophie« lehren, »die Lehre vom Wesen der Welt und dem menschlichen Geiste«. Und die passendsten Stunden dafür seien »die, wo Herr Prof. Hegel sein Hauptkollegium liest«.[7]

Arthur Schopenhauer (1788–1860) ist einunddreißig Jahre alt und in den Fachkreisen der Philosophie gänzlich unbekannt.

Schopenhauer

Doch tollkühn traut er sich im Herbst 1819 zu, den berühmtesten deutschen Philosophen seiner Zeit durch eine Konkurrenzveranstaltung in die Knie zu zwingen. Als »Rächer« möchte er mit dem »Windbeutel« Hegel abrechnen. Möge der Bessere gewinnen! Dabei kann Schopenhauer froh sein, dass man ihn in Berlin überhaupt an der Universität lesen lassen will. In Heidelberg und in Göttingen, wohin er sich zunächst gewandt hatte, reagierte man ablehnend. Dass der Berliner Zoologe *Martin Hinrich Lichtenstein* (1780–1857) sich seiner annimmt, ist bereits ein großer Glücksfall. Aber Schopenhauer sieht die Sache anders herum. Welch ein Glück für die Berliner Universität, dass sie ihn als Dozenten bekommt!

Sein übersteigertes Sendungsbewusstsein, seine Überheblichkeit und sein Jähzorn begleiten Schopenhauer früh. Als Sohn eines wohlhabenden Danziger Kaufmanns bereist er schon in jungen Jahren halb Europa. Während um ihn herum die Revolutions- und die napoleonischen Kriege zwischen Frankreich und den Mächten Europas wüten, zieht die begüterte Familie mit ihrem Sohn nach Hamburg, England und Frankreich. In den französischen Alpen begeistert er sich für die Gletscher am Mont Blanc, in Paris sieht er Napoleon bei einer Parade auf einem prächtigen Schimmel an sich vorbeireiten, in Westminster Abbey steht er an Shakespeares Grab. Tiefer noch treffen ihn andere Eindrücke. Der halbwüchsige Schopenhauer sieht Bettler und Kriegsversehrte in Londons Straßen. Mit Grausen wohnt er einer öffentlichen Hinrichtung bei. Und in Toulon entsetzt er sich über das trostlose Schicksal der Galeerensträflinge – Bilder, die sich eingraben. Die Melancholie, die er empfindet, wird ihn nie mehr verlassen: Was für ein schreckliches Elend ist das menschliche Leben, und wie flüchtig sind dagegen die Ablenkungen und das Schöne. Der Jugendliche hat den »Boden der Schwermut« entdeckt, wie er an seine Mutter schreibt, und wird sich nie mehr wirklich davon lösen.

Schopenhauer ist siebzehn, als sein depressiver Vater sich in

Hamburg aus dem Fenster stürzt. Der junge Mann bleibt orientierungslos zurück. Eine Zeit lang sucht er Halt und Trost in Romanen und philosophischer Lektüre. David Hume fasziniert ihn ebenso wie Voltaire und Jean-Jacques Rousseau. Auch das Theater und das Ballett begeistern ihn und am allermeisten die Musik. Die vorgezeichnete Karriere als Kaufmann dagegen ödet ihn an. Als seine Mutter nach Weimar zieht und dort rasch zur führenden Salondame avanciert, folgt Schopenhauer ihr später nach. Doch das Verhältnis zwischen Mutter und Sohn ist schlecht. Während die Mutter aufblüht als schriftstellernde Freundin Goethes und anderer Geistesgrößen, zieht Schopenhauer sich mehr und mehr zurück. Auch sein Medizinstudium in Göttingen bricht er nach zwei Semestern ab. Sein neues Berufsziel ist Philosoph!

Bei Kants klugem Kritiker *Gottlob Ernst Schulze* (1761–1833) lernt er, sich für Platon und Immanuel Kant zu begeistern. Am antiken Philosophen fasziniert ihn die Vorstellung, dass die Erfahrungswelt »uneigentlich« sei. Die wirkliche Wirklichkeit ist etwas Verborgenes, die Wirklichkeit unseres täglichen Lebens nur ein Schein. Wie Platon so sucht auch der junge Schopenhauer nach einem Ausweg, einer Erlösung aus der unvollkommenen Welt der Illusionen. An Kant gefällt ihm, dass er die Grenzen der Vernunft so klar gezogen hat. Alles, was Menschen erkennen, erkennen sie nach Maßgabe ihres Bewusstseins. Es ist nicht die Welt »an sich«, die ich erlebe, sondern nur die Welt »für mich«. Der Gedanke wurde schon von den britischen Empiristen gedacht, von John Locke, von Hume und am konsequentesten von George Berkeley. Raum und Zeit und auch die Kausalität von Ursache und Wirkung sind nicht »an sich« vorhanden. Sie sind Raster, mit denen unser Bewusstsein arbeitet, um sich in der Welt zurechtzufinden.

Nun hatte Kant allerdings neben unserer Erfahrungswelt noch ein »Reich der Freiheit« skizziert, in dem die Dinge »an sich« sind. Dieses Reich der Freiheit ist das, was jenseits unserer Erfah-

Schopenhauer: „Alles was ist ist in meinem Ich" (Fichte)

rung liegt und das wir nur ahnen können. Der Gedanke gefällt Schopenhauer. Aber ist es wirklich die *Vernunft*, die dieses Reich der Freiheit erahnt? Könnten es nicht auch die *Gefühle* sein?

Auch Kants Nachfolger *Johann Gottlieb Fichte* (1762–1814), *Friedrich Wilhelm Joseph Schelling* (1775–1854) und *Georg Wilhelm Friedrich Hegel* (1770–1831) hatten nach dem der Erfahrung entzogenen »Absoluten« gefahndet. Sie suchten es, jeder auf seine Weise, in der Vernunft. Doch ist das richtig? Kurz entschlossen reist Schopenhauer nach Berlin, um sich Fichtes Vorlesungen persönlich anzuhören. Im Wintersemester 1811/1812 schreibt er sich an der Universität ein. Er erwartet »in Fichten« einen »echten Philosophen und großen Geist kennen zu lernen«.[8] Fichtes Philosophie, seine »Wissenschaftslehre«, hat die Welt der »Dinge an sich« verabschiedet. Es gibt keine Wirklichkeit, von der mein Bewusstsein nichts weiß. Stattdessen ist alle Wirklichkeit eine Leistung meines Gehirns. Oder mit Fichte gesagt: Alles, was ist, ist in meinem »Ich«. Von diesem absoluten und vernünftigen Ich aus, das sich der Welt entgegensetzt (einschließlich der Vorstellung meiner selbst), entwickelt Fichte seine ganze Philosophie über die Moral bis zum Recht und zu seinen politischen und ökonomischen Vorstellungen.

Schopenhauer braucht elf Vorlesungsstunden, bis sein vernichtendes Urteil gefällt ist. Fichte ist maßlos überschätzt! Er vermutet, dass der gefeierte Geist am Katheder nur deswegen so dunkel spricht, weil er nichts Klares zu sagen hat. Was soll denn Fichtes reines und absolutes »Ich« sein? Wenn sich das »Ich« die Welt entgegensetzt, so haben wir es mit einer Ursache und einer Wirkung zu tun. Das »Ich« ist die Ursache dessen, dass wir lauter Dinge »setzen«. Ich und Welt treten damit in einen Kausalzusammenhang. Doch was der Kausalität unterliegt, ist, wie Hume und später Kant meinten, Produkt meines begrenzten Bewusstseins. Es betrachtet alles kausal, weil es sich ohne Kausalität nichts erklären kann. Damit aber ist Fichtes »Ich« gerade *nicht absolut*! Es ist bedingt durch die Spielregeln des Bewusstseins. Die ganze

Konstruktion eines unendlich freien »Ichs« ist also zutiefst widersprüchlich und damit Unsinn.

Die Konsequenz ist eindeutig: Wenn es etwas Absolutes, Unmittelbares und völlig Wahres gibt, dann ist es nicht die Vernunft, die etwas darüber weiß. Alle Vernunft ist nur ein Nebenprodukt unseres Bewusstseins und gefangen in der menschlichen Vorstellungswelt. Den Begriff »Vorstellung« entlehnt Schopenhauer von Fichte in feindlicher Übernahme. Auch von Schelling, dem zweiten großen Idealisten, der in München lehrt, übernimmt er einen Baustein. Für Schelling ist alle Natur von einer irrationalen Kraft durchwirkt – und ebenso sieht das Schopenhauer. Gleichwohl verachtet er Schelling zutiefst.

Als der junge Mann seine Gedanken ordnet, ist er vierundzwanzig Jahre alt. Einen Universitätsabschluss hat er nicht, aber auch keine ernsthaften Existenzsorgen. Anders als Kant, Schelling, Hölderlin oder Hegel droht ihm kein Schicksal als Hauslehrer, um sich notdürftig durchs Leben zu schlagen. Wie Platon, Pico della Mirandola, Montaigne, Shaftesbury, Montesquieu, d'Holbach, Helvétius und später Georg Simmel, Max Weber und Ludwig Wittgenstein gehört er zu den wenigen Philosophen, die frei und unabhängig waren. Unbeschwert kann der Sohn aus reichem Hause seinen starken Neigungen zu schönen Künsten und feurigen Schauspielerinnen nachgehen. Schon in seiner Jugend weit gereist, erzogen zum vielsprachigen Mann von Welt, hätte er ein Gunter Sachs seiner Zeit werden können. Doch seine Schwermut (an der auch Sachs litt) ist lähmend und lässt sich nur kurzzeitig ablenken. Fieberhaft sucht Schopenhauer sein Heil nicht im Diesseits, sondern in jener Welt, die hinter allen menschlichen Illusionen liegt.

Was für Platon das *Reich der Ideen* war, für Kant das *Reich der Freiheit*, für Fichte das *höhere Bewusstsein des absoluten Ich* und für Schelling die *intellektuelle Anschauung des Absoluten* – genau das will Schopenhauer auf einem ganz neuen Weg finden. Denn alle Vorstellungen der wirklichen Wirklichkeit waren bislang ebendies – *Vorstellungen*! Sie sind Behelfskonstruktionen, um irgendwo noch etwas anderes als die Erfahrungswelt gelten zu lassen. Denn Menschen *empfinden* es ja. Das Wort liefert Schopenhauer zugleich den Schlüssel. Das »bessere Bewusstsein«, wie er es zunächst nennt, ist etwas, das nicht gedacht, sondern empfunden wird! Mag unser »empirisches Bewusstsein«, die Welt des Alltags und der Naturwissenschaften, auch in einer verderbten Welt des Leidens leben – irgendwo in uns spüren wir eine Realität, die tiefer und wahrer ist als alles, was wir sehen, hören, messen und ergrübeln. Und dieses »Andere« ist nicht nur wahrer, es ist zugleich moralisch »besser« als die tägliche Erfahrungswelt. Denn dass das Wahre zugleich das Gute sei – darüber beschleichen den jungen Platon-Fan zunächst keine Zweifel.

Wille und Vorstellung

Schopenhauer zweifelt auch nicht daran, dass sein eigenes Werk der ganz große Wurf wird. Das beste philosophische Buch des Jahrhunderts, auf Augenhöhe mit Platon und Kants *Kritik der reinen Vernunft* – darunter tut er es nicht. Doch Berlin steht inmitten der Wirren der Freiheitskriege, und der stets ängstlich besorgte Schopenhauer flüchtet ins beschauliche Rudolstadt nach Thüringen. In seinem Zimmer in der Gastwirtschaft Zum Ritter schreibt er seine Doktorarbeit: *Über die vierfache Wurzel des Satzes vom zureichenden Grunde*. Sein Lebensthema, die wirkliche Wirklichkeit, schiebt er noch auf. Zunächst einmal untersucht er die menschliche Vorstellungswelt. Der Mensch ist ein Tier, das sich die Welt durch »Gründe« erklärt. Doch was sind Gründe? Warum akzeptieren wir sie? Worin besteht ihre Gesetzmäßigkeit, die sie gültig macht?

Schopenhauer knüpft an Hume und an Kant an. Beide hatten die Kausalität als ein Ordnungsschema des menschlichen Bewusstseins beschrieben. Aber die Mechanismen der Kausalität lassen sich viel gründlicher analysieren. Und genau das tut Schopenhauer. Er untersucht vier verschiedene Arten von Begründungsverhältnissen. In den *Naturwissenschaften* ist die Kausalität *zeitlich*. Etwas entsteht aus etwas anderem und ist dessen zeitliche Folge. Weil es friert, wird aus Wasser Eis. In der *Logik* ist die Kausalität unabhängig von Zeit und Raum, sie ist *logisch*. Zwei plus zwei ist immer und völlig zeitlos vier. In der *Geometrie* und der *Arithmetik* dagegen spielen Logik und Räumlichkeit zusammen. Denn dass die Summe der Winkel im Dreieck 180 Grad ergibt, ist *logisch-räumlich* evident. Mit diesen Unterscheidungen sagt Schopenhauer letztlich nichts Neues. Entscheidend ist, dass er noch eine vierte Begründungsform einführt, nämlich das *Motiv* oder den »Handlungsgrund«. Wenn Menschen etwas tun, dann haben sie dafür keinen logischen, sondern einen *psychologischen* Grund. Wir tun etwas, weil wir es *wollen*. Der Wille ist die Ursache unserer Handlung und gibt ihr einen Grund. Aber diese Ursache unterscheidet sich grundlegend von den anderen drei Ursachen. Der Wille ist nämlich nicht demonstrierbar. Evident ist er nur für mich selbst, nicht für andere. Ein »innerer Sinn«, jenseits von Zeit, Raum und Logik, ist es, der mich antreibt.

Was zunächst harmlos klingt, öffnet Schopenhauer bald darauf den Weg zu seiner wirklichen Wirklichkeit. Denn etwas, was jenseits von Zeit, Raum und Logik ist, ist das nicht das, was Kant das »Reich der Freiheit« genannt hat, in dem die Dinge »an sich« sind? Doch dieses Reich der Freiheit ist nicht vernünftig und intelligibel – es ist der irrationale dunkle Wille, den wir mit innerem Sinn spüren und der uns und die gesamte belebte Natur beseelt und motiviert!

Frisch promoviert und in Vorfreude auf sein großes Hauptwerk kehrt Schopenhauer im Herbst 1813 nach Weimar zurück. Bei seiner Mutter, die mittlerweile einen neuen Mann in ihr Leben eingeschlossen hat, kann er mit seiner Doktorarbeit nicht punkten. Johanna Schopenhauer, inzwischen bekannte Reiseschriftstellerin und im Goethe-Kreis gefeiert, hält das Werk ihres Sohnes für literarisch wertlos: eine Lektüre »für Apotheker«. In kürzester Zeit zerstreiten die beiden sich heillos. Besonders empfindlich trifft die Mutter, wie der Sohn mit ihrem Intimus Goethe umgeht. Schopenhauer empfindet durchaus Respekt vor der Lichtgestalt der Weimarer Szene; aber ihn zu zeigen, ist seine Sache nicht. Als Goethe ihm stolz seine Farbenlehre präsentiert, um sich dafür von dem aufstrebenden jungen Herrn Doktor rühmen zu lassen, fällt Schopenhauer nichts anderes ein, als den Grandseigneur zu rüffeln. Dessen Farbenlehre möchte die beseelte Welt Spinozas und Schellings gegen die nüchterne Physik Newtons retten. Nicht schlecht, befindet sein junger Kritiker, aber eine »eigentliche Theorie ... ist nicht in Göthe's Farbenlehre erhalten«.[9] Unerschrocken greift er zur Feder und zeigt Goethe, wie eine richtige Farbenlehre auszusehen hat. Was Goethe für eine Übereinstimmung des menschlichen Bewusstseins mit der Natur hält, etwa die »Sonnenhaftigkeit« des Auges, sei doch im Grunde nur eine Projektion. Wir halten das Auge für sonnenhaft, weil wir uns die Sonne nach unseren Vorstellungen bilden. Als guter Kant-Schüler gibt Schopenhauer Goethes Farbenlehre ein transzendentalphilosophisches Fundament.

Dass Goethe, der mit Schopenhauer zusammen forschen wollte, davon nicht angetan ist, bedarf keiner langen Rede. Das Verhältnis wird auch nicht dadurch besser, dass Schopenhauer in einem Brief darauf besteht, dass einzig er selbst »die erste wahre Theorie der Farbe geliefert« habe.[10] Strategisch klug ist das nicht. Niemand in Deutschlands Kulturleben hat so viele Karrieren ermöglicht und Schützlinge protegiert wie Goethe; Schopenhauer wird definitiv nicht dazugehören. Verbittert zieht er ins schöne Dresden, um endlich sein Hauptwerk zu schreiben. Dafür liest er viel indische und fernöstliche Philosophie, die bei den Romantikern stark in Mode ist. Doch Schopenhauer geht gründlicher vor als alle anderen. 179 Bücher leiht er aus der Dresdner Bibliothek aus, die ihm das Denken der Hindus und Buddhisten nahebringen. Vor allem die *Upanishaden*, eine Sammlung altindischer Texte, bestätigen ihn in seinem Glauben an eine Zwei-Welten-Theorie. Die uneigentliche, verderbte und leidende Welt hier – die wirkliche und wahre Welt dahinter. Zugang zur wahren Welt verschafft nicht der Verstand, sondern der Leib. Das Ewige und Wahre in der Welt erfahren wir in unserer biologischen Lebensenergie, unserem Wollen. Und wir erspüren es, wenn wir fühlen, wie wir als Teil der Natur mit ihr zusammenhängen.

»Eigentlichkeit« gibt es nur in der sinnlichen Erfahrung – ein Gedanke, den vor Schopenhauer schon der französische Sensualist *Étienne Bonnot de Condillac* (1714–1780) gedacht hat: Ich fühle mich, also bin ich! Doch Schopenhauer sieht in Condillac nur einen geistlosen Materialisten. Sich selbst dagegen hält er für jenen Mann, der als Erster das Beste des Abendlands (Platon und Kant) mit dem Besten der östlichen Philosophie zusammendenkt. Und der »Wille« wird dabei zum Schlüsselbegriff.

Im März 1818 ist das große Werk abgeschlossen: *Die Welt als Wille und Vorstellung*. Vorstellung ist alles das, was Menschen denken. Die ganze Welt erscheint uns als Vorstellung, ob tägliche Dinge, die Natur oder unser Handeln und unsere Ideale. Stets bewegen wir uns in einer typisch menschlichen Vorstellungswelt, geformt durch unser Bewusstsein. Wären unser Gehirn und unsere Sinnlichkeit anders, so wäre auch unsere Vorstellungswelt anders. Stärker als die meisten deutschen Philosophen vor ihm sieht Schopenhauer den Menschen als ein Tier unter Tieren, gefangen im Käfig seines biologischen Erkenntnisapparats.

Für viele Menschen ist ihre Vorstellungswelt »die Welt«. Auch der hochgeschätzte Hume hatte hier Schluss gemacht. Außerhalb unserer Vorstellungswelt gibt es nichts, von dem wir etwas wissen können. Aber Schopenhauer widerspricht energisch: Doch es gibt etwas! Fühlen wir nicht die Regung des Willens in uns als eine natürliche Kraft jenseits unseres Verstandes? Ein Wille, der so mächtig, deutlich und klar in uns wirkt, dass wir nicht abstreiten können, dass es ihn »an sich« gibt? Unser Wille ist keine Vorstellung unter anderen. Er ist von kosmischer Kraft, er durchwirkt die ganze natürliche Welt von der Elektrizität über die Pflanzen und Tiere bis zu den Menschen. Er ist das Naturereignis schlechthin, das in allem waltet, alles hervorbringt und als Antrieb und Motiv in allen intelligenten Wesen spürbar wird. Hatte Schelling gemeint, dass der Mensch das Wesen ist, in dem die Natur sich ihrer selbst bewusst wird, so stimmt Schopenhauer dem zu. Aber nicht in unserer Vernunft, sondern im gespürten und begriffenen Willen kommt die Natur zu sich selbst! Denn was sind unsere Vorstellungen mehr als Produkte eines Verstandes, der von nichts anderem gelenkt und geleitet wird als von ebendiesem Willen? Selbst die vermeintlich objektiven Naturwissenschaften vermessen nur den engen Rahmen einer Welt, die unser Gehirn mit Vorstellungen möbliert. Doch eine Erscheinung zu vermessen oder mit einer anderen Erscheinung zu vergleichen schafft noch lange keine *wirkliche*, sondern nur eine *menschliche* Objektivität.

Schopenhauer kehrt die alte Hierarchie um. Nicht die Vernunft weiß um die wahre Welt, sondern das Gefühl. Hier ist er meilenweit von Kant entfernt. Was aber folgt aus der neuen Einsicht? Ist der Wille nun gut oder schlecht? Was sagt er uns über unsere Sterblichkeit oder Unsterblichkeit? Wie sollen wir uns eingedenk unseres Wissens um die Macht des Willens verhalten? Diese Fragen behandeln das dritte und vierte Kapitel von *Die Welt als Wille und Vorstellung*. Sie enthalten Schopenhauers Ansichten über Ästhetik und Ethik.

Die Künste, insbesondere die Musik, haben Schopenhauer von Kindesbeinen an fasziniert. Aber warum? In seinem Buch gibt er dem Reiz des Ästhetischen eine philosophische Deutung, die stark an den von ihm geschmähten Schelling erinnert. Doch überall, wo Schelling vom Absoluten spricht und von intellektueller Anschauung, redet Schopenhauer vom Willen und vom Fühlen. Die Aura der Kunst liegt darin, dass sie die alltägliche Welt entrückt. Wenn ich einer Symphonie lausche oder mich in ein Gemälde versenke, scheint die Zeit stillzustehen – jene vermaledeite Zeit des Werdens und Vergehens, des Leidens und Sterbens.

Die Kunst »reißt das Objekt ihrer Betrachtung heraus aus dem Strome des Weltlaufs und hat es isoliert vor sich«.[11] Sie versetzt uns in einen sphärischen Zustand jenseits von Zeit und Raum. Sie trägt einen Hauch jener wirklichen Wirklichkeit jenseits unseres Bewusstseins. Sie berührt unser fühlendes Inneres, indem sie den schicksalhaften Weltenlauf aussetzt und uns ganz bei uns selbst sein lässt. In der Versenkung fühle ich mich in einem Zustand, als ob es die alltägliche Welt nicht gäbe. In diesem Sinne ist die Kunst »wahr«, denn sie lässt uns ahnen, dass wahre Bedeutung nicht in der Erfahrungswelt liegt. »Das Wesen ... aller Kunst besteht im Auffassen der platonischen Idee, d. h. des Wesentlichen und daher der ganzen Art Gemeinsamen, in jedem einzelnen.«[12] Und sie lässt uns entspannt gegenüber unserem Willen sein und macht ihn dadurch vom Treiber zum Objekt unserer Betrachtung. Doch die Kunst ist zugleich flüchtig. Sie überwindet die Welt nur zum Schein oder im Spiel und nur für kurze Dauer. Die wirkliche Überwindung kann sie damit nicht leisten. Dies ist und bleibt die Aufgabe der Ethik.

Mitleid und Entsagung

Wie bei Platon und Kant ist Schopenhauers Ethik die Konsequenz aus seiner Metaphysik. Wie soll ich leben, wenn alles Leben Ausdruck eines dunklen und irrationalen Willens ist? Wenn das, was wir Individualität nennen, einzig ein Schein, eine Illusion ist, weil der Wille nur an der Gattung und nicht am einzelnen Menschen interessiert ist?

Theoretisch lassen sich aus einer solchen Prämisse viele verschiedene Konsequenzen ziehen. Ich kann völlig amoralisch leben, weil es der Natur und dem Willen auf Vernunft, Einsicht und Moral ja ohnehin nicht ankommt und es kein anderes moralisches Gesetz in mir und in der Welt gibt. Ich kann mich dabei an meinem Willen erfreuen und alles daransetzen, meine Triebe zu befriedigen, selbst wenn sie unersättlich sind. Aber ich kann auch ganz anders reagieren; etwa die Verpflichtung in mir spüren, mich trotz der Sinnlosigkeit allen Lebens mit Kräften dafür zu engagieren, dass die kurze Zeit auf Erden für viele Menschen besser und erträglicher wird.

Doch Schopenhauer wählt weder den ersten noch den zweiten Weg, sondern einen dritten: Ich muss lernen, meinen Willen zu erkennen und ihn so weit es geht *überwinden*, um zwar nicht glücklich, aber zumindest zufrieden zu werden. Erstaunlicherweise hält er diese Konsequenz für logisch, was sie nicht ist. Nicht die Logik, sondern das melancholische Temperament zeichnet diesen Weg vor. Denn wer nicht allzu stark an der Welt leidet, wird ihr nicht entsagen wollen. Entsprechend willkürlich erscheint Schopenhauers Ethik. Sie ist eine nicht weiter begründbare Haltung, etwas, was man seit Beginn des 19. Jahrhunderts eine Weltanschauung nennt.

Am Anfang steht die Einsicht in das Leiden, den Schmerz und erstaunlicherweise »die Schuld« allen Lebens. Es sind Dinge, die jeder sensible Mensch in sich spürt. In durchschnittlichen Menschen äußert sich das Wissen um das traurige und schuldhafte Leben in der Reue über begangene Taten. Ein Mann von Charakter hingegen – den es außer Schopenhauer selbst leider nur sehr selten gibt – erkennt den großen Zusammenhang der Welt, die irrationale Kraft seines Willens und alle damit verbundenen Schwächen. Unaufhörlich arbeitet er daran, sie zu überwinden. Er sieht, dass das Leben immer nur zwischen Schmerz und Langeweile, Not und Überdruss hin- und herpendelt und dass es in der Welt kein dauerhaftes Glück gibt. Folglich bleibt ihm nur, den eigenen Egoismus zu bezwingen.

Kein moralisches Gesetz in mir, wie bei Kant, und keine Weltklugheit, wie bei Hume, befiehlt oder rät mir, ein guter Mensch zu sein. Es ist die Einsicht in das Leiden aller Kreatur und die Überwindung meines egozentrischen Willens, die mich moralisch gut machen. Wer sieht, dass andere Menschen und auch andere

Tiere in der gleichen Mühle des Leidens stecken wie man selbst, der wird *Mitleid* empfinden. Jeder moralische Fortschritt besteht in der Ausweitung des Mitleids. Denn wer »nicht mehr den egoistischen Unterschied zwischen seiner Person und der fremden macht, sondern an den Leiden der anderen Individuen ebenso viel Anteil nimmt, wie an seinen eigenen, und dadurch nicht nur im höchsten Grade hilfreich ist, sondern sogar bereit, sein eigenes Individuum zu opfern, sobald mehrere fremde dadurch zu retten sind; dann folgt von selbst, dass ein solcher Mensch, der in allen Wesen sich, sein innerstes und wahres Selbst erkennt, auch die endlosen Leiden alles Lebenden als die seinen betrachten und so den Schmerz der ganzen Welt sich zueignen muss«.[13]

Ist das wirklich Arthur Schopenhauer, der das schreibt? Jener dreißigjährige Querulant, der sich mit seiner Familie, seinem Verleger und in Wirtshäusern bei jeder Gelegenheit heillos zerstreitet? Jener unnachgiebige Rechthaber, der jeden anderen Denker gnadenlos für minderwertiger abstempelt als sich selbst? Und selbst seine berühmte Tierliebe hält ihn nicht davon ab, weiterhin Fleisch zu essen. Die Begründung, dass ja nur das Leiden, nicht der Tod elend sei, ist hanebüchen. Von dieser Einsicht beseelt, dürfte man auch wahllos Menschen schmerzlos töten. Wenn der Elsässer Theologe und Philosoph *Albert Schweitzer* (1875–1965) ein Jahrhundert später Schopenhauers Mitleidsethik zu einer »Ehrfurchtsethik« ausbaut – »Ich bin Leben, das leben will, inmitten von Leben, das leben will« –, wird er sie sorgfältig von der Person ihres Urhebers ablösen.

Nicht anders verhält es sich mit Schopenhauers Ideal von Entsagung und Askese. Im Laufe seines Lebens wird der Philosoph nur wenige Gegenstände besitzen und meist möbliert wohnen. Aber er bleibt ein Genießer guten Essens und der schönen Künste. Statt freigiebig zu sein, ist er sorgsamst auf sein Geld bedacht und zeigt sich meist geizig. Und statt gelassen der Welt und ihren Händeln zu entsagen, ist er ängstlich, zänkisch, unnachgiebig und für andere Menschen meist schwer zu ertragen. Ein Philosoph – so findet er für sich ein Schlupfloch – müsse kein Heiliger sein. Aber müsste er es, seiner Einsicht gemäß, nicht zumindest ein wenig versuchen?

Zu den Widersprüchen in seinem Leben gesellen sich die Widersprüche seiner Philosophie. Für Schopenhauer ist der Mensch unfrei. Unser Wille bestimmt uns durch und durch, sodass sich unsere zukünftigen Taten vorhersagen ließen wie eine Sonnen- oder Mondfinsternis. Könnte man die Zeit zurückdrehen, so würde jeder Mensch sich immer wieder genauso verhalten, wie er es getan hat. Denn *ich kann nicht wollen, was ich will.* Das Gleiche hatte schon Hume festgestellt, und auch viele Neurobiologen sehen das heute ähnlich. Doch wenn das so ist, woher kommt dann mein freier Wille, meinen Willen zu überwinden? Schopenhauers Einsicht in die zwingende Kausalität eines eigenmächtigen Willens und seine fernöstliche Lehre von der Überwindung des Willens passen äußerst schlecht zusammen. Ich kann meinen Willen nicht freiwillig verneinen, wenn niemand und nichts sich dem Willen entgegenstellen kann. Die Entscheidung, meinen Willen verneinen zu wollen, muss immer durch meinen Willen programmiert sein. Und wenn das so ist, dann erfolgt sie nicht freiwillig. Sie ist keine Verneinung meines Willens, sondern geschieht auf dessen Wunsch. Wer meint, seinen Willen zu verneinen, folgt ihm nur nach.

Die Freiheit, einen unfreien Willen zu überwinden, ist nicht der einzige Widerspruch in Schopenhauers Philosophie. Ein weiterer betrifft die Hoffnung. Als scharfer Kritiker des jüdischen und des christlichen Glaubens hält er den einzelnen Menschen, das Individuum, für sterblich. Unsterblich dagegen sei der Wille, der in uns wirkt. Denn im Grunde ist es nicht *unser* Wille, sondern *der* Wille – eine Kraft der Natur. In seiner späteren Schrift *Ueber den Tod und sein Verhältniß zur Unzerstörbarkeit unsers Wesens an sich* stellt er die Unsterblichkeitstheorie von Aristoteles auf den Kopf. Für den antiken Philosophen war die Seele sterblich, weil die Lebensenergie mit dem Tod erlischt. Unsterblich war nur der unpersönliche Intellekt, der in uns waltet und der unvergänglich weiterlebt. Wo Aristoteles vom Geist oder Intellekt redet, spricht Schopenhauer vom Willen. Für ihn ist der Wille das Unsterbliche in uns. Stirbt das Individuum, so kehrt er in ein anderes ein; für Schopenhauer eine tröstliche Vorstellung. Doch worin soll hier ein Trost liegen? Wenn der Wille nichts anderes als Leiden (und bei Befriedigung Langeweile) schafft, wie soll seine ewige Fortdauer dann tröstlich sein?

In diesem Licht wirkt *Die Welt als Wille und Vorstellung*, ja Schopenhauers gesamte Philosophie, wie eine Selbstüberredungsphilosophie. Gegen die eigenen Ängste und seine schier maßlose Egozentrik scheint sich ihr Urheber damit selbst therapieren zu wollen. Die Worte, die er wählt, und die Sätze, die er formuliert, gehören dabei zum Schönsten, was Philosophen bis dahin in deutscher Sprache geschrieben haben. Geschult an der englischen, französischen und spanischen Hochliteratur schreibt er elegant und verständlich, flammend und eindringlich. Mit diesem von ihm selbst als Meisterwerk betrachteten Buch bewaffnet, zieht er gegen Hegel in Berlin zu Felde, um den größten seiner Charakterwidersprüche auszuleben: seine maßlose Gier nach Anerkennung und Ruhm im alltäglichen Leben – ebenjenes Lebens, dessen Nichtigkeit er so eitel zu beweisen sucht …

Die Kunst zu leben

Die geplante Vorlesung, parallel zu Hegel, kann Schopenhauer zunächst nicht halten. Erst muss er habilitiert werden, mit Hegel, dem »Unsinnsschmierer«, als Kopf der Prüfungskommission! Im März 1820 kommt es zum ersten und einzigen Showdown, als Schopenhauer seine Thesen vom vierfachen Satz vom Grund vorträgt. Hegel mäkelt an dem Prüfling herum, weil er den Begriff des Motivs nicht versteht, den Schopenhauer Tieren als Beweggrund ihres Verhaltens unterstellt. Nur die Unterstützung des

Zoologen Lichtenstein hilft Schopenhauer zu zeigen, dass nicht er, sondern Hegel auf diesem Gebiet unkundig ist.

Zu einem Durchbruch verhilft das nicht. Als Schopenhauer im Sommersemester 1820 endlich seine Vorlesung parallel zu Hegel hält, verirren sich gerade fünf Studenten zu ihm. Die Zahl ist so gering, dass von nun an über die nächsten zehn Jahre keine weitere angekündigte Vorlesung an der Berliner Universität mehr zustande kommt. Auch die Universitäten in Würzburg und Heidelberg verzichten auf seine angebotenen Dienste. Schopenhauer bleibt Privatgelehrter wider Willen. Seine Depressionen nehmen zu, die vielen Pläne für Übersetzungen englischer und italienischer Literatur bleiben meist unverwirklicht.

1832 zieht er nach Mannheim und ein Jahr später nach Frankfurt. In drei Hinsichten wird er seine Philosophie weiter ausbauen und vervollständigen. Schopenhauer sucht einen Anschluss an die Naturwissenschaften, insbesondere an die Biologie. Er beschäftigt sich mit Mystik, Spiritismus und anderen Grenzwissenschaften, um seine Zwei-Welten-Theorie abzusichern. Und er studiert alle erdenklichen Weltklugheitslehren von der Antike über die spanischen und französischen Moralisten des Barocks und der Aufklärung bis zur fernöstlichen Philosophie. Sie sollen helfen, die Frage zu beantworten, wie sich ein sinnloses Leben gleichwohl sinnvoll leben und ertragen lässt.

Das Ergebnis sind zahlreiche Manuskriptbücher und mehrere Essays. In *Über den Willen in der Natur* sucht er den Anschluss seiner Philosophie an die empirischen Wissenschaften. Reden nicht auch die Biologen von einer »Lebenskraft«? Der führende Physiologe *Karl Friedrich Burdach* (1776–1847) gar von einem »ideellen Princip im Weltganzen«, aus dem jedes Individuum entspringt? Und ist dieses Prinzip nicht das Gleiche wie Schopenhauers Wille? Der Philosoph findet überall Belege und Übereinstimmungen. Anders als die Denker des deutschen Idealismus sucht Schopenhauer in den Naturwissenschaften Komplizen. Sie sind Verbündete, kein Steinbruch, den man für wilde Spekulationen

Schoppenhauer

nutzen kann, so wie Schelling es tat und mit ihm die romantische Naturphilosophie. Doch kann die Naturwissenschaft Schopenhauer wirklich bestätigen, wenn sein alles durchwaltender Wille gerade nicht der Welt des Kausalen und Messbaren angehört, sondern ihr entzogen sein soll?

Schopenhauers Begriff des Willens ist ziemlich diffus und missverständlich. Zunächst einmal kann man fragen, was ein Wille überhaupt sein soll. Sind der Sexualtrieb und das tiefe Bedürfnis zu überleben genau das Gleiche wie der Wille, beim Aufräumen des Zimmers mit dem Bücherregal zu beginnen? Oder der Wille, die Steuererklärung heute statt morgen zu erledigen? Oder der Wille, jetzt lieber Suppe statt Nudeln zu essen? Bis in die Gegenwart geistert das diffuse Wort des Willens als eine ominöse Einheit oder Kraft durch die Philosophie, die ganz Unterschiedliches unter einen einzigen Begriff zwingt. So viele berechtigte Zweifel es gibt, *die* »Vernunft« als eine klare Größe zu betrachten, so viele dürfte es eigentlich auch beim »Willen« geben. Zerfällt er nicht bei näherer Betrachtung in ein Sammelsurium von Stimmungen, Neigungen, Reflexen, Routinen, Launen, Anwandlungen, Absichten, Motiven, Ideen, Gründen, Einsichten und so weiter, die bewusst und unbewusst, klar oder dunkel sein können? Und von denen nur ein ziemlich kleiner Teil eindeutig auf elementare biologische Antriebe reduziert werden kann?

Bereits zu Schopenhauers Lebzeiten fällt seinem jungen Freund und Anhänger *Julius Bahnsen* (1830–1881) auf, dass das, was Menschen ihren Willen nennen, mehr ist als nur eine in jedem wirksame Naturkraft. Die drei Bücher, die er später darüber schreibt, *Beiträge zur Charakterologie* (1867), *Zum Verhältnis zwischen Willen und Motiv* (1870) und *Mosaiken und Silhouetten* (1877), werden zeigen, dass Menschen nicht *einen* Willen haben, sondern oft von verschiedenen Willensregungen und zahlreichen Willenskonflikten bestimmt und geplagt werden.

Schopenhauers Willenskonzept dagegen kennt nur den *einen* unergründlichen Willen. Und gerade damit erringt er 1839 den ersten Preis der Norwegischen Sozietät der Wissenschaften. *Über die Freiheit des menschlichen Willens* heißt die Schrift, mit der er die ausgeschriebene Preisfrage beantwortet. Und natürlich lautet die Antwort, dass Menschen keinen freien Willen haben, sondern nur einen freien Nichtwillen – also die Möglichkeit, ihren Willen zu verneinen. Der Preis macht Schopenhauer so stolz, dass er seine kurz darauffolgende Zuschrift für eine Preisfrage der Dänischen Societät der Wissenschaften mit einem Hinweis darauf versieht, ihn alsbald durch die Post von seinem errungenen Sieg zu benachrichtigen. Doch der Essay *Über die Grundlagen der Moral* verdrießt die dänischen Preisrichter so sehr, dass sie ihn nicht auszeichnen, obgleich Schopenhauer der einzige Bewerber ist! Ingrimmig lässt er beide Schriften unter dem Titel *Die beiden Grundprobleme der Moral* erscheinen, versehen mit den Hinweisen: »gekrönt von der Königl. Norwegischen Societät der Wissenschaften« und »*nicht* gekrönt von der K. Dänischen Societät der Wissenschaften«.

Immerhin hat Schopenhauer ein erstes Mal öffentliche Anerkennung erhalten. Sein Verleger gestattet ihm 1843 sogar die ewig ersehnte zweite Auflage seines Hauptwerks, ergänzt durch zahlreiche neue Essays. Einer davon handelt *Ueber das metaphysische Bedürfnis des Menschen.* Bislang hatte sich Schopenhauers Philosophie vornehmlich mit dem beschäftigt, was den Menschen wirklich ausmachen soll. Es ist nicht seine Vernunft, sondern die konkrete Erfahrung seiner Triebe und Intuitionen, die er als Wille zusammenfasst. Damit gehört Schopenhauer zu den Vätern einer Philosophie, die später als Lebensphilosophie Karriere machen wird. In den letzten beiden Jahrzehnten seines Lebens beschäftigt er sich stärker mit der Frage, welche praktischen Konsequenzen dies hat – eine Frage, die Ausgangspunkt für das wird, was später Existenzphilosophie heißt.

Zu solchen existenzphilosophischen Überlegungen gehört das, was Schopenhauer über Religion schreibt. Wie Hume und Kant hält er das Christentum und alle anderen Offenbarungsreligio-

Schoppenhauer

nen für Menschenwerk. Sie sind schlichtweg nicht wahr. Trotzdem haben sie eine gewisse Berechtigung, geboren aus der misslichen Lage des Menschen. Während Tiere noch in der »Weisheit der Natur« leben, ist der Mensch intelligent genug, um sich »über seine eigenen Werke« zu wundern und sich zu fragen, »was er selbst sei. Seine Verwunderung ist aber umso ernstlicher, als er hier zum ersten Male mit Bewußtsein dem Tode gegenübersteht, und neben der Endlichkeit allen Daseyns auch die Vergeblichkeit allen Strebens sich ihm mehr oder minder aufdringt. Mit dieser Besinnung und dieser Verwunderung entsteht daher das dem Menschen allein eigene Bedürfniß einer Metaphysik: er ist sonach ein *animal metaphysicum.*«[14]

Die Angst vor dem Tod und der Sinnlosigkeit der Existenz treibt das Bedürfnis nach Religion hervor. Und nur die intelligenteren Menschen lernen, sich daraus zu lösen und ihre Antworten stattdessen in der Philosophie zu suchen – eine Ansicht, die auch von vielen heutigen Philosophen geteilt wird. Letztlich geht sie bereits auf den andalusischen Philosophen *Averroes* (1126–1198) zurück. Schopenhauer hält seine Gedanken allerdings für ziemlich neu und seine Schriften für »das Beste … was das Jahrhundert gebracht hat«.[15] Zu seiner großen Freude steht er damit gegen Ende seines Lebens nicht mehr ganz allein. Vor allem seine Schrift *Parerga und Paralipomena* (1851), zu Deutsch: »Beiwerke und Nachträge«, ist ein publizistischer Erfolg, der ihm viele Anhänger bringt. Über Jahrzehnte entstanden, enthält sie Schopenhauers versammelte Weisheiten zur Lebenskunst.

Mit seinem erfolgreichsten Buch stellt sich der inzwischen öffentlich so titulierte »Buddha aus Frankfurt« in die Tradition der antiken Glückslehren und der Moralistik der Feudal- und der Aufklärungszeit. Über sein Leben gebeugt, reflektiert er, worauf es am Ende wirklich ankommt: auf Besonnenheit und Bescheidenheit, Seelenruhe und Abgeklärtheit – allesamt Tugenden, die ihr Autor selbst nicht besitzt. Schopenhauer, der jede Rezension und Erwähnung seiner Werke akribisch verfolgt und studiert, amüsiert sich über die Welt als ein Jahrmarkt der Eitelkeiten. Und als ein Mensch, der peinlich auf seine Gesundheit bedacht ist, beschwört er ein um das andere Mal die Nichtigkeit des Lebens. Wie schön, dass zumindest eine wachsende Anhängerschaft, die Schopenhauer nur halb ironisch »Apostel« und »Evangelisten« nennt, ihm seine Rolle abnimmt. Der Philosoph der Gelassenheit und der Weltverneinung ist ein eitler Rächer, der in seinen Essays zur Weltweisheit mit allen abrechnet, die ihn im Leben schlecht behandelt haben: der Universitätsphilosophie, den auf der Suche nach Ruhm Erfolgreicheren und den Frauen. Besonders Letztere kriegen Schopenhauers vergiftete Weisheit serviert. Sie sind Machiavellistinnen, die Männer nur verführen, weil sie an ihr Geld wollen. Und gebären sie erst Kinder, sind sie auch schnell nicht mehr schön. Da hockt der Mann dann da und hat genau das bekommen, was er nie wollte. Nein, »der einzige Mann, der Frauen braucht, ist der Frauenarzt«.

Als Schopenhauer im September 1860 mit zweiundsiebzig Jahren stirbt, ist er längst kein Unbekannter mehr. Die ersten Universitäten haben sein Werk in ihre Vorlesungen aufgenommen, und mehrere Arbeiten über ihn sind erschienen. In der Mitte des 19. Jahrhunderts ist der Materialismus die neue Modephilosophie und bietet den Anhängern des deutschen Idealismus an vielen Orten die Stirn. Die Materialisten, auf die wir später ausführlich eingehen, schätzen Schopenhauers Sicht des Menschen als eines Triebwesens. Und ein knappes Jahr vor Schopenhauers Tod, im November 1859, veröffentlicht ein gewisser Charles Darwin sein Buch über die Entstehung der Arten in der Natur – der Beginn der modernen Evolutionstheorie! Mit ihr bekommt das neue biologische Menschenbild gewaltigen Auftrieb.

Am stärksten gewirkt hat aber der jähzornige und streitlustige Weise aus Frankfurt auf die Psychologie und die Kunst. Seine Willensmetaphysik ebnet den Weg, um sich mehr und mehr mit dem Unbewussten zu beschäftigen, bis hin zu Sigmund Freud. Und auch die Künstler haben Schopenhauer oft gerühmt und als Verwandten im Geiste betrachtet. Wilhelm Raabe, Iwan Turgenjew, Leo Tolstoi, Thomas Hardy, Marcel Proust und Thomas Mann waren große Schopenhauer-Verehrer, ebenso Richard Wagner, Arnold Schönberg, Wassily Kandinsky und Kasimir Malewitsch. Unter zeitgenössischen Schriftstellern und Künstlern sind Michel Houellebecq und Bruce Nauman zu nennen. Noch heute ist Schopenhauer der Lieblingsphilosoph vieler Nicht-Philosophen. Zum einen wegen seines mitreißenden literarischen Stils, zum anderen wegen seines so ästhetisch zelebrierten Pessimismus.

So widersprüchlich sein Charakter und sein Werk waren und wie unlogisch und verschwommen seine Willensmetaphysik, als wichtigster Anreger der Lebensphilosophie schreibt Schopenhauer Geschichte. Zu Anfang des 19. Jahrhunderts den Willen ins Zentrum der Philosophie zu rücken ist keine Kleinigkeit. Vielmehr ist es ein Affront gegen die angeblich vernünftige Sittsamkeit und Verklemmtheit der Biedermeier-Zeit, für die Vernunft vor allem eines bedeutet: seine Bedürfnisse und Affekte zu unterdrücken. Schopenhauer dagegen feiert den Willen – wenn auch in der höchsten Form: den Unwillen, sich dem Triebwillen zu unterwerfen. Leben ist eine Wahl zwischen zwei Willensformen: sich dem natürlichen Willen auszuliefern und dem Willen, dagegen anzugehen. Die Vernunft aber ist nur Zuschauer dieser Willensschlacht, ihr redseliger Kommentator.

Im Ruhm, damit zugleich die Existenzphilosophie begründet zu haben, steht Schopenhauer allerdings hinter einem anderen zurück; einem Mann, der ungleich radikaler dachte und lebte als er, weil er, anders als der ängstliche Deutsche, die Kühnheit seiner Gedanken tatsächlich gnadenlos auf sich selbst übertrug. Die Rede ist von *Søren Kierkegaard* (1813–1855).

Kierkegaard →

Der Spion

Was für eine Kindheit! »Sein Zuhause bot nicht viele Zerstreuungen, und da er so gut wie niemals herauskam, gewöhnte er sich früh daran, sich mit sich selber zu beschäftigen und mit seinen eigenen Gedanken. Sein Vater war ein sehr strenger Mann, dem Anschein nach trocken und prosaisch, indessen er unter dieser Friesjacke eine glühende Einbildungskraft verbarg, die auch sein hohes Alter nicht abzustumpfen vermochte. Wenn Johannes zuweilen um Erlaubnis bat, ausgehen zu dürfen, wurde er meist abschlägig beschieden; wohingegen der Vater gelegentlich zum Entgelt ihm vorschlug, an seiner Hand die Diele auf und ab zu spazieren. Dies war beim ersten Augenschein ein dürftiger Ersatz, und doch ging es damit ebenso wie mit der Friesjacke, er barg etwas ganz anderes in sich. Der Vorschlag wurde angenommen, und es wurde Johannes ganz überlassen zu bestimmen, wo es hingehen sollte. Sie gingen dann aus dem Tore, zu einem naheliegenden Lustschlößchen, oder hinaus zum Uferstrand, oder umher in den Straßen, alles gemäß dem, wie Johannes es wollte; denn der Vater vermochte alles. Während sie so die Diele auf und ab gingen, erzählte der Vater alles, was sie sahen, sie grüßten die Vorübergehenden, Wagen ratterten an ihnen vorüber und übertäubten die Stimme des Vaters; die Früchte der Kuchenfrau waren einladender denn je. Er erzählte alles so genau, so lebendig, so gegenwärtig bis zur unbedeutendsten Einzelheit, die Johannes bekannt war, so ausführlich und anschaulich, was ihm unbekannt war, daß er, wenn er eine halbe Stunde mit dem Vater spaziert war, so überwältigt und müde geworden war, als wenn er einen ganzen Tag aus gewesen wäre.«[16]

Wenn es stimmt, was der Sohn des wohlhabenden Wollwarenkaufmanns Michael Pedersen Kierkegaard in seinem autobiografischen Roman unter dem Tarnnamen »Johannes Climacus« über sich schreibt, so erlebte er eine Kindheit wie in einem Ingmar-Bergman-Film. Der Vater sonderbar, strenggläubig, depressiv und bei der Geburt des Kindes bereit siebenundfünfzig Jahre alt; die Mutter eine von ihm geschwängerte Dienstmagd, die der Sohn kaum je erwähnt. Wir wissen nicht, was den Vater dazu trieb, Søren das Leben auf den Straßen Kopenhagens vorzuenthalten und es stattdessen originalgetreu in der Diele zu simulieren. Aber wir wissen wohl, was es auslöste. Ein Leben lang wird Kierkegaard von und an den Folgen seiner Dielenspaziergänge mit dem fabulierenden Vater zehren. Statt tatsächlicher Erfahrung erwirbt er eine schier grenzenlose Kunst der Imagination und der Reflexion. Jedes Detail in seinem Leben löst gewaltige Fantasien und schier unendliche Grübeleien aus. Und er, der sich in seiner Kindheit nie im Blick anderer spiegeln konnte, wird später Philosoph werden, um allen anderen den Spiegel vorzuhalten.

Was seine Imaginationskraft anbelangt, so wächst sie sich schnell zu Wahnvorstellungen aus. Von seinen sechs Geschwistern sind fünf im frühen Kindesalter gestorben. Kierkegaard ist überzeugt, dass ein Fluch auf der Familie liegt und dass er mit dreiunddreißig Jahren sterben wird – im gleichen Alter wie Jesus Christus. 1830 nimmt er ein Theologiestudium auf, um seinem Vater zu gefallen. Aber er hat keine Eile, es abzuschließen. Der junge Kierkegaard ist ein Mann mit zwei Gesichtern. Auf einer Zeichnung des Malers Niels Christian Hansen begegnet uns ein attraktiver junger Mann, ein Beau mit offenem Blick. Ein Holzschnitt von 1836 zeigt einen bebrillten Nerd, einen merkwürdigen Sonderling. Gemeinsam ist beiden Bildern nur die gewaltige Haartolle. Und doch zeigen sie die zwei Seiten des jungen Philosophen: den Salonlöwen und Kaffeehausunterhalter, der in vollen Zügen nachholt, was er in seiner Kindheit versäumte. Und den distanzierten Beobachter, der sich mit keiner Sache und keinem Menschen gemein macht, der das Leben seziert, statt es ernsthaft zu leben.

Schon früh beschreibt Kierkegaard sich als einen Menschen, der zu allem Abstand hält und sich auf nichts einlässt. Nur zum Schein wandelt er unter anderen Menschen. Er ist der »Spion«

oder der »Betrüger«, der sich unter die anderen mischt, als sei er einer von ihnen; der sie unterhält mit seiner überbordenden Fantasie und der spitzen Zunge, die alles so schön auf den Punkt bringt: »Ich komme jetzt eben aus einer Gesellschaft, wo ich die Seele war, die Witze strömten aus meinem Munde, alle lachten, alle bewunderten mich – aber ich, ja der Gedankenstrich müsste genau so lang sein wie die Radien der Erde – ich ging fort und wollte mich erschießen.«[17]

1838 stirbt Kierkegaards Vater. Der Sohn steht nun ohne jede zwischenmenschliche Bindung da. Er stürzt sich in die Lektüre der deutschen Frühromantiker und setzt das nicht sonderlich geliebte Studium fort. 1840 ist er examinierter Theologe. Mit einem Überschwang an Leidenschaft macht Kierkegaard der fünfzehnjährigen Regine Olsen den Hof und verlobt sich mit ihr. Die Beziehung dauert nur ein Jahr. In dieser Zeit promoviert der junge Gelehrte mit einer philosophischen Arbeit: *Über den Begriff der Ironie mit ständiger Rücksicht auf Sokrates*. Sie drückt Kierkegaards Lebensgefühl und seine Haltung gegenüber der Welt aus. Wer ironisch lebt – was Kierkegaard in die Existenzform »Sokrates« gießt –, macht sich mit nichts und niemandem gemein. Wie seine eigene Zeit, so sieht der Doktorand die des Sokrates als eine historische Übergangszeit an. Etwas Altes ist dahin, das Neue noch nicht fassbar. So bleibt, um auf der Höhe der Zeit zu leben, nichts anderes als ein Leben im Modus der Ironie. Man ist frei von allen Abhängigkeiten, aber noch nicht frei genug, um sich zu etwas Konkretem zu entscheiden: »Kennzeichnung der Ironie, als der *unendlichen absoluten Negativität*« bedeutet, »daß das *gesamte Dasein* dem ironischen Subjekt fremd und dieses wiederum dem Dasein fremd geworden ist«.[18] Übrig an der Welt bleibt nur das Subjektive. Kein Halt, nirgends. Nicht bei Gott, nicht im Kosmos, nicht in der Gesellschaft. Das moderne Subjekt hat keinen festen Boden mehr unter den Füßen; was ihm bleibt, ist nur sich selbst immer wieder neu zu formulieren durch die flüchtige Art, wie es sich zu sich selbst und zu anderen verhält.

Das erste Opfer dieser Flüchtigkeit des modernen Subjekts ist die Verlobte. Sie dürfte kaum verstanden haben, was im Kopf ihres exzentrischen Freundes vor sich ging, der ihr die Ehe versprach. Gespürt hat sie nur, dass er sich ihr gegenüber so als »Erzschurke«, wie er selbst schreibt, aufführte, dass sie sich am Bruch nicht schuldig fühlen musste. Kierkegaard kann keine Verantwortung für einen anderen Menschen übernehmen und wird es nie tun. Was sich in ihm abspielt, jene »entsetzlichen Dinge«, das »Verhältnis zu Vater, seine Schwermut, die ewige Nacht, die im tiefsten Innern brütet, meine Verwirrung, meine Lüste und Ausschweifungen«, vertraut er nur seinem Tagebuch an.[19]

Im Herbst 1841 geht Kierkegaard nach Berlin, um den großen Schelling zu hören, den letzten noch lebenden Vertreter der klassischen deutschen Philosophie der Kant- und Hegelzeit. Nach anfänglicher Begeisterung ist der junge Däne schnell maßlos enttäuscht: »Schelling salbadert ganz unerträglich.«[20] Nicht anders erleben dies seine höchst verschiedenen Banknachbarn in der Vorlesung, ein gewisser Friedrich Engels aus Barmen und ein gewisser Michail Bakunin aus Prjamuchino in Russland. Im Frühjahr 1842 ist Kierkegaard wieder in Kopenhagen. Mit der deutschen Philosophie, den Romantikern und den Idealisten wie Hegel oder Schelling hat er abgeschlossen. Er hat etwas entdeckt, was ihnen verschlossen geblieben ist. Etwas so Wichtiges und Zentrales, dass er damit der Philosophie einen ganz neuen Stoß versetzen wird …

Der Sprung

Die nächsten drei Jahre wird Kierkegaard ein Buch nach dem anderen schreiben. Aber er schreibt seine Werke nicht wie Hegel, Schelling und fast alle anderen Philosophen. Er ist kein Welterklärer, keiner, der den Durchblick hat, keiner, der dazu geschaffen ist, anderen die Wahrheit zu offenbaren. Wie Sokrates macht er sich klein, und wie Platon in seinen Dialogen verteilt er seine Sichtweisen auf verschiedene Figuren und lässt sie Rollen spielen. Er versteckt sich hinter Pseudonymen, die bestimmte Sichtweisen übertreiben, um den Widerstand des Lesers zu erzeugen. Genau das hatte Sokrates, nach Platon, Mäeutik genannt, die Kunst der Geburtshilfe. Nicht erklären, sondern zum Nachdenken bringen, sei die Rolle des Philosophen. Und genauso sieht sich Kierkegaard. Er ist der dänische Sokrates, der die Ansichten aufeinandertreffen lässt, der Unbehagen auslöst, der den Widerspruch fordert. Dazu mischt er sich weiterhin unter die Leute, beobachtet sie auf der Straße oder im Kaffeehaus, studiert ihre Handlungsmotive, Ängste, Sehnsüchte und Begrenztheiten. In seiner Schreibstube schlüpft er in die Rollen von Johannes Climacus, Vigilius Haufniensis, Johannes de Silentio, Constantin Constantius und Anti-Climacus. Er ist der Ästhetiker A, der Dichter A, der Ethiker B. Er ist Johannes der Verführer, Victor Eremita, ein junger Mann, Hilarius Buchbinder und ein Modehändler.

Die Schriften folgen Schlag auf Schlag: *Johannes Climacus oder De omnibus dubitandum est* (1842), *Entweder-Oder* (1843), *Furcht und Zittern* (1843), *Vier erbauliche Reden* (1843), *Philosophische Brocken* (1844), *Der Begriff Angst* (1844), *Drei Reden bei gedachten Gelegenheiten* (1845), *Stadien auf des Lebens Weg* (1845), *Achtzehn erbauliche Reden* (1845), *Abschließende unwissenschaftliche Nachschrift zu den Philosophischen Brocken* (1846). So unterschiedlich die Perspektiven sind, so gemeinsam ist doch das Thema. Es geht nicht ums Erkennen der Welt, nicht einmal um das Erkennen von sich selbst. Es geht darum, richtig zu existieren. »Sei du selbst!«, lautet Kierkegaards Aufforderung. Was ist damit gemeint?

Ganz einfach. Die Philosophen haben stets über das Leben geredet, als gehörten sie nicht dazu. Über Hegel sagt Kierkegaard später, er habe versucht, die Welt in einem gewaltigen System einzufangen, vergleichbar einem prachtvollen Schloss. Doch was hatte Hegels Denken mit seinem Sein zu tun? So weit der Blick reicht, entdeckt Kierkegaard nichts Kühnes, keine Tiefe, kein Ringen mit dem Dasein. Statt in seinem Schloss zu wohnen, habe Hegel sich in der Hundehütte eingerichtet und sich von dort aus an seinem Gedankengebäude erfreut. Woran liegt das? Weil Hegel wie fast alle Philosophen nur auf den Verstand setzt. Den Verstand zu gebrauchen aber – und das ist Kierkegaards Schlag gegen die Hauptlinie der Philosophie – ist nur *eine* Möglichkeit, auf das Leben zu blicken. Man bekommt niemals das Sein zu fassen, sondern immer nur etwas Allgemeines. Den Philosophen verkommt der einzelne Mensch damit zu einem Beispiel der Gattung Mensch. Wie die Naturwissenschaften vom Menschen nur als ein biologisches Wesen unter ähnlichen sprechen können, so die Vernunftphilosophen von einem vernünftigen Wesen unter ähnlichen. Doch das, was jeder Mensch mit sich auszumachen hat, ist seine ganz persönliche Sache und keine Gattungsfrage. Alles Wesentliche liegt in meinen Ängsten, Hoffnungen und Entscheidungen und nicht in denen irgendeiner »Menge«. Der Philosoph Carl Schmitt wird im 20. Jahrhundert sagen: »Wer Menschheit sagt, der will betrügen!« Kierkegaard denkt dies schon im 19. Jahrhundert. Nicht »der Mensch« zählt, sondern »der Einzelne«. Und nicht »Erkenne dich selbst!« heißt die Devise, sondern »Sei du selbst!«.

In seiner Kritik an der Vernunftphilosophie liegt Kierkegaard nahe bei Schopenhauer. Erst spät wird er den Deutschen lesen, um dann erstaunliche Übereinstimmungen zu finden. In dem, was der Grübler in Kopenhagen über den Einzelnen denkt, geht er aber radikal über Schopenhauer hinaus. Der Mensch als biologisches Gattungswesen ist für ihn unwesentlich. Und auch zu einem unsterblichen Willen nimmt er keine Zuflucht. Kierkegaard schaut ganz genau hin und fragt: Wie nehmen Menschen sich selbst und ihr In-der-Welt-Sein wahr? Denn genau hier liegt der Ausgangspunkt aller Philosophie. Dieser Punkt ist nicht objektiv (wie bei Schopenhauer die Biologie), sondern subjektiv, weil nur das Subjektive wirklich »wahr« ist. Alles Objektive dagegen ist nur aus subjektiven Erfahrungen abgeleitet und ist damit gegenüber dem subjektiven Erleben niederrangig. Am Anfang steht das Verhältnis zu mir selbst und zur Welt – in dieser einen Einsicht bleibt Kierkegaard der klassischen deutschen Philosophie treu, aber auch dem Christentum, so wie er es sieht. Während Schopenhauer fragt: Was heißt Leben?, so fragt Kierkegaard: Was heißt Leben *für mich*?

Der skeptische Einzelgänger in Kopenhagen schreibt dies zur gleichen Zeit, in der Karl Marx in Paris die Grundlinien seiner materialistischen Geschichtsphilosophie entwirft; es ist die Zeit, in der dort Auguste Comte den unaufhaltsamen Aufstieg der Menschheit durch objektive Wissenschaft verkündet. In London schließt ein gewisser John Stuart Mill sein *System der deduktiven und induktiven Logik* ab und verkündet die These, dass es keinen direkten intuitiven Zugang zur Wahrheit gibt; alle Wahrheit ist empirische Wahrheit. Kierkegaard, der die anderen nicht kennt, denkt in allem das Gegenteil. Über die Menschheit lässt sich ebenso wenig Relevantes sagen wie über die Geschichte. Wissenschaft ist für die Erkenntnis des Einzelnen nicht elementar, das Gleiche gilt für alle empirischen Wahrheiten. Obwohl er sich damit gegen den großen Trend der Zeit stellt, ist auch der Däne radikal modern; allerdings auf eine ganz andere Weise. Dass die Wissenschaft die Welt auf eine bestimmte Weise verobjektiviert, nimmt den Menschen mehr Halt, als dass sie ihnen gibt. Wissenschaftliche Objektivität macht subjektiv obdachlos. Sie bietet keine Anleitung für ein gelingendes Leben. Auf sich selbst zurückgeworfen, muss der Einzelne sich nun ganz ohne Kompass und Karte in der Welt orientieren, um seine »Seligkeit« zu erlangen.

Was Kierkegaard an den Anfang stellt, macht später als »die Krise des modernen Subjekts« Karriere. Und sie wird bis ins 21. Jahrhundert hinein nicht kleiner werden. Je mehr Möglichkeiten ich habe zu leben, und je geringer die Verbindlichkeiten sind, umso schwerer fällt die Orientierung. Gegenüber den Imperativen der Vergangenheit: »Erkenne die Welt!« und »Erkenne dich selbst!«, ist »Sei du selbst!« der schwerste.

Das Dasein des Einzelnen, stellt Kierkegaard vor der Mitte des fortschrittstrunkenen 19. Jahrhundert fest, hat keinen Ordnungsrahmen mehr: »Ein System des Daseins kann nicht gegeben werden ... es kann nicht sein für irgendeinen existierenden Geist.«[21] Trotzdem muss der Einzelne versuchen, irgendwie glücklich zu werden. Er wird es aber nicht durch irgendeine objektive Erkenntnis der Welt oder des Selbst, sondern durch *die Art und Weise, wie er sich zu sich selbst verhält*. Alles Wesentliche der Existenz ist nicht etwas, was ich *vorfinde*, sondern etwas, das ich *erfinde*. Insofern hilft selbst Sokrates nicht weiter. Während der antike Philosoph in Platons Dialogen seinen Gesprächspartnern die Augen für eine wirkliche Wirklichkeit öffnen will, die sie in sich selbst vorfinden, kann der dänische Sokrates in all seinen Rollen keine objektive Selbsterkenntnis mehr anbieten. Das ganz persönliche Glück eines jeden Einzelnen entsteht in seinem individuellen Selbstwerden: »Die Aufgabe des subjektiven Denkens besteht darin, *sich selbst in Existenz zu verstehen*.«[22] Man ist nicht Schatzsucher einer allgemeinen Wahrheit, sondern Baumeister seiner selbst. Und für dieses große Projekt ist die Vernunft nur ein Werkzeug unter vielen, vermutlich nicht einmal das beste: »In Bezug auf die Existenz steht das Denken gar nicht höher als die Phantasie und das Gefühl, sondern ist diesen nebengeordnet.«[23] Mögen die Wissenschaften was auch immer über das Leben im Allgemeinen sagen, konkretes Existieren ist immer das, als was es sich anfühlt.

Nicht durch das, was er logisch *schließt*, sondern durch das, zu was er sich *entschließt*, entwirft und gestaltet der Einzelne seine Existenz. In den *Philosophischen Brocken* spricht Kierkegaard von einem »Sprung«, den jeder tun muss. Und zwar nicht einmal, sondern in permanenter »Wiederholung«. Immer muss man sich entscheiden, und immer wieder springt man damit neu ins Leben. Durch sein Tun, so wird es Kierkegaards Meisterschüler

Jean-Paul Sartre im 20. Jahrhundert sagen, »zeichnet der Mensch sein Gesicht«. Man ist, was man tut. Oder mit den wohl berühmtesten Worten des dänischen Sokrates selbst: »Der Mensch ist Geist. Was aber ist Geist? Geist ist das Selbst. Aber was ist das Selbst? ... Das Selbst des Menschen ist ein Verhältnis, das sich zu sich selbst verhält und, indem es sich zu sich selbst verhält, sich zu einem anderen verhält.«[24]

Drei Lebensformen

Kierkegaard zweifelt an vielem. Aber er zweifelt nicht im Geringsten daran, dass der Einzelne völlig frei darin ist, sich für das eine oder das andere zu entscheiden. Die Willensfreiheit, die Schopenhauer so energisch bestreitet, zieht sein dänischer Kollege nicht in Zweifel. Allerdings hat der Wille bei Kierkegaard auch nicht entfernt die philosophische Bedeutung, die er bei Schopenhauer hat. Jener animalische Wille, der unsere Triebe bestimmt und den wir uns nicht ausgesucht haben, was soll an dem schon so ungeheuer bedeutsam sein? Ich habe mir ja auch nicht ausgesucht, dass ich existiere und wie ich aussehe. Also kann ich auch meine biologische Grundausstattung hinnehmen, die Art, wie ich die Dinge wahrnehme und was mir Lust oder Unlust bereitet. Die entscheidende Frage ist nicht, dass ich nicht wollen kann, was ich will. Wichtiger ist doch, dass ich mich dazu entscheiden kann, das, was ich als biologisches Wesen will, durch meinen Geist, also mein Selbst, zu bejahen oder zu verneinen. Während Schopenhauer sich in dieser Frage in einen Selbstwiderspruch verwickelt, geht Kierkegaard gelassen davon aus, dass diese Wahl besteht. Mein Körper ist ein Sklave der Biologie, mein Selbst nicht. Gerade das macht es zum Selbst.

Wie verhält sich der Einzelne zu dem, was er will? Und was will er überhaupt? Offensichtlich will er drei ganz verschiedene Dinge. Er will Befriedigung im Genuss, weil sein Leib das will.

Er will, in völligem Widerspruch dazu, nicht seinen körperlichen Bedürfnissen nachlaufen, sondern seine Ziele selbst bestimmen. Und er will drittens frei dazu sein, sich angemessen für das Erste oder für das Zweite zu entscheiden. Der Einzelne will das Bedingte, den Genuss, und das Unbedingte, die Freiheit. Um dieses Dilemma zu beschreiben, entwirft Kierkegaard, verstreut in seinen Schriften, drei Prototypen von Lebensformen. Drei mögliche Weisen, wie sich der Einzelne zu sich selbst verhalten kann.

Die erste ist die *ästhetische* Lebensform – seinem Begehren nach Genuss zu folgen. Bei ihrer Beschreibung benutzt Kierkegaard viel autobiografisches Material. Man sieht den jungen Denker vor sich, der sein Herz dauerhaft an nichts in der Welt hängt und mit seiner Geliebten spielt, um sie am Ende zu verlassen. Man spürt die Faszination, die die Lektüre der deutschen Frühromantiker einige Zeit für den jungen Kierkegaard hatte. Der Reiz eines Lebens im Konjunktiv wird vorgeführt und zelebriert. Im Unverbindlichen hat das ästhetische Leben seinen Kitzel: »Unter dem Himmel des Ästhetischen ist alles leicht, schön, flüchtig; wenn die Ethik dreinkommt, wird alles hart, eckig, unendlich langweilig.«[25] Besonders die Erotik, die Kierkegaard im *Tagebuch des Verführers* nach allen Regeln der Kunst entfaltet, gibt dem ästhetischen Leben seinen Reiz.

Doch das ästhetische Leben hat einen Haken. Es macht nicht dauerhaft glücklich. Es stiftet keine Kontinuität und keine Identität. Sich selbst »in ein Mädchen hineinzudichten« und »wieder herauszudichten« mag ein großes Vergnügen sein, aber langfristig sinnstiftend ist es nicht. Man mag die Ehe ablehnen, weil die Ehefrau irgendwann »in physischer Hinsicht ein Anhängsel und in moralischer Hinsicht eine Verpflichtung« wird.[26] Doch solche Bindungslosigkeit, die der Existenzphilosoph Kierkegaard mit dem Lebensphilosophen Schopenhauer teilt, schafft auch kein konstantes Glück. Und »sich immerfort selbst auswechseln«, die Urform des postmodernen Imperativs sich stets »neu zu erfinden«, mag oft reizvoll, aber für ein ganzes Leben auch ungemein anstrengend und unbefriedigend sein.

Kurz gesagt: Das Ästhetische ist nur *ein* Begehren des Einzelnen und nicht das Begehren schlechthin. Ein anderes Begehren drängt ihn zum *Ethischen*, der zweiten denkbaren Existenzform. Wer nur ästhetisch lebt, den überkommt über kurz oder lang der Überdruss, vielleicht sogar die Verzweiflung. Ohne Sinn und Konstanz kann der Einzelne nicht wirklich glücklich werden. Das Ethische drängt also nicht nur deshalb in sein Leben, weil andere von mir erwarten, dass ich mich anständig und verlässlich verhalte. Vielmehr steckt es in jedem Menschen als Wunsch, Herr über seine eigenen Bedürfnisse zu sein. Der ästhetisch lebende Mensch mag sich frei fühlen, aber er ist es nicht. Hin- und hergerissen von seinem Begehren nach Genuss, lebt er in Unfreiheit. Das ethische Leben mag langweilig sein, weil es den Genuss zügelt und das Begehren reguliert. Aber erst durch das Ethische werde ich Herr im eigenen Haus und entscheide selbst über mein Leben. Ethisch zu leben bedeutet, sich selbst zu ermächtigen und frei zu sein. Der ästhetisch lebende Mensch entscheidet zwar frei über die Mittel, die er einsetzt, um zum Genuss zu kommen. Aber er bestimmt nicht das Ziel – das Streben nach Genuss. Völlige Freiheit kann es nur dann geben, wenn ich mir auch die Ziele meines Strebens selbst suche. Nur infantile Menschen bleiben ein Leben lang Ästhetiker.

Wenn Kierkegaard das Ethische gegen das Ästhetische ausspielt, denkt er an sich selbst, seine gelöste Verlobung und seine Bindungslosigkeit. Aber er denkt auch an die schwärmerischen Versprechen der deutschen Romantiker, an Schelling und die Gebrüder Schlegel, die ihn während seines Theologiestudiums gefangen nahmen. Er hat Schelling als konservativen und selbstverliebten Guru in Berlin kennengelernt. Und auch der weitere Lebenslauf der Schlegel-Brüder, hätte Kierkegaard ihn verfolgt, hätte kaum Werbung für deren Jugendideale gemacht. Friedrich Schlegel, der als junger Mann das ganze Leben ästhetisieren wollte zu »romantischer Universalpoesie«, war später konservativer Katholik geworden, der davon träumte, die mittelalterliche Ständeordnung wiederherzustellen. Und August Wilhelm Schlegel, verrufen für seine Eitelkeit, fand nach drei gescheiterten Beziehungen sein Auskommen als Übersetzer und Sprach-Professor in Bonn. Von einem seligmachenden Leben und nachahmungswürdigen Lebensläufen keine Spur.

Was von der Romantik geblieben war, war kitschig oder tot. Und die Romantiker hatten die Welt nur mit Worten verzaubert, nicht mit Taten. Der Mensch, der glücklich werden will, erkennt Kierkegaard, kommt mit einem bloßen Wollen nicht aus. Er braucht auch ein Sollen, um sich nicht zu verlieren. Kein dauerhaftes Glück ohne verbindliche Ziele, keine Seligkeit ohne Haltung. Zu einer solchen aber gelangt man nur, wenn man von einer höheren Warte auf das eigene Leben blickt. Man muss lernen, aus der Perspektive des Allgemeinmenschlichen auf sich zu schauen. Ein solches Allgemeinmenschliches ist nicht zu verwechseln mit der »Menge«. Ethisch zu leben bedeutet nicht, sich einer vorgefundenen gesellschaftlichen Moral anzupassen; es bedeutet, sich zu einem Leben zu entscheiden, das man im Sinne des Allgemeinwohls selbst für ethisch hält. Ein ethisches Leben ist ein Leben aus freien Stücken. Während das Wollen meines Körpers unfrei ist, ist das Wollen meines Geistes frei. Und was wäre für ihn eine wichtigere Aufgabe, als sich aus der Sklaverei des körperlichen Willens weitgehend zu befreien, um tatsächlich frei zu leben? Die Bindung, der der Ethiker folgen sollte, ist nicht die an die Genusssucht, sondern die an andere Menschen, an eine Geliebte, an Freunde oder auch an eine berufliche Passion.

Kierkegaard legt sein Lob der ethischen Existenz dem Ethiker B in *Entweder-Oder* in den Mund und stellt es gegen den Ästhetiker A. Um frei zu sein, muss man sich an andere Menschen binden und nicht an das eigene körperliche Begehren. Doch wird man dadurch nun glücklich? Die meisten Ethiker in der Philosophiegeschichte hatten hier gezögert oder mit den Schultern gezuckt. Reicht es denn nicht aus, zufrieden zu sein? Nicht glücklich, sondern »glückswürdig« solle man sich machen, hatte Kant gemeint. Für Kierkegaard ist das zu wenig. Sein Anspruch an das Glück ist unbedingt. Doch auch als Ethiker wird man nicht unbedingt glücklich. Und man wird auch nicht deshalb Ethiker! Man entscheidet sich für ein ethisches Leben, weil das ästhetische zur Unfreiheit verdammt. Das dauerhafte Glück aber liegt nicht in den Sinnen und nicht im Allgemeinen – sondern im Unbedingten! Das Unbedingte ist die eigentliche Triebfeder unserer Selbstformung und Selbstverwirklichung, gegen die alle anderen Motivationen blass sind. Für ein Leben im Angesicht des Unbedingten aber hat der Dialektiker eine dritte Lebensform vorgesehen – die *religiöse*.

Religion, speziell das Christentum, steht in allen Kierkegaard-Schriften immer im Raum; mal im Hintergrund und mal im Vordergrund. Aber seine Religiosität hat kaum etwas mit der dänischen Amtskirche zu tun. Dass der Mensch glauben und sich zu Christus bekennen soll, wird nicht mit theologischen Mitteln begründet, sondern mit philosophischen. Eine Kirche kommt in diesen Überlegungen genauso wenig vor wie Dogmen oder Gebote. Kierkegaards Religiosität ist spirituell und wird gleichwohl logisch hergeleitet. In dieser Hinsicht ist er ein neuzeitlicher Erbe des Katalanen Ramon Llull oder von Cusanus, den großen spirituellen Denkern des Spätmittelalters: Gott denkt man nicht von der Welt aus, sondern man findet ihn in sich selbst! Und man entdeckt ihn nicht mit dem Verstand, sondern man erspürt ihn mit wachem Geist.

Ein fruchtbares Erbe

Am 5. Mai 1847 wird Kierkegaard vierunddreißig Jahre alt. Er versteht nicht, wie es sein kann, dass er noch lebt. Bislang hat er, wie gesagt, in der festen Überzeugung gelebt, vor diesem Geburtstag sterben zu müssen, weil sein Vater einst verzweifelt Gott verflucht hatte. Der irritierte Denker schaut sogar in den Geburtsregistern nach, ob da auch tatsächlich kein Fehler unterlaufen ist.

Die Schriften, die er von nun an veröffentlicht, sind allesamt stark christlich geprägt und handeln von der religiösen Lebensform. *Die Krankheit zum Tode* (1849) beginnt bei einem existenziellen Dilemma: Der Einzelne hat sich nicht selbst erschaffen. Er ist ins Leben geworfen und sehnt sich nach einem festen Halt, nach Konstanz und Sinn. All das aber gewinnt er nur, indem er sich in eine Beziehung zu jener göttlichen Macht setzt, die ihn erschaffen hat. Jedes Selbstverhältnis ist damit unweigerlich ein Gottesverhältnis. Wie gehe ich mit mir als Geschaffenem vor dem Hintergrund um, dass etwas mich geschaffen hat, das größer ist als ich? Sein Selbst zu entdecken und zu verwirklichen bedeutet nach Kierkegaard zugleich Gott zu entdecken. Wem dies nicht gelingt, der bleibt im Zustand der »Verzweiflung«; entweder weil er sich als Fantast maßlos selbst übertreibt. Oder weil er zu borniert ist, seine existenzielle Situation überhaupt zu begreifen und sein Herz an die vielen Alltäglichkeiten hängt. Verzweiflung setzt Sensibilität voraus. Und ihre Überwindung gelingt nicht im Kampf, sondern in dem Entschluss, das Religiöse anzuerkennen: »Indem es sich zu sich selbst verhält, und indem es es selbst sein will, gründet sich das Selbst (sich selbst) durchsichtig in der Macht, die es setzte.«[27]

Kierkegaards Gott ist nicht irgendein Gott, sondern tatsächlich der christliche. Bereits in den *Philosophischen Brocken* hat er Jesus Christus als Heilsbringer gegen Sokrates gesetzt. Der antike Grieche wollte die Menschen lehren, sich an eine Wahrheit zu erinnern, die tief verborgen in ihnen steckt. Doch diese Wahrheit, meint Kierkegaard, ist dem modernen Menschen nicht mehr zugänglich. Der Sündenfall hat sie zerstört. Wer in der Wahrheit leben will, muss sich dem Religiösen unterwerfen, das Jesus Christus verkörpert. In seiner schriftstellerischen Tätigkeit verfasst Kierkegaard immer wieder *Erbauliche Reden*. Und während seine selbst geschaffenen Zweifler und Dämonen unter Pseudonymen atheistische Sichtweisen ausbreiten und vom ästhetischen Leben schwärmen, stellt ihnen ihr Urheber christliche Predigten unter eigenem Namen zur Seite.

Das Ringen mit dem Christentum, die ständige Abfolge von Zweifel und Unterwerfung, ist Kierkegaards Lebensthema. Nicht schwer, darin den Widerschein der Beziehung zu seinem streng religiösen Vater zu sehen. So wie der Vater der Urheber von Sørens Existenz ist, so wie er die bunte Welt in der Diele der Wohnung erzeugt hat, in der sein Sohn seinen Platz finden muss, ohne je Resonanz zu erfahren – so sieht Kierkegaard den Einzelnen ohne eigenes Zutun in der Welt. Ausgeliefert einem Höheren, hat er ohne den Vater keinen Kompass. Nach dessen Tod aber ist er ein durchs Leben irrendes Gespenst, das voll Verzweiflung den Rahmen nicht finden kann, in den es hineinschlüpfen kann. Wie persönlich Kierkegaards Christentum ist, erkennt man an seinem unerbittlichen Kampf gegen die dänische Amtskirche. Was von den Kanzeln in Kopenhagen gepredigt wird, ist nicht sein Gott und sein Christus. Und auch das Personal erscheint ihm lächerlich und verlogen: »In der prächtigen Schloßkirche tritt ein stattlicher Hofprediger, der Auserwählte des gebildeten Publikums, vor einen auserwählten Kreis von Vornehmen und Gebildeten und predigt gerührt über die Worte des Apostels: Gott erwählte das Niedere und Verachtete. Und da ist keiner, der lacht.«[28]

Die dänische Kirche schlägt zurück. Kierkegaard wird verunglimpft und karikiert. In seinen letzten Jahren gilt er vielen als Spinner. Am 2. Oktober 1855 erleidet er auf der Straße einen Schlaganfall und bricht zusammen. Sechs Wochen später ist er tot. Er wird zweiundvierzig Jahre alt. Zu diesem Zeitpunkt ahnt niemand, dass er nicht nur der mit Abstand berühmteste Philosoph Dänemarks werden würde. Als Begründer der Existenzphilosophie beeinflusst er Dramatiker wie Henrik Ibsen und August Strindberg und inspiriert Autoren wie Rainer Maria Rilke, Franz Kafka und Max Frisch. Die Theologen greifen Kierkegaards Philosophie des »Sprungs« und des »Entschlusses« auf; die Widersprüche des Lebens sind nicht gedanklich aufzulösen, sondern nur durch unmittelbares Glauben und Tun. Christentum ist nicht nur moralisch, sondern auch existenziell gelebte Praxis.

Besonders stark profitieren die Philosophen von Kierkegaard. Die bedeutendste Strömung der modernen Philosophie, die vom Subjekt ausgeht und ganz bewusst nicht Wissenschaft sein will, geht auf ihn zurück. Friedrich Nietzsche liest die zwischen 1878 und 1890 auf Deutsch erschienenen Hauptwerke des Dänen und lässt sich davon ebenso anregen wie von Schopenhauer. Im 20. Jahrhundert verfasst der junge Theodor W. Adorno 1931 seine Habilitation über Kierkegaard; Ernst Bloch beschäftigt sich mit ihm in *Das Prinzip Hoffnung*. Den größten Einfluss aber hat er auf die deutsche und französische Existenzphilosophie. Karl Jaspers und Martin Heidegger sind ohne die Anregungen Kierkegaards in ihrer Philosophie kaum denkbar. Das Gleiche gilt für Albert Camus und Jean-Paul Sartre. Ihnen bleibt nur, das Religiöse herauszustreichen, um die Existenzphilosophie in Existenzialismus zu überführen – ein Leben, in dem einzig die ethische Lebensform denkbar ist; als Verpflichtung zur richtigen Tat.

Zu Kierkegaards Lebzeiten ist noch eine weitere Disziplin dazugekommen, die sich später mit ihm auseinandersetzen wird; eine Disziplin, zu der der begabte Sezierer menschlicher Antriebe selbst einen Beitrag geleistet zu haben glaubte, in seiner Schrift *Die Wiederholung. Ein Versuch in der experimentierenden Psychologie*. Experimentierend die Psyche zu ergründen – mit diesem Unterfangen steht der Philosoph 1843 nicht allein. Zur gleichen Zeit wagen vor allem in Deutschland zahlreiche Denker den Versuch, das menschliche Seelenleben zu erkunden und das Bewusste vom Unbewussten zu scheiden. Auch sie widmen sich der Schau des Innenlebens, der Introspektion. Doch ganz anders als Kierkegaard glauben sie an die wissenschaftliche Objektivität ihres Tuns. Denn nicht das Subjektive erscheint ihnen als das Wahre, sondern einzig das, was ein empirisch forschender Wissenschaftler als objektiv erkennt …

Die Erforschung der Seele

Die Physik der Sitten – Der Blick ins Innere –
Psychologia empirica – Bildsamkeit –
Psychologie und Pädagogik am Scheideweg – Das Unbewusste

Die Physik der Sitten

Hegel ist not amused. Was ihm der Student bei der mündlichen Doktorarbeit da unterbreitet, behagt dem Übervater der deutschen Philosophie an der Berliner Universität überhaupt nicht. Noch ist Hegel recht neu in Berlin und sein Einfluss nicht allmächtig. Gerade erst hat er sich mit Schopenhauer herumärgern müssen, und jetzt hat er es schon wieder mit einem renitenten Prüfling zu tun. Doch obwohl er sich mit ihm über keinen der wichtigen Begriffe wie »Vorstellung«, »Urteil« oder »Satz« verständigen kann, willigt er schließlich unwillig ein, den jungen Mann zum Doktor der Philosophie zu erklären.

Der Student, der am 1. Juli 1820 promoviert wird, ist *Friedrich Eduard Beneke* (1798–1854). Aufgewachsen in Berlin, hat er in Halle Theologie studiert. Doch sein ganzes Interesse gilt der »Erfahrungsseelenlehre«, einem Metier, das er von seinem Onkel, dem Prediger *Friedrich Philipp Wilmsen* (1770–1831), und von seinen Hallenser Professoren *Johann Christoph Hoffbauer* (1766–1827) und *Ludwig Heinrich von Jakob* (1759–1827) kennt. Wer den Menschen studieren will, so hat er gelernt, der muss ihn präzise beobachten und nicht in großen Begriffen über ihn spekulieren. In den Schriften von *Jakob Friedrich Fries* (1773–1843), dem stärksten Gegenspieler Hegels, findet er dafür wichtige Grundgedanken. Fries hatte die Begriffe und Unterscheidungen in Kants Transzendentalphilosophie psychologisch gedeutet. Wenn wir von Kategorien sprechen, wie Qualität, Quantität, Modalität oder Relation, so deshalb, weil unsere Psyche entsprechend ausgerichtet ist. Kant hatte diese Kategorien für *allgemeine* Gesetzmäßigkeiten gehalten; Fries hält sie für *psychologische* Gesetzmäßigkeiten.

Für Hegel ist Fries' Philosophie »Psychologismus« – ein übles Schimpfwort. Beneke dagegen hält sie für die Zukunft. Nach seinem Umzug von Halle nach Berlin macht sich der gerade Zwanzigjährige mit großem Schwung an zwei programmatische Werke. Das erste nennt er *Erkenntnißlehre, nach dem Bewußtsein der reinen Vernunft in ihren Grundzügen dargelegt*. Und das zweite *Erfahrungsseelenlehre als Grundlage alles Wissens in ihren Hauptzügen dargestellt*. Die beiden Bücher ergänzen sich. In der *Erkenntnißlehre* verteidigt Beneke Kant gegen seine spekulativen Nachfolger der klassischen deutschen Philosophie. Dass Kants Philosophie ihren Ausgang bei der Erfahrung nimmt, hält er für richtig; für bedauerlich dagegen, dass Kant diese Idealspur leider zu oft verlassen habe. Die *Erfahrungsseelenlehre* möchte diesen

Beneke: Grundlage aller Wissenschaft liegt i. d. Seelenkenntnis

Fehler korrigieren. Denn »*wahre Wissenschaft*«, so schreibt Beneke in der Einleitung, »kann auf nichts Anderem fest begründet werden, als auf Wahrnehmung und der aus dieser durch Vergleichung und Ineinandersetzung gewonnenen *Erfahrung.*« Die »höchste Grundlage aller Wissenschaft« liege nicht in Spekulationen und Begriffen, sondern in der »Seelenkenntnis«.[29]

Beide Bücher erscheinen 1820. Hegel, der sie durchblättert, befindet sie als »mittelmäßig, höchst mittelmäßig«.[30] Die Tendenz gefällt ihm überhaupt nicht. Was ist die Erfahrungsseelenlehre anderes als Kaffeesatzleserei verglichen mit der hohen Kunst der Philosophie, die Welt auf den Begriff zu bringen?

Doch Beneke ist nicht aufzuhalten. Zwei Jahre nach seiner Promotion baut er das Kapitel über die »Tugendlehre« aus seiner *Erfahrungsseelenlehre* zu einem Buch über die Moral aus. Und schon der kokette Titel zeigt, wie wenig der junge Mann sich von der Tradition der klassischen deutschen Philosophie beeindrucken lässt: *Grundlegung zur Physik der Sitten*. Und damit die Pointe auch niemandem entgeht, erklärt der Untertitel: *Ein Gegenstück zu Kants Grundlegung zur Metaphysik der Sitten, mit einem Anhange über das Wesen und die Erkenntnissgränzen der Vernunft*. Die These: Mit philosophischer Spekulation lässt sich über Moral nichts sagen! Warum Menschen sich tugendhaft oder untugendhaft verhalten, ist eine psychologische Frage. Und als solche lässt sie sich empirisch erforschen durch genaue Beobachtung, durch medizinische Kenntnisse über das Gehirn und durch pädagogische Experimente.

Die philosophische Fakultät der Berliner Universität hat genug. Sie entzieht Beneke umgehend die erst ein Jahr zuvor erteilte Lehrbefugnis. Hegels Rolle in diesem Spiel ist ungeklärt, aber naheliegend. Man kann sich kaum vorstellen, dass nicht er es gewesen sein soll, der den Aufmüpfigen kaltstellte. Die Berliner Philosophie, die berühmteste im ganzen Land, soll nicht durch »materialistische« Psychologie verwässert oder gar ersetzt werden. Und Beneke, um seine materielle Existenz gebracht, bleibt

Beneke

nichts, als sich zunächst vergeblich darum zu bemühen, an einer anderen Universität Fuß zu fassen. Zwei Jahre nach dem Lehrverbot findet er in Göttingen eine neue Bleibe. 1827 gibt die Berliner Universität seinen zahlreichen Gesuchen statt und nimmt ihn wieder in den Lehrkörper auf – allerdings ohne Besoldung. Da Hegel Beneke auch weiterhin keine Gunst schenkt, erfolgt die Ernennung zum außerplanmäßigen Professor erst nach dem Tod des Großphilosophen. Auf eine feste Besoldung wartet Beneke weitere fünfzehn Jahre.

Die zahlreichen Bücher, die er in dieser Zeit verfasst, sind eingängig und verständlich geschrieben. Aber sie erreichen kein großes Publikum. Und den Stab an Mitarbeitern, den Beneke eigentlich braucht, um »empirische Psychologie« zu betreiben, hat er auch nicht. So wendet er sich in seinen Büchern fast flehentlich an die geneigten Leser, ihn mit empirischem Material zu unterstützen. Was ihm die Universität verwehrt, sollen ihm seine Leser als »Mitarbeiter« zuliefern. Eine Art Crowdsourcing im frühen 19. Jahrhundert! Auf diese Weise entstehen bereits in der Göttinger Zeit umfangreiche zweibändige *Psychologische Skizzen* (1825/1827). Doch Beneke will mehr. Er träumt von einem psychologischen Gesamtsystem, das er gegen die philosophischen Systeme der klassischen deutschen Philosophie stellen will, um diese ein für alle Mal abzulösen. Als Einzelgänger aber kann er es nicht liefern. 1851 gründet er schließlich das *Archiv für die pragmatische Psychologie etc.* Es soll ihm helfen, sein Material zu erweitern; doch das Zeitschriftenprojekt scheitert schnell am Geld. Beneke ist verzweifelt und verbittert. Am 1. März 1854 erscheint er nicht zur angekündigten Vorlesung. Seine Handschuhe werden bald darauf im Besitz von Bauarbeitern aufgefunden; die Leiche zwei Jahre später in einem Flutgraben in Charlottenburg.

Zu Lebzeiten unterschätzt und wenig beachtet, steht Beneke heute für den Beginn der wissenschaftlichen Psychologie in Deutschland – aber auch für die Schwierigkeiten, denen sie ausgesetzt war. Erst nach seinem Tod wird sie allgemein anerkannt

Beneke

werden; allerdings nicht als Nachfolgerin der Philosophie, sondern als eigenständige Disziplin mit naturwissenschaftlicher Methodik und Anspruch.

Der Blick ins Innere

Benekes Interesse an psychologischen Fragestellungen war nicht vom Himmel gefallen. Die Psychologie, so sagt man, hat eine kurze Geschichte, aber eine lange Tradition. Dass Körper und Geist, Leib und Seele eng miteinander verbunden sind, davon waren bereits die meisten antiken Griechen überzeugt. Nicht nur für Aristoteles war die Seele (*psyché*) körperlich und der unsterbliche Geist *logos* lediglich eine unpersönliche Zutat. Dass der Charakter eines Menschen ebenso von seiner Gesundheit, seiner Ernährung und seinem Lebenswandel geprägt würde wie von seinem Geist, musste man in der Antike niemandem erklären. Um den natürlichen Charakter zu bestimmen, teilte die Humoralpathologie die Menschen in vier Typen ein. Grundlage dafür war die Vier-Säfte-Lehre, die die Körpervorgänge beschrieb. Ihre Anhänger hielten sich bis tief ins 18. Jahrhundert.

Wie Leib und Seele zusammenspielen, interessierte im 11. Jahrhundert auch den persischen Arzt und Philosophen *Avicenna* (ca. 980–1037). Nicht nur die Krankheiten des Körpers, auch das Leiden der Psyche ließe sich auf natürliche Ursachen zurückführen. Ebenso sah dies die »Schule von Bologna« im frühen 16. Jahrhundert. Sie erkannte ohnehin nur die sterbliche Seele des Menschen an, nicht aber eine unsterbliche. Und diese sterbliche Seele war medizinisch erforschbar, einschließlich des unfreien Willens. Im späten 17. und frühen 18. Jahrhundert klassifizierten die britischen Empiristen jede feinste Wahrnehmung und ihre Auswirkung auf den Verstand. Humes anatomischem Blick für das Seelenleben entging nicht, dass das, was man Moral nennt, allgemeinen Mustern folgt, die sehr viel mehr mit Gefühlen zu tun haben als mit verständigen Einsichten. In der Moral, wie in allen körperlichen Dingen, passt sich der Mensch seiner Umwelt an. Und unser Handeln folgt dabei keinem freien Willen, sondern einem unendlichen Schema von Ursache und Wirkung.

Die Seele – kein Buch mit sieben Siegeln, sondern ein Mechanismus! Kurz nach Hume beschrieb der französische Arzt *Julien Offray de La Mettrie* (1709–1751) den Menschen in der Nachfolge von Descartes als eine komplexe Maschine, als einen physiologischen Reiz- und Reflexmechanismus. Was ihm Lust bereitet, danach strebt er, was Unlust auslöst, wird gemieden. Fernab präziser medizinischer Kenntnisse schusterten daraufhin *Thiry d'Holbach* (1723–1789) und *Claude Adrien Helvétius* (1715–1771) den gesamten Menschen, einschließlich seines Geisteslebens, nach den Regeln der Newton'schen Physik zusammen. Die ersten Physiken der Sitten datieren damit schon fünfzig Jahre vor Beneke. Mit Condillac, den Schopenhauer so geringschätzt, beginnt in der Mitte des 18. Jahrhunderts zudem die Tradition des Sensualismus. Für jede geistige Fähigkeit müsse es einen sinnlichen Ursprung geben, der sich genau bestimmen lässt. Wer den Menschen erklären will, muss ihn von nun an als Sinnes-Physiologe enträtseln, nicht mehr als Metaphysiker. Alle Wissenschaft vom Menschen wird zur Naturwissenschaft – auch wenn das Wort erst später seine heutige Bedeutung bekommt.

Nicht jeder, welcher der Seele des Menschen im 18. Jahrhundert mit naturwissenschaftlichem Skalpell zu Leibe rückte, musste deshalb allerdings Atheist sein – wie Hume, La Mettrie, d'Holbach und Condillac. Der Schweizer Naturforscher *Charles Bonnet* (1720–1793), der 1755 einen *Essai de psychologie* (Versuch über die Psychologie) und 1760 einen *Essai analytique sur les facultés de l'âme* (Versuch über die Fähigkeiten der Seele) schrieb, war ein gläubiger Mensch. Auch der als »Materialist« bekannte Arzt und Philosoph *Pierre-Jean-Georges Cabanis* (1757–1808) war sich seiner Sache nicht ganz sicher. In seinem zweibändigen Hauptwerk *Rapports du physique et du moral de l'homme*

(*Ueber die Verbindung des Physischen und Moralischen in dem Menschen*) hatte er 1802 noch geglaubt, alle psychischen Vorgänge im Menschen physisch erklären zu können. Dabei ging er entscheidend über Condillac hinaus. Nicht nur äußere Reize wirken auf den Menschen ein, sondern ebenso innere Reize. Unbewusst steuern uns die Instinkte, und unser Nervensystem bestimmt unseren geistigen Zustand. Etwas dunkel Gefühltes in unserem Inneren ist die Quelle unseres Charakters und treibt ihn an. Dieses Gefühlte müsse in Zukunft mit medizinisch geschultem Blick untersucht und erklärt werden. Wenn wir dann noch Umstände wie das Geschlecht, den Gesundheitszustand, das Lebensalter und das Klima hinzuziehen – dann endlich haben wir den ganzen Menschen erfasst.

Wenn Cabanis' »Physiologie des Willens« heute noch bekannt ist, dann deshalb, weil Schopenhauer ihr viel verdankt. So sehr er auf Condillac schimpfte, so sehr profitierte er von Cabanis. Denn der französische Arzt erweitert die Psychologie, die als Wissenschaft bislang noch nicht existiert, beträchtlich. Den Charakter erklärt man nicht, wie bei d'Holbach und Helvétius, mithilfe der Physik. Man zieht die um 1800 das erste Mal so benannte »Biologie« zurate. Sie soll das Seelenleben des Menschen so präzise erklären, dass sich darauf eine ganze Gesellschaftstheorie gründen lässt. Und genau das ist Cabanis' Ziel. Wie sein berühmter Gesprächspartner im Salon der Madame d'Helvétius, der Gesellschaftsreformer *Antoine Louis Claude Destutt de Tracy* (1754–1836), möchte er den Menschen physisch ganz genau entschlüsseln. Die passende Moral und das richtige Zusammenleben ergeben sich dann daraus unweigerlich.

Mit dem Wechsel von der Physik zur Biologie betritt Cabanis wissenschaftliches Neuland. Doch die Gesetze der Lebenswissenschaft sind beileibe nicht so gut erforscht wie die der Physik. Der Boden schwankt. Warum existiert Leben? Welche Gesetze strukturieren es? Welche biologischen Wirkkräfte formen den Organismus? In seiner Ratlosigkeit gibt Cabanis kurz vor seinem Tod zu, dass all diese Fragen unbeantwortet seien.[31] Durchaus denkbar, dass man das menschliche Bedürfnis nach Moral doch niemals physiologisch erklären kann. Und wer weiß, ob hinter all dem, was Menschen empirisch wahrnehmen, nicht eine göttliche Macht und Energie steckt, die alles in Bewegung gesetzt hat und immer noch in Bewegung hält?

Die Empirie zieht der Metaphysik engere Grenzen als vorher – aber sie löst sie nicht ab. Die gleiche Erfahrung macht auch der französische Philosoph *François-Pierre-Gonthier Maine de Biran* (1766–1824). Eigentlich hatte der Mann aus Bergerac Condillacs Sensualismus bestätigen und weiter ausbauen wollen. Als Weggefährte von Cabanis und Destutt de Tracy geht ihm allerdings schnell auf, dass nicht jeder Sinneseindruck passiv ist. In seiner preisgekrönten Schrift *Influence de l'habitude sur la faculté de penser* (Der Einfluss der Gewohnheit auf die Fähigkeit zu denken) erklärt er 1802, dass Wahrnehmung immer aus zwei Komponenten besteht: aus den passiven Sinneseindrücken (*sensations*), von denen Condillac spricht, aber auch aus aktivem Bemühen und gezielter Hinwendung (*perceptions*).

Noch deutlicher wird er 1812 in seinem erst posthum erschienen *Essai sur les fondements de la psychologie et sur ses rapports avec l'étude de la nature* (Versuch über die Grundlagen der Psychologie und ihr Zusammenhang mit dem Studium der Natur). Weder der Wille noch das »Ich« könnten allein durch Sinnesempfindungen erklärt werden. Wie Schopenhauer, der ihn ausgiebig studieren wird, sieht Maine de Biran im Willen eine psychische Urtatsache. Am Anfang steht der Wille. Aus ihm entwickeln sich unser Persönlichkeitskonzept und unsere Vorstellung von Freiheit. Durch die Sinne ausgelöst sind nur unsere Affekte und Empfindungen. Unsere Wahrnehmung dagegen ist abhängig von unserer Aufmerksamkeit (*attention*), die sich frei auf etwas richtet oder eben nicht. Auch die Kombination von Sinneseindrücken zu komplexen Vorstellungen ist nicht allein aus den Sinnen erklärbar. Von unseren Begriffen von Schönheit und Moral oder unseren Reflexionen erst gar nicht zu reden. In seinem Spätwerk wird Maine de Biran schließlich Zuflucht zum christlichen Glauben nehmen. Ohne einen Gott, der die Natur des Menschen beseelt, erscheinen ihm die drei Aspekte des Ich – Identität, Persönlichkeit und Selbstbewusstsein – nicht erklärbar.

Psychologia empirica

Im Frankreich des späten 18. und frühen 19. Jahrhunderts macht sich eine ganze Armada von Ärzten und Philosophen über die naturwissenschaftliche Seite der Seele her. In Deutschland dagegen steckt die Psychologie in den Kinderschuhen. Zwar hatte der Freiburger Philosoph *Johann Thomas Freigius* (1543–1583) das Wort *psychologia* bereits 1574 verwendet und auch entsprechende Betrachtungen angestellt. Aber die Seele empirisch statt philosophisch zu betrachten, blieb eine Nebenbeschäftigung. Einem größeren Gelehrtenpublikum wird das Wort erst durch den Leibniz-Schüler *Christian Wolff* (1679–1754) vertraut. Der höheren *psychologia rationalis* – der metaphysischen Vernunft – stellte er in den gleichnamigen Werken die *psychologia empirica* gegenüber, die niederrangige Kunst der Introspektion.

Doch beiden »Psychologien« ergeht es in der Nachfolgezeit eher schlecht. Die empirische Psychologie gilt als minderwertig, auch wenn *Johannes Nikolaus Tetens* (1736–1807) aus Tetenbüll in der Nähe von Schleswig sich äußerst akribisch um sie bemüht. Der studierte Mathematiker und Physiker Tetens wertet gerade umgekehrt die Metaphysik zugunsten der Empirie ab. Im Jahr 1760 veröffentlicht er seine *Gedanken von einigen Ursachen, warum in der Metaphysik nur wenige ausgemachte Wahrheiten sind*. Tetens distanziert sich von Wolff und knüpft dabei als einer von sehr wenigen in Deutschland an Locke und Hume an. Seine Frage ist genau die gleiche wie bei Kant: Wie passt der Rationalismus in der Tradition von Leibniz und Wolff mit dem Empirismus der Briten zusammen? Gibt es angeborene Denkstrukturen, oder gründet unser gesamtes Denken einzig in der sinnlichen Erfahrung? Tetens kann den Empiristen viel abgewinnen, ohne völlig zu ihnen überzulaufen. Als Professor für Mathematik und Philosophie in Kiel beginnt er 1776 mit seinem Hauptwerk über die menschliche Natur. Er bemüht sich, das Seelenleben des Menschen so zu sezieren, dass er dafür kein metaphysisches Besteck braucht. Doch so umfangreich seine Studien sich auswachsen, einem naturwissenschaftlichen Anspruch genügen sie nicht.

Was von Tetens bleibt, ist heute vor allem das, was Kant mit ihm gemacht hat. Der Königsberger Philosoph benutzt dessen *Philosophische Versuche über die menschliche Natur und ihre Entwicklung* (1777) vielfach als Steinbruch. Stets hat er, wie er selbst berichtet, Tetens Werk aufgeschlagen auf seinem Schreibtisch. Denn hier findet er viele passende Unterscheidungen und Begriffe für seine *Kritik der reinen Vernunft* (1781). Die psychologische Philosophie seines norddeutschen Zeitgenossen dagegen ergibt für Kant zu Recht kein »System«, das ihn überzeugt. Es bleibt ein Sammelsurium von ausführlichen Einzelbeobachtungen. Im Gegensatz dazu sortiert Kant jede menschliche Sinnesleistung und jedes Denkvermögen in ein philosophisches Gesamtsystem ein, das alles zu allem in ein genau beschreibbares Verhältnis setzt. Psychologische Beobachtungen sind für ihn nur Phänomene. Dahinter stehen allgemeine philosophische Strukturen. Und diese nicht empirischen Strukturen sind Kants Baugerüst. In diesem Sinne fällt es ihm nicht schwer, sich vom Vater vieler seiner Begriffe zu distanzieren: »Tetens untersucht die Begriffe der reinen Vernunft bloß subjektiv (Menschliche Natur), ich objektiv. Jene analysis ist empirisch, diese transcendental.«[32]

Um das Ansehen der »psychologia empirica« ist es also nicht allzu gut bestellt. Die menschliche Psyche aufgrund von Beobachtungen zu enträtseln gilt in Deutschland als philosophisch anspruchslos. Noch schlechter ergeht es der »psychologia rationalis«. Sie wird von Kant gleich völlig erschossen. Eine rationale

Empirisch Forschung = eine Zulieferindustrie der Philosoph

Psychologie gibt es nicht! Denn die reine Vernunft lässt sich nicht mit wissenschaftlichen Mitteln erforschen, sondern nur philosophisch ergründen. Weder unsere Vernunft noch unsere Vernunftideen von Gott und dem Unendlichen noch unsere innere Verpflichtung zum Guten sind empirische Tatsachen. Nichts davon gründet auf Erfahrung – also vermag auch keine Erfahrungswissenschaft sie jemals zu greifen. Empirische Forschung ist eine Zulieferindustrie, aber ersetzen kann sie die Philosophie nicht!

Die gleiche brüske Abwehr wiederholt sich in der deutschen Philosophie dreißig Jahre später. Anlass ist die Erfolgstournee des Arztes *Franz Joseph Gall* (1758–1828) durch halb Europa. Gall zeigt eine große Sammlung von Schädeln und erklärt dem verblüfften Publikum, welche erstaunlichen Rückschlüsse sich aus der Hirnanatomie auf den Charakter eines Menschen ziehen lassen. Begeisterte Zeitzeugen dieser Demonstrationen veröffentlichen zahlreiche Büchlein und rühmen den Schöpfer der Kranioskopie (Schädellehre) als wissenschaftlichen Messias. Gall selbst sieht sein Metier als Phrenologie (Geisteslehre), ein Wort, das er nicht selbst erfunden hat. Er markiert verschiedene Hirnareale und verankert in ihnen bestimmte seelische und geistige Vorgänge. Je ausgeprägter eine Region (ablesbar an der Schädelform), umso charakterprägender sollen die Zustände und Fähigkeiten sein, die sich in ihr abspielen.

Galls »Forschungen« sind ein Skandal und ein Politikum und rufen zahlreiche leidenschaftliche Anhänger und Kritiker auf den Plan. Im 17. Jahrhundert hatte der Leibarzt Ludwigs XIV., *Marin Cureau de la Chambre* (1594–1669), der französischen Hofgesellschaft erklärt, wie sich der wahre Charakter eines Menschen aus dessen Physiognomie ablesen lässt. Im gleichen Geist betrieb der Zürcher Pfarrer *Johann Caspar Lavater* (1741–1801) im 18. Jahrhundert »Physiognomik«. Galls Schädellehre aber scheint diese Enträtselungskunst auf ein ganz neues wissenschaftliches Niveau zu bringen. Gibt es einen äußeren Zugang zum menschlichen Geistesleben?

1808 erste Geschichte der Philosophie – August Carus

In dieser Lage sieht sich selbst Hegel genötigt, Stellung zu nehmen. Er kennt Galls Vorführungen nur aus Zeitungsartikeln. Gleichwohl widmet er ihm in seiner *Phänomenologie des Geistes* (1807) eine ausführliche Widerlegung. Der Philosoph hat sein Urteil schnell gefällt. Die »wahre Wirklichkeit des Menschen« liegt nicht »in den Schädelknochen«. Der Zusammenhang von Schädelform und Schädelinhalt sei reine Spekulation, und was Gall behauptet, ist nicht Wissenschaft. Wie albern, sich dem menschlichen Geist »von außen«, durch empirische Forschung, und nicht von »innen«, durch Denken, zu nähern. Vielleicht sollte man dem Urheber dieser »leeren Lehre« mal »selbst den Schädel einschlagen«, um ihm zu beweisen, welchen Mumpitz er verbreitet?[33]

Der vielen Anfeindungen müde, geht Gall 1808 nach Paris. Hier findet er eine für seine »Forschungen« weitaus geneigtere Fachwelt vor. Und hier verfolgen ihn auch die Sittenwächter der Kirche nicht, die sich in Deutschland von Gall provoziert sehen. Tatsächlich reagiert das durch Cabanis und Destutt de Tracy geschulte französische Publikum bei Weitem nicht so ablehnend auf »materialistische Erklärungen« des Geistes wie die Philosophen des deutschen Idealismus.

Bildsamkeit

Immerhin ist es trotzdem Deutschland, wo 1808 eine erste *Geschichte der Psychologie* erscheint, geschrieben vom Leipziger Philosophieprofessor *Friedrich August Carus* (1770–1807). In seiner ebenfalls posthum erschienenen *Psychologie der Hebräer* untersucht der studierte Theologe das Entstehen des Christentums aus der Mentalität seiner Urheber. Carus ist weder »Materialist« noch Atheist. Aber sein unbestechlicher Blick verwandelt das, was bislang theologische Heilsgeschichte war, in Mentalitätsgeschichte und Sozialpsychologie. Mit seinem »Psychologischen Institut«, das er 1802 in »Anthropologische Gesellschaft«

umbenennt, will er eine empirisch arbeitende Psychologie voranbringen. Sein früher Tod jedoch lässt das Vorhaben im Sande verlaufen.

Auch wenn Philosophen es gerne verlachen, liegt das Thema in der Luft. Schon zwei Jahrzehnte vor Carus hatte der Schriftsteller *Karl Philipp Moritz* (1756–1793) sein *Gnothi sauton oder Magazin für Erfahrungsseelenkunde* gegründet. Es erscheint zwischen 1783 und 1793 in zehn Bänden. Die Berliner Viermonatsschrift soll der Bildung der Gelehrten wie der Nicht-Gelehrten dienen. Mitarbeiter aus ganz Mitteleuropa liefern dazu Beiträge, sie kommen aus Rügen, aus Augsburg, aus Wien aus Den Haag und aus Königsberg. »Erfahrungsseelenkunde« oder »Erfahrungsseelenlehre« – das ist nahezu alles, was das Gemüt des Lesers damals (wie heute) bewegt: Berichte von abnormem Verhalten, von Mördern und Selbstmördern, von Hypochondern, Kleptomanen, sexuell seltsam Veranlagten und religiösen Schwärmern bis zu Taubstummen, Kindheitsprägungen und Traumerfahrungen.

Während sich die Philosophen große Mühe geben, vom Besonderen abzusehen und von *dem* Menschen oder *dem* Subjekt sprechen, interessiert sich die Erfahrungsseelenkunde gerade für das Gegenteil: für das Konkrete, das Individuelle, das Ausgefallene und das Abweichende. Ihre Aufmerksamkeit gilt dem »Kleinscheinenden«, wie Moritz erklärt. Und »nur wirkliche Facta« zählen, »Reflexionen« sollen ebenso wenig »eingewebt« werden wie »moralisches Geschwätz« oder »Strafpredigten«. Der Seelenforscher betreibt »Seelennaturkunde«, »Seelenkrankheitskunde«, »Seelenzeichenkunde« und »Seelenheilkunde«. Im Unterschied zur Philosophie strebt die Psychologie nicht danach, ein System zu sein. Und sie gewinnt ihre Erkenntnisse aus Einzelfällen und nicht aus logischen Betrachtungen des Allgemeinen. Während die Philosophie *deduktiv* vorgeht, ist die Psychologie *induktiv*. Genau das verschafft ihr die nötige Menschenkenntnis und macht sie zur idealen Grundlage, um andere Menschen zu bilden und zu erziehen.

Ohne Psychologie keine Pädagogik! Fehlt noch der Mann, der beides zugleich prominent besetzt. Die Stelle füllt bald *Johann Friedrich Herbart* (1776–1841). Der Sohn eines Oldenburger Justizrats hat Rechtswissenschaften in Jena studiert, genau zu jener Zeit, als die Stadt in Thüringen für wenige Jahre das geistige Zentrum Deutschlands ist. Hier erfährt er von dem von seinen Studenten kultisch verehrten Fichte. Herbart wechselt zur Philosophie und lauscht dem großen Meister: »Unter mir wich aller Grund und Boden«, schreibt der erschütterte Student, »betäubt lag ich da.«[34] Doch Fichtes radikaler Subjektivismus entflammt ihn nur kurz. Dann setzt ein heftiger Abwehrkampf ein, und Herbart bricht auch das zweite Studium ab. Als Hauslehrer geht er 1797 nach Interlaken und erzieht dort die drei Söhne einer angesehenen Schweizer Familie. Er lernt den berühmten Pädagogen *Johann Heinrich Pestalozzi* (1746–1827) kennen, dessen ganzheitlichen Ansatz er sofort übernimmt. Für Pestalozzi, der bei seinem eigenen Sohn alles falsch gemacht hat, was man falsch machen kann, besteht Erziehung in der gleichzeitigen Förderung der geistigen, handwerklichen und moralischen Kräfte des Kindes. Bildung ist nur dann Bildung, wenn sie zugleich Herzensbildung ist. Noten und Zeugnisse haben in der Pädagogik nichts verloren. Im Mittelpunkt soll nicht ein bestimmter Katalog an Wissen, sondern die Selbstbefähigung des Kindes stehen, möglichst viel zu *können* und umsetzen zu *wollen*.

Zurück in Deutschland schließt Herbart 1802 sein Philosophiestudium mit Promotion und Habilitation in Göttingen ab. Und er bastelt an seiner eigenen Philosophie. Die Subjektphilosophie Fichtes soll mit seinem neuen Interesse an Pädagogik verschmolzen werden. Dass das »Ich« sich »selbst setzt«, dass unsere ganze Welt, einschließlich unserer Vorstellung von uns selbst, nicht *die* Welt, sondern *unsere Vorstellungswelt* ist, wie Fichte vom Katheder verkündete, hatte Herbart zunächst erschlagen. Doch er findet einen Ausweg. Wenn das »Ich« sich selbst setzt, so ist dieses Ich in seiner ganz konkreten Ausprägung veränderbar. Herbart interpretiert Fichte nicht logisch, sondern psychologisch: Mein Sein ist ein Produkt meines Bewusstseins. Und wenn das Bewusstsein meiner selbst sich ändert, so ändert sich damit mein Sein. »Das Ich setzt sich selbst« bei Fichte, bedeutet für Herbart: »Der Mensch bildet sich selbst.« Sich selbst bilden aber kann der Mensch nur, wenn er, wie es 1802 in den *Vorlesungen über Pädagogik* heißt, über »Bildsamkeit« verfügt. Wo Fichte in der philosophischen Spekulation schwelgt, wird Herbart konkret; wo Fichte ein allgemeines Ich beschwört, denkt Herbart an jeden einzelnen Menschen, und wo Fichte den Gang der Menschheitsgeschichte verändern will, möchte Herbart Menschen dabei helfen, sich selbst zu verändern.

Aus Fichtes Sicht ist Herbarts Interpretation seiner Philosophie eine radikale Fehldeutung. Für Herbart ist sie der Beginn einer neuen Philosophie des *individuellen* Menschen und seiner *konkreten* Veränderungsmöglichkeiten zum Besseren. Die Geschichtsphilosophie dankt ab, fortschreiten kann nicht der Lauf der Welt, sondern fortschreiten können nur die Sitten. Wenn die Zukunft der Menschheit Gutes bringen soll, dann nur durch systematische Bildung und Erziehung: »Wir müssen uns neu erzeugen durch unseren Entschluß. Wir müssen uns machen – es muß jeder sich setzen, nicht wie er sich findet, sondern wie er sich fordert.«[35]

Werde du selbst! Dass Menschen in der Lage sind, sich selbst zu bilden, ist Herbarts großes Thema. Doch wie verläuft ein solcher Bildungsprozess? Wie Pestalozzi sucht Herbart nach einem ganzheitlichen Ansatz, der die Bildsamkeit und die Selbstbildung erklärt und der Pädagogik ein Fundament gibt. In seine Göttinger Zeit fällt 1804 ein Aufsatz: *Über die ästhetische Darstellung der Welt als das Hauptgeschäft der Erziehung*. Selbstbildung soll vor allem eines bedeuten: moralische Vervollkommnung. Doch um mich selbst zu einem besseren Menschen zu machen, muss ich frei sein, das umsetzen zu können, was ich will. Ich brauche eine »innere Freiheit«. Doch wo kommt sie her? In der Erfahrungswelt gibt es keine Freiheit, sondern nur eine unendliche Abfolge von Ursachen und Wirkungen. Das Problem hatte schon Kant zermürbt, sodass er sich schließlich gezwungen sah, neben der Erfahrungswelt eine zweite Welt anzunehmen: das »Reich der Freiheit«, in dem die Dinge unabhängig vom menschlichen Verstand »an sich« sind. Doch wie so viele Denker nach Kant überzeugt diese Zweiteilung Herbart nicht im Mindesten.

Einen Ausweg findet er schließlich bei Schiller. In seinen Briefen *Über die ästhetische Erziehung des Menschen* (1795) erklärt der Dichter den Menschen dort für frei, wo er selbstständig etwas schafft und im »freien Spiel« gestaltet. Lässt sich das nicht hervorragend auf die Pädagogik übertragen? In der ästhetischen Wahrnehmung erfährt der Mensch seine Freiheit. Er spürt, dass er sich selbst entfalten und kultivieren kann. Und je stärker der Erzieher die ästhetische Wahrnehmung und Urteilskraft seines Zöglings schult, umso leichter wird es diesem möglich, sich zu vervollkommnen.

So weit das Programm. Ästhetik, Ethik und Erziehungstheorie sollen untrennbar miteinander verbunden werden. Wie das geht, erklärt Herbart 1806 in seiner *Allgemeinen Pädagogik aus dem Zweck der Erziehung abgeleitet*. Der Erziehungszweck ist die Selbstbildung und Vervollkommnung zu einem sittlichen Menschen. Wird der »Educant« dabei durch die richtigen Methoden angeleitet, lässt er das, was der Erzieher sagt und tut, auf sich »wirken« und »erleidet« eine Horizonterweiterung. Selbsterkenntnis und Selbstvervollkommnung fallen (auf etwas wundersame Weise) zusammen. Der Educant erlangt eine »gleichschwebende Vielseitigkeit«, die ihn geradewegs zu einem sittlichen Charakter formt.

Herbart ist sehr begabt darin, sich von sich selbst zu beflügeln. Neben seinen Schriften zur Pädagogik schreibt er über alle drei Hauptgebiete der Philosophie: Metaphysik, Logik und Ethik. Der akademische Ritterschlag folgt 1809. Herbart wird nach Königsberg berufen auf den ehemaligen Lehrstuhl Kants. Hier lernt er

Herbart

Wilhelm von Humboldt (1767–1835) kennen. Dieser setzt gerade zu seiner großen Bildungsreform an und schätzt Herbart als Mitstreiter. Doch der Philosoph in Königsberg will mehr als nur eine Bildungsreform auf staatlicher Ebene. Er möchte die Pädagogik ein für alle Mal fest in der Philosophie verankern. Um die richtigen Methoden der Erziehung zu finden, muss allerdings die Psyche des Educanten erforscht werden. Herbart sieht sich gezwungen, seine Pädagogik nicht nur philosophisch, sondern zugleich psychologisch grundzulegen. So entsteht das *Lehrbuch zur Psychologie* (1816): »Innere Wahrnehmung, Umgang mit Menschen auf verschiedenen Bildungsstufen, die Beobachtungen des Erziehers und Staatsmannes, die Darstellungen der Reisenden, Geschichtsschreiber, Dichter und Moralisten, endlich Erfahrungen an Irren, Kranken und Thieren, geben den Stoff der Psychologie.«[36]

Wie seit Wolff üblich, unterteilt Herbart die Psychologie in eine »empirische« und eine »rationale«. Aber anders als Kant möchte er die letzte nicht opfern. Und anders als nach ihm Beneke möchte er die empirische Psychologie nicht zur einzig wahren erklären, die alle weitere Philosophie überflüssig macht. Stattdessen sucht er einen neuen Königsweg zwischen traditioneller Metaphysik und moderner Erfahrungswissenschaft.

Um seine Pädagogik zur Wissenschaft zu machen, lässt Herbart den Menschen Bürger zweier Welten sein. Einmal gibt es die Erfahrungswelt. Hier kommt man am besten mit einer empirischen Psychologie weiter. Sie analysiert, wie aus Sinneseindrücken Vorstellungen und Urteile werden, sodass im Bewusstsein eine zweite, eigene Welt entsteht. Diese Welt bildet Vorstellungen von Zeit und Raum oder einem Ich aus – Dinge, die es als solche in der Erfahrungswelt gar nicht gibt. Die größte Leistung dieser Welt besteht darin, ein »Sollen« auszuformen, das der Mensch seinem empirischen »Sein« gegenüberstellt.

Mit großer Energie macht Herbart sich daran, die Gesetzmäßigkeiten der Menschenseele wissenschaftlich zu bestimmen – allerdings völlig ohne jede experimentelle Forschung. In den

Jahren 1824/1825 veröffentlicht er die beiden Bände der *Psychologie als Wissenschaft: neu gegründet auf Erfahrung, Metaphysik und Mathematik*. Sein Anspruch ist monumental. Er möchte der »Psychologie ihren Newton« geben. Und er will der Pädagogik »Methoden« schenken, die sich unfehlbar aus der Gesetzmäßigkeit des menschlichen Bewusstseins ergeben. Warum soll sich das, was sich in unserer Vorstellungswelt ereignet, nicht genauso präzise beschreiben lassen wie unsere Sinneserfahrung? »Die Gesetzmäßigkeit im menschlichen Geiste gleicht vollkommen der am Sternenhimmel«, schreibt Herbart schon in seinem *Lehrbuch zur Psychologie*.«[37] Und genau wie dieser sei auch die Seele ein Kraftfeld von Anziehung und Abstoßung, von Statik und Dynamik. Die Gesetze sind mathematische Gesetze, die Kräfte physikalische. Die stärksten Antriebe setzen sich durch, die schwächeren werden zurückgedrängt und landen im Dunkel, denn, in der Seele ginge ja nichts verloren. Zwei Vorstellungen, die aufeinanderprallen, »hemmen« sich, andere befinden sich im »Gleichgewicht« oder befeuern sich zu größerem Schwung. Überall ist die Physik Herbarts Vorbild für eine wissenschaftliche Psychologie – genau zu dem Zeitpunkt, in der die französischen Psychologen sich von ihr verabschiedet haben und durch die Biologie als neue Leitwissenschaft ersetzen.

Herbarts Physik der Psychologie ist bereits veraltet, als sie erscheint. Und auch in einer anderen Hinsicht ist er konservativ. Dass sich die Seele naturgesetzlich beschreiben lässt, bedeute nicht, dass die menschliche Moralität nur ein Naturvorgang sei. Das »Sollen«, das wir in uns spüren, ist mehr als ein physischer Prozess, sondern nach wie vor ein metaphysischer. Kein Druckverhältnis und keine Mechanik erklären, warum Menschen das Gute anstreben. In diesem Punkt bleibt Herbart Metaphysiker. Er sieht sich als »Kantianer von 1828«, der den allzu spekulativen Idealismus der Nachfolger ablehnt, aber trotzdem im philosophischen Idealismus bleibt. Und genau hierin unterscheidet er sich von Beneke.

Psychologie und Pädagogik am Scheideweg

Der erste Band der *Psychologie als Wissenschaft* ist gerade erschienen, da bekommt Herbart einen offenen und einen persönlichen Brief. Absender ist der zweiundzwanzig Jahre jüngere Beneke. Der offene Brief ist dessen *Seelenkrankheitskunde* von 1824 ganze fünfzig Seiten lang vorangestellt: *Soll die Psychologie metaphysisch oder physisch begründet werden? Ein Schreiben an den Herrn Professor Dr. Herbart zu Königsberg*. Die beiden Pioniere der Psychologie kennen sich aus wechselseitigen Rezensionen. Mit einigen Jahren Verspätung hat Beneke Herbarts *Lehrbuch der Psychologie* besprochen und es mit einigem Lob, aber auch mit reichlich Tadel versehen. Umgekehrt geht auch der Königsberger Professor mit dem Berliner Jungdozenten in drei Rezensionen nicht eben zimperlich um. Der Disput zwischen beiden steht heute stellvertretend für die Geburtswehen des neuen Fachs. Beneke will die Psychologie auf eine rein empirische Basis stellen wie die Naturwissenschaften; Herbart nur zum Teil.

Benekes Wunsch, die Positionen miteinander abzustimmen, um der empirischen Psychologie zum Durchbruch zu verhelfen, wird von Herbart ignoriert. Vielmehr betont er in seiner zweibändigen *Allgemeinen Metaphysik, nebst den Anfängen der allgemeinen Naturphilosophie* (1828/1829) noch einmal eindrücklich, was ihn von der empirischen Psychologie unterscheidet. Sein »kritischer Realismus« will zwar die *Erfahrung* naturwissenschaftlich erklären, nicht aber die *Erkenntnis* und *Selbsterkenntnis*. Durch Sinneserfahrung gelangt niemand zu höheren Wahrheiten und Einsichten. Diese entstehen nur, wenn verschiedene Vorstellungen sich aufeinander beziehen und eigene Komplexe ausbilden. Nicht anders, spekuliert Herbart, verhält es sich auch mit den Dingen der Natur. Die Art, wie sie uns erscheinen, ist nicht konstant, sondern hochgradig abhängig von einem Komplex von Bedingungen. Insofern dürfen wir uns nicht wundern, dass wir die höheren Prozesse unseres Bewusstseins nicht in fixe

Einzelelemente und strenge Mechanismen auflösen können – in der Physik sei es doch im Grunde genauso.

Lässt sich der Mensch in allem, was er denkt und tut, auf empirische Vorgänge reduzieren? Oder spielen sich in ihm Prozesse ab, die sich den Methoden der Erfahrungswissenschaften entziehen? Der Streit zwischen Herbart und Beneke trifft genau den Punkt, über den Philosophen und Psychologen noch heute streiten. In jedem Fall führt er dazu, dass sich die Psychologie in der zweiten Hälfte des 19. Jahrhunderts von der Philosophie löst. Als Psychologe wird Beneke recht behalten; als Philosoph fordert Herbart ein, was auch heute noch viele Philosophen für ihr Metier in Anspruch nehmen: dass es sich aus guten Gründen lohnt, über den Menschen anders nachzudenken als auf der Grundlage von Messungen.

Die Rivalität zwischen Beneke und Herbart wird nicht kleiner, als Ersterer sich auf das Gebiet der Pädagogik vorwagt. Herbart war von der Pädagogik zur Psychologie gekommen; Beneke kommt von der Psychologie zur Pädagogik. Für ihn hat die empirische Psychologie in der Erziehungslehre ein wunderbares Anwendungsgebiet. Im Jahr 1828 hält der unbesoldete Dozent in Berlin dazu seine erste Vorlesung. Wie Herbart, aber auch wie Benekes berühmter Lehrer, der vielseitige Theologe *Friedrich Daniel Ernst Schleiermacher* (1768–1834), sieht er die Pädagogik als eine moralische Aufgabe. Nur wer Kinder nach durchdachten moralischen Grundsätzen erzieht, bekomme anschließend moralisch denkende und handelnde Erwachsene. Die entscheidende Frage dazu hatte bereits Kant in der *Kritik der praktischen Vernunft* gestellt, nämlich »wie man den Gesetzen der reinen praktischen Vernunft *Eingang* in das menschliche Gemüt, *Einfluß* auf die Maximen desselben verschaffen, d.i. die objektiv-praktische Vernunft auch *subjektiv* praktisch machen könne«.[38]

Die gleiche Frage stellt sich Schleiermacher. Als Mitglied der Sektion für Unterricht im preußischen Innenministerium ist er wie Herbart von 1810 bis 1815 in der Bildungspolitik aktiv; ge-

Beneke – Schleiermache

nau zu jenem Zeitpunkt als Humboldt und sein Mitstreiter Johann Wilhelm Süvern das preußische Bildungssystem umkrempeln. Anders als Kant ist Schleiermacher allerdings klar, dass es keine allgemeingültige Pädagogik geben kann. Denn was auch immer ich als richtige Erziehungslehre bestimme, stets gilt es, den einzelnen Fall zu berücksichtigen. Und das, was zu tun oder zu sagen ist, bleibt immer ein wenig spekulativ.

Beneke, der Schleiermacher als einzig prägenden seiner Professoren lobt, ist sofort überzeugt. Denn wenn es richtig ist, dass jede Pädagogik fest in der Erfahrung des Lehrenden mit den Lernenden verankert ist, dann ist die Erziehungslehre ein ideales Feld für die empirische Psychologie: »Das Schicksal der *Pädagogik*«, schreibt Beneke, ist abhängig »vom Schicksale einer anderen Wissenschaft: von dem der *Psychologie*. Alle Zwecke, welche sich Erziehung und Unterricht setzen mögen, kommen auf die Begründung gewisser psychischer Produkte, alle Mittel, deren sie sich bedienen können, auf die Erzeugung gewisser psychischer Entwickelungen zurück; und so ist denn die gesamte Pädagogik, der Hauptsache nach, nur eine *angewandte Psychologie*.«[39] Für diese Anwendung braucht Beneke allerdings »specielle Beobachtungen über die Entwickelung der Kindercharaktere, sowohl in Hinsicht ihrer intellektuellen als ihrer gemüthlichen und moralischen Eigenthümlichkeit«.[40] Und wieder fehlt ihm hierfür ausreichend Material an Fallstudien. So kann er sich nur äußerst detailliert mit Schulformen, Lehrinhalten und Fachdidaktik befassen, nicht aber mit den psychologischen Details der »Gemüths- und Charakterbildung«.

Während Herbart glaubt, seine »Methoden« philosophisch und psychologisch grundlegen zu können, ist Beneke im Hinblick auf zeitlos gültige Methoden der Pädagogik skeptisch. Nicht ihre philosophische Grundlegung, sondern einzig die praktische Erfahrung mit Zöglingen und Schülern gilt ihm als Maßstab. Im Jahr 1841 findet er einen begeisterten Anhänger in dem Direktor des Landschullehrer-Seminars, *Johann Gottlieb Dressler*

(1799–1867). Über ihn wird Benekes *Erziehungs- und Unterrichtslehre* (1835) zum vielgelesenen Standardwerk für Volksschullehrer. Später bemüht sich der Vogtländer *Friedrich Dittes* (1829–1896) darum, nach Benekes Ideen das österreichische Schulwesen zu reformieren.

Herbarts Wirkungsgeschichte ist weitaus größer. Allerdings wird er 1837 zu einer höchst umstrittenen Figur. Das Königreich Hannover hat die 1833 verabschiedete freiheitliche Verfassung, das Grundgesetz, aufgehoben. Sieben Professoren, darunter die Gebrüder Grimm, begehren dagegen auf. Herbart, inzwischen Dekan der Philosophischen Fakultät, steht den »Göttinger Sieben« nicht bei, sondern distanziert sich von den Protesten. Seine pädagogischen Ideale der Selbstbestimmtheit und Selbstbefähigung, die er in seinen Schriften beschwört, verlieren öffentlich ihre Glaubwürdigkeit. Im Jahr 1841 stirbt er fünfundsechzigjährig an einem Schlaganfall.

Kurz vor seinem Tod erlebt Herbart noch, dass sein *Umriß pädagogischer Vorlesungen* erscheint. Auch über zahlreiche Schüler und Nachfolger kann er sich nicht beklagen Gleichwohl ereilt ihn ein unschönes Schicksal. Während er selbst unsicher blieb, ob seine Methoden tatsächlich eins zu eins den Bedürfnissen der Psyche von Schülern entsprachen, machen seine Anhänger aus ihnen eine Doktrin. In deren Mittelpunkt steht die Formalstufentheorie. Vier formale Lehrstufen – Klarheit, Assoziation, System und Methode – sollen jeden Lehr- und Lernprozess gliedern. Aus der Idee, jeden Schüler nach dessen Fähigkeiten und Möglichkeiten zu fördern, wird ein streng vorgegebenes Lehrsystem ohne Spielräume und Abweichungen. Am Ende des 19. Jahrhunderts steht ein dogmatischer Herbartianismus; genau das Gegenteil dessen, was Herbart mit »Selbstentfaltung« und »Selbstbefähigung« gemeint hatte.

Zur gleichen Zeit, wie Herbarts Pädagogik zu einem strengen Regelwerk erstarrt, löst sich die Disziplin aus der Philosophie. In der zweiten Hälfte des 19. Jahrhunderts wird sie als »Erziehungs-

Carl Gustav Carus

wissenschaft« auftreten und als rein empirisches Fach ausgebildet. Was sie an Schärfe im Einzelnen gewinnt, verliert sie durch Gleichgültigkeit im Ganzen. Kein Wunder, dass die Reformpädagogik des späten 19. Jahrhunderts gegen den Formalismus aufbegehren und wieder ein philosophisch-anthropologisches Fundament einfordern wird; eine Pädagogik, die aus den Naturanlagen des Kindes entspringt.

Auch die Psychologie bleibt langfristig nicht in die Philosophie integrierbar. Je experimenteller sie von der zweiten Jahrhunderthälfte an arbeitet, umso weniger fügen sich ihre Daten zu einem geschlossenen Kosmos. Und je naturwissenschaftlicher sie Reize, Empfindungen und psychische Reaktionen untersucht, umso weniger philosophisch erscheinen sie. Als Reiz-und-Reflexmechanismus betrachtet, unterscheidet sich der Mensch nicht vom Tier. Kein Wunder, dass zumindest in Deutschland die experimentelle Psychologie lange auf ihre Stunde warten muss. Zu gering erscheint der wissenschaftliche Zugewinn, zu bedrohlich der Verlust eines philosophisch fundierten Menschenbilds. Bis in die 1870er-Jahre hinein dominiert in der deutschen Psychologie nicht die Empirie. Nicht Daten werden gesucht, nicht Mechanismen der Seele, sondern eine kluge Anleitung zur richtigen »Lebenskunst«. Aus ihr, nicht aus der experimentellen Forschung, entspringt einer der prägendsten Begriffe der Psychologie überhaupt: das *Unbewusste*.

Das Unbewusste

Fast immer ist die Sonne halb oder ganz versunken, leuchtet nur ein fahler Schein am Horizont. Abende mit Goldrand, Menschen stumm als dunkle Silhouetten in Kähnen, unter Torbögen oder in Schluchten, Versunkenheit und Harmonie. Wer die Bilder von *Carl Gustav Carus* (1789–1869) betrachtet, in den Staatlichen Kunstsammlungen in Dresden oder in der Alten Nationalgalerie in Berlin, der wird kaum an Wissenschaft denken. Und doch sah ihr Urheber – Maler, Arzt, Naturforscher und Philosoph – in der Kunst den »Gipfel der Wissenschaft«.

Carus ist studierter Physiker, Botaniker, Chemiker und Mediziner. Doch eine Doktorarbeit verfasst er nicht nur in Medizin, sondern auch in Philosophie: mit einer Schrift über das Phänomen des Lebendigen. In den Befreiungskriegen wird er 1813 Leiter eines Lazaretts auf einem Bauernhof unweit seiner Heimatstadt Leipzig. Die Arbeit ist hart. Trotz seines Medizinstudiums hat Carus eine tiefe Abscheu vor allem Kranken. Zudem infiziert er sich mit Typhus, den er nur knapp überlebt. Als kurz darauf auch noch seine Frau und seine Mutter an der Seuche erkranken, steht er an der Grenze seiner Belastbarkeit. Carus wird diese körperlichen und psychischen Strapazen später in der für ihn typischen Art als eine Reinigung von Leib und Geist beschreiben. Nur wer einen solchen Wendepunkt erlebt habe, könne sich als Individuum frei entfalten.

Nach dem Sieg über Napoleon wird der vom Schicksal Gereinigte Professor für Geburtshilfe. Er lehrt an der königlichen Hebammenschule in Dresden und begründet dort die Chirurgisch-Medizinische Akademie. Als erster deutscher Hochschullehrer liest Carus zudem öffentlich über Vergleichende Anatomie. 1827 befördert ihn der sächsische König zu einem seiner drei Leibärzte. Im Winter 1829/1830 hält Carus seine berühmten *Vorlesungen über Psychologie*. Dabei unterscheidet er zwischen vier verschiedenen Methoden. In der Tradition der Erfahrungsseelenkunde kann man auf *deskriptive* Weise die »verschiedenen Äußerungen jeder besonderen Seelentätigkeit«[41] aufzählen und zusammenstellen. Wie Moritz, den er vielfach zitiert, sieht sich Carus als »Psychiker«, der seelische Störungen auf ungesunde Lebensführung und traumatische Kindheitserlebnisse zurückführt. Allerdings sei das deskriptive Metier philosophisch nicht anspruchsvoll.

Die zweite Methode ist die *analytische*. Sie stammt für Carus aus dem 18. Jahrhundert als der ehrbare Versuch, die einzelnen Seelenkräfte als Vermögen zu beschreiben. Ihr unseliger Nachfolger im 19. Jahrhundert sei die *teleologische* Methode. Von ihr sei gar nichts zu halten. Carus denkt an Herbarts Seelenphysik, die Lehre von der Statik und Dynamik der Seelenkräfte, die er zur Fantasterei erklärt. Mit dem »Compendium der Psychologie eines Herbart« kann man, wie er später schreibt, nicht tief »in die Geheimnisse des eigentlichen Seelenlebens eindringen«.[42]

Bleibt noch die vierte Methode, die *genetische*. Die deskriptive liefert nur Material, die analytische ist überholt und die teleologische für Unsinn befunden. Doch was bedeutet »genetisch«? Für Carus bedeutet es, die Seele von ihren einfachen Ursprüngen aus zu denken, von dem, was allen bewussten Seelenregungen zugrunde liegt – dem Unbewussten. Der Begriff ist seine eigene Erfindung, nicht aber die Idee. Sie findet sich bei Leibniz, Kant, Fichte, Moritz, Cabanis, Maine de Biran, Herbart und insbesondere bei dem von Carus hochverehrten Schelling. Schon lange bevor die Psychologen nicht nur die Tiefe, sondern auch die Untiefe des menschlichen Bewusstseins ausloteten, hatten dies die Philosophen mit anderen Begriffswerkzeugen getan.

Carus' Unbewusstes ist ein Begriff von enormer Reichweite. Und er soll zahlreiche Probleme der Psychologie auf einmal lösen: »*Der Schlüssel zur Erkenntniß vom Wesen des bewußten Seelenlebens liegt in der Region des Unbewußtseins.* Alle Schwierigkeit, ja alle scheinbare Unmöglichkeit eines wahren Verständnisses vom Geheimniß der Seele wird von hier aus deutlich. Wäre es eine absolute Unmöglichkeit, im Bewußtsein das Unbewußte zu finden, so müsste der Mensch verzweifeln, zum Erkennen seiner Seele, d. h. zur eigentlichen Selbsterkenntniß zu gelangen. Ist diese Unmöglichkeit nur eine scheinbare, so ist es die erste Aufgabe der Wissenschaft von der Seele, darzulegen, auf welche Weise der Geist des Menschen in diese Tiefen hinabzusteigen vermöge.«[43]

Wenn Carus vom »Unbewußten« spricht, dann denkt er an

das, was die Biologen seiner Zeit »Lebenskraft« oder »Bildungstrieb« nennen. Aber diese Lebensenergie soll mehr sein als nur eine Körperfunktion. Für Carus ist sie zugleich geistig, denn Leib und Seele sind für ihn nicht zu trennen. Die romantische Medizin, die den Menschen als »ganzheitlich« betrachtet, erreicht in dem sächsischen Universalgelehrten ihren letzten Höhepunkt. Physiologisch auf der Höhe der Zeit, möchte er Philosophie und Medizin noch einmal ganz altmodisch verschmelzen: Jede körperliche Regung ist zugleich eine Seelenregung, und jede Seelenregung ist körperlich.

Und Carus geht noch weiter. Er spricht dem Unbewussten eine zeitlose, ja, göttliche Qualität zu. Im Urgrund ihrer Seele sind alle Menschen Teil einer ewigen Welt der Ideen – ein Gedankengut, das von Platon über Plotin durchs Christentum gewandert ist und das Carus psychophysisch erklären will. Alles weise darauf hin, »daß nur ein einiges Princip des Lebendigen, nur ein *sich aus sich selbst Bewegendes* – eine Entelechie mit Aristoteles, oder eine Idee nach Plato, oder eine Psyche, eine Seele, mit einem Worte ein *Göttliches*, nenne man es nun wie man wolle – eine Grundbedingung jeglicher Lebenserscheinung … sein könne«.[44]

In seiner Metaphysik des Unbewussten steht Carus nahe bei Schopenhauer. Alle Beobachtungen werden auf das »Unbewußte« zurückgeführt, wie bei Schopenhauer auf den »Willen«. Doch obwohl ausgebildeter Arzt, führt Carus keine Experimente durch. Stattdessen lässt der immer berühmter werdende Gelehrte nichts aus, was er nicht für seine Theorie fruchtbar machen kann. So begeistert er sich für die höchst umstrittenen Theorien, die der Arzt *Franz Anton Mesmer* (1734–1815) über den »tierischen Magnetismus« in die Welt gesetzt hat. Für Carus ist der »Lebensmagnetismus« ein »magisches« Pendeln zwischen Unbewusstem und Bewusstem. Diese magische Verbindung leite die Vögel, die Insekten, die Fische und die Lemminge auf ihren Wanderungen. Und was sonst treibe unsere Bilder und Gefühle im Schlaf voran? Zwischen unserem taghellen Bewusstsein und dem dunklen Unbewussten spielen sich Vorgänge ab, die die Wissenschaft niemals endgültig erklären kann. Warum erinnern wir uns in einem ganz bestimmten Moment an etwas? Warum schießen uns Gedanken in den Kopf?

Anders als die moderne Psychologie hält Carus das Unbewusste nicht für etwas, was uns ursprünglich einmal bewusst war. Ganz im Gegenteil. Wenn das Sonnenlicht der Vernunft es trifft und erhellt, steigt Bewusstes aus dem dunklen Unbewussten auf. Das *allgemeine* Unbewusste, das sich bereits in den Ahnungen und Instinkten der Tiere findet, ist der ursprüngliche Seelengrund. Wird es zeitweilig ins Bewusstsein gehoben und wieder vergessen, bleibt es uns als das *relativ* Unbewusste erhalten. Auf diese Weise wirken unsere animalischen Triebe, unser Bewusstes und unser relativ Unbewusstes in unsere Seele und lösen sich dort in ihrer Führungsfunktion ab, je nachdem in welchem Zustand wir uns befinden, ob wach oder schlafend, klaren Kopfes oder versunken, benommen, verstört oder verzückt.

Von hier aus ist nicht mehr schwer zu verstehen, warum Carus in der Kunst den »Gipfel der Wissenschaft« sehen kann. Macht die Kunst nicht sichtbar, was im Alltag verborgen ist? Berührt sie uns nicht in der Tiefe und rührt an unserem Unbewussten? Wie anders ließe sich sonst erklären, dass Kunst uns so stark berühren kann, ohne dass wir so recht wissen, warum? Carus gibt sich viel Mühe, die Gunst des eigenbrötlerischen Caspar David Friedrich zu gewinnen, den er bewundert, dem er nacheifert und auf dessen Spuren er sogar eine Rügen-Reise unternimmt. Ein einziges Mal kann er 1821 den ebenso verehrten, vierzig Jahre älteren Goethe treffen, mit dem er in wechselseitiger Wertschätzung verbunden bleibt. In seinem Neujahrsgruß schreibt der Dichterfürst dem Naturforscher 1826 ein hymnisches Lob: »Wenn ich das neuste Vorschreiten der Naturwissenschaften betrachte, so komm' ich mir vor wie ein Wandrer, der in der Morgendämmerung gegen Osten ging, das heranwachsende Licht mit Freuden anschaute und die Erscheinung des großen Feuerballs mit Sehnsucht erwartete, aber doch bei dem Hervortreten desselben die Augen wegwenden mußte, welche den gewünschten gehofften Glanz nicht ertragen konnten. Es ist nicht zuviel gesagt, aber in solchem Zustand befinde ich mich, wenn ich Herrn CARUS Werk vornehme, das die Andeutungen alles Werdens von dem Einfachsten bis zu dem mannigfaltigsten Leben durchführt und das große Geheimnis mit Wort und Bild vor Augen legt.«[45]

Ein Goethe-Brief ziert auch die Einleitung zu Carus' 1835 erschienenen *Neun Briefen über Landschaftsmalerei*; ein Klassiker, der zahlreiche Maler der Spätromantik inspiriert. Zu Lebzeiten übertrifft der Ruhm des sächsischen Seelenverstehers den Herbarts bei Weitem, von Beneke gar nicht zu reden. Und sein Werk *Psyche. Zur Entwicklungsgeschichte der Seele* wird 1846 ein vielbeachteter Erfolg. 1853 ernennt ihn der sächsische König zum ersten Leibarzt. Und in seinen letzten sieben Lebensjahren steht er der renommierten Leopoldinisch-Carolinischen Akademie der Naturforscher als Präsident vor. Dass er sich im Alter zu einer sich als Völkerpsychologie missverstehenden Rassentheorie versteigt, gehört nicht zu seinen Ruhmestaten. Im Jahr 1861 – zwei Jahre nach Darwins Evolutionstheorie, die er kennt – veröffentlich er ein Buch: *Natur und Idee, oder das Werdende und sein Gesetz*, das den Ursprung alles Natürlichen aus einem göttlichen Ideellen erklärt; ein Dokument von Altersstarrsinn.

Für Carus bleibt bis zu seinem Lebensende einzig und allein der physiologisch beschlagene Philosoph für die Seele zuständig. Und tatsächlich entspringt die Psychologie in Deutschland sehr weitgehend der Philosophie. In England und Frankreich dagegen entwickelt sie sich fast durchgängig aus der fortschrittlichen Physiologie und der Medizin. Und doch verläuft auch vom Romantiker Carus eine Linie in die Moderne. Die Expedition ins Unbewusste markiert nicht weniger als den Anfang der Tiefenpsychologie. Sie weist den Weg zu Sigmund Freud, Carl Gustav Jung und Alfred Adler. Auf zeitlose Weise modern ist auch Carus' Anspruch auf eine ganzheitliche psychosomatische Erklärung des

Menschen, die er aus der romantischen Philosophie und Medizin mitschleppt. Mögen sich ihre Wortkleider inzwischen geändert haben, in neuer Robe fordert sie die Schulmedizin heute nicht weniger heraus als früher.

Carus dürfte der letzte bedeutende Denker gewesen sein, der die Psychologie und die Medizin als Bestandteile einer umfassenden Naturphilosophie sah. In der ersten Hälfte des 19. Jahrhundert muss die Philosophie zusehen, wie sich ihr Fundament dramatisch verkleinert. Wie die Seelenfrage sich nach und nach aus dem Gehäuse der Philosophie sprengt und zu einer eigenen Wissenschaft wird, so auch die Gesellschaftsfrage. Genau zeitgleich zur Psychologie als Erfahrungswissenschaft entsteht die Erfahrungswissenschaft von der Gesellschaft – die *Soziologie*. Ihre Geburt aber ist, anders als die der Psychologie, das Werk eines einzelnen Mannes von schwer überbietbarem Sendungsbewusstsein …

Ordnung und Fortschritt

Der Plan von der Neuordnung der Gesellschaft –
Der soziale Kitt – Fortschritt durch Sozialismus –
Neue Biotope – Die Physik des Sozialen –
Liebe und Effizienz – Die Religion der Menschheit

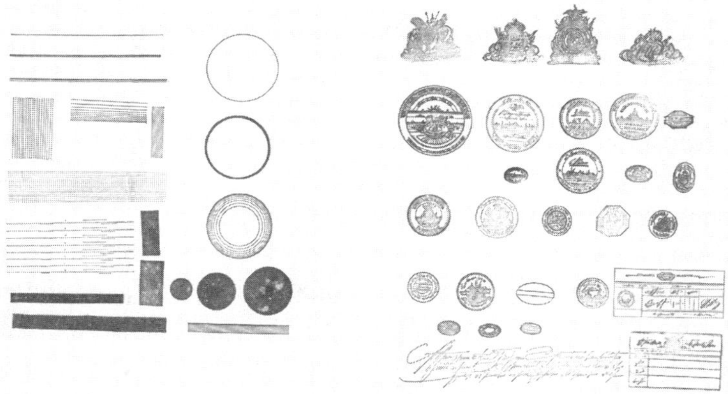

Der Plan von der Neuordnung der Gesellschaft

Nur wenigen Philosophen ist es vergönnt, staatstragend geworden zu sein. Und nur ein einziger schaffte es gar, das Motto einer neuen Republik zu formulieren. Eine Flagge unter mehr als zweihundert Nationalfahnen ziert die Inschrift eines Philosophen: »*Ordem e Progresso*« – »Ordnung und Fortschritt«.

Als am 15. November 1889 die Republik Brasilien ausgerufen wird, sind es die Anhänger *Auguste Comtes* (1798–1857), eines zu Lebzeiten eher mäßig bekannten Mannes, die Geist und Fahne des neuen Staats bestimmen. Benjamin Constant, ein Offizier an der Militärakademie, gibt den Geburtshelfer. Als Grün-

Liebe als Grundsatz, Ordnung als Grundlage, Fortschritt als Ziel

der der »Positivistischen Vereinigung Brasiliens« träumt er von einem Land im Sinne des zweiunddreißig Jahre zuvor verstorbenen Philosophen. Und so nutzt er die Gunst der Stunde. Als Pedro II., der brasilianische Kaiser, gestürzt und die Sklaverei im letzten südamerikanischen Staat beseitigt ist, soll das Land endlich modernisiert werden; Technik und Industrie die neue Republik bestimmen und das Militär den Adel ablösen. So zeigt die Flagge der neuen Republik nicht nur den Nachthimmel über Rio de Janeiro am 15. November 1889, sondern auch das Motto »*Ordem e Progresso*« nach Comtes Satz: »*L'amour pour principe et l'ordre pour base; le progrès pour but*« – »Liebe als Grundsatz, Ordnung als Grundlage, Fortschritt als Ziel«.

Selbst der Hintergrund der Flagge ist kein Zufall. Grün wie die Hoffnung, die Symbolfarbe der Positivisten, abgeguckt vom Islam. Dass die Hoffnung in Brasilien oft getrogen hat, von Fortschritt zu wenig und von Ordnung fast keine Rede sein kann, ist nicht die Schuld des Philosophen. Comte hat das Land nie betreten, und im Hinblick auf seine positivistische Endgesellschaft der Menschheit sah er es eher als eines der letzten Glieder denn als ihr erstes. Wie Karl Marx niemals an das verachtete Russland dachte, wenn er sich ein erstes kommunistisches Land erträumte, sondern an England, so hoffte Comte auf Frankreich statt auf Brasilien. Doch der Weltgeist ist launisch, manchmal ironisch. Und so stehen bis heute die meisten Marx-Denkmäler auf russischem Boden und die meisten »positivistischen Tempel« nicht in Paris, sondern am Amazonas.

Der Stifter einer neuen Weltreligion des Menschen, der Künder des unbegrenzten Menschheitsfortschritts, der Architekt einer neuen globalen Ordnung im Geiste war kein Mann des späten, sondern des frühen 19. Jahrhunderts. Geboren wurde er in eine durch die Revolution von 1789 in ihren Grundfesten erschütterte Ordnung und in eine Gesellschaft voll tiefer Zerrissenheit, übersprudelnder Hoffnung und schrägen Träumen von einem Gestern. Seit Ludwig XVI. in der Revolution gestürzt und hingerichtet wurde, war keine Ordnung in Frankreich mehr selbstverständlich und keine von Dauer. Der Herrschaft der Jakobiner war die Restauration durch das großbürgerliche »Direktorium« gefolgt. Die Machtergreifung Napoleons, dessen Sturz und Rückkehr hatte in die Restauration der Bourbonen-Könige geführt. Die Julirevolution von 1830 mündete in die erneute Restauration unter Louis-Philippe I. Und die Februarrevolution von 1848 wird zur Bühne für den Staatstreich Napoleons III. Die Geschichte schlingert voran in Irrungen und Wirrungen. Doch wo ist die neue Ordnung? Und was an ihr ist tatsächlich Fortschritt zum Besseren?

Kann man es Comte verdenken, dass er glaubte, die Gesellschaft habe »auf einen Professor der Soziologie und der Moral gewartet«, statt auf einen weiteren König, wie später ein Biograf spottete?[46] Auf einen, der seine Nation nicht durch ein Parlament, sondern durch eine »riesige Abendschule« weiterbringen wollte? Comte ist das Kind einer historischen Phase, in der alles möglich zu sein scheint. Die Franzosen probieren vieles aus, wovon die Deutschen nur träumen. Warum nicht auch diesen Weg: eine gewaltige Bildungsanstrengung, die die Wirren der Politik in »soziale Physik« überführt? Behauptungen sollen zu Wissenschaft werden und planloses Vorwärtsstolpern zu einem *Plan des travaux scientifiques nécessaires pour réorganiser la societé* – einem »Plan der wissenschaftlichen Arbeiten, die für eine Reform der Gesellschaft notwendig sind«. So lautet der Titel des Programmentwurfs, den der Vierundzwanzigjährige im Jahr 1822 der Welt unterbreitet.

Ein größerer Unterschied zur Philosophie in Deutschland ist kaum denkbar. Mit Hegel, der gerade in Berlin seine Rechtsphilosophie abgeschlossen hat, teilt Comte nur den Fortschrittsoptimismus. Doch was für Hegel eine Art Weltgesetz ist, das allmähliche stufenweise Bewusstwerden des menschlichen Geistes, ist für den Ingenieur *travaux*: Arbeit! Entsprechend detailliert sind seine Pläne für die praktische Umsetzung, geschult an den Kosten-Nutzen-Kalkulationen der Techniker, Bankiers und Fa-

Entstehung der Soziologie – Comte

brikherren, der neuen, immer mächtiger werdenden Schicht der Gesellschaft. Nicht Hochgeistiges, nicht das sich selbst verständigende Ringen des Geistes mit sich selbst, sondern praktisches Tun bringt die Gesellschaft voran. Perfekt organisiertes Zusammenleben, konkretes Regieren, sorgfältig durchdachte Herrschafts- und Verteilungsfragen und vor allem: ein gewaltig ausgebautes Bildungssystem nach streng geregelten Vorgaben tun not.

Comte steht nicht allein da. Die meisten führenden Philosophen seiner Zeit sind Gesellschaftstheoretiker. Was Hegel noch in sein philosophisches System integrierte – die Spielregeln für ein funktionierendes Gesellschaftsleben –, bricht nun aus der Philosophie aus oder strebt danach, sie zu ersetzen. Die Soziologie entsteht und löst sich, wie zeitgleich die Psychologie, aus der Philosophie heraus. Und auch die Soziologie tritt mit dem stolzen Anspruch auf, die eigentlich wahre Philosophie zu sein: nämlich Philosophie nicht als Spekulation, sondern als »Wissenschaft«.

Ihr Kennzeichen ist der objektive Blick. Doch ihre ersten Protagonisten könnten gegensätzlicher kaum sein: abgeklärte Aristokraten auf der einen, fortschrittstrunkene Ingenieure auf der anderen Seite. Denn ohne polytechnische Hochschulen keine Soziologie! Die neue Wissenschaft ist *Problemlösung*, in einem Ausmaß, wie die Philosophie es nie war und sein wollte. Und sie ist damit das radikalst mögliche Gegenteil der Existenz- und der Lebensphilosophie. Der Einzelne? Völlig uninteressant! Wichtig ist nur die Gesellschaft als Ganzes. Nicht wie der Mensch *ist*, ist von Belang, nicht wie er sich selbst wahrnimmt und wie er tätig wird, sondern einzig – wie er *funktioniert*! Das heraufdämmernde Maschinenzeitalter schafft sich eine Wissenschaft des Sozialen nach seinem Gusto. Dem Fatalismus Schopenhauers und Kierkegaards setzt sie einen unbedingten Glauben entgegen: jenen der schier unbegrenzten Machbarkeit. Psychologie interessiert darin nur, insofern sie Sozialpsychologie ist und Massen in Bewegung setzt, das Richtige oder das Falsche zu tun. Städte wie Paris verwandeln sich unter dem nüchternen Blick der Sozialingenieure in eine einzige komplizierte Maschinerie. Programme zielen auf Programmierung, Politik auf Steuerung, und selbst Metaphysisches wie Liebe und Religion findet seinen Platz einzig, weil es zum Funktionieren des Ganzen beiträgt. Wie war es Anfang des neuen Jahrhunderts in so kurzer Zeit zu dieser völlig neuen funktionalistischen Sicht gekommen?

Der soziale Kitt

Man muss keine neue Disziplin schaffen wollen, um eine zu begründen. Und der Mann, der die Soziologie vorausdachte, ohne das Wort zu prägen, wollte vieles, aber gewiss nicht ein neues Fach hervorbringen. Ganz im Gegenteil. *Louis-Gabriel-Ambroise de Bonalds* (1754–1840) Leben und Denken galt einem ganz anderen Ziel: das durch die Revolution zerrüttete Frankreich wieder in seine alte Ordnung zurückzubringen, allerdings auf neuen Wegen des Denkens. Als Spross einer alten Adelsfamilie gab es für ihn nur die Wahl zwischen Rot und Schwarz, General oder Bischof. Von Mönchen erzogen und zum Musketier ausgebildet, ließ er sich 1785 im Alter von dreißig Jahren zum Bürgermeister seiner südfranzösischen Heimatstadt Millau wählen. Ein Jahr nach Ausbruch der Revolution findet man ihn in der Rolle des Präsidenten des neu gegründeten Départements Aveyron. Doch schnell legt er das Amt nieder. Auf keinen Fall will er die neue Zivilkonstitution umsetzen, die die Kirche fortan dem Staat unterstellt.

De Bonald geht nach Heidelberg und dann an den Bodensee ins Exil. Als Gegner der Revolution setzt er sich dort mit ihren geistigen Urhebern auseinander. Er macht sie aus in *Charles-Louis de Secondat Montesquieu* (1689–1755) und *Jean-Jacques Rousseau* (1712–1778). Ersterer hatte für eine Gewaltenteilung von Gesetzgebung, Exekutive und Justiz plädiert, Letzterer das Individuum in den Mittelpunkt seiner Philosophie gestellt. Dagegen verfasst der konservative Aristokrat sein dreibändiges Werk: *Théorie du pouvoir politique et religieux dans la societé civile* (Theorie der politischen und religiösen Macht).

So wenig originell es ist, das Gottesgnadentum des Königs zu verteidigen, so neu ist de Bonalds Begründungsversuch. Der junge Aristokrat verzichtet darauf, dem Monarchen irgendwelche Rechte zuzusprechen. Er hält auch nichts von den Rechten anderer Menschen. Der Ansatz beim Einzelnen, wie er der Erklärung der Menschenrechte in der Revolution zugrunde liegt, erscheint ihm als das Grundübel schlechthin. *Thomas Hobbes* (1588–1679) hatte im 17. Jahrhundert die Legitimität des Herrschers damit begründet, dass die Interessen der Einzelnen (oder jene von Kleingruppen) durch eine Zentralgewalt ausgeglichen werden müssten. Und Jean-Jacques Rousseau machte die Bedürfnisse des Einzelnen im 18. Jahrhundert zum Ausgangspunkt seines Gesellschaftsvertrags. Doch für de Bonald gibt es keine Einzelnen! Für ihn ist die Gesellschaft mehr als die Summe ihrer Individuen. Und im Mittelpunkt seiner Betrachtungen steht nicht »der Mensch«, sondern einzig und allein »das große Ganze«. Nicht der Mensch macht die Gesellschaft, sondern die Gesellschaft macht den Menschen; ein Satz, der an Karl Marx denken lässt. Nur formuliert ihn ein konservativer Royalist; ein junger Mann auf der Suche nach der Neubegründung einer erschütterten und verblassenden Ordnung.

De Bonald möchte kein Philosoph sein, jedenfalls kein *philosophe moderne* wie die Aufklärer. Ist es nicht anmaßend und absurd, dass ausgerechnet Philosophen darüber befinden, was eine gute Gesellschaft sein soll? Warum sie? Was vertreten sie denn mehr als nur eine Meinung? Und warum soll man ihrem abenteuerlichen Irrtum folgen, ausgerechnet das Individuum in den Mittelpunkt einer guten Gesellschaft zu stellen? Warum nicht stattdessen das, was sie formt, nämlich Sprache, Tradition und Religion? Zählt nicht in Wirklichkeit das funktionierende Zusammenleben in der Realität, statt irgendwelche Ansprüche auf dem Papier? »Diese sublimen Betrachtungen über die Sozialordnung – Gegenstand einer entsprechenden Theorie der Macht«, schreibt de Bonald vorausschauend, »werden die Beschäftigung des anbrechenden Jahrhunderts sein.«[47]

Der Ansatz beim großen Ganzen macht den nüchternen Aristokraten zum wichtigsten Vorläufer der Soziologie vor Comte. Sein Lebensthema ist der soziale Kitt. Was hält eine Gesellschaft im Innersten zusammen? Die Menschenrechte gewiss nicht. Sie drängen zum Individualismus, aber nicht zu einer Wertegemeinschaft. Die stiftet, für de Bonald, nur die Religion. Sie allein sorgt für Halt und Zusammenhalt – und sei es auch nur deshalb, weil es sie quasi schon immer gab. Die *volonté générale* der Aufklärer und Revolutionäre, der ominöse Gemeinwille dagegen, existiere gar nicht. Jeder denkt doch ohnehin nur an sich und will etwas anderes als die anderen. Gemeinschaftsstiftend sei nur die *volonté de conservation*, der Wille zur Bewahrung. Nicht Rechte, sondern Kultur und Traditionen stiften jene Werte, die ein Volk und eine Nation zusammenhalten. Das Gleiche hatte bereits *Johann Gottfried Herder* (1744–1803) der Aufklärungsphilosophie Kants entgegengehalten. Die Sicht vereint noch heute die Konservativen aller Länder, selbst wenn sie die Namen Herder und de Bonald noch nie gehört haben.

Eine Grundlagenwissenschaft der Gesellschaft, wie de Bonald sie im Auge hat, kann nicht an einem Nullpunkt anfangen wie die Mathematik. Sie muss einsehen, dass Sprache, Geschichte und Tradition etwas sind, was untrennbar mit jeder Nation und jeder Ordnung verbunden sind. Wenn Descartes meint, am unhintergehbaren Anfang aller Gewissheit stünde das *cogito ergo sum* (»Ich denke, also bin ich«), lügt er sich in die Tasche. Der Satz ist ein Sprachkonstrukt, und an dem Wahrheitswert der Sprache hat Descartes nie gezweifelt. Am Beginn aller Philosophie darf nicht ein gleichsam mathematisches Axiom der Erkenntnis stehen. Am Anfang steht die Sprache: »Alle Tage«, lautet de Bonalds schöne Formulierung »zieht das Wort den Geist des Menschen aus dem Nichts.«[48] Und das hat weitreichende Folgen. Isoliert von Sprache, Tradition und Religion lasse sich nämlich nichts Sinnvolles und Wahres über das menschliche Zusammenleben denken. Die »natürliche Gesellschaft« ist nicht etwas, was ich wie Hobbes, Locke oder Rousseau aus einem imaginären Natur- oder Urzustand ableite. Es ist das, was es immer schon gab, zumindest so weit, wie ein Franzose auf seine eigene Nation zurückblickt: Aristokratie und Königsherrschaft, vereint mit der Kirche. Für de Bonald beweist die lange Tradition dieser Gesellschaftsordnung ihren Wert, ja, ihre Heiligkeit und Unantastbarkeit. Ein gutes Ganzes muss deshalb Staat, Gesellschaft und Religion auf das Engste miteinander verknüpft halten – ansonsten drohen, wie man derzeit überall sehe, Auflösung, Zersplitterung und Chaos.

Das Werk erscheint 1796 in Konstanz. Doch die komplett nach Paris gesendete Auflage wird sofort beschlagnahmt. Ein Jahr später kehrt de Bonald, zunächst inkognito, nach Frankreich zurück. Es ist der Vorabend der Herrschaft Napoleons. Als Traditionalist hält der Aristokrat zum Emporkömmling Distanz. Er zieht sich in die Schreibstube zurück, verfasst drei weitere Bücher und arbeitet darin seine Vorstellungen aus dem Exil weiter aus. Erst nach langem Drängen lässt de Bonald sich dazu bewegen, Universitätsrat zu werden. Doch Napoleons Sturz 1815 und die Restauration in Frankreich mischen die Karten plötzlich neu. De Bonalds Stunde schlägt. Er sieht sich in der heroischen Pflicht, wieder abzuschaffen, was die Philosophen der Aufklärung angerichtet haben. Unermüdlich schreibt er seine Einlassungen, Essays und Kommentare für die Wiederherstellung eines Frankreichs, das es trotz Restauration nicht mehr gibt. Er wird Abgeordneter, Vizepräsident des Parlaments und Staatsminister. Als Speerspitze der Konservativen sitzt er in der Académie française, wird 1823 als Pair von Frankreich in den höchsten Adelszirkel aufgenommen und fungiert seit 1827 als oberster Zensor. Schon vorher hat er die Ehescheidungsgesetze und die Pressefreiheit rückgängig gemacht.

Als 1830 die Julirevolution ausbricht und den Bürgerkönig Louis-Philippe auf den Thron hievt, ist de Bonalds Traum ausgeträumt. Sein letztes großes Werk *Démonstration philosophique du principe constitutif de la societé* (Philosophischer Beweis des konstituierenden Prinzips der Gesellschaft) bleibt weitgehend wirkungslos. Berühmt, aber kaltgestellt, lebt er fortan auf seinem südfranzösischen Landsitz. *Honoré de Balzac* (1799–1850) erwähnt ihn in der Vorrede zu seiner monumentalen *La Comédie humaine* (*Die menschliche Komödie*). Der Romancier empfindet den Gesellschaftstheoretiker als Verwandten im Geiste. Beide studieren sie das Relief und die feinen Unterschiede und malen an einem Tableau des menschlichen Zusammenlebens als eines Gesamtorganismus: Balzac als stiller Beobachter der Milieus, der Sitten und Charaktere; de Bonald, wie der Literat an anderer Stelle meint, sezierend von der Warte des »Adlers«.

Dass der »Adler« trotzdem in Vergessenheit gerät, verdankt er nicht nur den Zeitläuften. Für künftige Generationen wird er von einem Mann in den Schatten gestellt, der heute als der große Konservative der Restaurationszeit schlechthin gilt. Dabei hatte *Joseph de Maistre* (1753–1821) de Bonald, seinem Mitstreiter im Geiste, geschrieben: »Ich habe nichts gedacht, was Sie nicht geschrieben, und nichts geschrieben, was Sie nicht gedacht hätten.«[49] Stimmen muss das nicht. Der Adelsspross aus Savoyen ist ein Lebemann und blumiger Stilist, ein Mann von Eleganz und Raffinesse. Seine Gedanken sind nicht entfernt so analytisch wie diejenigen de Bonalds, dafür aber schießen sie gerne ungezügelt und polemisch übers Ziel hinaus.

Im Jahr 1784 wird de Maistre Mitglied einer Freimaurerloge, zehn Jahre später Senator von Savoyen. Die Besetzung Savoyens durch französische Truppen treibt den konservativen Adeligen 1793 ins Exil nach Lausanne. Zeitgleich mit de Bonald in Deutschland schreibt er seine *Considérations sur la France* (*Betrachtungen über Frankreich*). Angeregt hat ihn die Kritik des konservativen Iren *Edmund Burke* (1730–1797) an der französischen Revolution. Wie sein Vorbild, so kritisiert auch de Maistre die Traditionsvergessenheit der französischen Aufklärungsphilosophie, insbesondere die Rousseaus. *Den* Menschen gibt es nicht, sondern nur Menschen in ihrem gesellschaftlichen Kontext, aus dem man sie besser nicht gedanklich herauslöst. Und Herrschaft ist nicht eine Frage von individuellen Rechten, sondern von Sitten, Gebräuchen und der Zustimmung von Menschen zu einer bestimmten Leitkultur. Ohne Einsicht in diese ungeschriebenen Gesetze des menschlichen Zusammenlebens seien alle philosophischen Betrachtungen Unfug.

Was den Philosophen der Aufklärung die Freiheit, ist de Maistre die Autorität. Denn nicht Freiheit, sondern ein fester gesellschaftlicher Rahmen mache Menschen glücklich – eine Behauptung, über die man angesichts großer Zustimmung zu autoritären Regenten noch im 21. Jahrhundert viel streiten kann. Das Gleiche gilt auch für seine zweite These: Die Demokratie ist ein Hirngespinst, denn selbst wenn alle Bürger wählen dürften, so regierte noch lange nicht das Volk, sondern stets das Geld. Und was Rousseau für die Herrschaft der Vernunft hält, sei doch in Wahrheit die Herrschaft der Launen und Stimmungen. Die öffentliche Meinung? Ein haltloses Treiben der Affekte! Wie befriedigt würde der Grantler heute auf soziale Netzwerke blicken. Und wie sehr bestätigte ihn ein US-Präsident Donald Trump in allen Ansichten.

Wie de Bonald, so hält auch de Maistre die Religion für den wichtigsten sozialen Kitt. So kämpft er dafür, die Rolle des Papstes aufzuwerten und ihm eine nahezu mittelalterliche Machtfülle zuzusprechen. Am liebsten sähe er den Pontifex in einer Rolle, die sich viele heute für die UNO wünschen: als oberste moralische Instanz, ausgestattet mit dem Recht, die Politik der Staaten durch ein Vetorecht zu blockieren. Und das sollte der Papst auch tun – immer dann, wenn irgendwer in Europa der katholischen Moral und Gesellschaftsordnung widerspricht. De Maistres zweibändiges Werk über das Papsttum, *Du Pape* (1819; *Vom Papst*), das er als Gesandter in Sankt Petersburg und später als Staatsminister in Turin verfasst, malt diese Fantasie bis zur Absurdität aus. Selbst die Inquisition soll wiederbelebt und die »Unfehlbarkeit« des Papstes vollständig von der geistlichen in die weltliche Sphäre übertragen werden. Der Ultramontanismus kommt in die Welt des 19. Jahrhunderts – die Überzeugung, dass nach dem Treiben der Aufklärer kein Staat mehr gefestigt genug sei, eine konstante Gesellschaftsordnung zu garantieren. Die höchste Autorität müsse deshalb *ultra montes* – jenseits der Berge (also der Alpen) – vom Vatikan ausgehen.

Wie kompromisslos de Maistre denkt, erfährt der Leser auch aus seinen zeitgleich geschriebenen *Les soirées de Saint-Pétersbourg* (*Abendstunden zu St. Petersburg*). Die elf Gespräche des zweibändigen Werks rechtfertigen all das als gottgegeben und gottgewollt, was die Aufklärer bekämpften. Ungleichheit der Macht, des Besitzes und der Lebensverhältnisse? Das war schon immer so, von Gott selbst eingerichtet. Wie die Tiere einander töten und fressen, so halt auch die Menschen. Das Leben ist ein einziger Kampf und Krieg, ein unaufhörliches Gemetzel (*carnage permanent*), in dem Gott uns für die Erbsünde züchtigt. Insofern ist nicht nur die Liebe göttlich, sondern auch der Krieg – ein hartherziges, fatalistisches Buch, das Dichter wie *Stendhal* (1783–1842) und *Leo Tolstoi* (1828–1910) beeinflusst und noch die kalte Weltsicht des französischen Marschalls *Ferdinand Foch* (1851–1929) prägt.

Fortschritt durch Sozialismus

Was Konservativen wie de Bonald und de Maistre an geschichtsphilosophischem Optimismus fehlt, haben andere zur gleichen Zeit im Überfluss. Hat die Revolution von 1789 nicht gezeigt, dass alles veränderbar ist? Und hat sie neben allen Zerrüttungen und Verheerungen nicht auch ein ganz realistisches Versprechen in die Welt gesetzt – dass die Geschichte der Menschheit die Geschichte eines Fortschritts sei, an deren Ende eine aufgeklärte, de Condorcet

vernünftige Gesellschaft stehen soll? Eine Gesellschaft, in der für *jeden* Menschen so gesorgt ist, dass er in abgesicherten Verhältnissen frei leben kann? Die elitäre Trauer der Konservativen hat weder ein Auge noch ein Herz für die Unterprivilegierten. Sie sorgen sich nur um ihre eigene Kaste – den vom Fortschritt verstörten Landadel. Nur von dieser Warte aus trauern sie um die verlorene Ordnung und die erschütterten Orientierungen der Gesellschaft.

Doch längst nicht jeder blickt den verschwundenen Koordinaten wehmütig hinterher. Viele sehen, dass die Mehrheit der Bevölkerung darin viel zu kurz kam. Gibt es nicht durch den Fortschritt viel mehr zu gewinnen als zu verlieren? In diesem Sinne hatte der *Marquis de Condorcet* (1743–1794) in den letzten Tagen der Revolution eine glänzende Zukunft der Menschheit vorausgesagt. Seine Forderungen klingen heute wie eine Vorwegnahme der liberal-demokratischen Staaten Westeuropas in der zweiten Hälfte des 20. Jahrhundert. Der Freihandel soll durchgesetzt, Staat und Kirche sollen getrennt werden. Die Einkommenssteuer soll sich progressiv am Einkommen bemessen, und das Bildungswesen muss allgemein zugänglich sein mit genau gleichen Chancen für jeden. Geistiger Fortschritt und sozialer Fortschritt seien eine untrennbare Einheit. Gemeinsam führen sie zu einer immer besseren Gesellschaft, gegründet auf mehr und mehr Wissen über die Welt und den Menschen.

Condorcets Optimismus entzündet eine ganze Generation jüngerer Intellektueller, die sogenannten *Idéologues*. Ihr Projekt liegt völlig auf der Linie des tragisch gescheiterten Marquis. Sie erstreben *sciences morales et politiques* – eine Universalwissenschaft, die von der Natur des Menschen zu einer ihm gemäßen idealen Gesellschaft führen soll. Was bislang Spekulation, Willkür, Tradition und Zufall war, soll nun das erste Mal in der Geschichte in Wissenschaft überführt werden. Genau hier liegt der Ausgangspunkt dessen, was Comte Positivismus und Soziologie nennen wird: eine Lehre von der bestmöglichen Gesellschaft auf der Basis eines unvoreingenommenen gründlichen Studiums der menschlichen Gefühle und Gedanken sowie der sozialen und ökonomischen Bedürfnisse. Mit diesem Ansinnen betreibt der Textilfabrikant und Spekulant *Jean-Baptiste Say* (1767–1832) seinem Selbstverständnis nach Ökonomie. Ob es um die Organisation des Warenverkehrs geht oder um die Motivation der Unternehmer und Arbeiter – alles soll nach den gleichen objektiven Grundsätzen erforscht und anschließend gesteuert werden. Es ist ebenso wichtig, für den Freihandel zu sorgen, wie dafür, dass die Arbeiter ihre Arbeit, die Tugend und die Republik lieben. Ob Wohlstand, Werte oder sozialer Kitt – all das ist erzeugbar, wenn man die Gefühle und das Verhalten von Menschen nur gründlich genug erforscht.

Doch eine solche »objektive« Erforschung der menschlichen Psychologie und Soziologie rüttelt an einem Grundwert der Aufklärung, nämlich der Freiheit. Hier liegt der »blinde Fleck« der »Ideologen«. Wenn ich die menschliche Psychologie so genau erforsche, dass Menschen vorhersagbar und damit steuerbar werden, dann bedeutet weises Regieren *manipulieren*! Der Behaviorismus, die Kybernetik und die Verhaltensökonomie des 20. Jahrhunderts mit ihrem Nudging (dem »Schubsen« durch Anreize, um ein gewünschtes Verhalten zu erzeugen) nehmen hier ihren Anfang. Im 21. Jahrhundert mit seinen steuerbaren sozialen Netzwerken und virtuellen Manipulationen wird dieser Kampf zwischen dem Weltbild der Behavioristen und dem der Aufklärung endgültig eskalieren – mit bisher unbekanntem Ausgang.

Nichts davon ist geahnt noch befürchtet, als der Graf *Henri de Saint-Simon* (1760–1825) im Jahr 1816 in Says Salon die Zeitschrift *L'Industrie* gründet. Der Titel meint nicht die Industrieproduktion im heutigen Sinne. Stattdessen formuliert er ein Programm. Die *Industrie* – das ist alles, was dazu beiträgt, die Natur produktiv zu machen zum Nutzen der Gesellschaft. Saint-Simon unterscheidet nicht zwischen Besitzenden und Besitzlosen, Herrschenden und Beherrschten. Er unterscheidet zwischen denen, die als Bauern, Handwerker, Manufakturarbeiter, Unternehmer und Wissenschaftler zur Produktion und zum Fortschritt beitragen, und denen, die es nicht tun. In der zweiten Gruppe finden sich die Aristokraten, die Zwischenhändler und die Rentiers gemeinsam mit den Bettlern unter dem Begriff der »Müßiggänger« wieder. Das Erbrecht, das sein Schüler *Saint-Amand Bazard* (1791–1832) grundsätzlich abschaffen will, weil es dem Leistungsprinzip widerspricht, zieht er zumindest in Zweifel. Und die Begriffe der Ehre, des Standes und der Tradition, die de Bonald und de Maistre so wichtig sind, fallen sämtlich weg. Unternehmer und Bankiers sind wichtiger als Priester, Politiker und Feldherren – eine Linie alternativer Wertschätzung, die bei *Thomas Morus* (1478–1535) und *Francis Bacon* (1561–1626) beginnt und noch heutige Liberale beseelt.

Als wenig begüterter Aristokrat aus altem Geschlecht stellt sich Saint-Simon damit gegen seinen eigenen Stand – ja sogar gegen seine eigene Profession als öffentlicher Intellektueller. Schon als junger Mann kämpft er freiwillig unter George Washington für die amerikanische Unabhängigkeit. Die Revolution in seinem Heimatland unterstützt er an mehreren Fronten, nicht zuletzt durch die Forderung, alle feudalen und geistlichen Privilegien abzuschaffen. Als er trotzdem nur knapp der Guillotine entkommt, zeigt er sich von der Politik enttäuscht. Der wahre Fortschritt spielt sich nicht dort, sondern in den von Condorcet so gefeierten Wissenschaften ab. Saint-Simons zahlreiche Bücher rühmen immer wieder deren Erfolge. Wenn er seine *Histoire de l'homme* (Geschichte des Menschen) verfasst, dann schreibt er sie als Geschichte des wissenschaftlich-technischen Fortschritts. Die Technik vervollkommnet den Menschen – genauso wie dies die Wissenschaftspropheten des Silicon Valley heute sehen. Und wenn Saint-Simon von Wissenschaft spricht, dann träumt er von einer Einheitsdisziplin, die alle Einzelwissenschaften systematisch zusammenführt und nach gleichen Regeln und Prinzipien normiert.

Wie könnte eine solche Universalwissenschaft aussehen? Nach

Saint-Simon muss sie zuallererst streng materialistisch sein, frei von Spekulation und jeglicher Form von Spiritualität. Wie Helvétius und d'Holbach in der Generation seiner Großeltern, träumt der Graf von einem Einheitssystem. Streng wissenschaftlich dringt es Schritt für Schritt von der Gravitationskraft bis zur einzig logischen idealen Gesellschaft vor. Mit Destutt de Tracy, dem Urheber des Begriffs, gehört er zu den einflussreichsten »Ideologen«. Statt Politikern wünscht sich Saint-Simon Experten, aufgeteilt in eine »Kammer für Erfindungen« mit einfallsreichen Ingenieuren, eine »Kammer für Kritik« mit prüfenden Wissenschaftlern sowie eine »Kammer der Ausführung« mit Entrepreneuren, Fabrikanten und Beamten. Politik soll nicht Menschen beherrschen, sondern die Sachen zum Nutzen aller verwalten, zumindest aller produktiv tätigen Menschen.

In zwei Punkten sieht Saint-Simon dabei schärfer als viele heutige Wissenschaftsapostel. Zunächst: Der Fortschritt bildet keine linear aufsteigende Linie! Dafür hat der Graf selbst zu viel erlebt. Er hatte das Ancien Régime fallen, die Revolution siegen und scheitern sehen und das Gleiche noch einmal bei Napoleon. Der Fortschritt ist ein dorniger Weg durch Krisen und Kämpfe. Die zweite Einsicht: Die wissenschaftlich-technischen Neuerungen lassen die Gesellschaft nicht unverändert. Wissenschaftliche Revolutionen erfordern gesellschaftliches Umdenken, mithin sogar Umbrüche. Dass das Licht der neuen französischen Textilfabriken einen langen dunklen Schatten auf die Arbeiterschaft wirft, bleibt Saint-Simon nicht verborgen. Die produktiven Kräfte der *Industrie* profitieren nicht in gleichem Maße vom Fortschritt, sondern teilen sich in Sieger und Verlierer. So fügt der Graf 1821 in sein Werk *Du système industriel* (Vom industriellen System) einen öffentlichen Brief »an die Herren Arbeiter« ein. Und er entwirft zwei unveröffentlichte Schriften über das Elend des Proletariats.

Die neuen Töne sind mit dem Liberalismus nicht mehr vereinbar. Wer echten Menschheitsfortschritt zum Wohl aller wolle, der müsse, so schreibt der Graf, die »Ausbeutung des Menschen durch den Menschen« beenden. Der Philosoph des radikalen Liberalismus wandelt sich zum Philosophen des Sozialismus – ein fließender Übergang und für Saint-Simon einer ohne Widerspruch. Der Gedanke ist logisch: Eine echte Leistungsgesellschaft gibt jedem die gleiche Chance. Das aber kann sie nur, wenn jeder materiell abgesichert an den Segnungen der Gesellschaft, insbesondere an der Bildung teilhaben kann. Liberale Gesellschaften müssen also zugleich sozialistisch sein, ansonsten heben sie das Leistungsprinzip auf und führen die Gewinner zurück zu unverdienten Privilegien und die Ausgeschlossenen ins Elend. Diese Misere hat der Graf in Paris und seiner Umgebung täglich vor Augen.

Benutzt hat Saint-Simon den Begriff »Sozialismus« nicht – er entsteht erst kurz nach seinem Tod in England. Die wichtigsten Zutaten dafür aber stehen im Spätwerk des Grafen bereit: die Aufgabe des Staats, die Industrieproduktion zu überwachen und zu planen, eine Gesellschaft ohne Klassen und die Beteiligung auch der Ärmsten an den Erfolgen der Ökonomie. Dass er in seinem letzten zu Lebzeiten veröffentlichten Buch *Le Nouveau Christianisme* (Das neue Christentum) 1825 doch wieder auf die Religion zurückgreift, um Gemeinschaftsgefühl und sozialen Kitt zu stiften, tut für ihn in der Sache keinen Abbruch. Die »fortgesetzte Ausbeutung des Menschen durch den Menschen« wird enden. Und das »goldene Zeitalter der Menschheit liegt nicht hinter uns, sondern vor uns; es liegt in der Vervollkommnung der Gesellschaft. Unsere Väter haben es nicht gesehen, unsere Kinder werden es einst erleben; es ist unsere Pflicht, ihnen die Bahn zu brechen.«[50]

Neue Biotope

Saint-Simon ist Sozialist, aber kein Kommunist. Dass das Privateigentum höchst ungleich verteilt ist, sieht er nicht als großes Problem an, solange es durch Arbeit erworben ist und nicht er-

erbt. Doch gerade die Idee des Kommunismus liegt zu seinen Lebzeiten ebenso in der Luft wie die des Sozialismus. Schon in der Aufklärung hatte ein anonymes Werk für einiges Aufsehen gesorgt, das man erst Diderot und später dem Südfranzosen *Étienne-Gabriel Morelly* (1717–1778) zuschrieb: *Code de la nature, ou le véritable esprit de ses lois, de tout temps négligé ou méconnu.* (Grundgesetz der Natur, oder der wahre Geist aller Zeiten, vernachlässigt oder ignoriert). Im Jahr 1755 erschienen, entwarf es eine Utopie, in der Menschen alles für das Gemeinwohl tun, was möglich war. Umgekehrt sei es die Aufgabe des Staates, alles für das Wohlergehen seiner Bürger zu tun. Das Privateigentum ist abgeschafft, mit Ausnahme der wichtigsten Gegenstände, die man zum Leben und Arbeiten braucht. Bis dahin enthielt das Buch nichts Neues, denn solche Bestimmungen kannte der gebildete Zeitgenosse schon aus Thomas Morus' *Utopia*. Neu dagegen war, dass es nicht nur um die gerechte Verteilung von Gütern ging, sondern auch darum, dass niemand etwas auf Kosten anderer herstellen oder erwerben sollte. Selbst der Tausch von Waren ist ausgeschlossen, da jeder, der etwas braucht, es sich in öffentlichen Geschäften abholen kann.

Was hat Morelly angeregt? Sehr wahrscheinlich waren es zeitgenössische Bücher über den Inka-Staat im heutigen Peru, den man als einen hierarchisch organisierten Kommunismus deutete. Genauso entwirft der Franzose seine »naturgemäße« Ordnung: einen Termitenstaat, in dem jeder seinen festen und unverrückbaren Platz hat. Die Architektur der Städte ist einförmig und überall gleich, die Kleiderordnung auf eine Alltags- und eine Festtagskluft beschränkt, und der Müßiggang ist das größte Laster. Während La Mettrie zur gleichen Zeit den Menschen als Maschine beschreibt, ist bei Morelly der Staat eine Gesellschaftsmaschine. Störungen im Getriebe werden vom Machtapparat streng geahndet, das perfekte System lässt der Individualität keinen Platz.

Morellys Buch erlebt mehrere Auflagen. Für die Gesellschaftsutopisten nach ihm ist es Vision und Warnung zugleich. Ist eine solche Gesellschaftsordnung möglich? Eine Ökonomie ohne brutale Konkurrenz und ausgerichtet nach dem tatsächlichen Bedarf des Menschen? Und wenn ja, wie vermeidet man, dass ein totalitärer Ordnungsstaat den Menschen in ein so strenges Schema presst wie bei Morelly?

Dies für das frühe 19. Jahrhundert auszuspinnen, wird die Passion von *Charles Fourier* (1772–1837). Als Sohn eines französischen Tuchhändlers teilt er das Schicksal Saint-Simons. Beide sind wohlhabend geboren, verlieren aber während der stürmisch begrüßten Revolution ihr Vermögen. Während der Graf Gönner findet, die sein Auskommen finanzieren, muss sich Fourier in wechselnden Berufen über Wasser halten. Er ist angestellter Makler und Geschäftsreisender. Im Jahr 1803 wird er zum ersten Mal schriftstellerisch tätig. Er schreibt eine Serie von Zeitungsartikeln mit dem Titel *Harmonie universelle* (Universale Harmonie). Dabei setzt er das, was er in seinen Berufen an Elend in den zwischenmenschlichen und gesellschaftlichen Beziehungen erlebt, in Kontrast zu dem, wie sie idealerweise sein sollen. Wo sind Freiheit, Gleichheit und Brüderlichkeit, die Ideale der Revolution, geblieben? Die Lösung des Problems kann nur eine wissenschaftliche sein. Hatte Condorcet von einer »Sozialmathematik« geträumt, so will auch Fourier die sozialen, ja selbst die erotischen Beziehungen der Menschen berechnen, um sie optimal neu zu justieren.

Fünf Jahre später erscheint der Versuch als Buch, die *Théorie des quatre mouvements* (*Theorie der vier Bewegungen*). Genau wie Saint-Simon, so ist auch Fourier von der Gravitationskraft fasziniert, die er als Anziehungskraft auf das menschliche Zusammenleben überträgt. So wie die Gestirne sich anziehen und zurückstoßen, so auch die Menschen. Doch während der Kosmos durch die Natur in einer universalen Harmonie gehalten wird, zerstören auf der Erde Zwang und Unterdrückung die ideale Balance. Wo Herrschaft und Knechtschaft walten, verstößt der Mensch gegen die Gesetze der Natur; kein Wunder, dass jede Herrschaft die Seelen der Menschen korrumpiert und die Gesellschaft ins Elend führt.

Gesellschaftliche Harmonie entsteht, wenn jeder ungestört von Zwang seine Leidenschaften auslebt – das ist der Kern von Fouriers physikalischer Psychologie! Zugleich ist es ein Credo gegen die Vernunftphilosophie und alle herkömmlichen Erziehungs- und Gesellschaftstheorien. Noch für den Zeitgenossen Herbart müssen die Menschen erzogen und gebildet werden, um von ihren Leidenschaften abzukommen und zu werden, was sie sein *sollen*. Fourier dagegen ist ein Hedonist. In Fragen der Gesellschaft und der Erziehung geht er noch weit über den protestantisch geprägten Rousseau hinaus. Allenfalls La Mettrie bietet sich von den Aufklärungsphilosophen als Gesinnungsgenosse an. Doch der notorische Ironiker und provokante Verfechter des Lustprinzips war weit davon entfernt, eine Staatstheorie zu entwickeln; vermutlich hielt er sie nicht für denkbar. Fourier hingegen möchte auf diesem Fundament eine Gesellschaft gründen.

Doch wie soll die aussehen? Dass die sogenannte Zivilisation bislang in zwei Punkten versagt hat, wie Fourier meint, ist leicht nachzuvollziehen. Sie hat den Menschen an bestehende ungerechte Gesellschaftsordnungen angepasst, statt sich nach den Leidenschaften und Bedürfnissen aller Menschen zu richten. Und sie hat trotz Dampfmaschine und beginnender Industrialisierung versagt, ihre Wirtschaft nach dem Wohlergehen aller zu gestalten. Die Erträge steigen – aber das Elend der meisten bleibt oder vergrößert sich sogar. Die Zivilisierten »rühmen sich ihrer Fortschritte, während sie doch nur Armut und Korruption auf die Spitze treiben«.[51] Der Lauf der Geschichte von der »Wildheit« über das »Patriarchat« und die »Barbarei« zur »Zivilisation« hat für die große Mehrheit der Menschen nicht zur gewünschten Verbesserung der Lebensumstände geführt, sondern das Elend nur stets anders gefärbt. Und wo sähe man dies nicht besser als an der Unterdrückung der Frau durch den Mann? Wer wissen will,

Fourier – Idealmodell

wie es um eine Gesellschaft bestellt sei, der müsse sich nur ansehen, was sie mit den Frauen macht. »Der soziale Fortschritt und der Übergang von einer Periode zur anderen erfolgt auf Grund der Fortschritte in der Befreiung der Frau.«[52] Und ebenso erkennt man den Niedergang der Gesellschaftsordnung daran, wie Frauen ihre Freiheit verlieren.

Eine Gesellschaft, die nur für die Wohlhabenden produziert und die Frauen in der bürgerlichen Ehe unterdrückt – dagegen setzt Fourier nun sein Idealmodell. Er diagnostiziert zwölf verschiedene Leidenschaften, die sich zu 810 unterschiedlichen Charakteren kombinieren lassen. Bedenkt man die strukturell etwas andere Psyche der Frauen, dann hat man 1620 mögliche Charakterausformungen. Für Fourier ist damit die ideale Zahl gefunden für ein gedeihliches Zusammenleben. Bei 1600 bis 1800 Menschen unterschiedlichen Temperaments gleichen sich die Leidenschaften quasi naturgesetzlich aus. Jetzt muss man nur noch eine »Phalanstère« gründen: eine Wohngemeinschaft, zusammengesetzt aus der Idee des Klosters (*monastère*) und einer geschlossenen Einheit (*phalange*). Als ideale Lebensgemeinschaften soll sie genossenschaftlich organisiert sein. Fourier denkt dabei allerdings nicht an egalitäre Gütergemeinschaften wie Morelly. Dass alle genau gleich viel haben sollen, hält er nicht für praktikabel; Privatbesitz ist kein Problem. Ideal sei ein »abgestufter Reichtum«, konsequente Gleichmacherei dagegen »fade Moral«.

Die Pointe von Fouriers Phalansterien ist nicht Verzicht, sondern »Eintracht und Überfluss«.[53] Natürlich neigen Menschen dazu, miteinander zu konkurrieren, natürlich sind sie gierig und manchmal maßlos. Und weil alles natürlich und damit angeborene Leidenschaft ist, kann man es auch nicht verbieten. Aber man kann es viel sinnvoller produktiv machen als in der frühkapitalistischen französischen Gesellschaft, wo jeder alleine oder in Familienclans vor sich hin wirtschaftet. Unter solchen Umständen führt die Konkurrenz der Produzenten zu notorischer Unzufriedenheit, Bankrotten und vor allem zu permanenten Lohnsenkungen. Jeder produziert, was ihm Gewinne verheißt, und keiner für das verelendende Volk. Kaufleute und Händler, diese »verbündeten Piraten und Schwärme von Aasgeiern«[54], täten das Übrige, horteten und verknappten die Waren und spekulierten auf sie zum Schaden der Massen. Der enorme Fortschritt der Produktivität, den Fourier von der Industrialisierung erwartet, kommt so nur den wenigsten zugute. Woraus sich nur eines folgern lässt: Die Gesellschaftsordnung ist nicht entfernt auf der Höhe der Zeit, die durch die neuen Produktionsverfahren begonnen hat!

Wohlstand für alle! Doch wie erreicht man ihn? Durch artgerechte Lebens- und Produktionsweise, antwortet Fourier. So wie Newton der Physik einen neuen Geist eingehaucht hat, so der Handlungsreisende aus Besançon seinem Selbstverständnis gemäß der Sozialphysik. Die Energie der Leidenschaften müsse so kanalisiert werden, dass sie allen zugutekommt. Deshalb darf in den Phalansterien jeder das arbeiten, was er will; für das frühe 19. Jahrhundert eine utopisch-kühne Forderung. Arbeit ist Selbstverwirklichung, das Ausleben von Leidenschaft, nicht anders als in der Sexualität. Der Drang, etwas zu schaffen und zu gestalten, steckt in jedem. Die Phalansterien enthalten alle Produktionsformen: Landwirtschaft, Handwerk und Fabriken. So wie der Mensch früher Sammler, Hirte, Jäger und Fischer war, so ist er nun Bauer, Handwerker und Fabrikarbeiter in allen erdenklichen Ausprägungen. Da niemand zu einer bestimmten Arbeit gezwungen ist, sondern jeder alles tun kann, wirkt seine Tätigkeit nicht »abstoßend« auf ihn, sondern wird gerne verrichtet. Und da alle freudig und naturgemäß arbeiten, ihr Kapital einsetzen und ihr Talent ausüben, steigt zugleich die Produktivität. Die Natur des Menschen als selbstbestimmter Herr seiner Arbeit und die Herausforderungen der modernen Industriegesellschaft sind damit versöhnt. Der industrielle Fortschritt holt das Gute der Vergangenheit unter veränderten Bedingungen zurück und beseitigt den Hunger, das Elend und die abstoßende Arbeit.

Natürlich herrscht nicht immer Eintracht. Fourier sieht sich als Künder, nicht als Spinner. Aber Meinungsverschiedenheiten und Spannungen sind gut, sofern es allen ums große Ganze geht. Nicht anders sieht es mit der freien Liebe aus. Auch hier dürfte es nicht nur Harmonie geben. Aber all das, was Fourier vorschlägt, sei tausendmal besser als die bürgerlichen Ehen seiner Zeit. Statt sein Begehren in einer lebenslangen Ehe zu »zerstückeln«, sollte jeder seinen Sexualtrieb frei ausleben dürfen, sofern der andere einwilligt. Frauen und Männer sind in der Liebe völlig gleichberechtigt, ebenso wie in der Arbeitswelt. Ein freier Mensch geht nicht nur einer freien Tätigkeit nach, er liebt auch frei. Das Konzept des »Feminismus« übernimmt Fourier von dem Engländer William Godwin, aber der Begriff ist seine eigene Prägung. Und er geht dabei weiter als fast alle seine französischen Zeitgenossen. Frauen sind für ihn in allen geistigen Fähigkeiten dem Mann ebenbürtig – auch in den klassischen Männerdomänen Wissenschaft und Kunst. Selbst die Kindererziehung wird nicht weiter als ihr Metier betrachtet, sondern ist weitgehend die Aufgabe der Gemeinschaft.

Mit seinem Ideal freier Liebe wird Fourier zum Idol der Kommune I um Rainer Langhans. Doch dass die Liebe frei sei, bedeutete für den Philosophen nicht, dass es nicht zugleich »gesittet« zugehen soll. Man darf und soll durchaus zweimal mit der Gleichen schlafen, und zwar in einer klar benannten Funktion: als sorgsam ausgesuchter »Erzeuger« schöner Kinder oder als »gewöhnlicher Beischläfer«. Auch Ehen sind möglich, allerdings erst für die zweite Lebenshälfte sinnvoll. Denn was ist der Reiz einer monogamen Beziehung anderes als eine Absicherung gegen Not und Einsamkeit im Alter? All diese Klassifizierungen – bei Frauen jene der »Gattin«, der »Demoiselle« oder der »Galanten« – helfen einander, die Absichten und Lebensphasen des anderen richtig einzuschätzen. Und sie sind, wiewohl wählbar, juristische Kategorien. Ein »Erzeuger« hat Rechte an seinen Kindern, ein »gewöhnlicher Beischläfer« erlangt keine.

Kein Detail, das von Fourier nicht bedacht und geregelt wird.

Wohl als erster Denker der abendländischen Philosophie macht er sich umfassende Gedanken darüber, die Umwelt zu schonen, statt wie die Industrie die Wälder abzuholzen, die Quellen zu verunreinigen, das Klima zu verschlechtern und Chemie in die Nahrungsmittel zu mischen. Der drohende Öko-Kollaps als Mahnung an allzu expansives Wirtschaften – geschrieben im Jahr 1808! Auch das Zusammenleben der Phalansterien, ihren Gütertausch ohne Zwischenhändler, regelt er akribisch. Fourier prognostiziert, dass am Ende alle Menschen und Völker von seinen Ideen überzeugt sein werden. Die Kriege sind abgeschafft, und die Erde wird »einheitlich verwaltet«. Das Endziel der sozietären Ordnungen ist die Weltgemeinschaft!

Fehlt eigentlich nur, dass einer den Anfang macht. Mit dem ersten Investor in eine Muster-Phalansterie soll alles anfangen. Aber keiner kommt, niemand entdeckt Fouriers »Entdeckung«. Das totale Desinteresse schockiert den Autor, es passt nicht in seinen Plan. Immerhin soll die Zeit doch reif sein, nicht nur für Phalansterien, sondern gleich für ein neues Weltzeitalter. Auf einer Faltkarte hat er es der Menschheit genau aufgemalt: den Weg von der Schöpfung der Welt über die Irrungen und Wirrungen der fehlgeleiteten Vernunft hin zu einer künftigen Welt der Harmonie. Wie die Geologen und Biologen seiner Zeit Schautafeln malen, demonstriert auch Fourier eine Abfolge von Erdzeitaltern – nur dass die Kräfte der Natur nicht physikalisch sind, sondern sozial. Sie lieben und hassen sich und nehmen Fühlung miteinander auf. Genauso »leidenschaftlich« hat Gott sie ersonnen und programmiert, irgendwann vor 800 000 Jahren bei seiner Erschaffung der Welt in einer Zeitspanne von vierhundertfünfzig Jahren. Denn sechs Tage hat die Schöpfung sicher nicht gedauert. Wer sein Werk liebt, lässt sich Zeit dabei!

Mag Fourier auch den sozialen Kompass gefunden haben, den Gott konstruiert, aber die Menschen aus den Augen verloren haben – niemand will es wissen! Im Jahr 1815 zieht der enttäuschte Utopist nach Talissieu in Burgund in eine Wohnung voller Pflanzen. Vier Jahre lang arbeitet er dort seine Gedanken minutiös aus. Am Ende steht ein *Grand traité* (Große Abhandlung) in acht Bänden. Hierin präzisiert Fourier vor allem seine ökonomischen Ideen und schafft zahlreiche neue Regelungen. Hat er in seinem Frühwerk noch allerhand bombastische Esoterik in seine Leidenschaftslehre aufgenommen – eine spirituelle Kosmologie von sich liebenden Planeten –, so ist später keine Rede mehr davon, dass sich die Erde allmählich erwärmt, um Raubtiere zu nützlichen Anti-Raubtieren zu machen. Den Menschen sagt Fourier nicht länger voraus, sie würden sieben Fuß groß werden und 144 Jahre alt. Und auch von einer Zeit mit siebenunddreißig Millionen Genies auf Erden spricht er nicht mehr. Stattdessen malt er seine Phalansterien in jedem Detail aus, so als gäbe es sie längst und er müsste sich nun um jedes irgendwie denkbare Problem kümmern. Fourier entwirft sogar Häuser und Grundrisse, eine Phalansterie in barocker Pracht nach dem Vorbild des Schlosses von Versailles. Tatsächlich hat er in Wirklichkeit noch nicht einmal das Geld, um seinen *Grand traité* überhaupt drucken zu lassen. Der Menschheitskünder in der Provinz ist ein Unbekannter, seine Heilsutopie ein gedankliches Privatvergnügen. Notgedrungen schlägt er sich weiterhin an mehreren Orten mit allen erdenklichen verhassten Brotberufen herum, etwa als Geldeintreiber und Kassierer. Im Ekel vor dem eigenen Gewerbe macht er das Judentum zur Projektionsfläche seiner Verachtung und spuckt Gift und Galle.

Erst 1822 gelingt es Fourier, die Mittel aufzubringen, um sein Hauptwerk zumindest in gekürzter Form erscheinen zu lassen, als zweibändiger *Traité de l'association domestique agricole* (Abhandlung über den häuslich-landwirtschaftlichen Verbund). Kurz darauf erscheint seine ebenfalls zweibändige *Théorie de l'unité universelle* (Theorie der universellen Einheit). Die insgesamt fast dreitausend Seiten beider Werke verraten Fouriers gewaltigen Anspruch als Architekt einer alternativen Gesellschaft. Doch der Autodidakt ist kein guter Schreiber. Endlose Vorworte und Einleitungen, dazu Anhänge und Ergänzungen spiegeln eine theoretische Geschlossenheit vor, die kaum besteht. Von der Physik des Himmels zu den Grundrissen der Phalansterien führt kein gerader logischer Weg.

Bedeutender ist Fourier als Kritiker. Die tatsächliche Ökonomie des sich gerade rasch industrialisierenden Frankreich behält er stets als Negativbeispiel und falschen Weg im Auge. In *La fausse industrie* (1835/1836; *Die falsche Industrie*) fordert er ein bedingungsloses Grundeinkommen nach dem Vorbild des Engländers Thomas Spence. In der modernen Zivilisation kann niemand mehr vom Sammeln, Jagen und Fischen leben. Deshalb müsse die Gesellschaft jedem das garantieren, was er zum Überleben braucht. Der Gedanke ist für Fourier evident. Wenn die Industrieproduktion den Menschen das frei verfügbare Land und die Ressourcen nimmt, steht sie in der Pflicht, diesen Raub der Lebensgrundlagen durch ein Grundeinkommen auszugleichen.

Tatsächlich erreicht der Kritiker und Utopist im Alter endlich ein Publikum. Ein Investor gründet 1832 in der Nähe von Rambouillet auf einem fünfhundert Hektar großen Areal sogar die erste Phalansterie – sehr zum Verdruss des Meisters, der keinen Einfluss auf die Gestaltung nehmen darf. Argwöhnisch reagiert er auch auf die englische Konkurrenz in Person von Robert Owen, dessen erträumte kommunistische Gütergemeinschaften ihm übers Ziel hinausschießen und von denen noch die Rede sein wird. Im Oktober 1837 findet man den Fünfundsechzigjährigen tot in seiner Pariser Wohnung, dem letzten Treibhaus seiner Ideen, zugerankt mit üppigen Pflanzen und durchschwirrt von Papageien.

Zu Lebzeiten kaum beachtet oder meist als Spinner abgetan, wird Fourier schon bald zu einer Ikone. Wenige Jahre nach seinem Tod ist sein Name unter den französischen Linken in aller Munde. Auch die Literaten Stendhal, Balzac und Charles-Augustin Sainte-Beuve lassen sich von ihm inspirieren. Karl Marx wird in Paris auf ihn stoßen und Friedrich Engels die »geniale Weltanschauung« rühmen.[55] In den USA bilden sich zwei Phalansterien nach Fouriers Vorbild, die Brook Farm in Massachusetts und die North American Phalanx in Red Bank, New Jersey. John Stuart Mill stößt beim Franzosen auf die Idee des Grundeinkommens, die er stark abgeschwächt übernimmt. In Frankreich blüht in der Mitte des 19. Jahrhunderts die Idee von Volksgenossenschaften als Alternative zur herkömmlichen kapitalistischen Produktion. Als begeisterter Anhänger Fouriers gründet der Schweizer *Karl Bürkli* (1823–1901) im Jahr 1851 den Konsumverein Zürich, um Waren frei von Aufschlägen zu vertreiben und den Handelswucher auszuschalten – eine langfristige Erfolgsgeschichte. Erfolglos dagegen bleibt Bürklis Versuch, 1855 in Texas eine Phalansterie zu gründen. Das Projekt *Utopia* verläuft im Sande; eine sozialistische Utopie kann wohl kaum in einem Staat gedeihen, dessen Wirtschaftsmodell die Sklaverei ist. Integrierte Genossenschaften zu gründen, in denen Menschen zusammenwohnen und arbeiten, in denen Kinder- und Altenbetreuung gemeinschaftlich geleistet wird – diese Idee hingegen befruchtet noch zahlreiche Sozial- und Alternativprojekte des 20. Jahrhunderts und hat auch im 21. Jahrhundert ihren Zauber nicht verloren.

Die Physik des Sozialen

Während Fourier in Burgund seine »Große Abhandlung« schreibt, studiert der siebzehnjährige Auguste Comte in Paris an der École polytechnique. Napoleon ist gerade endgültig entmachtet, und die Restaurationszeit hat begonnen. Der junge Mann aus Montpellier gilt als Wunderkind, als mathematisches Genie, und die 1794 gegründete Technische Universität bietet ihm reichlich neue Inspirationen. Der Nachwuchs, der hier herangezogen wird, sieht sich als Macher der Zukunft. Ihre Konkurrenz, die Geisteswissenschaftler der École normale supérieure, nehmen die jungen Ingenieure nicht mehr ernst. Den gesellschaftlichen Fortschritt sollen von nun an die Visionäre der Technik antreiben – ein Glaube und eine Hybris, die fortan nie mehr aussterben.

Doch Comtes Zeit an der École polytechnique währt nicht lange. Sein cholerisches und rechthaberisches Temperament führt zum zeitweiligen Verweis. Da die fortschrittsbegeisterte Elite-Uni kurz darauf durch Ludwig XVIII. geschlossen wird, kann der Student auch nicht zurückkehren. Im Sommer 1816 eignet er sich stattdessen in seiner Heimatstadt Montpellier medizinisches Grundwissen an. Ein Jahr später geht Comte als Nachhilfelehrer zurück nach Paris. Dort lernt er den fast siebzigjährigen Saint-Simon kennen. Der Graf ist kein Unbekannter mehr. Mit seinen zahlreichen Schülern arbeitet er an mehreren großen Werken, neben seinem »Industriellen System« an einem *Catéchisme des industriels* (1823/1824; Katechismus der Industriellen) und an *De l'organisation sociale* (1824; Von der Gesellschaftsorganisation). Und Comte, Saint-Simons neuer Privatsekretär, ist an allen Projekten beteiligt. Doch nach sieben fruchtbaren Jahren ist die Zusammenarbeit beendet. Saint-Simon schreckt nicht davor zurück, den Aufriss seines Sekretärs, den kühnen »Plan der wissenschaftlichen Arbeiten«, unter eigenem Namen in seinen »Katechismus« aufzunehmen. Für Comte ist es der Anlass zum Bruch. Schon längst hat er eine andere Rolle für sich vorgesehen, als die eines Zulieferers und Sekretärs. Er selbst will seinen Plan ausarbeiten und nach Möglichkeit umsetzen.

Am Anfang steht die kühle Diagnose. Die Revolution von 1789 hat die alten Verhältnisse unwiederbringlich zerstört und den Geist des Fortschritts entfesselt. Zugleich aber hat sie eine viele Jahrhunderte erfolgreiche Ordnung zertrümmert, ohne sie durch eine neue zu ersetzen. Freiheit, Volkssouveränität und Gewaltenteilung – die Ideen der Aufklärer und Revolutionäre – waren großartig als Kampfrhetorik gegen Adel und Kirche. Aber aus rhetorischen Kriegsmaschinen waren keine Industriemaschinen geworden. Sie konnten zerstören, aber nicht konstruktiv aufbauen. Von de Bonald und de Maistre hat Comte gelernt, die

Aufklärer zu kritisieren, weil sie keinen neuen sozialen Kitt geschaffen haben. Die Freiheit des Einzelnen oder gar die Souveränität des Volkes sorgen nicht für ein großes Wohlergehen aller. Stattdessen frönt nun jeder seinem Egoismus. Und wo das Volk einen gemeinsamen Willen haben soll, herrscht der Pöbel. Selbst an der Gewaltenteilung im Sinne von Montesquieu lässt Comte, frei nach de Bonald, kein gutes Haar. Die eigentliche Gewaltenteilung müsse die zwischen der *geistigen Sphäre* und der *praktischen Sphäre* sein. Doch das Erfolgsmodell des Mittelalters und der Feudalzeit – eine verbindende geistige Ideologie, das Christentum hier, die weltlichen Herrscher mit ihren nationalen Interessen dort – lässt sich nicht wiederbeleben. In diesem Punkt widerspricht Comte den konservativen Traditionalisten. In der Geschichte der Menschheit gibt es kein freiwilliges Zurück! Das Christentum ist entzaubert, als Märchenerzählung entlarvt. Was auch immer die künftige geistige Gewalt sein soll – die katholische Kirche ist es nicht mehr. Ordnung *und* Fortschritt: Genau das muss nun neu geschaffen werden – von ihm: Auguste Comte!

Für das, was Comte vorhat, braucht er eigentlich ein Planungsbüro und einen gewaltigen Stab von Mitarbeitern in weißen und grauen Kitteln. Stattdessen steht er vor dem Nichts. Die wiedereröffnete Technische Hochschule verweigert ihm eine Professur. In seiner Not verlegt der Siebenundzwanzigjährige sich auf Vorlesungen in seiner kleinen Pariser Wohnung in der Rue du Faubourg-Montmartre. Hier empfängt er im Frühjahr 1826 gemeinsam mit seiner Frau Caroline Massin, einer ehemaligen Prostituierten, seine Zuhörer, darunter den berühmten Naturforscher Alexander von Humboldt. Doch schon nach der dritten Vorlesung ist Schluss. Comte erleidet einen psychischen Zusammenbruch. Ein gutes halbes Jahr verbringt er in einer der neuen Psychiatrien, die den Manisch-Depressiven als »nicht geheilt« entlässt. Im April 1827 stürzt er sich verzweifelt in die Seine, wird aber gerettet. Nur mit strenger »zerebraler Hygiene«, wie er es nennt, gelingt es ihm weiterhin, bei Verstand zu bleiben.

viert Band v. Comte Werk: Soziologie

Im Jahr 1829 setzt Comte in seiner neuen Wohnung in der Rue Saint-Jacques seine Vorlesungen fort. Derweil beschäftigt ihn die *École polytechnique* als Aufnahmeprüfer für den Nachwuchs. Das Ende der Restauration, die Julirevolution von 1830 und die Zeit des Bürgerkönigs sind für ihn nur Hintergrundmusik. Seine großen Ambitionen gelten einem Werk, das die künftige Geschichte der Menschheit auf immer verändern soll. Comtes Ehrgeiz steht dem Fouriers in nichts nach. Von 1830 bis 1842 erscheint sein sechsbändiger *Cours de philosophie positive* (Abhandlung über die positive Philosophie). Beschwingt von dem Glauben an die Wissenschaft und daran, das menschliche Zusammenleben durch objektive Erkenntnisse optimieren zu können, geht er zu Werke. Zunächst analysiert der Privatgelehrte seine Zeit. Offensichtlich lebt er in einer Welt der zwei Geschwindigkeiten. Während die Naturwissenschaften mit Siebenmeilenstiefeln voranschreiten, die Technik die Ökonomie revolutioniert, ist die Welt des Geistes noch weit zurück. Die politischen Parteien, die Verfassungen, die Welt der Juristen – nirgendwo Wissenschaft, alles »Geschwätz«. Kein Wunder, fehlt es doch an einer echten Wissenschaft des menschlichen Lebens und Zusammenlebens. Comte sieht sich selbst als jene Lichtgestalt, die sie als Erster erzeugt und begründet. Zunächst hat er sie »*physique sociale*« genannt. Doch im vierten Band seines *Cours* (1835) bekommt das Kind seinen neuen Namen: Soziologie.

Die neue Wissenschaft soll alle bisherige »unwissenschaftliche« Philosophie ersetzen. In dieser Hinsicht folgt Comte dem Programm von Saint-Simon und Destutt de Tracy. Dafür muss man das bisherige Wissen und die bestehenden Wissenschaften gründlich ordnen. Man stoße dann schnell auf das von Comte sogenannte *Enzyklopädische Gesetz*. Mit der Geschichte der Menschheit entwickelt sich das Wissen vom Abstrakten zum Konkreten und vom Einfachen zum Komplizierten. Am Anfang aller Wissenschaft steht die Mathematik, dann folgen Astronomie, Physik, Chemie und Biologie bis hin zur modernsten, kon-

Comte – großer Modernisierer der Ph. – ein Anti-Philo

kretesten und kompliziertesten aller Wissenschaften: der Soziologie. Philosophie, wie sie bisher betrieben wurde, bleibt mangels Wissenschaftlichkeit außen vor. Hätte Comte Schopenhauer oder Kierkegaard gelesen, was er, wie fast alle Franzosen, nicht tut, er hätte ihre Ideen als subjektive Hirngespinste verlacht. Das Gleiche gilt für die Psychologie. In diesem Punkt unterscheidet er sich radikal von Cabanis, Maine de Biran und Destutt de Tracy, die künftige Gesellschaften auf das exakte Studium der menschlichen Psyche gründen wollten. Wer in sich hineinhorcht, um daraus wissenschaftliche Rückschlüsse zu ziehen, der betreibt, nach Comte, nicht Wissenschaft, sondern Humbug. Psychologie ist für ihn »die letzte Transmutation der Theologie«. Und auch die Logik wird aussortiert. Was ist sie anderes als der gesunde Menschenverstand?

Die Frage, ob der menschliche Geist die objektive Welt überhaupt angemessen begreifen kann, ja, ob es eine solche objektive Welt überhaupt gibt, wird von Comte gar nicht erst gestellt. In dieser Hinsicht ist der große Modernisierer der Philosophie ein Anti-Philosoph. Ungezählte Naturwissenschaftler werden ihm bis ins 21. Jahrhundert darin folgen. Die Wissenschaft ist für Comte unhinterfragbar gesetzt. Was sie mit ihrem wissenschaftlichen Netz nicht einfangen kann, ist kein Fisch – das heißt, es ist ohne Belang. Und jeder soziale Konflikt lässt sich wissenschaftlich lösen, sofern man den Gesamtorganismus der menschlichen Gesellschaft angemessen versteht.

Liebe und Effizienz

Für Comte entspringt die Soziologie der Biologie. Ein Zufall ist das nicht. In den ersten drei Jahrzehnten des 19. Jahrhunderts boomt am berühmten Pariser Naturkundemuseum die seit 1800 so genannte »Biologe«. Was früher Naturkunde war, ist jetzt eine »Wissenschaft vom Leben«. Streng und methodisch steht sie in größtem Gegensatz zur deutschen Naturphilosophie, die Psychologen wie Carus beseelt. Die Bücher der französischen Stars wie *Jean-Baptiste de Lamarck* (1744–1829), *Étienne Geoffroy Saint-Hilaire* (1772–1844) und vor allen anderen *Georges Cuvier* (1769–1832) dagegen beanspruchen, »Science« zu sein. Sie symbolisieren den wissenschaftlichen Fortschritt, werden weithin gelesen und faszinieren auch die Vertreter ganz anderer Fächer. Wenn Balzac den Gesamtorganismus der Gesellschaft literarisch sezieren will, so beruft er sich auf Cuvier als Vorbild.

Wie die Biologie hat auch Comtes Soziologie zwei Dimensionen, eine räumliche und eine zeitliche. Cuvier hat der Welt demonstriert, dass der Organismus einer jeden Tierklasse einen unterschiedlichen »Bauplan« hat. Das perfekte Zusammenspiel seiner Organe im passenden Raum lässt ein Lebewesen »funktionieren«. Damit ist, in den Augen Comtes, die Wissenschaftlichkeit der Physik in die Biologie eingezogen. Die zeitliche Dimension zeigt sich in der Entwicklungsgeschichte, der Evolution. Ihre Wissenschaftlichkeit ist noch umstritten, denn die drei Größen am Naturkundemuseum vertreten dazu unterschiedliche Ansichten. Lamarck und Geoffroy Saint-Hilaire glauben an die »Transmutation«, die allmähliche Umgestaltung der Tierarten im Laufe der Jahrmillionen. Cuvier lehnt dies ab, für beweisbar hält er nur, dass zahlreiche Erdkatastrophen immer wieder ungezählte Tierarten auslöschten, um neue entstehen zu lassen. Wie die meisten Zeitgenossen schlägt sich Comte auf die Seite Cuviers. Die Artgrenze lasse sich nicht überschreiten. Aber das bedeutet nicht, dass der Autodidakt nicht viel von Cuviers Kontrahenten übernimmt. Er stimmt Lamarck völlig zu, dass die Umwelt die Organismen prägt und dadurch Fortschritt erzeugt. Für Lamarck ist die Naturgeschichte ein unausgesetzter Aufstieg vom Einfachen zum Komplexen. Aus primitiven Organismen wie Muscheln, werden immer komplexere Muscheln entstehen. Die ältesten Tierarten sind demnach die, die am vollkommensten sind, denn sie haben den weitesten Weg zurückgelegt, wie etwa Affen und Menschen.

Nach diesem (wie wir heute wissen, irrigen) Vorbild konzipiert Comte sein *Dreistadiengesetz*. Wie sich jede Art im Laufe der Zeit perfektioniert, so entwickelt sich auch die Menschheit permanent höher – und zwar sowohl der einzelne Mensch als auch die Gesellschaft. Jedes Kind nimmt seine Welt zunächst magisch wahr. Später führt der Mensch das, was er nicht begreift, auf letzte Ursachen, wie etwa Gott, zurück und glaubt an Prinzipien wie die Gerechtigkeit oder die Wahrheit. Erst wenn er völlig gereift ist, erkennt er, dass es solche metaphysischen Dinge nicht gibt, sondern nur Tatsachen und Wirkungszusammenhänge. Das Gleiche gelte auch für die Menschheit als Ganzes. Aus der frühen *theologischen Phase* erwacht sie zur *metaphysischen Phase* mit ihren »ersten Ursachen« und »letzten Zwecken«. Im dritten Stadium verabschiedet sie sich auch davon und sieht nur noch nüchtern Erscheinungen, die sie zueinander in Beziehung setzt. Dieses dritte Stadium ist der *Positivismus* – ein Bewusstseinszustand, der an keinen Unsinn mehr glaubt, sondern nur noch an Tatsachen. Und an dem, nach aller notwendigen, aber »negativen« Zerstörungsarbeit der Aufklärung, die Welt genesen wird.

Die neuen Einsichten der Biologie auf die Gesellschaft zu übertragen – dies ist für Comte der Schritt, den er tun muss, um die Soziologie zu begründen. Sie ist das Dach auf dem Haus, das auf dem Fundament der Physik steht, die Chemie im Keller beherbergt und die Biologie in den Stockwerken. Allerdings muss er sich damit herumschlagen, dass die Menschheitsgeschichte aus Sicht der Aufklärer bislang gerade keine permanente Höherentwicklung ist. Selbst der optimistische Condorcet hatte das Mittelalter und die Feudalzeit als Rückfall gegenüber der freiheitsliebenden Antike gesehen. *Comte* rückt dies mit Überlegungen zurecht, die erstaunlich nahe bei Hegel sind, den er nicht kennt. Der Ingenieur des Geistes bewundert aufrichtig die ungeheure Stabilität der feudal-christlichen Ordnung. Was tausend Jahre währte, kann nicht einfach nur finster und schlecht gewesen sein. Sozialtechnisch war die Dualität von geistlicher und weltlicher Gewalt ein großes Erfolgsmodell und somit ein Fortschritt. Das Christentum mag metaphysischer Unsinn sein, sozial ist es eine Menschheitsleistung. Insofern passt es durchaus ins Fortschrittsschema.

Aber wird die Menschheitsgeschichte nicht zumindest von temporären Rückschritten heimgesucht? Was zeigt dies nicht klarer als die Wirren der Zeit seit der Revolution von 1789? Dagegen argumentiert Comte dialektisch. Ob Sklavenhalter, Könige oder Kirche – jeder hat auf seine Weise dazu beigetragen, die Geschichte weiterzubringen – und sei es dadurch, dass die Umstürze gegen ihre Ordnungen die Menschheit jeweils auf eine neue Stufe hoben. Was Hegel Dialektik nennt und der »List der Vernunft« anheimstellt, ist für Comte eine notwendige »Gattungsentwicklung« durch Trial and Error.

Doch die Gleichsetzung der Soziologie mit der Biologie des Menschen hat Grenzen. Was soll die Kraft oder Energie sein, die die Gattung *Homo sapiens* danach streben lassen könnte, sich als große Gemeinschaft zur allgemeinen Harmonie zu vervollkommnen? Andere Tiere streben bekanntlich auch nicht nach dem Wohl aller oder nach dem Weltfrieden. Aber Comte findet auch hier einen Ausweg. Im fünften Band des *Cours* identifiziert er die gesuchte Naturkraft als die Liebe. Wissenschaftlicher Fortschritt und Technik reichen nicht aus, um eine gerechte Weltordnung zu schaffen. Ohne die allgemeine Menschenliebe ist alles nichts. Deshalb braucht es eben auch die geistige Gewalt, die, wie einstmals der Katholizismus, die Idee der Menschenliebe und damit die Moral in die Gesellschaft trägt. Nur Liebe und Moral zügeln die Selbstsucht. Soll der Gesamtorganismus der Menschheit im Sinne der Baupläne Cuviers funktionieren, so muss er »eine ungeheure und ewige soziale Einheit bilden, deren verschiedene individuelle und nationale Organe unaufhörlich durch eine innige und allumfassende Solidarität verbunden« sind.[56] Und diese

Solidarität erreicht einzig eine gesellschaftliche Sphäre, die Liebe und Moral in einer neuen Religion verbindet. Nur Menschen, die emotional und moralisch mit sich im Reinen sind, können die Gattung voranbringen. Keine äußere Ordnung ohne die innere Ordnung ihrer Beteiligten. Im Zentrum alles Guten steht das *sentiment social*, das »Sozialgefühl«.

Comtes letzter Band des *Cours* erscheint 1842. Kurz darauf trennt er sich von seiner Frau. Er lernt Clotilde de Vaux kennen, die er auf Händen trägt und verehrt. Doch schon nach zwei Jahren platonisch-romantischer Liebe stirbt die Angebetete. Die Beziehung hinterlässt gleichwohl tiefe Spuren in Comtes Werk. Eigentlich soll sein *Système de politique positive* (*System der positiven Politik*) messerscharf herausarbeiten, wie sich die Soziologie in eine praktische Gesellschaftsordnung überführen lässt. Doch die vier Bände, die zwischen 1851 und 1854 erscheinen, verraten zwei Seelen in Comtes Brust. Das Spirituelle und die Liebe werden, verglichen mit früheren Werken, immer dominanter, die nüchterne Sicht des Ingenieurs tritt zurück.

Dass der Positivismus zu einer »neuen Herrschaft des Herzens« führen soll, gar zu »allumfassender Liebe«, war zu Beginn des Projekts nicht absehbar.[57] Mit *Blaise Pascal* (1623–1662), dem verehrten Philosophen und Mathematiker des 17. Jahrhunderts, will Comte die »Ordnung des Herzens« in den Mittelpunkt seiner Zukunftsgesellschaft stellen. Die Forderungen stehen in seltsamem Kontrast zu einem streng geregelten Staat, der den Gelehrten das »Denken«, den Frauen das »Fühlen« und den Proletariern das »Handeln« als Funktion zuschreibt. Von einer Gleichberechtigung der Geschlechter kann ebenso wenig die Rede sein, wie von der Befreiung der Arbeiter. Statt um Rechte geht es, ähnlich wie früher bei de Bonald und de Maistre, nur um Pflichten.

Oberste Pflicht ist es, sich in eine auf ewig vorgegebene positivistische Ordnung einzugliedern und reibungslos zu funktionieren. Große persönliche Handlungsspielräume gibt es nicht. Die Ordnung bestimmt die Rolle. Und eine gesellschaftliche Evolution der bisherigen Rollenbilder ist so wenig vorgesehen wie ein Überschreiten der Artgrenze in der Naturgeschichte. Doch was soll den Arbeitern der süße Honig der »allumfassenden Liebe« bedeuten, wenn sie zwölf bis sechzehn Stunden am Tag unter erbärmlichsten Bedingungen in den Textilfabriken schuften? Schon Fouriers endgültige Gesellschaft der Sozietäten litt unter fehlenden Entwicklungsmöglichkeiten. Die Idealspur war ebenso dogmatisch festgelegt wie der Zwang, in freier Selbstentfaltung, aber unter einem streng vorgegeben Zeitregime, effizient zu arbeiten. Um wie viel dogmatischer ist Comtes positivistische Idealgesellschaft! Sie schreibt den Menschen vor, auf ewig das sein und bleiben zu müssen, was dem großen Ganzen nützt. Evolution ja, soziale Veränderung nein! Ein Arbeiter bleibt immer ein Arbeiter, so wie sich die Arten, nach Cuvier, in der Evolution nicht verändern können. Die Gesellschaft und das Individuum sind dynamisch, die Klassen bleiben statisch. Die wirtschaftliche Macht verharrt unangetastet bei den Industriellen und Bankiers, der Klasse der »Patrizier«. Der Klasse der »Proletarier« bleibt nur zu arbeiten und zu gehorchen, wie die Regeln effizienter Produktion es gebieten. Nicht mal glauben dürfen die Menschen, was sie wollen. Wo die Aufklärer die Freiheit des Glaubens forderten, verordnet Comte den Positivismus zur Staats-, ja zur Menschheitsreligion!

Die Religion der Menschheit

Wie soll der Positivismus sich durchsetzen und die Weltherrschaft erlangen? Eigentlich ist sein Siegeszug von der Evolution vorherbestimmt, gemäß dem Gesetz der drei Stadien. Andererseits bleibt den Menschen gleichwohl die Aufgabe, diese Entwicklung aktiv voranzutreiben. In erstaunlicher Übereinstimmung mit dem ihm völlig unbekannten Karl Marx schlägt sich Comte damit herum zu erklären, wie die Gesellschaft sich einerseits ganz logisch von alleine in eine bestimmte Richtung weiterentwickelt, es andererseits aber Menschen bedarf, die ganz konkret dafür kämpfen. Beide Menschheitsverbesserer werden erstaunlich zeitgleich darauf kommen, dass es dafür einer zeitweiligen »Diktatur« bedarf. Jener des Proletariats bei Marx und jener eines »positivistischen Triumvirats« bei Comte.

Anders als Marx, dessen Büsten, Plakate, Ölporträts und Statuen später fast die halbe Welt zieren werden, sorgt sich Comte schon zu Lebzeiten darum, in angemessenen Bildern verewigt zu werden. Die positivistische Religion mit ihrem Führerkult um den Religionsstifter ist eine Bildreligion. Was den Kommunisten die rote Fahne, ist den Positivisten die grüne. Comte umwirbt Künstler und lässt Bilder, Büsten und Medaillen von sich anfertigen. Wer sie aufhängt oder aufstellt, demonstriert damit seine Zugehörigkeit zur positivistischen Bewegung. Der große Meister kümmert sich persönlich um alles: um den häuslichen wie den öffentlichen Kultus, um Rituale, Übungen, Gebete, Feste, Sakramente. Ein Kult verdienter Persönlichkeiten soll die Heiligen der katholischen Kirche ablösen. Eigenhändig entwirft der Religionsstifter am Reißbrett positivistische Tempel, um das *Grand Etre* (»Große Wesen«) zu verehren – die Menschheit selbst! Taufen, Hochzeiten und Trauerfeiern werden im Namen der großen Menschheit zelebriert. Paris ist dazu auserkoren, die Metropole eines einheitlichen Europas zu werden, das Mekka einer »Okzidentalen Republik«. Alle Tempel sollen nach der ehemaligen französischen und künftigen Welthauptstadt ausgerichtet sein. Die Straßennamen werden umbenannt, Paris entrümpelt und mit großen Boulevards durchzogen – eine Vorwegnahme der Stadtsanierung durch den Präfekten Georges-Eugène Haussmann, die später Hitlers Architekten Albert Speer zum Träumen bringt. Der christliche Kalender wird durch einen »positivistischen Kalender« mit anderer Zeitrechnung ersetzt. Die Macht der Bilder und Zeichen, die im 20. Jahrhundert den Totalitarismus von rechts und links stützen soll – vorausgedacht wird sie in einer kleinen Pariser Wohnung in der Mitte des 19. Jahrhunderts. Pathos der Größe, soziale Erneuerung als Vervollkommnung, die Harmonie des Ganzen, der Kult um Führer und Ideologie – in bester Absicht mixt Comte die Zutaten zu einem Hexengebräu, der Rezeptur aller alleinseligmachender Diktaturen der Neuzeit. Und gleich jenem Professor Abronsius in Roman Polańskis *Tanz der Vampire* trägt er das Böse, das er so sehr bekämpfte, mit sich hinaus in die Welt.

Doch nicht nur der Totalitarismus greift auf Comtes Bilder- und Ideenvorrat zurück. Auch die Leitidee, das im dritten Stadium der Menschheit angelangte reife Europa, namentlich Frankreich und England, weise der ganzen Menschheit die Zukunft, ist von prägender Kraft. Während der »Wilde in Neuseeland« noch im ersten Stadium dämmert, ist Westeuropa bereits dem *régime final*, der »Endregierung« nahegekommen. Am westeuropäischen Wesen soll die Welt genesen! Und sie wird es, dessen ist Comte sich sicher, auch Schritt für Schritt tun, bis aus der »Okzidentalen Republik« eine Weltregierung geworden ist. Dem westlich aufgeklärten Prinzip, der Melange aus Kapitalismus, Wissenschaftsfortschritt und sozialem Gemeinsinn, den »westlichen Werten«, gehöre die Zukunft. Und auch wenn Comtes Wertekanon keine Volkssouveränität kennt, so formuliert der Künder des Positivismus damit jenen Anspruch des westlichen Gesellschaftsmodells, der bis heute ungebrochen anhält.

Die Soziologie als Wissenschaft wird im Gefolge Comtes jedenfalls nicht müde, den geschichtsphilosophischen Optimismus ihres Gründers immer wieder neu zu formulieren. Soziologen des 20. Jahrhunderts, wie der US-Amerikaner *Talcott Parsons* (1902–1979) und der Deutsche *Niklas Luhmann* (1927–1998), beschreiben in ihren Werken eine sich immer höher entwickelnde gesellschaftliche Evolution, deren Ende feststeht. Es ist, wen wundert es, die funktional ausdifferenzierte Gesellschaft nach westlichem Muster. Die bürgerliche Gesellschaft der zweiten Hälfte des 20. Jahrhunderts wird damit zur Gesellschaft schlechthin. Und wenn sie anderen Gesellschaften »Entwicklungshilfe« gibt, dann nur, um sie von einem niederen Stadium der Entwicklung auf ein höheres, der gegenwärtigen Zeit angemessenes Stadium zu bringen.

In diesem Geist, oft ist es ein Ungeist, rechtfertigen die Länder des »Westens« bis heute ihre Interventionskriege in aller Welt. Wenn militärische Humanisten in Vietnam oder in der arabischen Welt die »Freiheit« verteidigen und westliche Demokratien in Ländern ohne entsprechende Tradition etablieren wollen, dann lebt das 19. Jahrhundert weiter fort. Philosophisch hat sich das *nation building* der Gegenwart nicht von Comte und der anschließenden Kolonialzeit gelöst: dass es die Aufgabe des Westens sei, in allen Teilen der Welt für Ordnung und Fortschritt zu sorgen, designed nach der zeitlos gültigen Blaupause liberal-kapitalistischer Demokratie. Wie Comtes Positivismus sieht sie sich als die beste aller möglichen Welten für jedes Volk auf der Erde, ungeachtet aller kulturellen Unterschiede und Traditionen.

Vielleicht ist es in dieser Hinsicht hilfreich, dass heute innerhalb des sogenannten Westens die Selbstsicherheit schwindet. Sind die USA unter Donald Trump tatsächlich das prophezeite »Ende der Geschichte«? Der Gipfelpunkt des Menschheitsfortschritts? Die Rückkehr der Willkür, der Mythen und Lügen im großen Stil verunsichert. Ebenso das Bröckeln jener »Okzidentalen Republik«, die heute Europäische Union heißt. Ist es ihr je gelungen, eine echte Wertegemeinschaft zu werden, die Comte für so unabdingbar hielt, dass er dafür einen Katholizismus ohne Gott entwarf? Einzig der Kapitalismus selbst, so scheint es, ist der EU zur Religion geworden. Doch reicht er als »geistige Gewalt« aus?

Vielleicht ist kapitalistisches Wirtschaften gepaart mit Aufklärungswerten nicht das logische Ende der Menschheitsentwicklung, wie Comte behauptete. Möglicherweise sind sie nur Partner auf Zeit. Lamarcks Evolutionsmodell vom Einfachen zum Vollkommenen kennt keinen Rückschritt; die soziale Evolution der Menschheit schon. Wer weiß, ob die Positivisten des Silicon Valley, die den Fortschritt anbeten, wie ehemals Comte es tat, die westlichen Demokratien langfristig durch Sozialtechnik ersetzen? Sie folgen damit, paradiesischer verbrämt, jenem Weg in eine kybernetische Diktatur, den China so offen und ohne Skrupel heute schon geht. Dessen »Plan zur Verbesserung des Menschen« – ein Titel, der von Comte stammen könnte – kennt Pflichten statt Rechte, Unterordnung statt freier Individualität und das große Ganze statt des Einzelnen. Die geistige Gewalt ist der Kommunismus, die weltliche die *Industrie*. Nicht Frankreich oder Brasilien, sondern China ist dem positivistischen Geist heute näher als jeder Staat in der Geschichte. Der Fluchtpunkt der »Soziokratie« in Comte'scher Manier ist nicht die Freiheit. Es ist die totale Kontrolle.

Das westliche Überlegenheitsgefühl in Weltpolitik und Interventionskriegen, der Techno-Kult in den Kommerztempeln der Apple-Stores, der Glaube an den bedingungslosen Menschheitsfortschritt und die digitalen Machtapparate fernöstlichen und fernwestlichen Zuschnitts – all das ist das geistige Erbe Comtes. Doch wer nimmt es noch wahr? Der Meister stirbt 1857 und liegt heute begraben auf dem Pariser Friedhof Père-Lachaise. Vor einem Karree wie ein Laufstall zieren die Titel seiner drei Hauptwerke die Grabplatte. Und Brasilianer bewachen und betreuen heute die Räume seiner Pariser Wohnung als Comte-Museum. Die Pariser, die Bewohner des neuen Mekkas, nehmen ihn erst gegen Ende des 19. Jahrhunderts richtig wahr. 1902 stiften sie ihm ein Denkmal auf der Place de la Sorbonne. Eine Madonna mit Kind im Arm zur Linken, der junge Comte als musengeküsster griechischer Adonis zur Rechten, der reife entschlossene Denker auf dem höchsten Sockel – steinern bewahrt das Dreistadiengesetz das Gedenken an seinen Urheber.

Das Glück der größten Zahl

Ein höchst radikaler Narr – Die Saat des Sozialismus – Die Befreiung des Menschen – Utopie und Realität

Ein höchst radikaler Narr

Für Denkmäler, wie August Comte, hatte *Jeremy Bentham* (1748–1832) nichts übrig. Lieber wollte er der Nachwelt gleich mit Haut und Haaren erhalten bleiben. Die Glasaugen für seine Mumie trug er angeblich schon zu Lebzeiten in der Tasche. Doch die Kunst des Mumifizierens hatte im England des 19. Jahrhunderts gegenüber dem Alten Ägypten kaum Fortschritte gemacht; der Bedarf danach war gering. Und die Konservationstechnik der Maori auf Neuseeland, die Bentham vorschwebte, beherrschten die Präparatoren auch nicht so recht. So stopften sie die Leiche mit Stroh aus wie einen mürben Schimpansen. Grotesk wie es aussah, wanderte das getrocknete Haupt des Philosophen schon bald in ein Schließfach im Keller. Nur der Körper, Rüschenhemd, Gehrock und Strohhut der Mumie im Wandschrank des University College London sind authentisch. Der Kopf ist eine spätere Nachbildung aus Wachs. Biologisch schädellos, wohnt der Gründer des Colleges gleichwohl allen großen Jubiläen bei. Seine Anwesenheit wird eigens verzeichnet; selbst stimmberechtigt ist er geblieben, auch wenn er sich stets stumm enthält.

Als »Auto-Ikone«, wie er es nannte, der Nachwelt erhalten zu bleiben entsprach ganz Benthams spleenigem Denken. Um keine Provokation verlegen, hatte der gelernte Jurist aus Spitalfields bei London die britische Gesellschaft aufgerüttelt. Bereits mit sieben Jahren war der Sohn eines wohlhabenden Anwalts in die renommierte Westminster School eingeschult worden. Mit fünfzehn schließt er das Queen's College in Oxford ab. Begeistert hat ihn sein Jurastudium nicht. Das englische Rechtssystem mit seinem *common law* ist ein widersprüchliches und sperriges Gebilde. Kaum hat Bentham sich damit befasst, will er es einfacher und eleganter machen. Mit großer Neugier studiert er die Naturwissenschaften, die Physik Newtons und das Klassifikationssystem der Natur des Schweden Carl von Linné. Dazu liest er die Aufklärer Hume, Voltaire und Helvétius.

Mit einundzwanzig Jahren ist Bentham zugelassener Anwalt. Praktizieren wird er nicht. Von Geburt an vermögend genug, will er sein Leben ganz der Verbesserung der Menschheit widmen. Seinen Ausgangspunkt findet er in Humes *A Treatise of Human Nature* (*Traktat über die menschliche Natur*). Der Vorgänger im 18. Jahrhundert hatte die Moral auf ganz neue Füße gestellt. Handlungen und Gesetze sollten sich vor allem an ihrem *Nutzen* für das Glück der Menschen und der Gesellschaft ausrichten. Humes Freund Adam Smith hatte damit sogar den Kapitalismus gerechtfertigt. Nicht ob ein Kaufmann edle Motive hat, ist entscheidend, sondern ob sein Erfolg den nationalen Wohlstand erhöht. Das Nützlichkeitsprinzip? Bestechend, findet Bentham. Sollte man es nicht auf *jede* individuelle und *jede* gesellschaftliche Frage anwenden?

Der junge Philosoph ist elektrisiert. Er will ein neues Denken begründen, den *Utilitarismus*; eine Philosophie, die nicht mehr

Utilitarismus

nach Gründen und Handlungsmotiven fragt. Relevant sei einzig die Frage, wie glücksfördernd eine Maßnahme oder ein Gesetz sind. Ein schlichter und eleganter Maßstab wie eine naturwissenschaftliche Formel: Glück ist gut, und Leiden ist schlecht. Und die einzig sinnvolle moralische Frage lautet: Was muss ich tun, um der größtmöglichen Zahl von Menschen das größtmögliche Glück zu ermöglichen?

Bentham stürzt sich in die Arbeit. Er schafft eine neue Grundlage für das Rechtssystem, schreibt über die Kunst des Regierens und diskutiert auch die Strafe nach dem Kriterium ihrer Nützlichkeit. Für den Utilitaristen existiert kein »Naturrecht«. Alles, was Menschen als Recht und Unrecht bestimmen, legen Menschen als Recht und Unrecht fest und nicht Gott oder die Natur. Bentham begründet damit den »Rechtspositivismus«. Im Recht soll es fortan nicht mehr um moralische Fragen gehen. Es geht um sinnvolle Regelungen, damit die Gesellschaft möglichst störungsfrei funktioniert, und um sonst nichts.

Von dieser Warte aus wird Bentham 1789 auch die Erklärung der Menschenrechte als »Unsinn auf Stelzen« abtun. »Menschenrechte« bestehen nicht von Natur aus, sondern sie werden Menschen *zugesprochen*, um sie juristisch zu schützen. Mit gleichem Recht sollte man allerdings allen leidens- und glücksfähigen Lebewesen Rechte zusprechen, also auch Tieren: »Es mag der Tag kommen, an dem man begreift, dass die Anzahl der Beine, die Behaarung der Haut oder das Ende des Kreuzbeins gleichermaßen ungenügende Argumente sind, um ein empfindendes Wesen dem gleichen Schicksal zu überlassen. Warum soll sonst die unüberwindbare Grenze gerade hier liegen? Ist es die Fähigkeit zu denken oder vielleicht die Fähigkeit zu reden? Aber ein ausgewachsenes Pferd oder ein Hund sind unvergleichlich vernünftigere sowie mitteilsamere Tiere als ein einen Tag, eine Woche, oder gar einen Monat alter Säugling. Aber angenommen dies wäre nicht so, was würde das ausmachen? Die Frage ist nicht ›Können sie denken?‹ oder ›Können sie reden?‹, sondern ›*Können sie leiden?*‹«[58]

Dass Tiere leiden können, verbietet allerdings nicht, sie schmerzlos zu töten und zu verspeisen. Denn wer ohne darum zu wissen und ohne Schmerzen stirbt, der leidet ja nicht! Dass dieses Argument auch das Töten unliebsamer Menschen rechtfertigt, scheint Bentham nicht aufzufallen. Berauscht von seiner moralischen Lösungsformel, gibt sich der kühne Neuerer mit denkbaren Widersprüchen nicht ab. Stattdessen sieht er sich berufen, das gesamte Strafrecht zu revolutionieren. Es scheint ihm von unnötiger und falscher Moral nur so zu triefen. Strafe, so Bentham, ist nicht dazu da, jemanden für etwas büßen zu lassen. Strafe dient einzig und allein der Abschreckung. Wie vor ihm der italienische Strafrechtler *Cesare Beccaria* (1738–1794) sieht er Strafen als Instrumente der Prävention an. Je höher eine Strafe ausfällt, umso genauer werden sich Menschen überlegen, ob sie das entsprechende Risiko in Kauf nehmen wollen.

Bentham will die Menschen nicht moralischer machen wie so viele Aufklärer vor ihm. In seinem Werk *An Introduction to the Principles of Morals and Legislation* (Einführung in die Prinzipien der Moral und der Gesetzgebung) appelliert er schlichtweg an das Kosten-Nutzen-Kalkül. Nicht die Tugend soll mich leiten und auch kein »moralisches Gesetz in mir«, wie bei Kant. Ersetzt werden sollen sie durch schlaues Selbstmanagement und clevere Folgenabschätzung. Der wohlkalkulierte Eigennutz des Einzelnen ist für Bentham eine viel verlässlichere Größe als der Wille zum Guten. Eingehegt durch kluge Gesetze gemäß der Glücksformel, garantiert das Vorteilsstreben jedes Menschen das Allgemeinwohl.

Im Jahr 1781 ist das programmatische Hauptwerk abgeschlossen. Veröffentlichten wird Bentham es aber erst acht Jahre später. Seit den späten 1770er-Jahren hat der originelle Denker Zugang zu einflussreichen Kreisen in England und Frankreich. Von 1785 bis 1787 findet man ihn bei seinem Bruder in Krytschau in Weißrussland. Samuel Bentham ist nicht zum Vergnügen im Zarenreich. Er ist Architekt für moderne Gefängnisse. Und Bruder Jeremy nimmt dessen Ideen begeistert auf. Voller Sendungsbewusstsein entwirft er selbst eine moderne Strafanstalt. Und er wäre nicht er, wenn er nicht eine bestechend radikale Lösung fände. Sein Gefängnis ist ein Panopticon – ein kreisförmiges Kuppelgebäude mit einem Clou: Jede Zelle ist so offen sichtbar, dass ein einziger Gefängniswärter in der Mitte des Baus jeden Gefangenen zu jeder Zeit beobachten kann (vgl. Abb. S. 31). Ordnung, Sauberkeit und vor allem: totale Transparenz! Nur unglückliche Umstände verhindern, dass der Big-Brother-Knast in England tatsächlich gebaut wird. Und auch die hochinteressierten Franzosen setzen seinen Plan am Ende nicht um.

Doch Bentham gibt nicht auf. Die geniale Idee von *Prävention durch totale Transparenz* kann damit nicht gestorben sein. Auf das Panopticon als Gefängnis folgt die Idee des Panopticons als Geschäftsmodell. Nach den Strafgefangenen entdeckt der clevere Philosoph die Armen und die Bettler als neue Zielgruppe. Wie wäre es mit einer nationalen Aktiengesellschaft, um sowohl die Armut im Land zu lindern als auch die Aktionäre reich zu machen? Dazu müssten sofort massenhaft Panoptica gebaut werden, in denen die Armen und Bettler unter Dauerbeobachtung arbeiten. Der Ertrag ihrer Arbeit finanziere schnell die Baukosten und den Unterhalt und führe alsbald zu hohen Gewinnen. Was für ein genialer Einfall! Die unter Zwang eingewiesenen Armen bekommen endlich ein festes Dach über den Kopf, eine sinnstiftende Aufgabe und ein Leben in hygienischen Verhältnissen. Und die Aktionäre erfreuen sich fantastischer Gewinne. Wenn das nicht das größte Glück der größten Zahl sei! Eiskaltes Kosten-Nutzen-Kalkül, Gewinnstreben gepaart mit Glücks- und Heilsversprechen, totale Transparenz statt persönlicher Schutzzonen, sozialtechnische Lösungen statt traditioneller Moral. Wäre Bentham im späten 20. Jahrhundert geboren statt in der Mitte des 18. Jahrhunderts – im Silicon Valley hätte er es weit gebracht.

Erstaunlich, dass auch die Idee der Produktions-Panoptica nicht umgesetzt wird. Aber der Urheber der genialen Idee erhält

B. ideale Staat wird überwacht u. bespitzelt

immerhin die gigantische Summe von 23 000 Pfund ausbezahlt – für seine Mühen im Dienste des Fortschritts. Und die französischen Revolutionäre ernennen ihn 1792 zum Ehrenstaatsbürger, gemeinsam mit George Washington, mit Schiller und Pestalozzi. Doch die Freiheit, die Bentham verficht, ist keine Freiheit im Sinne der Menschenrechte. Sie beschränkt sich auf die unbedingte wirtschaftliche Freiheit. Sein Staatsverständnis dagegen bleibt der Idee des Panopticons stets verpflichtet. Was ihre persönlichen Vorlieben anbelangt, dürfen die Bürger alles sein, auch homosexuell oder pädophil. Aber sie dürfen den engen Rahmen nicht verlassen, den der Staat ihrem Leben setzt. Dient es dem allgemeinen Nutzen, so ist nahezu jeder Zwang gerechtfertigt. Die Bettler in den Zwangsarbeits-Panoptica sind nicht die einzigen Opfer. In Benthams idealem Staat wird jeder Mensch überwacht und bespitzelt, von der Wiege bis zur Bahre. Denn nur völlige Kontrolle schafft völlige Sicherheit, und nur völlige Sicherheit garantiert Freiheit. Also muss jeder denkbare Schaden, jeder kriminelle Akt, jede Grenzüberschreitung vorzeitig gesichtet und verhindert werden. Wo Sicherheitsfanatiker und entfesselte Sozialtechniker von Kalifornien bis China heute überall Kameras und Sensoren einrichten, träumt Bentham mangels technischer Möglichkeiten von inoffiziellen Mitarbeitern und verdeckten Ermittlern. Und wer noch nicht über Mittel verfügt wie einen maschinenlesbaren Personalausweis, dem fällt schon mal ein, die gesamte Bevölkerung zwangsweise zu tätowieren – zu erkenntnisdienstlichen Zwecken.

Wer sich dem äußeren Zwang so wenig wie möglich aussetzen will, der muss halt lernen, sich entsprechend selbst zu kontrollieren. Diesem Projekt ist das Werk verpflichtet, an dem Bentham von 1814 an arbeitet, die *Deontology, Or the Science of Morality: In which the Harmony and Co-Insidence of Duty and Self-Interest, Virtue and Felicity, Prudence and Benevolence, are Explained and Examplified* (Deontologie, oder die Wissenschaft der Moral: In welcher die Harmonie und die Übereinstimmung von Pflicht und Eigeninteresse, Tugend und Glück, Klugheit und

Wohlwollen erklärt und erläutert werden). Wie Linné die Natur klassifiziert hat, so möchte Bentham als »Linneaus der Ethik« alle Tugenden und Laster systematisieren. Der neu erfundene Begriff »Deontologie« macht die Stoßrichtung klar. Nichts am Menschen ist vorherbestimmt, nichts ist »ontologisch« (seiend) vorgegeben. Und nichts ist von sich aus ein »Laster« oder eine »Tugend« wie bei Aristoteles. Sondern alles ist Tugend oder Laster *im Hinblick auf* andere Menschen oder das Gemeinwohl. Moral handelt nicht von Konstanten, sondern von Funktionswerten. Von »sich aus« hat keine Handlung und keine Neigung einen Wert, nichts ist heilig und nichts gilt ewig.

Wie Linné die Merkmale gesucht hat, nach denen sich Pflanzen und Tiere ordnen lassen, so räumt Bentham die Moral nüchtern auf. Jeder menschliche Zwischenraum wird vermessen und sortiert. Ist es nützlich, dient es dem Glück der größten Zahl, oder kann das weg? Auf diese Weise wird der Philosoph zu einem der wichtigsten Vordenker des »Konsequenzialismus«; nicht Motive zählen, sondern einzig die Folgen. Bentham entwirft einen neuen Lehrplan für die Sekundarstufe, der ganz auf Wissenschaft und Technik ausgerichtet ist. Auch der Staat wird radikal neu durchdacht. Als politisches Sprachrohr dienen dem Privatier die *radicals*, eine neue Partei, die seit 1823 in der englischen Politik mitmischt. Sie fordern ein allgemeines Wahlrecht für jeden, einschließlich der Frauen. Zu Benthams Zeit dürfen in England nur Männer mit ausreichend Eigentum wählen, etwa 250 000 Menschen von 7,5 Millionen Einwohnern. Das muss sich ändern und noch vieles andere mehr. Weg mit der Todesstrafe! Mehr demokratische Transparenz bei staatlicher Kontrolle! Mehr Pressefreiheit! Der *Constitutional Code*, den Bentham 1830 veröffentlicht, ist heute ein Klassiker der liberal-demokratischen Verfassungstheorie. Zwei Jahre darauf feiert er tatsächlich einen politischen Erfolg. Der Act hat einen maßgeblichen Einfluss auf die Wahlrechtsreform von 1832.

In Deutschland dagegen kann der Engländer kaum punkten.

Goethe, dessen Lebensdaten sich mit denen Benthams nahezu decken, nennt ihn einen »höchst radikalen Narren«.[59] Für den Dichter setzt sich der Utilitarismus über alle Lebensklugheit hinweg. Das Menschliche lasse sich nicht durch eine mathematische Gleichung von Glück und Leiden ersetzen, ohne den Gefühlen Unrecht zu tun. Mit Gefühlen aber hat es Bentham kaum. Biografen sehen ihn oft als autistische Persönlichkeit, als einen Mann, der durch eine Formel lösen wollte, was zwischenmenschlich unlösbar ist. Besonders erbost reagiert Karl Marx. Für ihn ist »Herr Jeremias ein Genie in der bürgerlichen Dummheit«.[60] Für den menschenunkundigen Bentham sei »jedes menschliche Wesen« ein »englischer Ladenbesitzer«, der nichts kennt als Kosten und Nutzen. Was für ein »hausbackenster Gemeinplatz«, »breitgetreten« mit äußerster »Selbstgefälligkeit«.[61]

Die Saat des Sozialismus

Marx weiß nicht, dass Bentham neben seinen herzlosen Ideen auch gute hatte. So wurde er unter anderem Teilhaber eines Unternehmens, das ein gewisser *Robert Owen* (1771–1858) in New Lanark in Schottland betreibt. Der junge Mann hatte sich in der Baumwollindustrie in Manchester zum Fabrikleiter hochgearbeitet und sich einen guten Namen gemacht. Anschließend hatte er sich eine Schar von Investoren gesucht, um in New Lanark etwas ganz Neues auszuprobieren. Die herrschende ökonomische Theorie, dass man die Arbeiter so hart ausbeuten müsse wie möglich, um konkurrenzfähig zu sein, hält er für Unsinn. Und Owen setzt in die Tat um, was er denkt. Der Betrieb in New Lanark, bislang berüchtigt für Diebstahl, Vandalismus, für die Trunksucht der Wanderarbeiter sowie für eine brutalste Ausbeutung der Kinder aus dem benachbarten Waisenhaus, wird zu einer Musterfabrik für neues Arbeiten. Statt vierzehn Stunden schuften die Arbeiter nur noch 10,5 Stunden am Tag. Und seit

1810 meint Owen, dass auch acht Stunden reichen. Die Beschäftigten erhalten bessere Unterkünfte zu niedrigeren Mieten. All das soll ihre Arbeitsmotivation stärken. Der Fabrikleiter kämpft gegen die Kinderarbeit und fordert eine allgemeine Schulbildung für alle Jungen. Zudem lässt er seine Arbeiter krankenversichern und sorgt für eine Betriebsrente.

Hinter all den Maßnahmen steht eine philosophische Theorie. Owen glaubt, dass vor allem die Umgebung, das »Milieu«, den Menschen forme und bilde. Das Sein bestimmt das Bewusstsein. Der Gedanke ist bahnbrechend und noch neu. Und Owens Bücher *A New View of Society. Essays on the Formation of Human Character* (*Eine neue Auffassung von der Gesellschaft*) von 1813 und *Observations on the Effect of the Manufacturing System: With Hints for the Improvement of Those Parts of which are Most Injurious to Health and Morals* (Beobachtungen über die Auswirkungen des Manufaktursystems: Mit Hinweisen zur Verbesserung jener Teile, die für Gesundheit und Moral am schädlichsten sind) von 1817 sind Manifeste des gesellschaftlichen Optimismus.

Was Owen in New Lanark macht, ist zu Anfang des 19. Jahrhunderts in England vollkommen neu. Erfreulicherweise, auch für Bentham, geht die Rechnung auf. Der Fabrikleiter verbessert nicht nur die Arbeitsbedingungen, er setzt auf jede technische Neuentwicklung und bemüht sich in allen Abläufen um mehr Effizienz. Statt Prügelstrafen führt er ein Bewertungssystem ein, um die Arbeitsmotivation zu steigern. Unterschiedliche Farben an der Werkbank zeigen an, wie tüchtig der Arbeiter ist. Und der Betrieb in New Lanark macht große Gewinne. Berühmtheiten aus aller Welt kommen, um das »Wunder« der neuen Arbeitswelt zu bestaunen. Selbst Zar Nikolaus I. und andere europäische Regenten fahren nach Schottland oder ziehen darüber Erkundigungen ein.

Wie spektakulär und ungewöhnlich Owens Fabrik ist, zeigt ein Vergleich mit den restlichen Betrieben Englands. Wo die Maschinen Einzug gehalten haben, haben sich die Produktionsbedingungen und die Lebensverhältnisse der Arbeiter fast überall verschlechtert. Die durchschnittliche Lebenserwartung fällt von fünfunddreißig auf einunddreißig Jahre. Und aus armen Bauern und kleinen Handwerkern ist ein verelendetes Industrieproletariat geworden. Der englische Arzt *Charles Hall* (1740–1825) veröffentlicht 1805 sein aufrüttelndes Buch *The Effects of Civilization on the People in European States* (Die Auswirkungen der Zivilisation auf die Menschen in den europäischen Staaten). Die kapitalistische Wirtschaftsweise habe die Armut bedauerlicherweise nicht verringert, sondern noch weiter verstärkt. Hergestellt wird, was sich an die Wohlhabenden verkaufen lässt, aber nicht, was die Menschen wirklich bräuchten, nämlich vor allem Getreide. Kein Wunder, dass dessen Preis immer mehr steige und die Armen damit noch ärmer mache. Ein freier Markt führe sichtbarerweise nicht zum sozialen Ausgleich, sondern zur Massenverelendung. Der Wohlstand der einen ist die Armut der anderen.

Hall ist ein scharfer Beobachter des aufstrebenden Kapitalismus. Und seine Ansichten, die er im Widerspruch zu den Klassikern der englischen Nationalökonomie gewinnt, führen später direkt zu Marx. Wenn ein Arbeiter für sechzehn Stunden Arbeit nur so viel Lohn erhält, wie er in einer einzigen erwirtschaftet, dann sei dies *exploitation* (Ausbeutung). Der Kapitalist aber behält den *surplus value* (Mehrwert). Auch Halls Definition von »Reichtum« wird später unverändert in Marx' Schriften übernommen: Reich ist nicht, wer viele Dinge besitzt, sondern wer die Macht hat über die Arbeit anderer Menschen.

Hall kennt die von ihm angeprangerte Armut der Bevölkerung aus seiner Arztpraxis in Tavistock in Devonshire. Tagtäglich ist er mit dem Elend der Landarbeiter konfrontiert. Um Abhilfe zu schaffen, ersinnt er einen ganzen Katalog an Maßnahmen. Das Land muss gerechter aufgeteilt werden, und wohlhabende Großgrundbesitzer sollen ihre Kinder nicht länger verheiraten dürfen, um ihren Besitz noch weiter zu vergrößern. Die Steuern sollen sich (wie heute in allen Industrieländern üblich) nach der Höhe des Einkommens richten, um so für den sozialen Ausgleich zu sorgen.

Und Luxusgüter gehören entweder verboten oder höchstmöglich besteuert. Dass Hall mit seinen mutigen Forderungen nicht überall gut ankommt, wird nicht verwundern. Im Jahr 1816 sperrt man ihn unter dem Vorwand nicht beglichener Schulden für neun Jahre ins Gefängnis; kurz nach seiner Freilassung stirbt er.

Hall hielt seine Vorschläge nicht für utopisch, sondern für durchaus praktikabel. Und seine Theorien machen ihn zu einem der ersten Sozialisten gemeinsam mit seinem Freund *Thomas Spence* (1750–1814). Der zehn Jahre jüngere Buchverkäufer aus Newcastle upon Tyne ist noch ungleich kompromissloser als Hall. Inspiriert wird er dazu durch die Texte des Abenteurers und Sozialrevolutionärs *Thomas Paine* (1736–1809), dessen Kampfschriften er unter die Leute bringt. Paine kämpft für die Unabhängigkeit der nordamerikanischen Kolonien von England und träumt von einem Staat, gegründet auf die Menschenrechte. Doch Spence geht weiter als Paine. Vierzehn Jahre vor der Menschenrechtserklärung der Franzosen plädiert er bereits 1775 dafür, eine gesetzliche Grundsicherung für jeden einzuführen – ein Recht, das die französischen Revolutionäre aussparen.

Spences Überlegung, wie er sie in seinem Vortrag *Nationalization of the Land* (»Das Gemeineigentum an Boden«) ausführt, ist folgende: Da kein Mensch ohne den Ertrag von Grund und Boden leben kann, hat er auch ein natürliches Anrecht darauf: Es »ist klar, daß der Boden oder die Erde irgend eines Landes oder einer Umgebung mit allem, was darum oder darauf ist oder dazu gehört, stets den jeweiligen Einwohnern dieses Landes oder dieser Umgebung in gleichem Maße angehört. Denn … es gibt keine Lebensmöglichkeit als durch den Boden oder seine Erzeugnisse, folglich haben wir an dem, ohne das wir nicht leben können, dasselbe Eigentumsrecht, wie an unserem Leben!«[62]

Spence arbeitet seine Idee zu einem ganz konkreten Konzept aus. Jeder Engländer soll vierteljährlich ein Grundeinkommen erhalten, finanziert durch Steuern auf die Pachteinnahmen der Felder. Am besten wäre es, das Land vollständig in Gemeindeeigen-

William Godwin

tum zu überführen und anschließend an Nutzergemeinschaften zu versteigern. Die Einhegungen, die in den Jahrhunderten zuvor aus Gemeindeland Privatbesitz gemacht haben, müssen dringend rückgängig gemacht werden. Spences Vorschlag wird später als die Idee eines »bedingungslosen Grundeinkommens« Karriere machen. Und sein »Gemeindeeigentum« inspiriert noch heute Gemeinwohlökonomen, wenn sie die Zukunft der Wirtschaft in der »Allmendeproduktion« sehen: in gemeinsam beackertem Gemeindeland aus realen Wiesen oder digitalem Terrain. Das Prinzip bleibt das gleiche: Jeder arbeitet für den Gewinn der vielen.

Das Grundeinkommen ist Spences Lebensthema. Und er wiederholt die Idee in mehreren Neuauflagen seines Vortrags unter stets neuen Titeln. Wie Hall landet er dafür im Gefängnis, zwar kürzer, aber dafür gleich zweimal. Immerhin bringt er den verehrten Paine, der inzwischen in Frankreich lebt, dazu, ihm Gehör zu schenken. Auch Paine fordert daraufhin ein Grundeinkommen, allerdings in der merkwürdigen und unpraktikablen Weise einer einmaligen Auszahlung. Seine Schrift *Agrarian Justice* (Agrarische Gerechtigkeit) von 1797 wird viel berühmter als Spences Vorschläge. Nicht anders ergeht es dem unglücklichen Buchhändler mit seiner zweiten Pioniertat, der Frauenemanzipation. Dass Spence sein Grundeinkommen auch an Frauen auszahlen will und die Geschlechter gleichberechtigen, macht ihn zu einem wichtigen Vorkämpfer der Frauenrechte neben dem Franzosen Helvétius. Als Anwalt der Emanzipation allerdings steht er bis heute im Schatten des dritten und bedeutendsten Pioniers des englischen Sozialismus: *William Godwin* (1756–1836).

Die Befreiung des Menschen

Godwin war eine vielseitig gelehrte Persönlichkeit, und seine Schriften übertrafen jene von Hall und Spence an Tiefe. Gerade deshalb kam er im Leben ungeschoren davon. Premierminister

William Pitt der Jüngere befand höchstpersönlich, Godwins zweibändiges Buch *Enquiry Concerning Political Justice, and its Influence on General Virtue and Happiness* (Politische Gerechtigkeit und ihr Einfluss auf die allgemeine Tugend und das Glück) aus dem Jahr 1793 richte keinen politischen Schaden an. Es sei erstens zu teuer und zweitens zu unverständlich für die Arbeiter.

Ausgebildet zum Priester, wurde Godwin gleichwohl der bedeutendste sozialrevolutionäre Autor seiner Epoche. In seinem Hauptwerk argumentiert er vier Jahre nach Benthams *Principles of Morals and Legislation* ebenfalls utilitaristisch. Alles moralische Handeln muss sich danach befragen lassen, ob es gut und nützlich für die Gesellschaft ist oder nicht. Der Maßstab ist, wie bei Bentham, das Glück der meisten. Denn nach was streben Menschen denn sonst, wenn nicht nach Glück?

Um das Glück vieler zu erreichen, bedarf es einer durch nichts beeinträchtigten vernünftigen Politik. Doch welche Herrschaftsform ist schon geeignet, die Vernunft frei walten zu lassen und das Glück zu befördern? Solange sich wenige Herrschende auf ein göttliches Recht berufen, wie in Monarchien und Aristokratien, kann weder von Vernunft noch vom Glück der meisten die Rede sein. Die despotische Gewalt einer Zentralmacht, die Hobbes im 17. Jahrhundert vorschlug, ist keine Lösung, denn sie führt unweigerlich zum Machtmissbrauch. Bleiben noch die Vertragstheorien wie jene von Locke und Rousseau. Doch auch an ihnen lässt Godwin kein gutes Haar. Selbst wenn sich das Volk diejenigen, die es regieren sollen, selbst wählt, so geben die Menschen doch viel zu viele Rechte ab, um wahrhaft glücklich sein zu können. Eine *volonté générale*, einen allgemeinen Willen wie bei Rousseau, gäbe es gar nicht. Und die Vernunft dem Staat zu überlassen, bedeutet, sie für sich selbst zu verlieren. Am Ende steht zwangsläufig die Unterdrückung.

Was folgt daraus? Ganz einfach: Der Staat muss weg! Vernunft und Moral dürfen nicht an eine höhere Instanz abgegeben werden. Die Menschen müssen sich selbst regieren, am besten in solchen Kooperationen, von denen Spence träumt. Die Alternative zum Staat sei die genossenschaftliche Selbstverwaltung. Von Godwin aus wird dieser Gedanke zu Fouriers Phalansterien wandern. Keine Selbstverwirklichung ohne Selbstverwaltung! Nur in überschaubaren selbstbestimmten Gemeinschaften können gegenseitige Hilfe und Unterstützung gedeihen. Der Utilitarismus, der Bentham zur systematischen Ausbeutung der Bettler berechtigt, führt bei Godwin zur Gleichberechtigung aller. Privatbesitz ist erlaubt, aber alle lebenswichtigen Güter müssen gerecht verteilt sein.

Das Übel in der Welt kommt für Godwin, anders als für Hall und Spence, allerdings nicht von der kapitalistischen Industrieproduktion. Sicher, auch der geistige Vater der Genossenschaften verdammt die Spaltung der Gesellschaft in wenige Reiche und viele Arme; auch er beklagt die unmenschlichen Arbeitsbedingungen. Aber die Krux liegt für ihn, wie später für Fourier, vor allem in der Organisation. Gehören die Maschinen erst der Genossenschaft, dann werden die Arbeiter auch nicht mehr ausgebeutet. Godwins Thema ist nicht mehr die Verteilung von Land, wie bei Spence und Hall. Mit Blick auf die heraufdämmernde Industrialisierung fragt er: Wem gehören die Maschinen? Und wer bestimmt über die Politik?

Was die Maschinen anbelangt, ist Godwin äußerst optimistisch. Vor seinem inneren Auge sieht er eine Zukunft, in der Maschinen nach und nach alle niedere menschliche Arbeit übernehmen. Irgendwann in ferner Zukunft werden alle Menschen nur noch eine halbe Stunde am Tag arbeiten müssen. Die Maschine befreit langfristig vom vielen stumpfsinnigen Arbeiten. Und sie erlöst den Menschen von vielen einseitigen Tätigkeiten und vom gleichförmigen Arbeitsalltag. Während die industrielle Revolution die Menschen in ihren Anfängen zu Handlangern der Maschine mache, die schrecklich monotone Dinge tun, wird sie sie irgendwann wieder davon befreien. Und was uns am Ende des 18. Jahrhunderts die Zeit raubt, wird sie uns später einmal schenken. Im 21. Jahrhundert mit seinem großen Versprechen, die Menschen in den Industrieländern von einförmiger Arbeit durch künstliche Intelligenz zu befreien, wirken Godwins Worte wie eine helle Prophezeiung in dunkler Zeit. Doch ob die Welt des 21. Jahrhunderts tatsächlich gesegnet sein wird, dürfte davon abhängen, ob sich auch Godwins zweite Prophezeiung erfüllt.

Wenn selbstverwaltete Genossenschaften das Leben organisieren, meint Godwin, werden sie Regeln finden, die dem Glück der meisten dienen. Aus diesem Grund sollten sie demokratisch sein. Natürlich sind Demokratien eine heikle Angelegenheit. Zu oft überstimmen die vielen Nicht-Weisen die wenigen Weisen. Aber Demokratien geben dem Menschen immerhin ein Bewusstsein für seinen Wert. Und darauf kommt es an. Nur wer sich gesellschaftlich wertgeschätzt fühlt, kann sich zur Mündigkeit entwickeln. Wer weiß, fragt Godwin, was ein ideales Zusammenleben und eine gute Bildung in Zukunft noch aus den Menschen machen werden? Geprägt durch eine gute Umwelt, könnten sie zukünftig viel besser sein als Ende des 18. Jahrhunderts. Denn nichts wäre unvernünftiger, als von den Menschen, wie wir sie jetzt vorfinden, auf die Menschen zu schließen, wie sie in Zukunft beschaffen sein können.

Godwin ist Anarchist, aber kein Revolutionär. Für den Weg zu seinen Genossenschaften braucht es keine gewaltsame Erhebung. Wie der von ihm inspirierte Fourier glaubt er an eine Art natürlicher Evolution der Gesellschaft: von der autoritären Herrschaft von Fürsten hin zur demokratischen Selbstverwaltung von Kleingruppen. Der Hebel ist nicht der Aufruhr, sondern die Bildung. Wer etwas mit Gewalt umstürzt, fördert nämlich nur die Leidenschaften, nicht aber die Vernunft, die immer das erste Opfer wird. Und ohne es zu wissen, schreibt er den Revolutionären und totalitären Sozialisten der Zukunft ins Stammbuch: »Unser Urteil wird immer Verdacht empfinden gegen Waffen, die von beiden Seiten gebraucht werden können. Daher müssen wir jede Gewalt mit Abneigung betrachten.«[63]

Damit die Gesellschaft tatsächlich verändert werden kann, müssen die Menschen dazu bereit sein – ansonsten drohen Unterdrückung, Überforderung und Orientierungslosigkeit. Eben deshalb ist Bildung der einzig richtige Weg. Menschen sind sehr begabt darin, sich ihren Lebensumständen anzupassen. Unvernünftige Gesellschaften produzieren unvernünftige Menschen. Und vernünftige Gesellschaften bringen zahlreiche vernünftige Menschen hervor. Insofern besteht der einzig gangbare Weg darin, die Menschen zu bilden und sie dazu zu bringen, Schritt für Schritt für eine bessere Gesellschaft einzustehen. Revolutionen ereignen sich somit als ständige Evolution – ein Gedanke, der, von manchem frustrierten Wutausbruch abgesehen, auch Marx beseelen wird. Doch dass es nach Godwin ausreichen soll, sich dem unvernünftigen Staat durch passiven Widerstand zu entziehen und einfach die Zusammenarbeit einzustellen – diese Illusion teilt Marx nicht. Der Weg des Satyagraha, den Mahatma Gandhi gegen die englische Kolonialregierung in Indien gehen wird, ist keine Blaupause für jede Revolution. Hätten die Arbeiter in den englischen Baumwollspinnereien des frühen 19. Jahrhunderts sich dem Kapitalismus durch passiven Widerstand entzogen – die Gewalt, das Elend und der Hunger wären entsetzlich gewesen und die Aussicht auf Erfolg bei null. Godwins Modell einer Evolution durch Bildung braucht einen fast unmenschlich langen Atem.

Gewaltsame Revolutionen widersprechen dem Prinzip des Utilitarismus, weil sie zu viel Leiden und Desorientierung in die Welt bringen. In diesem Punkt ist sich Godwin mit Bentham einig. Doch wer den großen Unterschied beider Denker im Kern sehen möchte, der betrachte nur ihr Verhältnis zum Strafvollzug. Während Bentham von seinem *panopticon* der totalen Überwachung schwärmt, setzt sich Godwin für das heute allseits anerkannte Prinzip der »Resozialisierung« ein. In ihrem Menschenbild sind die beiden radikalen Reformer einander entgegengesetzt.

Immerhin kommen sie in einer anderen wichtigen Forderung

wieder überein: in der Gleichberechtigung der Frau. Im Jahr 1797 heiratet Godwin seine große Liebe, die sechsunddreißigjährige *Mary Wollstonecraft* (1759–1797) – die Autorin eines der ersten und bedeutendsten Werke des Feminismus: *A Vindication of the Rights of Woman: With Strictures on Political and Moral Subjects* (*Verteidigung der Rechte der Frau*). Ihr Buch, 1792 veröffentlicht, geht hart mit der Aufklärung ins Gericht. Von Ausnahmen abgesehen, haben die Philosophen ihre hehren Ideale von Gleichheit und Freiheit exklusiv für Männer reserviert.

Die Ehe mit Godwin währt nur ein halbes Jahr. Mary Wollstonecraft stirbt nach der Geburt der gemeinsamen Tochter, die ebenfalls Mary heißt, am Kindbettfieber. Von nun an ist es Godwin, der allein für die Emanzipation ficht. Unmittelbar nach dem Tod seiner Frau schreibt er ihre ungeschminkte Biografie. Die Leserinnen und Leser erfahren erstaunlich intime Details aus dem Leben der großen Frauenrechtlerin. Godwin charakterisiert Mary als unabhängige, sensible, aber nicht selten verzweifelte Frau, die sich nicht nur den Konventionen widersetzte, sondern auch zwei Suizidversuche unternahm. Doch was der liebende Witwer für das Ideal einer freien Frau hält, erregt im England seiner Zeit heftige Kritik. Den Konservativen ist Mary kein Vorbild, sondern ein herrlich abschreckendes Beispiel für ein aufrührerisches und deshalb missglücktes Frauenleben. Dass Godwin, der Wollstonecraft immerhin geheiratet hat, die Ehe als unnatürlich verdammt, weil sie die Frauen zum Eigentum der Männer mache und sie damit grundsätzlich unterdrücke, passt in dieses Tableau von Widersprüchen. Immerhin wirkt er, wie so oft, auch hier prägend auf Fourier. Der allerdings sieht die Unterdrückung der Frau durch den Mann weniger als psychologischen, denn als ökonomischen Sündenfall.

In seiner zweiten Lebenshälfte schlägt sich Godwin mit wechselnden Berufen durchs Leben, heiratet erneut und schreibt zahlreiche Bücher, darunter 1799 den Schauerroman *St. Leon*. Das Werk wäre wohl vergessen, verführte es nicht seine Tochter *Mary*

Thomas Robert Malthus

Wollstonecraft Shelley (1797–1851) dazu, sich später im gleichen Genre zu versuchen. Ihr eigener Roman mischt den Fortschrittsglauben und die Maschinenbegeisterung ihres Vaters allerdings mit erschreckend düsteren Aussichten. *Frankenstein; or the Modern Prometheus* (1818; *Frankenstein oder Der moderne Prometheus*) wird, anders als der Roman ihres Vaters, ein gigantischer Erfolg. Godwin aber ist, als er 1836 mit achtzig Jahren stirbt, ein fast vergessener Mann.

Utopie und Realität

Die schärfste Kritik, die Godwin zu Lebzeiten einstecken muss, stammt nicht von Fabrikanten oder konservativen Verfechtern der katholischen Ehe. Sie kommt von einem Pfarrer: *Thomas Robert Malthus* (1766–1834). Der Essay, den er 1798 gegen Godwin schreibt, wird so berühmt, dass heute kaum noch bekannt ist, gegen wen er sich eigentlich gerichtet hatte: *An Essay on the Principle of Population* (*Das Bevölkerungsgesetz*). Malthus' Schrift ist eine kühle Absage an jeden historischen Optimismus. Godwin und auch Condorcet werden bei Malthus zu schwärmerischen Illusionisten. Wenn die Lebensbedingungen für alle ideal wären, so rechnet der Engländer Malthus anhand der US-amerikanischen Bevölkerungsstatistik vor, dann wird die Bevölkerung exponentiell ansteigen. Optimale Arbeitsbedingungen, Kooperativen, Hygiene und beste ärztliche Versorgung, wie Godwin sich das wünscht, würden rasant auf eine Katastrophe zutreiben. Die Menschen würden älter, die Kinder hätten bessere Überlebenschancen – aber niemand könne so viel mehr an Getreide produzieren, wie für sie benötigt wird. Am Ende steht nicht das Paradies, sondern ein Horrorszenario. Der »Kampf ums Dasein« (*struggle for life*) werde nicht beseitigt, sondern münde in einen Krieg aller gegen alle.

Malthus' Argument ist nicht gänzlich neu. Genauso hatte

schon der Edinburgher Geistliche *Robert Wallace* (1697–1771) in der Mitte des 18. Jahrhunderts argumentiert. Aber Malthus gibt der Ansicht mithilfe der Statistik eine durchschlagende Überzeugungskraft. Und wo Wallace darum trauert, dass der Kommunismus aus demografischen Gründen leider nicht möglich sei, gefällt sich sein Nachfolger im Geiste darin, jede Weltverbesserungsidee mit kalter Lust abzuwürgen. Wie de Maistre bald darauf in seinen Petersburger Soireen, erklärt er die Missstände und das Elend der meisten Menschen als gottgewolltes Schicksal ohne Alternative.

Bleibenden Ruhm erntet der Misanthrop dadurch, dass sein Buch Jahrzehnte später einem gewissen Charles Darwin in die Hände fällt. Für den Biologen ist es eine weitere Statistik, die ihn anregt, über die Gesetze der »natürlichen Selektion« nachzudenken und den »Kampf ums Dasein« wissenschaftlich zu erklären. Allerdings hatte der gescholtene Godwin seinem Kritiker Malthus 1820 mit seiner Schrift *Of Population: An Enquiry Concerning the Power of Increase in the Numbers of Mankind* (Über Bevölkerung. Eine Untersuchung über das zahlenmäßige Anwachsen der Menschheit) bereits energisch widersprochen. Die Zahlen, die Malthus vorlege, entbehrten jeder Grundlage. Aus den US-amerikanischen Bevölkerungsstatistiken der Vergangenheit auf die Menschheit im Allgemeinen zu schließen, sei wissenschaftlich so unsauber wie spekulativ. Dafür müsste, so Godwin, jede Mutter im Schnitt acht Kinder gebären, was jenseits der USA kaum irgendwo der Fall sei. Sollte irgendetwas seinen Hoffnungen auf eine bessere Menschheit entgegenstehen, dann jedenfalls nicht die »geometrische Vernunft«.

Bessere Kritiker findet Godwin in Männern, die seinen Ideen durchaus wohlgesonnen sind, insbesondere in Owen und in *William Thompson* (1775–1833). Beide fragen sich, ob der anarchistische Individualismus tatsächlich so logisch und einfach zum Allgemeinwohl führt, wie Godwin behauptet. Thompson ist ein wohlhabender irischer Landlord. Ihn beschäftigt, wie sich das Prinzip der Genossenschaft bestmöglich umsetzen lässt. Wie Bentham und Godwin argumentiert er utilitaristisch, wobei er an beide so unterschiedlichen Vordenker anknüpft. Thompsons Haltung ist bemerkenswert. In jungen Jahren hat er sich für die Französische Revolution und für Condorcet begeistert. Und gegen seinen gesellschaftlichen Stand setzt er sich für allgemeine, freie Wahlen ein und fordert gleiche Rechte für Protestanten und Katholiken.

Der Streit zwischen Malthus und Godwin spornt den Landlord dazu an, die Frage nach der Bevölkerungsentwicklung wissenschaftlich anzugehen. Nicht subjektive Meinungen, sondern eine »Sozialwissenschaft« (*social science*) soll die Frage beantworten. 1824 veröffentlicht er *An Inquiry into the Principles of the Distribution of Wealth Most Conducive to Human Happiness; applied to the Newly Proposed System of Voluntary Equality of Wealth* (Untersuchung über die Grundlagen der fürs menschliche Glück förderlichsten Verteilung des Wohlstands). Thompsons Anspruch ist hoch. Er will ein Buch schreiben, dass Godwins Ziel der gerechten Verteilung des Wohlstands auf eine solide wirtschaftliche Basis stellt. Philosophie und Ökonomie sollen nicht im Widerspruch zueinander stehen. Zu diesem Zweck seziert er das Hauptwerk des gefeierten Malthus-Freunds *David Ricardo* (1772–1823), des berühmtesten Ökonomen seiner Zeit. Ricardos Buch *On the Principles of Political Economy and Taxation* (*Über die Grundsätze der politischen Ökonomie und der Besteuerung)* hat 1817 genau das gerechtfertigt, was Sozialkritiker wie Hall und Spence angeprangert haben: dass der Fabrikant sich einen »Mehrwert« erwirtschaftet, der nichts anderes ist als nicht gezahlter Lohn. Genau dieser Mehrwert aber hält nach Ricardo die Wirtschaft in Gang. Neu investiert, steigert er die Produktivität. Höhere Löhne hingegen schmälern die Produktivität und führen damit zu Wettbewerbsnachteilen und langfristig zu einer noch viel größeren Verelendung der Arbeiter.

Thompson widerspricht energisch. Er steht auf der Seite Halls,

Spences und Godwins. Um das Glück möglichst vieler zu mehren, kann Ricardos einseitige Parteinahme für die Fabrikbesitzer nicht der Weisheit letzter Schluss sein. Thompson ersetzt Ricardos Begriff der »Konkurrenz« durch den »Wettbewerb« (*competition*) und nimmt ihm damit seine biologische Komponente. Im Wettbewerb geht es nicht nur darum, möglichst günstig zu produzieren, sondern auch darum, genug Abnehmer für die Güter zu finden. Je besser die Arbeiter bezahlt werden, umso mehr Produkte können sie kaufen. Um den Wohlstand im Sinne des größten Glücks der größten Zahl zu mehren, bedarf es deshalb höherer Löhne. Alles, was die Arbeiter erwirtschaften, soll ihnen gehören, selbst wenn nicht alles ausbezahlt, sondern vieles reinvestiert wird. Und für die umfassende Verteilung der Güter sorgt nicht der Markt, sondern nur ein umsichtiger Staat, der jedem seinen gleichen Anteil an allem Lebenswichtigen zukommen lässt.

Mit seinem Modell eines kooperativen Kommunismus geht Thompson über Godwins allzu idealistische Konzeption hinaus. Und auch für Malthus' Befürchtung einer Bevölkerungsexplosion hat er eine Lösung: Empfängnisverhütung! Wenn Menschen, anders als Tiere, ein Bewusstsein davon haben, was sie tun, während sie Kinder zeugen, dann kann man genau da ansetzen und ihr Bewusstsein durch Bildung schulen. Nur ungebildete Menschen vermehren sich gedankenlos; gut erzogene und gebildete überlegen sich gut, wie viele Kinder sie wirklich bekommen wollen.

Als Thompson über Genossenschaften nachdenkt, kann er bereits auf die Schriften der französischen Frühsozialisten zurückgreifen. Er weiß, was Fourier darüber schreibt, der seinerseits von Hall, Spence und Godwin angeregt worden war. Und er kennt Owen, den er allerdings zunehmend kritisch sieht. New Lanark ist für ihn keinesfalls ein Modell der Zukunft. Inwiefern soll es den sozialen Ausgleich fördern, wenn wenige reiche Männer aus schnöder Profitgier in ein genossenschaftliches Modell investieren und dadurch noch reicher werden? Und so schön es ist, wenn ein

Vorreiter wie Owen genossenschaftliche Strukturen durchsetzt – eigentlich sollte dies nicht ein einzelner Fabrikherr tun, sondern die Arbeiter selbst!

Owen, der gescholtene Mitstreiter für die Kooperativen, ist inzwischen um eine wichtige Erfahrung reicher. Im Jahr 1824 verliert er die Hoheit über die von ihm selbst gegründete Schule für die Arbeiterkinder von New Lanark. Vor allem die dort praktizierte religiöse Toleranz ist vielen ein Dorn im Auge, insbesondere der mächtigen Kirche. Mit seinen Teilhabern zerstritten und von der Öffentlichkeit angefeindet, zieht Owen sich nach und nach zurück. Es gibt kein richtiges Arbeiten in der falschen Gesellschaft! Sein neuer Traum ist eine Mustergemeinschaft, ähnlich den Phalansterien von Fourier. Dafür aber muss er England verlassen. Mit achthundert Auswanderungswilligen segelt er nach Indiana in den USA und gründete dort New Harmony; den Prototyp vieler späterer Idealsiedlungen, die europäische Auswanderer in den USA aufbauen werden. Das von der US-Regierung abgesegnete Projekt währt allerdings nur zwei Jahre. Gründe für das Scheitern gibt es viele. Zu gemischt sind die Mitstreiter, zu verschieden ihre Motive. Nur die wenigsten sind Idealisten, manche einfach nur Glücksritter, die nichts zu verlieren haben. Die Selbstversorgung funktioniert nicht, und auch die Arbeitsmoral lässt zu wünschen übrig. Dafür gibt es unausgesetzt Streitereien zwischen verschiedenen Gruppen. Owen selbst segelt zwischendurch immer wieder nach England zurück, um seinen Ausstieg aus New Lanark zu regeln. Seine vier Söhne und eine seiner Töchter, die dauerhaft in New Harmony bleiben, sind überfordert. Sie müssen zusehen, wie die Kooperative trotz zahlreicher Nachahmer in den USA, Irland, Schottland und England schnell zerfällt.

Owen hat in den USA nicht nur seine hochfliegenden Träume verloren, sondern auch den größten Teil seines Geldes. Als Vordenker setzt er sich nun in London an die Spitze der von ihm angeregten Genossenschafts- und der Gewerkschaftsbewegung. Der Anwalt der Arbeiterschaft ficht nicht nur für bessere Arbeitsbedingungen und Arbeiterrechte, sondern auch für ein landesweites Verbot von Kinderarbeit, für ein umfassendes Bildungssystem, öffentliche Bibliotheken und Frauenrechte. 1832 zerstreitet er sich dabei endgültig mit Thompson. Die Erfahrungen in Indiana haben Owen gelehrt, auf einen realpolitischen Kurs einzuschwenken. Ohne Regierung und ohne das Finanzkapital sei kein Staat zu machen. Thompson hingegen träumt weiterhin von selbstverwalteten Kooperativen im Sinne Godwins und Fouriers. Der Staat ist für ihn das Problem und nicht etwa Teil der Lösung.

Owens Erfindungsreichtum bleibt ungebrochen. 1832 ersinnt er eine Warenbörse. Güter werden hier gegen ein spezielles Arbeitsgeld getauscht; eine Art Kryptowährung, der allerdings weder in London noch in Birmingham ein langes Leben beschieden ist. Im Alter radikalisiert er seine politischen Ansichten wieder, leidet allerdings auch unter schwindender Bekanntheit. Umso heroischer wird sein Selbstbild. Am Ende behauptet er, spirituellen Kontakt zu Benjamin Franklin, Thomas Jefferson und anderen Ikonen der angloamerikanischen Geschichte zu haben, um in ihrem Geiste die Menschheit aus ihrem Elend zu erlösen und in eine verheißungsvolle Zukunft zu führen. Owen fabuliert von einer »großen, glorreichen und zukünftigen Revolution«, durchgeführt durch »die Geister überlegener Männer und Frauen«.[64] Ein Jahr vor seinem Tod veröffentlicht er seine Memoiren. 1858 stirbt der gebeutelte Revolutionär hochbetagt in Newtown, seiner walisischen Heimat.

Die Wissenschaft der Erfahrung

Das dressierte Kind – Die Tyrannei der Gleichheit –
Moral Sciences – Politische Ökonomie

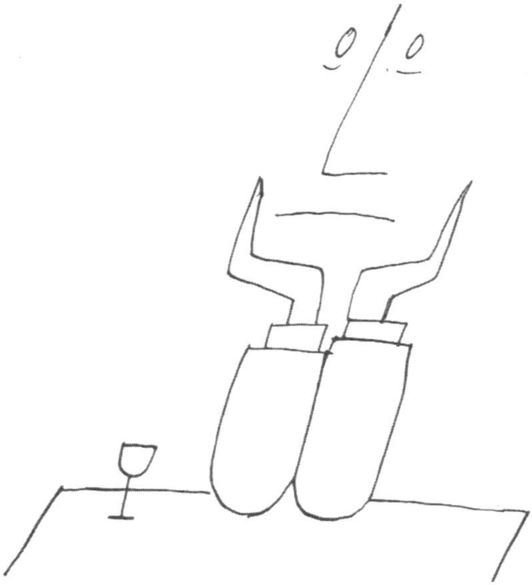

Das dressierte Kind

1858, in dem Jahr, in dem Owen stirbt, endet die zweihundertfünfzigjährige Ära der Ostindischen Handelsgesellschaft. Sechzehn Jahre vor ihrer endgültigen Auflösung gehen ihre Besitztümer in Indien in das Eigentum der britischen Krone über. Entlassen wird damit auch einer ihrer leitenden Angestellten, der der Kompanie fünfunddreißig Jahre lang treu gedient hat. Die Rede ist vom bedeutendsten englischen Philosophen des 19. Jahrhunderts: von *John Stuart Mill* (1806–1873).

Wie Kierkegaard, so wurde auch der junge Mill das Opfer

John Stuart Mill

eines Erziehungsexperiments. Sein Vater *James Mill* (1773–1836) hat Großes mit seinem Erstgeborenen vor. Der schottische Journalist ist eng mit Bentham befreundet, und der kleine John Stuart soll den »Radikalen« im britischen Parlament als zukünftiger Wortführer dienen. Mit Godwin und Owen ist James Mill davon überzeugt, dass das Milieu den Menschen formt; eine Sichtweise, die als »Assoziationspsychologie« bekannt wird und einige Ähnlichkeit mit Herbart aufweist. Die Absicht des Vaters könnte ehrgeiziger kaum sein. Der eigene Sohn ist sein Versuchskaninchen und soll konsequent zu einem selbstlosen und gleichzeitig brillanten Geist programmiert werden. Wie bei Kierkegaard hält ihn der Vater von Gleichaltrigen und anderen schädlichen Einflüssen fern. Der Sohn wird nur vom Vater erzogen, sozial isoliert und mit Texten gefüttert wie ein Computer. Mit drei Jahren beginnt der Unterricht in Arithmetik und Altgriechisch; mit acht kommen Geometrie und Latein dazu. Zur zeitweiligen Entspannung liegen die Schriften Humes, Daniel Defoes *Robinson Crusoe* und Edward Gibbons Monumentalwerk über den *Verfall und Untergang des Römischen Reiches* bereit.

Als der Sohn elf Jahre alt ist, arbeitet Vater Mill an seiner *History of British India* (Die Geschichte des britischen Indien). John Stuart wird voll in die Arbeit eingebunden, die James Mill einen schönen Posten bei der Ostindien-Kompanie einbringt. Politisch steht der Vater sehr nahe bei Bentham. Ein »Radikaler« zu sein bedeutet für ihn, die Interessen rationalistisch abzuwägen. Sozialismus ist für ihn Gefühlsduselei, denn die egoistische Menschheit sei dafür noch lange nicht bereit. Zudem ist der Schutz des Eigentums für den sozialen Aufsteiger James Mill ein ebenso hohes Gut wie für den betuchten Bentham. Mit dreizehn bekommt sein Sohn Hobbes und Ricardo zu lesen, viel unsentimentale Lektüre. Lesen, protokollieren, Exzerpte anfertigen und dem Vater Rechenschaft ablegen – daraus besteht der jugendliche Alltag. Und damit alles gut hängen bleibt, soll John Stuart zugleich seine vielen Geschwister unterrichten.

Kurz vor seinen vierzehnten Geburtstag darf der zarte Knabe das erste Mal in die große weite Welt nach Frankreich. Quartier findet er bei Benthams Bruder Samuel unweit von Toulouse. In wenigen Wochen lernt er Französisch. Als man ihm die Bücher entzieht, um ihn auf andere Gedanken zu bringen, entdeckt er die südfranzösische Landschaft für sich; eine Liebe fürs Leben. Stundenlang wandert er durch die Natur, akribisch auf der Suche nach Pflanzen, die er bestimmt und katalogisiert.

Zurück in England darf Mill die Schriften Benthams studieren. Die Saat geht auf: Der Fünfzehnjährige ist sofort überzeugt und wird ein leidenschaftlicher Verfechter des Utilitarismus. Für das weitere Training hat der Vater die Rechtswissenschaften vorgesehen. Mit *John Austin* (1790–1859), einem »Rechtspositivisten« wie Bentham, bekommt der Sohn den bestmöglichen Lehrer. Nebenbei lernt er noch Deutsch bei dessen Frau Sarah. Wie soll er sonst Kant im Original lesen? Der Junge funktioniert vollständig nach Plan. Er ist bereit dazu, ein »Reformer der Welt« zu werden. Im Winter 1822/1823 ruft der Sechzehnjährige seine Freunde zusammen, um eine utilitaristische Gesellschaft zu gründen. 1823 tritt er ins Berufsleben bei der Ostindien-Kompanie ein. Erste Rezensionen erscheinen in der *Westminster Review*, der Zeitschrift der »Radikalen«. Im Jahr 1825 gründet er die London Debating Society. Mill wird Benthams Sekretär, diskutiert mit der Nachwuchselite des Königreichs und ficht gegen die Anhänger Owens, unter denen ihm Thompson, »ein sehr schätzenswerter Mann«, viel Respekt einflößt.[65]

Und dann der Schlag! Im Winter 1826/1827 überkommt den jungen Mann die ganz große Leere. Er sieht sich plötzlich aus größter Distanz, als die perfekt programmierte Maschine, die er ist. Nichts an dem, was er tut, scheint ihm mehr wichtig zu sein. Und nichts macht ihn glücklich: »Mir schien, es blieb mir nichts, wofür es sich lohnte zu leben.«[66] Erst langsam merkt er, woran er krankt; nämlich »dass die Gewohnheit der Analyse die Tendenz hat, die Gefühle lahmzulegen, und zwar als notwendige Folge, wenn der analysierende Geist der Ergänzungen und Korrektive entbehrt und nicht auch andere Seiten seiner Tätigkeit gepflegt werden«.[67]

Da es ihm an Herzensbildung mangelt, beschließt Mill, sich auch diese anzueignen. Nicht etwa durch ein ereignisreiches Leben, sondern wie er es gelernt hat, durch Lektüre. Mill stürzt sich in die romantische Literatur! Glück und Freude, so erkennt er gegen seinen Vater, stellen sich nicht logischerweise dann ein, wenn man das rational und moralisch Richtige tut. Der Utilitarismus ist keine mathematische Operation, sondern er hat es mit empfindenden Wesen zu tun. Und die werden ebenso von Gefühlen bestimmt wie von Gedanken. Jedes Individuum hat eine »innere Kultur«, und alles, was in ihr ist, drängt danach sich zu entfalten, sei es nun vernünftig oder nicht. Damit ist für Mill der Schritt getan, sich von Bentham zu distanzieren, aber auch von seinem Vater. Programmiert wie eine »Denkmaschine«, hat der Sohn nie Liebe, Vertrauen oder Anteilnahme gespürt.

Was Zuneigung und Liebe bedeuten, erfährt Mill, als er 1830 die schöne und kluge *Harriet Taylor* (1807–1858) kennenlernt, die zweiundzwanzigjährige Gattin eines Londoner Großhändlers. Rasch entzündet sich zwischen beiden eine Liebesbeziehung. Doch sie muss platonisch bleiben – und ist auch damit noch Skandal genug. Das Verhältnis entfremdet Mill von seiner Familie und seinem Umfeld. Dafür beflügelt ihn der Austausch mit der neuen Freundin. Neben seiner Arbeit in der Kompanie schreibt er Essays und Rezensionen. Im Mai 1831 erscheint seine Artikelserie *The Spirit of the Age* (Der Zeitgeist) in der Zeitschrift *Examiner*. Darin amüsiert sich Mill über das neue Modewort des »Zeitgeistes«. Ist es nicht Ausdruck einer allgemeinen Verworrenheit? Der »Zeitgeist« spukt offensichtlich immer in Phasen des Umbruchs und beim Verlust der öffentlichen Ordnung. Wie so viele andere sieht Mill seine Zeit als aus den Fugen geraten an – eine Diagnose, die er mit Comte teilt, der gerade den ersten Band seines *Cours* veröffentlicht hat.

Doch wie heilt man die Zeit? Mill liest die Saint-Simonisten, insbesondere Comte, und ist beeindruckt von deren »Kühnheit« und »Vorurteilslosigkeit«.[68] Während der Revolution von 1830 geht er nach Paris und lässt sich begeistern. Der »Hauptnutzen«, den er den Saint-Simonisten abgewinnt, ist deren unbedingter Glaube an den historischen Fortschritt. Mit Comte sieht er die Geschichte der Menschheit als eine Fortschrittsgeschichte, unterteilt in Perioden der Stabilität und des Umbruchs. Doch wie hält er es mit dem Gedanken des Sozialismus? Sein Vater und Bentham haben ihn stets abgelehnt und das unveräußerliche Recht auf wirtschaftliche Freiheit verteidigt. Selbst Wucherzinsen waren für Bentham völlig in Ordnung. Bei den Schülern Saint-Simons aber liest Mill, dass »Arbeit und das Kapital der Gesellschaft im Interesse der Gesamtheit verwertet werden sollten«.[69] Jeder solle vom Staat nach seinen Fähigkeiten in Klassen eingeteilt und nach seinem Wirken entlohnt werden. Was von beidem ist richtig? Der Liberalismus, der das unmittelbar Nützliche verfolgt, oder der Sozialismus, der das »höchste erreichbare Ideal vom menschlichen Leben« im Auge hat? – Die Frage wird Mills Lebensthema!

Die Tyrannei der Gleichheit

Mills Denkprozess ist völlig unabgeschlossen, als ihm 1835 ein Buch in die Hände fällt, das seinen geistigen Werdegang maßgeblich beeinflusst. Geschrieben hat es *Alexis de Tocqueville* (1805–1859), ein französischer Aristokrat im gleichen Alter wie Mill. Mit einundzwanzig Jahren war der Jurist im Regierungsauftrag in die USA gereist. Er sollte dort Einsichten und Anregungen für ein besseres Rechtssystem und einen modernen Strafvollzug in Frankreich gewinnen. Doch Tocqueville verfasst nicht nur den gewünschten preisgekrönten Bericht über das Strafsystem. Er schreibt noch ein weit umfangreicheres Werk, dessen erster Band

1835 erscheint: *De la démocratie en Amérique* (*Über die Demokratie in Amerika*).

Mit großem Aufbruchsgeist schickt der junge Adelige seinem Buch ein Motto voraus: Eine *»neue Welt bedarf einer neuen politischen Wissenschaft«*. Und nichts anderes will Tocqueville leisten. Vorurteilslos möchte er die Stärken und die Schwächen der US-amerikanischen Demokratie analysieren. Denn die USA, davon ist er überzeugt, zeigen Europa, was in Zukunft auf den alten Kontinent zukommt. Mit Condorcet, den Saint-Simonisten und Comte hält Tocqueville die Zukunft für vorherbestimmt: durch einen Lauf der Welt hin zu einer immer fortschrittlicheren Gesellschaft. Und tatsächlich findet der Amerika-Reisende vieles, was ihn beeindruckt. Demokratie ist nicht etwas, das man am Reißbrett herstellen kann. Sie ist viel mehr als eine gerechtigkeitstheoretische Überlegung, die man in Gesetzen niederschreibt. Eine Demokratie funktioniert nur dann, wenn Menschen sie verinnerlichen. Die demokratische Kultur verwirklicht sich in den *mœurs* – der Haltung, der Überzeugung und den Umgangsformen der Bürger und in einer intensiv gelebten politischen Praxis.

Mill liest dies mit größter Aufregung. Zeigt Tocqueville nicht genau das auf, was in den kühlen Theorien Benthams fehlt: dass praktizierte Gerechtigkeit nicht einfach nur eine Frage von Prinzipien und mathematischen Additionen ist? Dass es in einem funktionierenden Gemeinwesen auch um Psychologie und Kultur geht? Auch Tocquevilles Ansichten über eine geeignete demokratische Infrastruktur sind neu. Ausführlich lobt der Amerika-Reisende den Föderalismus, die Selbstverwaltung und die zurückhaltende Rolle der Kirchen. Genau das aber widerspricht völlig dem Geist des Saint-Simonismus, der Mill bislang beseelt hat. Kein starker Staat regelt und sichert die Demokratie, sondern die Bürger sind weitgehend selbst für ihr Geschick verantwortlich.

Mill, der das Buch rezensiert und auch den 1840 erscheinenden zweiten Band, ist um eine Erkenntnis reicher: Der Staat darf die Eigeninitiative seiner Bürger nicht drosseln! Denn auf genau das, analysiert Tocqueville im Fahrwasser von Rousseau und Montesquieu, laufe es doch in Demokratien meist unweigerlich hinaus. Selbst in den föderalen USA verließen sich die Menschen zu sehr auf den Staat. Statt von ihren Freiheitsrechten überall regen Gebrauch zu machen, interessierten sie sich vor allem für ihren wirtschaftlichen Erfolg. Was die föderale Struktur an Freiheitlichkeit schenkt, fressen die schnöde materielle Gier und das politische Desinteresse wieder auf. Aus Staatsbürgern werden Konsumenten. Und statt Gemeinsinn regiert der Eigennutz. Doch wenn sich die Bürger millionenfach von ihrem politischen Bewusstsein verabschieden, regieren nicht sie das Land, sondern eine despotische Verwaltung. Je weniger Eigeninitiative, umso mehr Bürokratie. Alles wird genormt und verwaltet, und am Ende komme es zu einer »Tyrannei der Gleichheit«. Kaum jemand traue sich noch, von Normen abzuweichen. Und was die Menschen für Individualismus halten, ist lediglich die persönliche Wahl zwischen Konsumgütern. Die Bürger verlieren genau das, ohne das ein Gemeinwesen nicht funktionieren kann – die Fähigkeit, sich selbst zu regieren! Sie denken nicht mehr hinreichend über sich nach und entwickeln keine Ideen und politischen Antriebe mehr. Wie aber sollen diejenigen, die sich nicht einmal selbst regieren können, die Richtigen wählen, die sie regieren sollen? Eine Frage, gestellt im frühen 19. Jahrhundert; hundertachtzig Jahre später, in den Zeiten von Donald Trump, ist sie von frappierender Aktualität.

Ein zurückhaltender föderaler Staat, ein Höchstmaß an Eigeninitiative und Individualität, eine gelebte »politische Kultur«, verschont von der Bürokratie, und freie Teilhabe statt Zwang: Was Tocqueville als Blaupause einer künftigen Demokratie empfiehlt, widerspricht den Saint-Simonisten auf der ganzen Linie. Hatte Mill einst mit Comtes staatsautoritären Rezepten geliebäugelt, so ist er dessen Lösungsmodell jetzt gänzlich los. Die Waagschale von Freiheit und Gleichheit, die sich bei ihm zuerst gegen seinen Vater und gegen Bentham stärker zur Gleichheit geneigt hat, erhält ein neues starkes Gewicht auf der Seite der Freiheit. Die

Brieffreundschaft mit Comte erlischt. Als Mill später dessen *Système* liest, wird er sich bestätigt sehen. Er erschrickt darüber, dass der Künder einer neuen Menschheitsreligion die Philosophen in der Rolle sieht, die im Mittelalter die Kirche hatte. Und dass sie den Menschen nicht nur ihr Denken, sondern auch noch ihren Glauben vorschreiben: »Für die Denker über Gesellschaft und Politik bildet das Buch ein Warnzeichen vor den Folgen, wenn der Mensch in seinen Spekulationen den Wert der Freiheit und der Individualität aus dem Auge verliert.«[70]

Dass Tocqueville, dem Mill so viele Einsichten in eine wünschenswerte politische Kultur verdankt, den Wert von Freiheit und Individualität auch nicht völlig konsequent vertritt, irritiert Mill ebenfalls. Als Politiker in Frankreich setzt sich der Freund der Demokratie gegen die gnadenlose Ökonomisierung der Politik ein, die er in Minister *François Guizot* (1787–1874), dem starken Mann in der Regierung Louis-Philippes, verkörpert sieht. Statt allen das Wahlrecht zuzuerkennen und nicht nur zwei Prozent der Bevölkerung, verspricht Guizot den Bürgern wirtschaftlichen Segen. Tocqueville dagegen wiederholt, was er schon über die USA gesagt hatte: Wer ausschließlich nach Wohlstand strebt, verfehlt seine Aufgaben und Pflichten als Staatsbürger! Ganz anders aber sieht der Aristokrat die Dinge, wenn es um den Kolonialismus geht. Dabei entblödet er sich nicht, Lockes Satz zu wiederholen, dass die Indianer in Amerika ihr Land zwar besiedelt, aber nicht besessen hätten, da sie es nicht angemessen bewirtschafteten. Schlimmer noch ist sein ständiger Aufruf, Algerien den Osmanen zu entreißen und zur französischen Kolonie zu machen, auch unter Einsatz härtester Mittel: Da »sagten mir in Frankreich Menschen, die ich achte, ohne ihnen zuzustimmen, es sei schlecht, dass man Ernten niederbrenne, Speicher ausräume und letztlich sogar Unbewaffnete, Frauen und Kinder in Gewahrsam nehme. Ich halte das für leidige Notwendigkeiten, denen sich jedes Volk, das gegen Araber Krieg führen will, beugen muss«.[71] In seinem Ziel, in Algerien ein Apartheidregime zu errichten und

Mill bricht mit Tocqueville

die Bevölkerung gnadenlos zu unterdrücken und auszubeuten, ist von Freiheit, Individualität und politischer Kultur nicht die Rede. Während Tocqueville sich in den USA und in Frankreich um die *mœurs* sorgt, sollen die Kolonialisten in Algerien diese schnellstens über Bord werfen.

Die imperialistischen Ansichten seines Brieffreunds erzürnen Mill so sehr, dass er den Kontakt zu Tocqueville 1841 abbricht. Die Menschen nach zweierlei Maß zu beurteilen, je nachdem ob sie Europäer oder Araber und Indianer sind, widerspricht zutiefst seinen Überzeugungen. Bei seinen weiteren Überlegungen über demokratische Gleichheit und republikanische Freiheit sieht er sich allein gestellt. Auch die »Radikalen« im Parlament sind ihm keine Hilfe. Mill unterstützt sie, aber er hält sie zugleich für mittelmäßig. Den *Westminster Review*, die Vierteljahresschrift, für die sein 1836 verstorbener Vater so viel schrieb, übernimmt er für einige Zeit als Herausgeber, ohne jedoch mit den Beiträgen zufrieden zu sein. 1840 wirft er auch hier das Handtuch. Er braucht Zeit, um zwei Werke zu schreiben, über denen er schon lange brütet. Das erste soll die Frage klären, wie man überhaupt zu gesicherten Erkenntnissen über die Welt und die Gesellschaft kommen kann. Und das zweite soll Politik und Ökonomie so zusammendenken, dass klar wird, wie eine freiheitliche Gesellschaft am besten organisiert ist und wirtschaftet.

Moral Science

Mill ist ein akribischer Denker, der seine Ansichten wieder und wieder überprüft. An seinem ersten Buch arbeitet er mehr als zehn Jahre. Erst 1843 kann *A System of Logic* (*System der deduktiven und induktiven Logik*) endlich erscheinen. Das Thema mag zunächst verwundern, aber Mill interessiert sich nicht für die Logik um der Logik willen. Wie so viele Philosophen vor ihm, will er die Platte gründlich putzen und zunächst allen Schmutz entfernen, den seine Vorgänger seiner Ansicht nach hinterlassen haben. Philosophie, so Mill, soll Wissenschaft sein auf der Höhe der Naturwissenschaften. Nichts anderes fordert auch der Mineraloge und Moralphilosoph *William Whewell* (1794–1866). Der vielseitig interessierte Cambridge-Professor prägt 1834 den Begriff *Scientist*. Und während Mill noch über seiner *Logik* brütet, veröffentlicht Whewell zwei voluminöse Werke: 1837 die *History of the Inductive Sciences: From the Earliest to the Present Times* (Geschichte der induktiven Wissenschaften, von den frühen Anfängen bis zur Gegenwart) und 1840 den ersten Band von *The Philosophy oft he Inductive Sciences, Founded Upon Their History* (Die Philosophie der induktiven Wissenschaften, aufgehängt an ihrer Geschichte).

Die Naturwissenschaften erleben in den 1830er- und 1840er-Jahren einen Boom. 1831 entdeckt der englische Experimentalphysiker *Michael Faraday* (1791–1867) in London die elektromagnetische Induktion – die zentrale Vorarbeit für die Theorie des Elektromagnetismus durch den schottischen Physiker *James Clerk Maxwell* (1831–1879) im Jahr 1864. In Heilbronn stellt *Julius Robert von Mayer* (1814–1878) den Ersten Hauptsatz der Thermodynamik auf. In Gießen revolutioniert *Justus von Liebig* (1803 –1873) die Lebensmittel- und die Agrochemie. Naturforschende Vereine erhalten regen Zulauf, naturhistorische Museen eröffnen in den Großstädten ihre Pforten, und überall entstehen neue Forschungsinstitute.

Wer die Menschheit voranbringen will, betreibt *science*. Wie bei der Erforschung der Natur, so auch bei der Erforschung des Menschen. Doch *science* ist die Philosophie nur, wenn ihre Grundlagen wissenschaftlich sauber gedacht sind. Aber nach welcher Methode? Wie kommt der Philosoph in den Besitz unbestreitbarer Wahrheiten? Mill sieht seine politischen Ansichten irgendwie in der Luft hängen, sie brauchen dringend ein festes Fundament. Es geht ihm nicht darum, ein großer Philosoph zu werden. Aber wer nicht, wie einst Hobbes, Locke oder Hume, bei null anfängt und eine Erkenntnistheorie entwickelt, der vertritt letztlich nur Meinungen. Bezeichnenderweise stellt Mill sich allerdings nur eine der beiden großen erkenntnistheoretischen Fragen: *Woher weiß ich, was ich weiß?* Die zweite Frage: *Wie wirklich ist die Wirklichkeit?*, die Locke, Hume und vor allem Berkeley beschäftigt hatte, interessiert ihn nur am Rande.

Mills Gegner, die er mit seiner *Logik* entwaffnen will, sind all die vielen Philosophen, die ihre Erkenntnisse auf *intuitiven Gewissheiten* gründen. Über fast zwei Jahrtausende hatte diese intuitive Gewissheit irgendetwas mit Gott zu tun. Im 17. Jahrhundert gesellt sich dann die Mathematik dazu. Descartes, Spinoza und Leibniz argumentieren mit Gott und der Mathematik und schlussfolgerten ihre »rationalistischen« Systeme aus mathematischen Einsichten heraus – eine Vorgehensweise, der die »Empiristen« auf den britischen Inseln im 17. und 18. Jahrhundert energisch widersprachen. Für Locke, Berkeley und Hume stammte nahezu alle Erkenntnis aus der Erfahrung. Doch die Krux liegt beim »nahezu«. Denn das ungelöste Problem blieb nach wie vor die Mathematik. Sind mathematische Sätze nicht doch intuitiv gewiss? Als Kant in der *Kritik der reinen Vernunft* seinen artistischen Spagat zwischen Rationalismus und Empirismus machte, erklärte er mathematische Gewissheiten zu »Urteilen a priori«, zu Erkenntnissen, die *intuitiv* und *immer* wahr sind. Sie müssen nicht in der Erfahrungswelt überprüft werden.

Genau diese Position lehnt Mill entschieden ab. Dabei wirft er viele sehr unterschiedlich argumentierende Verfechter intuitiver Gewissheiten in einen Topf. Die feinen Unterschiede sind ihm nicht wichtig. Es geht ihm von Anfang an um die Gesellschaftsordnung und um Politik. Und da sind für ihn die Anhänger intuitiver Wahrheiten ein klar umrissenes Feindbild. Es sind die Konservativen im englischen Parlament und sonst wo, die den gesellschaftlichen Fortschritt durch unbeweisbare Sätze und Vorurteile aufhalten wollen: »Die Vorstellung, dass äußere Wahrheiten aus innerer Anschauung oder aus dem Bewusstsein erkannt werden können, unabhängig von Beobachtung und Erfahrung, ist meiner Überzeugung nach in unseren Tagen die intellektuelle Hauptstütze falscher Doktrinen und schlechter Institutionen. Mit Hilfe dieser Theorie kann jeder eingewurzelte Glauben und jedes intensive Gefühl, dessen Ursprung sich der Erinnerung entzieht, die Verbindlichkeit, sich durch den Verstand zu rechtfertigen, ablehnen und sich selbst als allgenügende Gewähr und Rechtfertigung hinstellen. Nie ist ein gefügigeres Werkzeug ersonnen worden, um alle tiefsitzenden Vorurteile zu heiligen.«[72]

Wenn intuitive Gewissheiten nicht existieren und Urteile a priori nicht möglich sind, so bleibt nur die Erfahrung als Erkenntnisquelle. Alles Wissen stammt ursprünglich aus sinnlichem Erleben. Und nur aus solchen Erfahrungen ziehen wir Schlüsse, nicht aus Gesetzen, die wir durch Nachdenken in uns auffinden. Auf dieser Grundlage entwirft Mill eine Logik, die uns an späterer Stelle noch ausführlich beschäftigen wird. Für seine politischen Absichten interessiert hier nur der letzte Teil des Buchs *A System of Logic* mit dem Titel: »On the Logic of the Moral Sciences«.

Nach welcher Logik funktionieren die »Geisteswissenschaften« – ein Wort, das durch die Übersetzung von Mills *moral sciences* in Deutschland Karriere macht? Nun, zunächst einmal nicht anders als die Naturwissenschaften, denn der Mensch ist ja auch ein Stück Natur. Wie Comte möchte Mill die Wissenschaften des Geistes als Naturwissenschaften sehen. Und deren wichtigste Erkenntnismethode ist die *Induktion* – der Schluss vom Besonderen aufs Allgemeine. Doch anders als Comte hält sich Mill nicht an die Biologie. Wichtiger ist ihm die allgemeine wissenschaftliche Methodik.

Das zentrale Problem, das er für die Geisteswissenschaften lösen muss, ist die Frage nach der Willensfreiheit. Denn unterscheidet sich der Mensch nicht dadurch von aller anderen Natur, dass er über einen freien Willen verfügt? Und wie sollen die Methoden der Naturwissenschaft auf den Menschen angewendet werden, wenn dieser frei handelt und nicht nach festgeleg-

Geisteswissenschaft – Induktion
v. Bes auf All

ten Naturgesetzen? Die Frage geht bis in die Antike zurück. Und wie Schopenhauer knüpft Mill vor allem bei Hume an. Der bedeutendste britische Philosoph der Aufklärung hatte die Willensfreiheit bestritten. In einer Welt, in der sich der Mensch die Dinge nicht anders erklären kann als nach dem Kausalschema von »Ursache« und »Wirkung«, ist Freiheit nicht erfahrbar. Was mich als Mensch antreibt, ist ein Motiv, das aus einem anderen Motiv folgt. Meine ganze Psychologie besteht aus einer Kette von solchen auseinander hervorgehenden Motiven. Entscheidend für mein Handeln ist immer der stärkste Wunsch. Schopenhauer hatte daraus gefolgert, dass der Wille eine dunkle metaphysische Kraft ist, eine mysteriöse Naturnotwendigkeit: Ich kann nicht wollen, was ich will.

Mill hingegen folgert aus Hume etwas ganz anderes. Wenn jedes Motiv, jede Handlung nur die Folge vorausgehender Motive und Handlungen ist, dann kommt es darauf an, die Umstände, die Menschen dazu antreiben, bestimmte Handlungen zu begehen, so gut wie möglich zu erforschen. Der Wille mag in Humes Definition nicht frei sein. Aber das heißt nicht, dass man die Abfolge von Motiven nicht gleichwohl beeinflussen kann. Ein Kind, das viel Liebe bekommt, wird sich in vielerlei Hinsicht anders verhalten als eines, das wenig bekommt, auch wenn beide ihre Handlungsmotive auf vorangegangenen Handlungsmotiven aufbauen.

Die Unfreiheit des Willens und die Möglichkeit psychisch bedingter Verhaltensänderungen schließen sich nicht aus – das ist Mills Beitrag zum Willensproblem. Das Schwierige ist nur, dass die menschliche Psyche unüberschaubar komplex ist. Und um wie viel komplizierter noch ist die Gesellschaft, die aus Millionen solcher unergründlichen Psychen besteht? Mit Comte sieht Mill die Geistes- und Sozialwissenschaften deshalb als die schwierigsten aller Naturwissenschaften an. Schon die Astronomie und die Meteorologie leiden darunter, dass sie es mit so zahlreichen Daten zu tun haben, dass völlig sichere Vorhersagen kaum möglich sind. Und genauso schwer zu berechnen ist die Gesellschaft. Viele soziale Vorgänge und Entwicklungen erscheinen oft ähnlich unsicher vorherzusagen wie das Wetter.

Was also kann der *moral scientist* konkret tun? Nun, er muss zum einen *Ethologie* betreiben, die Wissenschaft von der Erforschung der Charaktere und ihres Verhaltens. Was früher »Anthropologie« hieß und was in Mills Zeit mehr und mehr »Psychologie« genannt wird, muss zur exakten Wissenschaft werden. Der Begriff *psychology* ist auf der Insel in den 1830er-Jahren in Mode gekommen. Der einflussreiche schottische Philosoph *William Hamilton* (1788–1856) hat ihn populär gemacht. Auf der Psychologie aufbauend, soll die Ethologie sich zur *politischen Ethologie* entwickeln; zu einer Wissenschaft, die das Verhalten von Menschen in Gemeinschaften und in Staaten so exakt wie möglich erforscht. Allerdings ist klar, dass der *moral scientist* nicht streng induktiv vorgehen kann. Dafür müsste er Experimente zum Verhalten von Gruppen und Gemeinschaften machen (wie es die Psychologie heute in großem Stil tut). Doch solche Experimente scheinen Mill in seiner Zeit kaum möglich zu sein, erst recht nicht, wenn es um Politik geht. Deshalb bekommt auch die *Deduktion* ihren Platz, die schrittweise Ableitung vom Allgemeinen aufs Besondere. Und während die Induktion dabei hilft, *Verhaltensmuster* festzustellen, klärt die Deduktion die *Ursachen* des Verhaltens auf.

Insgesamt unterscheidet Mill für den *moral scientist* vier Methoden: die chemische, die geometrische, die physikalische und die historische. Die beiden ersten sind ziemlich untauglich und führen entweder zu keinen oder zu falschen Schlussfolgerungen. Wer Menschen wie ein Chemiker betrachtet, bleibt am Ende bei lauter Einzelbeobachtungen stehen. Er entdeckt ein Gemisch an Motiven und Handlungen, aber er kann keine weitreichenden Erkenntnisse daraus gewinnen. Denn ein Chemiker zieht eben keine höheren Schlüsse aus Beobachtungen. Die Ebene, die er beobachtet, ist zugleich die Ebene seiner Erklärungen. Alles ist und bleibt Empirie. Ganz anders der Geometer. Er beginnt mit einer Definition und leitet alles andere daraus ab. Als Mill das schreibt, denkt er an den Essay, den sein Vater über die Regierung geschrieben hat. Wie Bentham hatte James Mill den Menschen als einen Egoisten definiert, der stets das will und tut, das ihm nützt. Alle weiteren Schlussfolgerungen über die richtige Politik fußten auf dieser Definition. Aber wer sagt, dass sie richtig ist? Der Geometer beweist am Ende nur, was er schon vorher weiß. Für eine neue Sozialwissenschaft ist diese Methode untauglich, weil viel zu voreingenommen.

Bleiben die dritte und die vierte Methode. Anders als der Geometer kennt der Physiker – Mill denkt vor allem an den Astronomen – verschiedene Kräfte, die auch gegeneinander arbeiten können. Ein solches Bild ist der menschlichen Psyche viel ähnlicher als jede eindeutige Definition dessen, was den Menschen antreiben soll. Herbart, den Mill nicht gelesen hat, lässt grüßen. Doch der Astronom, wie Mill ihn sieht, kennt zumeist die Ursachen und erforscht deren Wirkungen. Der *moral scientist* hingegen hat es fast immer mit den Wirkungen zu tun, deren Ursachen er erforschen muss. Warum verhalten sich Menschen in bestimmten Situationen so, wie sie es tun? Was sind die verborgenen Verhaltensmuster und Gesetzmäßigkeiten? Denn genau die muss ich kennen, wenn ich die Gesellschaft zum Besseren wenden will. Die Antworten darauf liefert eigentlich nur die vierte Methode. Sie muss »historisch« vorgehen, um aus dem Verhalten der Menschen auf ihre Beweggründe zu schließen. So hatte das auch Comte gesehen. Und wie der Franzose träumt Mill davon, die Gesetzmäßigkeiten menschlichen Verhaltens so exakt zu bestimmen, dass sich darauf eine möglichst optimale Gesellschaftsordnung aufbauen lässt.

Verwirklicht hat Mill sein Forschungsprogramm nicht. Der unbeirrbare Furor und das Sendungsbewusstsein des von sich selbst beseelten Comte sind ihm fremd. Und für eine umfassende Ethologie fehlt ihm neben seinem Brotberuf bei der Ostindien-Kompanie die Zeit. Die Zeitläufte drängen ihn, die wichtigen wirtschaftlichen und gesellschaftlichen Fragen möglichst rasch zu beantworten und nicht zuerst jede Regung des menschlichen Charakters empirisch zu ergründen. Während der von jeglicher praktischen Politik ausgeschlossene Comte sein positivistisches Märchenschloss errichtet, Philosophen am Schreibtisch zu Priestern ernennt und Kirchen zu Menschheitstempeln umweiht, mischt sich Mill mit ganz praktischen Vorschlägen ins Tagesgeschehen ein. Und er schreibt, tatkräftig unterstützt von Harriet Taylor, ein theoretisch kluges Buch mit handfesten Vorschlägen: *Principles of Political Economy* (*Grundsätze der politischen Ökonomie*).

Politische Ökonomie

Im Jahr 1836, auf der Suche nach der richtigen Umsetzung des Utilitarismus irgendwo zwischen Comte und Tocqueville, verfasst Mill einen kleinen Essay: *Definition and Method of Political Economy* (Definition und Methode der politischen Ökonomie). *Political economy* – fast nebenbei prägt das Wunderkind der angelsächsischen Philosophie damit einen weiteren Begriff mit großer Karriere neben *moral science*. Politik und Wirtschaft sollen (anders als in den Wissenschaften heute allgemein üblich) nicht getrennt voneinander, sondern stets aufeinander bezogen gedacht werden. Denn was gute oder schlechte Wirtschaftspolitik ist, entscheiden nicht die empirisch arbeitenden Ökonomen. Gute oder schlechte Wirtschaftspolitik bemisst sich an ihren *Zielen*. Sie hängt nicht nur von der Frage ab, wie ich die Produktivität erhöhe oder Güter verteile. Sie ist abhängig von dem, was ich für *gerecht* halte und warum. Sie wirft grundsätzliche Fragen nach den Möglichkeiten und Grenzen der Freiheit und den Möglichkeiten und Grenzen der Gleichheit auf. Kurz gesagt: Alle großen ökonomischen Fragen sind nicht einfach ökonomische Fragen.

Sie sind ebenso psychologische Fragen, kulturelle Fragen und in erster Linie philosophische Fragen!

Genau diesem Pfad folgt Mill 1848 in seinen *Grundsätzen*. Anders als sein Vater und Bentham hütet er sich davor, das, was der Mensch von Natur aus sein soll, genau festzulegen. Dass der Mensch ein Egoist sei, wie Bentham meint, ist für ihn nur eine Seite der Medaille. Immerhin streben nicht alle Menschen nur nach Reichtum. Viele genießen ebenso den Müßiggang und lieben die Verschwendung und den Genuss, nicht zuletzt den an geistiger Nahrung. Menschen streben nicht nach einem, sondern nach vielem. Und zu ihren stärksten Bedürfnissen gehören unzweifelhaft die *Freiheit* und die *Macht*. Freiheit brauche ich, um tun und lassen zu können, was ich will. Und Macht brauche ich, um die Welt nach meinen eigenen Vorstellungen zu gestalten. Wenn ihre Freiheit bedroht ist, sind Menschen oft dazu bereit, auch materielle Opfer zu bringen; ein sicherer Beweis dafür, dass das Streben nach Reichtum nicht über allem anderen steht. Und wenn die Fabrikbesitzer und Finanzjongleure in Mills Zeit sich nichts gönnen und alles Kapital sofort wieder neu investieren, versagen sie sich dann nicht ihre Lust nach Genuss und handeln somit gegen einen Teil ihrer Natur?

Die Tradition, den Menschen als geborenen Händler, als *homo mercatorius* zu sehen, wie es in England seit dem 17. Jahrhundert üblich ist, greift für Mill zu kurz. Das Menschenbild von Locke und Smith bedarf dringend einer Korrektur. So sehr er Smith im Vorwort seines Buchs als Vorbild rühmt, für so notwendig hält er es, die Vorstellungen des großen Nationalökonomen durch die »erweiterten Kenntnisse und fortgeschrittenen Ideen der Jetztzeit« umzuschreiben. Die Volkswirtschaft müsse »gewissermaßen aus ihrer Kindheit aufwachen« und sich dem neuen Stand der Dinge in den *moral sciences* anpassen.[73]

Die »besten socialen Ideen der Gegenwart« sind für Mill nicht mehr die gleichen wie zu Smiths Zeit Ende des 18. Jahrhunderts. Und die Logik, nach der Arbeit und Wohlstand in einer Gesellschaft verteilt sind, darf nicht der Ökonomie allein überlassen bleiben. Was für Smith die »unsichtbare Hand« des Marktes ist, ist für Mill immer auch die sichtbare Hand des Staates. Smith hatte auch nicht zwischen den *Gesetzen der Produktion* und den *Gesetzen der Verteilung* unterschieden. Wenn effektives Produzieren dazu führt, dass der Wohlstand höchst ungleich verteilt ist, dann ist das halt so. Für Mill hingegen ist nicht einzusehen, warum Smith die Verteilungsfrage allein der Wirtschaft überlässt und nicht den Staat zur Hilfe ruft. Während er, ebenso wie Smith, der Freiheit des Unternehmers kaum Grenzen setzen will, um möglichst effektiv zu produzieren, so sorgt er sich doch sehr darum, dass jeder Arbeiter seinen angemessenen Betrag vom Wohlstand abbekommt.

Mit Malthus stimmt Mill darin überein, dass die Überbevölkerung eine ernste Gefahr darstellt, weil »eine größere Zahl Menschen nicht so gut versorgt werden« kann »als eine kleinere Zahl«.[74] Nur belegt diese Befürchtung nicht, dass man Wohlstand höchst ungerecht verteilen müsse, damit hinreichend viele Arme sterben. Ebenso widerspricht Mill Godwin, der meinte, das beste Mittel gegen Überbevölkerung wäre die gerechte Verteilung des Wohlstands. Die Überbevölkerung ist für Mill immer ein Problem, auch wenn »alle Mittel der Production von der Gesammtheit der Einwohner als gemeinschaftliches Eigenthum besessen und der Ertrag mit vollkommener Gleichheit unter sie vertheilt« würde.[75]

Dass eine gute Verteilung des Wohlstands dazu führt, dass die Geburtenrate sinkt, wie Godwin annahm und das 20. Jahrhundert in Europa eindrucksvoll beweisen wird, liegt für Mill außer Sicht. Für ihn hängt der Wohlstand der vielen davon ab, dass sich die Bevölkerung nicht zu schnell vermehrt. Dass umgekehrt die Vermehrung der Menschen vom Wohlstand abhängt, ahnt er nicht. Und weil er an diesem wichtigen Punkt irrt, bleibt ihm nichts anderes, als Mittel gegen das Bevölkerungswachstum ins Feld zu führen, von denen er selbst nicht überzeugt ist: eine verstärkte Getreidezufuhr aus dem Ausland und eine staatlich geregelte Auswanderungsquote.

Was die Gesetze der Produktion anbelangt, so steht Mill auf den Schultern seiner berühmten Vorgänger Smith und Ricardo. Mit ihnen sieht er Boden, Arbeit und Kapital als die drei entscheidenden Faktoren. Er beschreibt die Vorteile der Arbeitsteilung und die Notwendigkeit, Kapital zu vermehren. Allerdings erkennt er nach Owens Erfahrungen in New Lanark auch die Psychologie der Arbeitsmotivation als entscheidenden Produktionsfaktor. Mill ist hin- und hergerissen zwischen seinem Wunsch, die englischen Arbeiter zu bilden, und seinen Befürchtungen, der Gedanke einer »Gleichheit« aller Menschen könne sie faul und rebellisch machen. Mit ebenso gemischten Gefühlen beurteilt er den Freihandel, für den Smith und Ricardo so leidenschaftlich kämpften. Ist es *immer* vorteilhaft, alles einem nicht regulierten internationalen Markt zu überlassen? Anders als seine Vorgänger erkennt Mill darin kein Naturgesetz und keine zwingende Logik. Braucht man nicht doch Schutzzölle, um in einigen Bereichen die heimische Wirtschaft so stark werden zu lassen, dass sie konkurrenzfähig ist?

Selbst die effiziente Nutzung des Bodens lässt den Grübler nicht ohne Bedenken. Sein Einwand im vierten Band der *Grundsätze* gehört neben Fourier zur frühesten ökologischen Kritik am Kapitalismus: »Es liegt auch nicht viel Befriedigendes darin, wenn man sich die Welt so denkt, daß für die freie Thätigkeit der Natur nichts übrig bliebe, daß jeder Streifen Landes, welcher fähig ist, Nahrungsmittel für menschliche Wesen hervorzubringen, auch in Kultur genommen sei, dass jedes blumige Feld und jeder natürliche Wiesengrund beackert werde, daß alle Thiere, welche sich nicht zum Nutzen der Menschen zähmen lassen, als seine Rivalen in Bezug auf Ernährung vertilgt, jede Baumhecke oder jeder überflüssige Baum ausgerottet würde und daß kaum ein Platz übrig sei, wo ein wilder Strauch oder eine Blume wachsen könnte, ohne sofort im Namen einer vervollkommneten Landwirthschaft als Unkraut ausgerissen zu werden. Wenn die Erde jenen großen Bestandtheil ihrer Lieblichkeit verlieren müsste, den sie jetzt Dingen verdankt, welche die unbegränzte Vermehrung des Vermögens und der Bevölkerung ihr entziehen würde, lediglich zu dem Zwecke, um eine zahlreichere, aber nicht eine bessere oder eine glücklichere Bevölkerung ernähren zu können, so hoffe ich von ganzem Herzen im Interesse der Nachwelt, daß man schon viel früher, als die Nothwendigkeit dazu treibt, mit einem stationären Zustande sich zufriedengeben wird.«[76]

Der »stationäre Zustand« ist Mills eigene Erfindung. Selbstverständlich muss die Wirtschaft wachsen, um mehr Wohlstand zu produzieren, der anschließend gerecht verteilt wird. Aber sie darf nicht *unbegrenzt* wachsen, ansonsten vernichtet sie alle Natur. Dem kapitalistischen Wirtschaften muss deshalb eine innere Grenze eingebaut sein. Und zwar nicht nur aus ökologischen, sondern auch aus psychologischen Gründen: »Ich sehe nicht ein, weshalb es eine Veranlassung zur Beglückwünschung abgeben sollte, daß Personen, die bereits reicher sind als es für irgend jemand nötig ist, ihre Mittel verdoppelt haben, um Dinge zu verbrauchen, welche wenig oder gar keine Freude gewähren, es sei denn als eine Schaustellung des Reichthums.«[77]

Doch wie soll es zur Einsicht in die Grenzen des Wohlstands und die Grenzen der Ausbeutung der Natur kommen? Jegliche Form von Revolution ist Mill fremd. Auch dann, wenn er das Thema benennt, das die Industriegesellschaften des 21. Jahrhunderts in immer größerer Dringlichkeit beschäftigt: Wie erreiche ich einen »stationären Zustand«, wenn alles kapitalistische Wirtschaften systembedingt auf Wachstum ausgerichtet ist? Wie könnte die heute sogenannte Postwachstumsgesellschaft aussehen und funktionieren? Und wie kommt man dorthin? Mill selbst fällt nichts ein, außer auf »Klugheit und Mäßigung« zu setzen. Doch was, wenn das Wachstum ein Systemzwang ist und nicht schlichtweg die Folge maßloser Wünsche einzelner Profiteure?

In der Mitte des 19. Jahrhunderts stellt Mill die richtigen Fragen. Aber er tut sich schwer mit den Antworten. Das gilt auch für die Frage nach dem Eigentum und einer gerechten Verteilung. Es gibt hier nicht *den* John Stuart Mill, sondern nur einen Suchenden. Unter dem Einfluss von Harriet Taylor hat Mill seine *Grundsätze* zweimal stark umgearbeitet und dem Sozialismus von Auflage zu Auflage mehr Stellenwert eingeräumt. In fortgeschrittenem Alter hingegen wird er wieder stärker davon abrücken. Für Mill kommt Eigentum dem Menschen nicht zu, weil er einen naturrechtlichen Anspruch darauf hat. In diesem Punkt widerspricht er Locke, Smith und Ricardo ganz energisch. Eigentum zu besitzen ist deshalb gut und richtig, weil es *nützlich* ist. Dass ein Fabrikant seine Maschinen als Eigentum besitzt, ist deshalb gerechtfertigt, weil er so möglichst effizient produzieren kann. Ungleiche Eigentumsverteilung ist deshalb nicht grundsätzlich falsch. In dieser Hinsicht ist er Fourier nahe, dem er neben unrealistischen Erwartungen auch »unverwechselbare Nachweise von Genialität« bescheinigt.[78] Überdies sollte sich niemand der Illusion hingeben, dass bei völlig gleicher Verteilung des Eigentums alles geregelt sei. In kürzester Zeit würden sich die Menschen wechselseitig austricksen und die Gleichverteilung damit auflösen. Um eine gleiche Verteilung des Eigentums sinnvoll einzurichten, müssen erst die Lebensumstände verändert und die Bildung vorangetrieben werden. Hier ist Mill nahe bei Godwin und bei Owen. Der Sozialismus ist und bleibt ein schönes Ziel, aber ohne die schrittweise Entwicklung der Menschen zu mehr Gemeinsinn, Bildung und Kultur ist er nicht möglich.

Aus diesem Grund sieht Mill zu seiner Zeit keine Alternative zum Kapitalismus. Was nicht heißen soll, dass die Zukunft nicht das Tor zum Besseren öffnet. Vielleicht wird die Ökonomie irgendwann tatsächlich eine Gemeinwohlökonomie sein? Vielleicht sind Godwins und Fouriers Genossenschaften tatsächlich besser und sogar effizienter als die Industrieproduktion zu Mills Zeit? Gerechter wären sie allemal. Aber ist eine Wirtschaft ohne echten Wettbewerb vorstellbar? Wie sichert man die Kompetition unter den Genossenschaften? Und wie verhindert man, wie in Fouriers Fantasien und den Heilsplänen der Saint-Simonisten, die Diktatur eines Beglückungssystems, das dem Menschen die individuelle Freiheit nimmt?

So viele richtige Fragen – so viele gute Überlegungen! Wie so viele kluge Philosophen vor ihm gleicht Mill einem Schachspieler, der mit sich selbst spielt und bei dem stets Schwarz gewinnt. Keine gute Idee ohne einen mindestens ebenso guten Einwand! In seiner Not entscheidet er sich fast immer für eine moderate Zwischenposition. Das Erbrecht abzuschaffen, wie die Saint-Simonisten fordern, ist richtig. Aber seinen Kindern gar nichts hinterlassen zu dürfen ist auch falsch, weil es die Motivation zügelt. Die Arbeiter besser zu bezahlen ist richtig. Sie deswegen alle gleich zu bezahlen ist falsch, weil die Faulen dann ebenso viel erhalten wie die Tüchtigen. Ein »Grundeinkommen« für jeden zu zahlen, wie Spence und Fourier fordern, ist richtig – allerdings nur eine minimale Grundsicherung für die Ärmsten. Wie Owen lehnt Mill die Kinderarbeit ab, verbietet sie aber nicht völlig.

In seinem Bemühen, die Früchte des ökonomischen Erfolgs gerechter zu verteilen, gilt Mill seinen englischen Zeitgenossen als »Radikaler« und als »Sozialist«. Er selbst ist sich Zeit seines Lebens nicht sicher, ob irgendeine dieser Etiketten für ihn gilt. Immerhin sieht er den Kapitalismus auf längere Sicht ohne praktikable Alternative und schwört auf die segensreichen Auswirkungen von Wettbewerb und Konkurrenz. Mills Staat ist weder der uneingeschränkte Organisator von allem, wie bei Saint-Simon, noch soll er irgendwann absterben, wie bei Godwin und Fourier.

Kein Wunder, dass der politische Ökonom trotz aller kühnen Reformideen schnell den Verdruss eines jungen Mannes erregt, der kurz nach der Veröffentlichung der *Grundsätze* nach London zieht. Für den deutschen Emigranten ist Mill ein »bürgerlicher Ökonom«, ein Mann von gestern. Was Mill für *den* Menschen und seine Bedürfnisse halte, sei doch in Wahrheit nur eine

Frage von Lebensumständen. Und statt in Klassen und geschichtlichen Prozessen zu denken, halte der bürgerliche Ökonom seine Gesellschaft für *die* Gesellschaft und die Bedürfnisse der Engländer seiner Zeit für *die* Bedürfnisse des Menschen. Was demgegenüber tatsächlich von der Zukunft zu erwarten sei, hat der junge Deutsche zeitgleich mit Mills Buch in einer kurzen Kampfschrift so kompromisslos wie unmissverständlich dargelegt. Die Rede ist vom *Kommunistischen Manifest* und von *Karl Marx* (1818–1883).

Der einzig wahre Kommunismus

Die Geschichte geht weiter – Feuerbach – Berlin/Köln/
Paris – Die Welthauptstadt des Sozialismus – Es kömmt
drauf an, sie zu *verändern*! – Jäger, Fischer, Hirten, Kritiker –
1848: Das Jahr der Gespenster

Die Geschichte geht weiter

Im März 1818 vollendete Schopenhauer in seinem Dresdner Hotelzimmer sein Manuskript *Die Welt als Wille und Vorstellung*; ein Manifest des unfreien Willens und des welthistorischen Pessimismus. Zwei Monate später, am 5. Mai 1818, wird sechshundert Kilometer entfernt im Westen des deutschen Flickenteppichs, im beschaulichen Trier, ein Mann geboren, der die Welt durch seinen Willen und seine Vorstellungskraft auf eine Weise verändern sollte, wie kein anderer Philosoph seit Platon – Karl Marx. Und seine Philosophie wird eine des welthistorischen Optimismus sein und des Glaubens daran, dass die Welt durch den freien

Marx

Willen der Tatkräftigen jederzeit umgestalten werden kann. Zwar ist auch bei Marx der Mensch Teil eines Natur- und Weltgeschehens, das wie eine eiserne Maschinerie den Weltenlauf vorantreibt und alles mitreißt. Aber die dynamische Maschine der Weltgeschichte wird nicht von einem dunklen Willen, sondern von Menschen gesteuert.

Die Stadt Trier, in welcher der einflussreichste Denker der Neuzeit geboren wird, ist eigentlich nur ein größeres Dorf; ein Städtchen mit zwölftausend Einwohnern. Marx stammt aus einer alten Rabbinerfamilie, der Vater konvertiert kurz vor Karls Geburt zum Christentum. Nur dadurch kann er als Jurist im preußischen Staatsdienst arbeiten. Sein später so berühmter Sohn ist der einzige Junge im Haus unter mehreren Mädchen. Materiell abgesichert und mit viel Aufmerksamkeit bedacht, ist er mit Abstand der Jüngste seiner Klasse auf dem Gymnasium. Als geistigen Mentor sucht er sich den Vater der Freundin einer seiner Schwestern: *Ludwig von Westphalen* (1770–1842). Der adelige Herr, Vorsteher der Trierer Anwaltschaft, ist weitaus politischer als Marx' Vater. Wo dieser sich bedeckt hält, schwärmt von Westphalen dem jungen Marx von Saint-Simon vor. Doch der Mentor weckt nicht nur Karls Interesse für Politik und revolutionäre Ideen. Schon früh wird der unbändige Ehrgeiz des jungen Mannes sichtbar, in dieser Welt des Umbruchs und der Utopien selbst eine große Rolle zu spielen. Doch welche könnte das sein?

Auf Wunsch seines Vaters geht Marx nach dem Abitur nach Bonn. Ziemlich lieblos studiert er dort zwei Semester Jura. Interessanter sind für ihn die Vorlesungen, die der inzwischen fast siebzigjährige *August Wilhelm Schlegel* (1767–1845) anbietet. Der in seiner Jugend gefeierte Romantiker bekleidet inzwischen einen Lehrstuhl für »Indologie« an der Universität und betreibt Vergleichende Literaturwissenschaften und Philologie. Gleichwohl hält Marx nichts, als er die Chance bekommt, im Herbst 1836 nach Berlin, in die rasant aufstrebende Großstadt Deutschlands zu ziehen. In Bonn lässt sich nach Marx' Einschätzung nichts Bedeutendes werden, aber in Berlin ist er am richtigen Ort. Die Universität, 1809 auf Betreiben Wilhelm von Humboldts gegründet, ist inzwischen die bedeutendste im deutschen Sprachraum. Bei den Juristen glänzt *Friedrich Carl von Savigny* (1779–1861) als weithin angesehene Kapazität. Kriminalrecht und Preußisches Landrecht studiert Marx bei *Eduard Gans* (1797–1839), einem Schüler des wenige Jahre zuvor in Berlin gestorbenen geistigen Übervaters Hegel. Als Marx in die preußische Hauptstadt kommt, ist der große Philosoph in aller Munde. Eine stattliche Schar von Schülern besetzt die Lehrstühle. Und sie verteidigt, ganz im Sinne ihres Meisters, den preußischen Staat als Ideal; als eine Gesellschaft, in der der Geist des Menschen, in den richtigen Institutionen repräsentiert, zu sich selbst gekommen sei. »Das Ende der Geschichte« sei damit erreicht.

Doch die Geschichte steht nicht still, sie kocht und brodelt selbst in Berlin. Die Zeichen der Zeit stehen nicht nur in Frankreich und England auf Umbruch, Dynamik und Wandel. Auch Preußen ist inzwischen von der Industrialisierung erfasst, der wirtschaftliche Umbruch spürbar. Die Burschenschaftler reagieren auf den neuen Zeitgeist und fordern ein geeintes Deutschland. Das Wort »Revolution« wird vom einen zum anderen geflüstert. Anders als die sogenannten Rechtshegelianer, die den Status quo verteidigen, erkennt auch Marx' Lehrer Gans großen gesellschaftlichen Veränderungsbedarf. Er sieht, dass noch immer drei Viertel der Menschen in Preußen von den Segnungen des Wohlstands nahezu ausgeschlossen sind. Er moniert, dass die Politik nur wenigen nützt und dass von einer Teilhabe des Volkes nicht wirklich die Rede sein kann. Und er klagt darüber, dass der Obrigkeitsstaat seine kritischen Bürger mit Zensur und Verhaftungen drangsaliert. All das kann für Gans nicht das »Ende der Geschichte« sein. Anders als Hegel, sieht sein Schüler in der französischen Julirevolution des Jahres 1830 kein Ärgernis, sondern den weiteren Fortschritt der Geschichte hin zu mehr Freiheit. Zwar träumt er nicht wie die Burschenschaftler von »Demokratie« und einer »Republik«. Als treuer Staatsdiener hält Gans an der konstitutionellen Monarchie fest. Aber er hofft fest auf ein Abschmelzen der Nationalstaaten. Sein Ideal ist ein liberales, soziales und geeintes Europa.

Radikal sind nicht so sehr Gans' politische Ansichten, sondern vor allem seine ökonomischen. »Wenn man den Menschen wie ein Tier exploitiert«, so schreibt er, sei das nicht Freiheit, sondern »Sklaverei«.[79] Und als geeignetes Mittel gegen die Ausbeutung empfiehlt er, viel konsequenter als Hegel, der von »Korporationen« träumte, die »Vergesellschaftung«. Der junge Marx hört genau hin, wenn Gans gegen die Ausbeutung wettert, ein für ihn prägendes Erlebnis. Doch er ist noch keine zwei Jahre in Berlin, da erleidet der bewunderte Lehrer einen Schlaganfall, an dessen Folgen er stirbt.

Wichtig für Marx' intellektuellen Werdegang wird nun der junge Theologie-Dozent *Bruno Bauer* (1809–1882). Als Rechtshegelianer gestartet, schließt er sich rasch den Ansichten des Evangelienkritikers *David Friedrich Strauß* (1808–1874) an, den er eigentlich bekämpfen soll. Strauß hat in Tübingen die Quellen unter die Lupe genommen, die vom Leben Jesu berichten. Sein Ergebnis, *Das Leben Jesu, kritisch bearbeitet* (1835), sorgt in der Theologie für ein Beben. Alles, was wir über den historischen Jesus wissen, sei eigentlich nichts. Für Strauß ist der Mann aus Nazareth ein »Mythos«. Denn was auch immer sich die Christen unter »Christus« vorstellten – mit einer wahrhaft historischen Person habe dies nichts zu tun.

Bauer ist sofort überzeugt. Gemeinsam mit anderen Linkshegelianern bildet er einen Kreis von gleichaltrigen Kritikern, zu dem auch der neun Jahre jüngere Marx stößt. Eilig erwirbt er die gründlichen Hegel-Kenntnisse, die es braucht, um im Zirkel mitzudiskutieren. Und er nimmt Quartier in genau jener Gastwirtschaft auf der Halbinsel Stralau, wo der »Doktorklub« um Bauer sich im Sommer versammelt. In der Stadt trifft man die Freigeister in einem Café in der Französischen Straße, und auch hier ist

Marx dabei. Noch gehört er nicht zu den Wortführern. Wenn die »Doktoren« über den weiteren Fortschritt der Weltgeschichte nach Hegel und über Hegel hinaus diskutieren, so geben die Älteren den Ton an. Und der, dessen Gedanken ganz besonders eifrig diskutiert werden, ist gar nicht anwesend, sondern lebt weit entfernt als Privatier im fränkischen Bruckberg.

Feuerbach

Die Chancen für *Ludwig Feuerbach* (1804–1872), eine große Karriere zu machen, standen ausgesprochen gut. Er war der Sohn eines berühmten Juristen, einem der Begründer des modernen Strafrechts. Und er wuchs mit seinen vier Brüdern und drei Schwestern in einem hochinspirierenden bildungsbürgerlichen Umfeld auf. Feuerbachs ältester Bruder Anselm wird Professor für Altphilologie und Archäologie und ist der Vater des gleichnamigen Malers. Bruder Karl promoviert schon mit zweiundzwanzig Jahren in Mathematik und beweist den im deutschsprachigen Raum nach ihm benannten Feuerbachkreis im Dreieck. Bruder Eduard wird Rechtsprofessor in München und Erlangen und Ludwigs jüngerer Bruder Friedrich Philologe.

Ludwig verbringt seine Kindheit in München, Bamberg und Ansbach. Er ist ein äußerst braves, stilles und fleißiges Kind. Auffällig ist nur seine Frömmigkeit, die nicht recht in die protestantische, aber ausgesprochen weltlich orientierte Familie passt. In der Pubertät lernt er Hebräisch bei einem Rabbiner, um später Theologe werden zu können. Doch Feuerbachs Religiosität verhindert nicht, dass er schon früh mit all den liberalen und kritischen Bewegungen sympathisiert, die das »leidende Vaterland, das im Spital liegt«, heilen sollen.[80] Angeregt dazu haben ihn seine drei älteren Brüder, die allesamt in Burschenschaften aktiv sind und für ein neues Deutschland streiten: eine einige und freiheitliche Republik. Alle drei geraten sie nach den Karlsbader Beschlüssen

„Ich denke, also bin ich alle Menschen"

mit der Obrigkeit in Konflikt, angeklagt wegen Hochverrats. Nur die joviale Haltung des bayerischen Königs verhindert drastische Haftstrafen.

Im Frühjahr 1823 beginnt Feuerbach in Heidelberg sein Studium der protestantischen Theologie, ausgestattet mit einem königlichen Stipendium. Doch nicht Heinrich Eberhard Gottlob Paulus, ein Freund des Vaters und liberaler Gesinnungsgenosse, sondern der konservative Carl Daub fasziniert ihn. Daub ist ein Freund Hegels und ein guter Kenner von dessen Philosophie. Feuerbach erkennt schnell die gewichtige Bedeutung des berühmtesten deutschen Philosophen. Nur zwei Semester hält es ihn in Heidelberg, dann geht er nach Berlin, um den großen Meister persönlich zu hören. Nun studiert er Philosophie, inhaliert Hegels Vorlesungen und erntet dessen Lob.

Doch Feuerbach muss nach Bayern zurück, um dort seinen Abschluss zu machen. Unwillig zieht er 1826 nach Ansbach und weiter nach Erlangen und studiert Anatomie. Intensiver noch beschäftigt er sich mit der antiken Philosophie. 1828 erlangt er den Doktorgrad mit einer Arbeit über *Die Unendlichkeit, Einheit und Allgemeinheit der Vernunft*. Noch befindet sich der junge Philosoph im Fahrwasser Hegels. In der Vernunft erkennt er etwas, was größer ist als der einzelne Mensch, aber etwas, das alle Menschen gleichzeitig miteinander verbindet: »Ich denke, also bin ich alle Menschen.«[81] Allerdings geht Feuerbach in einem wichtigen Punkt über Hegel hinaus. Denn seit die Ära der Alleinherrschaft der Vernunft angebrochen sei – und das ist nach Hegel nun im frühen 19. Jahrhundert der Fall –, habe »eine neue Geschichte« begonnen. Wo Hegel das ewige Ende sieht, sieht der ehrgeizige junge Denker in Erlangen einen gewaltigen Aufbruch.

Mit fünfundzwanzig unterrichtet Feuerbach als Privatdozent an der Erlangener Universität, jener Hochschule, an der auch Fichte und vor allem Schelling lehrten. Doch mit den berühmten Vorgängern kann er wenig anfangen. Die idealistische Subjektphilosophie mit ihrem Ausgangspunkt beim »Ich« und beim

»Selbst« lehnt er ab. Seine Philosophie strebt nach etwas, was größer ist als der Mensch; ein tiefes Begehren, das ihn einst hatte so fromm werden lassen. Gerade deshalb verehrt Feuerbach Hegel, dessen Gedankengebäude er erweitern will. So etwa beschäftigt er sich mit der von Hegel abgelehnten Psychologie. Und er baut seine naturwissenschaftlichen Kenntnisse ein – ein Gebiet, von dem Hegel ebenfalls nicht viel hielt.

Abtrünnig gegenüber Hegel wird Feuerbach aber nicht durch seine Erweiterungen, sondern durch die Politik. Im Juli 1830 hatten Bürger in Paris erneut Barrikaden errichtet und gegen die Obrigkeit aufbegehrt. Die Geschichte geht, sehr zu Hegels Leidwesen, tatsächlich weiter. Auch Deutschland wird von der revolutionären Welle erfasst. Soll jetzt endlich klappen, wovon nicht nur die Studenten träumen, die Burschenschaftler und Gesellenvereine? Auch einige Kleinbürger und Pastoren, Bauern und Handwerksmeister ersehnen das Ende der Fürstenwillkür und eine geeinte Republik. Manche rufen sogar zur Revolution der Besitzverhältnisse auf, wie der junge Medizinstudent Georg Büchner in seinem »Hessischen Landboten«. Und überall finden politische Kundgebungen statt mit dem Höhepunkt des Hambacher Fests am 27. Mai 1832.

Auch Feuerbach ist entzündet. Pünktlich zur Julirevolution in Frankreich hat er ein Buch herausgebracht mit dem langen Titel: *Gedanken über Tod und Unsterblichkeit aus den Papieren eines Denkers, nebst einem Anhang theologisch-satirischer Xenien.* Die Schrift ist seine persönliche Befreiung von der eigenen Frömmigkeit. Feuerbach tritt aus sich heraus und beschreibt in starken Worten und bildhafter Sprache, wie sich die Menschen des Abendlands nach und nach ein ideales Jenseits schufen, von den nüchternen Römern bis zum moralistischen Protestantismus. All das sei psychologisch betrachtet verständlich. Unerträglich aber sei das egozentrische Bild, das dabei von Gott entstand. Wie konnte man nur eine Person aus ihm machen mit menschlichen Eigenschaften? Der Gott des Christentums ist ein »Hauspapa,

Wachtmeister und Nachtwächter«, erfunden nach den Bedürfnissen eines kleinen Egos, das sich nach einem großen sehnt. Wer echte Spiritualität in sich spürt und nicht Egoismus, der könne mit einem solchen Personen-Gott nichts anfangen. Wahrhaft spirituell ist nur der Pantheismus. Und was den Christen ein idealisierter Mensch namens Gott sei, sind für Feuerbach in Wahrheit die »Liebe« und die »Natur«.

Die Quittung folgt sofort. Das Buch wird verboten, die Studenten werden vor ihrem Lehrer gewarnt, und mit der erhofften Universitätslaufbahn im konservativen Erlangen ist es vorbei. Von einem Tag auf den anderen ist Feuerbach keine akademische Hoffnung mehr, sondern eine Unperson. Doch sein unerschütterliches Selbstbewusstsein ficht das nicht an. Er ist hochsensibel und etwas menschenscheu, aber sein Stolz auf sich selbst ist gut entwickelt. Warum soll er auch in Erlangen bleiben wollen? Vielleicht sollte er lieber nach Paris gehen? Die Vormärz-Dichter Heinrich Heine und Ludwig Börne sind auch da. Doch Victor Cousin, der Hegel-Kenner in Paris, reagiert nicht auf Feuerbachs Brief. Wo soll er jetzt hin? Amerika? Griechenland? Dem Privatdozenten ohne universitäre Lehre geht das Geld aus. In seiner Not vergräbt er sich immer tiefer in seine Schriften. Eine Philosophiegeschichte in mehreren Bänden will er schreiben. Hegel hat dies als Erster in Vorlesungen getan, vor allem in der Absicht, die eigene Philosophie als Überwindung aller anderen Philosophie tief in der Geschichte zu verankern. Und auch Feuerbachs Absicht ist nicht neutral. Der erste Band über Francis Bacon und *Baruch de Spinoza* (1632–1677) feiert die pantheistische Naturphilosophie, nicht anders der zweite über Leibniz.

Im Jahr 1836 findet man den verarmten Privatier in Bruckberg unweit von Ansbach. Von seinen Büchern und gelegentlichen Rezensionen für Zeitschriften kann er nicht leben. Glücklicherweise hat Feuerbach Bertha Löw kennen- und lieben gelernt, die Erbin einer Porzellanmanufaktur. Sie wird seine Frau, und die Einkünfte der kleinen Fabrik sichern den Lebensunterhalt.

Im gleichen Jahr als Marx in Berlin in die schillernde und sprühende Welt der Universität eintaucht, lässt Feuerbach diese für immer hinter sich. Er unternimmt täglich seine Wanderungen in die schöne fränkische Umgebung und gründet einen Bienenzuchtverein. Wenn er doziert, dann nur auf Nachfrage vor den Arbeitern der Porzellanfabrik und den Bauern und Handwerkern im Wirtshaus. Er liebt die einfachen und ehrlichen Menschen. Mehr und mehr wird er sich bemühen, für sie zu schreiben und nicht für die akademische Fachwelt.

Im Herbst 1837 gewinnt ihn der umtriebige *Arnold Ruge* (1802–1880) als Mitarbeiter für die *Hallischen Jahrbücher für deutsche Wissenschaft und Kunst* – die kritische Zeitschrift der Junghegelianer und Vormärz-Denker. Der von der Universität kaltgestellte Philosoph ist in seinem Element. In seinen Buchrezensionen rückt er nicht nur weiter von Hegel ab, er misstraut auch ganz allgemein dem Systemdenken der großen Denker: »Systeme sind uns nicht nötig, aber Recherchen, aber freie, kritisch-genetische Untersuchungen tun uns Not.«[82] Der Schwung, der von Feuerbachs Kritik an der ehemals so inbrünstig verteidigten Vernunftphilosophie ausgeht, beeindruckt die Herausgeber und Leser der *Hallischen Jahrbücher* sehr. Sie sehen: Hier denkt einer immer voraussetzungsloser. Neben seiner schonungslosen Religionskritik geht er auch »ideologiekritisch« mit allen anderen Weltanschauungen um. Die idealistische Philosophie Schellings steht plötzlich als grober Unfug da. Doch selbst die neumodische Strömung der Materialisten, die Denken nur noch als »Hirnakt« sehen können, nimmt er nicht ernst. Kein physiologischer Vorgang erklärt, was Denken für den Denkenden ist.

Feuerbachs Interesse an der Philosophie und Theologie ist anthropologisch: Warum denken Menschen das, was sie denken? Warum basteln sie Systeme? Warum überschätzen sie die Vernunft gegenüber der Sinnlichkeit? Und immer wieder: Warum erschaffen sie sich einen Personen-Gott? In der intellektuellen Welt sitzt er damit zwischen allen Stühlen. Aber zugleich trifft er den

Nerv der Zeit in Deutschland. Da denkt einer über die Grenzen der Denksysteme hinaus und schaut mit unbestechlichem Blick tiefer auf den Grund! Feuerbach ist nicht länger nur ein Geheimtipp. Mehr und mehr erscheint er den Junghegelianern als *der* Philosoph nach Hegel.

1841 veröffentlicht Feuerbach sein religionskritisches Hauptwerk: *Das Wesen des Christentums*. Klarer noch als zuvor rechnet der Philosoph aus Bruckberg darin mit dem Christentum seiner Zeit ab. Was er an der Religion gelten lässt, ist das Bedürfnis der Menschen nach Bildern, nicht aber die Glaubensinhalte. Als Anthropologe interessiert ihn, wie und warum Menschen sich einen Personen-Gott erdachten. Was stand am Anfang des Christentums? »Was war das Gespenst, als es noch ein Wesen von Fleisch und Blut war?«[83] Als »geistiger Naturforscher« analysiert er die *Funktion* der Religion. Und die ist für ihn überdeutlich: All ihr edles Wollen, Denken und vor allem Lieben haben die Menschen in Gott hineinprojiziert. Und nichts davon verrät etwas über Gott, aber alles über den Menschen. In der Religion verhält sich der Mensch zu sich selbst und legt seine Humanität frei. Und dieses Potenzial an Humanität gilt es zurückzugewinnen. Besinnen wir uns auf unsere gute Natur und unsere sensiblen sinnlichen und gedanklichen Regungen – und die Welt ohne einen in den Himmel verlegten Gott wird himmlischer, zumindest ein besserer Ort als bisher.

Das Buch ist in einer schönen, klaren und leicht verständlichen Sprache geschrieben. Feuerbach hat, zeitgleich mit Schopenhauer, ein neues Rollenmodell gefunden. Er ist ein öffentlicher Intellektueller, der verstanden werden und auch Menschen ohne größere Vorbildung überzeugen will. Die Welt der Philosophie und die Welt der Universität, die im 18. Jahrhundert verschmolzen waren, sind wieder getrennt. Wer politisch und gesellschaftlich wirken will, muss sich einer anderen Sprache bedienen als die Hochschulphilosophen. In diesem Geist schreibt Feuerbach 1842 seine *Vorläufigen Thesen zur Reform der Philosophie*. Die Philosophen dürften keine begrifflichen Luftschlösser bauen, und sie sollten Gott aus dem Spiel lassen. Man müsse die Philosophie von der Theologie entmystifizieren. Wenden wir uns doch lieber den echten Mysterien zu wie dem Denken und der Intelligenz. Hier gibt es noch viel zu erforschen. Denn ohne den Blick zugleich auf das Materielle zu lenken, lässt sich kein geistiger Vorgang völlig verstehen. »Das Sein, mit dem die Philosophie beginnt, kann nicht vom Bewusstsein, das Bewusstsein nicht vom Sein abgetrennt werden.«[84] Kein Schuft, der hierin die Vorlage für Marx' berühmtesten Satz sieht: »Das Sein bestimmt das Bewusstsein.«

Berlin/Köln/Paris

Im Oktober 1843 erreicht Feuerbach ein Brief von Marx aus Paris. Gerade im Exil angekommen, möchte er mit Ruge eine neue Zeitschrift herausgeben, die *Deutsch-Französischen Jahrbücher*. Und Feuerbach, den er verehrt und umschmeichelt, soll eine vernichtende Schelling-Kritik beisteuern. Seit seinem Studienabschluss 1841 ist Marx Journalist. Er hat in Jena über die Naturphilosophie Demokrits und Epikurs promoviert und die Frage beleuchtet, wie Menschen in einer physikalischen Welt gleichzeitig frei sein können. Für Marx hat Epikur das Problem gelöst, indem er zulässt, dass Atome zufällig von ihrer Bahn abweichen können. Dieser physikalische Zufall gibt der Freiheit eine Grundlage. In der Natur läuft nicht alles nach Plan; manchmal schafft der Zufall auch Neues. Das Thema wird Marx ein Leben lang beschäftigen: Wie kann man einerseits »Materialist« sein und andererseits an die Freiheit des Menschen glauben, die Welt von sich heraus gestalten zu können? Denn was auch immer Marx philosophiert, es soll nie im Widerspruch zu den Naturwissenschaften stehen.

Eine ordentliche Anstellung an einer Universität hat Marx durch seine Dissertation nicht erhalten. Im Herbst 1841 verliert

Mitstreiter Bruno Bauer aufgrund seiner politischen Umtriebe die Lehrbefugnis an der Berliner Universität. Auch für Marx ist der Weg versperrt. Glücklicherweise begegnet er kurz darauf einem Mann, der bedingungslos an ihn glaubt: *Moses Hess* (1812–1875). Schon früh hat sich der Sohn aus einer wohlhabenden jüdischen Familie in Bonn für den französischen Sozialismus begeistert. Das Buch, das er 1837 veröffentlicht, eine *Heilige Geschichte der Menschheit. Von einem Jünger Spinozas*, überträgt die Forderungen der utopischen Sozialisten zum ersten Mal auf deutsche Verhältnisse. Hess fordert, die Klassenunterschiede aufzuheben, Männer und Frauen gleich zu berechtigen und einen sozialistischen Fürsorge- und Wohlfahrtsstaat, in dem jeder ohne Armut leben kann. Als Marx Hess trifft, hat dieser gerade sein zweites Buch geschrieben: *Die europäische Triarchie*. Das Vorwort beginnt mit den Sätzen: »Die deutsche Philosophie hat ihre Sendung erfüllt, sie hat uns in alle Wahrheit geführt. Jetzt müssen wir Brücken schlagen, die wieder vom Himmel zur Erde führen.«[85]

In Marx erkennt Hess den Mann, der genau dies leisten soll. Um die Philosophie zu Ende zu führen und die sozialen Missstände zu benennen, die in Deutschland herrschen, gründet Marx' neuer Mentor die *Rheinische Zeitung*. Der junge Karl wird Redakteur und im Oktober 1842 Chefredakteur. Mit gerade vierundzwanzig Jahren präsentiert er sich als kraftvoller Macher und fesselnder Schreiber, der furchtlos gegen die Obrigkeit zu Felde zieht und Missstände wie die mangelnde Pressefreiheit ankreidet. »Ein kräftiger Mann«, wie sich der Investor der Zeitung erinnert, »dem die dichten Haare aus Wangen, Armen, Nase und Ohren quollen, herrisch, ungestüm, leidenschaftlich, voll unermesslichen Selbstgefühls, aber tief ernst und gelehrt.«[86] Doch schon ein halbes Jahr später kommt das Aus. Die Zeitung wird verboten, und Marx geht mit seiner frisch angetrauten Ehefrau Jenny von Westphalen, der Tochter seines einstigen Mentors, nach Paris.

Seine Zukunft liegt in den Händen Ruges. Der hat seine

Hallischen Jahrbücher, für die auch Feuerbach schrieb, auf Druck der Zensur einstellen müssen und träumt nun von den *Deutsch-Französischen Jahrbüchern* mit Marx als Chefredakteur. Die Gelegenheit scheint günstig. Fast alles, was in der deutschen Vormärz-Bewegung aktiv ist, befindet sich inzwischen in Brüssel oder in Paris. Und in Frankreich gibt es eine schillernde Szene der sozialistischen Intelligenz. Mit einer Million Einwohnern ist die Stadt, wie Walter Benjamin später schreiben wird, die »Hauptstadt des 19. Jahrhunderts«. Dreimal größer als Berlin tobt hier ein pulsierendes Leben in Cafés und Restaurants, in Szenetreffs, in der Oper, in Theatern und Konzertsälen, in Salons, ungezählten Zeitungen und Zeitschriften. Die 1830er-Jahre haben Frankreich endlich den Wirtschaftsboom beschert, den England schon im 18. Jahrhundert hatte. Die Industrialisierung schreitet rasant voran, insbesondere in der Textilindustrie. Doch mit ihr wachsen, wie schon in England und zunehmend auch in den deutschen Staaten, die Ungleichheit und die Zahl der entrechteten und verelendeten Industriearbeiter. Bis zu achtzig Stunden in der Woche schuften sie unter erbärmlichsten Verhältnissen in den Fabriken.

In dieser Zeit kommt Marx 1843 nach Paris, gemeinsam mit dem Ehepaar Ruge und dem Dichter *Georg Herwegh* (1817–1875) und dessen Frau. Für den Lebensunterhalt aller sorgt Ruge, und Marx schreibt seinen Werbebrief an Feuerbach. Er wird den großen Vordenker nie persönlich kennenlernen. Und auch sein Werben, Feuerbach für die *Deutsch-Französischen Jahrbücher* als Autor zu gewinnen, scheitert. Der Privatier in Bruckberg ist zu sehr damit beschäftigt, seine Religionskritik zu untermauern, als dass er Lust hätte, sich noch einmal mit Schelling zu befassen. Inzwischen begeistert sich Feuerbach lieber für eine elektrisierende Idee, mit einem »großen Reiz der Wahrheit«, die fast überall in der Luft zu liegen scheint – dem »Communismus«![87] Doch dass ein aufrechter junger Handwerker den großen Religionskritiker im Sommer 1844 für den Kommunismus entzündet, ist nur eine winzige Anmerkung im großen Drama sozialrevolutionärer Ideen, das gerade in Paris aufgeführt wird …

Die Welthauptstadt des Sozialismus

Anders als Feuerbach ist Marx in der französischen Hauptstadt mittendrin. Comte hat ein Jahr zuvor seinen *Cours* beendet und entwirft gerade seine »Religion der Menschheit«. Als visionärer Denker an die Öffentlichkeit zu treten, in Köln, in Berlin oder in Franken ein Skandal, ist in Paris geradezu en vogue. »Sozialismus«, »Kommunismus«, »Revolution« – die Worte drängen ans Tageslicht wie Grashalme durch eine Teerstraße. Je schneller das Leben durch die industrielle Revolution wird, Schlote ihren dunklen Rauch in den Himmel blasen, Dampfschiffe und Eisenbahnen über Flüsse und Felder keuchen, Telegrafen Nachrichten um den Globus jagen, graue Arbeiter durch die Fabriktore quellen – umso farbiger werden die Bilder einer anderen Gesellschaft und umso größer, visionärer, kühner und trotziger die Worte der Kritiker. Die Dynamik des Kapitalismus befeuert zugleich den Möglichkeitssinn seiner Gegner. Wenn das Kapital die Welt revolutionieren kann, warum nicht auch die Apostel einer gerechten Welt? Wer täglich vor Augen hat, dass eine neue Zeit anbricht, der darf auch träumen, dass das Neue etwas ganz anderes wird als die Rendite, die das Besitzbürgertum sich davon erhofft.

In Paris ist Marx im Paradies der Utopisten. Die Saat, die Saint-Simon und Fourier gesät haben, treibt überall Pflanzen und Blüten. Ihre Schüler und Anhänger predigen in den Salons und bekämpfen sich dabei untereinander auf das Bitterste. Fourier hat seinen Nachfolger in dem Ökonomen *Victor Considerant* (1808–1893) gefunden, der die Ideen des Meisters mit großem Erfolg in der Zeitschrift *La Démocratie pacifique* popularisiert. Mit Fourier fordert er ein »Recht auf Arbeit«, prägt den Begriff der »direkten Demokratie« und drängt auf das Frauenwahlrecht.

Zu Saint-Simon bekennen sich weit mehr, etwa die Dichter George Sand und Heinrich Heine. Zwischenzeitlich hat *Barthélemy Prosper Enfantin* (1796–1864) die Rolle des Meisters übernommen und dessen Lehre zu einer esoterischen Sekte geformt. Er predigt die spirituelle Lehre einer kosmischen zweigeschlechtlichen Libido und formuliert das Versprechen eines neuen organischen Zeitalters der Liebe. Enfantin selbst sieht sich als das »lebendige Gesetz« und lässt sich als »Vater« ansprechen. Nachdem die Polizei ihn verhaftet und der große Guru einige Monate im Gefängnis verbringen muss, geht er nach Ägypten und Algerien. Desillusioniert kehrt er schließlich als Postmeister nach Frankreich zurück. Seine letzten Lebensjahre verbringt er wenig kosmisch als Bahnangestellter in Lyon.

Zu seinen frühen Mitstreitern gehört der Ökonom und Ingenieur *Michel Chevalier* (1806–1879). Nachdem er gemeinsam mit Enfantin verhaftet wird, bereist er die Vereinigten Staaten. Zurück in Frankreich ist vom sozialistischen Fortschrittsglauben nur noch der Glaube an die Technik geblieben. Wie Comte liegt für Chevalier alles Heil in der Wissenschaft und der Ingenieurskunst. Seine hochfliegenden Pläne drehen sich fortan um Enfantins Lieblingsprojekte, den Bau des Suezkanals und des Assuanstaudamms. Tatsächlich werden die Franzosen dem Kanal später zum Durchbruch verhelfen, allerdings erst zwei Jahrzehnte nach Enfantins und Chevaliers Mission. Aus dem Traum von einer besseren Welt ist der Traum von einer besseren globalen Infrastruktur geworden. Chevalier skizziert Pläne für den Panamakanal und träumt von einem globalen Schienennetz für den ungezügelten Verkehr von Waren und Finanzströmen. Während die Kommunarden im Gefolge Fouriers sich nach freier Liebe und ländlichen Kommunen sehnen, schwärmt der Saint-Simonist Chevalier von der weltverbrüdernden Kraft von Technik und Kapital.

Eine dritte Gruppe stellen die revolutionären Aktivisten. Ihr Idol ist der illustre Dandy *Filippo Buonarroti* (1761–1837). Als Dreiundzwanzigjähriger hat sich der Spross eines toskanischen

Adelsgeschlechts der »Verschwörung der Gleichen« angeschlossen, einem Aufstand um *François Noël Babeuf* (1760–1797). Wer dieser »Gracchus« Babeuf war und wie groß und bedeutend seine Revolte, ist in den 1830er-Jahren nicht mehr ganz klar. Mit Sicherheit war er eine reale Person, die es nach dem Scheitern der Revolution noch einmal mit der Brechstange versuchen wollte. Gemeinsam mit einer unklaren Zahl von Mitstreitern hatte er dafür gekämpft, den radikal-demokratischen Verfassungsentwurf von 1793 doch noch umzusetzen. Buonarroti setzt dem Revoluzzer und sich selbst 1828 ein literarisches Denkmal: *Conspiration pour l'égalité, dite de Babeuf* (Babeufs Verschwörung für die Gleichen). Fortan wirkt er als dessen legitimer Nachfolger. Das Ziel ist eine »*grande communauté*« im Sinne Babeufs, eine große nationale Gütergemeinschaft. Anders als bei Saint-Simon und Fourier enthält Buonarrotis Mission ein klares Revolutionsprogramm: gewaltsamer Umsturz, die Schaffung einer diktatorischen »Kommission«, die Verstaatlichung allen Besitzes, die Abschaffung des Privateigentums und die Einteilung aller Bürger in ein System der Nützlichkeit nach Fähigkeiten und Berufen. Bauern und Handwerker stehen oben, Müßiggänger werden zur Zwangsarbeit verdonnert. Am einfachen Dasein soll die Welt genesen. Landleben statt Stadtlaster, Einheitskleidung statt Putz und Prunk. Und auch alle Kunst und Kultur dienen einzig der Politik. Maoistische Kulturrevolution anno 1828! Buonarroti stirbt 1837 in Paris. Er findet seinen Erben in dem Anwalt *Louis-Auguste Blanqui* (1805–1881). Der rastlose Revolutionär zählt später zu den wichtigsten Kämpfern der Pariser Kommune. Von ihm stammt die berühmte Formel von der »Diktatur des Proletariats«.

Ein weiterer Führer der Linken ist nicht weniger illuster: *Étienne Cabet* (1788–1856); einer jener Revolutionäre, dem es vergönnt sein wird, sich dadurch selbst zu bestrafen, dass er seine Utopie umsetzen kann. In der Julirevolution gehört der Jurist zu den führenden Köpfen. Aber er hat sich etwas ganz anderes vorgestellt als die Restauration durch den Bürgerkönig Louis-Philippe, dem er zur Macht verhalf. Cabet will das Rad der Geschichte weiterdrehen, die Herrschafts- und Besitzverhältnisse ändern und dem Kommunismus zum Durchbruch verhelfen. Seine Zeitung *Le Populaire* macht ihrem Namen Ehre und erreicht tatsächlich hohe Auflagen. Als Marx 1843 nach Paris kommt, hat Cabet bereits fünf Jahre erzwungenes Exil in London hinter sich und einen unter den Pariser Intellektuellen berühmten utopischen Roman geschrieben: *Voyage en Icarie* (Die Reise nach Ikarien): ein Blick in die Ferne eines durch den Führer Ikarus gegründeten Gemeinwesens. Die Industrialisierung ist weiter vorangeschritten, hat die Wirtschaft zu Höchstleistungen befeuert und die Arbeiter von harter Plackerei befreit. Da die Fabriken und Maschinen allen gehören, ist der Lebensstandard auch für alle gestiegen. Weniger verführerisch, insbesondere aus dem Wissen des 20. Jahrhunderts, klingen der autoritäre Staat, die Zensur und der Kult, der überall um den großen Befreier Ikarus betrieben wird. Aus heutiger Sicht eine Art Blaupause des Stalinismus, mit der Pointe, dass Cabet seine Utopie tatsächlich verwirklichen kann; allerdings nicht in Frankreich, wo sich der Kommunismus, nach Cabet, in dreißig bis hundert Jahren friedlich durchsetzen sollte, weil er schlichtweg die überzeugendste aller Gesellschaftsideen sei.[88] Doch so sehr »Papa Cabet«, wie ihn Freunde und Feinde nennen, in der Bourgeoisie für den Kommunismus wirbt, so wenig wird er dort gehört. Im Gegenteil: Je besser die Arbeiter sich organisieren, umso resoluter geht das Besitzbürgertum dagegen vor. In seiner Verzweiflung ruft Cabet deshalb zu einer »großen Auswanderung« für das Jahr 1848 auf. Zehn- oder zwanzigtausend Anhänger sollen ihm nach »Ikarien« folgen, »hundertausende, vielleicht Millionen« nachkommen.[89] Tatsächlich folgen ihm eher wenige. Zunächst geht es, noch ohne den großen Führer, zu einem Stück Ödland am Red River in Texas; später, mit Cabet, nach Nauvoo, einem kleinen Nest in Illinois am Mississippi. Wie das Leben so spielt, wird der neue Ikarus dort nicht zum geflügelten Helden. Und auch an großartigen Maschinen, die das erträumte Ikarien reich und die Menschen frei machen, besteht Mangel. Stattdessen errichtet der Menschheitskünder ein gleichsam calvinistisches Regime des Verzichts, das schließlich für seine Entthronung sorgt. Kurz darauf stirbt Cabet 1856 in St. Louis. Seine Kolonie Ikarien zerfällt wenig später.

Und das sozialistische Spektrum hat noch viel mehr zu bieten. Eigentlich hätte *Hugues Félicité Robert de Lamennais* (1782–1854) ein konservativer Kleriker im Geiste de Bonalds und de Maistres werden sollen. Doch der Rousseau-Fan fordert, ganz im Gegenteil, Staat und Kirche zu trennen. Nur durch die scharfe Abgrenzung zur weltlichen Macht könne die Kirche ihren geistigen Führungsanspruch moralisch sauber aufrechterhalten. Auch de Lamennais ist Ultramontanist. Dem Papst gebühre die höchste Autorität – allerdings nur in Glaubensfragen! Der Katholizismus, der de Lamennais vorschwebt, soll die geistige Ordnung bewahren, aber er soll nicht Staatsreligion sein, wie bei de Bonald und de Maistre. Mit seiner liberalen Zeitschrift *L'Avenir* bringt er die französischen Bischöfe so sehr gegen sich auf, dass Papst Gregor XVI. ihn in zwei Enzykliken abstraft. Vom Vatikan enttäuscht, wird de Lamennais in den 1830er-Jahren überzeugter christlicher Sozialist. Seine Schriften *Paroles d'un croyant* (Bekenntnisse eines Gläubigen) von 1834, *Le livre du peuple* (Das Buch des Volkes) von 1837 und *De l'esclavage moderne* (Die moderne Sklaverei) von 1839 haben so viel Erfolg, dass Marx sich im *Kommunistischen Manifest* genötigt sehen wird, auch den »pfäffischen Sozialismus« aufzuführen und abzukanzeln.

Heiß diskutiert werden Anfang der 1840er-Jahre auch zwei Jungstars, die beide bereits ihre programmatischen Werke veröffentlicht haben. Der erste ist *Louis Blanc* (1811–1882), der Chefredakteur gleich von drei sozialkritischen Zeitschriften. Seine Programmschrift *L'organisation du travail* (Organisation der Arbeit) von 1839 erlebt in rascher Folge fünf Auflagen und gilt als eine Art Gründungsakte der Sozialdemokratie. Anders als Buonarroti oder Blanqui träumt Blanc nicht vom gewaltsamen Umsturz, sondern von einem schrittweisen Übergang vom Kapitalismus zum Sozialismus durch eine Verbesserung der Arbeitsbedingungen. Mit Considerant teilt er das Verdienst, das von Fourier sogenannte »Recht auf Arbeit« festzuschreiben und einzufordern.

Auch *Pierre-Joseph Proudhon* (1809–1865) schlägt in seiner Schrift *Qu'est-ce que la propriété?* (*Was ist das Eigentum?*) aus dem Jahr 1840 vergleichsweise moderate Töne an. Der Drucker aus Besançon wehrt sich entschieden gegen jeden Rigorismus. Soll der Mensch befreit werden, so nicht durch die Gewalt höherer Ideen wie dem »absoluten Willen«, von dem Rousseau sprach. Der Weg ins allgemeine Glück führt nur durch die freie Entwicklung jedes Einzelnen. Verordnete Brüderlichkeit und einen starken Staat als Lenker der Wirtschaft – die Leitideen der Saint-Simonisten –, hält Proudhon nicht für menschengerecht. Das eigentliche Problem des Kapitalismus sieht er vor allem darin, wie Menschen zu »Eigentum« kommen. Für Proudhon hat jeder Mensch ein Recht auf »Besitz«, nämlich das zu haben, was man sich erarbeitet hat. Der Kapitalist hingegen, so übernimmt es Proudhon von Hall und Spence, erarbeitet sich seinen Besitz nicht, sondern profitiert von der arbeitsteiligen Arbeit anderer. Solchermaßen erlangtes Eigentum ist nach Proudhon schlichtweg »Diebstahl«. Denn was ist die Rendite des Kapitalisten anderes, als nicht gezahlter Lohn? Der *surplus*, der Überschuss oder Mehrwert, den der Kapitalist erwirtschaftet, darf deshalb nicht ihm gehören, sondern er gehört gerechterweise allen. Wobei »allen gehören« nicht gleichbedeutend ist mit Kommunismus: »Der Kommunismus ist Ungleichheit, aber im entgegengesetzten Sinne als das Eigentum. Das Eigentum ist die Ausbeutung des Schwachen durch die Starken; der Kommunismus ist die Ausbeutung der Starken durch die Schwachen.«[90]

Im Jahr 1843, als Marx nach Paris kommt, haben Sozialisten

und Kommunisten dort also bereits alle möglichen Spielarten gedanklich erprobt: vom dirigierenden Staat zur freien Landkommune, vom Abdriften in Esoterik zum Umschlag in bedingungslosen technischen Fortschrittsglauben, von der »maoistischen« Gleichmacherei und dem Abstufen der Menschen nach ihrem ökonomischen Nutzen bis zum vorgedachten Führerkult. Und die Fahrpläne der großen Revolution reichen vom gewaltsamen Umsturz mit Diktatur bis zum schrittweisen »sozialdemokratischen« Übergang.

Die Vordenker Considerant, Blanqui, Cabet, de Lamennais, Blanc und Proudhon stellen Marx in der französischen Hauptstadt völlig in den Schatten der Aufmerksamkeit. Und Marx wäre nicht Marx, wenn er es ihnen nicht übel nähme. In Deutschland war er, wie alle Gleichgesinnten, ein rebellischer Außenseiter, der keine andere Waffe hatte, als Zeitungen und Zeitschriften zu gründen. Im französischen und später im belgischen oder englischen Exil bleibt er eine Randfigur. Marx lernt schnell, dass es ohne die neue Leitidee des Kommunismus nicht geht. Aber er lernt auch, dass die gemeinnützigen Gedankenfelder der Kommunisten und Sozialisten bereits gut bestellt, sorgsam aufgeteilt und zwischen den einzelnen Parzellen heiß umkämpft sind. Man kann nicht einfach so »Sozialist« oder »Kommunist« sein – man braucht eine eigene Theorie und muss Farbe bekennen, mit wem man es hält, worauf man hinauswill und welche Mittel man bereit ist, dafür einzusetzen. Dabei interessieren die Deutschen die Franzosen ohnehin kaum. Für die Intellektuellen in Paris, gestählt durch zwei Revolutionen, sind sie rückständige Provinzler, Bewohner unbedeutender Kleinstaaten ohne Erfahrung und ohne die welthistorische Dimension einer Nation. Kein Wunder, dass aus den *Deutsch-Französischen Jahrbüchern* nichts wird. Nur eine einzige Nummer erscheint; die Franzosen sind nicht interessiert.

Der deutsche Kommunismus hat keine Programmschrift und keine philosophische Fundierung. Er ist ein französischer Importartikel wie beim Saint-Simon-Fan Moses Hess. Oder er entstammt der kreuzdeutschen Tradition des aufmüpfigen Gesellenlieds und blüht in den Dichtungen Heines, Herweghs oder Ferdinand Freiligraths. Zu allem Überfluss hat ausgerechnet ein Mann den größten Erfolg bei deutschen Arbeitern und Handwerkern, der kaum über philosophische Bildung verfügt: der tapfere und zu allem entschlossene Schneidergeselle *Wilhelm Weitling* (1808–1871), Autor des Buchs *Die Menschheit, wie sie ist und wie sie sein sollte* (1838), den Marx erst rühmt und umschmeichelt, um ihm später übel mitzuspielen.

Nur einen einzigen Gleichgesinnten wird der künftige Weltenveränderer dauerhaft in seiner Nähe dulden – dann aber ganz und gar! Als der Barmer Fabrikantensohn *Friedrich Engels* (1820–1895) Marx im August 1844 in Paris besucht, ist dies der Beginn einer lebenslangen Freundschaft und einer schöpferischen Symbiose. Engels hat Marx mit seinem Aufsatz »Umrisse zu einer Kritik der Nationalökonomie« begeistert, in dem er den Wirtschaftswissenschaftlern vorwirft, ein »System des erlaubten Betruges« etabliert zu haben. Was sei die klassische Nationalökonomie schon anderes als eine »Bereicherungswissenschaft«?

Der Sohn eines Wuppertaler Textilfabrikanten weiß, wovon er spricht. Das pietistische Milieu und die Frömmigkeit seiner Familie stehen in bigottem Verhältnis zur Ausbeutung der Arbeiter in den bergischen Fabriken und erst recht in Manchester, wo die Firma des Vaters eine Filiale hat. Der Bericht, den Engels 1844/1845 darüber schreibt und bald nach dem Beginn seiner Freundschaft zu Marx veröffentlicht, lässt an Deutlichkeit nichts zu wünschen übrig: *Die Lage der arbeitenden Klasse in England* – es ist der Beginn der modernen Sozialreportage. Im Gegensatz zu Marx verfügt der zwei Jahre jüngere Engels über gute Grundkenntnisse in Ökonomie. Aus dem Hegelianer Marx, erwartet der neue Freund, muss ein Ökonom werden. Mit Hegel und seinen Schülern kann Engels ohnehin wenig anfangen. Seine Studienzeit in Berlin im Jahr 1841 ist nur ein Hobby gewesen, eine willkommene Abwechslung vom Militärdienst. Und Philosophie ohne Bodenhaftung lernt er in Schellings Vorlesungen ebenso zu verachten, wie seine Mithörer Kierkegaard und Bakunin es tun. Engels glaubt fortan nur noch an Marx, so wie vor ihm bereits Hess. Kein Wunder, dass er seinem bewunderten Freund dabei hilft, selbst jenen einzigen Philosophen der Vorgängergeneration auseinanderzupflücken, den dieser noch immer hoch schätzt – Ludwig Feuerbach.

Es kömmt drauf an, sie zu *verändern*!

Was Marx wirklich über Feuerbach denkt, wird dieser nie erfahren. Erst 1888, da ist der Mann in Bruckberg schon sechzehn Jahre tot, findet Engels in Marx' Pariser Nachlass zwei Zettel mit der Überschrift *ad Feuerbach*. Elf Thesen sind darauf notiert, deren letzte zu den berühmtesten Sätzen der Philosophiegeschichte zählt: »Die Philosophen haben die Welt nur verschieden *interpretiert*; es kömmt drauf an, sie zu *verändern.*« Marx selbst hat diesen Notizen offensichtlich kaum Bedeutung beigemessen, und eine Veröffentlichung hatte er nicht im Sinn gehabt. Dass die elfte These einst auf rotem Marmor angeschlagen den Treppenaufgang der Eingangshalle der Humboldt-Universität zieren würde – jener Berliner Hochschule, an der Hegel lehrte und Marx nur ein unbedeutender Student war –, daran hätte er in seinen kühnsten Träumen nicht gedacht.

Doch so zeitlos, wie er in seinen goldenen Lettern in der Universität steht, war der Satz von Marx nie gemeint. Natürlich ist die Geschichte voll mit Philosophen, die die Welt verändern wollten, angefangen bei Platon und den frühen Stoikern über viele Philosophen des Mittelalters zu Francis Bacon, John Locke, den Enzyklopädisten, Rousseau, Condorcet, Bentham, Saint-Simon und Comte. Wenn Marx »die Philosophen« schreibt, so schaut er nicht auf die Philosophiegeschichte, sondern er denkt an Hegel und seine Schüler – also auf die deutsche Philosophie seiner Zeit. Er denkt an seine Mitstreiter wie Bruno Bauer und *Max Stirner* (1806–1856), mit denen er bald gründlich abrechnen wird. Und er denkt an Feuerbach, den er zunächst bewundert und den er 1845, als er seine Thesen gegen ihn formuliert, immer noch schätzt. Aber für Marx darf es keinen über ihm oder neben ihm geben. Auch Feuerbach nicht! Es geht ihm, wie er später schreibt, darum, mit seinem »ehemaligen philosophischen Gewissen abzurechnen«.[91]

Marx sucht und findet den Pferdefuß bei Feuerbach. Stirner, der Querkopf aus den Reihen der Linkshegelianer, hat ihn gefunden und Engels diese Entdeckung sofort in einem Brief an Marx weitergetragen: Feuerbach meint, dass der Mensch seine edlen, liebevollen und gleichsam »heiligen« Wesenszüge in Gott ausgelagert hätte. Und es komme nun darauf an, sie wieder aus dem Himmel zu holen und im Menschen selbst zu finden. Damit aber habe Feuerbach, so Stirner, nicht nur Gott entzaubert, sondern auch den Menschen theologisiert. Mit anderen Worten: Feuerbach ist nicht nur ein klarsichtiger Kritiker religiöser Ideologie. Er ist und bleibt dabei zugleich ein frommer Mensch, der den Zauber der Theologie dadurch rettet, dass er ihn im »Wesen« des Menschen aufspürt. Diese enthusiastische Würdigung des Menschen aber können weder Stirner noch Marx und Engels teilen.

Genau durch diese Luke kommt nun die Kritik der elf Thesen. Dem Menschen ein allgemeines »Wesen« anzudichten, sei falsch. Denn Menschen existieren nicht im luftleeren Raum. Sie leben in einer Kultur und Gesellschaft, und sie sind, bei allen Charakterunterschieden, immer das Produkt ihrer Umwelteinflüsse. *Kein menschlicher Wesenszug steht außerhalb der Gesellschaft, sondern er ist untrennbar mit ihr verwoben* – die klassische Erkenntnis der Assoziationspsychologie. Und Marx formuliert sie in seiner sechsten These im Hegel-Jargon: Das »menschliche Wesen ist kein dem einzelnen Individuum innewohnendes Abstraktum. In seiner Wirklichkeit ist es das ensemble der gesellschaftlichen Verhältnisse«.[92] Was Feuerbach das »Wesen« des Menschen nennt, sei in Wirklichkeit ein Prozess der Auseinandersetzung und Prägung des Menschen durch die Gesellschaft. Es ist kein unveränderliches Wesen, sondern, wie Marx sagt, »Praxis«.

Den Menschen als Produkt der Gesellschaft zu definieren ist das Denken von Godwin und Owen. Doch wie muss man sich diese Prägung im Detail vorstellen? Was sind ihre Regeln und Gesetze? Und wie hängen sie so mit der Ökonomie und den Besitzverhältnissen zusammen, dass sich daraus der bisherige und vielleicht auch zukünftige Weltenlauf erkennen und erklären lässt? Marx arbeitet Tag und Nacht in seiner Pariser Wohnung, er liest, was er in die Finger bekommt, exzerpiert Mills *Logik*, liest Owen und die französische Konkurrenz und spickt die ehemaligen Berliner Mitstreiter mit kritischen Anmerkungen.

Allmählich zeichnen sich die ersten Umrisse einer neuen Theorie ab, genauer gesagt: eines ganzen Ensembles von Theorien, die er aufeinander beziehen, bündeln und gewichten muss. Marx will den Lauf der Geschichte erklären, den Zustand der gegenwärtigen Gesellschaft und die verborgenen Gesetze, die dahinter wirken. Dass die Welt verändert werden muss, ist für den frisch überzeugten Kommunisten sonnenklar. Die Frage ist nur: wie und durch wen? Bis in die heutige Zeit wird gerne behauptet, der Kommunismus setze einen guten Menschen voraus, weshalb er dauerhaft nirgendwo funktionieren könne. Doch mit der Vorstellung eines »guten Menschen«, die er bei den französischen Sozialisten und Kommunisten findet, kann Marx nichts anfangen. Genau diesen im Wesen »guten Menschen« bekämpft er auch bei Feuerbach. Für das, was er denkt und mit der Gesellschaft vorhat, braucht Marx keinen »guten Menschen«, sondern etwas, das größer und ewiger ist als der einzelne Mensch. Er will die *Bewegungsgesetze der Gesellschaft* freilegen, die sie bestimmen, so wie die Naturgesetze die Natur. Psychologie muss er dafür nicht treiben. Und seine Antipathie gegen die Erfahrungsseelenkunde ist mindestens so ausgeprägt wie bei Hegel.

Was geht schon aus dem Studium einzelner Psychen über den Lauf der Weltgeschichte hervor? Was können Psychologen über die Besitz- und Herrschaftsverhältnisse einer Gesellschaft aussagen? Und was begreifen sie von den Regeln des Warentauschs? In ein modernes Bild gefasst: Die Tatsache, dass unser Gehirn aus Proteinen besteht, sagt nichts darüber aus, was es denkt und warum. Und die Gehirnchemie legt auch nicht fest, ob jemand Kommunist, Nazi oder Liberaler ist. Dafür braucht es den Blick auf Funktionen, Wechselwirkungen, Systeme, sprich: das große Ganze. In diesem Punkt denkt Marx wie Comte. Er betrachtet die Gesellschaft nicht vom einzelnen Menschen aus (wie etwa Hobbes, Locke oder Rousseau), sondern vom großen Ganzen. Mit der »Bildsamkeit« des Einzelnen, wie bei Herbart, muss er sich dafür nicht befassen. Zu sich selbst zu kommen, bedeutet bei Marx, die gesellschaftlichen Verhältnisse so zu ändern, dass Menschen artgerecht in ihr leben können, frei von ungerechter Herrschaft und falschen Zwängen. Diese Dimension fehlt bei Herbart und vielen anderen Psychologen fast völlig. Hier ist jeder seines individuellen Glückes Schmied, Gesellschaft und Politik bleiben zweitrangig, und die Ökonomie kommt überhaupt nicht vor.

Vielen Menschen in der heutigen Zeit ist Marx' Ausgangspunkt trotzdem fremd. Ob Wissenschaft oder Massenmedien: kein persönlicher oder gesellschaftlicher Vorgang, der nicht sofort psychologisiert wird! Die Psychologie und die Sozialpsychologie schaffen Erklärungsmuster für jedes menschliche Verhalten und belegen und berechnen es durch empirische Forschung. Ausgangspunkt ist nicht ein gesellschaftliches »Sein«, sondern jedermanns »Bewusstsein«. Und da ganze Gesellschaften sich nicht therapieren lassen, konzentriert sich die Psychologie vornehmlich auf den Einzelnen. Wenn sie die Gesellschaft in den Blick fasst, etwa beim Massenwahn oder bei der Schwarmintelligenz, dann stets unter dem Gesichtspunkt, dass Menschen sich in großen Ansammlungen oft anders verhalten als allein. Genau diesem Pfad folgen auch die Wirtschaftspsychologie und die Verhaltensökonomie. Die kapitalistische Gesellschaft wird von ihnen nicht psychologisiert, sondern einzig das Verhalten der Menschen in ihr. Der gesellschaftskritischen Psychologie dagegen, die den Kapitalismus als System pathologisiert, war nur ein kurzes Intermezzo von wenigen Jahrzehnten beschieden. Sie reicht von der Kritischen Theorie der Kriegs- und Nachkriegszeit mit ihren Vertretern *Erich Fromm* (1900–1980) und *Herbert Marcuse* (1898–1979) zu den französischen Poststrukturalisten mit psychologischem Sezierbesteck wie *Gilles Deleuze* (1925–1995), *Pierre Bourdieu* (1930–2002) und *Jacques Rancière* (* 1940)

Keine Psychologie also, auch wenn Marx Begriffe benutzt wie jenen der »Entfremdung«, der so psychologisch klingt. Tastsächlich reicht er weit in die Philosophiegeschichte bis zu Aristoteles zurück. Hess hat ihn wenige Jahre vor Marx' Pariser Zeit bereits auf die kapitalistische Ökonomie angewendet. Marx wird dies nach allen Regeln der Kunst ausbauen. Er analysiert eine *vierfache Entfremdung*: Wer etwas herstellt, schafft ein Produkt. Und obwohl man es selbst geschaffen hat, ist es mehr als nur ein Teil von einem selbst. Es ist als Gegenstand in der Welt und damit von seinem Hersteller entfremdet. Als ein solcher Gegenstand ist es verkäuflich. Das entfremdete Eigene wechselt als »Ware« seinen Besitzer und ist nun das Eigene eines anderen. Die erste Entfremdung! In einer arbeitsteiligen Gesellschaft, in der viele Menschen gar keine ganzen Waren mehr herstellen, sondern nur noch Teile davon, setzt sich der Entfremdungsprozess fort. Der Arbeiter, der einförmig und eintönig schuftet, entfremdet sich von sich selbst. Statt Schöpfer zu sein, wie es seinem Wesen entspricht, ist er Lohnarbeiter geworden, weit entfernt davon, »bei sich« zu sein und das zu tun, was er eigentlich tun möchte. Die zweite Entfremdung! Da die meisten Menschen in der kapitalistischen Gesellschaft ihre entfremdete Arbeit nicht für sich tun, sondern für einen Fremden – den Kapitalisten, die Firma –, sind sie mit Leib und Seele Besitz eines anderen: die dritte Entfremdung! Und ist der Mensch erst einmal durch eine entfremdete Arbeitswelt so weit von sich selbst entfernt, verliert er auch den Instinkt für die Gemeinschaft. Statt solidarisch zu sein, glaubt er, sich in existenzieller Konkurrenz zu allen anderen zu befinden. Die vierte Entfremdung entfaltet ihre Wirkung: Die dreifach entfremdeten Arbeiter verhalten sich asozial und vereinsamen!

Die Idee, die Entfremdung in vier Stufen zu unterteilen, übernimmt Marx von Feuerbach. So wie dieser in vier Schritten erklärt, wie die Menschen ihr eigenes Gutes erst aus sich heraus verlagerten, es zu einem Objekt oder Subjekt namens Gott machten, dann vor ihm die Knie beugten und sich schließlich einer Religion unterwarfen, so beschreibt Marx die Entfremdung des Arbeiters von sich selbst. Und genau darin besteht die Genialität des jungen Denkers. Was er mit seinem Röntgenblick für Strukturen liest, überträgt er in andere Kontexte und macht es auf neue Weise fruchtbar!

Wenn er nicht Strukturen überträgt, übernimmt Marx einfach komplette Bausteine aus dem Denken anderer und schneidet sie passend zu. Die »Ausbeutung« findet er bei Hall, Godwin und Thompson. Ganz besonders gründlich bedient er sich bei Hess. Von ihm lässt er sich nicht nur vom Kommunismus entzünden. Er übernimmt auch dessen höchst originelle Theorie des Geldes, die 1843 in den *Jahrbüchern* erscheinen sollte. Was Hess *Über das Geldwesen* schreibt, ist bahnbrechend. Das Geld macht die hergestellten Produkte zur Ware, die universal veräußert werden können. Was ehemals Ausdruck menschlichen Schaffens war, ist nun Tauschgegenstand. Wo das Geld regiert, wird Menschliches abstrakt. Ein seltsames Drittes ohne eigenen materiellen Wert legt nun den Wert aller Werte fest. Alles hat seinen Preis, und aller Wert lässt sich in Zahlen ausdrücken. Das profane Geld nichtet den Wert von alledem, was sich nicht an ihm bemessen lässt. Wo die Quantität von viel oder wenig zum Maß aller Dinge wird, geht jede soziale Qualität, jeder Sinn für das ursprünglich Menschliche verloren.

"Das Sein bestimmt das Bewusstsein" (frei nach Feuerbach)

Marx verdankt Hess viel, auch wenn er es sich nicht anmerken lässt. Berühmter noch als seine Übernahme der »Entfremdung« und der Geldtheorie ist die Gedankenfigur von *Bau und Unterbau*. Der »Bau« sind die Herrschenden, und ihre Leitideologie, der »Unterbau«, ist die Ökonomie. Doch Marx zerlegt den »Unterbau« auf originelle Weise: in *Produktivkräfte* (die Arbeiter und die Maschinen) und *Produktionsverhältnisse* (die Art der Herrschaft über die Produktivkräfte). Verändert sich der Unterbau (etwa von der Agrargesellschaft zur Industrieproduktion), so ändern sich die Besitzverhältnisse (etwa vom Adel zum Bürgertum). Und mit dem Unterbau ändert sich zugleich der Bau: Aus dem Gottesgnadentum der Fürsten wird der bürgerliche Liberalismus. Auch wenn Marx den Satz »Das Sein bestimmt das Bewusstsein«, frei nach Feuerbach, erst viel später schreiben wird – die Gedankenfigur ist schon da: Wenn sich die Ökonomie ändert, ändern sich die Herrschaftsverhältnisse und mit ihnen das Selbstverständnis und die Leitideologie der Zeit.

Fehlt noch das philosophische Geschichtsbild, das alles in einen logischen und dynamischen Prozess auf dem Welttheater verwandelt. Hier wird Marx bei Hegel fündig. Von ihm übernimmt er das Bild von »Herr und Knecht« aus dessen *Phänomenologie des Geistes* und deutet es als jenes von Kapitalist und Proletarier. Überhaupt nutzt er den großen Überphilosophen als unerschöpflichen Steinbruch bis hinein in wörtliche Formulierungen. Am wichtigsten aber ist, dass Marx Hegels Geschichtsphilosophie zustimmt. Die Geschichte der Menschheit ist eine dialektisch in Stufen aufsteigende Höherentwicklung. Und wo Hegel den Geist zu sich selbst kommen lässt, lässt Marx den Menschen zu sich selbst kommen in einer endlich menschengerechten Gesellschaft. Das »Ende der Geschichte« ist dadurch natürlich nicht das gleiche. Für Hegel ist es der preußische Beamtenstaat Friedrich Wilhelms III. und liegt in seiner Gegenwart. Für Marx ist es die »klassenlose Gesellschaft« – und die liegt wie bei Saint-Simon, Fourier und Cabet in der Zukunft.

Weiteres Baumaterial besorgt sich Marx bei den Klassikern der englischen Nationalökonomie, die er 1845 in der Bibliothek von Manchester liest. Allen voran natürlich Adam Smith Der große schottische Nationalökonom des 18. Jahrhunderts war wahrlich kein Kommunist, sondern ein überzeugter Liberaler. Aber Marx schätzt die Präzision, mit der Smith den Kapitalismus beschreibt und seine Gesetzmäßigkeiten entdeckt. Er liest ihn als Kind seiner Zeit, das den Erfolg der Ökonomie über die Frage nach der Gerechtigkeit stellt und die Verhältnisse dadurch schönfärbt. Tatsächlich sind Smiths Prophezeiungen, dass das kapitalistische Wirtschaften am Ende allen – oder doch den meisten – nützt, siebzig Jahre später nicht eingetroffen. Während Marx in der Bibliothek von Manchester Smiths *Der Wohlstand der Nationen* liest, strotzt die Stadt von jenen verelendeten Industrieproletariern, die Engels so eindringlich beschrieben hat. Ein Narr, der in solcher Lage Smiths optimistischen Verkündigungen vom Wohl aller Glauben schenkt. Der Fluchtpunkt des Kapitalismus ist nicht das Wohl aller, sondern, wie Proudhon schreibt, die *Massenverelendung*!

Als Marx mit Engels nach Manchester reist, um lebende Proletarier und tote Nationalökonomen zu studieren, ist er bereits kurz zuvor von Paris nach Brüssel geflohen. Die vielen Papiere, die er bei sich trägt, enthalten fast alle seine wesentlichen Gedanken. Doch der Denkprozess, alles systematisch zusammenzufassen, bleibt unabgeschlossen. Das Großwerk erscheint erst zweiundzwanzig Jahre später! Zunächst nämlich sieht Marx sich – unnötigerweise? – gedrängt, gemeinsam mit Engels die Konkurrenz aus dem Feld zu beißen: die Junghegelianer Bauer und Stirner, den großen Feuerbach und die französischen Rivalen in Form von Proudhon. Und als das geschafft ist, kommt erst einmal die Weltgeschichte dazwischen …

Jäger, Fischer, Hirten, Kritiker

Eigentlich sollte ein Aufsatz genügen. Aber die zwanzig Seiten, die Engels Marx vorlegt, geraten diesem zu Buchlänge. *Die deutsche Ideologie. Kritik der neuesten deutschen Philosophie und ihrer Repräsentanten Feuerbach, B. Bauer und Stirner.* Es ist der zweite Text des Autorenduos. Zuvor hatte Bruno Bauer schon einzeln sein Fett weggekriegt, in *Die heilige Familie, oder Kritik der kritischen Kritik*. Das Ziel beider Werke ist klar umrissen: die lästige linke Konkurrenz aus dem Feld zu schlagen und die eigene Position dabei zu erproben und zu schärfen.

An Bauer stört Marx und Engels der mangelnde Wille zur Tat. Als Epigone Hegels scheint der ehemalige Mitstreiter zu glauben, es gehe eigentlich nur um eine Revolution des Bewusstseins. Ist das Denken erst revolutioniert, so halte die Wirklichkeit, ganz im Sinne Hegels, nicht mehr lange stand. Für Marx und Engels ist diese »kritische Kritik« so elitär wie weltfremd. Alles Revolutionäre findet bei Bauer im Kopf weniger ausgewählter Philosophen statt, und der Masse bleibt nur eine passive Rolle. Dagegen setzen Marx und Engels nun zum ersten Mal ihr Gegenmodell: das aktive *Proletariat*, einen Begriff, der gerade bei den französischen Sozialisten in Mode ist. Der Proletarier, wie Marx und Engels ihn sehen, ist der Prototyp des entfremdeten Menschen. Ausgebeutet und rechtlos wie er ist, fällt ihm die historische Rolle zu, die Entfremdung aufzuheben und die Macht zu übernehmen. Nicht die Philosophen ändern die Welt – es werden die Proletarier aller Länder sein.

Marx' Liebe zum Proletariat kommt nicht aus eigener Erfahrung, anders als bei Engels, der sich insbesondere zu Proletarierinnen hingezogen fühlt. Menschlich gesehen beschäftigen Marx die Arbeiter nicht besonders, und auch ihre Psychologie ist ihm egal. Einzelne Menschen interessieren ihn ohnehin wenig, sondern vor allem die Dynamik einer »Klasse«. Und deren weltgeschichtliche Rolle hält er für logisch-dialektisch vorherbestimmt.

Mit dem Proletariat als Ass im Ärmel können Marx und Engels den ehemals Gleichgesinnten »welterschütternde Phrasen« nachsagen. Dagegen kennen sie die Kraft, die die Welt in Zukunft tatsächlich umgestalten wird, wenn die Zeit dafür reif ist.

In diesem Sinne macht *Die deutsche Ideologie* da weiter, wo die *Heilige Familie* aufgehört hat. Alle weltbewegenden Gedanken der Linkshegelianer – nichts als Kopfgeburten! Keine Bodenhaftung und keine Wirklichkeit, nur »Gedankenhelden« in einer philosophischen Blase. Den heutigen Leser dürften die Linkshegelianer mit ihren aufgespreizten Begriffswelten an die Achtundsechziger-Revolutionäre erinnern. Denn genau das ist das Bild, das Marx und Engels von der Weltfremdheit der bürgerlichen Revolutionäre und ihrer Selbstüberschätzung zeichnen. Dagegen erzählt das Autorenduo dem Leser (oder sich selbst) eine ganz nüchterne Geschichte, nämlich die der Ökonomie. In der Art, wie Menschen ihre Lebensmittel produzieren, ihre Gesellschaft danach ausrichten und sich die dazu passenden Herrschaftsformen herausbilden, sehen sie die »rein empirischen« Grundlagen ihrer Theorie. Von hier aus analysiert Marx die Wirtschaftsgeschichte und ihre Perioden von der Antike bis heute frei nach Adam Smith – allerdings mit neuer »materialistischer« Grundierung. In der Gegenwart stünden wir nun beim Klassengegensatz von Bourgeoisie und Proletariat; ein unerträglicher Zustand, der nicht ewig anhalten kann, sondern aufgehoben wird, wenn die Geschichte – wie soll man sagen? – vorwärts zurückgedreht wird. Ist die Revolution erst gemacht, werden Menschen wieder selbstbestimmt und individuell leben. Sie werden wie in ihren Anfängen für sich selbst produzieren, allerdings mithilfe immer besserer Maschinen. Und sie werden nicht länger entfremdet sein.

Die Passage ist die berühmteste des ganzen Werks. Alles Elend des Menschen liegt in der Arbeitsteilung, der Spezialisierung und der Lohnarbeit: »Sowie nämlich die Arbeit verteilt zu werden anfängt, hat jeder einen bestimmten ausschließlichen Kreis der Tätigkeit, der ihm aufgedrängt wird, aus dem er nicht heraus kann; er ist Jäger, Fischer oder Hirt oder kritischer Kritiker und muss es bleiben, wenn er nicht die Mittel zum Leben verlieren will – während in der kommunistischen Gesellschaft, wo jeder nicht einen ausschließlichen Kreis der Tätigkeit hat, sondern sich in jedem beliebigen Zweige ausbilden kann, die Gesellschaft die allgemeine Produktion regelt und mir eben dadurch möglich macht, heute dies, morgen jenes zu tun, morgens zu jagen, nachmittags zu fischen, abends Viehzucht zu treiben und nach dem Essen zu kritisieren, wie ich gerade Lust habe, ohne je Jäger, Fischer, Hirt oder Kritiker zu werden.«[93]

Was für eine Definition des Kommunismus! Nicht die Abschaffung des Privateigentums, nicht irgendeine Gleichmacherei, sondern das Ende der entfremdeten Arbeit und die Rückkehr zur selbstbestimmten Tätigkeit machen den Kommunismus aus. Zu gerne hätte man gewusst, wie hinter der Bühne der Selbstverwirklichung der Individuen die »Gesellschaft« in den Kulissen still und unermüdlich die »allgemeine Produktion regelt«. Durch Verstaatlichung der Produktionsmittel? Durch ihre Vergesellschaftung? Durch Automation und immer produktivere Maschinen? An diesem Punkt schweigen die Autoren. Sie verraten uns auch nicht, warum sie beim Anblick der Industrieschlote von 1845 von archaischen Berufsbildern wie Jägern, Fischern und Hirten sprechen, statt von unabhängigen Kohlegräbern und Stahlgießern. Wird diese Arbeit in Zukunft völlig von der »allgemeinen Produktion« ganz ohne Menschen geregelt? Ein moderner Marx-Biograf hat in die Passage im Nachhinein viel Ironie hineingelesen: Die Autoren karikierten mit ihren Schäferromantik-Berufen das Leben »arbeitsscheuer englischer Aristokaten![94] Doch von Ironie kann nicht die Rede sein. Die Passage ist eine getreue Wiedergabe von Fourier mit seinen archetypischen Tätigkeiten des Sammlers, Jägers, Hirten und Fischers. Nicht müßiggängerische Engländer, sondern französische Phalansterien stehen hier Pate. Und die Jäger, Fischer, Hirten und (neu hinzugefügten) Kritiker sind eine Allegorie des von Marx und Engels bald darauf utopisch genannten Sozialismus; zeitlose Bilder eines guten, selbstbestimmten Lebens.

Von einem solchen Leben sind die Menschen in Deutschland 1845 weit entfernt. Auch die meisten linken Denker können es sich kaum vorstellen. Gerade deshalb werfen Marx und Engels fast allen deutschen Sozialkritikern »Borniertheit« vor: Es mangele ihnen an Vorstellungsvermögen! Was ist der Hegelianer Bauer, der hier erneut zur Zielscheibe wird, anderes als jemand, der Kritik um ihrer selbst willen betreibt? Was ist Stirners gerade erschienenes Werk *Der Einzige und sein Eigentum*? Ein kleinbürgerlicher Anarchismus, der den Menschen ein »*anything goes*« zuschleudert, völlig ohne Geschichtsphilosophie. Stirner erlaubt jedem, ein Egoist zu sein und endlich frei von Religion, Staat und anderen Bindungen zu leben. Aber »Sankt Max«, kritisieren Marx und Engels, bietet der Gesellschaft keine Zukunftsperspektive an. Wie fortschrittlich erscheint den weltläufigen, Exil-gestählten Kritikern dagegen der französische und der englische Sozialismus und Kommunismus! Kleinbürgertum und Literatur hier – proletarisch-kommunistische Arbeiterbewegung dort.

Der Text, in dieser Länge nicht veröffentlichbar, bleibt Fragment, was Marx im Gegensatz zu Engels nicht groß stört. Nicht minder unnötig erscheint sein nächstes Werk, eine Abrechnung mit den eben noch gegenüber den deutschen Linken gerühmten Franzosen in Person von Proudhon. Marx hat den höflichen und bescheidenen Kollegen 1844 in Paris persönlich kennengelernt und mit ihm freundschaftlich diskutiert. Gemäß seinen Erinnerungen hat er ihn dabei zu dessen »großen Schaden mit Hegelianismus infiziert« – was Proudhon nicht viel genützt hätte, da er kein Deutsch konnte.[95]

Als Marx von Brüssel aus vergeblich versucht, den Franzosen auf seine Seite zu ziehen und gegen den als Konkurrenz empfundenen linken Journalisten *Karl Grün* (1817–1887) auszuspielen, ist das Maß voll. Wer nicht hundertprozentig für Marx ist, ist gegen ihn! Auch Proudhon trifft der Vorwurf, zu kleinbürgerlich zu sein. Auf dessen neuestes Werk *Système des contradictions économiques ou philosophie de la misère* (*System der ökonomischen Widersprüche oder: Philosophie des Elends*) reagiert der argwöhnische Marx mit einer Schmähschrift: *Misère de la philosophie* (*Das Elend der Philosophie*). Für Marx mangelt es Proudhon an Hegel-Kenntnissen. Denn anders als der Deutsche sieht der Franzose die Welt nicht durch gesellschaftliche Bewegungsgesetze bestimmt, die notwendig auf das Ende des Kapitalismus zutreiben. Für Proudhon geht es im Angesicht von »Monopolbildungen« und »Massenverelendung« um Recht und Unrecht. Für Marx dagegen handelt es sich um eine notwendige Entwicklung, bei der die klassenlose Gesellschaft gleichsam naturgesetzlich aus dem hohl drehenden Kapitalismus entspringt.

Dass Proudhon auf Marx' in kleiner Stückzahl erschienener Schrift nicht reagiert, versteht sich von selbst. Wer ist schon dieser unbekannte Karl Marx im Vergleich zum bekanntesten linken Denker Frankreichs? Dabei hat Marx sich bei der Kritik seines Kontrahenten ein weiteres Mal vollgesogen: »Mehrwert«, »Monopolbildung«, »Massenverelendung«: Die Begriffe baut er sofort in sein eigenes System ein. Der Grundriss ist nun fast fertig: Entsprungen aus der Art, wie Menschen ihre Nahrungsmittel anbauen und verteilen, erwuchs nach mehreren Stufen der moderne Kapitalismus. Doch mit der arbeitsteiligen Produktion stieg zugleich die Entfremdung und machte den Großteil der Menschen zu Lohnsklaven. Ihr Elend ist der Mehrwert des Kapitalisten, nämlich der nicht angemessen gezahlte Lohn für ihre Produktivität. Monopolbildungen und Massenverelendung treiben das System immer weiter auf die Spitze, bis die Produktivkräfte (die Arbeiter und Maschinen) in einen unauflöslichen Gegensatz zu den Produktionsverhältnissen (der Besitzverteilung) geraten. An diesem Punkt schlägt der bourgeoise Kapitalismus um. Er zerbricht an seinen Widersprüchen wie früher die Sklavenhaltergesellschaften oder die Aristokratie. Alles was dem Proletariat zu tun bleibt, ist, sich zu einer kurzzeitigen »Diktatur des Proletariats« zu erheben, den morschen Kapitalismus abzuräumen und die klassenlose Gesellschaft zu errichten. – Fragt sich nur: *wie* und *wann*?

1848: Das Jahr der Gespenster

Am 3. März 1848 erhält Marx in Brüssel einen Ausweisungsbefehl. Er ist noch keine dreißig Jahre alt und schon verdammt zu einem Leben von Flucht und Exil. Die nächste Station ist wieder Paris. Eine Woche zuvor ist hier erneut eine Revolution ausgebrochen. Aufgebrachte Bürger haben zum dritten Mal Barrikaden errichtet, diesmal den »Bürgerkönig« verjagt und zum Umsturz aufgerufen. Die Kommunisten, Sozialisten, Republikaner, Nationalisten, Internationalisten und sonstigen Freiheitskämpfer in Europa sind elektrisiert. Ist dies die letzte – die große und endgültige – Revolution?

Am gleichen Tag, an dem Marx' Ausweisung erfolgt, geht eine kleine Schrift in Druck, eine Auftragsarbeit von Marx und Engels für den Bund der Kommunisten in London; keine große Organisation, sondern ein kleiner Exil-Club. Der Titel des Büchleins: *Das Manifest der kommunistischen Partei*; ein heute legendärer Text, folgenreich und erfolgreich wie im westlichen Kulturkreis nur noch die Bibel. Das Thema ist der Aufstieg, die Gegenwart und die Zukunft des Kapitalismus. In flammenden Worten liest man über den Globalisierungs- und Verwertungsdrang des Kapitals, die unaufhaltsame industrielle Revolution, die Macht, Größe und Gewalt der »Bourgeoisie«, die alles hinwegfegt, was Menschen ehedem wertvoll und heilig war: »Das Bedürfnis nach einem stets ausgedehnteren Absatz für ihre Produkte jagt die Bourgeoisie über die ganze Erdkugel. Überall muss sie sich einnisten, überall anbauen, überall Verbindungen herstellen. Die Bourgeoisie hat durch ihre Exploitation des Weltmarktes die Produktion und Konsumption aller Länder kosmopolitisch gestaltet.«[9]

All das prognostizieren Marx und Engels 1848, als die Welt noch lange nicht globalisiert, der Kapitalismus noch lange nicht Weltreligion ist! Wenn heute die Disruptionen der digitalen Ökonomie die Volkswirtschaften aufmischen und nationale Industrien vernichten und ersetzen, wenn das kapitalistische Denken in unsere letzten Sozialräume eindringt, unsere Hilfsbereitschaft, jemanden mitzunehmen, durch Uber, unsere Freundlichkeit, jemandem ein Zimmer zu überlassen, durch Airbnb ersetzt, wenn der »Fetischcharakter« unserer Waren uns in Statuswelten und Werbe-Imagogien einspinnt, wenn wir uns täglich mit nichts so sehr beschäftigen wie mit Preisen – dann hat sich diese große Prophezeiung erfüllt: »Die uralten nationalen Industrien sind vernichtet worden und werden noch täglich vernichtet. Sie werden verdrängt durch neue Industrien, deren Einführung eine Lebensfrage für alle zivilisierten Nationen wird, durch Industrien, die nicht mehr einheimische Rohstoffe, sondern den entlegensten Zonen angehörige Rohstoffe verarbeiten und deren Fabrikate nicht nur im Lande selbst, sondern in allen Weltteilen zugleich verbraucht werden.«[97] Wer sein Handy betrachtet, entworfen in den USA, zusammengebaut in China und gefertigt unter Verwendung von Kobalt, Zinn, Tantal und Wolfram, die Kinder in Hunger- und Bürgerkriegsländern aus der Erde geholt haben, der hat dem nichts hinzuzufügen.

Als ein kurzer kluger Text über den Kapitalismus hat das kommunistische Manifest bis heute nichts an Glanz verloren. Und dass es die Geschichte als eine »Geschichte von Klassenkämpfen« deutet, mag überspitzt, aber deswegen nicht ganz falsch sein. Aber was ist mit dem Kommunismus? Gleich zu Anfang wird er beschworen als ein Gespenst, das in Europa umgehe und von allen europäischen Mächten »als eine Macht anerkannt« werde?[98] So klar die Analyse des Kapitalismus ist, so rhetorisch ist diese Behauptung. Zwar gibt es die in mehreren Ländern beschriebene »Hetzjagd« gegen Kommunisten – aber gibt es *den* Kommunismus? Auch im *Manifest* wird die Platte gründlich von aller Konkurrenz gesäubert, vom »feudalen Sozialismus« der »Legitimisten«, also von Denkern wie de Lamennais, und dem »kleinbürgerlichen Sozialismus«, der den Kapitalismus reparieren will, statt zu revolutionieren. Marx und Engels denken an den Schweizer Ökonomen *Jean-Charles-Léonard Simonde de Sismondi* (1773–1842), der sich große Sorgen darüber machte, woher der langfristige Profit der Unternehmer kommen soll, wenn man seine Arbeiter nicht so anständig bezahlt, dass sie die produzierten Waren selbst kaufen können. Abgerechnet wird auch mit dem »deutschen oder wahren Sozialismus« Weitlings und dem »konservativen oder Bourgeoissozialismus« der »Ökonomisten, Philanthropen, Humanitären, Verbesserern der Lage der arbeitenden Klassen, Wohltätigkeitsorganisierern« und so weiter. Und zuletzt muss auch der »kritisch-utopische Sozialismus und Kommunismus« von Saint-Simon, Fourier, Owen und Cabet dran glauben, weil er erstens zu Sekten geführt habe und zweitens die historische Rolle des Proletariats nicht erkannte.

Bleiben nur noch Marx und Engels und ihr kleiner Kommunistenbund übrig: der historisch bahnbrechende Kommunismus, der als Einziger den Geschichtsauftrag erfüllen soll, das Proletariat an die Macht zu bringen. Doch dieser Kommunismus ist in der Tat nur ein »Gespenst« und überhaupt keine »Macht«. Sollten Marx und Engels je davon geträumt haben, eine zu sein, so werden sie in Paris schnell eines Besseren belehrt. Die Franzosen nehmen die beiden nach wie vor kaum wahr. Und sie kämpfen auch nicht geschlossen für eine proletarische Revolution. Die neue provisorische Regierung besteht aus Sozialisten wie Louis Blanc, aber auch aus liberalen Demokraten und Konservativen. Sie verabschiedet ein allgemeines Wahlrecht für Männer und legt das »Recht auf Arbeit« fest. Doch von Enteignungen oder Vergesellschaftung der Produktionsmittel ist die Revolutionsregierung weit entfernt. Und selbst wenn die französische Februarrevolution im März auf andere europäische Länder übergreift – von einer Vereinigung der »Proletarier aller Länder« kann nicht die

Rede sein. Jeder macht, was er will, keiner macht, was er nach Meinung von Marx und Engels tun soll. Aber überall wird etwas Aufständisches gemacht: in Polen, in Italien, in Böhmen, in Ungarn, in Österreich, in Preußen, in Baden, in Bayern, in Sachsen und in Holstein.

Marx bleibt nicht in Paris. Es zieht ihn zurück nach Köln. Hier haben sich am 3. März, demselben Tag, an dem man Marx aus Brüssel ausweist, zweitausend Aufständische vor dem Rathaus versammelt, um für Vereins-, Versammlungs- und Pressefreiheit zu demonstrieren, aber auch für den Schutz der heimischen Wirtschaft vor ausländischer Konkurrenz und gegen die Rationalisierung ihrer Arbeit durch Maschinen. Der zweite Teil der Forderungen ist genau das Gegenteil von dem, wie Marx und Engels die Welt sehen: Regionalismus und Nationalismus statt internationale Solidarität; Zukunftsangst vor der Technik statt Vertrauen in die gesellschaftsverändernde Kraft der »Automation«. In kürzester Zeit sind die deutschen Revolutionäre aus Brüssel mit den Lokalmatadoren des Aufstands in Köln heillos zerstritten. Weder mit den liberalen Bürgern noch mit den Handwerkern und schon gar nicht dem Proletariat ist irgendein Staat zu machen. In den anderen deutschen Landen ist es nicht anders. Und auch in Paris gehen die Dinge gründlich schief. Bei der Wahl zur Nationalversammlung im 23. April unterliegt die Linke dem Besitzbürgertum. Die »Bourgeoisie« geht erneut als Sieger hervor, gewählt vor allem von den Bauern.

Marx in Köln ist bestürzt und erzürnt. Er lässt die *Rheinische Zeitung* als *Neue Rheinische Zeitung* aufleben und investiert dafür sein gesamtes, nicht gerade üppiges Privatvermögen. Hier kommentiert er die von ihm sogenannten Juniaufstände der Arbeiter in Paris und deren blutige Niederschlagung – das Ende aller revolutionären Hoffnungen in Frankreich. Von nun an wird das Bürgertum mit dem Proletariat keine gemeinsame Sache mehr machen. In Marx entflammt ein revolutionäres Pathos aus Enttäuschung und Trotz: »Die resultatlosen Metzeleien seit den Juni-

und Oktobertagen, das langweilige Opferfest seit Februar und März, der Kannibalismus der Konterrevolution selbst wird die Völker überzeugen, daß es nur ein Mittel gibt, die mörderischen Todeswehn der alten Gesellschaft, die blutigen Geburtswehn der neuen Gesellschaft *abzukürzen*, zu vereinfachen, zu konzentrieren, nur *ein Mittel – den revolutionären Terrorismus*. Est-ce clair, messieurs?«[99]

Nicht immer wird Marx in solcher Entschiedenheit zum gewaltsamen Kampf aufrufen. Doch nicht nur die Massaker von Paris, auch das Scheitern der sogenannten 1848er-Revolution in Deutschland, lassen Marx von einem »Weltkrieg« gegen die »reaktionären Klassen« träumen. Den Deputierten der Nationalversammlung in der Frankfurter Paulskirche – darunter auch Ludwig Feuerbach als Zaungast und schnell desillusioniertem Anhänger der »Radikalen« – war im März 1849 nichts Besseres eingefallen, als dem preußischen König Friedrich Wilhelm IV. die Kaiserkrone anzudienen, die dieser ablehnt. Für den verbitterten Marx der Beweis, dass von einer bürgerlichen Revolution in Deutschland nie und nimmer etwas Gutes zu erwarten ist. Entweder eine »sozial-republikanische Revolution« oder eben »feudal-absolutistische Konterrevolution« – etwas anderes sei in Deutschland nicht drin.[100]

Als im Dezember 1848 Louis Napoleon, ein Neffe Napoleon Bonapartes, mit einer Dreiviertelmehrheit zum neuen französischen Staatspräsidenten gewählt wird, sind die letzten Illusionen dahin. Das Jahr der Gespenster ist beendet. Marx bleibt nur, den großen Kommentar zu schreiben, mit zwei literarischen Meisterwerken: *Die Klassenkämpfe in Frankreich* und *Der achtzehnte Brumaire des Louis Bonaparte*. Der erste Aufsatz erscheint 1850 als Artikelserie in Marx' neuer *Neuen Rheinischen Zeitung. Politisch-ökonomische Revue*. Der zweite wird 1852 in der völlig unbedeutenden Zeitung *Die Revolution* in fünfhundert Exemplaren in New York publiziert. Marx' Thema ist die Machtübernahme Louis Napoleons, der sich fortan Napoleon III. nennt.

Für den Revolutionär ist der neue Monarch eine lächerliche Figur und Ausdruck der Verkommenheit der bürgerlichen Gesellschaft. Was ist sein »Staatsstreich en miniature« schon gegen den seines Onkels! Der erste Satz des schmissigen Textes, zu Marx' Zeit weder gelesen noch zitiert, wird später zu einem berühmten Zitat: »Hegel bemerkte irgendwo, daß alle großen weltgeschichtlichen Tatsachen und Personen sich sozusagen zweimal ereignen. Er hat vergessen, hinzuzufügen: das eine Mal als Tragödie, das andere Mal als lumpige Farce.«[101]

Klassenkampf ums Dasein

Die Entstehung der Arten – Ohne Phosphor kein Gedanke! –
Survival of the fittest – Das Kapital –
Das Axiom der Freiheit – Freiheit und Staat

Die Entstehung der Arten

Es gibt eine unter Populärwissenschaftlern und Biologielehrern berühmte Erzählung. Sie berichtet davon, wie ein junger Engländer, der sich zur Unterhaltung des Kapitäns Robert FitzRoy an Bord des Forschungsschiffs HMS *Beagle* befand, auf den Galapagosinseln Fossilien riesiger ausgestorbener Tiere, gewaltige Schildkröten und Finken mit höchst eigenwilligen Schnäbeln studierte, um durch präzise Beobachtung zu dem Schluss zu kommen, dass die Arten in der Natur veränderlich seien.

Der Name des damals zweiundzwanzigjährigen Forschers ist *Charles Robert Darwin* (1809–1882). Und hätte sich die Geburt der modernen Evolutionstheorie so zugetragen, sie wäre ein wunderbarer Beleg für die These gewesen, dass jeder große Fortschritt in der Wissenschaft sich der Induktion verdankt: dem Schluss aus sorgfältigen empirischen Beobachtungen auf ein allgemeines Prinzip. Das Zeitalter des Positivismus und der Szientisten hätte seinen größtmöglichen Triumph erfahren. Und den Philosophen bliebe nur, müßig daneben zu stehen.

Allein, diese Erzählung ist eine Sage. So sicher es ist, dass Darwin sich an Bord der *Beagle* befand, dass er Fossilien und neue Tierarten entdeckte und dass er sorgfältig verzeichnete, dass die Vögel der Galapagosinseln unterschiedliche Schnäbel, angepasst an ihre Lebensweise, hatten – so falsch ist, dass die neue Theorie der Evolution ein Induktionsschluss war.

Darwins Weltumseglung mit der *Beagle* in den Jahren 1831 bis 1836 ist bestens dokumentiert, vor allem von ihm selbst; ebenso seine Beobachtung der Vögel, die je nach Insel verschiedene Schnabelformen hatten und sich ganz unterschiedlich ernährten. Aber woher sollte Darwin wissen, dass all diese Vögel Finken waren? Schon schwierig genug, die englische Vogelwelt auseinanderzuhalten. Und so sah der junge Reisende auch nicht, dass die beobachteten Vögel der Galapagosinseln von gemeinsamen Vorfahren abstammten, die sich durch die Isolation der Lebensräume unterschiedlich spezialisiert und damit verändert hatten. Um das zu erkennen, brauchte er nach seiner Rückkehr nach London einen hochgradigen Spezialisten: den Ornithologen John Gould – und zu diesem Zeitpunkt hatten Darwin bereits ganz andere Gedanken auf die Fährte seiner Evolutionstheorie geführt.

Darwin wurde in Shrewsbury geboren und hat in Edinburgh Medizin studiert. Doch er tut sich schwer mit dem Fach und interessiert sich viel mehr für Biologie. Im Jahr 1828 beginnt er ein ebenso wenig geliebtes Theologie-Studium in Cambridge und bewohnt dort das gleiche Studentenzimmer wie siebzig Jahre vor ihm der Theologe *William Paley* (1743–1805). Dessen *Natural Theology* (*Natürliche Theologie*) ist auch noch zu Darwins Zeit ein Bestseller. Sie erklärt sachkundig und detailliert, wie Gott die vielen verschiedenen Phänomene der Natur, Schnäbel, Krallen,

Federn und Flossen, so perfekt designt hat, dass sie optimal funktionieren. Wie ein Uhrmacher sein Uhrwerk, so hat Gott alles sorgfältig aufeinander abgestimmt. Darwin, der sich nach wie vor mehr für Biologie interessiert als für alles andere, ist davon stark beeindruckt.

Ein halbes Jahr nach seinem Abschluss in Cambridge erhält er das Angebot zu seiner großen Reise mit der *Beagle*. Als er im Herbst 1836 mit reicher Ausbeute zurückkehrt, ist er ein gefeierter Naturforscher. Seine vielen Gedanken über die Natur und ihre Entwicklungsgeschichte vermerkt er in seinen zahlreichen Notizbüchern. Doch die Lektüren und Impulse, die er hier verarbeitet, stammen nur selten aus der Biologie. Zu seiner Evolutionstheorie kommt Darwin vor allem durch philosophische Schriften. Er liest eine lange Rezension zum gerade erschienenen ersten Band von Comtes *Cours* im *Edinburgh Review*. Vom Franzosen lässt er sich überzeugen, dass die Gesetze der Natur »universal« sein müssten, aber dass sie nicht (von Gott) vorausgedacht sind: »M. le Comte argumentiert gegen jeden Plan – es ist das, wozu auch ich tendiere.«[102]

Wesentlich einflussreicher noch wird Darwins Beschäftigung mit Adam Smith. Darwin liest den schottischen Philosophen und Nationalökonomen nicht im Original, sondern in Form von Dugald Stewarts *On the Life and Writings of Adam Smith* (Leben und Werk von Adam Smith) aus dem Jahr 1829. Als Moralphilosoph hatte Smith das Funktionieren der Wirtschaftskreisläufe damit erklärt, dass jedes Individuum nach seinem persönlichen Vorteil strebt. Der daraus entstehende kapitalistische Wettbewerb um Marktvorteile wirke zwar auf den ersten Blick ungeordnet und rücksichtslos, führe aber zu einer blühenden Ökonomie. Weil die starken und cleveren Marktteilnehmer sich durchsetzen, die schwachen verdrängt und ausgemerzt werden, steigt die Produktivität. Die steigende Produktivität wiederum ermögliche den Wohlstand der Nationen. Und das alles nicht etwa, weil eine Regierung die Wirtschaft klug vorausplant, sondern weil freier Wettbewerb herrscht.

Darwin ist entzündet und wendet sich kurz darauf dem belgischen Astronomen und Statistiker *Adolphe Quetelet* (1796–1874) zu. Was Smith über Wettbewerb, Ressourcen und Nationen schreibt, ergänzt Quetelet mit Statistiken. Die englische Übersetzung von dessen 1835 erschienenem zweibändigen Hauptwerk *Sur l'homme et le développement de ses facultés, ou essai de physique sociale* (*Über den Menschen und die Entwicklung seiner Fähigkeiten*) ist 1838 herausgekommen, und Darwin gehört zu den frühen Lesern. Gleich auf der ersten Seite heißt es: »Menschen werden geboren, wachsen auf und sterben gemäß bestimmter Gesetze, die noch niemand sorgfältig erforscht hat, weder als Ganzes, noch in ihren wechselseitigen Beziehungen.«[103] Dieses Manko will Quetelet beheben, indem er die Populationsdynamik in Belgien berechnet. Die These, dass die Bevölkerung zu stark steigt, um in Zukunft ausreichend ernährt werden zu können, kennt Darwin schon aus der Lektüre von Malthus. Im September 1838 liest er zum zweiten Mal dessen Essay über die Bevölkerungsentwicklung. Spätestens jetzt ist die Theorie, die in ihm schlummert, gereift. In der Natur geht es nicht anders zu als in der kapitalistischen Ökonomie. Ein Wettkampf aller gegen alle, der *struggle for life*, wie Malthus ihn nennt, führt letztlich zur blühenden Biodiversität und zu stabilen Ökosystemen. Die Starken überleben, die Schwachen sterben aus. Und all das ohne jenen planenden Geist, den Paley angenommen hatte. Was Smith die »unsichtbare Hand« des Marktes ist, ist Darwin die »unsichtbare Hand« der Natur.

Die Veränderlichkeit der Arten, die »Transmutation«, von der Diderot, Lamarck und Geoffroy Saint Hilaire gesprochen hatten, ist nun auf eine ganz neue Art begründet. Kein innerer »Bildungstrieb« programmiert die Tierarten, sich im Laufe der Evolution zu vervollkommnen. Die Veränderung geschieht durch den Wettbewerb, die »natürliche Selektion«, in dem die am besten Angepassten den größten Vorteil haben. Und die Umwelt ist mindestens so fragil, wie es die Märkte sind. Dass sich die Erde im Laufe der Jahrmillionen immer wieder verändert hat, kann Darwin bei dem Geologen *Charles Lyell* (1797–1875) lesen. Neue Umwelten schaffen neue Herausforderungen, so wie neue Märkte es tun. Nur die, die sich rasch genug verändern, halten Schritt in der Natur wie in der Wirtschaft.

Ist sein kühner Gedankentransfer von der Ökonomie auf die Natur statthaft? Darwin fühlt sich bestätigt, als er Whewell liest. Der Gegenspieler Mills hatte den Fortschritt in den Wissenschaften gerade nicht auf die Induktion eingeschränkt. Stattdessen erklärt er, wie kühne Hypothesen am Ende zu gut belegten Erkenntnissen führen können. Wo immer es geht, sollten Deduktion und Induktion zusammenspielen. Und genau das tun sie bei Darwin, als er die Finken, die Gould ihm erklärt hat, als Beleg für seine Theorie erkennt, ebenso wie die verschiedenen Riesenschildkröten der Galapagosinseln. Bis zur Veröffentlichung seines bahnbrechenden Werks *On the Origin of Species by Means of Natural Selection* (*Über die Entstehung der Arten durch die natürliche Zuchtwahl*) im Jahr 1859 vergehen allerdings noch mehr als zwanzig Jahre. Zeit, in der Darwin seine Theorie mit ungezählten Belegen untermauert.

Das Buch löst eine heftige Kontroverse auf. Die englische Wissenschaftsgemeinde ist zunächst gespalten, ebenso die deutsche. Fast komplett abgelehnt wird die »Selektionstheorie« in Frankreich. Und im Dezember 1860 liest Marx sie in London: »Während der letzten vier Wochen … habe ich allerlei gelesen. U.a. Darwins Buch über ›Natural Selection‹. Obgleich grob englisch entwickelt, ist dies das Buch, das die naturhistorische Grundlage für unsere Ansicht enthält.«[104] Allerdings sieht Marx auch die Handschrift der klassischen Nationalökonomie, die er sofort aus Darwins Buch herausliest: »Es ist merkwürdig, wie Darwin unter Bestien und Pflanzen seine englische Gesellschaft mit ihrer Teilung der Arbeit, Konkurrenz, Aufschluss neuer Märkte, ›Erfindungen‹ und Malthusschem ›Kampf ums Dasein‹ wiedererkennt. Es ist Hobbes' *Krieg aller gegen alle*, und es erinnert an Hegel in der ›Phänomenologie‹, wo die bürgerliche Gesellschaft als ›geistiges Tierreich‹, während bei Darwin das Tierreich als bürgerliche Gesellschaft figuriert.«[105]

Ohne Phosphor kein Gedanke!

Wenn Darwin recht hat, dass stets die am besten Angepassten überleben, dann steht es um Marx schlecht. Als er *Origin of Species* liest, lebt Marx bereits seit über zehn Jahren in London. Seine finanziellen Verhältnisse sind äußerst bescheiden, und ohne Engels' Unterstützung kommt er nicht über die Runden. Der Geist des Aufbruchs ist überall in Europa verflogen, der Traum vom Kommunismus vorerst ausgeträumt. Die Restauration hat die Kämpfer von einst arg gebeutelt, und der Kapitalismus entfaltet sich überall ohne nennenswerten Widerstand. Auch wenn er unermüdlich dabei ist, mit den verbliebenen Sozialisten und Kommunisten zu korrespondieren, ist Marx kein großer politischer Agitator mehr. Stattdessen erlebt er an sich selbst den täglichen *struggle for life*. Seit 1852 ist er wieder Journalist, aber nicht für eine Kampfzeitschrift, sondern als freier Europakorrespondent der *New York Daily Tribune*, der zu dieser Zeit auflagenstärksten Zeitung der Welt.

Marx wäre nicht Marx, wenn er der *Tribune* nicht ausführliche Analysen und umfangeiche Artikelserien lieferte. Er beschreibt den unaufhaltsamen Aufstieg, die immer rasantere Beschleunigung und die bedingungslose Globalisierung des Kapitalismus, von der er bereits im *Manifest* gesprochen hatte. Im Grunde läuft all dies nach Plan, denn der Kapitalismus soll sich ja zu Tode wachsen, bevor er abstirbt. Kein nationaler Kommunismus, sondern der Kommunismus der Weltgesellschaft ist das für Marx logische Ziel: »Erst wenn eine große soziale Revolution die Ergebnisse der bürgerlichen Epoche, den Weltmarkt und die modernen Produktivkräfte, gemeistert und sie der gemeinsamen Kontrolle der am weitesten fortgeschrittenen Völker unterworfen hat, dann wird der menschliche Fortschritt nicht mehr jenem scheußlichen heidnischen Götzen gleichen, der den Nektar nur aus den Schädeln Erschlagener trinken will.«[106]

Den größten Teil seines Tages verbringt Marx im großen Lesesaal der British Library. Hier findet er den Stoff für seine Zeitungsartikel, aber auch für das nach wie vor geplante Großwerk. Inzwischen steht er mit seiner »materialistischen« Sicht des Menschen und der Gesellschaft allerdings nicht mehr allein da. Während Marx in London seine Kenntnisse in ökonomischen Fragen vertieft, tobt in Deutschland der »Materialismus-Streit«.

Waren in den 1830er-Jahren die meisten Naturforscher und Ärzte noch Romantiker wie Carus gewesen, so schlägt das Klima in den 1840er-Jahren um. Mehr und mehr Naturwissenschaftler distanzieren sich von allzu idealistischen Konzeptionen der Seele und dem Geist. Speerspitze dieses neuen Materialismus ist der Chemiker und Biologe *Carl Vogt* (1817–1895) aus Gießen. Er lernt Bakunin, Proudhon und Herwegh kennen und mischt sich als Linker in die Politik ein. Was er unter einer materialistischen Naturauffassung versteht, erfahren seine Leser von 1845 bis 1847 in den *Physiologischen Briefen*. Es gäbe nichts am Menschen, das sich nicht physiologisch erklären lässt, einschließlich der sogenannten Seele und des Bewusstseins. Die »Seelenthätigkeiten« sind »nur Funktionen der Gehirnsubstanz, entwickeln sich mit dieser und gehen mit derselben wieder zugrunde. Die Seele fährt also nicht in den Fötus, wie der böse Geist in den Besessenen, sondern sie ist ein Produkt der Entwickelung des Gehirns, so gut als die Muskelthätigkeit ein Produkt der Muskelentwickelung, die Absonderung ein Produkt der Drüsenentwickelung ist.«[107]

Kein Gott, keine immaterielle Seele und kein freier Wille – was die Materialisten der Aufklärung wie Hume, La Mettrie, d'Holbach und Helvétius im 18. Jahrhundert behauptet hatten, soll nun, in der Mitte des 19. Jahrhunderts, mit den Methoden der Medizin bewiesen werden. Dass Vogt mit dieser Entzauberung auch einen politischen Neuanfang verbindet, das Ende der Adelsherrschaft in den deutschen Staaten und das Ende der Kirche als Machtinstitution, kostet ihn seinen Lehrstuhl für Zoologie. Doch der Trend ist nicht aufzuhalten. Im Jahr 1852 veröffentlicht der niederländische Arzt *Jacob Moleschott* (1822–1893) sein Buch *Der Kreislauf des Lebens*. Wie Vogt behauptet er, dass keine metaphysische Zutat, nichts Ideelles und kein göttliches Wirken existieren. Der Mensch ist durch und durch Chemie. Berühmt wird vor allem sein an Liebigs *Chemische Briefe* anknüpfender Satz: »Ohne Phosphor kein Gedanke.«[108]

Moleschotts Werk wird ein Erfolgsbuch, in seinen Auflagen nur noch übertroffen von *Ludwig Büchners* (1824–1899) *Kraft und Stoff* aus dem Jahr 1855. Mit einundzwanzig Auflagen in den folgenden fünfzig Jahren schreibt der jüngere Bruder des Dichters Georg Büchner eines der erfolgreichsten Sachbücher in der zweiten Hälfte des 19. Jahrhunderts. Die Resonanz auf die materialistische Weltanschauung ist enorm. Später als in England und in Frankreich bekennt sich nun auch das deutsche Bürgertum nach und nach zu einer rein materialistischen Sicht der Welt.

Auf der 31. Naturforscherversammlung kommt es 1854 zum offenen Streit. Der Göttinger Zoologieprofessor *Rudolf Wagner* (1805–1864) klagt die »Materialisten« an, dass sie die Ordnung der Gesellschaft im Anblick »drohender Weltkämpfe« untergraben. Weder sei es bewiesen, dass der Wille unfrei sei, noch sei das Geheimnis der Seele durch Naturforschung und Medizin gelüftet. Wagners Schriften, sein Plädoyer für die Trennung von Naturforschung und Weltanschauung, Wissen und Glaube, zirkulieren in ganz Deutschland. Doch auch die Gegenschrift findet sich überall. Vogts *Köhlerglaube und Wissenschaft* wirft dem Kontrahenten seine wissenschaftliche Mittelmäßigkeit und sein politisches Desinteresse vor. Wer 1848 nicht für ein einiges und freies Deutschland gekämpft habe, der habe auch nicht das Recht, sich um dessen Zukunft zu sorgen.

Auf der Suche nach politischen Mitstreitern wendet sich Vogt

1859 auch an die deutschen Emigranten in London. Über Freiligrath gelangt die Schrift zu Marx. Der aber lässt sich von dem badischen Revolutionär Karl Blind weismachen, dass Vogt ein französischer Agent sei. Der enttäuschte Naturforscher ärgert sich dermaßen über die unberechtigten Anschuldigungen, dass er Marx als Verschwörungstheoretiker und Chef einer »Clique von Flüchtlingen« abkanzelt. Marx rächt sich mit einer gnadenlos polemischen Schmähschrift gegen Vogt.

Tatsächlich stört ihn nicht nur die von ihm verunglimpfte Person Vogt, sondern die ganze philosophische Richtung. Marx war durch Feuerbach zum Materialismus gekommen, den er zugunsten eines neuen, später von Engels so genannten »historischen Materialismus« überwunden zu haben glaubt. Marx teilt nicht nur die Ansichten Vogts, Moleschotts und Büchners über die stoffliche Natur der Seele. Er betrachtet darüber hinaus auch den Lauf der Weltgeschichte als durch materielle Ursachen bestimmt, nämlich durch die Art, wie Menschen ihre Nahrungsmittel produzieren. Als ehernes Gesetz durchwirkt zudem Hegels Dialektik den gesamten Prozess von den primitiven Anfängen des Menschseins hin zur künftigen klassenlosen Gesellschaft.

All dies fehlt bei den Naturforschern. Kein Wunder, dass Marx und Engels die im Gegensatz zu ihnen in Deutschland sehr erfolgreichen Autoren als unliebsame Konkurrenz sehen. Der gebildete deutsche Lehrer, Arzt oder Jurist der 1850er- und 1860er-Jahre hat Büchner und Moleschott in seinem Kirschholzregal stehen; Marx kennt er nicht. Voll Verachtung für die erfolgreichen Populärwissenschaftler wird Engels später von einem »mechanischen« Materialismus sprechen; einem Materialismus in seiner »verflachten, vulgarisierten Gestalt«, der »in den fünfziger Jahren von Büchner, Vogt und Moleschott gereisepredigt wurde«.[109] Der von Engels so betitelte »vulgäre Reiseprediger-Materialismus«[110] führt später bei Marxisten zum Schimpfwort des »Vulgärmaterialismus« – ein Materialismus, der die historisch-ökonomischen Grundlagen des Fortschritts nicht begriffen habe.

Als Darwins *Über die Entstehung der Arten* 1859 erscheint, sehen sich Vogt, Moleschott und Büchner bestätigt. Nicht Hegel, sondern die Selektionstheorie gibt ihrem materialistischen Naturverständnis eine historische Tiefendimension. Und das materialistische »Dreigestirn« macht sich viele Mühe, um Darwins Thesen in Deutschland zu popularisieren. Die Frage, wie man es mit der neuen Evolutionstheorie hält, ist nur selten eine fachwissenschaftliche. Ob man ihr zustimmt oder nicht, entscheidet sich zumeist weltanschaulich. So verkündet der junge Biologe *Ernst Haeckel* (1834–1919) auf der Naturforscherversammlung 1863 in Stettin, dass Darwins Theorie »ein ganzes großes wissenschaftliches Lehrgebäude ... in seinen Grundlagen« erschüttert und es sich damit um eine »die ganze Weltanschauung modifizierende Erkenntnis handelt«.[111] Mit Darwins Erklärung der Evolution verschwindet Gott aus der Biologie, so wie Galilei ihn einst aus der Physik gestrichen hatte. Auch die belebte Welt funktioniert nach mechanischen Gesetzen. Was soll sich einem einheitlichen Natur- und Menschenbild jetzt noch entgegenstellen? Die Wagners, so sehen das Haeckel, Vogt, Moleschott und Büchner, haben endgültig verloren.

Ebenso denken viele Philosophen in England. Ihr mit Abstand wirkungsmächtigster Vertreter ist *Herbert Spencer* (1820–1903). Wenn auch nicht der bedeutendste, so ist er doch der einflussreichste englische Philosoph seines Jahrhunderts! Spencer hat als technischer Zeichner und Ingenieur bei einer Eisenbahngesellschaft begonnen; der typische Ausgangspunkt für einen Saint-Simonisten. In der Tat überschneidet sich sein Programm stark mit dem Comtes. Zwischen 1848 und 1853 ist er Redakteur des *Economist* und schreibt ein erstes Buch: *Social Statics* (Soziale Statik). Wie Comte orientiert er sich dabei an Lamarck. Die Gesellschaft ist für ihn ein großes organisches Gebilde, ein »Überorganismus«, der danach strebt, sich immer weiter zu ver-

Spencer

vollkommnen. Am Ende, hier widerspricht er Comte, wird alles so perfekt geregelt sein, dass die Wirtschaft den Staat nicht mehr nötig habe. »Fortschritt« und »Vervollkommnung« – die beiden Evolutionsprinzipien von Lamarck, werden Spencer ein Leben lang begleiten.

Der Herausgeber des *Economist* verschafft seinem ehrgeizigen Redakteur Zutritt zu den intellektuellen Zirkeln Londons. Spencer lernt Mill kennen und verliebt sich in die Schriftstellerin George Eliot. Dazu führt er den jungen Schiffsarzt *Thomas Henry Huxley* (1825–1895) in die Gesellschaft ein, von dem noch die Rede sein wird. Als Spencer 1853 eine große Erbschaft macht, kann er sich ganz seinem wissenschaftlichen Werk widmen. Im Jahr 1855 veröffentlicht er seine *Principles of Psychology* (*Die Principien der Psychologie*). Das Buch ist nur ein Bruchstück dessen, was er als monumentales Gesamtwerk vorhat. Wie Aristoteles die Prinzipien der Natur erforschte, um aus ihnen die Biologie zu erklären, aus der Biologie schließlich die menschliche Psychologie und von dort aus die Gesellschaft und die Ethik, so will auch Spencer dies tun. Er sieht sich als *Scientist* im Sinne Whewells. Gesellschaftswissenschaft soll Naturwissenschaft sein, so wie Mill es gefordert und Comtes es versucht hat: keine Spekulationen, keine metaphysischen Annahmen, die Erfahrung als einzige Erkenntnisquelle und klar definierte Begriffe. Von der Physik bis zum Freihandel: Seine Philosophie verknüpft alles zu einer großen organischen Abstammungslinie.

Auf diese Weise erwächst von 1860 bis 1893 das elfbändige *System of Synthetic Philosophy* (System der Synthetischen Philosophie). Der große Gedanke, der alles zusammenhält, ist die Evolution. Gemäß den Prinzipien und Gesetzen der Natur entwickelt sich das biologische Leben zu immer größerer psychischer Komplexität und bildet auf seiner höchsten Stufe die menschliche Gesellschaft einschließlich ihrer Sitten und Moral aus. Was also wäre ein besserer Ausgangspunkt für die Philosophie, als bei diesen ersten Prinzipien zu beginnen, die Formungsgesetze der Biologie herauszuarbeiten, die Psychologie aus ihnen abzuleiten und die richtigen Konsequenzen für Soziologie und Politik aus ihnen zu ziehen? Ehrgeiziger und gründlicher als Comte, vollständiger und wissenschaftlicher als Marx (den er nicht kennt), sollen die Bewegungsgesetze der Natur und der Gesellschaft enthüllt werden – Gesetze, die letztlich ein und dieselben sind!

Spencers Architektur klingt für seine Zeitgenossen überzeugend: auf den Keller der Physik den ersten Stock der Chemie und Biologie zu setzen, darauf den zweiten Stock der Psychologie zu bauen, den dritten der Soziologie und als Dach über allem die Ethik. Noch heute beseelt der »Traum des Hausmeisters« viele philosophierende Naturwissenschaftler: vom Keller der Physik mit dem Aufzug ungehindert ins Dach der Moral zu fahren! Das Gleiche erträumt der bedeutende US-amerikanische Evolutionsbiologe *Edward O. Wilson* (*1929) noch in den Neunzigerjahren: »Das gewaltigste Projekt des Geistes war und wird immer der Versuch sein, die Natur- und Geisteswissenschaften miteinander zu vereinen. Im heute so fragmentierten Wissen und dem daraus resultierenden philosophischen Chaos spiegelt sich nicht die reale Welt, sondern ein Kunstprodukt der Gelehrten.«[112] Alles, was den Philosophen zu tun bleibe, sei an die Naturwissenschaften anzuknüpfen, sich zusammenzusetzen, ihre Theorien abzugleichen und ihre Begriffe sauber zu definieren. Welche erkenntnistheoretische Naivität hinter diesem Programm steht, dürfte dem Leser dieser Philosophiegeschichte nach und nach immer deutlicher werden. Ist Kierkegaards Philosophie deshalb »falsch«, weil sie sich nicht auf physikalische Prinzipien zurückführen lässt?

Zu Spencers Zeit hingegen erscheint der Traum noch naheliegend. Die Darwin'sche Evolutionstheorie beflügelt die Biologie als Allerklärungstheorie wie Newtons Werk die Physik im 18. Jahrhundert. Dabei ist Spencer in seinen wichtigsten Grundannahmen allerdings Lamarck verpflichtet und nicht Darwin, dessen Theorie er mit dem Franzosen verwebt, als bestünde zwischen beiden kein Widerspruch. Lamarck glaubt, dass es ein den

„Survival of the fittest" von Spencer (nicht von Darwin)

Lebewesen innewohnendes Programm gibt, sich zu perfektionieren. Insofern ist es möglich, dass Umwelteinflüsse zu Lernerfahrungen werden, die einen Organismus verändern. Darwin kennt kein inneres Programm zur Vervollkommnung. Und nicht Lernerfahrungen, sondern der Zufall bestimmt, was überlebt und was nicht. Kein Lebewesen ist gut angepasst, um zu überleben. Sondern diejenigen überleben, die zufälligerweise gut angepasst sind.

Bei Spencer sind beide Theorien auf sonderbare Weise vereinigt. Danach tobt in der Gesellschaft ebenso ein Kampf ums Dasein wie in der Tierwelt. Jeder versucht, sein inneres Programm zu verwirklichen, aber nur die Stärksten setzen sich durch. Die Unangepassten und die sozial Schwachen werden dabei Opfer des gnadenlosen Fortschritts. Besonders schädlich findet Spencer, wenn sich die verschiedenen »Menschenrassen« vereinigen, weil dies unweigerlich zu Schwäche und Degeneration führt. Mit Darwin lässt sich eine solche Position nicht vereinbaren, denn breite Variation führt nicht zur Degeneration. Spencers Rassismus ist ein selbst gezimmerter und eigenwillig interpretierter Lamarckismus. Für ihn stört die Vermischung der Rassen die von der Natur programmierte Entwicklung einzelner »Rassen« zur größtmöglichen Vollkommenheit. Doch was Spencer aus Lamarck und Darwin herleitet und zusammenstellt, Rassenreinheit hier, Kampf ums Dasein dort, ist weit davon entfernt, Wissenschaft zu sein.

Bezeichnenderweise stammt ausgerechnet die Formel für die Auslese der Natur nicht von Darwin, sondern von Spencer: *the survival of the fittest*. Sie findet sich im Paragrafen 164 des ersten Bands von dessen *Principles of Biology* (*Die Principien der Biologie*) aus dem Jahr 1864. Darwin, der Spencer trotz aller Unterschiede schätzt, überträgt die Wendung 1869 in die fünfte Auflage der *Entstehung der Arten*. Die Wirkungsgeschichte des Begriffs ist beachtlich, insbesondere in Deutschland, denn das Wort *fit* lässt sich nur schwer übersetzen. In der deutschen Literatur der 1860er- und 1870er-Jahre bleibt es nicht beim »Überleben der Passendsten«, wie in der deutschen Spencer-Ausgabe. Bald ist vom Überleben der Angepassten, Geeignetsten, Tauglichsten, Tüchtigsten, Stärksten und Besten die Rede. Viele dieser Begriffe enthalten starke Wertungen. »Tüchtig« ist man durch eigene Anstrengung und nicht durch die Lotterie der Natur. »Tauglich« ist man zu etwas Bestimmtem. Auf »Stärke« kommt es in der Evolution bei vielen Tierklassen gar nicht an. Und wer der »Beste« ist, ist ein völlig unnötiges Werturteil. Die Formel wird zur weltanschaulichen Wertung. Und die Übertragungen verraten mehr über die Weltsicht der Autoren als über die Evolution.

Ist Darwins kluge Evolutionstheorie dem Zeitgeist des Viktorianismus verpflichtet, der Regierungszeit Königin Victorias von 1837 bis 1901, so gilt dies sehr viel mehr noch für Spencer. Was als Wissenschaft daherkommt, ist letztlich ein Gewand für den Fortschrittsgeist, den entfesselten Kapitalismus und den Imperialismus der Kolonialzeit, der selten ohne Rassismus auftritt. Umgekehrt legitimiert Spencer all diese Zeiterscheinungen und die entsprechende Kultur als natürlich und alternativlos. Dahinter verbirgt sich ein Zirkel. Die Evolutionstheorie, die ihre entscheidenden Anregungen aus der englischen Nationalökonomie gewonnen hat, wird nun auf die Gesellschaft zurückübertragen, um sie zu bestätigen und zu legitimieren. Noch in den Siebzigerjahren wird der englische Evolutionsbiologe *Richard Dawkins* (* 1941) einen Coup damit landen, die Begriffe des Finanzkapitalismus auf die Natur zu übertragen. Menschen, schreibt er, hielten »50 Prozent des genetischen Aktienbesitzes« an ihren Kindern, verfolgten »Risikostrategien« bei der Partnerwahl und »investierten« in zwischenmenschliche Beziehungen. Sein Buch *The Selfish Gene* (*Das egoistische Gen*) möchte weismachen, dass Dawkins nicht ökonomische Begriffe auf die Natur *überträgt*, sondern dass er sie dort *vorfindet*, um aus ihnen Rückschlüsse auf die Gesellschaft zu ziehen. Tatsächlich hält der Zirkel viele Biologen bis heute gefangen.

Je genauer man hinsieht, umso weniger lässt sich die historische Entwicklung von Kulturen und Gesellschaften durch einen Prozess der natürlichen Auslese erklären, wie Spencer es tut. Auch

Darwin ist sich unsicher. Nicht einmal die Spezies Mensch hat sich durch das Prinzip der natürlichen Auslese zu dem entwickelt, was sie ist. Der entscheidende Faktor ist, wie er in *The Descent of Man* (*Die Abstammung des Menschen*) 1871 schreibt, nicht die natürliche, sondern die *geschlechtliche* Zuchtwahl. Zwölf Jahre streichen ins Land, bis Darwin seinem Publikum nicht nur verrät, woher die Pflanzen und die Tiere, sondern auch, woher die Engländer kommen. Sie entstammen, wie alle Menschen, dem Tierreich. Aber anders als Ameisen und Amöben suchen sich Menschen ihren Geschlechtspartner in der Regel sorgfältig aus. Damit ist nicht die *Umwelt*, sondern die *Partnerwahl* der alles entscheidende Faktor dafür, wer und was sich in der Evolution durchsetzt. Seinen Geschlechtspartner abwägend auszusuchen, ist aber nur möglich, weil Menschen einen Sinn für Schönheit sowie die Fähigkeiten zur Liebe und zur Moralität haben. Nicht die Umwelt, sondern Ästhetik, Liebe, Moralität und Sittlichkeit bestimmen für Darwin die menschliche Evolution.

Von einem harten »Sozialdarwinismus« kann bei der Entwicklung des Menschen also nicht die Rede sein, eher von einem *survival of the smartest*. Ähnliches vermutet auch der an Biologie sehr interessierte Engels. Die »grob englische« Argumentation vom Kampf ums Dasein, die Marx bei Darwin erkennt, benennt nur *ein* Element der Evolution: »1. Ich akzeptiere von der Darwinschen Lehre die *Entwicklungstheorie*, nehme aber Darwins Beweismethode (struggle for life, natural selection) nur als ersten, provisorischen, unvollkommenen Ausdruck einer neuentdeckten Tatsache an. 2 … Die Wechselwirkung der Naturkörper – toter wie lebender – schließt sowohl Harmonie wie Kollision, Kampf wie Zusammenwirken ein. 3 … Die ganze darwinistische Lehre vom Kampf ums Dasein ist einfach die Übertragung der Hobbesschen Lehre vom *Krieg aller gegen alle* und der bürgerlich-ökonomischen von der Konkurrenz, nebst der Malthus'schen Bevölkerungstheorie, aus der Gesellschaft in die belebte Natur … 4. Der wesentliche Unterschied der menschlichen von der tierischen Gesellschaft ist der, dass die Tiere höchstens *sammeln*, während die Menschen *produzieren*. Dieser einzige, aber kapitale Unterschied allein macht es unmöglich, Gesetze der tierischen Gesellschaften ohne weiteres auf menschliche zu übertragen.«[113]

Als Engels dies 1875 schreibt, blüht in Deutschland, nicht anders als in England, der »Sozialdarwinismus«. So wie die Gesetze der Natur sind, so sollen sie auch unter den Menschen sein: Von sich aus ist der Mensch ein Egoist, verstrickt im Kampf ums Dasein muss er sich um jeden Preis durchsetzen, ob nun als Individuum oder als ganzes Volk. Die Übertragung beruht nicht nur auf einem »grob englischen« und einseitigen Verständnis der Biologie als Schlachtfeld. Sie verstößt auch gegen Humes berühmtes Gesetz, *dass sich aus Tatsachenfeststellungen keine Normen ableiten lassen*. Weil etwas auf eine bestimmte Weise ist, bedeutet dies nicht, dass es so oder anders sein soll. Dass Deutschland ab dem Jahr 2015 über eine Million Geflüchtete aufgenommen hat, besagt nicht, dass es zu viele sind. Für manchen mögen bereits zehntausend zu viel sein, oder ein einziger Geflüchteter, für andere wären auch zwei Millionen nicht zu viel.

Das Gleiche gilt auch von den Gesetzen der Evolution. Dass es sie gibt, bedeutet nicht, dass sie dem einzelnen Menschen (oder gar einem ganzen Volk) *vorschreiben*, was zu tun ist. Naturgesetze, in der berühmten Unterscheidung Kants, sind *bindend*, aber nicht *verpflichtend*. Mit anderen Worten: Die Gravitationskraft wirkt unabhängig davon, ob ich sie anerkenne oder nicht. Aber sie sagt mir nicht, wie ich leben soll. Das sagen mir nur moralische Normen, und die sind wiederum nicht in gleicher Weise bindend wie die Gravitationskraft. Ich kann gegen sie verstoßen und befolge sie nicht aus Zwang, sondern aus Einsicht oder Anpassung.

Was Spencer und seine vielen englischen und deutschen Gesinnungsgenossen philosophisch in die Welt setzen, ist falsch und zutiefst inhuman. Doch der Nährboden dafür ist günstig. Seinen größten Auftrieb bekommt der Sozialdarwinismus durch den Deutsch-Französischen Krieg von 1870/1871. Bestätigt der für

Deutschland siegreiche Ausgang nicht, dass Krieg ein legitimes Mittel im »Kampf ums Dasein« ist? Die überlegenen Völker, wie das deutsche, dürfen andere Länder überfallen, schlichtweg, weil sie die überlegenen sind. Krieg ist nicht nur ein Mittel der »Realpolitik«, wie Otto von Bismarck es sieht, sondern eine gleichsam naturgesetzliche Verpflichtung! Der österreichische Kulturhistoriker Friedrich von Hellwald bringt diesen Zeitgeist zu Papier, wenn er 1875 zustimmend feststellt: »Das Deutsche Reich unter Preussens Führung entstand, nicht als der Sieg irgendeines sittlichen Princips der ›Wiedervergeltung‹, sondern als die *Verkörperung* des Rechts des Stärkeren.«[114] Und selbst der einst so rebellische Theologe David Friedrich Strauß lässt in seinem Alterswerk *Der alte und der neue Glaube* (1872/1875) die christliche Hoffnung vor dem Sozialdarwinismus zurückweichen: »Wissen Sie, meine Damen und Herren, wann Sie es dahin bringen werden, daß die Menschheit ihre Streitigkeiten nur noch durch friedliche Uebereinkunft schlichten wird? An dem gleichen Tage, wo Sie die Einrichtung treffen, daß dieselbe Menschheit fortan nur durch vernünftige Gespräche sich fortpflanzt.«[115]

Das Kapital

Marx wird Spencer und Darwin nie begegnen, genauso wenig Mill – und das, obwohl alle vier zur gleichen Zeit in London leben und arbeiten. Allerdings trifft der ziemlich mittellose Deutsche im Exil ohnehin kaum bedeutende Engländer, so wie er in Paris auch nur selten einflussreiche französische Kommunisten traf. In den 1850er- und frühen 1860ern-Jahren ist er in London eine Randfigur: der Bärtige, der nach wie vor jeden Tag in der British Library sitzt, liest, exzerpiert und schreibt wie ein Besessener. Tatsächlich erscheint 1859 in Berlin das erste richtige Buch aus seiner Feder: *Zur Kritik der politischen Ökonomie*. Das ganz große Werk, das Engels erwartet, ist es noch nicht. Der Titel erinnert nicht zufällig an Mills elf Jahre zuvor erschienenes Buch. Auch Marx möchte politische Ökonomie treiben und Wirtschaft und Gesellschaft untrennbar zusammendenken. Aber er erkennt in der »bürgerlichen Ökonomie« gravierende Fehler – vor allem den, dass sie den Dingen selbst eine Bedeutung beimisst, so als hätten eine Ware oder das Geld »von sich aus« einen Wert. Für Marx sind das, was die Ökonomie so behandelt, als wären es Naturdinge, geradewegs Übereinkünfte. Und wo Menschen Übereinkünfte schließen, haben sie Interessen. Diese Interessen gilt es zu erkennen und die »Mystifikationen« zu entlarven. Genau das hat Marx im Sinn, wenn er über den Wert von Waren als Gebrauchswert und Tauschwert nachdenkt, den Begriff der Arbeit analysiert, seine von Hess übernommene Geldtheorie ausbaut und darlegt, wie das Geld zirkuliert und sich akkumuliert (anhäuft). Auch die Begriffe »Basis« und »Überbau« werden erläutert und die Gesetze von Produktions- und Handelskrisen ausführlich erklärt.

Als Marx dies schreibt, erlebt Großbritannien eine Hochkonjunktur, den »viktorianischen Boom«. Daran ändern auch die Wirtschaftskrisen von 1857 und 1866 nichts, selbst wenn der Exilant jedes Mal aufs Neue hofft, der Anfang vom Ende ließe sich daran ablesen. Die britische Wirtschaft expandiert in Europa, in den USA und in Indien. Die Stahl- und die Finanzindustrie boomen, der Freihandel blüht, und die Bevölkerung Londons wird rasant anwachsen: von einer Million zu Anfang auf 6,7 Millionen am Ende des Jahrhunderts. 1845 ist der Trafalgar Square mit der National Gallery fertiggestellt. Marx ist gerade in London, da findet 1851 die erste Weltausstellung im neu erbauten Kristallpalast statt, eine ebenso kühne wie monumentale Konstruktion aus Eisenträgern; fast die Hälfte der Ausstellungsfläche gilt einzig der boomenden britischen Wirtschaft. Überall in der Stadt entstehen ehrgeizige Projekte, steinerne und stählerne Symbole eines blühenden Kapitalismus. 1870 werden nach Jahrzehnten Bauzeit die Houses of Parliament eingeweiht und ein

1863 Lassalle 1. SPD

Jahr später die Royal Albert Hall. 1874 hat die Stadt neun Bahnhöfe, eine Straßenbahn, weltweit die erste U-Bahn und eine flächendeckende Kanalisation. Und obwohl Hunderttausende arme Iren in die Stadt ziehen, ungezählte Armutsflüchtlinge aus den Kolonien dort ihr Glück suchen, so deutet doch nichts, aber auch gar nichts auf einen baldigen Zusammenbruch und die Diktatur des Proletariats.

London ist die Stadt des Fortschritts, des wirtschaftlichen Laissez-faire-Prinzips, und Spencer ist der Philosoph des Zeitalters. Von den kampfbereiten Gegnern der »Bourgeoisie« ist Anfang der 1860er-Jahre eigentlich nur noch Blanqui übrig, der nach langen Haftstrafen unermüdlich im belgischen Exil agitiert. Die anderen sind tot oder zur Politik der kleinen Schritte, der Sozialdemokratie, übergewechselt. In diesem Sinne gründet der Schriftsteller *Ferdinand Lassalle* (1825–1864) im Jahr 1863 den Allgemeinen Deutschen Arbeiterverein, die erste sozialdemokratische Partei auf deutschem Boden. Doch Marx, um dessen Gunst Lassalle wirbt, blickt ziemlich verächtlich auf den so viel erfolgreicheren Mitstreiter.

In all dieser Zeit bringt Marx endlich zu Papier, was seine wenigen Anhänger so lange von ihm erwartet haben. Im Herbst 1867 erscheint das »Saubuch«, wie er es nennt, in Hamburg: *Das Kapital. Kritik der politischen Ökonomie*. Vierzig Wochen hat es die Setzer gekostet, das schwer lesbare Manuskript in ein über achthundert Seiten dickes Buch zu verwandeln. Die Erstauflage beträgt tausend Exemplare, ein paar weniger als bei Darwin. Und anders als beim Werk des Naturforschers, mit dem es heute als Weltkulturerbe verbunden ist, löst es auch keine heftige Debatte aus. Dass das Ergebnis von fünfzehn Jahren intensiver Arbeit enttäuscht, erfährt Marx als Erstes von Engels. Wer so unverständlich schreibt wie der Autor des *Kapital*, der kann weder auf einen großen Erfolg noch auf durchschlagende Wirkung hoffen. Was Premierminister Pitt einst bei Godwins *Political Justice* feststellte, gilt erst recht fürs *Kapital*: Kein Arbeiter kann es lesen.

Und dabei soll das Buch doch der Sockel, das Fundament für die Zukunftsgesellschaft sein. Es verbindet die Ökonomie mit der Soziologie und der Politik und sortiert das Ganze in die Dynamik und den Lauf der Geschichte ein. Wie schon im *Manifest*, so beginnt alles mit einer detaillierten Analyse des Kapitalismus. Warum haben die Güter in der Ökonomie einen »Wert«? Weil, so antwortet Marx mit Ricardo, entsprechend viel Arbeit in ihnen steckt, um sie zu produzieren. Jeder wirtschaftliche Wert bemisst sich am Einzigen, was überhaupt Werte schaffen kann – an der Arbeit. In der kapitalistischen Ökonomie wird jedes gefertigte Gut zur Ware auf einem »Markt«, und zwar nicht nur das Produkt der Arbeit, sondern auch die Arbeitskraft des Arbeiters selbst. Die vielen mittellosen Arbeiter verkaufen sich als Ware, und der Kapitalist lässt damit Güter anfertigen, die ebenfalls als Waren verkauft werden. Dagegen wäre nichts zu sagen, wenn die Herrscher über die »Produktionsmittel«, also die Fabrikanten ihren Arbeitern den Lohn zahlen würden, der ihnen zusteht. Stattdessen aber geben sie ihnen nur so viel, wie die Arbeiter brauchen, um sich weiterhin als Ware anbieten zu können. Der Rest, der »Mehrwert« (Hall, Godwin und Proudhon lassen grüßen), geht an den Kapitalisten, der ihn gewinnbringend reinvestiert. Die ganze kapitalistische Ökonomie beruht demnach auf nicht gezahltem Lohn. Der »Tauschwert« (das, was der Arbeiter als Lohn für seine Arbeit bekommt) deckt sich nicht mit dem viel höheren »Gebrauchswert« seiner Arbeitskraft (dem Handelswert der Waren, die er herstellt).

Den Tauschwert vom Gebrauchswert zu unterscheiden ist nicht neu. Schon Smith hatte das getan, und Ricardo tut es auch. Aber Marx skandalisiert, wie vor ihm die englischen Sozialisten, die Differenz von beidem als Ungerechtigkeit. Zugleich sieht er im Mehrwert die Keimzelle des künftigen Untergangs des Kapitalismus. Diese Logik vollziehe sich wie folgt: Um sich in der Konkurrenz auf dem zunehmend globalisierten Markt zu behaupten, muss der Kapitalist seinen Mehrwert erhöhen, damit er mehr investieren kann. Der Arbeiter wird dadurch zusehends schlechter entlohnt. Gleichzeitig aber rüstet der Kapitalist dadurch auf, dass er mehr Rohstoffe beschafft und verstärkt Maschinen einsetzt. Da Maschinen viel günstiger arbeiten als Menschen, werden in Zukunft immer weniger Arbeiter gebraucht. Schon Ricardo spricht in diesem Zusammenhang von einer »industriellen Reservearmee«. Anders als Ricardo glaubt Marx allerdings nicht, dass das durch Maschinen gesparte Kapital zwangsläufig zu neuen Beschäftigungsverhältnissen führt: »Eine ganze Reihe bürgerlicher Ökonomen, wie James Mill, MacCulloch, Torrens, Senior, J. St. Mill usw. behauptet, daß alle Maschinerie, die Arbeiter verdrängt, stets gleichzeitig und notwendig ein adäquates Kapital zur Beschäftigung derselben identischen Arbeiter freisetzt.« Doch die »wirklichen, vom ökonomischen Optimismus travestierten Tatsachen sind diese: Die von der Maschinerie verdrängten Arbeiter werden aus der Werkstatt hinaus auf den Arbeitsmarkt geworfen und vermehren dort die Zahl der schon für kapitalistische Ausbeutung disponiblen Arbeitskräfte. … wie geringe Aussicht haben sie! Verkrüppelt durch die Teilung der Arbeit, sind diese armen Teufel außerhalb ihres alten Arbeitskreises so wenig wert, daß sie nur in wenigen niedrigen und daher beständig überfüllten und unterbezahlten Arbeitszweigen Zugang finden.«[116]

Die zunehmende »Automation« in der Produktion lasse die Löhne sinken und vermehre die Zahl der Arbeitslosen. Damit sinke zugleich die Kaufkraft. Die Produktion mag noch so sehr steigen, wenn sich nicht genügend viele Menschen ihre Produkte kaufen können, gehen die Betriebe trotzdem kaputt – ein Argument, das Marx von Sismondi kennt und von Thompson. In den Wirtschaftskrisen von 1857 und 1866 erkennt der Prophet des Untergangs der Bourgeoisie dafür erste Vorboten. Die schwächeren Marktteilnehmer sterben weg, die Konzentration des Kapitals steigt, und am Ende ist der Markt außer Kraft gesetzt und wenige Monopolisten bestimmen das Geschehen. Nun ist der Punkt erreicht, an dem das System an seinem Selbstwiderspruch zugrunde geht: »Das Kapitalmonopol wird zur Fessel der Produktionsweise, die mit und unter ihm aufgeblüht ist. Die Zentralisation der Produktionsmittel und die Vergesellschaftung der Arbeit erreichen einen Punkt, wo sie unverträglich werden mit der kapitalistischen Hülle. Sie wird gesprengt. Die (letzte) Stunde des kapitalistischen Privateigentums schlägt. Die Expropriateurs werden expropriiert.«[117]

Dass es bis heute nicht dazu gekommen ist, scheint Marx' Prophezeiung zu widerlegen. Allerdings darf er sich zugutehalten, dass das Kapital viel aus seiner Prognose gelernt hat und die Gefahren nun besser erkannte. Und dass es die Geister waren, die er und andere Sozialisten riefen, die als notwendiges Korrektiv den Kapitalismus im Laufe der nachfolgenden Jahrhunderte zivilisierten: die Arbeiterbewegung, die Gewerkschaften und die sozialdemokratischen Parteien in ganz Europa. Gleichwohl stellen sich im 21. Jahrhundert wieder die gleichen Fragen wie im 19. Jahrhundert. Zu welcher Gesellschaft wird die zweite große industrielle Revolution führen, die gerade als *Second Machine Age* begonnen hat – als Automation, die nicht wie früher die körperliche, sondern sehr weitreichend auch die geistige Arbeit des Menschen in ungezählten Berufsfeldern ersetzt? Schafft sie die Voraussetzung für eine postkapitalistische Gesellschaft, die unter den Bedingungen des 19. und des 20. Jahrhunderts, wie vielfach gesehen, nicht möglich war? Die Dämonen des Zusammenbruchs der alten Ordnung, die Marx in der »industriellen Reservearmee« und der radikalen Monopolbildung ausgemacht hat, stehen heute wieder vor der Tür; die »klassenlose Gesellschaft« dagegen ist nach wie vor nicht in Sicht.

Jenseits aller Prophetie bleibt Marx das Verdienst, dass er die klassische Nationalökonomie und die ideologischen Voreingenommenheiten eines radikalen Liberalismus kritisch beleuchtete. Marx glaubt nicht an die *ehernen Gesetze der Ökonomie*, die Lohnarbeit, Ausbeutung und Mehrwert alternativlos machen. Stattdessen glaubt er an die *ehernen Gesetze der Geschichte*;

an die dialektische Bewegung eines ewigen Fortgangs, ausgelöst durch die Art und Weise, wie Gesellschaften ihre Güter produzieren und Macht und Reichtum verteilen. Kein »Kampf ums Dasein«, kein Krieg jeder gegen jeden, im Sinne von Malthus, Darwin und Spencer – aber ein Klassenkampf ums Dasein, in dem eine jeweils neue, zahlenmäßig überlegene Klasse eine alte naturgesetzlich verdrängt. Um dies zu beweisen, spickt Marx das *Kapital* mit ungezählten Belegen, Exkursen, Abschweifungen und Anmerkungen, die ihn fünfzehn Jahre gefangen halten. Und dann sind ja noch ein zweiter und dritter Band geplant ...

Das Axiom der Freiheit

Während Marx in der Maitland Park Road im Norden Londons das *Kapital* abschließt, sitzt Mill zwanzig Kilometer südlich in einem Patrizierhaus am Blackheath Park in Greenwich. 1851 ist er mit Harriet Taylor hierhergezogen; zwei Jahre nach dem Tod ihres Ehemanns konnte er sie endlich heiraten. Doch der so lang ersehnten Ehe sind nur sieben Jahre beschieden. Im Herbst 1858 reisen die Eheleute nach Südfrankreich. Mill hat seinen langjährigen Dienst bei der Ostindien-Kompanie quittieren müssen. Er ist an Tuberkulose erkrankt, und die beiden wollen zu den Stätten, an denen er einst als Jugendlicher war. Doch am 3. November stirbt Harriett in Avignon an der Tuberkulose. Mill ist zutiefst erschüttert; er kauft die Einrichtung des Hotelzimmers, in dem sie starb, und verfrachtet sie in ein kleines weißes Haus im benachbarten Saint-Véran, das fortan seine zweite Heimat wird. Kurz darauf erscheint in London sein berühmtestes Buch: *On Liberty* (*Über die Freiheit*).

Obwohl nur ein schmales Büchlein, enthält das neue Werk so etwas wie die Quintessenz des politischen Denkers Mill: Jedes menschliche Leben strebt danach zu gelingen. Um zu gelingen, muss es sich frei entfalten können, im ästhetischen Sinne als Verfeinerung der Genüsse und im moralischen Sinne als Kultivierung des eigenen Selbst. Nur wer sich frei entfalten kann, kann angemessene »Selbstsorge« betreiben und sich der »Lebenskunst« verschreiben. Folglich sei die Freiheit ein sehr starker und ganz natürlicher Drang des Menschen. Sowie die Grundbedürfnisse befriedigt sind, ist sie der stärkste und wichtigste Faktor des menschlichen Lebensglücks. Ohne Freiheit keine Selbstbestimmung, ohne Selbstbestimmung keine angemessene Selbstsorge und ohne Selbstsorge keine Lebenskunst und kein gelingendes Leben.

An dieser Grundeinsicht lässt Mill keinen Zweifel. Seinen Kritikern entgeht allerdings nicht, dass er dabei gegen seine eigenen in der *Logik* aufgestellten Regeln verstößt. Denen zufolge sollen alle Annahmen über den Menschen streng empirisch belegbar sein. Man erinnere sich, dass Mill das Menschenbild Benthams und das seines Vaters, wonach jeder Mensch ein Egoist sei, methodisch kritisiert hat: Man beginnt nicht mit einer spekulativen Grundannahme, die man nicht empirisch exakt beweisen kann! Die Methode des Geometers, von einem Axiom aus auf alles Weitere zu schließen, hatte er abgelehnt. Nun aber tut er etwas sehr Ähnliches: Er beginnt mit dem Wesen des Menschen, so wie er es sieht, und leitet alles andere daraus ab.

Strebt jeder Mensch, sofern seine Grundbedürfnisse befriedigt sind, vor allem anderen nach Freiheit? Die Frage ist bis heute umstritten. Vermutlich hängt sie davon ab, womit man den Freiheitsdrang von Menschen besticht. Wie viele Menschen würden sich damit abfinden, ihren Heimatort nicht verlassen zu dürfen, wenn man sie im Gegenzug zu Millionären macht? Wie viele würden ihr Wahlrecht abtreten, um lebenslang frei tanken zu dürfen? Die Frage, ob Komfort, Sicherheit oder Freiheit das höchste Gut sind, ist nicht allgemein zu beantworten.

»Es ist nicht Freiheit, sich seiner Freiheit entschlagen zu dürfen«, wird Mill später schreiben.[118] Aber warum nicht? Eine gute Begründung dafür gibt das Freiheits-Axiom nicht. Kritisch wird es vor allem dann, wenn die Selbstsorge eine Einschränkung der Freiheit befürwortet. Was ist wichtiger: Die Kriminalität drastisch zu senken oder dafür einzutreten, dass die Menschen in immer »smarteren« Städten nicht lückenlos durch Kameras und Sensoren überwacht werden? Den einen stört, dass Digitalkonzerne jeden Schritt, den man tut, im Internet speichern, die anderen nicht, weil sie »nichts zu verbergen« haben. Gäbe man ihnen für das Recht, sie virtuell auszuspionieren, auch noch Geld – wie viele würden dankend annehmen?

Mit Aristoteles und Kant unterscheidet Mill zwischen *negativer* und *positiver* Freiheit. Negative Freiheit ist das Recht, vom Staat in Ruhe gelassen und nicht drangsaliert zu werden. Sie ist die Voraussetzung dafür, dass ich meine positive Freiheit entfalten kann: meine Sinne und meinen Verstand zu kultivieren und mich entsprechend auszuleben. Bei der negativen Freiheit geht es ums *Verschont-Werden*. Bei der positiven Freiheit um *Beteiligung* an gesellschaftlichen Prozessen. Für Mill gehört beides untrennbar zusammen: ohne negative Freiheit keine positive. Tatsächlich aber lassen sie sich trennen: Ein Staat kann dem Bürger jede Freiheit lassen, das zu tun, was ihn glücklich macht (Konsumieren, seinen Interessen und sexuellen Gelüsten nachgehen, Status erwerben usw.), ohne ihm deshalb größere politische Freiheitsrechte zuzugestehen. Man denke zum Beispiel an die Situation der Männer in den arabischen Golfstaaten. Dass es in solchen Staaten zu Revolutionen kommt, ist äußerst unwahrscheinlich, obgleich die Möglichkeit zur politischen Beteiligung fehlt.

Man kann Mill nicht vorwerfen, dass er all dies in der Mitte des 19. Jahrhunderts noch nicht übersah, obgleich Tocqueville ihn in dieser Hinsicht gewarnt hat: Freiheit und Partizipation, Demokratie und Individualität gehen nicht logisch Hand in Hand. Doch Mill sieht die Gefahr nicht, dass Menschen sich sehr weitgehend durch Konsum bestechen lassen. Als größte Gefahr wittert er, dass die Tyrannei der öffentlichen Meinung die Menschen zu sehr gleichschalten könnte. Seine Frontstellung ist eine andere als bei Tocqueville. Der Adelige verachtet die Konsumgier der in der Demokratie zum Egoismus entfesselten Bürger. Der bürgerliche Mill dagegen fokussiert sich darauf, dass der Kampf für die Rechte des freien Bürgers gegenüber dem Staat noch lange nicht zu Ende gefochten ist. Mills Gegner im britischen Parlament sind die Konservativen. Und die fordern nach wie vor einen starken Staat, der der Freiheit der Bürger enge Grenzen setzt. Für Mills Gegenspieler, den Schotten *Thomas Carlyle* (1795–1881), ist der ganze Utilitarismus ein Programm für »Schweine«. Wer »Lust« zum Kriterium für richtige Entscheidungen mache, der verderbe schlichtweg die guten Sitten. Und die Kritik kommt nicht aus dem Abseits. Carlyle, Verfasser von historischen Werken und ständiger Kommentator der Zeitläufte, ist einer der einflussreichsten Denker des viktorianischen Zeitalters. Seine Bücher erreichen weit höhere Auflagen als die Mills. Er ist ein Konservativer im Sinne von de Bonald, wenn auch ohne dessen intellektuelle Brillanz. Und wo de Bonald sich die katholische Kirche zurückträumt, beschwört Carlyle ein halbes Jahrhundert später das Wirken »großer Männer« in der Geschichte.

Wenn Mill 1859 über die Freiheit schreibt, dann hat er noch etwas durchzufechten, was heute in Westeuropa als selbstverständlich erscheint. So haben für ihn alle Menschen Rechte, nicht nur weiße europäische Männer. Und während Carlyle sich gegen die Aufhebung der Sklaverei in den Kolonien ausspricht, kämpft Mill entschieden dafür. Das Recht über andere zu herrschen, ist für ihn kein Naturrecht. Auch die englische Regierung existiere nicht deshalb, um Macht auszuüben, sondern einzig und allein, um Menschen zu helfen ihre Freiheiten auszuleben und sie vor dem Übergriff anderer zu schützen. Eine Vorlage dafür findet Mill in Kant und in Wilhelm von Humboldts Schrift *Ideen zu einem Versuch, die Gränzen der Wirksamkeit des Staats zu bestimmen.* Humboldt hatte den Text bereits 1792 im Anblick der Französischen Revolution geschrieben. Eine internationale Karriere aber machen seine dort niedergelegten liberalen Ansichten erst 1851, als sie aus dem Nachlass erscheinen. Mills eigene Version von Kants und Humboldts Staatsverständnis findet sich gleich auf der ersten Seite seiner Freiheitschrift, nämlich »daß der einzige Grund, aus dem die Menschheit, einzeln oder vereint, sich in die Handlungsfreiheit eines ihrer Mitglieder einzumengen befugt ist, der ist: sich selbst zu schützen. Daß der einzige Zweck, um dessentwillen man Zwang gegen den Willen eines Mitglieds einer zivilisierten Gemeinschaft rechtmäßig ausüben darf, der ist: die Schädigung anderer zu verhüten.«[119]

Mill schreibt hier völlig bewusst »zivilisierte Gemeinschaft«. Denn für unzivilisierte Gemeinschaften gilt das nicht. Er macht kein Hehl daraus, dass er die Demokratie in Europa für die beste Staatsform hält, und widmet ihr 1861 ausführliche *Considerations on Representative Government* (*Betrachtungen über die Repräsentativregierung*). Aber eine solche Demokratie ist äußerst voraussetzungsreich. Mill ist völlig klar, dass er seine Ansprüche nur an westliche Staaten stellen kann und nicht an Länder in Afrika oder Asien. Mit Godwin glaubt er, dass eine höhere Gerechtigkeit nicht mit Gewalt, sondern nur durch die allmähliche kulturelle Entwicklung und Bildung zum Durchbruch gelangt. Und mit Comte geht Mill davon aus, dass es höher entwickelte und weniger hoch entwickelte Länder gibt; die Welt befinde sich in einer kulturellen Ungleichzeitigkeit. Interventionskriege hingegen mit dem vermeintlichen Auftrag der höher zivilisierten Völker den weniger zivilisierten Recht und Kultur zu bringen, lehnt er ab. Sein Essay *A Few Words on Non-Intervention* (Einige Worte über die Nicht-Einmischung) von 1859 macht dies unmissverständlich klar: Rechte, Kultur und Demokratie schießt man nicht in die Herzen der Menschen. Werte und Errungenschaften brauchen sehr viel Zeit, um sich zu entwickeln. Dennoch gelingt es ihm, der britischen Kolonialherrschaft in Indien (die so lange Teil seines Brotberufs war) etwas abzugewinnen, sofern sie friedlich sei: als eine Art Entwicklungshilfe für die Inder.

Wie Godwin, so glaubt auch Mill an eine evolutionäre Höherentwicklung der Gesellschaft. Doch anders als Spencer wird sie nicht von Völkern oder Rassen geleistet. Und sie ist auch kein Auftrag an eine Klasse wie bei Marx. Mills Denken kreist um das Individuum. Genau das aber macht ihn für Marx verdächtig. *Das* Individuum gibt es für ihn nicht, sondern immer nur Menschen in ganz bestimmten Bewusstseinszuständen unter ebenso bestimmten Herrschaftsverhältnissen. Die Vorteile und Nachteile beider Sichtweisen liegen auf der Hand. So macht Marx sich nicht die geringsten Gedanken darüber, dass das zur Macht gekommene Proletariat ebenso zum Missbrauch dieser Macht neigen könnte wie alle anderen Machthabenden zuvor. Mill dagegen warnt grundsätzlich davor, dass Freiheit und Macht permanent in einem Spannungsverhältnis stehen. Wird keine kluge Vorsorge und Kontrolle getroffen, so neige sich die Waagschale zugunsten der Macht, obgleich sie sich eigentlich zur Freiheit neigen sollte.

Schwächer dagegen ist Mill, wenn es um sein gleichsam anthropologisches Grundaxiom, die Freiheit, geht. Wer seine Selbstsorge als Lebenskunst optimal bewältigen wolle, der brauche dafür viel Klugheit. Demgemäß seien die klugen und intelligenten Menschen freiheitsliebender als die dummen. Ein kleiner Blick ins Leben hätte ihm zeigen können, dass man nicht der Intelligenteste sein muss, um für die Freiheit zu kämpfen. Und wie viele hochintelligente Menschen haben sich im Laufe der Geschichte Unrechtsregimen gefügt? Was nützt es, würde Marx sagen, wenn mein Hang zur Selbstentfaltung groß ist, wenn die Verhältnisse sie nicht zulassen …?

Zumindest einer Gruppe von Menschen aber hat Mill mit ganz besonderer Energie zu ihrem Recht verhelfen wollen – den Frauen! Ob er sich ohne den Einfluss Harriet Taylors so mutig vorgewagt hätte, ist schwer zu sagen. In jedem Fall hatte er für seine Geliebte etwas wiedergutzumachen. Sein Vater, James Mill, hatte es sich nicht nehmen lassen, ein Wahlrecht exklusiv für Männer zu verteidigen. Und er hatte damals Thompson und dessen Freundin *Anna Doyle Wheeler* (ca. 1780–1848) gegen sich aufgebracht. Unter ihrer Mithilfe verfasste Thompson 1825 die Schrift *Appeal of One Half of the Human Race, Women, Against the Pretensions of the Other Half, Men, to Retain Them in Political, and Thence in Civil and Domestic, Slavery* (Einspruch von einer Hälfte der menschlichen Rasse, der Frauen, gegen den Vorbehalt der anderen Hälfte, der Männer, sie in politischer, ziviler und häuslicher Sklaverei zu halten). Im Alter macht Mill die Befreiung der Frau schließlich zu seinem Hauptthema. Am Ende einer Reihe, die mit Mary Wollstonecraft und Godwin beginnt und über Thompson und Wheeler zu Mill führt, steht 1869 dessen Buch *The Subjection of Women* (*Die Hörigkeit der Frau*).

Mit Godwin und Fourier hält Mill die Befreiung der Frau aus der Knechtschaft des Mannes für einen notwendigen Schritt auf dem Weg zu einer humanen Gesellschaft, einer »edleren moralischen Gesinnung«.[120] Was auch immer vorgebracht wurde, um Frauen die gleichen Rechte zu verweigern, wie Männer sie haben, ist nicht haltbar. Das gilt für Lockes Argument, dass der Mann von Natur aus der Stärkere sei. Und es gilt für all die fadenscheinigen Rechtfertigungen, die Frau wolle gar nichts anderes, als dem Mann untertan zu sein. Damit sich beide, Frau und Mann, frei entfalten können, müssen die Frauen frei sein. So gesehen sei die Gleichstellung der Frau durchaus im Interesse der Männer. Denn auch sie profitierten von der »Verdoppelung der dem Dienst der Menschheit zu Gebote stehenden Summe der Intelligenz«.[121] Zwar sieht auch Mill zwischen Mann und Frau wichtige psychologische Unterschiede: Frauen dienen der Erhaltung der Art und verfeinern den Umgang in der Gesellschaft; Männer seien stärker auf die Erwerbsarbeit ausgerichtet. Aber das lege ihre Rollen nicht juristisch fest. Auch Frauen sollen Ärztinnen, Anwältinnen und Abgeordnete im Parlament werden dürfen.

Bis das Frauenwahlrecht in England tatsächlich eingeführt wird, vergehen noch fünfzig Jahre. Und Großbritannien gehört nicht zu den Vorreitern der Entwicklung. Mill kann auch nicht mehr selbst für seine Forderungen kämpfen. Ein Jahr bevor seine

Schrift für die Frauen erscheint, verliert er sein Mandat im Parlament. Der Zweiundsechzigjährige zieht in sein Haus in Saint-Véran. Hier schaut er aus dem Fenster auf Harriet Taylors Grab. Seine letzten Jahre verbringt er damit, zum wiederholten Mal sein Verhältnis zum Sozialismus zu klären. Daneben stellt er seine Autobiografie fertig. Doch die Widersprüche seiner Philosophie kann er auch im Alter nicht lösen. Das Prinzip des Utilitarismus, dass es stets um das Glück der großen Zahl gehe, fügt sich nicht reibungslos mit seinem Freiheits-Axiom zusammen. Man kann nicht gleichzeitig überzeugter Liberaler und konsequenter Utilitarist sein. Entweder steht die persönliche Freiheit im Mittelpunkt oder das Wohl der Allgemeinheit – beides zugleich ist kaum möglich. Das Gleiche gilt für Mills Staatsverständnis. Der liberale Staat, der nur vor den Übergriffen anderer schützen soll, passt nicht zu einem sozialen Staat, dessen Aufgabe es ist, sich um die Bildung, die Gesundheit und die Grundsicherung der Armen zu kümmern. Sozialismus und Liberalismus bleiben am Ende unversöhnt, die Brücken, die Mill gebaut hat, brüchig. Schwer gebeugt und von der Tuberkulose gezeichnet, lebt Mill noch vier Jahre in Saint-Véran. Mitten im provenzalischen Frühling 1873 stirbt er kurz vor seinem siebenundsechzigsten Geburtstag in Avignon. Seine letzten Worte an seine Stieftochter sind: »Ich habe meine Arbeit getan!« Das dressierte Kind hat seine Pflicht gegenüber seinem Vater erfüllt. Man beerdigt ihn auf seinen Wunsch neben Harriet Taylor, dem einzigen Menschen, den er innig geliebt hat und von dem er sich geliebt fühlte.

Freiheit und Staat

Während Mills politischer Einfluss allmählich schwindet, grünt in der Maitland Park Road wieder die Hoffnung. Im September 1864 versammeln sich zweitausend Arbeiter in der St. Martin's Hall unweit von Covent Garden. Es sind Engländer und Franzosen. Und Marx, der im »bis zum Ersticken« gefüllten Saal steht erkennt das, woran seit eineinhalb Jahrzehnten nicht mehr zu denken war: *»a revival of the working classes«*.[122]

Die Erste Internationale wird gegründet, und Marx wird Teil des »Zentralkomitees«. Wie 1848 für den Kommunistenbund das *Manifest*, schreibt er eine *Inauguraladresse* an den ersten ernstzunehmenden internationalen Arbeiterbund: »*Arbeiter*! Es ist Tatsache, daß das Elend der arbeitenden Massen nicht abgenommen hat während der Periode 1848–1864, und dennoch steht diese Periode mit ihrem Fortschritt von Industrie und Handel beispiellos da in den Annalen der Geschichte.«[123] Mit Zahlen und Statistiken rechnet Marx vor, dass die reichsten dreitausend Personen in Großbritannien über mehr Kapital verfügen als alle Ackerbauern in England und Wales zusammen; eine Statistik, die bis heute nichts an Deutlichkeit verloren hat, überträgt man die britischen Verhältnisse von 1864 auf die globalisierte Welt zu Anfang des 21. Jahrhunderts: Hier besitzen zweiundvierzig Milliardäre so viel wie die halbe Welt.[124]

Seit langer Zeit ist Marx wieder in seinem Element. Er konspiriert mit Gewerkschaften und Genossenschaften, nimmt an ungezählten Versammlungen teil und verfasst mehr als fünfzig Berichte und Resolutionen. Die Internationale wird auch von den britischen Medien aufmerksam verfolgt, ein Umstand, der Marx umso mehr beflügelt. Als »korrespondierender Sekretär für Deutschland«, wie er sich selbst nennt, schreibt er im Namen des »Generalrats« einen Brief an den US-Präsidenten Abraham Lincoln. Darin rühmt er den »starksinnigen, eisernen Sohn der Arbeiterklasse« und ermutigt ihn in seinem Kampf gegen die Südstaaten und dem »Kampf für die Erlösung einer geknechteten Race«, auf dass er damit die »sociale Welt« umgestalte.[125]

Der Erfolg der Internationale ist für Marx etwas völlig Neues. Zum ersten Mal wird eine seiner Organisationen von außen ernst genommen und nicht nur von ihren Mitgliedern. Wenn das Kapital sich internationalisiert, warum nicht auch die Arbeiter? Und welchen Druck wird diese »mächtige Maschine«, wie Marx sie nennt, nicht erzeugen können? Die Erfolge zeichnen sich schnell ab. Im Jahr 1867 erweitert die britische Regierung die Anzahl der wahlberechtigten Männer. Nun dürfen zwei von fünf Millionen ihre Stimme abgeben. Die Fabrikarbeiter erhalten noch immer kein Wahlrecht. Dafür aber nun viele Handwerker und Angestellte. Die englische Regierung möchte die Arbeiterbewegung spalten und hofft, dass die Durchschlagkraft der »Maschine« damit erlahmt. In der Einschätzung der Internationalen als Gefahr sind sich Marx und das Establishment in London einig – nur dass die anderen nicht hinter die Kulissen gucken können. Denn innerhalb der Maschinerie befehden, beleidigen und bekämpfen sich alle erdenklichen linken Strömungen genauso wie vormals in den 1840er-Jahren.

Nach außen aber steht die Internationale so stark da, dass auch Mill auf sie aufmerksam wird. Die 1879 posthum erschienenen Gedanken in *Socialism* (*Sozialismus*) zeigen seine abwägenden Überlegungen. Mill sieht den Kampf um eine neue Gesellschaftsordnung positiv; nichts anderes schwebt ihm seit jungen Jahren vor. Allerdings hofft er inständig darauf, dass die Führer der Arbeiterbewegung nicht »vorsätzlich mit der Anarchie beginnen, ohne sich eine Meinung darüber gebildet zu haben, welche neue Form der Gesellschaft an die Stelle der alten treten solle«.[126] Ohne konkrete Zukunftsvorstellung, keine Erneuerung! Zudem mahnt Mill zum Pragmatismus. Eine zukünftige Gesellschaft ist immer nur so gut, wie der Bewusstseinsstand der Menschen es zulässt. Die »gänzliche Erneuerung des sozialen Gebäudes« ist für ihn »gegenwärtig nicht zu erreichen«. Denn die nötigen »sittlichen und intellektuellen Eigenschaften« seien »bei allen erst zu erproben und bei den meisten erst zu schaffen«.[127] Für Marx müssen sich zunächst die Verhältnisse ändern, damit die Menschen sich an sie anpassen können. Bei Mill müssen sich erst die Menschen ändern, damit sie die veränderten Verhältnisse auch human gestalten können. Erst kommen die Bildung, die

Gleichberechtigung und eine gerechtere Verteilung des Vermögens, dann die neue Gesellschaftsordnung. Für Marx muss erst eine neue Gesellschaftsordnung her, damit flächendeckende Bildung, die Gleichberechtigung und die Umverteilung des Vermögens überhaupt möglich werden.

Was die Gleichberechtigung der Geschlechter anbelangt, so sieht sich Marx unter den Vorreitern. Im »Generalrat« der Internationalen sitzt mit *Harriet Law* (1831–1897) immerhin eine Frau. Als eine der ersten Suffragetten gehört sie zu den führenden Streiterinnen für das Frauenrecht und ficht im Parlament für Mills Gleichberechtigungsschrift. Mit Marx versteht sie sich gut, selbst wenn der oft machistisch auftretende Mitstreiter die Sache der Frauenrechte in einen augenzwinkernden Satz kleidet. Große »gesellschaftliche Umwälzungen«, heißt es da, seien »ohne das weibliche Ferment unmöglich … Der gesellschaftliche Fortschritt läßt sich exakt messen an der gesellschaftlichen Stellung des schönen Geschlechts (die Häßlichen eingeschlossen).«[128]

Ihren großen Höhepunkt feiert die Internationale auf dem Brüsseler Kongress von 1868. Man fordert, Grund und Boden, Bergwerke, Wälder und Eisenbahnen in Gemeineigentum zu überführen. Keine zweieinhalb Jahre später scheint die Zeit dafür bereit; zumindest in Frankreich, das 1870/1871 den Krieg gegen Preußen verliert. In Deutschland kommt es zur Gründung des Deutschen Reichs, in Frankreich tritt Napoleon III. ab. Schon während des Krieges verliert die französische Zentralregierung in Paris die Kontrolle. Die Bürger errichten Barrikaden, und Teile der Nationalgarde laufen zu den Aufständischen über. Nach der Siegesfeier der Deutschen auf den Champs-Élysées formiert sich die Pariser Kommune, eine provisorische Regierung der versammelten Linken. Marx, der trotz mehrfacher Einladung in London bleibt, jubelt im Überschwang. Eigentlich hält er, aus vielen Erfahrungen klug geworden, die Zeit noch nicht reif für den Anbruch des kommunistischen Zeitalters. Aber dass man in Paris seine Ziele verwirklichen will, dass man in der französischen

Hauptstadt ein erstes Beispiel einer »Diktatur des Proletariats« erprobt, lässt ihn vor Bewunderung schäumen: »Die Geschichte hat kein ähnliches Beispiel ähnlicher Größe!«[129]

Die Kommune dauert genau zweiundsiebzig Tage, vom 18. März bis zum 21. Mai 1871. In der »blutigen Maiwoche« vom 21. zum 28. Mai erobert die französische Armee im Straßenkampf die Stadt zurück. Marx in London kommt zur Einsicht, dass, »die Arbeiterklasse nicht die fertige Staatsmaschine einfach in Besitz nehmen und sie für ihre eigenen Zwecke in Bewegung setzen kann«.[130] Erfolgreiche Revolutionen setzen eine entsprechende Infrastruktur voraus, institutionell und geistig, der Punkt geht an Mill. Auch was den Charakter der »Diktatur« anbelangt, hat Marx dazugelernt. Vorbild ist von nun an die direkte Volksvertretung, wie die Kommune sie versucht hat, ein Rätesystem aus gewählten Volksvertretern, die jederzeit wieder abberufen werden können. Marx denkt an die griechische Polis; »Regierungsmaschinen«, die »den eigentlichen Gesellschaftskörper wie eine Boa constrictor« umklammern, lehnt er ab.[131]

Als das Gerücht entsteht, dass Marx als eigentlicher Kopf hinter der Kommune gestanden hätte, fühlt er sich äußerst geschmeichelt. Mit der historischen Wahrheit hat das wenig zu tun. Aber Marx feiert seine späte Bekanntheit wie ein Ausgedürsteter den Regen in der Wüste. Und ausgerechnet jetzt kommt ihm ein Kampfgefährte aus alten Tagen empfindlich in die Quere. *Michail Alexandrowitsch Bakunin* (1814–1876) ist ein Wolf, der schon viel Schnee gesehen hat. Riesenhaft von Statur, mit dickem Schädel, das Haar und den Bart wild verlottert, könnte er Marx' grobschlächtigerer älterer Bruder sein. Und anders als der Schreibtischtäter Marx ist er immer genau dort hingegangen, wo es wehtat. Nach seinem Studium als Banknachbar von Kierkegaard und Engels in Berlin ist auch er nach Paris gezogen. Wie Marx musste er nach Brüssel fliehen. In der Revolution von 1848 ging er wie Herwegh mit bewaffneten Aufständischen von Paris nach Deutschland, floh nach Breslau und zettelte 1849 in

Dresden den Maiaufstand an. Zu Festungshaft verurteilt, wird er zwei Jahre später an Russland ausgeliefert. Zehn Jahre schmort er erst in Sankt Petersburg und dann in sibirischer Verbannung, verhungert fast, leidet an Mangelerscheinungen und verliert seine Zähne. Seine Flucht über Yokohama, Panama, San Francisco und Boston ist ein Film für sich. Im Herbst 1861 ist er in London, zwei Jahre später trifft er Marx wieder, der in ihm stets den Rivalen sah. Die Männer umschmeicheln einander, aber sie mögen sich nicht.

1869 wird Bakunin Mitglied der Internationale. Und er steht Marx nicht nur als persönlicher Kontrahent, sondern auch inhaltlich im Wege. Seit seiner Pariser Zeit hält Bakunin es mit Proudhon und nicht mit Marx. Er denkt nicht von der Dialektik der Geschichte her, sondern von der Warte der persönlichen Freiheit; »Freiheit ohne Sozialismus« ist »Privilegienwirtschaft und Ungerechtigkeit«; »Sozialismus ohne Freiheit, Sklaverei und Brutalität«.[132] Wer Bakunin heute liest, meint, der Russe hätte bereits den Gulag Josef Stalins gekannt und nicht nur die Straflager des Zaren. Wann auch immer eine Institution sich dazu erhebt, das Leben der Menschen festzulegen und zu gängeln, begeht sie nach Bakunin Unrecht. Mit Godwin vertritt er einen individualistischen Anarchismus. Im Ziel einer »klassenlosen Gesellschaft« sieht er sich mit Marx einig; den Weg über eine »Diktatur des Proletariats« lehnt er entschieden ab: keine autoritäre Macht für niemanden, auch nicht für die vermeintlich Guten!

Nachdem Bakunin sich 1870 am Aufstand in Lyon beteiligt hat, der zum Vorbild für die Kommune wird, ist sein Siegeszug unter den Linken kaum noch aufzuhalten. Vor allem in Südeuropa ist er berühmt und beliebt. In seiner Not verlegt Marx das nächste große Treffen der Internationale 1872 nach Den Haag, wohin Bakunin nicht einreisen darf. Eisern lässt er den abwesenden Rivalen zusammen mit allen anderen »Anti-Autoritären« ausschließen. Bakunin zieht sich resigniert zurück. Seine letzten vier Lebensjahre verbringt er schwer krank in der Schweiz, unter anderem gepflegt von seinem langjährigen Freund Carl Vogt. Doch auch die Sieger sind Verlierer. Während der Konkurrent dahinsiecht, sehen sich Marx und Engels 1876 genötigt, die Internationale aufzulösen – die Spaltung hat sie zermürbt, die Kraft der Maschine ist erloschen.

Marx selbst verbleiben noch sechs Jahre. Von zunehmender Krankheit gezeichnet, arbeitet er an den beiden noch ausstehenden Bänden des *Kapital*. 1881 stirbt seine Frau Jenny. Im Februar 1882 reist Marx nach Algier, die trockene Wüstenluft soll ihm guttun. Bei seiner Ankunft lässt er ein letztes Foto von sich machen; ein Bild für die Nachwelt, wie sie ihn in Erinnerung behalten soll. Zwei Monate später lässt er sich von einem Barbier Haare und Bart abscheren; zum ersten Mal seit seiner Jugend sieht er seinen Kopf nackt im Spiegel. Er soll gelacht haben. Am 14. März 1883 stirbt er in London an einer Kehlkopfentzündung, ausgelöst durch zu lautes Sprechen in verrauchten Räumen; Freund Engels wird zwölf Jahre später dem gleichen Leiden erliegen. Man beerdigt Marx neben Jenny auf dem Highgate-Friedhof. Im Jahr 1954 lässt die Kommunistische Partei Englands die beiden exhumieren und etwas weiter entfernt neu bestatten, vor einem monumentalen grauen Steinsockel mit aufmontiertem Marx-Schädel – schräg gegenüber einer bescheidenen Steinplatte, unter der seit 1903 die Gebeine des bedeutendsten Widersachers in Sachen ideologischer Deutungsmacht liegen: diejenigen Herbert Spencers.

Dass sein Denken am Ende doch noch gewaltige Folgen zeitigen wird, konnte Marx nicht ahnen. Auch in seinen späten Tagen, in denen er akribisch an den Fortsetzungsbänden des *Kapital* bastelte, hatten die Philosophen in Deutschland ganz andere Sorgen als den Aufstieg und vermeintlichen Untergang des Kapitalismus. Verglichen mit Marx lebten sie in einem Paralleluniversum, beschäftigt vor allem mit der Angst vor ihrem eigenen Untergang …

Wozu Philosophie?

Zweifel am Materialismus – Eine wilde Synthese – Philosophie als Supervisor – Verschiedene Zugänge zur Welt – Beschreibende Psychologie – Philosophie der Philosophie

Zweifel am Materialismus

Am 14. August 1872 besteigt der berühmte Berliner Physiologe *Emil du Bois-Reymond* (1818–1896) die Bühne der 45. Versammlung Deutscher Naturforscher und Ärzte in Leipzig. Die Welt, in der er lebt, könnte kaum gegensätzlicher sein als die der Internationale, die drei Wochen später in Den Haag ihren Weltkongress der Arbeiterbewegung abhält. Nicht ein einziges der in Leipzig verhandelten weltanschaulichen Probleme hat etwas mit der sozialen Frage zu tun. Der 14. August ist der zweite Kongresstag des bedeutendsten Naturwissenschaftlertreffens im deutschen Sprachraum.

Du Bois-Reymond ist eine stattliche Erscheinung und ein wortgewaltiger Redner, der seine Pointen zu setzten weiß. In der deutschen Hochschullandschaft reicht kaum jemand an ihn heran. Zwei Jahre zuvor war er Rektor der Berliner Universität, er ist Mitgründer der Berliner Gesellschaft für Anthropologie und Präsident der Preußischen Akademie der Wissenschaften.

Du Bois-Reymond spricht »Über die Grenzen des Naturerkennens« – ein philosophisches Thema. Zwei Dinge, so schleudert er in den Saal, werden wir Naturforscher nie wissen: Wir werden erstens nie verstehen, was das Wesen der Materie ist und wie sie sich zur Bewegung verhält. Und wir werden zweitens nie herausfinden, wie das, was sich im Gehirn elektrophysiologisch abspielt, zu subjektiven Erlebnissen wie Vorstellungen und Gedanken führt. Wir werden es nicht wissen – *Ignorabimus!* –, so endet er seine Rede.

Im Saal bricht Tumult aus. Schon vorher gab es viel Beifall und ebenso laute Proteste. Die Wissenschaftsgemeinde sieht sich bestätigt oder provoziert, man ist hellauf begeistert oder zutiefst empört. Mit solch einer heftigen Reaktion hat selbst der erfahrene Redner nicht gerechnet. Doch du Bois-Reymond hat einen Nerv getroffen, einen hochempfindlichen. In kürzester Zeit erscheint eine Flut von Zustimmungsschriften und scharfen Kritiken und nimmt gar kein Ende mehr. Noch ein halbes Jahrhundert später wird von seinem Vortrag die Rede sein, Wissenschaftler und Dichter werden sich auf ihn beziehen, Gelehrte darüber streiten. Keine philosophische Rede hat die zweite Hälfte des 19. Jahrhunderts so beschäftigt wie diese.

Der Nerv ist das Selbstverständnis der Naturwissenschaften. Hatte die Philosophie im 18. Jahrhundert der Theologie das Terrain streitig gemacht, so tun dies im 19. Jahrhundert die Naturwissenschaften mit der Philosophie. Erfahrung, Experiment, sorgfältige Forschung statt metaphysische Spekulation. An der Nüchternheit der Naturforscher soll die Welt genesen, die Philosophie geerdet werden. In gleichem Geist hat Comte die Soziologie als Erfahrungswissenschaft nach dem Muster der Biologie definiert, Mill der Induktion den Vorrang vor der Deduktion in der Logik eingeräumt. So unterschiedliche Geister wie Marx und Spencer sehen sich als »Materialisten« und ihre fortschrittsgläubige Weltsicht im besten Einklang mit der biologischen Evolutionstheorie. Und nun tritt einer der renommiertesten Naturforscher des Landes ans Katheder und verkündet die Ohnmacht der Naturwissenschaft in den großen philosophischen Fragen: »Ignorabimus!«

Was für ein Eingeständnis! Mag, nach Liebig und Moleschott, ohne Phosphor kein Gedanke möglich sein, so erklärt der Phosphor dennoch nicht den Gedanken! Denn Gedanke und Phosphor sind nicht identisch. Der Gedanke hat eine andere Qualität, er fühlt sich anders an. Und die Kenner des Phosphors können nicht entfernt erklären, wie und warum. Die aufstrebenden Naturwissenschaften, von vielen schnellen Siegen verwöhnt, müssen abrupt einhalten. Kein Wunder, dass neben Zustimmung viel Empörung ausbricht. Hat du Bois-Reymond recht, so ist die in Deutschland und England boomende materialistische Philosophie ziemlich wertlos. Natürlich kann man alle Naturvorgänge auf bewegte Atome zurückführen, erklärt der Redner. Aber was heißt das schon? Erklärt man nicht einfach ein Rätsel durch ein anderes? Was bewegt die Atome? Waren sie ursprünglich einmal unbewegt? Und wenn nicht, wo kommt in einer unbewegten Welt plötzlich die Bewegung her? Die Fragen sind so alt wie die Philosophie. Die antiken Griechen haben darüber nachgegrübelt, Leukipp, Demokrit und Epikur. Das Mittelalter hat seine besten Köpfe ins Rennen geschickt, um die Schöpfung aus dem Nichts zu erklären. Was hat Gott gemacht, bevor es die Welt gab? Lebt Gott in Zeit und Raum? Wenn nicht, wo sonst? Ob mit oder ohne Gott, die Frage nach Materie und Bewegung bleibt unbeantwortbar. Und du Bois-Reymond weiß, dass er damit ausspricht, was viele andere vor ihm gedacht haben. Die klassische Mechanik, die aller bekannten Physik zugrunde liegt, löst das Welträtsel nicht.

Das Gleiche gilt auch für das andere Welträtsel: das Bewusstsein und die Subjektivität. Selbstverständlich sind Geist und Seelentätigkeiten ohne das Gehirn nicht möglich. Doch das schafft nur ein Abhängigkeitsverhältnis und keine Identität von Seele und Gehirn. Der Naturforscher findet im Gehirn doch nichts anderes als bewegte Materie – aber eben keine Gedanken! Schon Leibniz hatte sich in seiner *Monadologie* eine Maschine vorgestellt, die Denken, Fühlen und Wahrnehmen bewirkt. Doch wenn man in sie hineinginge, wie in eine Mühle, so fände man dort nichts vor »als Theile, die einander stossen und nie irgend etwas woraus Wahrnehmung sich erklären liesse«.[133]

Die Naturwissenschaften werden die Philosophie niemals ablösen und selbst der Religion nicht ihre Berechtigung nehmen. Du Bois-Reymonds Ansage ist unmissverständlich: Eine streng naturwissenschaftliche Weltanschauung gibt es nicht, sie ist nicht möglich. Für die Materialisten eine Provokation! Ernst Haeckel, der neun Jahre zuvor auf der Naturforscherversammlung ein neues materialistisches Zeitalter verkündet hat, eine gesellschaftliche Evolution zu einer Welt des Menschen ohne Gott, ist inzwischen in ganz Deutschland ein berühmter Mann. Seine *Natürliche Schöpfungsgeschichte* (1868) findet sich ebenso zahlreich in den Regalen des Bürgertums wie *Der Kreislauf des Lebens* von Moleschott und *Kraft und Stoff* von Büchner. Und Haeckel erklärt in seinem Buch nicht nur die Entstehung und Entwicklung des Lebens in einem eigenwilligen Mischmasch von Darwins und Lamarcks Evolutionstheorien. Er erklärt auch alle großen geistigen und gesellschaftlichen Fragen zur Domäne der Biologie. Und je größer der Zweifel an seinen Theorien, umso erbitterter ficht Haeckel den Streit öffentlich und vor großem Publikum aus.

Nach Darwin, so interpretiert sein selbst ernannter Stellvertreter in Deutschland, sei für einen Dualismus von Seele und Leib in der Philosophie kein Platz mehr. Überzeugend sei einzig und allein ein »Monismus«; eine Weltanschauung, die alles Physische und Psychische untrennbar zusammendenkt: »Der Monismus … erkennt im Universum nur eine einzige Substanz, die ›Gott und Natur‹ zugleich ist; Körper und Geist (oder Materie und Energie) sind für sie untrennbar verbunden.«[134] Mit anderen Worten: Die Seele ist kein immaterielles Eigenes, sondern sie wohnt aller organischen Natur inne! Damit sei die Frage beantwortet, wie aus Materiellem Geistiges entsteht: Es ist immer schon im Materiellen enthalten! Haeckels Buch *Die Welträthsel* (1899), in dem er selbige allesamt durch Biologie und Evolutionstheorie für gelöst erklärt, ist das erfolgreichste Sachbuch seiner Zeit; ein Weltbestseller mit einer Auflage von über 300 000 Exemplaren. Im fortgeschrittenen Alter wird der Künder eines neuen monistischen Zeitalters sich von seinen Anhängern launig zum »Gegenpapst« ausrufen lassen. Und neben biologischen Zellen stattet der Greis selbst die Kristalle mit »Seelen« aus.

Eine wilde Synthese

Nicht jeder, der du Bois-Reymond widerspricht, tut dies mit einem solchen Ingrimm und Sendungsbewusstsein wie der laute Haeckel, der auch den stillen Darwin befremdet. So merkt der englische Physiologe *William Preyer* (1841–1897), ein Schüler du Bois-Reymonds, an, dass die Frage nach der Materie und ihrer Bewegung möglicherweise nur deswegen nicht lösbar sei, weil die mechanisch-atomistische Physik sie nicht erklären könne. Doch wie wäre es mit einer anderen Physik? Um psychische und chemische Vorgänge zu erklären, müsse wohl ein neuer Typus von Physik her, der das bislang Unbegreifliche fassbar macht. Preyer wird später als Pionier der Kinder- und Entwicklungspsychologie von sich reden machen; eine neue Physik begründet er nicht. Gleichwohl weisen seine Gedanken den richtigen Weg. Das 20. Jahrhundert wird der klassischen Mechanik die Quantenmechanik an die Seite stellen, die neues Licht auf die Frage wirft.

Doch selbst wenn das erste Welträtsel prinzipiell nicht unlösbar erscheint, bleibt nicht zumindest das zweite Welträtsel aus prinzipiellen Gründen auf ewig bestehen: die Qualität des subjektiven

Erlebens? Und sichert nicht gerade der Fortbestand dieses Welträtsels der Philosophie ihren herausgehobenen Platz? Genau so argumentiert jener Mann, der es als einziger deutscher Philosoph der Zeit mit dem Publikumserfolg der Materialisten aufnehmen kann. Die Rede ist von *Eduard von Hartmann* (1842–1906). Als Privatgelehrter veröffentlicht der Berliner Generalssohn schon im Alter von siebenundzwanzig Jahren sein Hauptwerk *Die Philosophie des Unbewussten* (1869). In zahlreichen Neuauflagen wird er es immer wieder umarbeiten und erweitern.

Von Hartmann ist der erste Philosoph, der im großen Stil an Schopenhauer anknüpft. Dieser hatte, wie erzählt, die Welt in zwei Welten geteilt: in einen blinden animalischen »Willen« der Natur und in die »Vorstellung« des menschlichen Verstandes, in der unsere Ideen und Gedanken zu Hause sind. Von Hartmann hingegen stellt den »Willen« und die »Vorstellung« auf *eine* Stufe. Gemeinsam bilden sie das »Unbewusste«, das alles enthält: Niederes und Höheres, Reales und Ideales, Logisches und Unlogisches. Seine Erklärung dafür ist einfach: Ohne ein gewisses Maß an Vorstellung hat der an und für sich blinde Wille kein höheres Ziel. Wenn Menschen nach Zielen und Zwecken streben, jenseits von ihren körperlichen Bedürfnissen, dann haben sich Wille und Vorstellung elementar miteinander verbunden. »Schopenhauer«, schreibt von Hartmann, »kennt als metaphysisches Princip nur den Willen, während ihm die Vorstellung im materialistischen Sinne Hirnproduct ist … Der Wille … ist hiernach selbstverständlich *unbewusster* Wille, die Vorstellung hingegen, die ihm nur das Phänomen eines Metaphysischen und daher *als* Vorstellung nicht selbst etwas Metaphysisches ist, kann auch da, wo sie unbewusst wird, niemals mit der unbewussten Vorstellung Schelling's vergleichbar sein, welche ich als *gleichberechtigtes metaphysisches* Princip dem des unbewussten Willens *coordiniere*.«[135]

Von Hartmann ist davon überzeugt, dass ihm der große Wurf gelungen ist. Er hat das »Unbewusste« in der Tradition Schellings mit dem »Willen« Schopenhauers verschmolzen, als zwei

Seiten einer Medaille. Das Unbewusste ist das psycho-physische Prinzip, das alles durchwaltet, mein Wollen, mein Streben, meine Ziele, meine Ideen. Es ist materiell und ideell zugleich, wie die Zellseelen Haeckels, aber es zu erforschen ist mitnichten die Aufgabe der Biologen. Von Hartmanns Programm ist näher an Carl Gustav Carus, den er in seinem monumentalen Werk nur ein einziges Mal erwähnt, um lapidar hinzufügen: »wieviel ich bei dem meinigen (Versuch) von ihm entlehnt haben könne, überlasse ich dem Urtheil des Lesers«.[136]

Alles, was wir in der Welt sehen oder über sie denken, ist eine Erscheinungsform des Unbewussten, das alles durchwirkt, wie ehedem das Absolute bei Schelling und Hegel. Schon die Mystiker haben es, nach von Hartmann, erahnt. Und in der Neuzeit wird man diesen Motor allen Lebens und allen Seins erforschen. Dabei sind für das Absolute des Unbewussten nach wie vor die Philosophen zuständig, denn hier handelt es sich ja nicht einfach um Physik oder Biologie, sondern um Metaphysik. Ebenfalls Philosophendomäne sind die vielen Erscheinungsformen des Unbewussten, die als Gefühle, Vorstellungen und Gedanken aus dem Absoluten ausfließen und sich in der Realwelt niederschlagen. Diese Realwelt des Raum-Zeitlichen schließlich ist die Welt der Materie, die niederste und am meisten erkaltete Form des Absoluten; eine Welt voller Leid und Qual wie bei Schopenhauer, aus der sich der nach höherer Vernunft strebende Mensch zu erlösen sucht. Mit Leibniz, den von Hartmann auch noch dazumengt, ist die bestehende Welt aus der Perspektive des Absoluten die beste der Welten. Aus der Perspektive des Menschen hingegen ist sie ein Jammertal. Nur der starke selbstbewusste Geist vermag diesen Umstand anzuerkennen und sich mithilfe seiner Vernunft aus den Fallstricken des Lebens zu befreien. Am Ende stellt von Hartmann menschheitsgeschichtlich in Aussicht, dass das Höhere der Vorstellung das Niedere des Willens besiegen werde, das Logische über das Unlogische triumphiert. Die ganze Weltveranstaltung hat darin ihren höheren metaphysischen Zweck. Wie bei

Hegel der Geist im Laufe der Geschichte seiner Selbsterkenntnis zustrebt, so das Unbewusste der »Allweisheit«.

Was hat von Hartmann gemacht? Er hat auf das Problem geantwortet, dass das fortgeschrittene 19. Jahrhundert den Treiber des Weltgeschehens beim besten Willen nicht mehr in einer »absoluten Vernunft« sieht. Hegels *ideelles* Absolutes kann es alleine nicht sein. Dafür decken die Biologen zu offensichtlich die versteckten *animalischen* Triebfedern des Lebens auf. Will man sich nicht auf die Seite der Materialisten schlagen, die die Vernunftphilosophie in die Mottenkiste historischer Irrtümer legen, so muss man beides – den Idealismus und den Materialismus – miteinander kombinieren. Deshalb wird bei von Hartmann alles zu einem Auflauf verbacken: Das »Absolute« Schellings, die »Ideen« Hegels, der »Wille« Schopenhauers und sogar noch Leibniz' Rede von der »besten aller möglichen Welten«. Dazu gibt es lange naturwissenschaftliche Exkurse zu den neuesten Forschungen und zahlreiche mathematische Gleichungen, mit denen der Autor demonstriert, dass er voll auf der Höhe seiner Zeit ist. Ob all die vielen Käufer, die das Buch wegen des vielversprechenden Titels gekauft haben, es wohl über die Einleitung hinaus gelesen haben?

Immerhin wird der Autor fast über Nacht zu einer Berühmtheit. Und es hat Gewicht, wenn er zu du Bois-Reymonds Rede Stellung nimmt. Die *Anfänge naturwissenschaftlicher Selbsterkenntnis* erscheinen im Februar 1873 als dreiteiliger Aufsatz in der *Wiener Abendpost*. Darin lobt von Hartmann du Bois-Reymond, dass endlich ein führender Naturforscher einräume, wie begrenzt sein Metier sei. Damit seien auch die Naturwissenschaften auf der Ebene der Selbstreflexion angekommen, die die Philosophie schon lange erreicht hat. Wer die Welt ergründen wolle, der müsse zwei Erkenntniskomplexe voneinander unterscheiden. Da ist einmal die Pyramide der Erforschung der Naturdinge. Hier betreibt man auf der untersten Stufe Naturkunde. Auf der zweiten Stufe stehen die Naturwissenschaften, die Gesetze und Regeln erforschen. Und darüber die Naturphilosophen, die deuten und einordnen. Daneben gibt es einen zweiten Komplex. Hier geht es um den Geist mit all seinen subjektiven Qualitäten. Die Naturforscher haben hier nichts verloren und nichts zu gewinnen. Und über beiden Komplexen liegt als Dach die Metaphysik denn ohne »eine Metaphysik fällt die Welt in zwei völlig heterogene Theile aus einander, in eine äußere Seite des körperlichen Daseins und eine innere des geistigen Bewußtseins und jede empirisch constatirte Relation zwischen diesen schlechterdings heterogenen Gebieten erscheint als ein unbegreifliches Wunder«.[137] Wie eine solche alles übergreifende Metaphysik beschaffen sein muss, hat von Hartmann seinen Lesern in der *Philosophie des Unbewussten* ja ausführlich dargestellt …

Philosophie als Supervisor

Von Hartmann war ein Erfolgsautor seiner Zeit. Doch in der heutigen Universitätsphilosophie steht der große Überflieger des späten 19. Jahrhunderts in der Abstellkammer. Allein der Versuch, die Erforschung des Geistes trotz aller Erfolge der Naturwissenschaften als einen gesonderten Bereich zu behaupten, macht ihn nach wie vor bedeutsam. In seiner Zeit profitiert von Hartmann vor allem von einem Mangel an Konkurrenz. Denn dass der deutschen Universitätsphilosophie in der zweiten Hälfte des 19. Jahrhunderts die großen Köpfe und die neuen Ideen fehlen, ist nicht nur das Urteil der Nachwelt. Marx ist außerhalb seines Wirkungskreises der Internationale kein anerkannter Philosoph. Die zahlreichen Anhänger Hegels verlieren beständig an Boden, ihr »Idealismus« vermag den Naturwissenschaften nichts entgegenzusetzen. Dass ihr letzter Getreuer, der Berliner Professor *Karl Ludwig Michelet* (1801–1893), den verblassten Lehrmeister 1870 als«unwiderlegten Weltphilosophen»feiert, ist geradezu eine Posse.

Auch der beim breiten Publikum so überaus erfolgreiche Gegner, der »Materialismus«, ist keine Glanzleistung. Philosophisch ist er so dürftig und schlicht, dass er nicht einmal sieht, dass er keines der Probleme löst, die er für erledigt hält. Philosophiehistoriker werden deshalb vom »Absturz« der deutschen Hochschulphilosophie nach Hegel sprechen. Doch das Problem hat nicht nur mit dem Berg an Irrungen und Wirrungen zu tun, die der Großphilosoph seinen Schülern hinterließ. Die Klippe, auf der sie stehen, ist zudem politischer Natur. Wer in Deutschland ordentlicher Philosophieprofessor ist oder werden will, der muss sich seit 1848 streng hüten, gesellschaftskritisch Stellung zu beziehen – Feuerbach lässt grüßen. Die Hoffnungen auf mehr Freiheit und Demokratie, gar eine Republik, die sich einst an Fichte und zum Teil an Hegel geknüpft hatten, sind nach 1848 dahin. Zur weiteren Emanzipation des Bürgertums trägt die Philosophie fast nichts mehr bei, und die Geschichte entwickelt sich auch nicht dialektisch höher. Überall im Reich lauern stattdessen Spitzel und drohen Repressalien für aufmüpfiges Verhalten gegenüber der Obrigkeit. Die Materialisten kriegen dies zu spüren, in Deutschland bekommen sie keine Professuren. Gleichwohl bewegen ihre Bücher die Gemüter. Sie handeln, zumindest bei Vogt und Büchner, nicht nur von der Biologie, sondern zudem von der Evolution der Gesellschaft, auch und gerade, weil sich der Nebel der Metaphysik in die Tropfen der Physiologie verflüssigt.

Die Lage ist paradox. Während die Zahl der Lehrstühle für Philosophie immer weiter wächst und überall neue philosophische Zeitschriften gegründet werden, hat die Disziplin zugleich fast jeden gesellschaftlichen Glanz eingebüßt. Gesellschaftskritik, das Metier der Aufklärungsphilosophie, findet nicht mehr statt. In diesem Sinne ist du Bois-Reymonds *Ignorabimus*-Rede nicht nur eine Absage an die Deutungshoheit des Materialismus. Sie ist zudem eine rhetorische Versicherung, dass man die Kirche Kirche sein lässt und nicht von einer atheistischen und freiheitlicheren Gesellschaft träumt. Man hat Lehrstühle gewonnen, aber an Bedeutung verloren. Zudem befördert die immer stärkere »Verschulung« der Universitäten keine originellen Denkansätze. Schopenhauer, Feuerbach, Comte, Kierkegaard, Mill, Spencer und Marx, die wichtigsten Denker der Zeit, sind keine Philosophieprofessoren und kommen in der universitären Berufsphilosophie kaum vor. Diese aber sieht sich zunehmend im gesellschaftlichen Abseits. Nicht einmal als Wissenschaftler werden die Philosophen außerhalb ihrer Hörsäle anerkannt – das sind eigentlich nur noch die Naturwissenschaftler.

Als zeitgenössischer Beobachter nimmt Engels kein Blatt vor den Mund, was die desolate Lage der Philosophie anbelangt: Im Publikum grassierten »einerseits die auf den Philister zugeschnittenen flachen Reflexionen Schopenhauers und ... sogar Hartmanns, andrerseits der vulgäre Reiseprediger-Materialismus eines Vogt und Büchner. Auf den Universitäten machen sich die verschiedensten Sorten von Eklektizismus Konkurrenz, die nur darin übereinstimmen, daß sie aus lauter Abfällen vergangner Philosophien zusammengestutzt und alle gleich metaphysisch« sind.[138] Ein anderer Beobachter, der Arzt und Erfolgsschriftsteller *Max Nordau* (1849–1923), diagnostiziert 1883 das Gleiche, und zwar nicht nur für Deutschland, sondern auch für Frankreich, wo er lebt: »In der Philosophie ist die Modeströmung der Pessimismus. Schopenhauer ist Gott und von Hartmann sein Prophet. Der Positivismus August Comtes macht als Doktrin keine Fortschritte und breitet sich als Sekte nicht aus, weil selbst seine Anhänger eingesehen haben, daß seine Methode zu eng und sein Ziel nicht hoch genug ist. Die französischen Philosophen studieren fast nur noch die Psychologie oder genauer Psycho-Physiologie.«[139]

Wenn Engels von »verschiedensten Sorten von Eklektizismus« spricht, so sieht er die Philosophie auf dem gleichen Niveau wie die zeitgenössische Architektur. Die industrielle Revolution erfordert neue Funktionsbauten wie Fabriken, Wassertürme und Bahnhöfe. Aber errichtet werden sie in einem Stilmischmasch vergangener vorindustrieller Epochen. Fabrikantenvillen, Banken und Bahnhöfe erinnern an Renaissance-Paläste. Fabrikhallen entstehen wie englische Schlösser im Tudorstil aus Backstein mit Ziertürmen. Ein Ensemble aus griechischen Gottheiten und Titanen schmückt die Fassaden der neuen Wohnblöcke, Marmorimitate aus Farbe und Holz zieren Portale und Hauseingänge. Je schneller die Zeit voranschreitet, je moderner die Wirtschaft produziert, je nüchterner die Technik Fortschritt schafft, umso altbackener werden die Formen, hält Beschaulichkeit Einzug, inszeniert sich das Bürgertum in antiker Maskerade.

Kann die Philosophie hier noch die Zeit »auf den Begriff bringen«, wie Hegel forderte, und in die Zukunft weisen? Oder ist sie nur ein historisierender Eklektizismus aus Platon, Aristoteles, Kant und Hegel? Ist sie vielleicht sogar zu Ende, überholt von den empirischen Wissenschaften? In der Aufklärungszeit hat sie sich von der Theologie verabschiedet und in der ersten Hälfte des 19. Jahrhundert die Psychologie und die Soziologie als unreife Kinder aus dem Haus gehen lassen. Der Idealismus der Hegelianer aber wirkt in der Mitte des Jahrhunderts allenfalls trotzig. Was soll die Philosophie tun? Wenn sie sich an den empirischen Wissenschaften orientiert, sogar versucht, selbst eine zu werden, was leistet sie dann Eigenständiges, was die Psychologen nicht besser können? Was soll eigentlich noch Philosophie sein? Ein Rückgriff auf ein schwiemliges »Unbewusstes«, das alles als »Wille« und »Idee« metaphysisch durchwaltet, wie bei von Hartmann? Ressentiment, Weltflucht und Pessimismus wie bei Schopenhauer? Belebte Zellen und ihre Entwicklungsgesetze wie bei Haeckel? Was kann die Philosophie, was die empirisch arbeitenden Wissenschaften nicht können?

All das fragt sich auch der Berliner Philosoph, Philologe und Pädagoge *Friedrich Adolf Trendelenburg* (1802–1872). Als Nachfolger Hegels sitzt er auf dem bedeutendsten deutschen Philosophenlehrstuhl – eine schwere Bürde in einer Zeit, in der der Philosophie überall die Felle wegschwimmen. Trendelenburgs Worte haben Gewicht. Wer, wenn nicht er, ist gefordert, der Philosophie ein neues Metier und eine neue Berechtigung zu geben? Der Mann aus Eutin entstammt einer berühmten Gelehrtenfamilie. Im Jahr 1833 wird er außerordentlicher und 1837 ordentlicher Professor für Philosophie und Pädagogik. Er ist Wissenschaftspolitiker, hochrangiges Mitglied der bedeutendsten Akademien und der einflussreichste philosophische Hochschullehrer seiner Zeit. Kein anderer macht so viele seiner Schüler zu Philosophieprofessoren wie er.

Trendelenburgs Philosophieverständnis ist in vielerlei Hinsicht traditionell, ansonsten hätte er in Berlin auch keine Karriere machen können. Die Philosophie ist für ihn die allumfassende Leitdisziplin oberhalb aller anderen Wissenschaften. Wie bei Kant und Hegel soll sie die Welt erklären. Und wie Schelling glaubt er an eine organische Weltordnung, die sich nach idealistischen Prinzipien entfaltet. Doch die Details der Welt können Philosophen mit ihren Mitteln nicht selbst erforschen, dafür gibt es inzwischen halt die Naturwissenschaften. Und deren Erfolg und Renommee lassen sich nicht mehr ignorieren, wie Hegel es noch nonchalant getan hatte. Das lückenlose System der Welt, Stück für Stück entfaltet aus der Philosophie – dieser Wahn Fichtes, Schellings und Hegels ist ein für alle Mal vorbei. Nein, für Physik, Chemie oder Biologie sollten sich Philosophen inhaltlich nun wirklich nicht mehr für zuständig halten.

Trendelenburg findet eine neue Rolle – die des Supervisors. Philosophie ist jene Wissenschaft, die zu einem Weltgebäude zusammenfügt, was die Einzelwissenschaften in ihren Steinbrüchen zutage fördern. Wie tut sie das? Als Kenner von Aristoteles und Kant sieht Trendelenburg das ureigenste Metier der Philosophie in der *Logik*. Die Einzelwissenschaften mühen sich an den Tatsachen ab; die Philosophie analysiert deren logischen Zusammenhang. So ähnlich hatte ja auch Kant die Rolle der Philosophie gesehen. Doch in einem wichtigen Punkt weicht Trendelenburg von ihm ab. Der Königsberger Philosoph hatte stets nach *apriorischen Urteilen* gesucht, nach Wahrheiten, die jenseits aller Konkreten Erfahrung absolut gültig sind. Das Gleiche findet sich bei Hegel, dessen »reine Logik« unabhängig von aller Erfahrung gelten sollte. In der Mitte des 19. Jahrhunderts ist der Glaube an solche apriorischen Wahrheiten zerstört. Wissenschaft darf nicht auf Spekulation beruhen. Sondern aller Anfang von Wissenschaft liegt in der *Erfahrung*. Diesen Punkt werden viele Philosophen zugestehen, um sich nicht vor den Naturwissenschaften lächerlich zu machen.

Auf diesem Fundament baut Trendelenburg seine mehrfach überarbeiteten *Logischen Untersuchungen* (1840/1862/1870) auf. Dabei hat er zwei Ziele. Er möchte zeigen, dass die Philosophie selbst dann die Königswissenschaft bleiben kann, wenn sie auf Spekulation verzichtet. Und er möchte die Materialisten in ihre Schranken weisen, die albernerweise glauben, der menschliche Geist ließe sich auf Physik oder Biologie reduzieren. Trendelenburg hält dagegen: »Die besonderen Wissenschaften führen selbst über sich hinaus. In ihrem Streben sich selbst genug zu sein suchen sie sich zwar als ein selbständiges Gebiet abzuschließen, aber sie müssen die Grenzen doch wiederum öffnen, indem sie einsehen, daß sie blinde Voraussetzungen in sich tragen, unbesehene Grundbegriffe, aufgenommene Prinzipien, unerörterte Ursprünge.«[140] Die Naturwissenschaftler sollten sich nicht überschätzen. Erstens beackern sie nur sehr begrenztes Terrain, ohne die grundsätzlichen Fragen beantworten zu können. Und zweitens fehlt ihnen die Methode und der Blick dafür, die großen Zusammenhänge zu begreifen, die durch den Menschengeist hergestellt werden und eben nicht durch reine Beobachtungen an Naturgegenständen. Diese Welt unseres Bewusstseins besteht aus Absichten und Zwecken, die Welt der Natur dagegen nur aus Kausalitäten. Mag aller Geist auch materiell durch physiologische Vorgänge erzeugt sein, *qualitativ* ist er etwas völlig anderes als Phosphor. Die Kräfte der Natur sind nur die *Verursacher*, nicht aber der *Bewusstseinsinhalt*. Die materialistische Tradition, die in der Antike mit Demokrit beginnt und zu Vogt, Büchner und Moleschott führt, denkt zu kurz und liegt falsch.

Deshalb braucht es, nach Trendelenburg, weiterhin die Philosophie. Sie beobachtet die anderen Wissenschaften, analysiert ihre jeweilige Logik und deutet sie aus: »Die Wissenschaften versuchen glücklich ihre eigenthümlichen Wege, aber zum Theil ohne nähere Rechenschaft der Methode, da sie auf ihren Gegenstand und nicht auf das Verfahren gerichtet sind. Die Logik hätte hier die Aufgabe zu beobachten und zu vergleichen, das Unbewusste zum Bewusstsein zu erheben und das Verschiedene im gemeinsamen Ursprung zu begreifen.«[141] Die Philosophie ist die Wissenschaft der Wissenschaften. Wie bei dem von Trendelenburg hochverehrten Aristoteles sieht sie von ganz oben mit weitem Blick über die Einzelwissenschaften, die sie, anders als der antike Grieche, nun nicht mehr selbst betreiben kann. Dafür erblüht sie neu als *Wissenschaftstheorie*. Wie muss ein Wissenschaftler in seinem jeweiligen Metier vorgehen und denken, um seinen Gegenstand zureichend zu erfassen? Denn die »That des Denkens« ist nicht überall gleich, sondern verschieden. Für Hegel war die Logik Arbeit am Begriff, für Trendelenburg ist sie Arbeit an den »wirklichen Wissenschaften«.

Das Programm erinnert an Mills zeitgleiche *Logik*. Allerdings nur auf den ersten Blick. Dass die Logik den Wissenschaftlern ihre Vorgehensweise erklären und erhellen soll, darin sind sich der deutsche Metaphysiker und der englische Positivist einig. Man nimmt die Verfahren unter die Lupe, mit denen ein Wissenschaftler der Wahrheit näherkommen möchte, und untersucht die Logik der wissenschaftlichen Methodologie. Doch anders als Mill glaubt Trendelenburg an eine »organische Weltanschauung«, die die auseinanderdriftenden Wissenschaften vereinen könnte. Zusammengehalten wird die Welt durch die *Bewegung*, ohne die Zeit, Raum, Materie und Kausalität nicht denkbar und vorstellbar sind. Diese Bewegung findet sich im Akt des Denkens genauso wie in den Vorgängen der Natur, die der menschliche

Geist beobachtet und erforscht. Trendelenburg hält sein System für einen großen Wurf. Doch über das organische Weltsystem, das er in einem Mischmasch aus Aristoteles, Hegel und Schelling herleitet, ist der Geist der Zeit schnell hinweggegangen. Nur wenige Philosophen besichtigen heute noch diese versunkene romantische Ruine. Bedeutend ist Trendelenburg als hellsichtiger Kritiker und als prägender Lehrer, nicht als verstiegener Architekt.

Verschiedene Zugänge zur Welt

Acht Jahre nach Trendelenburgs Tod beruft die Berliner Universität 1880 einen Mann zum Philosophieprofessor, von dem sie sich ebenfalls einen Spagat zwischen Philosophie und Naturwissenschaft erwartet. Die idealistische Philosophie Hegels, Schellings und auch Trendelenburgs ist mausetot, das Bedürfnis nach einer einheitlichen Weltsicht dagegen lebt weiter fort. Richten soll es nun *Hermann Lotze* (1817–1881).

Lotze wurde in Bautzen als Sohn eines Militärarztes geboren und studierte in Leipzig Medizin und Philosophie. Mit dreiundzwanzig Jahren ist er habilitierter Arzt und habilitierter Philosoph. 1844 wird der gerade Siebenundzwanzigjährige Nachfolger auf Herbarts Lehrstuhl in Göttingen. Größeres Aufsehen erregt er das erste Mal 1852 mit seiner *Medizinischen Psychologie oder Physiologie der Seele*. Wie in seinem gesamten weiteren Werk zeigt er sich als Denker von zwei Seiten. Einerseits will er die menschliche Psychologie im Sinne Benekes empirisch erforschen. Hinter allen Seelenregungen stehen körperliche Vorgänge, die man medizinisch *beschreiben* kann. Doch andererseits lässt sich das geistige Leben nicht vollständig auf diese körperlichen Tätigkeiten *reduzieren*. Lotze bleibt also Mediziner *und* Philosoph, ohne das eine mit dem anderen zu verschmelzen. Denn auch der sorgfältigste empirische Forscher muss das, was er diagnostiziert, beurteilen. Und was Menschen interpretieren, bleibt immer subjektiv und vieldeutig. So hat Lotze »heimlich längst die statistische Bemerkung gemacht … dass die großen positiven Entdeckungen der exakten Physiologie eine durchschnittliche Lebensdauer von etwa vier Jahren haben«.[142]

Die Naturforscher stehen für ihn vor zwei Hürden. Erstens kommen sie kaum jemals zu einer völlig verbindlichen Objektivität. Und zweitens können sie mit ihren grobmaschigen Netzen nur größere Fische fangen, aber nicht alles, was im Meer schwimmt. Die subjektiven Empfindungsqualitäten, das, was unser Bewusstsein ausmacht, kriegen sie jedenfalls nie wirklich zu fassen. Zwanzig Jahre vor du Bois-Reymonds berühmter Rede ist Lotze bereits zu den gleichen Schlussfolgerungen gelangt. Hätte der kompromisslose Materialismus recht, so wären philosophische Werke fortan überflüssig oder unerträglich langweilige Bücher, die nur davon erzählen, wie Evolution, Stoffwechsel, Ernährung und Physiologie das Denken ermöglichen, aber kein Wort darüber verlieren, *was* es denkt. Doch der Materialismus irrt. Die naturwissenschaftliche Betrachtung der Welt ist nicht *die* Betrachtung der Welt; es ist die *naturwissenschaftliche* Betrachtung der Welt.

Auch Lotze möchte die Naturwissenschaft mit der Philosophie versöhnen. Aber er tut es nicht durch eine krude Verschmelzung wie von Hartmann. Für ihn ist der Versuch, die Welt in ein einheitliches System zu zwingen, ein »ontologisches Missverständnis«. Wir können die Welt wissenschaftlich oder ästhetisch wahrnehmen, religiös, ökonomisch oder politisch. Doch nirgendwo winkt zum Lohn eine universale Wahrheit – eine Sichtweise, die Lotze mit Richtungen teilt, die in der zweiten Hälfte des 20. Jahrhunderts höchst einflussreich werden: dem »radikalen Konstruktivismus« Heinz von Foersters und Ernst von Glasersfelds und dem »relativistischen Pluralismus« Nelson Goodmans. Während von Hartmann den Geist des frühen 19. Jahrhunderts unter Einbezug der modernen Naturwissenschaften wiederaufleben lassen will, Trendelenburg die eine organisch entstandene Welt verteidigt, weist Lotze voraus ins 20. Jahrhundert.

Doch der Philosoph in Göttingen will nicht nur die medizinische und philosophische Fachwelt überzeugen. Er möchte auch das große Publikum gewinnen, das sich gerade so sehr für Vogt, Moleschott und Büchner begeistert. Von 1856 bis 1864 veröffentlicht Lotze ein dreibändiges populäres Werk mit dem Titel *Mikrokosmos. Ideen zur Naturgeschichte und Geschichte der Menschheit. Versuch einer Anthropologie.* Der Titel spielt auf Alexander von Humboldts *Kosmos* (1845 bis 1862) an. Der berühmte Naturforscher hatte sich im Alter darangemacht, die gesamte physikalische Welt zu beschreiben – und ebenfalls einen großen Publikumserfolg gelandet. Auch Lotzes Untertitel erinnert an ein Bildungsprojekt, an Johann Gottfried Herders *Ideen zur Philosophie der Geschichte der Menschheit* (1784 bis 1791). Die Spannweite des *Mikrokosmos* ist damit benannt: ein Werk, das von der Physik über die Biologie zur Anthropologie und Metaphysik reicht. Doch der Unterschied zu Spencer, der zur gleichen Zeit Gleiches versucht, könnte größer kaum sein. Während Spencer sein System Schritt für Schritt auf der Grundlage angeblich völlig erklärter naturwissenschaftlicher Prinzipien aufbaut, zeigt Lotze die Welt und den Menschen aus verschiedenen *Perspektiven.*

Die Arbeit am *Mikrokosmos* fällt genau in die Zeit, als Darwins Selektionstheorie in der gebildeten Welt Furore macht. Zwei Bände sind von Lotze erschienen, der dritte über den Menschen steht 1859 noch aus. Für den Arzt und Philosophen in Göttingen ist Darwins Buch naturwissenschaftlich bedeutend, philosophisch dagegen enthalte es nichts, was er selbst nicht schon im zweiten Kapitel des vierten Buchs des *Mikrokosmos* geschrieben habe. Dort steht, dass »alle vorhandene Zweckmäßigkeit aus der Concurrenz absichtsloser Zufälle abzuleiten« sei.[143] Lotze selbst sieht sich als philosophischen Urheber der Selektionstheorie. Darwin hingegen habe nur auf glänzende Weise Belege angeführt.

Doch die philosophische Frage, *warum* die Evolution so funktioniere, wie sie funktioniert, habe er zudem nicht beantworten können. Darüber nachzusinnen braucht es, nach Lotze, weiterhin Philosophen.

Theoriebildungen von Naturforschern entschlüsseln nie die ganze Wirklichkeit. Und deshalb darf die Philosophie darin auch nicht ihren Ausgang nehmen. Lotzes Anthropologie geht nicht von der konkreten Erfahrung aus, sondern geht traditionell philosophisch vor. Sie deduziert ihr System aus allgemeinen Überlegungen. Menschen sind Naturwesen mit begrenzten Sinnen. Die Wirklichkeit ist ihnen nicht »gegeben«, deshalb kann man sie nicht, wie bei Hegel, denkend enthüllen. Der Standpunkt, auf dem Menschen in der Natur stehen, ist zufällig und beliebig, »dislociiert« (fehlplatziert) gegenüber dem großen Ganzen. Wir können uns nur verschiedene *Zugänge* schaffen und *Perspektiven* gegenüber der Welt einnehmen. Die Welt, wie sie ist, spiegelt sich in der Summe der menschlichen Perspektiven auf sie. In diesem Sinne ist jeder Mensch ein »Mikrokosmos«, ein »vollkommenes Abbild der großen Wirklichkeit«. Die Welt ist ein Ensemble aus Betrachtungsweisen, so wie das menschliche Gehirn sie erlaubt. Sie ist immer *subjektiv*, wenn auch auf methodisch unterschiedliche Weisen. Und sie ist endlich, geschichtlich und unabschließbar. Jede Weltdeutung des Menschen ist deshalb vor allem eins: *Selbstbeschreibung*!

Aller Zugang des Menschen zur Welt ist perspektivisch. Doch das hält Lotze nicht davon ab, mit den naturwissenschaftlichen Mitteln seiner Zeit nach Übergängen zu suchen. Ein Beispiel dafür ist seine »Lokalzeichentheorie«. Wie kommen wir von der einzelnen punktuellen Sinneswahrnehmung zu einer allgemeinen Vorstellung vom Raum? Das Erste ist für Lotze physisch, das Zweite psychisch. Also müssen die »Lokalzeichen« irgendwie von der materiellen Sphäre in die geistige übertragen und dabei verändert werden. Lotze stellt sich vor, dass unser Gehirn sinnlich gewonnene Reize in immaterielle Vorstellungen verwandelt, sie gleichsam umcodiert. Damit behauptet er aber einen Übergang vom Materiellen ins Ideelle, den er zugleich philosophisch ausschließt. Der Naturforscher Lotze, der dem Rätsel auf den Grund gehen möchte, und der Metaphysiker Lotze, der das Bewusstsein prinzipiell nicht für angemessen erforschbar hält, stehen sich hier im Wege.

Aus Sicht der modernen Psychologie ist Lotze einer der letzten Vertreter des naturwissenschaftlichen Dualismus in der Tradition von Descartes; ein Mann des 19. Jahrhunderts, eine Figur des Übergangs. Für die Philosophie hingegen ist er ein Wegbereiter. Das gilt insbesondere für sein Hauptwerk, das *System der Philosophie* (1874 bis 1879). Den ersten Teil, die *Logik*, schreibt er schon in jungen Jahren und arbeitet ihn später um. Dabei führt er ein Begriffspaar in die Philosophie ein, das in dieser Kombination später enorme Bedeutung erhalten wird: »Geltung« und »Wert«.

Schon Leibniz und Kant hatten sich mit der Frage der »Geltung« beschäftigt. Dahinter steht folgende Überlegung: Die Frage, was einen Anspruch auf Wahrheit hat, kann man auf zwei verschiedene Weisen stellen. Einmal *zeitlich* und einmal *logisch*. So etwa fragt der Physiker, warum ein Apfel zu Boden fällt. Es handelt sich um einen zeitlichen Vorgang, bei dem erst eine Ursache da ist und dann eine Wirkung eintritt. Genauso untersuchen die empirischen Psychologen das Bewusstsein: Was ist der Grund dafür, dass jemand so oder so reagiert? Wahrheit entsteht dann, wenn das Zustandekommen, die *Genese* eines Prozesses, richtig beschrieben ist. Ganz anders hingegen in der Logik. Der Satz »Zwei plus zwei ist vier« ist kein zeitlicher Vorgang und beschreibt auch kein Kausalverhältnis von Ursache und Wirkung. Die Logik hat keine zeitliche Dimension, sondern sie fragt: »Welche Bedingungen müssen erfüllt sein, damit etwas *gilt*?« Eine solche Geltung lässt sich nicht mit Beobachtungen und Experimenten beweisen; sie gründet einzig und allein in ihrer logischen Richtigkeit.

Die Unterscheidung von Genese und Geltung gehört zu den

wichtigsten der Philosophie. Und Lotze knüpft daran an. Ganz anders als Whewell und Mill hält er die Logik nicht für ein geeignetes Mittel, um *die* Wahrheit von Tatsachen zu erforschen. Der Grund ist einfach. Logik ist nicht empirisch, sie gründet nicht in der Wirklichkeit, sondern, wie bereits Kant es sah, im menschlichen Geist. Was Menschen für Wahrheit halten, ist kein Abbild der Wirklichkeit. Es ist nur »Wahrheit« nach Maßgabe des menschlichen Geistes. Hierfür spielt die Logik nun tatsächlich eine große Rolle; sie hilft dabei, die Vorstellungen zu sortieren und in eine Ordnung zu bringen.

So weit stimmt Lotze mit Kant überein. Die Logik handelt von den »Gesetzen des Denkens« und den »Denknotwendigkeiten«. Wenn es aber stimmt, dass der Menschengeist die Wirklichkeit nach solchen Denknotwendigkeiten erkennt und strukturiert, dann wird sie auch durch ihn *geformt*. Ob etwas *gilt* oder nicht, sagt uns nicht die Wirklichkeit, sondern die Denknotwendigkeit: etwas stimmt oder stimmt nicht, ist wahrscheinlich oder unwahrscheinlich. Wenn wir klare Zusammenhänge erkennen, dann, weil wir die Dinge nach Maßgabe unserer Denkgesetze miteinander in Verbindung bringen.

Nach Lotze wird alles »Sein« nicht nur auf seine Geltung abgeklopft, sondern es wird dabei zugleich unweigerlich *bewertet*. Schon Kant hatte vom »Werth des Lebens« gesprochen und davon, dass Menschen die Dinge bewerten, obgleich Werte nichts sind, was sie in der Realität vorfinden. Werte sind menschliche Hilfsmittel, um sich in der Welt zu orientieren. Sie trennen das, was Menschen nützlich oder gut, also »wertvoll« finden, von dem, was ihnen unnütz oder schlecht erscheint. Im 19. Jahrhundert erlebt das Wort einen rasanten Aufstieg, der seine Bedeutung nicht unberührt lässt. Die Ökonomen, wie Ricardo, gebrauchen es, und auch Marx analysiert Tauschwert, Gebrauchswert und Mehrwert. In ganz Europa gibt der »Wert« der Nationalökonomie eine Bemessungsgrundlage für wirtschaftlichen Erfolg, für hervorgebrachte »Wertschöpfungen«.

Wer in der zweiten Hälfte des 19. Jahrhunderts philosophiert, der tut gut daran zu zeigen, dass auch er etwas von »Werten« versteht und dass er so etwas betreibt wie philosophische »Wertschöpfung«. Lotze bezieht die Begriffe »Geltung« und »Wert« deshalb viel strenger aufeinander als Kant. Immer wenn wir etwas als *richtig* gelten lassen, belegen wir es mit einem *Wert*. Der Satz »Zwei plus zwei ist vier« ist werthaltig, der Satz »Zwei plus zwei ist fünf« nicht. Das Gleiche gilt auch für alle anderen Sätze, in denen uns die Logik sagt, was nach Maßgabe der Denknotwendigkeit richtig *sein soll*.

Für Lotze ist Logik also keine rein formale Angelegenheit, sondern, ebenso wie bei Mill, Wissenschaftstheorie. Jeder Wissenschaftler soll sich im Klaren darüber sein, dass sein Denken in der menschlichen Psychologie gründet und nicht in der Natur der Dinge. Wir stehen der empirischen Welt mit ihrem Werden und Vergehen, ihrer Kausalität, ihrer Einheit und Verschiedenheit nicht eins zu eins gegenüber. Sie liegt nicht offen vor uns, sondern wir sehen sie so, wie wir sie als Menschen nun mal wahrnehmen können: von Zweckbestimmungen durchzogen, mit menschlicher Logik sortiert und mit Werten ausgestattet. In dieser Hinsicht ein treuer Anhänger Kants, betrachtet Lotze die »mathematisch-mechanische Construction« der Naturwissenschaftler als ebendies – eine Konstruktion. Und zugleich als eine Konstruktion unter anderen möglichen Konstruktionen: einer lebenspragmatischen, einer ästhetischen, einer ethischen oder einer religiösen.

Lohnt es sich unter diesen Voraussetzungen noch an der Vorstellung einer objektiven Welt festzuhalten? Für Lotze bleibt sie auch dann unumgänglich, wenn erkannt ist, dass wir sie immer nur perspektivisch wahrnehmen. Seine Begründung ist ein kühner Spagat zwischen Platon und der Evolutionstheorie. Lotze hat viel für den antiken Philosophen übrig, für dessen Vorstellung einer ideellen Welt »an sich«, der sich der Mensch mühsam denkend annähern muss. Beschreibt Platon damit nicht das, was auch die

Evolutionsbiologie weiß? Als biologisches Wesen verfügt der Mensch über einen beschränkten, aber nicht völlig willkürlichen Erkenntnisapparat. Er ist in der Auseinandersetzung mit der faktischen Welt entstanden, und insofern ist das Verhältnis wechselseitig: Das Sein bestimmt das Bewusstsein, und das Bewusstsein bestimmt, was wir für Sein halten – genau das ist die Quintessenz des zweiten Bandes des *Systems*, der *Metaphysik*.

Den dritten Band über die »Theologie« kann Lotze nicht mehr vollenden. Selbst die religiöse Empfindung ist für ihn eine Perspektive auf die Welt von eigenem Recht. In einer Zeit, in der die Menschen nur noch an die Wissenschaft glaubten, will er sie daran erinnern, welchen Beitrag Religion und Glaube für die Humanität gespielt haben. Wissenschaft dagegen produziere keine Ethik.

Im Jahr 1880 erfolgt Lotzes Ruf nach Berlin. Doch nur ein Jahr später stirbt er an einer Lungenentzündung. Für die deutsche Philosophie bleibt er bis in die Zwanzigerjahre einer der wichtigsten Denker. Durch seine Schüler in den USA bekannt gemacht, avanciert er dort zum europäischen Denker seiner Zeit schlechthin. Der US-amerikanische Philosoph David Sullivan nennt ihn in der *Stanford Encyclopedia of Philosophy* den »einflussreichsten Philosophen« im Deutschland seiner Zeit, »vielleicht sogar der Welt«.[144] Das ist umso erstaunlicher, als er heute an deutschen Universitäten kaum noch behandelt wird. Verwunderlich, denn Lotzes Denken trägt viele Früchte. Man denke nur an seine Beschreibung des Menschen als eigenes Universum nicht im Mittelpunkt der Welt, sondern deplatziert. Sie findet sich wieder in der philosophischen Anthropologie von Max Scheler bis Helmuth Plessner. Und Lotzes Verständnis der Logik inspiriert sowohl Gottlob Frege als auch Edmund Husserl. Am wirkungsmächtigsten aber wird seine psychologische Theorie von der evolutionären Zweckmäßigkeit aller Erkenntnis und Wahrheit. Sie stellt die Weichen für den US-amerikanischen Pragmatismus von William James.

Beschreibende Psychologie

Dass Lotze überraschend stirbt, macht den Lehrstuhl in Berlin schnell wieder frei. Sein Nachfolger wird der in Wiesbaden geborene *Wilhelm Dilthey* (1833–1911), ein Schüler Trendelenburgs. Dilthey hat in Basel, Kiel und Breslau gelehrt und kehrt von dort an seinen Studienort Berlin zurück. Bislang ist er nicht groß aufgefallen. Mehr als einen ersten Band zu einer Biografie über Schleiermacher hat er nicht veröffentlicht. Als er 1887 in die Akademie der Wissenschaften aufgenommen wird, macht er sich vor seinem Vorgänger Lotze klein. Er, Dilthey selbst, sei ein Mann der Geschichte, Lotze hingegen habe über den »seltensten Umfang des Wissens« verfügt. Zugleich aber findet er auch drastische Worte über den Zustand seines Fachs. Dilthey spricht von den »Trümmern der Philosophie«. Die »Systeme der Metaphysik sind gefallen«, Fichte, Schelling und Hegel, so großartig sie waren, nur noch Schutt.

Wie er sich den künftigen Neubau der Philosophie vorstellt, hat Dilthey 1883 nach dem Antritt in Berlin allgemein kundgetan in seiner *Einleitung in die Geisteswissenschaften.* Den Begriff »Geisteswissenschaften« hatte Hermann von Helmholtz, von dem später noch die Rede ist, bereits 1862 geprägt. Dilthey möchte diese »Geisteswissenschaften« logisch grundlegen und ihre Methode exakt definieren. Seine Schrift skizziert den Grundriss zu einem geplanten großen Werk. Sein halbes Leben wird der selbst ernannte Erneuerer der Philosophie daran arbeiten, ohne dass auch nur ein einziger weiterer Band veröffentlich wird.

Wenn man wissen will, wie Dilthey die Lage seines Fachs sieht, so findet man die beste Übersicht in einem Aufsatz, den er kurz vor seinem Tod zu einem Sammelband über »Weltanschauung« beiträgt.[145] Das Wort ist um die Jahrhundertwende in aller Munde. Statt vom System der Welt ist nun von verschiedenen Haltungen zur Welt die Rede, von Perspektiven, Gewichtungen und Überzeugungen. Philosophie erscheint nicht mehr als etwas Objektives wie bei Kant, Fichte, Schelling und Hegel, sondern als eine subjektive Sichtweise der Welt, abhängig von persönlichen Vorlieben, Interessen und Gemütsverfassungen.

Für Dilthey ist das zu wenig, nicht anders als zuvor für seinen Lehrer Trendelenburg. All das muss sich doch irgendwie zusammenfassen und neu durchdenken lassen – ansonsten wird die Philosophie viel zu beliebig. Und eine beliebige Philosophie, da ist Dilthey sicher, ist ihr Ende. Die Angst vor dem Bedeutungsverlust seines Fachs beflügelt seine ganze Philosophie und treibt ihn an, ein neues »geisteswissenschaftlichtes« Fundament zu suchen. Der Aufsatz »Die Typen der Weltanschauung und ihre Ausbildung in den metaphysischen Systemen« skizziert die verwüstete Landschaft mit klaren Linien. So sieht Dilthey im Traum alle die großen Philosophen vor sich. Die Männer sind getrennt in drei Gruppen. Die Materialisten und Positivisten Archimedes, d'Alembert und Comte spotten über die Idealisten Platon, Fichte und Schiller. Als dritte Gruppe stehen die Systembaumeister Spinoza, Leibniz und Hegel beieinander und philosophieren über die göttliche Harmonie des Universums. In Diltheys Traum driftet plötzlich alles auseinander: Die »Ferne, die diese Gruppen trennte, wuchs mit jeder Sekunde – nun verschwand der Boden selbst zwischen ihnen – eine furchtbare feindliche Stimmung schien sie zu trennen – mich überfiel eine seltsame Angst, daß die Philosophie dreimal oder vielleicht noch mehrere Male da zu sein schien – die Einheit meines eigenen Wesens schien zu zerreißen, da ich sehnsüchtig bald zu dieser, bald zu jener Gruppe hingezogen ward und ich strebte an, sie zu behaupten«.[146]

Beim Versuch, die Philosophie »zu behaupten«, wandelt Dilthey in den Fußstapfen Trendelenburgs, Lotzes und du Bois-Reymonds. Auch für ihn steht fest: Das menschliche Bewusstsein ist mit naturwissenschaftlichen Mitteln unergründbar! Wie seine Berliner Vorgänger hält er die Sinneswahrnehmung für eine Frage der empirischen Psychologie, nicht aber die »höheren Bewusstseinsphänomene«. Denn diese »gehen ohne Zweifel aus den niederen hervor. Die niederen bilden die Grundlage. Aber sie sind durchaus nicht bloß zusammengesetzt von Verbindungen, die aus den elementaren gänzlich abgeleitet werden können. Die Ausdrücke Entwicklung, Evolution, Entfaltung sprechen zutreffend die Art der Kausalität aus, welche hier waltet.«[147] Was Dilthey meint, wird in der philosophischen Diskussion seit den Sechzigerjahren als »Emergenz« («Auftauchen, Emporsteigen») bezeichnet: Verschiedene Elemente können so zusammenspielen, dass eine neue Qualität entsteht, die so in den Elementen selbst nicht enthalten ist. So ist Wasser zum Beispiel flüssig, Wasserstoff und Sauerstoff, seine beiden Elemente, aber sind Gase. Das Gleiche, meint Dilthey, gilt auch für das menschliche Bewusstsein. Obwohl es neurophysiologisch entsteht, hat es eine eigenständige Qualität, die sich nicht einfach auf die Arbeit von Nervenzellen und ihre Verbindungen reduzieren lässt. Das Bewusstsein ist mehr als die Summe seiner physiologischen Teile – es hat andere Eigenschaften und ist in diesem Sinne »eigenständig«.

Wer das Bewusstsein wirklich ergründen will, sollte also nicht empirische Psychologie nach dem Vorbild der Naturwissenschaften betreiben. Denn überall, wo es um nicht empirische Phänomene geht, muss sie zwangsläufig scheitern. Angemessen dagegen ist eine *beschreibende Psychologie*, die das Bewusstsein aus seinen ganz besonderen Spielregeln erklärt. Doch wie könnte sie aussehen?

Dilthey läuft zu Hochform auf, wenn er die Empiristen kritisiert, insbesondere Comte und Mill. Anders als viele seiner deutschen Kollegen sieht er sie nicht als Feinde, sondern als Verbündete. Aber er bemängelt, dass sie leider nicht konsequent genug denken. Dass das »niedere Seelenleben« von Physiologen erforscht werden kann und soll, diese Ansicht teilt er mit den Empiristen. Aber dann wirft er ihnen vor, nicht empirisch genug zu denken! Was glaubt denn ein Empirist und Assoziationspsychologe wie Mill, wie Begriffe oder Ideen entstehen? Dadurch, dass unser Bewusstsein etwas aus der Außenwelt mit den Sinnen abfotografiert? Ist es denn nicht, wie Kant sagt, notwendig, über Begriffe zu verfügen, um die Wirklichkeit überhaupt *festzuhalten* und zu *begreifen*? Seit Trendelenburg ist klar, dass diese Begriffe unserem Bewusstsein aber nicht zeitlos eingegeben sind. Sie sind nicht a priori, sondern entstehen in der Erfahrung. Aber in welcher Erfahrung?

Wenn Menschen Erfahrungen machen, dann machen Menschen diese Erfahrungen in einer bestimmten Zeit. Unsere Erfahrungsinhalte sind, wie Dilthey sagt, »geschichtlich gewachsen«. In den Naturwissenschaften haben wir es mit zeitlosen Gesetzen der Physik oder des biologischen Werdens zu tun. In der Menschenwelt und den ihr entsprechenden »Geisteswissenschaften« dagegen sind alle Erfahrungen und Erkenntnisse historisch: »Von der Verteilung der Bäume in einem Park, der Anordnung der Häuser in einer Straße, dem zweckmäßigen Werkzeug des Handwerkers bis zu dem Strafurteil im Gerichtsgebäude ist um uns stündlich geschichtlich Gewordenes. Was der Geist heute hineinverlegt von seinem Charakter in seine Lebensäußerung, ist morgen, wenn es dasteht, Geschichte. Wie die Zeit voranschreitet sind wir von den Römerruinen, Kathedralen, Lustschlössern der Selbstherrschaft umgeben. Geschichte ist nichts vom Leben Getrenntes, nichts von der Gegenwart durch ihre Zeitferne Gesondertes.«[148]

Erstaunlicherweise haben das sowohl die Idealisten als auch die Empiristen verkannt. Die Geschichte ist ein wesentlicher Teil des Erfahrungsraums! Nicht nur Kant irrt, wenn er an zeitlose Strukturen unserer Erfahrung denkt. Auch die Empiristen irren, wenn sie glauben, unser Bewusstsein stehe den Dingen der Welt so gegenüber wie ein Fotoapparat, der zeitlose Bilder knipst. Es gibt, wie Dilthey in der *Einleitung in die Geisteswissenschaften* schreibt, weder den »verdünnten Saft von Vernunft als bloßer Denktätigkeit« wie bei Kant noch zeitlose Erfahrungen wie bei den Empiristen.[149] Stattdessen muss sich der Geisteswissenschaftler und der Philosoph mit der »ganzen Menschennatur« befassen, mit »Erfahrung, Studium der Sprache und der Geschichte« – eine Kritik, die schon *Johann Georg Hamann* (1730–1788) und Herder gegen Kant vorgebracht hatten.

Das Neue ist, dass Dilthey diese Kritik auch gegen die Empiristen wendet und den Naturwissenschaften damit das Terrain beschneidet. Comte und Mill sind für ihn schlechte Empiriker, weil sie die Dimension der Geschichtlichkeit im Erfahrungsprozess nicht sehen. Wie ich die Welt wahrnehme, ist hochgradig abhängig davon, wie ich sie zuvor wahrgenommen habe. Meine Weltwahrnehmung kann nur aus meiner »ganzen Menschennatur«, meiner Biografie, meinem »realen Lebensprozeß« erklärt werden und nicht dadurch, dass man mein Wollen, Fühlen oder Vorstellen isoliert. Diese Kritik ist klug und gewichtig! Betrifft sie nicht heute noch all jene Hirnforscher, die mit den Momentaufnahmen bildgebender Verfahren das ganze menschliche Bewusstsein ergründen wollen? Wie soll die erhöhte Sauerstoffzufuhr in einzelnen Gehirnregionen zu einer ganz bestimmten Zeit meine Persönlichkeit sichtbar machen?

»Empirie, nicht Empirismus«, schleudert Dilthey den Materialisten entgegen.[150] Unsere Erfahrungen sind sehr weitgehend das Ergebnis vorangegangener Denkerfahrungen. Ein wahrer Empiriker nimmt dies in den Blick und blendet es nicht aus wie die Empiristen. Wer den Menschen erklären will, der muss den Kontext berücksichtigen, in dem unser Erfahren und Denken sich jeweils abspielt. An »die Stelle des mechanischen Geklappers von Induktion und Deduktion bei Comte, Mill, Spencer tritt die Einsicht in die souveräne Natur der menschlichen Intelligenz, kraft derer sie vermöge der in ihr gelegenen Bedingungen des Bewußtseins sich der Gegenstände bemächtigt, sie konstruiert; zugleich, aber auch, und hierdurch unterscheide ich mich von Kant, an der Vertiefung der Dinge ihre eigenen Voraussetzungen umgestaltet. Das a priori Kants ist starr und tot; aber die wirklichen Bedingungen des Bewußtseins und seine Voraussetzungen, wie ich sie begreife, sind lebendiger geschichtlicher Prozeß, sind Entwicklung, sie haben ihre Geschichte.«[151]

Philosophie der Philosophie

Dass alle Erfahrung perspektivisch ist – diese Ansicht teilt Dilthey mit Lotze, aber er ergänzt sie um die Tiefendimension der Geschichte. Und anders als sein Vorgänger sieht Dilthey keinerlei Alternative dazu, von der Erfahrung auszugehen. Spekulationen über die Menschennatur sind ihm suspekt. Nahe bei Lotze fühlt sich Dilthey allerdings wieder in der Beurteilung der Logik. Seine »beschreibende Psychologie« sucht nicht mehr nach der großen Logik, die alles zusammenhält. Im Gegensatz zu Trendelenburg hat Dilthey den Glauben an die einheitsstiftende Kraft der Logik aufgegeben. Logik ist, wie bei Lotze, Menschenwerk. Was sie zutage fördert, sind keine ewigen Wahrheiten und zeitlosen Ursachen, sondern »Anpassungen« unseres Verstandes an die Erfahrungswelt.[152]

Die Philosophie ist weder Hüterin einer allumfassenden Logik noch ist sie vergleichbar objektiv wie die Naturwissenschaften. Während die exakten Wissenschaften apriorische Annahmen haben, fällt dieses Apriori für die Philosophie flach. In den Naturwissenschaften wird *erklärt*. Doch wenn es ums Seelenleben geht, muss man *verstehen*. »Verstehen« hat in der Philosophie bereits eine lange Tradition. Leibniz' Monaden sind verstehende Wesen. Herder sieht (anders als Kant) alle Erkenntnisse als ein Verstehen in historischen und kulturellen Zusammenhängen. Der von Dilthey bewunderte Schleiermacher hat die alte aus dem 17. Jahrhunderts stammende Kunst der Hermeneutik herausgehoben: das Einzelne vom Ganzen und das Ganze vom Einzelnen her zu verstehen. Und 1868 unterscheidet der Historiker *Johann Gustav Droysen* (1808–1884) in seinem *Grundriß der Historik* zwischen dem »Erklären« in Physik und Mathematik und dem »Verstehen« in der Geschichtswissenschaft.

Verstehen, so übernimmt Dilthey, ist eine ganz besondere Kunst mit eigenen Regeln. So lässt sich das Seelenleben des Menschen nie vollständig erklären. Mag der naturwissenschaftlich geschulte Psychologe das, was ich denke und tue, in einen Kausalzusammenhang setzen. Für mich selbst gibt es diese Kausalität meist gar nicht. Gefühlt denke und handele ich frei und nicht in Kausalzwängen. Ich lebe in einem vielfältigen Kontext von Gefühlen, Erinnerungen, Wünschen, Motiven, Ängsten, Erwartungen, Pflichten, Routinen und so weiter, die sich nicht einfach in Ursache und Wirkung aufspalten lassen wie in der Physik. Der erklärende Psychologe wird diesem großen Zusammenhang niemals Herr. Er kann nur einzelnes Verhalten isolieren und eine Ursache dafür konstruieren. Doch der erklärende Psychologe schlüsselt mein Bewusstsein nicht auf. Dem »Zusammenwirken aller Gemütskräfte« steht er ziemlich hilflos gegenüber. Und wie will er meine »Haltung« oder mein »Weltbild« kausal herleiten? All diese komplexen Vorgänge lassen sich nur verstehen, nicht erklären! Man muss das Einzelne auf das Ganze beziehen und das Ganze auf das Einzelne. Anders lassen sich solch komplexe Vorstellungswelten wie etwa ganze Weltanschauungen gar nicht verstehen. »Die letzte Wurzel einer Weltanschauung«, schreibt Dilthey, »ist das Leben«, nicht ein Kausalzusammenhang.[153] Denn »Weltanschauungen sind nicht Erzeugnisse des Denkens. Sie entstehen nicht aus dem bloßen Willen der Erkenntnis … Aus dem Lebensverhalten, der Lebenserfahrung, der Struktur unserer psychischen Totalität gehen sie hervor.«[154]

Mit dem Verstehen verleiht Dilthey den »Geisteswissenschaften« eine eigene Methode und grenzt sie sorgfältig von den Naturwissenschaften ab. Die Naturwissenschaften reduzieren, die Geisteswissenschaften kümmern sich hermeneutisch um die Fülle des Lebenszusammenhangs. Damit ist auch die Daseinsberechtigung der Philosophie gesichert. Im Gegensatz zu den Naturwissenschaften mit ihren Axiomen und Konventionen ist sie die eigentliche Erfahrungswissenschaft. Denn sie betrachtet die Dinge, *wie sie uns im Bewusstsein als Tatsachen erscheinen*. Die Philosophie hat keinen eigenen *Inhalt* (etwa die Ethik oder die Erkenntnistheorie), und sie ist auch nicht die Welt der Logik. Sie ist jene Wissenschaft, die exakt beschreibt und analysiert, wie die Welt in unserem Bewusstsein auf viele verschiedene Arten entsteht.

Aus diesem Grund beansprucht Dilthey für sich den Begriff »Lebensphilosophie«. Und er benennt für sie drei Aufgaben: Die Philosophen blicken erstens kritisch auf die Naturwissenschaften und untersuchen deren Voraussetzungen und die Reichweite ihrer Erkenntnisse. Die Philosophen überblicken zweitens, wie bei Trendelenburg, alle Wissenschaften und beleuchten ihren Zusammenhang. Und sie untersuchen drittens alle philosophischen Systeme auf ihre jeweilige Weltanschauung und kritisieren sie in ihrer Einseitigkeit, ihren metaphysischen Annahmen und ihrer begrenzten Perspektive. In diesem Sinne ist die »Lebensphilosophie« eine »Philosophie der Philosophie«; eine allgemeingültige Wissenschaft, die Denkstile analysiert wie der Kunsthistoriker die Stile und die Stilrichtungen der Kunst.

Mit seinem Konzept der verstehenden »Geisteswissenschaften« stellt Dilthey den Naturwissenschaften einen alternativen Zugang zur Welt zur Seite. Und seine »Philosophie der Philosophie« vermeidet sorgfältig alles, was die Philosophie am Ende des 19. Jahrhunderts unglaubwürdig machen könnte: Sie enthält keine metaphysischen Annahmen, sie entwirft kein System, sie spekuliert nicht, formuliert keine dogmatischen Einsichten und sie glaubt nicht an übersinnliche Ideen oder einen Geist. Trotzdem reduziert sie das Seelenleben nicht auf die Physiologie.

Zu Anfang des neuen Jahrhunderts ist Dilthey ein bekannter Mann, besonders gefeiert für seine Aufsatzsammlung *Das Erlebnis und die Dichtung* (1906). Doch gehört seiner Philosophie die Zukunft? Über den langwierigen Versuch, verschiedene Typen von Philosophien und Weltanschauungen voneinander zu unterscheiden, ist die Geschichte schnell hinweggestiegen. Seine Erkenntnis der Geschichtlichkeit unserer Existenz hingegen bleibt ein dauerhaftes Verdienst. Das Gleiche gilt für den lebensphilosophischen Impuls, den Dilthey mit Schopenhauer und Kierkegaard teilt und der im 20. Jahrhundert zu vielfacher Blüte kommt: Das Leben lässt sich nur aus dem Leben heraus verstehen und nicht aus irgendwelchen Apriori, einem metaphysischen Gesamtsystem oder aus rekonstruierten Kausalzusammenhängen.

Doch was lässt sich mit dieser Einsicht konkret anfangen? Comte, Mill, Marx und Spencer hatten jeder auf seine Art versucht, das philosophische Denken an das Zeitalter der positiven Wissenschaften anzupassen. Ihre Philosophien sollten so objektiv sein wie die Wissenschaften von der Natur. Dilthey dagegen sieht, dass das nicht geht und auch, *warum* es nicht geht. Der Mensch ist keine auf die Erkenntnis einer objektiven Realität ausgerichtete Apparatur. Er eignet sich die Dinge nicht an, indem er sie abfotografiert, sondern indem er sie *versteht*. Verstehen ist ein hochkomplexer Vorgang, bei dem neue Erfahrungen auf vergangene Erfahrungen bezogen werden. Der Allgemeingültigkeit der Naturwissenschaften steht ein menschliches Bewusstsein gegenüber, das alles perspektivisch färbt und weltanschaulich gewichtet.

Aus diesem Grund können Ethik und Moral für Dilthey nicht auf das objektive Niveau der Naturwissenschaften gebracht werden. Jeder Versuch dazu scheitert an fragwürdigen Entscheidungen, unsauberen Folgerungen und Einseitigkeiten. Martin Heidegger und andere werden später daran anknüpfen. Doch auch ihre Argumente sind im 21. Jahrhundert kaum noch im Bewusstsein. Wie sonst hätte man im Massachusetts Institut of Technology (MIT) darauf kommen können, eine Online-Plattform wie *Moral Machine* zu gründen? Millionen User können hier moralische Dilemma-Fragen beantworten, um endlich objektiv zu ermitteln, was Menschen moralisch für richtig halten.

Eine »rationale« Moral, mit der man zum Beispiel selbstfahrende Autos programmieren will, ist dann das, was die Mehrheit denkt. Und Quantität ist gleich moralische Qualität. Ein Autist wie Bentham hätte daran seinen Spaß; Kant und Dilthey rotierten im Grab.

Während Dilthey an der Rationalisierbarkeit von Moral zweifelt, nimmt er die großen gesellschaftlichen Herausforderungen zugleich sehr ernst. In seiner *Ethik-Vorlesung* zählt er sie 1890 alle auf. Da ist einmal die Herausforderung durch die Biologie. Mit Darwins Evolutionstheorie hat sie eine Möglichkeit gewonnen, die Geschichte zu deuten, und macht davon auch Gebrauch. Sie überträgt den »naturwissenschaftlichen Geist« auf die Gesellschaft und lädt das diesseitige Leben damit metaphysisch auf wie bei Spencer und bei Nietzsche. Da ist zum zweiten der Sozialismus, der auf die ungelöste soziale Frage antwortet. Für Dilthey, der zu den wenigen Lesern des *Kapitals* gehört, wird sie bei Marx auf intelligente Weise »naturgesetzlich« analysiert. Die bürgerlichen Konstanten »Eigenthum, Erbrecht, Ehe und Familie« werden auf einmal zu Variablen. Da ist drittens die Auflösung der christlichen Dogmen, weil selbst die Theologen nicht mehr so recht an sie glauben. Und da ist viertens die naturalistische Kunst, insbesondere der französische Roman, die nichts Ideales mehr zeigt, sondern das reale Leben schonungslos schildert und ausdeutet.

Gegenüber diesem Neuen erscheint alles »Alte wie abgenutzt, die naturwissenschaftlichen Theorien scheinen die Grundlagen abgenutzt zu haben … Aus dieser ganzen Lage entspringt für die Philosophie ein ganz neues Gewicht der ethischen Fragen, ein neues Bedürfnis nach ethischen Prinzipien.«[155] Dilthey ist sicher, dass die Gesellschaften des Westens sich stark verändern werden, ja, dass sie radikal umgebaut werden müssen. Und die Philosophie darf nicht tatenlos zusehen. Sie muss einen wichtigen Beitrag dazu leisten. Dilthey sieht überall die »Grundstimmung«, das »Weltbild« und den »Denkstil«, er sieht die Risse in den Mauern der Systeme und den sumpfigen Baugrund. Doch was kann seine »Philosophie der Philosophie« zu einer besseren Gesellschaft beitragen? Was soll sie, ethisch gefordert, tun?

Wenn der Philosoph der Moral auch keine Inhalte mehr vorschreiben kann, so kann er doch immer noch *Regeln* und *Werte* zum Fortschritt beisteuern. Er kann dazu beitragen, »Freiheit, Genuß und Kultur über alle Stände« auszuweiten und nicht nur auf wenige Privilegierte wie bisher.[156] Er kann ein gerechteres Bildungssystem einfordern, das möglichst vielen optimale Bildungschancen gibt. Und er kann an das Wertebewusstsein der »höheren Schichten« appellieren, sich dem sozialen Fortschritt nicht zu verweigern.

Mit seinem Auftrag an die Geisteswissenschaften und die Philosophie, zur ethischen Weiterentwicklung der Gesellschaft beizutragen, erntet Dilthey allerdings harsche Kritik. Vor allem der junge Soziologie Max Weber, von dem noch ausführlich die Rede sein wird, läuft dagegen Sturm. Verbirgt sich hier nicht ein Rest alter Metaphysik? Müssen die Geisteswissenschaften nicht »wertfrei« auftreten, um Wissenschaft zu sein? Dilthey hat die Weltanschauungen von höherer Warte kritisiert – aber er hat ihnen nicht das Recht abgesprochen, die Welt so oder so zu bewerten. Weber aber möchte die Geisteswissenschaften von Wertungen freihalten. Damit legt er sich allerdings nicht nur mit Dilthey, sondern auch mit dessen Konkurrenz an. Denn während in Berlin von Lebensphilosophie und Hermeneutik die Rede ist, lernen die Studenten in Marburg, Straßburg und Heidelberg eine ganz andere Philosophie – den Neukantianismus.

Zurück zu Kant!

Der »bewiesene« Kant – War Kant Psychologe? –
Das eigene Territorium – Das Problem der Außenwelt –
Erkenntniskritik – Absolute Werte – Kulturwissenschaft

Der »bewiesene« Kant

Wie viel weiser hätte der preußische Staat reagieren können als auf *Friedrich Albert Lange* (1828–1875)? Der junge Mann aus Wald bei Solingen wollte nicht mehr, als dass die preußischen Beamten in erster Linie Bürger mit Bürgersinn sein sollten und nicht kritiklose Vollzugsorgane ihres Staates. Lange hatte erst in Zürich und dann in Bonn Philosophie, Pädagogik und Klassische

Philologie studiert und 1855 seine Antrittsvorlesung *Über den Zusammenhang der Erziehungssysteme mit den herrschenden Weltanschauungen verschiedener Zeitalter* gehalten. Doch als der Sohn eines Theologieprofessors 1862 seine Rede zum Geburtstag des preußischen Königs hält und *Die Stellung der Schule zum öffentlichen Leben* beleuchtet, wittert die preußische Obrigkeit Verrat. Am gleichen Tag nämlich hatte der preußische Innenminister seinen Beamten jegliche politische Betätigung untersagt. Lange hält diesen Erlass für einen Verfassungsbruch. Von nun an hat ihn die preußische Polizei und Justiz im Visier. Seine Wohnung in Duisburg, wo er als Gymnasiallehrer arbeitet, wird durchsucht, seine Zeitungsartikel werden verklagt. In kürzester Zeit verliert Lange jedes Vertrauen in den preußischen Staat. Aus dem Liberalen, der nichts anderes getan hatte, als für das Bürgerrecht der Beamten zu kämpfen, wird ein entschlossener Sozialdemokrat.

Im Jahr 1865 veröffentlicht Lange *Die Arbeiterfrage in ihrer Bedeutung für Gegenwart und Zukunft* im Selbstverlag. Hier stehen jene Sätze, die Dilthey später als wichtigste Ziele der Zukunft beschreibt, wenn er von der »Erweiterung von Freiheit, Genuß und Kultur über alle Stände« spricht. Im gleichen Sinne hatte Lange geschrieben, man müsse »die Wirkung von der Steigerung reiner Lebensfreuden, von der Ausbreitung geistiger und durchgeistigter sinnlicher Genüsse, endlich aber von einer Vertiefung des Gemüthslebens und Veredelung des Charakters erwarten, wie sie sich uns ergeben kann, wenn den gedrückten Volksklassen, wie schon Owen es wollte, außer der materiellen Verbesserung auch Muße und Geselligkeit unter freien und neuen Formen geboten werden«.[157]

Ein großer Erfolg wird das Werk zunächst nicht. Der Sozialismus und die Arbeiterbewegung in Deutschland sind längst in Schulen und Strömungen zerfallen. Der Allgemeine Deutsche Arbeiterverein Ferdinand Lassalles wird von Lange als zahnlos attackiert. Doch auch Marx mag das Buch nicht, obwohl Lange ihn als ökonomische Autorität seitenlang referiert. Der Sonderweg, den Lange geht, sein ethischer Sozialismus, der die Gesellschaft »vom Standpunkt des Ideals« aus betrachtet, ist dem Kommunisten zu esoterisch. Und dass der Motor des Fortschritts die biologisch-kulturelle Evolution sein soll, ist Marx zu viel Darwin und zu wenig Marx.

Bevor Lange 1866 Duisburg verlässt, um unbehelligt vom preußischen Staat in Zürich zu leben, bekommt er noch mit, wie jenes Buch erscheint, das ihn weithin als klugen und umsichtigen Philosophen bekannt macht: *Geschichte des Materialismus*: ein umfangreiches Werk, geschrieben auf dem Höhepunkt der Materialismus-Begeisterung in Deutschland. Obwohl Lange einiges mit den Materialisten teilt, stellt er sich gegen den Zeitgeist. Dabei hatte er schon als junger Mann scharfe Worte über die idealistische Philosophie und die traditionelle philosophische Metaphysik gefunden: »Ich halte jede Metaphysik für eine Art von Wahnsinn, von nur ästhetischer und subjektiver Berechtigung. Meine Logik ist die Wahrscheinlichkeitsrechnung, meine Ethik die Moralstatistik, meine Psychologie ruht durchaus auf der Physiologie; ich suche mit einem Worte mich nur in den exakten Wissenschaften zu bewegen.«[158]

Mit solcher Skepsis hätte Lange eigentlich ein Materialist werden können. Aber die gleichen Zweifel, die ihm bei den Metaphysikern kommen, beschleichen ihn auch bei den Materialisten. Stellen sie nicht ebenfalls einen gleichsam metaphysischen Anspruch darauf, *die* Wahrheit zu kennen? Lange seziert den Materialismus von seinen Anfängen bis in die Gegenwart. Und trotz aller naturwissenschaftlichen Erfolge sieht er vor allem philosophische Misserfolge. Je mehr die physiologische Forschung fortschreite, umso weiter sei man von dem Ziel entfernt, das Geheimnis des Bewusstseins zu verstehen. Die Materialisten des 18. Jahrhunderts hätten noch davon träumen können, für jeden Gedanken einen eins zu eins entsprechenden Vorgang im Gehirn zu finden. Aber je mehr die moderne Naturwissenschaft darüber weiß, desto verschwommener wird das Bild. Was unsere Sinne wahrnehmen und unser Gehirn verarbeitet, zerfällt in die Arbeit Millionen vibrierender Hirnfasern: »Die Empfindung und damit das ganze geistige Dasein kann immer noch das in jeder Sekunde wechselnde Resultat des Zusammenwirkens unendlich vieler unendlich mannigfach verbundner Elementartätigkeiten sein, die an sich lokalisiert sein mögen, etwa wie die Pfeifen einer Orgel lokalisiert sind, *aber nicht ihre Melodien.*«[159] Deshalb ist »gerade die Zurückführung alles Psychischen auf Hirn- und Nervenmechanismus der sicherste Weg … zu der Erkenntnis, daß sich hier der Bogen unsres Erkennens schließt, ohne das, was der Geist an sich ist, zu berühren«.[160]

Lange wird sein Hauptwerk in einer zweiten Auflage um das Doppelte erweitern. Und es ist ein beeindruckender langfristiger Erfolg. Bis heute existiert es in zehn Auflagen. Das Buch zeigt der Welt die Schwächen der materialistischen Philosophie. Und es bringt, gleichsam als Therapie, immer wieder Kant ins Spiel. Lange ist kein Kantianer. Wenn es sein muss, geht er hart mit dem Großphilosophen ins Gericht. Die »falsche Absolutheit« von dessen System gehört ebenso auf den Müllhaufen der Geschichte wie »der falsche Schein einer zwingenden Deduktion«.[161] Lange schätzt Kant nicht als Architekten, sondern als Architekturkritiker der Philosophie. Mit seiner »kopernikanische Wende« hat er gezeigt, »daß die Gegenstände der Erfahrung überhaupt nur unsere Gegenstände sind, daß die ganze Objektivität … eben nicht die absolute Objektivität ist, sondern nur eine Objektivität für den Menschen und etwaige ähnlich organisierte Wesen«.[162] Alles Sein ist Bewusstseinsinhalt und damit weder absolut wahr noch absolut objektiv. Hätten Menschen andere Sinnesorgane, so erschiene ihnen die Welt in einem ganz anderen Licht und ihre Wahrheit hätte nichts mit der unsrigen zu tun. Hinter diese Erkenntnis, so Lange, dürfen kein Naturwissenschaftler und kein Philosoph zurückfallen. Der Materialismus aber gehe blind darüber hinweg und sähe nicht einmal, dass er das Wesentliche nicht sieht.

Langes Fazit ist deutlich: Alles Wissen über die Welt findet im menschlichen Bewusstsein statt, und dieses Bewusstsein lässt sich mit naturwissenschaftlichen Mitteln nicht passgerecht aufschlüsseln. Schützenhilfe für seine Sicht holt er sich von einem der berühmtesten Naturwissenschaftler seiner Zeit. Im Jahr 1855 hatte Lange in Bonn eine Vorlesung des jungen Physiologen *Hermann Helmholtz* (1821–1894) besucht. Der Eindruck, den dieser auf ihn machte, spiegelt sich in der *Geschichte des Materialismus* wider. Immer wieder zitiert Lange aus Helmholtz' *Handbuch der physiologischen Optik* (1856 bis 1867). Wenn der Naturforscher zeigt, dass unsere Sinneswahrnehmung unsere gesamte Vorstellungswelt modelliert – beweist das nicht, dass Kant recht hat? Unser Bewusstsein bestimmt unsere Vorstellung vom Sein und nicht das Sein selbst! Und die Naturwissenschaften belegen dies! Wer von nun an behauptet, dass uns nur Bewusstseinsinhalte zur Verfügung stehen und keine objektiven Dinge, der ist nicht länger ein »Idealist«, sondern ein »Naturalist« – ein Kenner der empirischen Forschung.

Lässt sich Kant im Laboratorium beweisen? Er selbst hätte das aus prinzipiellen Gründen abgelehnt: Die innere Welt des über sich selbst nachdenkenden Bewusstseins und die äußere Welt der Empiriker können sich nicht begegnen! Aber wie sieht Helmholtz das? Schwer zu sagen. Der Mann aus Potsdam, der später in Heidelberg lehrt, ist eine Koryphäe seines Fachs – und dieses Fach sind die gesamten Naturwissenschaften! Im Jahr 1847 präzisiert er den Energieerhaltungssatz, den Ersten Hauptsatz der Thermodynamik von Julius Robert von Mayer, und überträgt ihn in die Biologie. Als Physiologe weist er den Ursprung der Nervenfasern aus den Ganglienzellen nach, berechnet den Stoffwechselverbrauch der Muskeln und misst die Geschwindigkeit des elektrischen Stroms im Nervensystem der Frösche. In den 1850er-Jahren avanciert Helmholtz zum führenden Mann in der physiologischen Erforschung des Sehens und des Hörens. Als Physiker analysiert er alle erdenklichen meteorologischen Erscheinungen und die Thermodynamik chemischer Vorgänge. Er erfindet die Helmholtz-Spule und den Helmholtz-Resonator und stellt die Helmholtz-Differentialgleichung auf. Seit 1870 Professor in Berlin, gehört er neben du Bois-Reymond zu den führenden Köpfen nicht nur in der Elektrophysiologie, sondern in den Naturwissenschaften überhaupt.

Dass er auch für die Philosophiegeschichte wichtig wird, liegt tatsächlich an seinem Interesse für Kant. Helmholtz' Vater ist mit Fichtes Sohn befreundet und macht seinen eigenen Sohn früh mit Kant und Fichte vertraut. Als Idealist erzogen, als Forscher aber ein strenger Empiriker, sitzt Helmholtz zwischen den Stühlen. Der Naturwissenschaftler in ihm lässt nichts gelten, was sich nicht exakt erforschen lässt. So verwirft er zum Beispiel die ominöse »Lebenskraft«, die seit Christoph Wilhelm Hufelands Zeiten noch immer durch die Biologie geistert. Aber der kausal-mechanische Ansatz macht Helmholtz nicht zu einem Materialisten. In einer Rede betont er 1877: »Ich bitte Sie nicht zu vergessen, dass auch der Materialismus eine metaphysische Hypothese ist, eine Hypothese, die sich im Gebiet der Naturwissenschaften allerdings als sehr fruchtbar erwiesen hat, aber doch immer eine Hypothese. Und wenn man diese seine Natur vergisst, so wird er ein Dogma und kann dem Fortschritt der Wissenschaft ebenso hinderlich werden und zu leidenschaftlicher Intoleranz treiben wie andere Dogmen.«[163]

Wie viele Naturwissenschaftler seiner Zeit (und noch heute) fühlt sich Helmholtz den Philosophen eigentlich überlegen. Die meisten seien »impotente Bücherwürmer, die nie ein neues Wissen erzeugt haben, also auch gar keine Ahnung davon haben, wie es dabei zugeht«.[164] Allerdings stellt sich heraus, dass Helmholtz umgekehrt von Philosophie nicht allzu viel versteht. Die Behauptung, dass Kant ihn dazu brachte, den Energieerhaltungssatz neu zu formulieren, bleibt eine Behauptung; begründete Belege gibt es dafür nicht. Die erste echte Berührung mit Kant findet 1855 statt, als Helmholtz fragt: »Auf welche Weise sind wir denn nun zuerst aus der Welt der Empfindungen unserer Nerven hinüber gelangt in die Welt unserer Wirklichkeit?«[165] Mit anderen Worten: Woher weiß ich, dass das, was sich in meinem Bewusstsein abspielt, eine Ursache in der Außenwelt hat? Helmholtz verweist auf Kant als den vermeintlichen Urheber des Kausalitätsgesetzes, wonach keine Wirkung ohne Ursache existiert. Tatsächlich handelt es sich hier um ein großes Missverständnis. Kant hat das Kausalitätsgesetz von Hume übernommen – aber beide sahen in der Kausalität gerade *keinen* Beleg dafür, dass es eine vom Menschen unabhängige Außenwelt gibt! Denn das Schema von Ursache und Wirkung sei kein Gesetz einer Welt »an sich«, sondern es sei die Art und Weise, wie sich *unser Bewusstsein* die Welt erklärt. Die objektive Außenwelt des »Dings an sich« hingegen ist für Kant gerade dadurch »an sich«, dass es *frei* ist und *nicht* durch die Kausalität bedingt! Allerdings ist sie uns dadurch auch nicht zugänglich.

Näher bei Kant ist Helmholtz erst, als er ihn für seine apriorische Geometrie kritisiert. Für Kant ist die Geometrie unmittelbar evident und damit nicht von konkreten Raumwahrnehmungen abhängig. Helmholtz dagegen möchte dieses apriorische Wissen entzaubern. Als Kenner der Wahrnehmung hält er zumindest die nicht-euklidische Geometrie für eine Sache der Erfahrung und nicht für selbstevident.

Dass Helmholtz mit seinen Verweisen auf Kant maßgeblich zu dessen großer Wiedergeburt in der zweiten Hälfte des 19. Jahrhunderts beiträgt, ist so gesehen eigentlich befremdlich. Wo er Kant als Kronzeugen aufruft, hat er ihn nicht verstanden. Und wo er ihn verstanden hat, versucht er ihn zu widerlegen. Trotzdem belebt er den so lange ins Abseits gestellten Philosophen damit entscheidend. Wenn selbst einer der größten Naturwissenschaftler der Zeit sich auf Kant beruft oder sich an ihm abarbeitet – dann sollten die anderen das auch tun …

War Kant Psychologe?

Was Lange an Kant reizt, ist nicht der große Systematiker; von dem hält er gar nichts. Er bewundert nur den »kritizistischen« Kant, den «Ideologiekritiker», wie wir heute sagen würden. Es ist jener Kant, der Weltanschauungen infrage stellt, Wahrheitsansprüche relativiert und Philosophen und Naturwissenschaftlern den Spiegel vorhält: Was auch immer du zu wissen glaubst, es ist bedingt durch deine kognitiven Möglichkeiten der Erkenntnis!

Trendelenburgs Traum von einer »organischen Wissenschaft« ist in den späten 1860er-Jahren definitiv ausgeträumt. Und genau damit schlägt die Stunde der Kant-Renaissance. Während Hegels System kaum einen sinnvollen Anknüpfungspunkt im Hinblick auf die Naturwissenschaften bietet, war Kant an ihnen sehr interessiert. Seine Philosophie liefert nicht nur ein metaphysisches System, sondern zugleich eine Theorie allen Erkennens, einschließlich der naturwissenschaftlichen Erkenntnis. Hegel hatte die Naturwissenschaften zu bloßem Spielmaterial degradiert, streng untergeordnet unter eine ideelle Vernunftphilosophie. Kant dagegen nimmt die Naturwissenschaften, ihre Methodik und ihre Erfolge, völlig ernst. Trotzdem hält er all das nicht für die Welterklärung schlechthin, wie die Materialisten vor und nach ihm. Kein Naturforscher, so Kant, vermag zu erklären, warum Menschen ihr moralisches Handeln nach *Gründen* ausrichten. Moralische Gründe sind nichts, was ich in der Natur vorfinde, und sie sind auch nicht streng kausal. Sie sind nicht *bindend* wie die Naturgesetze, sondern *verpflichtend*. Damit setzten sie die Freiheit voraus, ihnen zu folgen oder nicht – und Freiheit gibt es in der Natur nicht, sondern nur im Menschengeist.

Kants Philosophie beansprucht kein naturwissenschaftliches Terrain, sondern sie erklärt und vermisst dessen genaue Lage. Genau das fasziniert einen weiteren Trendelenburg-Schüler, den Bonner Philosophieprofessor *Jürgen Bona Meyer* (1829–1897). Auch er knüpft an Kant an, aber nicht um dessen Philosophie als Allerklärungsdisziplin zu gebrauchen. Vielmehr sieht er sie, wie Lange, als Waffe der Kritik: »Der principielle Kritizismus bestimmt überall mit Schärfe die Grenzen unserer Einsicht, er kennt die Frage, für die wir vergeblich nach einer Lösung suchen, er weiß, wo es keine abwägbaren Gründe mehr giebt. Hier erklärt er, soweit das Bestreben wissenschaftlicher Einsicht geht, die kritische Enthaltsamkeit für allein berechtigt.«[166]

»Kritische Enthaltsamkeit« üben – für Meyer ist dies das Gebot der Stunde nach dem Zusammenbruch der idealistischen Philosophie! Seine Adressaten sind zahlreich: die verbliebenen idealistischen Philosophen im Gefolge Hegels und Schellings, die christlichen Theologen seiner Zeit mit ihren neuen Systemen und natürlich die lautstarken und selbstbewussten Materialisten. Wie Lange wehrt sich Meyer gegen all die Dogmen, Deduktionen, Systeme und Totalerklärungen, von denen es in den 1850er- und 1860er-Jahren in Deutschland nur so wimmelt. Akzeptabel erscheint ihm allerdings die Psychologie. Könnte man sie nicht geschickt mit Kants Kritizismus zusammendenken und damit erklären, wie unser Bewusstsein arbeitet?

Die Überlegung ist nicht ganz neu. Denn genau das war das Programm von Hegels wichtigstem Gegenspieler Jakob Friedrich Fries. Und es war der hellsichtige Beneke, der 1832 in seiner kaum beachteten Schrift *Kant und die philosophische Aufgabe unserer Zeit* die Zukunft der Philosophie in der von ihm so genannten Erkenntnistheorie sah. Im August 1831, vier Monate vor Hegels Tod, mutmaßte Beneke, dass »das Interesse für Philosophie« ganz »untergehen« könnte »in Gleichgültigkeit«.[167] Ein »Fortgehen der philosophischen Entwicklung in der bis jetzt behaupteten Richtung« sei »durchaus unmöglich«.[168] Beneke ärgert sich über die Unverständlichkeit, die metaphysische Spekuliererei und den Mangel an konkretem moralischem Interesse in der deutschen Philosophie seiner Zeit. Dagegen führt er Kant ins Feld, weil der, anders als Hegel, von der Erfahrung ausgegangen sei. Kants Erkenntnistheorie bestimme, »die Gränzen der menschlichen Erkenntnis ... durch eine tiefere Untersuchung der zur Erzeugung derselben zusammenwirkenden Erkenntniskräfte«.[169] Und genau das sei auch die Aufgabe der Philosophie der Zukunft: auf metaphysische »Systeme« zu verzichten, von der Erfahrung auszugehen, Psychologie zu betreiben und die Grenzen des Erkennens zu markieren.

Besser lässt sich das Programm nicht beschreiben, mit dem Meyer fast vierzig Jahre später antritt. In *Kant's Psychologie* (1870) verteidigt er das große Vorbild gegen alle allzu idealistischen Deutungen. Mit »reiner« Vernunft habe Kants Philosophie im Grunde gar nichts zu tun. Woher hat der Denker denn seine apriorischen Einsichten gewonnen? Sind hier etwa keine psychologischen Faktoren im Spiel? Hat Kant sich nicht fortwährend selbst beobachtet, sich besonnen und auf sich selbst reflektiert? Was für ein unnötiger Fehler, dass Kant die empirische Psychologie von der rationalen unterschieden habe und die erste für minderwertig und die zweite für unmöglich erklärt hat. Damit habe Kant sich als Psychologe durchgestrichen, obgleich er ja eigentlich einer gewesen sei.

Meyer ist höchst engagiert. Er möchte das 19. Jahrhundert aufklären, wie Kant dies für das 18. Jahrhundert getan hatte. Im Materialismusstreit um Vogt und Wagner vertritt er die »kritizistische« Position Kants und warnt vor voreiligen Weltanschauungen. Eine gewisse Bekanntheit außerhalb der Philosophie erwirbt er sich als zeitweiliger Lehrer des späteren deutschen Kaisers Wilhelm II., von dem man hört, dass er sich in Meyers philosophischer Vorlesung langweilt. Der Aufklärer des 19. Jahrhunderts hält ungezählte Vorträge und kämpft für Schulreformen und für die Volksbildung. Als Liberaler ficht er gegen den Einfluss der katholischen Kirche auf das Bildungssystem, aber ebenso gegen die aufstrebende Sozialdemokratie.

Doch das Konzept, mit Kant Psychologie zu treiben, trifft selten auf offene Ohren und viel häufiger auf heftige Gegenwehr. Inzwischen nämlich haben sich auch andere Philosophen auf Kant besonnen. Und die wollen von einer »Psychologisierung« der Philosophie überhaupt nichts wissen. Kaum wiederbelebt, wird Kant für die meisten seiner Anhänger nicht zum Psychologen – sondern genau im Gegenteil: zum harten Schutzschild gegen jede empirische Psychologie!

Das eigene Territorium

»Wenn die Philosophie den Rechtsanspruch haben will auf den Rang einer Wissenschaft, so muß ihr ein wirkliches Gebiet zugehören, von den anderen Wissenschaften sämmtlich anerkannt, von keiner streitig gemacht.«[170] Mit schneidigen Worten zieht der Jenaer Philosophieprofessor *Kuno Fischer* (1824–1907) im Jahr 1860 die Linien für ein künftiges Territorium in den Sand. Philosophie ist eine eigenständige Wissenschaft, sorgsam abgegrenzt von der Psychologie und den anderen Naturwissenschaften. Die deutsche Hochschulphilosophie, drangsaliert und überwacht von der Obrigkeit und ins Abseits gestellt vom Materialismus der Franzosen, Engländer und Ärzte, pocht auf ihre Bedeutung. Sie soll wieder jene herausgehobene Stellung zurückerhalten, die sie früher einmal hatte – personifiziert in Kant.

Fischers große Lebensleistung ist eine elfbändige Philosophiegeschichte (1852 bis 1901), in der er aus seiner eigenen Einschätzung keinen Hehl macht. Für ihn gibt es nur zwei philosophische Perioden: diejenige vor Kant und diejenige nach Kant. Als dessen Biograf macht sich Fischer ebenso einen Namen wie als begnadeter Redner und charismatischer Hochschullehrer. Doch den Anspruch, die Philosophie wieder zur Erkenntnistheorie schlechthin zu machen, löst er nicht ein. Die Naturwissenschaftler nehmen ihn weder ernsthaft wahr noch stimmen sie ihm reumütig zu.

Stattdessen Verunsicherung und Ratlosigkeit, wann immer die Philosophen auf sich selbst schauen. Macht man überhaupt noch etwas Sinnvolles? In dieser Lage erinnert sich der eine oder andere Philosoph ohne klare Forschungsaufgabe an *Christian Hermann Weisse* (1801–1866). Der Leipziger Philosophieprofessor hatte bereits 1847 einen Neustart gefordert. Die Frage sei, ob nicht »ein ausdrücklicher Rückblick ... förderlich, ob nicht in manchen Momenten eine solche Sammlung und – ich habe ein von Kant selbst in sehr ähnlicher Beziehung einmal ausgesprochenes Wort gebraucht – Orientierung, vielleicht sogar eine nothwendige Bedingung des weiteren wissenschaftlichen Fortschritts sein könne. Meine Meinung geht dahin, daß gerade jetzt ein solcher Augenblick in der Entwicklung deutscher Philosophie eingetreten ist.«[71] Genau diesen orientierenden Rückgriff leistet Weisses Schüler Lotze mit seiner Unterscheidung der faktischen Welt des Seins und der logischen Welt des Bewusstseins, durch die uns diese faktische Welt gegeben ist. Dass man Tatsachen und deren »Geltung« voneinander trennen muss, wäre keinem Materialisten eingefallen. Und auch nicht, dass naturwissenschaftliche Erkenntnis »Construction« ist, statt objektiver Tatsachenbeschreibung.

Mit dabei ist der Philosoph und Theologe *Eduard Zeller* (1814–1908). In seiner Antrittsvorlesung in Heidelberg *Ueber Aufgabe und Bedeutung der Erkenntnis-Theorie* fordert er 1862 nichts anderes als Fischer: Die Philosophie solle in erster Linie Erkenntnistheorie sein; eine Wissenschaft, die die Geltungsbereiche der anderen Wissenschaften absteckt und philosophisch fundiert. Und was böte sich hier Besseres an, als wieder von Kant auszugehen? Seine Schüler feiern Zeller als Vater des Begriffs »Erkenntnistheorie«, ohne zu wissen, dass Beneke ihn bereits dreißig Jahre zuvor gebraucht hat. Immerhin gelingt es Anfang der 1860er-Jahre, damit Aufsehen zu erregen. Der Hegelianer Michelet nimmt Zeller seinen Wechsel von Hegel zu Kant so übel, dass er ihn als »Neokantianer« beschimpft – der später allgemein übernommene Name der neuen Denkrichtung. Doch auch Zeller setzt sein Programm nicht um. Einen Namen macht er sich als

Kenner der griechischen Philosophie und als Religionsphilosoph, nicht aber als systematischer Erkenntnistheoretiker.

Der Nächste im Bunde der neuen Kant-Anhänger bringt die Philosophie ebenfalls keinen entscheidenden Schritt weiter. 1865 rechnet der fünfundzwanzigjährige Kuno-Fischer-Schüler *Otto Liebmann* (1840–1912) mit Fichte, Schelling, Hegel, Fries, Herbart und Schopenhauer ab, die das Werk des Meisters verfälscht und in falsche Richtungen überschritten hätten. Das Buch *Kant und die Epigonen. Eine kritische Abhandlung* (1865) lässt an Deutlichkeit nichts zu wünschen übrig. Zunächst kritisiert Liebmann den Grundfehler des Königsberger Philosophen, das »Ding an sich« eingeführt zu haben – eine Kritik, die schon von Kants Zeitgenossen vorgebracht wurde und die bis heute von vielen Kantianern geteilt wird. Anschließend nimmt Liebmann Kant aber gründlich gegen seine Nachfolger in Schutz. Am Ende jedes Kapitels, dem über die »idealistische Richtung« Fichtes, Schellings und Hegels, dem über die »realistische Richtung« Herbarts, dem über die »empirische Richtung« von Fries und dem über die »transcendentale Richtung« Schopenhauers, steht der Satz: »... also muß auf Kant zurückgegangen werden.«

In der Tat wirkt die Rückbesinnung auf Kant für eine wachsende Zahl von Philosophieprofessoren als die beste Lösung, um die Philosophie überhaupt zu retten. Und die Kant-Renaissance ist enorm erfolgreich. Zwischen 1870 und 1882 finden an deutschen Universitäten über zweihundert Veranstaltungen zu Kant statt – gegenüber acht zu Mill, fünf zu Comte, zwei zu Spencer und keiner zu Marx.[172] Der enorme Erfolg der Kant-Anhänger hat allerdings nicht nur philosophische, sondern auch politische Gründe. Von Lange abgesehen, der Mitglied der Internationalen ist, ist der frühe Neukantianismus eine bürgerliche Veranstaltung. In die Politik mischt er sich nur ein, wenn es um die Trennung von Staat und Kirche geht und um bürgerliche Freiheitsrechte. Die meisten Neukantianer der ersten und zweiten Stunde möchten den politischen Hoffnungen der Materialisten auf gesellschaftliche Evolution den Zahn ziehen, indem sie diese »kritizistisch« hinterfragen. Wer Philosophie auf Erkenntnistheorie beschränkt, der sieht sie als *Reflexionswissenschaft*, als Methodologie und Wissenschaftskritik. Er betreibt Wissenschaft, aber er verbindet damit, anders als die Materialisten, *keine Weltanschauung*. Man ist nicht Neukantianer, wie man mit Schopenhauer Pessimist ist, mit Vogt, Büchner, Haeckel und Spencer Materialist oder wie man im religiösen Sinne gläubig ist. Politisch sind die meisten Neukantianer Liberale und damit weitgehend im Einklang mit Bismarcks Politik im seit 1871 geeinten Reich. Von einer Bauanleitung für künftige Gesellschaften wie bei Comte, Mill, Marx und Spencer ist man Lichtjahre entfernt.

Das Problem der Außenwelt

In der zweiten Hälfte des 19. Jahrhunderts ist die Universität Marburg keine Hochburg der Philosophie. Ewig ist es her, dass Christian Wolff zu Anfang des 18. Jahrhunderts hier lehrte. An einer Universität wie Berlin oder Leipzig hätte der Sozialist Friedrich Albert Lange trotz seiner höchst erfolgreichen *Geschichte des Materialismus* sicher keine Professur bekommen. So bleiben ihm zwischen 1872 und seinem frühen Tod 1875 drei Jahre in Marburg vergönnt – dem Ort, an dem der Neukantianismus als Erstes zu einer »Schule« wird.

Schulbildend kann die neue Richtung allerdings nur dadurch werden, dass sie die Psychologie schnell wieder loswird. Die Bedenken liegen auf der Hand: Der Vorstoß Benekes und Meyers, Kant näher an die zeitgenössische Psychologie anzubinden und beide miteinander zu versöhnen, führt naheliegenderweise in den Abgrund. Wird die Philosophie gegenüber der rasant aufstrebenden naturwissenschaftlichen Konkurrenz nicht über kurz oder lang zum Juniorpartner und möglicherweise bald überflüssig? Deshalb muss sich der Neukantianismus vehement von der Psychologie abgrenzen. Der Erkenntnistheoretiker lässt die Welt der *Genese* links liegen und baut die eigene Hausmacht auf die Welt der *Geltung* auf. Philosophie soll keine empirische, sondern eine streng logische Wissenschaft sein. Ebenso hatte das ja auch Kant gesehen. Doch welchen Anspruch kann die Philosophie gegenüber der Psychologie stellen, *objektiv* zu sein?

Kants wichtigste Erkenntnis war, dass ich über die Welt, wie sie »an sich« ist, nichts sagen kann, sondern nur etwas darüber, wie sie *für mich* ist. Alles, was ich über die Welt weiß, ist mir durch meinen Erkenntnisapparat gegeben. Die Welt steht mir nicht unvermittelt gegenüber, sondern sie wird von meinem Bewusstsein erzeugt. Deshalb sind nicht einmal die Zeit und der Raum objektiv. Sie sind, wie Kant mit Leibniz feststellt, Ordnungsschemata meines Bewusstseins, mit denen ich mich in der Welt orientiere. Sie sind Raster der Wahrnehmung, oder wie Kant sagt, »Kategorien der Anschauung«. *Der* Raum und *die* Zeit werden von mir niemals erfahren, sondern nur das Nebeneinander und das Nacheinander.

Viele Kant-Kenner fühlen sich damit allerdings nicht behaglich. Denn kein Physiker kann mit Kants Definition von Zeit und Raum viel anfangen. Will die Philosophie von den Naturwissenschaften ernst genommen werden und nicht allzu versponnen dastehen, muss sie ihnen irgendwie die Hand reichen. Genau das war die Absicht Trendelenburgs und Lotzes. Trendelenburg behauptete, dass unser Bewusstsein schon nichts erfände, auch keine Zeit und keinen Raum, wenn sie nicht tatsächlich existierten. Und Lotze beschrieb, dass sich der biologische Erkenntnisapparat im Laufe der menschlichen Entwicklungsgeschichte den Dingen so adäquat wie möglich angepasst hätte. Doch für einen getreuen Kantianer sind solche Erklärungen Abweichungen von der reinen Lehre des Meisters. Fischer, der mindestens in gleichem Maße von Fichte inspiriert ist wie von Kant, besteht darauf, dass Zeit und Raum grundsätzlich nicht objektiv sein können. Was eine Leistung des Bewusstseins ist, bleibe eine Leistung des Bewusstseins und werde niemals zu einem Faktum außerhalb des Bewusstseins.

Die Fischer-Trendelenburg-Kontroverse hält die deutsche Hochschulphilosophie lange in Atem. Liegt die Zukunft in einem strengen Idealismus (Fischer), oder lässt sich zwischen Idealismus und Realismus vermitteln (Trendelenburg, Lotze, Lange)? Die Frage beschäftigt auch den aus Bozen gebürtigen Österreicher *Alois Riehl* (1844 –1924). Riehl wird 1873 Professor in Graz und 1882 in Freiburg. Sein dreibändiges Werk *Der philosophische Kritizismus und seine Bedeutung für die positive Wissenschaft* erscheint zwischen 1876 und 1887. Darin zeichnet er den Weg nach, der von Locke über Hume zu Kant führt. Auch Riehl lehnt es ab, Kant psychologisch zu deuten. Er sieht ihn als Logiker der Erfahrung. Niemand habe die sinnlichen und logischen Grundlagen der Erkenntnis so gut dargestellt. Korrekturbedürftig ist für Riehl nur, was Kant unter apriorischen Urteilen versteht und ganz besonders dessen Auffassung von Zeit und Raum. Für Kant sind beides apriorische Formen der Anschauung. Sie sind uns »von vorn herein« gegeben, weil unser Bewusstsein gar nicht anders kann, als mit ihnen zu hantieren. Etwas ist immer Neben- oder Nacheinander, ob wir nun wollen oder nicht.

Dass Zeit und Raum bloß Raster des Bewusstseins sein sollen und nicht tatsächlich vorhanden, ist Riehl gegenüber den Naturwissenschaften unangenehm. Andererseits gibt er Kant recht, dass wir nur durch unser Bewusstsein von Zeit und Raum wissen. Seine Lösung gleicht dem, was Hume bereits vor Kant vorgeschlagen hatte: Ja, wir wissen nichts über die absolute Realität unserer Außenwelt. Aber es ist wesentlich besser, daran zu glauben, als es nicht zu tun. Jede Annahme über eine objektive Realität ist irrational – aber ist sie nicht trotzdem zutiefst sinnvoll? Riehl lässt den Materialisten ihre objektive Welt. Und er lässt den Idealisten die Einsicht, dass alles Wissen über die Welt Bewusstseinsinhalt ist und bleibt. Die Materialisten irren, wenn sie Bewusstsein auf Materielles reduzieren. Und die Idealisten irren, wenn sie die Objektwelt auf einen bloßen Bewusstseinsinhalt beschränken.

Erkenntniskritik

Befriedigen kann Riehl damit auf Dauer niemanden. Die Materialisten nehmen ihn nicht ernst, und die anderen Neukantianer tadeln, dass er den Idealismus nicht konsequent beibehält. Einer von ihnen ist *Hermann Cohen* (1842–1918). Der Sohn orthodox jüdischer Eltern aus Coswig besucht das Rabbinerseminar in Breslau und wird von Lange in Marburg habilitiert. Als der Mentor 1875 stirbt, wird Cohen sein Nachfolger. Und er schreibt gleich drei Bücher über Kant: *Kant's Theorie der Erfahrung* (1871), *Kant's Begründung der Ethik* (1877) und *Kant's Begründung der Aesthetik* (1889). Seine wichtigste Frage findet sich in allen Werken und ist *die* Frage des Neukantianismus: Wie kann das, was subjektiv erlebt wird, gleichzeitig den berechtigten Anspruch stellen, objektiv zu sein?

Die Erklärungen Trendelenburgs und Lotzes überzeugen Cohen nicht. Wenn es einen Anspruch auf Objektivität gibt, dann nicht dadurch, dass ich die Sphäre des menschlichen Bewusstseins und des subjektiv Erlebten verlasse und in eine imaginäre Außenperspektive springe. Die Dinge existieren nicht »an sich«. Der Anspruch auf Objektivität muss sich stattdessen aus der Art und Weise begründen lassen, *wie ich die Dinge erlebe* und über sie *urteile*.

Die Art und Weise, wie wir die Welt erleben, richtet sich, wie Kant sagt, nach den Gesetzen des Denkens. Wir erzeugen die Dinge nicht wahllos und unkontrolliert, sondern nach Spielregeln. Kants System der Philosophie ist ein System der verschiedenen Erzeugungsweisen des Bewusstseins und ihres Zusammenspiels. Unser Bewusstsein ist voll von *Denknotwendigkeiten*. Hierin und nirgendwo sonst liegt, nach Cohen, die Ebene der

Objektivität! Wenn unsere Anschauung die Dinge als grün, richtig oder schön beurteilt, dann wird nicht irgendwie geurteilt, sondern *gesetzmäßig*. Und genau das ist das Fundament: Objektivität ist keine Eigenschaft der Welt, sondern unserer gesetzmäßig vollzogenen *Urteile* über die Welt.

Die *notwendigen Gesetze des Denkens* zu erkennen – das ist Cohens großes Programm. Mit dem gerade überall eingeführten Begriff »Erkenntnistheorie« kann er nichts anfangen. Er klingt ihm zu sehr nach Psychologie. Und die Psychologie kann das Bewusstsein nur beschreiben, aber nicht erhellen, »womit es beginnt und worin es entspringt«.[173] Während Dilthey zur gleichen Zeit eine »beschreibende Psychologie« entwirft, die unsere Erfahrungen und unser Bewusstsein kartografiert, reicht Cohen der Psychologie einen grundsätzlichen Misstrauensantrag ein. Die Psychologen untersuchen (auch in Diltheys Version) nur die Genese, von der Geltung wissen sie nichts. Was erkennt ihr, fragt Cohen die Psychologen, schon von der Urteilsstruktur, die unsere ganze innere Welt hervorbringt und an der wir ihre Geltung bemessen? Was weiß ein Psychologe darüber, warum Menschen ihre Urteile über die Welt grundsätzlich mit Wahrheitsansprüchen ausstatten? Und warum sind diese im Alltag andere als in der Moral, der Religion oder in der Kunst?

Statt von Erkenntnistheorie spricht Cohen von »Erkenntniskritik«. Das Wort schaufelt einen tiefen Graben zur Psychologie. Für Cohen ist Logik keine Psycho-Logik wie für Beneke, Meyer, Lotze und Dilthey. Sie gehört, wie bei Aristoteles, Leibniz, Kant und Trendelenburg, einer anderen Sphäre an, eben jener der Geltung.

Die Logik unserer Urteile bestimmt unser Bewusstsein – mit diesem Ausgangspunkt begründet Cohen das, was als Marburger Schule in die Philosophiegeschichte eingeht. An seiner Seite ficht seit den 1880er-Jahren sein Schüler *Paul Natorp* (1854–1924). Der Pastorensohn aus Düsseldorf ist 1885 in Marburg Professor geworden und sitzt dort seit 1893 auf dem Lehrstuhl für Philosophie und Pädagogik. 1887 veröffentlicht er seine Schrift *Über objektive und subjektive Begründung der Erkenntnis*. Wie Cohen grenzt er die Philosophie scharf von der inzwischen überall boomenden Psychologie ab. Auch ihn ärgert, dass die Psychologen die Logik von der Psychologie abhängen lassen. Denn damit nehmen sie der Philosophie das letzte Metier, das ihr nach Ansicht der Neukantianer geblieben ist. Wenn ich Logik psychologisch erklären kann, dann ist sie *eine* Möglichkeit des Denkens unter anderen. Für Natorp aber ist sie Wissenschaft »von einer so fundamentalen Geltung wie keine andere«.[174]

Was stimmt? Ist die Logik etwas, das ich mit den Mitteln der Psychologie empirisch erforschen kann, als eine *bestimmte Art zu denken*? Oder nimmt jede Erkenntnislehre ihren *Ursprung* in der Logik, von wo aus sie nach der Geltung der Wissenschaften und damit auch der Psychologie fragt? Eigentlich kann man beidem zustimmen. Tatsächlich liegt der Unterschied, wie Lotze wusste, in der Perspektive und nicht in einer bestimmten hierarchischen Stufe. Doch für das Selbstbewusstsein der Neukantianer ist die Hierarchie wichtig. Erst kommen die Gesetzmäßigkeiten des Denkens und dann seine Inhalte. Und empirische Forschungen sind Inhalte unter vielen anderen. Die Philosophie handelt vom »Gesetz der Gesetzlichkeit«, die Psychologie dagegen nur von »besonderen Erkenntnisgesetzen«.[175]

Für Cohen war hier Schluss gewesen, aber Natorp drängt weiter vor auf das Terrain der Psychologen. Er will sie nicht nur in die Schranken weisen, er will ihnen auch das Gebiet streitig machen, das sie seit den Tagen der »Erfahrungsseelenkunde« allein besiedeln, weil Philosophen (mit Ausnahme Kierkegaards) sich nicht dafür interessieren: *die individuelle Besonderheit* der Subjektivität. Mit Fichte ist Natorp der Überzeugung, dass sich nur dann von Selbstbewusstsein sprechen lässt, wenn man von einem »Ich« ausgeht. Und ebenfalls wie Fichte meint er, dass dieses Ich nicht empirisch ist: »Jeder Ausdruck, der das Ich selbst wie einen Gegenstand vorstellt oder die Beziehung auf dasselbe durch eine

Beziehung, wie sie unter Bewusstseinsinhalten stattfindet, zu verdeutlichen sucht, kann nur allenfalls den Wert einer bildlichen Bezeichnung haben.«[176] Mit dieser Erkenntnis nimmt Natorp vorweg, was die Neurobiologen im späten 20. Jahrhundert bestätigen werden: Das Ich ist keine empirische Instanz, kein eigenes Hirnareal, sondern es entsteht, naturwissenschaftlich nicht greifbar, in Beziehungen, in einem hochkomplexen Zusammenspiel von »Ich-Zuständen«. Die Hirnforschung gibt Natorp recht. Auch für sie ist das Ich nur eine »bildliche Bezeichnung«.

Nun hatte Fichte am Ende des 18. Jahrhunderts allerdings gemeint, dass das Ich durchaus in der Lage sei, sich selbst als ein »Ich« vorzustellen. Aber Natorp hält das am Ende des 19. Jahrhunderts für Unsinn. Ein ganzes philosophisches System zu errichten, das davon handelt, wie das Ich sich selbst als »Ich« setzt, wie Fichte es tat, sei Unfug. Das »Ich« lässt sich, wie Natorp sagt, »nicht zum Gegenstande machen«. Aber genau davon handelt die Psychologie! In seiner Schrift *Einleitung in die Psychologie nach kritischer Methode* (1888) belehrt der Philosoph die Psychologen darüber, was sie tatsächlich tun. Sie erforschen nicht das Ich, sondern sie schauen, wie das prinzipiell unzugängliche Ich seine Objektwelt konstruiert. Und von da aus ziehen sie *Rückschlüsse* auf subjektive Motive und Vorstellungen. Psychologie ist Detektivarbeit, und als solche kann man sie, wenn man will, auch betreiben. Den konkreten Täter wird man aber nie dingfest machen können.

Den Grund dafür, so Natorp, finden wir in der Logik. Wenn wir die Welt erfassen, so stellen wir Beziehungen zwischen den Dingen her. Wir denken nicht in Begriffen, sondern in *Relationen*. Jedes Denken steht in Beziehungen und ist damit relativ. Gedanken können nie sauber fixiert werden, sie sind flüssig und liegen zwischen den Dingen. Die analytische Philosophie wird später im Gefolge Ludwig Wittgensteins versuchen, das Denken aus der Sprache heraus zu erklären. Doch Wörter, Satzbau, Bedeutung und so weiter sind für Natorp nicht das Denken. Das Denken ist das, was sich *zwischen* den Wörtern und Sätzen abspielt, eine logische Bewegung, die sich nicht dingfest machen lässt. Insofern bildet das Denken die Welt auch nicht ab – es *erzeugt* sie.

Natorps Denktheorie ist philosophisch äußerst bedeutend. Dass das Denken die Welt erzeugt, wird gleichsam zur Verfassungspräambel des Neukantianismus und beeinflusst später auch Heidegger. Denken ist empirisch nicht zu erfassen. Deshalb kann nur die Logik das Denken aufschlüsseln, nicht die Psychologie. In diesem Punkt sind sich die Neukantianer einig. Streit gibt es allerdings in der Frage, ob es nicht trotzdem etwas gibt, was »an sich« ist – wenn schon keine materiellen Gegenstände, so doch vielleicht ideelle? Während die Marburger Schule jedes »an sich« ablehnt, denkt der größte Konkurrent in Straßburg und Heidelberg darüber ganz anders …

Absolute Werte

»Wir alle, die wir im 19. Jahrhundert philosophieren, sind die Schüler Kants. Aber unsere heutige ›Rückkehr‹ zu ihm darf nicht die bloße Erneuerung der historisch bedingten Gestalt sein, in welcher er die Idee der kritischen Philosophie darstellte. Je tiefer man den Antagonismus erfaßt, der zwischen den verschiedenen Motiven seines Denkens besteht, um so mehr findet man darin die Mittel zur Bearbeitung der Probleme, die er durch seine Problemlösungen geschaffen hat. Kant verstehen, heißt über ihn hinausgehen.«[177] Mit *Wilhelm Windelband* (1848–1915), der dies 1884 im Vorwort seiner Aufsatzsammlung *Präludien* schreibt, beginnt die zweite Richtung des Neukantianismus, die Südwestdeutsche Schule. Windelbands Tonfall ist selbstbewusst, Kant ist in Deutschland inzwischen wieder in aller Munde – selbst wenn nur sehr wenige Engländer und Franzosen unterschreiben würden, dass sie Schüler Kants sind. Das »alle« bleibt eine Übertreibung.

Interessant ist nicht nur Windelbands Selbstsicherheit. Auch die Sprache hat sich gewandelt. »Probleme« und »Problemlösungen« sollen das Metier künftiger Philosophie sein. Das ist nicht mehr der Jargon der Philosophen, sondern der der Naturwissenschaftler. Und schließlich möchte Windelband kein Kant-Exeget mehr sein, kein getreuer Erklärer des Meisters wie Liebmann, Fischer, Zeller und Meyer, sondern er möchte »über ihn hinausgehen«. Das Gleiche sagt er auch in dem Vortrag »Was ist Philosophie?«, den er 1882 bei seiner Ankunft als Professor in Straßburg hält. Philosophie ist nicht Kant-Philologie, sondern die »kritische Wissenschaft von den allgemeingültigen Werten«.

Windelband kommt mit breiter Brust nach Straßburg. Er hat Medizin, Naturwissenschaften, Geschichte und Philosophie in Jena, Berlin und Göttingen studiert. Seine prägendsten Lehrer waren Fischer und vor allem Lotze, bei dem er sich habilitiert hat. Anders als Lotze hält er aber überhaupt nichts davon, Psychologie und Philosophie zu vermengen. Gegen Beneke, Meyer und Lotze möchte er beides scharf trennen. Ansonsten verkomme die Philosophie zu einem »Roman« von Begriffen, »zu einem aus psychologischen und kulturgeschichtlichen Abfällen zusammengesuchten Ragout«.[178]

Windelbands Worte sollen die Philosophie nach dem Zusammenbruch des deutschen Idealismus mit neuem Selbstbewusstsein ausstatten. Der Neukantianismus soll nicht nur eine Strömung sein, gar eine Nostalgie nach einer guten alten Zeit, als Philosophen noch für die Wahrheit zuständig waren und Systeme bauten. Windelband will die Philosophie den Angriffen und der Konkurrenz der Materialisten völlig entziehen. Statt mit ihnen über die Deutungsherrschaft bei Leib und Seele zu streiten, beurteilt die neue Philosophie die Architektur der Systeme und bemisst ihre Behauptungen an ihrer Methodologie und ihren Wahrheitsansprüchen. Die Philosophie ist nicht mehr mittendrin dabei, sondern, wie bei Kant und Trendelenburg, *über* den Fakultäten. Genau das wird nicht nur den Neukantianismus prägen – das neue Selbstverständnis bestimmt die Philosophie bis weit ins 20. Jahrhundert.

Die Psychologie handelt für Windelband von den wechselnden *Vorstellungen* der Individuen und Völker; die Philosophie dagegen untersucht deren *Wahrheitswert*. Mögen Menschen die Dinge ihres Lebens auch unentwegt mit psychologischen Urteilen belegen, die Philosophie *beurteilt diese Urteile* von einer höheren Warte. Die anderen Wissenschaften beschreiben, ordnen historisch ein oder erklären wie die Naturwissenschaften. Die Philosophie hingegen beurteilt all dieses Treiben. Sie arbeitet die Reichweite und »Geltung« der Urteile heraus und sortiert die verschiedenen Wahrheiten nach ihrem »Wert«.

Wenn Windelband in den 1880er-Jahren von »Wert« spricht, so bringt er das Wort aus Göttingen von seinem Lehrer Lotze mit. Wie erzählt, hat Lotze den Begriff aus der Ökonomie übernommen. Er hält Aussagen dann für werthaltig, wenn sie einen Wahrheitswert enthalten, kurz gesagt: wenn sie »gelten«. Seine »Wertphilosophie« wird der Ausgangspunkt der Südwestdeutschen Schule, und Windelband steht auf Lotzes Schultern.

Doch über welche Sachverhalte lassen sich werthaltige Urteile fällen? Nur über Fragen der Erkenntnistheorie? Oder auch über das, was Kant die »praktische Vernunft« nannte, also über Fragen der Sittlichkeit und Moral? Für die Marburger Schule gibt es keine praktische Vernunft, sondern nur Erkenntniskritik. Aber Windelband will mehr. Um »Wertwissenschaft« zu sein, muss die Philosophie von *Normen* handeln. Was schön, richtig und gut ist, bemisst sich nach solchen Normen. Doch woher kommen sie? Für Windelband gründen sie im »normalen Bewusstsein« und haben deswegen »unmittelbare Evidenz«. Jeder, der in sich hineinhorche, spüre die »Denkgesetze« und die ihnen entsprechenden »Normen«. Was Kant der kategorische Imperativ war, ist Windelband die absolute Geltung von Normen.

Philosophisch befriedigend ist das nicht. Verstehen verschiedene Kulturen nicht ganz Unterschiedliches als »schön«? Und unterscheiden sich nicht auch die Sitten? Wie kann Windelband sich darüber hinwegsetzen und behaupten, Normen seien evident? Wer den Grund dafür sucht, findet ihn nicht im philosophischen Denken selbst. Naheliegender ist, ihn in der Politik zu suchen. Im Jahr 1878 ändert sich das geistige Klima in Deutschland ganz entscheidend. Attentäter verüben zwei Anschläge auf den Kaiser Wilhelm I. und verursachen damit eine Staatskrise. Bismarck löst den Reichstag auf. Es gibt Neuwahlen, die Liberalen weichen den Konservativen in der Regierung, und der Staat verabschiedet die »Sozialistengesetze«. Von nun an sind alle sozialistischen Versammlungen und Schriften verboten. Ein Teil des liberalen Bürgertums schlägt sich auf Bismarcks Seite, der autoritäre Staat ist ihnen näher als die Freiheit für Sozialdemokraten. Die Krise des Liberalismus ist gewaltig, ein Riss geht mitten durch seine Parteigänger. Die Mehrheit tendiert fortan zum autoritären Staat, um die linken Kräfte in Schach zu halten. Aber ist ein Liberaler, der so denkt, noch liberal?

Der Umschwung beeinflusst auch Windelband. Auf die Philosophie bezogen, bedeutet dies für ihn: Nur kritisch zu hinterfragen kann auf die Dauer nicht reichen. Eine solche Position ist zu schwach. Um die Zeitläufte geistig zu beeinflussen, muss die Philosophie doch wieder ein System werden mit absolutem Wahrheitsanspruch. Und sie muss sich ebenso um die »praktische Vernunft« kümmern wie um die »reine Vernunft« der Erkenntnistheorie. Eine Philosophie, die nichts Letztgültiges über Sittlichkeit und Moral zu sagen hat, kann keine Orientierungswissenschaft sein. Für dieses Ziel schreckt Windelband nicht davor zurück, bestürzend dogmatisch zu sein. Wer von dem abweicht, was ein normaler gebildeter Mensch des Deutschen Kaiserreichs als schön, als Kriterium für wahr und falsch oder als sittlich gut befindet, der ist entweder psychisch krank, dumm, zurückgeblieben (wie manche Völker) oder Anhänger radikaler Ideen wie etwa dem Sozialismus. Was als vorurteilsfreie Wertwissenschaft ausgegeben wird, ist so borniert wie kulturchauvinistisch. Und das patriotische Hurrageschrei klingt so laut, dass Windelband nicht hört, wie Kant erbost gegen den Sarg klopf.

Philosophie handelt von »an sich« gültigen Werten und Normen. Mit diesem Selbstverständnis geht Windelband 1903 als Nachfolger seines Lehrers Fischer nach Heidelberg. Seinen bedeutendsten Schüler hat er schon vorher in *Heinrich Rickert* (1863–1936) gefunden. Als Sohn eines nationalliberalen Politikers in Danzig geboren, studiert Rickert in Berlin und Zürich, bis er zu Windelband nach Straßburg kommt, bei dem er 1888 promoviert. Drei Jahre später ist Rickert habilitiert, und 1894 wird er Professor. Seine Habilitationsschrift ist ein erstaunlicher Erfolg und wird in den folgenden drei Jahrzehnten sechsmal neu aufgelegt. Ihr Titel lautet: *Der Gegenstand der Erkenntnis*. Dabei schlägt sich Rickert konsequent auf Kants Seite, dass die Außenwelt des »Dings an sich« grundsätzlich unerkennbar sei. Was unser Bewusstsein nicht erkennen kann, ist auch für den Erkenntnisprozess nicht relevant. Wenn Riehl meint, dass wir eine Außenwelt außerhalb unseres Bewusstseins als »an sich« existierend annehmen sollten, dann weist Rickert ihn zurück. Wozu sollten wir eine solche Annahme brauchen?

Niemand zuvor, nicht einmal Fischer, hat den »erkenntnistheoretischen Realismus« von Lotze, Trendelenburg oder Riehl so konsequent bekämpft wie Rickert. Mögen die Physiker, Biologen und Psychologen, die Empiristen und Materialisten auch mit einer objektiven Realität außerhalb des Bewusstseins hantieren – der konsequent logisch denkende Philosoph sieht nur Bewusstseinsinhalte, aber niemals ein losgelöstes »Jenseits« des Bewusstseins. Keiner kommt vom Menschen und seinem menschlichen Denken los, auch nicht die Naturwissenschaften. Stets leben und denken wir in einer Binnenperspektive, egal was wir treiben und ersehnen und welche Hilfsmittel wir benutzen. Und alles Erkennen ist immer ein Werten.

Nun sucht der Philosoph trotzdem nach Objektivität. Aber diese Objektivität liegt nicht außerhalb des Bewusstseins, sondern sie soll, wie bei Cohen, Natorp und Windelband, *in ihm* gefunden werden. So fragt Rickert rhetorisch: »Muß die ›Ordnung‹, die wir entdecken, eine Ordnung von Dingen, eine Wirklichkeit sein?«[179] Die Marburger sehen die Objektivität in den *Denknotwendigkeiten*, die mich zwingen, die Dinge auf eine bestimmte Art und Weise zu sehen, weil meine Aussagen sonst nicht *gelten*. Und ebenso sieht das Rickert. Die Objektivität der Welt liegt nicht in den Dingen, sondern in meinen *Urteilen* über sie. Und diese Urteile sind nicht beliebig: »Ich bin, wenn ich urteilen will, durch das Gefühl der Evidenz gebunden, ich kann nicht willkürlich bejahen oder verneinen. Ich fühle mich von einer Macht bestimmt, der ich mich unterordne, und nach der ich mich richte.«[180]

Was den Marburgern die Denknotwendigkeit, ist Rickert die *Urteilsnotwendigkeit*. Doch was ist diese Macht, die mich nötigt, bestimmte Urteile zu fällen und andere nicht? Hier kommt der Punkt, an dem sich Rickert von den Marburgern unterscheidet. Wenn ich, nachdem ich gefrühstückt habe, den Satz »Ich habe gefrühstückt« bejahe, dann tue ich dies, weil ich ein *inneres Sollen* anerkenne; ein Sollen, das mich treibt, die Dinge wahrheitsgemäß zu denken und nicht willkürlich. Jeder normale Mensch kennt diesen Imperativ zur Wahrheit gegenüber seinen eigenen Urteilen. Er verhindert, dass man an sich selbst und der Welt irre-wird. Natürlich kann ich gegenüber anderen lügen, dass ich nicht gefrühstückt habe. Aber der normale Mensch weiß, dass er lügt, dass er absichtlich einen Regelverstoß begeht. Der innere Imperativ gilt auch dann, wenn ich ihn in Aussagen gegenüber anderen missachte.

Kants kategorischer Imperativ, dass ich eine Verpflichtung in mir spüre, der ich folgen soll, das Gute zu tun, wird von Rickert erweitert. Auch bei der Wahrheit gibt es einen solchen Imperativ, sich an sie zu halten, zumindest sich selbst gegenüber. Verstoße ich gegen die Wahrheit, so werden meine Urteile wertlos, wie schon Lotze meinte. Wahrheit und Wert gehören also untrennbar zusammen. Ein Urteil ist dann wahr, wenn es dem »Gefühl der Evidenz« folgt und nicht etwa dadurch, dass etwas mit einer äußeren Wirklichkeit übereinstimmt. Ob der Satz »Ich habe Zahnschmerzen« stimmt, entscheidet nicht der Zahnarzt, der dafür eine Ursache findet oder nicht. Ich allein entscheide darüber in Abstimmung mit meinem inneren Imperativ, mich an die Wahrheit zu halten. Kurz gesagt: Die Wahrheit ist nicht von der Wirklichkeit abhängig, sondern die Wirklichkeit von der Wahrheit!

Kulturwissenschaft

Im Jahr 1894 hält Windelband als Rektor in Straßburg eine berühmte Rede. Darin unterscheidet er das Vorgehen der Naturwissenschaftler von dem der Historiker. Eigentlich ist es genau das Thema, das Dilthey seit zehn Jahren beackert. Doch Windelband setzt seine Pointe anders. Der Unterschied der Wissenschaften liege nicht im Gegenstand. So können sowohl Philosophen als auch naturwissenschaftlich arbeitende Psychologen den »Geist« untersuchen. Der Unterschied liege in der Methode. Mit Diltheys Unterscheidung von »Erklären« und »Verstehen« sei es dabei nicht getan. Der Unterschied sei noch fundamentaler. Die Naturwissenschaften erstellten Gesetze und seien *nomothetisch* (von *nomos*, griechisch: Gesetz). Die Historiker dagegen seien *ideografisch*, (von *idios*, griechisch: besonders); sie beschreiben das einzelne Ereignis. Während es die Naturforscher zur Abstraktion dränge, suchten die Historiker die Veranschaulichung. Beide Welten seien völlig voneinander getrennt, aber gleichwohl aufeinander angewiesen. Ohne Naturwissenschaften könne der Mensch die Natur nicht verstehen und somit auch nicht planmäßig in sie eingreifen durch die Technik. Ohne die geisteswissenschaftliche und historische Dimension bliebe alles, was Menschen in einer bestimmten Zeit und Kultur fühlen, denken und tun, letztlich unverständlich.

Der Clou ist, dass die Philosophie damit den Naturwissenschaften den Zahn ziehen kann, für *die* Wahrheit und *die* Wirklichkeit zuständig zu sein. Und genau das erklärt ihnen kurz darauf auch Windelbands Schüler Rickert in seinem zweibändigen Werk über *Die Grenzen der naturwissenschaftlichen Begriffsbildung* (1896/1902). Rickert besteht ebenfalls darauf, dass es zwei *gleichberechtigte* Methoden gibt, um die Wirklichkeit zu erforschen. Die Naturwissenschaften mit ihrem abstrahierenden Vorgehen sind dabei nur *eine* Möglichkeit. Man muss sich ja nur mal vorstellen, was ein naturwissenschaftliches Urteil über die Person Johann Wolfgang Goethe wert ist. Praktisch überhaupt nichts! Denn »an Goethe wird gerade das von Bedeutung, was ihn von allen anderen Exemplaren des Begriffs Mensch unterscheidet, und es gibt keinen allgemeinen Begriff, unter den er gebracht werden kann«.[181] Das Problem liegt nicht daran, dass Goethe nicht in den Gegenstandsbereich der Naturwissenschaften fällt. Als Mensch ist er genauso gut ein Stück Natur wie Kultur. Das Problem liegt darin, dass die Methode der Naturwissenschaften für die Erforschung Goethes nicht sonderlich ergiebig ist und das Wesentliche verfehlt. Der Grund dafür ist klar und logisch: Was Individuen tun und lassen, fällt nicht unter Kausal*gesetze*. Auch wenn es einen kausalen *Zusammenhang* gibt zwischen dem, was ich gerade tue (über Rickert schreiben) und gleich als Nächstes tun werde (eine Mittagspause einlegen), so unterliegt dieser Zusammenhang keiner strengen Gesetzmäßigkeit. Selbst wer mich gut kennt, kann nicht exakt vorhersagen, was ich als Nächstes tun werde.

Die naturwissenschaftliche Betrachtung der Welt ist ebendies: die naturwissenschaftliche Betrachtung der Welt. Und nichts anderes! Für die Wirklichkeit ist sie nicht vorrangiger zuständig als die von Rickert so genannte Kulturwissenschaft. In seinem Vortrag *Kulturwissenschaft und Naturwissenschaft* (1899) präzisiert er Windelbands Unterscheidung von Naturwissenschaft und Geschichte und verknüpft sie mit der Vorstellung einer Philosophie als »Wertwissenschaft«. Die Naturwissenschaft handelt, wie Windelband definiert hat, von *Gesetzen.* Die Kulturwissenschaft dagegen beschäftige sich mit *Werten.* Denn Kultur und Geschichte lassen sich gar nicht anders sinnvoll betrachten, als sie in einen wertenden Zusammenhang zu stellen.

Im Angesicht des 21. Jahrhunderts, das Sozialpsychologie und Soziologie, Politik-, Medien- und Kommunikationswissenschaft, ja selbst Pädagogik und Erziehungswissenschaft fast nur noch nach empirischer Methode betreibt, können Rickerts Worte gar nicht groß genug ans Eingangsportal der Fakultäten geschlagen werden. Wer Kulturwissenschaften völlig durch empirische Forschung ersetzt, sticht ihnen gleichsam das Herz aus und macht sie gesellschaftlich belanglos. Doch schon zu Rickerts Zeiten verklingen seine Worte fast ungehört. Seine »Transzendentalphilosophie der Kultur« bleibt nur eine Episode. Und selbst Dilthey mit seinen »Geisteswissenschaften« erscheint im Rückblick nur als Nebendarsteller auf einer Bühne für jenen Mann, der den Neukantianismus allenfalls lächerlich fand und der »mit dem Hammer« philosophiert, wo Cohen, Natorp, Riehl, Windelband und Rickert das feinste Sezierbesteck für logische Operationen am offenen Bewusstsein verwenden. Und unter den Trümmern, die die Abrissbirne dieses Mannes hinterließ, liegen sie bis heute begraben. Die Rede ist von *Friedrich Nietzsche* (1844–1900).

PHILOSOPHIE DER JAHRHUNDERTWENDE

Die Philosophie als pausbäckige fette Göttin ohne Glanz.
Im Jahr 1900 malt Gustav Klimt das Bild
Die Philosophie an die Decke der Wiener Universität.

PHILOSOPHEN ZEITLEISTE PHILOSOPHIE DER JAHRHUNDERTWENDE

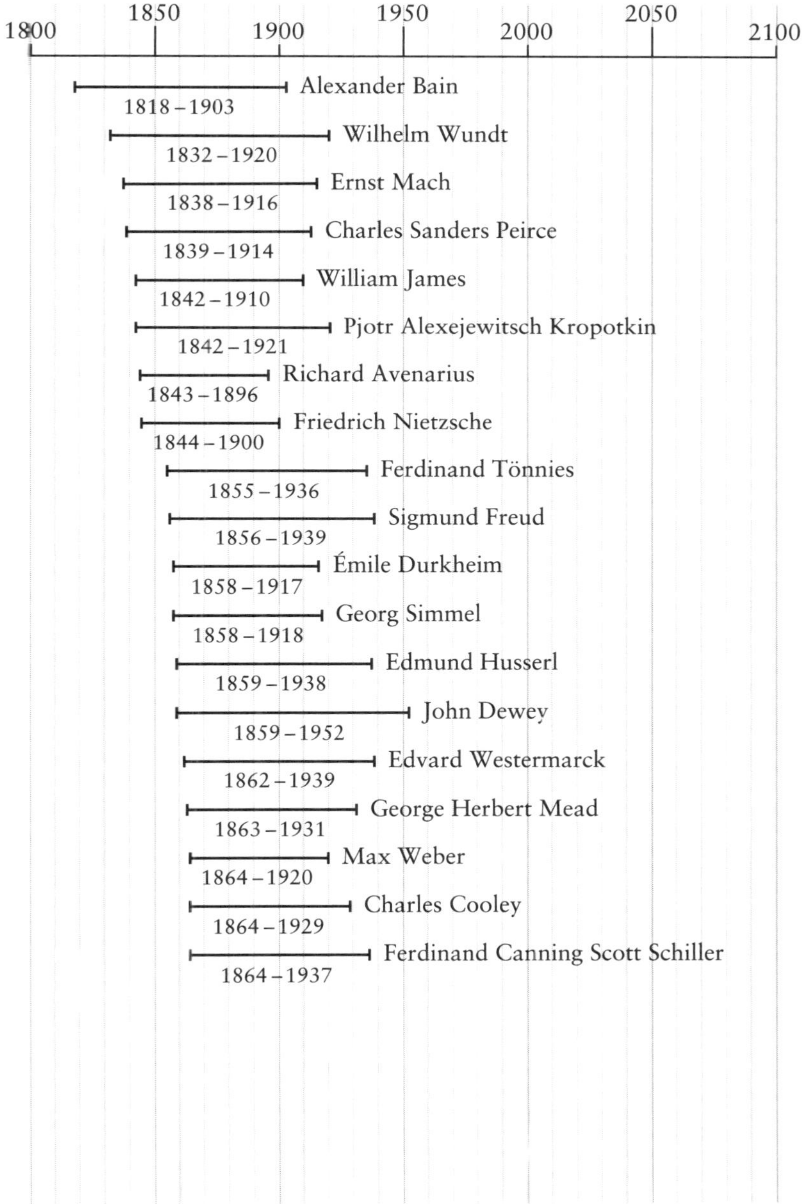

Der Sinn des Lebens

Bruder Nietzsche – Dionysos und Wagner – Gegen den Zeitgeist – Biologisches, Unbiologisches – Sinn, Stolz und Tragik – Psychopathologie der Philosophie – Phänomenologie des Bewusstseins – Zarathustra – Der Wille zur Macht – Folgenreiches, Allzufolgenreiches

Bruder Nietzsche

Am 29. August 1870 setzt sich der im Eiltempo ausgebildete Sanitäter in den Zug nach Wœrth im Elsass. Zuvor hatte der Fünfundzwanzigjährige in Erlangen einen vierzehntägigen Schnellkurs als Felddiakon absolviert, hatte einen Franzosen mit zerschossener Hand chloroformiert und einen Jungen mit großer Kopfwunde. Einem elfjährigen Mädchen hatte er ein Beim amputierten müssen, einem Preußen mit zersplittertem Armknochen konnte er nicht helfen, einen Soldaten mit Lungenschuss hatte er sterben sehen. Jetzt fährt »Dr. Nietzsche, ordentl. Professor der Philologie zu Basel«, wie es im »Bericht des Erlanger Vereins für Felddiakonie« heißt, mit dem siebenten Zug zu zehn Mann zu den Schlachtfeldern unweit der deutsch-französischen Grenze. Nietzsche möchte seine »Pflichten gegen das Vaterland« erfüllen und sich als »Soldat oder Krankenpfleger im Krieg Deutschlands gegen Frankreich nützlich machen«.[182] Obwohl skeptisch gegenüber dem preußischen Staat, will der Gelehrte Siege feiern und der heroischen Sache dienen.

Als Schweizer Professor ist der gebürtige Sachse allerdings zur Neutralität verpflichtet. Auf Franzosen schießen darf er nicht. Körperlich taugt der weiche und kränkliche Nietzsche ohnehin nicht zum Helden. Und schon nach einer Woche im Feld ist der Krieg für ihn vorbei. In Wœrth sieht er drei Wochen nach dem großen Gemetzel mit über 20 000 Toten das Schlachtfeld, riecht den Leichengestank und taumelt durch die überfüllten Lazarette. Nietzsches Auftrag, den Felddiakonen ihren Sold auszuzahlen, führt seinen Zug in langen Fußmärschen nach Haguenau, Lunéville, Nancy, Metz und Ars-sur-Moselle. Dort vertraut man ihm und seinem Freund, dem Landschaftsmaler Adolf Mosengel, elf Schwerverwundete an. Im strömenden Regen versorgen die beiden heillos überforderten Behelfssanitäter in einem Güterwagen die Wunden. »Bruder« Nietzsche infiziert sich sofort mit Brechruhr und Rachendiphtherie. Mit größter Not bringt Mosengel seinen kranken Freund zurück nach Erlangen und verpasst ihm Opium- und Tanninklistiere sowie Höllensteinmixturen. Eine Woche später kehrt Nietzsche zurück ins heimatliche Naumburg, stark geschwächt und traumatisiert von einem »nie endenwollenden Klagelaut«.

Die »schauerlichen Bilder« des Krieges und des Leidens wird Nietzsche so wenig vergessen wie der junge Schopenhauer das Elend der Galeerensträflinge in Toulon. Sie wühlen ihn auf und verleihen dem, womit er sich gerade als Altphilologe beschäftigt, eine ganz andere, viel düstere Farbe. Ein ums andere Mal hatte er sich im Güterwagen hinweg geträumt in sein Metier – die griechische Tragödie. »Meine Hoffnungen … haben es mir möglich gemacht, während die Erde unter den Schritten des Ares zitterte, unausgesetzt und selbst mitten im Bereich der entsetzlichsten nächsten Wirkungen des Krieges der Betrachtung meines Thema's obzuliegen, ja, ich erinnere mich, in einsamer Nacht mit Verwundeten zusammen im Güterwagen liegend und zu deren Pflege bedienstet, mit meinen Gedanken in den drei Abgründen der Tragödie gewesen zu sein: deren Namen lauten ›Wahn, Wille, Wehe‹.«[183]

Hochsensibel und oft überfordert im Leben, dafür umso pathetischer in der Reflexion, gewinnt Nietzsche dem Krieg die Aura eines ästhetischen Ereignisses ab. Er sieht das Gemetzel als »dionysischen« Rausch, schwärmt vom »militärischen Genius« seiner Zeit und träumt von einer neuen Heldenkultur, die die milde »Abendröthe des Friedens« ablöst. Was für ein Kontrast zu den anderen Philosophen im Feld! Die Begeisterung des Kriegsfreiwilligen Windelband für die deutsche Sache wird von keiner metaphysischen Grübelei getrübt, sondern erfolgt aus knöcherner »Notwendigkeit«. Nicht zu reden von Liebmann, der seine Zeit im Krieg als Kant'sche Pflichterfüllung versteht. Sein »Belagerungstagebuch eines Campagne-Freiwilligen«, *Vier Monate vor Paris. 1870–1871*, lobt den »Geist der Disziplin und der Subordination, das Postulat uneigennütziger strenger gewissenhafter Pflichterfüllung … gegenüber Gesetz und Staat«. Denn »der Geist der politischen Zucht und Ordnung. Er macht uns groß.«[184] Wo Nietzsche heiße Gefühle, Wahn und Wehe sieht, erkennt Liebmann Strenge, Pflicht und kalte Vernunft.

»Ich bin kein Mensch, ich bin Dynamit«, wird Nietzsche später von sich sagen. Im Sommer 1870 aber ist er vor allem Mensch – eine überlastete Psyche und ein entkräfteter Körper; kein Kriegssprengstoff, sondern ein erschrockenes Tier. Nichts als die blühende Fantasie erhält ihn im Güterwagen am Leben und lässt ihn dort groß sein. Pathetisch träumt er von einem künftigen Werk, das der Menschheit den Spiegel vorhält, um ihr den Weg in eine große Zukunft zu zeigen. Nicht Sanitäter möchte Nietzsche sein, sondern »Erzieher«, »Künder« und »Erlöser« …

Dionysos und Wagner

Friedrich Wilhelm Nietzsche wird am 15. Oktober 1844 in Röcken bei Leipzig geboren. Der Vater ist Pfarrer, und auch die Mutter entstammt einem alten Pfarrgeschlecht. Den feierlichen Tonfall und den Gestus des Verkünders wird der Sohn abgucken und nie ablegen. Nietzsche ist noch keine fünf Jahre alt, als der Vater an einer geheimnisvollen Hirnerkrankung stirbt. Der zarte und kränkliche Sohn leidet entsetzlich. Wie Kierkegaard verknüpft er seine Lebenserwartung mit dem Schicksal des Vaters und erwartet, dass der Tod auch ihn mit sechsunddreißig Jahren ereilt.

Die Mutter zieht 1850 mit dem kleinen Friedrich und seiner Schwester Elisabeth nach Naumburg an der Saale. In der Knabenbürgerschule und dem Domgymnasium zeigt sich Nietzsche als so begabter Schüler, dass er an die berühmte Landesschule Zur Pforte wechseln kann. Talentiert erlernt er die klassischen Sprachen und glänzt in deutscher Literatur. Im Wintersemester 1864/1865 beginnt er ein Studium der Theologie und der Klassischen Philologie in Bonn, um es zum Entsetzen seiner Mutter allerdings schnell wieder an den Nagel zu hängen. Stattdessen folgt er seinem berühmten Lehrer, dem Gräzisten Friedrich Wilhelm Ritschl, nach Leipzig. Ritschl ist hellauf begeistert vom außergewöhnlichen Talent seines Studenten. Nietzsche erhält viel Lob, eine seiner Arbeiten wird preisgekrönt, und einer rasanten Laufbahn als Altphilologe steht nichts im Wege. Der Student ist noch nicht promoviert und habilitiert, da vermittelt ihm Ritschl 1869 bereits eine Stelle, erst als außerordentlicher und dann als ordentlicher Professor für Klassische Philologie an der Universität Basel;

selbst in der zweiten Hälfte des 19. Jahrhunderts ein ungewöhnlicher Vorgang. Gerade vierundzwanzig Jahre alt, steht der hochbegabte junge Mann in seinem beruflichen Zenit.

Nietzsche zieht nach Basel. Im Mai 1869 hält er seine Antrittsvorlesung. Vorher noch hat er dafür gesorgt, dass man ihn von der preußischen Staatsbürgerschaft befreit, damit er im Falle eines Krieges nicht eingezogen wird. Dass er sich eineinhalb Jahre später als Freiwilliger für den Krieg melden wird, ahnt er noch nicht. Aber er weiß, wie sehr es in ihm brodelt. Nietzsche ist kein typischer Altphilologe, sein großes Glück findet er nicht im Studium klassischer Schriften. 1865 hat er in einem Leipziger Antiquariat Schopenhauers *Die Welt als Wille und Vorstellung* erstanden. Nietzsche ist fasziniert, er spricht von einem »Rausch«, der ihn bei der Lektüre überkam. Dass die Welt der Vernunft nicht die wahre Welt sei, sondern dass hinter aller tagheller Bewusstheit ein mächtiger dunkler Wille waltet, deckt sich völlig mit seinen Empfindungen. In Schopenhauer sieht Nietzsche einen Künder und einen innigen Verwandten im Geiste. Doch dass der Buddha aus Frankfurt zur »Entsagung« auffordert, behagt dem stürmischen Herzen des Studenten überhaupt nicht. Liegt nicht im Wissen, dass alle Logik, alle vermeintliche klare Erkenntnis und alle Verstandesleistungen Tand sind, eine ungeheure Kraft? Muss man sich nicht mit dem gewaltigen dunklen Willen versöhnen, ihn aushalten, statt sich ihm entziehen zu wollen?

Schopenhauers Lebensentwurf ist für Nietzsche kein Vorbild. Wohl aber die Pose des Philosophen als Durchblicker, Entlarver und Verhöhner der philosophischen Tradition. Die eitle Geste, den Duktus der grenzenlosen Überlegenheit über all die lächerlichen und verblendeten Vernunft-Philosophen, schaut er sich sofort ab. Mit »faustischem Duft, Kreuz, Tod und Gruft«, den finsteren Mächten des Unbewussten im Bunde, statt auf der hilflosen Gegenseite der Bewusstseinsphilosophie, teilt Nietzsche auch Schopenhauers Liebe und Leidenschaft für die Musik. Zutiefst ergreifen ihn die Opern des einundzwanzig Jahre älteren *Richard*

Wagner (1813–1883), den er früh kennenlernt. Als Professor in Basel besucht Nietzsche den Verehrten häufig in dessen Landhaus Tribschen bei Luzern. Für Wagner ist der Professor ein hochwillkommener Jünger in eigener Sache, ein »Herold«, der von ihm künden und ihn noch berühmter machen soll. Kein Wunder, dass die beiden großen Egos zwischen Faszination und Abstoßung hin- und hergerissen sind.

Ende der 1860er-Jahre ist Wagners Einfluss auf Nietzsche enorm. »Ich bringe es nicht übers Herz, mich dieser Musik gegenüber kritisch kühl zu verhalten; jede Faser, jeder Nerv zuckt an mir, und ich habe lange nicht ein solch andauerndes Gefühl der Entrücktheit gehabt«, schreibt der junge Gelehrte im Oktober 1868.[185] Beide sind sie Schopenhauer-Fans, beide beschwören sie das Unbewusste, das Mythische und das Tragische, und beide hoffen sie auf eine neue große Zeit. Dass Wagner dabei mehr an sich selbst denkt, an seine Musik und das geplante Großereignis eines Festspielhauses in Bayreuth, als tatsächlich an eine neue Menschheitsepoche, ahnt Nietzsche erst nach und nach. Noch grübelt er darüber nach, wie er den Geist von Wagners Musik in die klassische Philologie übertragen und selbst etwas Kongeniales schaffen kann. Ihm, der selbst eifrig komponiert, schwebt eine Musik vor, »die zufällig nicht mit Noten, sondern mit Worten geschrieben ist«.[186]

Im Januar und Februar 1870 hält Nietzsche zwei Vorträge, »Das griechische Musikdrama« und »Sokrates und die Tragoedie«. Der erste Vortrag bleibt noch im Rahmen dessen, was man als ordentlicher Altphilologe veröffentlichen darf. Nietzsche erzählt, was die Gräzisten bereits aus Karl Otfried Müllers *Geschichte der griechischen Literatur bis auf das Zeitalter Alexanders* (1841) wissen: Die griechische Tragödie sei aus dem Dionysoskult entstanden. Allerdings betont Nietzsche vor allem die Bedeutung der Musik, die »das Herz unmittelbar« trifft, »als die wahre allgemeine Sprache, die man überall versteht«.[187] Als das Wort in den Mittelpunkt des griechischen Dramas trat, musste die archaische Musik mit ihrem Rausch zurücktreten. Die alte Tragödie verlor ihren Zauber, eine neue Tragödie entstand, die Tragödie des *Logos*.

Dass Nietzsche mit solchen Gedanken stärker bei Wagners Musik ist als bei jener der alten Griechen, verzeihen ihm die Fachkollegen noch. Die Grundthese von der Entwicklung der Tragödie aus archaischen Singspielen ist ja nicht sehr strittig. Doch der zweite Vortrag über »Sokrates und die Tragoedie« entfernt sich so weit vom gesicherten Wissen der Altphilologie, dass Nietzsche sich damit schlagartig ins Abseits katapultiert. Denn nun nutzt er Schopenhauers Kritik an der Bewusstseinsphilosophie für das Verständnis der klassischen griechischen Kultur. Der Sündenfall beginnt für Nietzsche mit Sokrates. Der alles hinterfragende Philosoph zerstört die Kraft der Mythen, bannt den Zauber der Musik und setzt an deren Stelle das Wort und die Vernunft – den Logos. Doch was Philosophen und Gräzisten für eine bedeutende Kulturleistung halten, den Rationalismus, hält Nietzsche mit Schopenhauer für eine Verblendung. Das rationale Wissen über die Welt ersetzt die intuitive Gewissheit des Unbewussten von Mythos und Musik. Schopenhauers »Wille«, das Intuitive, Animalische und Leidenschaftliche, »Wahn, Wille und Wehe« wandern in den Untergrund, die rationale Kultur überformt es und überfeiert sich dabei maßlos.

Wie genau die Vernunft das wahre Leben und die Leidenschaft unterdrückt, beschreibt Nietzsche in einem dritten Text: *Die dionysische Weltanschauung*. Jetzt kleidet er das Leidenschaftliche in das Wort »dionysisch« und das Vernünftige in das Wort »apollinisch«. Wie Dionysos für die Ekstase, die Musik und die Entgrenzung steht, so Apoll für das Nüchterne, Formende und Individualisierende. Mit Schopenhauer sieht Nietzsche im Dionysischen das Ursprüngliche und Lebendige, den »Willen«. Das Apollinische dagegen ist die Bändigung dieses ungezähmten Lebenswillens durch Sprache, Kultur und Philosophie.

Dass das Dionysische zugleich auch das Zerstörerische ist, der

Krieg mit all seinen Enthemmungen, daraus macht Nietzsche keinen Hehl. Nicht zufällig bewundert er Heraklit, der den Krieg (eigentlich den Kampf) den »Vater aller Dinge« genannt hat. Und mit genau diesen pathetischen Gedanken und Stimmungen in Kopf und Brust meldet er sich zum Kriegsdienst, stürzt er vom Schreibtisch in die Realität, erlebt er einen kleinen Splitter des deutsch-französischen Gemetzels von 1870/1871 im Elsass, stolpert über das Schlachtfeld von Wœrth und erfährt die Schwäche des eigenen, von Ruhr und Diphtherie gemarterten Leibes.

Gegen den Zeitgeist

Im Januar 1872 erscheint nach langen Phasen des Zögerns, der Schreibhemmungen, der Kopfschmerzen und der Schlaflosigkeit das Sammelwerk seiner bisherigen Vorträge und Abhandlungen über das Griechentum, wie Nietzsche es sieht: *Die Geburt der Tragödie aus dem Geiste der Musik*. Die Musik, so die These, werde imstande sein, den tragischen Mythos neu zu beleben. Denn die Welt hat keine moralische Rechtfertigung, nur eine ästhetische. Wagner ist begeistert, er erkennt sich selbst als Dionysos. Nietzsches Mentor Ritschl ist entsetzt, was soll diese »geistreiche Schwiemelei«?[188] Philologie ist das jedenfalls nicht, und kein Philologe, der bei Trost ist, würde so etwas Spekulatives, Unbelegtes und Schwärmerisches schreiben. Ein Kollege, der das Buch rezensiert, fordert Nietzsche sogar dazu auf, die Wissenschaft dranzugeben. So etwas ist der erfolgsverwöhnte Jungstar der Zunft nicht gewohnt. Die Kränkung trifft ihn tief. Bereits ein Jahr zuvor hatte sich Nietzsche auf eine Professur für Philosophie beworben, um in Basel das Fach zu wechseln. Doch er hat keinen Erfolg. Seine Zukunft liegt, wie ihm rasch dämmert, nicht an der Hochschule. Wer ein freier Geist sein will, wird es Philologen und beamteten Hochschullehrern nicht recht machen können. Daran hat sich bis heute wenig geändert.

Nietzsche rächt sich mit fünf Vorträgen *Über die Zukunft unserer Bildungs-Anstalten.* Im platonischen Dialog geht er hart mit dem Konformismus der Universitäten ins Gericht. Statt Anpassung fordert er Mut, Eigenständigkeit und Authentizität. Von nun an wird er nicht nur die Philologen, sondern ebenso die Hochschulphilosophen pauschal zu seinen Gegnern erklären und sie bald darauf als »Bildungsphilister« abstempeln. Sein zukünftiger Wirkungskreis kann nicht mehr die Universität sein. Sieht sie ihn kritisch, so liegt es nicht an ihm, sondern an ihr. Der Philosoph der »Authentizität« braucht eine größere Bühne und vor allem Menschen, die ihn verstehen. In den frühen 1870er-Jahren ist das der Kreis um Richard Wagner. Hier wird er gelobt und wertgeschätzt, wenn auch aus immer stärker durchscheinenden Motiven. Geht es nach Wagner, so soll sich der junge Gelehrte mit seinen kühnen Träumen und starken Worten völlig in seinen Dienst stellen. Doch Nietzsche wäre nicht Nietzsche, wenn er zum bewunderten Meister nicht immer wieder in Distanz träte. Er sieht sich nicht als Herold eines anderen, sondern selbst als Hauptdarsteller.

Während er bei Wagner lustvoll in einer Art Kunstreligion schwelgt, seziert Nietzsche zugleich mit unbestechlichem Blick den Geist seiner Zeit. In was für einer Welt lebt er eigentlich? Nicht in den turbulenten 1840er-Jahren, aus denen Wagner ein Leben lang seine kreativen Impulse schöpft und in denen Nietzsche selbst gerne gelebt hätte. Die 1870er-Jahre sind anders. Nicht härter, aber verhärteter. Was in den 1840er-Jahren politische Romantik war, der Traum einer vereinigten freien Republik, der Mythos der Burschenschaften von einem herrlichen Deutschland, ist durch Bismarck Realität geworden. Man hat Wirklichkeit gewonnen, gewiss, aber dabei viel Traum verloren. Nietzsches Zeit steht völlig unter den nüchternen Zeichen der Wissenschaft, der Technik und des industriellen Fortschritts. Kein Mythos vereint die Deutschen, sondern die Schienennetze der Eisenbahn. Der Zeitgeist ist abgeklärt, die Gier nach ertragreichen Geschäften liberal englisch, und der Positivismus und Materialismus machen die Schwärmerei in Wagners Theater abständig. Die Wirtschaftswelt kennt keine Spielart von Idealismus, und kommt das Gemüt dort zu kurz, dann flüchtet es nicht in die große Kunst, sondern in luxuriös ausstaffierte Innenräume von biedermeierlicher Gemütlichkeit. Wo Zigarrenraucher auf geschwungenen Stühlen und Sofas Behaglichkeit verspüren, ist die Kunst tot und der Mythos erloschen. Der forschende Blick der Naturwissenschaft, der gierige der Fabrikanten und Spekulanten ist vorwärtsgewandt, das Gefühlsleben rückwärtsgewandt.

In dieser Lage greift Nietzsche zur Feder und schreibt vier *Unzeitgemäße Betrachtungen* gegen den Zeitgeist. In der ersten trifft die Wut David Friedrich Strauß, den mutigen Theologen von einst, der die Bibel philologisch ernst nahm, statt sie wörtlich zu lesen. Fast vierzig Jahre später, als betagter Autor des Buchs *Der alte und der neue Glaube,* ist Strauß schon lange kein Rebell mehr. Wenn er die Religion überwunden sieht und den ethischen Fortschritt der Gesellschaft preist, so liegt er ebenso im Zeitgeist wie in seiner Freude über die Reichsgründung. Solche Selbst- und Weltzufriedenheit mit einer geistlosen Zeit bringt Nietzsche in Rage. Am meisten empört ihn Strauß' betuliches Lob der Musik als angenehme Unterhaltung. In solch »schleichender Filzsocken-Begeisterung« erkennt Nietzsche den feigen »Bildungsphilister«, den verkommenen Ausdruck einer kraftlosen Zeit, die sich nicht einmal fragt, »wozu ihre Arbeit, ihre Hast, ihr schmerzlicher Taumel nütze sei«.[189]

Anfang der 1870er-Jahre ist Nietzsches eigene Philosophie erst in Umrissen erkennbar, als Waffe der Kritik. Wütend rebelliert er gegen die Selbstzufriedenheit und Selbstgefälligkeit seiner Zeit und seiner Zunft, der Philologen und Philosophen. Die zweite *Unzeitgemäße Betrachtung* erscheint im Januar 1874 und handelt *Vom Nutzen und Nachteil der Historie für das Leben.* Wozu beschäftigt sich der Mensch mit der Geschichte? Nietzsche nennt keinen kulturellen, sondern einen biologischen Grund.

Der Mensch ist »das Tier, das nicht vergessen kann«, er betrachtet sich selbst aus der Distanz, sieht seine Vergangenheit und plant für die Zukunft. Dadurch entsteht alles Weitere: Selbstbewusstsein, Selbstverständnis und Identität. Doch beim Blick auf sich selbst entsteht nicht nur ein fest umrissener Horizont. Der Mensch erkennt auch, wie klein und bedeutungslos er ist, »ein kleiner lebendiger Wirbel in einem todten Meere von Nacht und Vergessen«.[190]

Weil der Mensch sich in einer Zeit lebend erfährt, steht er vor der Aufgabe, diesen Zeitabschnitt zu gestalten. Wer weiß, wie begrenzt seine Zeit ist, kann nicht taumelnd durch sein Leben dösen wie die Tiere. Der Mensch ist dazu verdammt, etwas zu tun, um seine Zeit zu füllen. Und durch dieses Handeln erzeugt der Mensch Geschichte. Wie Kierkegaard, so betrachtet Nietzsche den Menschen als ein Etwas, das sich durch sein Tun selbst schafft. »Sei du selbst!« – ein anthropologischer Imperativ; eine existenzielle Aufforderung, Herausforderung und zugleich Überforderung. Denn wer soll schon wissen, wer er ist, wenn er sich permanent selbst erzeugen muss? Überall liegen die Versatzstücke der Identität herum, die Rollenvorbilder, Erziehungsvorgaben, die kulturellen Angebote und Muster. Sich als sich selbst vorzustellen bedeutet immer, in Fremdes hineinzuschlüpfen, sich zu verstellen. Jede angenommene Rolle ist eine Selbsttäuschung.

Was die Wissenschaft unreflektiert trennt, die biologischen Instinkte und das ursprüngliche Leben hier, Wissen und Weisheit dort, ist für Nietzsche Blindheit. Denn was ist die Kulturgeschichte anderes als eine Entfremdungsgeschichte des Menschen von sich selbst? Je mehr sich der Gelehrte auf die vermeintlichen Errungenschaften der Menschheit einbildet und sie studiert, umso stärker tritt die »angeborene Grauhaarigkeit« einer Bildung hervor, die dem Menschen nicht gerecht wird. Denn nicht *denkend* erfährt der Mensch sich selbst, sondern *lebend*. Nicht »cogito, ergo sum« wie bei Descartes, sondern »vivo, ergo cogito« – ich lebe, also denke ich.[191]

Das Leben wiederzubeleben, die Kruste zu entfernen, die das »Uebermaass an Historie«, die »Krankheit« des 19. Jahrhunderts, auf ihm hat wuchern lassen – darin sieht Nietzsche seine Mission. Nicht dass man Geschichte betreibt, ist falsch, wohl aber, dass man das Leben fortwährend in einen historischen Zeitrahmen stellt, der alles Lebendige sortiert, einordnet und abtötet. »Nutzen« habe die Geschichte nämlich nur, wenn man nicht ihr, sondern wenn sie dem Leben dient. »Historie« soll »zum Zwecke des *Lebens*« getrieben werden.[192] Schöpft man Kraft und Vitalität für die Zukunft aus ihr – so wie Nietzsche es bei seinem Buch über die griechische Tragödie getan hat –, so ist die Beschäftigung mit Geschichte sinnvoll. Verliert man sich hingegen in den Details der Vergangenheit, so ist Geschichtswissenschaft schädlich, weil ermattend. Als einer von wenigen Philosophen in der Geschichte entwickelt Nietzsche sogar ein Lob des Vergessens. So weit, so eindeutig. Aber was bedeutet »zum Zwecke des Lebens«, wenn das Leben selbst gar keinen Zweck hat? Und was kann der Philosoph des Lebens über das Leben erkennen, wenn alle Erkenntnis letztlich nur aus Vorstellungen und Verstellungen besteht?

Biologisches, Unbiologisches

Nach seiner Abrechnung mit den historisch arbeitenden Philologien ist Nietzsche auf seiner Professur in Basel nicht mehr tragbar. Nur noch drei Studenten sitzen in seiner Vorlesung. Zudem verschlechtert sich sein fragiler Gesundheitszustand dramatisch. Er ist sicher, nicht mehr lange zu leben. Doch bevor die Universität seinem Gesuch nachkommt und den gerade Achtundzwanzigjährigen zum Wintersemester 1876/1877 von allen Verpflichtungen freistellt, hat er schnell noch zwei weitere *Unzeitgemäße Betrachtungen* geschrieben.

Zunächst widmet er sich *Schopenhauer als Erzieher*. Hat er zuvor sein Verhältnis zum Zeitgeist und zur Philologie geklärt, so tut er es nun mit dem zur Biologie. Bereits in seiner ersten *Unzeitgemäßen*, der Abrechnung mit Strauß, hatte Nietzsche sich mit der Evolutionstheorie beschäftigt. Strauß hatte sich viel Mühe gegeben, die biologische Evolution in seine ethische Weltanschauung einzubauen und seinen Frieden mit ihr zu machen. Für einen berühmten Theologen ein bemerkenswerter Schritt. Doch Nietzsche will keinen Frieden! Christliche Ethik und animalisches Erbe passen für ihn definitiv nicht zusammen. Das Apollinische der Kultur und das Dionysische der Natur sind Gegensätze, keine Gefährten. Eine Versöhnung – ausgeschlossen! Aus »dem bellum omnium contra omnes und dem Vorrechte des Stärkeren« hätte Strauß »Moralvorschriften für das Leben ableiten« sollen, statt Bestialität und Moral scheinheilig in Einklang zu bringen.[193]

Der Punkt ist interessant, weil Nietzsche hier gewaltig irrt und beharrlich weiter irren wird. Es spricht nicht viel dafür, dass er, anders als Strauß, Darwins Werk über *Die Abstammung des Menschen*, das 1871 erschienen war, überhaupt gelesen hat. Von einem »Vorrechte des Stärkeren« ist bei Darwin nirgends die Rede, sondern, ebenso wie in der *Entstehung der Arten*, nur vom Überleben der am besten Angepassten. Und Darwins Buch über den Menschen ist in einem sehr versöhnlichen Tonfall gehalten. Es charakterisiert den Menschen über seine moralischen, ästhetischen und kulturellen Vorzüge, die sich im Laufe der Evolution so schön und gut aus seinen natürlichen Anlagen entwickelt haben. Von Schopenhauer herkommend, geht Nietzsche – in biologischen Fragen vollkommen unkundig – diesen Schritt nicht mit. Das Apollinische als biologisch-evolutionäre Folge des Dionysischen passt nicht in sein Weltbild. Für ihn sind beides streng getrennte metaphysische Größen. Das Apollinische hat das Dionysische »überformt«, aber es entspringt ihm nicht organisch. Genau diese von Anfang an schlecht gesetzten Pfeiler werden später seinen eigenen philosophischen Entwurf ruinieren.

In der dritten *Unzeitgemäßen* greift Nietzsche erneut auf die Natur des Menschen zurück. Und wieder betont er die große

Gemeinsamkeit mit den Tieren: »Schaudernd blicken wir, in jener plötzlichen Helle, um uns und rückwärts: da laufen die verfeinerten Raubtiere und wir mitten unter ihnen. Die ungeheure Bewegtheit des Menschen auf der großen Erdwüste, ihre Städte- und Staatengründungen, ihr Kriegeführen, ihr rastloses Sammeln und Auseinanderstreuen, ihr Durcheinander-Rennen, von einander Ablernen, ihr gegenseitiges Überlisten und Niedertreten, ihr Geschrei in Noth, ihr Lustgeheul im Siege – alles ist Fortsetzung der Thierheit.«[194]

Der Mensch ist und bleibt ein Tier, und die Geschichte des Lebens muss von unten nach oben erzählt werden, wie bei Darwin, und nicht von oben nach unten wie in der Philosophie von Platon bis Hegel. Am Anfang steht der Trieb, nicht die Vernunft. So weit, so nachvollziehbar. Doch dann schleicht sich ein folgenschwerer Gedanke in Nietzsches Philosophie ein: Der Weg vom unbeschwert lebenden Tier zum sich selbst erkennenden Menschen scheint vorgezeichnet zu sein, weil »die gesammte Natur sich zum Menschen hindrängt«. Sie gibt »dadurch zu verstehen, dass er zu ihrer Erlösung vom Fluche des Thierlebens nöthig ist und dass endlich in ihm das Dasein sich einen Spiegel vorhält, auf dessen Grunde das Leben nicht mehr sinnlos, sondern in seiner metaphysischen Bedeutsamkeit erscheint«.[195] Mit Darwins Evolutionstheorie hat diese Sicht der Dinge nichts zu tun. Der Naturforscher weiß nichts von einer Welt, in der »die gesammte Natur sich zum Menschen hindrängt«. Noch seltsamer erschiene ihm, dass die Natur sich im Menschen »zum ersten Male am Ziele« fühle, weil »sie begreift, dass sie verlernen müsse, Ziele zu haben und dass sie das Spiel des Lebens und Werdens zu hoch gespielt habe«.[196] Für Darwin hat die Natur überhaupt keine Ziele, sondern einzig der Mensch. Für Nietzsche aber hat die Natur jene unbewussten Willensziele, von denen Schopenhauer gesprochen hat. Und im Menschen lernt sie, sich von ihnen zu befreien und sich über sie zu erheben.

Was Nietzsche hier weiterträgt, ist Schopenhauers persönliche

Interpretation einer Idee Schellings; der Gedanke, dass die Natur sich im Menschen ihrer selbst bewusst werde. Bei Schelling tut sie das durch den hellen menschlichen Geist, bei Schopenhauer dadurch, dass die Natur ihre dunklen Antriebe durchschaut. Mit dem Stand des Wissens in der Biologie in der zweiten Hälfte des 19. Jahrhunderts hat das allerdings überhaupt nichts zu tun. Doch wenn die Naturwissenschaftler dies nicht so sehen wie der Schopenhauer-Fan Nietzsche, umso schlimmer für die Naturwissenschaftler. Seine Vorstellung von der »Natur« ist nicht von den empirischen Wissenschaften abhängig. Er hat sie aus der Lektüre Schopenhauers gewonnen, aus dem Anblick des Schlachtfelds bei Wœrth und aus dem Studium des Dionysischen in der Antike. Mit Darwin muss er sich nicht gründlich befassen und auch nicht mit den Materialisten Vogt, Moleschott und Büchner. Für sie regiert die Naturnotwendigkeit den Menschen, so wie für Hegel und Marx die Geschichtsnotwendigkeit die Dinge vorantreibt. Doch Nietzsches Notwendigkeit entspringt keiner Logik einer Weltenmaschine, sei sie nun natürlich oder gesellschaftlich programmiert. Nietzsches Notwendigkeit ist ein ästhetisches Erlebnis. Ergriffen betrachtet er das Schauspiel der Natur, ein metaphysisches Schicksalsdrama, das notwendig in einem Schlussakt endet, weil alle Dramen das tun. Und so kann er, von keiner Naturforschung beirrt, daran festhalten, dass die Natur ein Ziel hat: Die Nichtigkeit ihrer Ziele, der Lebenstriebe, zu erkennen und sich über sie zu erheben; allerdings nicht in Askese und Verzicht wie bei Schopenhauer, sondern in Stolz und befreitem Überschwang.

Sinn, Stolz und Tragik

Als Nietzsche die dritte *Unzeitgemäße* schreibt, ist Schopenhauer seit vierzehn Jahren tot. Dafür aber steht Eduard von Hartmann, sein Stellvertreter auf Erden, im Zenit seines Ansehens und in jedermanns Bücherschrank. Pessimistisches Menschenbild, materialistische Fundierung und metaphysische Erlösungsfantasie verbinden sich allerorten mit seinem Namen. Und kaum jemand weiß von dem weithin unbekannten Altphilologen in Basel, der seine schmalen Texte in kleinen Auflagen publiziert. Was Nietzsche für unzeitgemäß hält, hat von Hartmann zeitgemäß unter die Leute gebracht. Wen wundert es, dass der Unbekannte sich den ungleich Erfolgreicheren vorknöpft. Schon in der zweiten *Unzeitgmäßen* hatte er das »Modephilosöphchen« geschmäht, und er wird es wieder und wieder tun.

Unerwähnt bleibt, dass der Tabula-rasa-Philosoph dem verachteten von Hartmann einen wegweisenden Hinweis verdankt, der ihm maßgeblich dabei hilft, sich selbst klarer zu formulieren. Unter den ungezählten Protagonisten und Antagonisten, die von Hartmann in der *Philosophie des Unbewussten* auftreten lässt, ist auch Max Stirner. Dass der dort äußerst schlecht wegkommt, entzündet Nietzsches Interesse. 1874 lässt er Stirners Werk *Der Einzige und sein Eigentum* von einem seiner Studenten aus der Basler Bibliothek ausleihen. Was er da liest, entzündet ihn, es ist »das Kühnste und Konsequenteste seit Hobbes«.[197] Stirner hatte, wie erzählt, radikal weitergetrieben, was Feuerbach mit Gott durchexerziert hatte: Es gibt keine Mächte, denen sich der Mensch unterzuordnen hat. Doch Stirner hatte nicht nur die alten Mächte Gott und die Religion entzaubert, sondern auch die neuen, die an deren Stelle getreten waren: die »Menschheit«, die »Moral«, die »Humanität« und das bürgerliche Verständnis von »Staat«, »Gesellschaft« und »Freiheit«. Kein fester Halt, nirgends. *Den* Menschen und *die* Menschheit gibt es für Stirner ebenso wenig wie für Kierkegaard. Der Einzelne ist nicht Teil eines großen Ganzen, er ist ungebunden, frei und allein. Alles Gerede von größeren Einheiten und Ideen sind Konstruktionen und Fiktionen. Ein wahrhaft freier Mensch schlägt sie aus.

Die Lektüre Stirners beflügelt Nietzsche. Wenn Stirner das kann, dann kann auch er für einen ethischen Nihilismus eintreten. Als Nachfolger Stirners im Geiste erfindet er für sich die Rolle des Außenseiters, in der schon Schopenhauer sich so wohlfühlte und in der Nietzsche an der Universität inzwischen tatsächlich ist. Doch um Stirners Rolle zu übernehmen, hält Nietzsche es für besser, seine Inspirationsquelle zu verschweigen. Von Hartmann, der aus Nietzsches verächtlicher Kritik weiß, dass dieser sein Werk und damit auch die Passagen zu Stirner gelesen hat, wird ihm dies später aufs Brot schmieren. Unverblümt nennt er den Widersacher einen Plagiator.

Das Gefühl, allein gegen den Rest der Welt zu stehen, wird Nietzsche bald sehr erleichtern. Im Sommer 1876 wird in Bayreuth das neue Festspielhaus eröffnet. Wagner ist am Ziel und in seinem Element. Die Prominenz und Schickeria des Landes kommen in sein Walhalla und lauschen mit mehr oder weniger Vergnügen seiner Uraufführung des *Rings*; ein Jahrmarkt der Eitelkeiten, ein Geflirre und Geschnatter, Prestige und Prätention, und Wagner ist mittendrin, umschmeichelt und gerühmt. Für Nietzsche, seinen »Herold«, hat er weder Zeit noch Ohr; auf dem Höhepunkt des Ruhms steht dessen Künder im Abseits.

Spätestens in diesem Moment bricht Nietzsche mit seinem verehrten Meister, den er in der vierten *Unzeitgemäßen* noch gerühmt hat. Ein neues Zeitalter wollte er mit Wagner eröffnen, kein Festspielhaus für die Reichen und Erfolgreichen. Dass der Komponist sich im Bayreuther Trubel am Ziel wähnt, befremdet Nietzsche zutiefst. Seine letzte Bindung erlischt, von nun an gibt es keinen Kreis mehr, dem er sich zugehörig fühlt. Er beschließt, als bindungsloser »Freigeist« zu leben, auch wenn er befürchtet, dass er »noch mehr Freigeist sein *will*«, als dass er »es *kann!*«.[198]

Die große Leitfrage, die er in seinem künftigen Werk beantworten will, ist die nach dem »Sinn des Lebens«. Tatsächlich ist Nietzsche der Erste, der sie konsequent stellt. In der ersten Hälfte des Jahrhunderts hatten Begriffe wie »Wert« und »Glück« Konjunktur – vom »Sinn« des Lebens weiß weder die antike Philosophie zu berichten noch die Aufklärung oder der deutsche Idealismus. Nietzsche führt eine neue Dimension ein, die außer bei Kierkegaard bisher gar nicht aufgetaucht ist: Was bedeutet es, wahrhaftig zu leben und damit der eigenen Bestimmung zu entsprechen?

Wahrhaftigkeit ist etwas anderes als Wahrheit. Die apollinische Geschichte der Wahrheit ist leicht zu erzählen. Sie beginnt bei Sokrates' Zweifel an den althergebrachten Wahrheiten und führt in Nietzsches Sicht auf direktem Wege zu den Erfolgen der Naturwissenschaften und der Technik. Wahrheit entsteht durch Entzauberung von Mythen und die Ansammlung von Wissen. Doch Wissen schafft noch keine Weisheit. Zu fragen »Was bedeutet das alles?« ist etwas ganz anderes als die Frage: »Was bedeutet das alles *für mich*?«

Die Wissenschaft verrät keinem Menschen, wie er leben soll. Und darum muss es, nach Nietzsche, auch weiterhin gehen: richtig zu leben, selbst wenn die Philosophen des ausgehenden 19. Jahrhunderts sich darüber kaum noch Gedanken machen. Doch so gerne Nietzsche dabei vom »Menschen« spricht, *alle* Menschen meint er ausdrücklich nicht. Sein zu Lebzeiten unveröffentlichtes Manuskript über *Die Philosophie im tragischen Zeitalter der Griechen* belehrt darüber unmissverständlich. Die Größe der griechischen Kultur beruhte auf der Arbeit von Sklaven. Und weil ohne Sklavenarbeit keine kulturelle Blüte, so sei diese auch völlig gerechtfertigt. Die Kultur ist alles, der Einzelne zählt nichts – es sei denn, er ist ein bedeutender Kulturschaffender! Nietzsche schreckt nicht davor zurück, diesen Gedanken auf seine Zeit zu übertragen: Kulturelle Größe verlangt Unterdrückung, Brutalität und Härte! Eine Arbeitszeitverkürzung für die Arbeiter in Basel von zwölf auf elf Stunden am Tag? Kommt nicht infrage! Kinderarbeit – völlig in Ordnung! Bildungsvereine für Arbeiter – der Anfang allen Unheils! Sollten sich die Arbeiter bilden, so werden sie eines Tages rebellieren und alle Kultur zerstören. Die Demokratie – eine kulturlose Herrschaftsform, die all jene Unterschiede einebnet, die die Größe einer Nation ausmachen. Wo Kultur blühen soll, muss Ungerechtigkeit herrschen, müssen die Privilegierten von der Arbeit der Unterprivilegierten leben und diese unterjochen, ob bei den antiken Griechen oder in der Gegenwart. Was Thomas Carlyle im imperialen Großbritannien verficht, vertritt Nietzsche im Deutschen Kaiserreich.

Doch kann man von solchem Standpunkt aus weiterhin vom »Menschen« sprechen? Was sollen all die biologischen Fundierungen von der Natur des Menschen, die danach strebt, sich durch Selbsterkenntnis von ihren Fesseln zu befreien, wenn gar nicht »der Mensch« gemeint ist, sondern wenige Privilegierte? Und ist »der Mensch« nicht, wie Godwin, Owen, Mill und Marx schreiben, das Produkt seiner Umwelt und der gesellschaftlichen Verhältnisse, in denen er lebt? Doch mit der Emanzipation aller Menschen durch technischen Fortschritt, gesteigerte Produktivität, bessere Erziehung, Bildung für alle und kluge gesellschaftliche Organisation hat Nietzsche nichts zu schaffen. Diejenigen, die von der »Würde der Arbeit« schwadronieren, protestantische Fabrikanten und linke Arbeitervereine, hält er im ersten Fall für Heuchler und im zweiten für Idioten.

Nietzsches hoffärtige Verachtung der Arbeiter sitzt tief. 1871 schrickt er zusammen, als die Pariser Kommune für kurze Zeit die Macht übernimmt. Bestürzt hört er von der Zerstörung von Kunstschätzen und drängt auf das härtest mögliche Vorgehen gegen die Aufrührer. Der freigestellte Professor, der ohne Arbeit seine Bezüge einstreicht, will kein Mitleid und keine Gerechtigkeit. Er will einen tragischen, weil notwendig ungerechten Sklavenhalterstaat. Und je weiter er sich von Wagner entfernt, umso stärker wandert sein inwendiges Bedürfnis nach »Tragik« von der Sphäre der Kunst in die Sphäre der Gesellschaft und Moral.

Dass Nietzsche mit dem Fortschritt fremdelt, mit sozialen Bewegungen, mit der Demokratie und allen Gleichberechtigungsforderungen, verwundert nicht. Es ist nicht entfernt jener Fortschritt, von dem er geträumt hat. Sein Fortschritt soll Pathos, Leidenschaft und Größe hervorbringen, nicht die Teilhabe vieler auf Kosten »tragischer« Privilegien. Und nicht das »Glück« ist das Ziel – das suchen für ihn nur »die Engländer« –, sondern das tief empfundene leidenschaftliche Leben in größtmöglicher Authentizität. Richtig zu leben bedeutet, wie bei Stirner, nicht moralisch zu leben, sondern kalt und unbestechlich zu sein gegenüber Konventionen, Sitten, Erwartungshaltungen, Seelentröstungen und falschen Wahrheiten.

Besonders gut glückt Nietzsche das allerdings nur in seinen Schriften, seinem Privatleben merkt man davon nicht viel an. 1876 macht er einen überstürzten Heiratsantrag, der abgewiesen wird. Auf Kritik reagiert er nicht unberührt, sondern gekränkt. Er ist hochsensibel, kann niemandem, den er kennt, dauerhaft böse sein, und empfindet oft tiefes Mitleid, wo er gerne aus härtestem Holz wäre. Dazu zermartert ihn sein weicher, kränklicher Körper und trübt seinen Geist – von unbestechlicher Kälte keine Spur. Menschliche, allzu menschliche Gefühle, Ängste und Sorgen treiben ihn um, während er sein großes kaltes Buch schreibt, das 1878, gegen seinen Willen mit dem Namen des Verfassers versehen, erscheint.

Psychopathologie der Philosophie

Eigentlich hatte er sein erstes systematisches Werk schreiben wollen; eines, das nicht wieder nur andere kommentiert, sondern einen eigenen starken Fußabdruck in der Philosophie hinterlässt. Doch die Aufzeichnungen, die er dafür macht, ergeben kein System. Sie zerfallen in lauter einzelne Betrachtungen und Bemerkungen. Am Ende steht ein Buch aus Aphorismen: *Menschliches, Allzumenschliches* (1878). Und auch wenn Nietzsche dies als adäquate Form verteidigt und den Horizont seines Denkens »nicht rund« machen will – seine späteren Bemühungen zeigen, dass er durchaus von einem großen »System« träumt.

Gemeinsam ist all seinen Reflexionen eigentlich nur eins –

Nietzsche möchte über die Menschen, ihre Nöte, Ängste und Vorstellungen sprechen, als gehöre er selbst nicht zu ihnen. An »vielem sich wie an einem Schauspiel weidend, vor dem man sich bisher zu fürchten hatte«, möchte er schreiben, »furchtlos« und »frei« über »Menschen, Sitten, Gesetzen und den herkömmlichen Schätzungen der Dinge« schweben.[199] Dafür begibt er sich in das Metier jener neumodischen Wissenschaft, die die Neukantianer scheuen wie der Teufel das Weihwasser – in die Psychologie. Nietzsche legt den Menschen auf die Couch und seine bisherigen Therapeuten, die Philosophen, gleich mit. Denn teilen sie nicht den gleichen Wahn wie ihre Patienten? Glauben sie nicht, die Welt zu durchschauen und über sie urteilen zu können? Und übersehen sie nicht, dass auch sie nur vermeintlich kluge Tiere sind, getrieben von menschlichen Ängsten vor dem Ungeheuren und Unbegreiflichen, eingesperrt in typische menschliche Denkmuster, gefangen im engen Begriffssystem ihrer Sprache?

Nietzsche knüpft an, wo er 1873 mit einem kleinen, bisher unveröffentlichten Text *Über Wahrheit und Lüge im außermoralischen Sinne* aufgehört hat: »In irgend einem abgelegenen Winkel des in zahllosen Sonnensystemen flimmernd ausgegossenen Weltalls gab es einmal ein Gestirn, auf dem kluge Tiere das Erkennen erfanden. Es war die hochmütigste und verlogenste Minute der ›Weltgeschichte‹: aber doch nur eine Minute. Nach wenigen Atemzügen der Natur erstarrte das Gestirn, und die klugen Tiere mußten sterben. – So könnte jemand eine Fabel erfinden und würde doch nicht genügend illustriert haben, wie kläglich, wie schattenhaft und flüchtig, wie zwecklos und beliebig sich der menschliche Intellekt innerhalb der Natur ausnimmt. Es gab Ewigkeiten, in denen er nicht war; wenn es wieder mit ihm vorbei ist, wird sich nichts begeben haben. Denn es gibt für jenen Intellekt keine weitere Mission, die über das Menschenleben hinausführte. Sondern menschlich ist er, und nur sein Besitzer und Erzeuger nimmt ihn so pathetisch, als ob die Angeln der Welt sich in ihm drehten. Könnten wir uns aber mit der Mücke verständigen, so würden wir vernehmen, daß auch sie mit diesem Pathos durch die Luft schwimmt und in sich das fliegende Zentrum dieser Welt fühlt. Es ist nichts so verwerflich und gering in der Natur, was nicht, durch einen kleinen Anhauch jener Kraft des Erkennens, sofort wie ein Schlauch aufgeschwellt würde; und wie jeder Lastträger seinen Bewunderer haben will, so meint gar der stolzeste Mensch, der Philosoph, von allen Seiten die Augen des Weltalls teleskopisch auf sein Handeln und Denken gerichtet zu sehen.«[200]

Dieser Anfang ist der vielleicht schönste in der Geschichte der Philosophie. Und seine Botschaft könnte eindeutiger kaum sein: Auch Philosophen sind Tiere, ihre Erkenntnis eingehegt in die engen Grenzen eines animalischen Bewusstseins, gebunden an ihre Sinne und ihren Leib, aufs Engste beschränkt durch ihre Sprache! Kein Kritiker der neuzeitlichen Philosophie, außer vielleicht Kierkegaard, findet solch klare Worte gegen den Erkenntnisanspruch der Philosophie. Und kein anderer Philosoph, wiederum mit Ausnahme Kierkegaards und vielleicht William James', schreibt so schön, so literarisch, so unbeschwert und so kompromisslos.

Philosophiekritik als große Literatur! Und das, während Dilthey die ersten Skizzen zu seinem Konzept der »Geisteswissenschaften« als gleichberechtigte Alternative zu den Naturwissenschaften entwirft, Lotze an seinem alles versöhnenden *System der Philosophie* arbeitet und Meyer Kants Psychologie als Schlüssel zum Bewusstsein empfiehlt! Die Philosophie spürt gerade wieder festen Boden unter den Füßen, da flutet Nietzsche in seiner Schreibstube in Basel das ganze Bassin: Alle objektive Erkenntnis ist vergebliche Liebesmüh. »Was weiß der Mensch eigentlich von sich selbst! Ja, vermöchte er auch nur sich einmal vollständig, hingelegt wie in einem erleuchteten Kasten, zu perzipieren? Verschweigt die Natur ihm nicht das Allermeiste, selbst über seinen Körper, um ihn, abseits von den Windungen der Gedärme, dem raschen Fluß der Blutströme, den verwickelten Fasererzitterungen, in ein stolzes, gauklerisches Bewußtsein zu bannen und einzuschließen! Sie warf den Schlüssel weg: und wehe der verhängnisvollen Neubegier, die durch eine Spalte einmal aus dem Bewußtseinszimmer heraus und hinab zu sehen vermöchte.«[201]

Genau diese Abgeklärtheit, diese Distanz gegenüber dem menschlichen Irren und Wirren im engen »Bewusstseinszimmer«, wiederholt Nietzsche in *Menschliches, Allzumenschliches*. Die Welt des lustvollen Wahns, Wagners Musik, der Traum von den neuen Mythen einer Kunstreligion ist ausgeträumt. Mit seinem Buch therapiert Nietzsche nicht nur die Menschheit, sondern auch sich selbst. Nicht das Dunkle zieht ihn an, kein Wagner und kein Dionysos mehr, sondern das gleißende Sonnenlicht einer taghellen Kritik. Auf die trunkene Nacht folgt nun der Morgen der nüchternen Erkenntnis. Die Philosophen haben recht, wenn sie, wie Kant, die Welt »an sich« für unerkennbar hielten. Doch warum haben sie den Menschen trotzdem nicht als Tier in den Blick genommen, sondern sich Wunder was auf die Vernunft eingebildet? Genau dadurch verloren sie das Leben aus den Augen und das Einzelschicksal jedes Individuums. Schweigen wir von »den ersten und letzten Dingen«, von denen wir ohnehin nichts wissen. Geben wir hier lieber den Materialisten und Naturalisten recht, die zeigen, dass die »herrlichsten Farben aus niedrigen, ja verachteten Stoffen gewonnen« werden.[202] Unsere Vorstellungen und Begriffe sind »Chemie«, an dieser »alltäglichen« und »gemeinen« wissenschaftlichen Einsicht führt kein Weg vorbei. Nichts in der Welt hat von sich aus einen Wert, ist erhaben, gut und edel. Wer seine Metaphysik auf dem aufbaut, was er in der Natur vorfindet, die Gott-Natur (Spinoza), die beste der Welten (Leibniz), den guten Willen des Menschen (Kant), den Geist (Hegel) oder das Absolute (Schelling), baut auf Treibsand. Alle philosophische Erkenntnis der Natur ist eine Illusion des menschlichen Denkapparats, entstanden durch eine Evolution, der es nie um absolute Erkenntnis ging, sondern einzig ums Überleben. Der wahre Metaphysiker denkt nicht in den engen Bahnen vermeintlicher Naturerkenntnis. Er sprengt sich heraus und »schwebt« über diesem »Schauspiel«. Mit »bösem Lachen« amüsiert er sich über die Gedankenzappelei, unerschrocken blickt er ins dunkle Weltall. Metaphysik ist nicht weiter der Versuch, das Unerklärliche erklärbar, das Unbegreifliche begreifbar zu machen. Metaphysik ist das Wissen um die Vergeblichkeit aller menschlichen Erkenntnis, der philosophischen wie der naturwissenschaftlichen

Doch wenn das stimmt, gilt das dann nicht auch für Nietzsche selbst? Ist er nicht selbst ein »kluges Tier«, dessen Philosophiekritik in der Welt der menschlichen Rationalität gefangen ist? Wer Nietzsche ernst nimmt, erkennt, dass es keinen vernünftigen Grund dafür gibt, vernünftig zu denken. Doch sollte alles menschliche Denken, vom Standpunkt des »Ungeheuren« betrachtet, lächerlich sein, dann ist auch die rationale Entlarvung des rationalen Denkens lächerlich! Und Nietzsche ist intelligent genug, den Wirbel zu sehen, in dem er selbst weggerissen zu werden droht. Vielleicht ist sein Lachen deshalb »böse«, nicht nur spöttisch, sondern zugleich makaber. Mit Nietzsche konsequent zu denken, bedeutet, inkonsequent weiterzudenken.

Das gilt insbesondere für all das, was er über die Moral sagt. Weil der Mensch nur ein Tier ist, von seinem Willen getrieben, ist er unfrei. Verstand und Vernunft mögen uns darüber hinwegtäuschen wollen, echte Willensfreiheit gibt es nicht. Niemand ist für sein Wollen und Handeln verantwortlich. Die Traditionslinie dieser Ansicht reicht von der Antike über Pietro Pomponazzi in der Renaissance bis zu Hume im 18. Jahrhundert, lange bevor Schopenhauer das Thema prominent auf die Tagesordnung setzt. Aber Schopenhauer hatte sich, wie erzählt, verheddert, als er auf die Möglichkeit pochte, den unfreien Willen frei verneinen zu können. Und Nietzsche irrt hier genauso vorwärts. Wenn alles menschliche Wollen, Denken, Wertschätzen und Handeln unfrei ist, braucht niemand mehr zu philosophieren. Auch Philosophiekritik erübrigt sich. Denn niemand kann seine Weltsicht frei ändern und all die Imperative befolgen, die Nietzsche von nun an in wildem Stakkato abfeuern wird. In *Menschliches, Allzumenschliches* fordert er dazu auf, »der Mensch« solle »über abergläubische und religiöse Begriffe und Aengste«[203] hinauskommen und »die Metaphysik überwinden«[204] – doch wie soll das gehen, wenn mein Wille nicht frei ist? Mit unfreiem Willen kann ich mich auch nicht dazu entscheiden, fortan »auf die leisen Stimmen der verschiedenen Lebenslagen zu hören« und mich »selber nicht als starres beständiges, Eines Individuum« zu behandeln.[205] Kann »der Mensch« seine »Individualität« überwinden und das auch noch freiwillig? Und woher stammt eigentlich die Freiheit des Menschentiers Friedrich Nietzsche, sich von allen Vorurteilen zu befreien und sich zu einem Leben und Denken über den Dingen aufzuschwingen, wenn »der Mensch« nicht frei ist?

Phänomenologie des Bewusstseins

Im Sommer 1879 wird Nietzsche auf seinen Wunsch endgültig aus dem Universitätsdienst entlassen und erhält von nun an ein Ruhegehalt. Der Philosoph der Tat, als den er sich sieht, muss für seine künftigen Taten nicht mehr regulär arbeiten. Zumindest in dieser Hinsicht ist er nun frei. Nietzsche reist im Sommer nach St. Moritz und im Herbst und Winter ins heimatliche Naumburg. Sein gesundheitlicher Zustand verschlechtert sich weiter, seine »Existenz« beschreibt er als »fürchterliche Last«. Im kommenden Jahr findet man ihn in Venedig und Genua, wo ihm das milde Klima die körperlichen Leiden mindert. Auch sein Geist wird nun freier. Mit Feuereifer arbeitet er an einem neuen Buch, der *Morgenröthe* (1881).

Nietzsche sieht sein Werk als Beginn einer neuen Philosophie, die wie das Morgenrot das bisherige Dunkel zum Verschwinden bringt. Dabei braucht er die zeitgenössische deutsche Hochschulphilosophie nicht zu studieren, weder Dilthey noch Windelband oder Cohen, um ihr Geschäft für minderwertig zu erachten. Ihr Fehler liegt bereits in ihrer selbstmissverständlichen Sicht der Philosophie als Wissenschaft. Wie will man in wissenschaftlicher

Perspektive verstehen, was Wissenschaft überhaupt ist – nämlich ein Truggeschäft der menschlichen Vernunft? Zudem hält Nietzsche die immer höher spezialisierte Philosophie seiner Zeit für reizlos, weil sie Wahrheit nur noch in der kleinen Münze von »Geltung« auszahlt. Das große Ganze des Menschseins sei ihr doch völlig aus dem Blick geraten. Doch wozu philosophiert man denn, wenn es nicht um dieses große Ganze geht? »Das Interesse am Wahren hört auf, je weniger es Lust gewährt«, schreibt er in *Menschliches, Allzumenschliches*.[206] Wie viele Philosophiestudenten in den ersten Semestern der Universität können davon ihr Lied singen, im späten 19. Jahrhundert nicht anders als heute.

Nietzsches Philosophie soll lustvoll sein, eine »neue Leidenschaft«, die »vor keinem Opfer erschrickt und im Grunde Nichts fürchtet, als ihr eigenes Erlöschen«.[207] Die Arbeit, die er in *Menschliches, Allzumenschliches* am Sein verrichtet hat, konzentriert sich in der *Morgenröthe* nun aufs Bewusstsein. Was ist Bewusstsein? Ein Scheinwerfer, der immer wieder neu einen kleinen Ausschnitt beleuchtet. Mal tauchen Dinge der Welt im flüchtigen Licht auf, mal sind es Gefühle aus unserem Innenleben. Und jedes Mal tun wir das Gleiche: Wir schaffen eine »verallgemeinerte Welt«, eine »Oberflächen- und Zeichenwelt«, in der wir Dinge und Zustände durch Sprache erklären. Nur: Für uns selbst haben wir diese »Vergemeinerung« eigentlich gar nicht nötig. Unsere Sinne finden sich auch ganz gut ohne sie zurecht. Wenn wir die Welt in »flachen«, »dünnen« und »relativ-dummen« Zeichen verobjektivieren, dann eigentlich nur, um uns mit anderen Menschen austauschen zu können. Das »Bewusstsein« ist zum Austausch da, damit das »Heerden-Tier« Mensch eine gemeinsame Grundlage findet, auf der es sich verständigt.[208]

Das Bewusstsein, das seit zwei Jahrtausenden im Zentrum der Philosophie steht, ist also nach Nietzsche keine allzu große Sache. Das Ärgerliche am Bewusstsein ist, dass ihm so ziemlich alles Wesentliche entgeht. Es benutzt eine »generelle« und damit ziemlich vergröbernde Sprache und verfehlt damit die ungezählten feinen

Nuancen der wirklichen Welt. Und es konstruiert sich eine völlig unzureichende Vorstellung vom »Ich«. Was wir über uns selbst denken, verdanken wir nicht tieferer Erkenntnis, erlauschen wir nicht in unserem Inneren, sondern setzen es zusammen aus den Blicken und Wertungen der anderen.

Mit seinen Erkenntnissen greift Nietzsche weit voraus ins 20. Jahrhundert. Mit Wittgenstein wird die »analytische Philosophie« vor allem die Sprache und ihre Erkenntnismöglichkeiten untersuchen. Die Phänomenologie Husserls, Schelers und Heideggers wird nach Worten suchen, um die Nuancen unserer Wahrnehmung besser zu beschreiben, und die Art und Weise erforschen, wie aus Sinnlichkeit »Sinn« wird. Und sowohl Heidegger als auch Sartre übernehmen Nietzsches Konzept, dass unser »Ich« aus der Resonanz der anderen auf uns entsteht. Kein anderer Nietzsche-Text ist so fruchtbar für die zukünftige Entwicklung der Philosophie wie die *Morgenröthe*. Und auch stilistisch ist der Verfasser auf dem Höhepunkt. Wenn die vergröbernde Sprache die Dinge und Zustände zuschaufelt, statt sie zu enthüllen, so muss man sie verfeinern. Sind ihre Worte zu generell, so muss man sie individualisieren. Ohne Poesie keine Philosophie!

Den meisten Neukantianern, die in den 1880er-Jahren anfangen, Nietzsches Texte zu lesen, dürfte dies sauer aufstoßen; mit poetischer Sprache können sie nicht dienen. Die Welt der »Geltungsansprüche«, »Denknotwendigkeiten« und »letztbegründeten Urteile« sperrt sich hartnäckig gegen Lyrik, Dramatik und Romantik. Und dass »all unser sogenanntes Bewusstsein ein mehr oder weniger phantastischer Commentar über einen ungewussten, vielleicht unwissbaren, aber gefühlten Text ist«, entzieht der sich als wissenschaftlich verstehenden Philosophie völlig die Grundlage.[209] Ihr »Text« ist mit logischen Zeichen geschrieben, nicht aus Gefühlen erschlossen. Als »Luft-Schifffahrer des Geistes«, wie Nietzsche die Philosophen verlacht, möchten sie sich nicht sehen. Und ihr »Bewusstsein« entsteht auch nicht, wie bei Nietzsche, aus einem »Hunger«, einem Instinktantrieb, sondern vollzieht unausgesetzt logische Operationen wie eine gut programmierte Maschine.

Doch was treibt diese Maschine an, wenn es kein Hunger ist? Woher bezieht sie ihre Energie? Einzig aus dem ruhigen Wunsch, nicht unredlich gegen sich selbst zu sein, wie Natorp meint? Oder aus dem zappeligen Wunsch nach Anerkennung, Zuspruch, Liebe, Größe und Macht, wie Nietzsche verkündet?

Zarathustra

Dass so viele Philosophen seiner Zeit die Macht der Gefühle verkennen, eröffnet Nietzsche ein Einfallstor in die Szene. Nicht ob etwas logisch wahr ist, ist entscheidend, sondern ob es für den Menschen *relevant* ist. Dafür erzeugt Nietzsche das Phantom *der* Philosophie, die den Menschen auf Kosten des »Lebens« verkennt, so als ob *die* Philosophie der letzten zwei Jahrtausende etwas Einheitliches und Geschlossenes sei. Doch Nietzsches Abrechnung ist kompromisslos: Alle bisherige Philosophie ist die Kompensation der verstörenden körperlichen und psychischen Bedürfnisse, mit denen der Mensch offensichtlich schwer fertigwird. Punkt.

Aber der stolze Außenseiter will nach wie vor mehr sein als ein Kritiker. Auf die *Morgenröthe* soll der lange, gleißende Tag einer völlig neuen und erhabenen Philosophie folgen. Dafür aber muss Nietzsche ordnen, was er bislang vor allem als Waffe benutzt hat: Schopenhauers »Wille«, das »Dionysische«, das »Unbewusste«, den »Trieb«, den »Hunger«. Was ist ihr Gesetz? Wem oder was folgen sie? Ist das alles nur Biologie, oder ist es mehr? Und was folgt daraus für das zukünftige Leben der Menschen?

Im Frühjahr 1881, in Genua, liest Nietzsche viel Naturwissenschaftliches, darunter Julius Robert von Mayers *Beiträge zur Dynamik des Himmels* (1848). Der berühmte Physiker, der den

Ersten Hauptsatz der Thermodynamik aufstellte, liefert ihm den Schlüssel, den er gesucht hat. Bislang war Nietzsche mit seinen Behauptungen über die Kräfte der Natur durch die Biologie gestolpert. Doch zwischen Physiologie und Entwicklungstheorie ließ sich nichts finden, um dauerhaft eine Metaphysik aufzubauen. Jetzt springt Nietzsche eine Ebene höher ins Abstrakte. Die Physik soll es richten. Bei Mayer liest Nietzsche, dass die elementare Kraft des Universums eine feste Größe ist, die sich nicht verändert. Veränderbar sind nur die physikalischen Zustände. Nietzsche zieht daraus seinen eigenen Schluss. Wenn die elementare Kraft, die das Universum durchwaltet, stets gleich groß bleibt, dann kommt nichts wirklich Neues in die Welt.

Im Juli 1881 ist der unstete Reisende das erste Mal in Sils Maria im Engadin, dem Ort, der seine Seele aufgehen lässt wie kein zweiter. Bei einer Wanderung fühlt er sich dort auf ähnliche Weise dramatisch inspiriert wie Rousseau, als er auf dem Weg nach Vincennes ein philosophisches Erleuchtungserlebnis gehabt haben will. Und Nietzsche ist um keinen Deut weniger pathetisch als der theatralische Vorgänger im 18. Jahrhundert. Er fühlt sich »im Tiefsten erschüttert« und »umgeworfen«. »Wie ein Blitz leuchtet ein Gedanke auf, mit Nothwendigkeit, in der Form ohne Zögern … Eine Entzückung, deren ungeheure Spannung sich mitunter in einem Thränenstrom auslöst, bei der der Schritt unwillkürlich bald stürmt, bald langsam wird; ein vollkommenes Ausser-sich-sein mit dem distinktesten Bewusstsein einer Unzahl feiner Schauder und Überrieselungen bis in die Fusszehen«, ein »Unbedingtsein von Macht und Göttlichkeit«.[210]

Unter einem gleichsam religiösen Erweckungserlebnis tut Nietzsche es nicht. Man müsse sogar »Jahrtausende« zurückgehen, um jemanden zu finden, der Ähnliches erlebt hat. Nietzsche sieht sich von nun an im Range eines Religionsstifters, und nur flüsternd wagt er es, seine neue tiefe Wahrheit zu verkünden. Es ist nicht viel mehr als seine Interpretation von Mayers Energieerhaltungsgesetz. Wenn nichts Neues möglich ist, dann ist alles vermeintlich Neue schon einmal dagewesen. Die Geschichte dreht sich im Kreis, es ist die ewige »Wiederkunft des Gleichen«.

Besonders originell ist das nicht. Zyklische Weltbilder gibt es in vielen frühen Hochkulturen und Religionen, und auch der von der griechischen Stoa inspirierte Prediger Salomo verkündet im *Alten Testament*: »Es gibt nichts Neues unter der Sonne.« Doch Nietzsche wähnt sich im Besitz einer ungeheuren Wahrheit. Und von seinen religiösen Vorgängern sieht er sich klar unterschieden: »Drücken wir das Abbild der Ewigkeit auf *unser* Leben! Dieser Gedanke enthält mehr als alle Religionen, welche dies Leben als ein flüchtiges verachten und nach einem unbestimmten *anderen* Leben hinblicken lehrten.«[211] Gerade das ist beim Prediger Salomo allerdings auch nicht der Fall. Die Stoiker lehrten nicht nur die zyklische Wiederkehr aller Dinge, sondern verzichteten auch auf die Hoffnung auf einen Ausweg. Nicht *herausfinden* sollte man sich aus dem Weltenlauf, sondern damit *abfinden*.

In der *Fröhlichen Wissenschaft*, dem nächsten Aphorismen-Buch, das Nietzsche in Sils Maria schreibt, ist von der »ewigen Wiederkunft« auch nur an wenigen Stellen die Rede. War Nietzsche sich der Dürftigkeit seiner Theorie bewusst? Hin- und hergerissen zwischen maßloser Selbstüberschätzung und abgrundtiefem Selbstzweifel entwirft er sich am Ende des Buchs ein Alter Ego: »Zarathustra«, die Gestalt des antiken persischen Weisen, in die er von nun an schreibend hineinschlüpft wie in eine Rüstung. Sein nächstes Werk kommt im Verkündigungsduktus des Predigers daher: *Also sprach Zarathustra. Ein Buch für alle und keinen*, das von 1883 bis 1885 in vier Teilen entsteht. In der Gestalt Zarathustras verschmelzen persönliche Erlebnisse und Kränkungen sowie Stirners selbstbewusste Unmoral mit den neuen naturwissenschaftlichen Lektüreerlebnissen. Zarathustra ist der künftige freie Mensch, durch die Befreiung vom Mitleid hat er sich zu bislang ungekannter menschlicher Größe aufgeschwungen; ein Mensch mit »freiem Geist« und »grosser Gesundheit«, genau das, woran es Nietzsche zu seinem Leidwesen mangelt. Die gefühlskalte Moralferne Zarathustras ist das Gegenteil des empfindsamen Autors, die Gesundheit des Alter Egos der sehnlichste Wunsch. Nietzsches Angehörigen, der Mutter und der spöttischen Schwester, bleibt dies nicht verborgen. Psychologisch betrachtet verhält sich Zarathustra zu Nietzsche wie der stattliche Old Shatterhand zum schmächtigen Karl May.

Zarathustras Botschaft ist eindeutig. Er fordert dazu auf, der Erkenntnis standzuhalten, dass es keine sicheren Erkenntnisse gibt, keine Religion und auch keinen Trost in der Philosophie. Man soll hart gegen sich selbst sein, seine Selbsttäuschungen überwinden und alles Mitleid mit anderen fahren lassen. Der Mensch soll zum »Übermenschen« werden, dadurch, dass er sich selbst psychisch steigert und abhärtet. »Ich liebe Den, der freien Geistes und freien Herzens ist.«[212] Bis dahin nichts, was Nietzsche nicht schon vorher gefordert hätte. Neu dagegen ist, dass der Übermensch nun mehr sein soll als das Ergebnis persönlicher Selbststeigerung. Er soll zugleich eine neue Spezies darstellen, die sich zum Menschen verhält wie der Mensch zum Affen. Der Übermensch ist eine höhere Stufe der Evolution, eine, wie Nietzsche während der Abfassung des *Zarathustra* schreibt, »Höherbildung des ganzen *Leibes* und nicht nur des Gehirns«.[213]

Nietzsche hat in Sils Maria reichlich sozialdarwinistische Literatur gelesen. Und er ist wahrlich nicht der Einzige, der im letzten Drittel des 19. Jahrhunderts von »Menschenzüchtung« spricht. In England publizieren Herbert Spencer und Darwins Cousin *Francis Galton* (1822–1911) ihre giftigen Gedanken über die bestmögliche »Auslese« zukünftiger Menschen und Völker. Der französische Schriftsteller *Arthur de Gobineau* (1816–1882) begründet einen sich als wissenschaftlich missverstehenden Rassismus. In Deutschland spricht der von Nietzsche ausführlich studierte antisemitische Nationalökonom *Eugen Dühring* (1833–1921) schon früh von der »Veredelung« des Menschengeschlechts zu einer »erheblich anders ausgestatteten Gattung«.[214] Der einst liberal eingestellte Ernst Haeckel wandelte sich Ende der 1870er-Jahre zum Anwalt der sozialen und biologischen Selektion, die er für »aristokratisch« hält. Überleben kann in der Natur nur eine kleine bevorzugte Minderheit, die Masse ist wertlos. Deshalb müsse die Rasse regelmäßig von allem Ungesunden gereinigt werden. Das Zauberwort dafür ist die »Eugenik«, die »Erbgesundheitslehre«, ein Begriff, der 1869 durch Galton in die Welt kommt.

Von seinen sozialdarwinistischen Lektüren verführt, bekennt sich auch Nietzsche zur »Auslese«, zur »Züchtung« und zur »Eugenik«. Ihm missfällt, dass Darwin die Entwicklungsgesetze der Biologie auf allzu »englische« Art und Weise mechanisch gesehen habe, wo sie doch Geist und Gestaltung seien. Eigentlich ist es die gleiche Kritik, die Engels bereits an Darwin geäußert hatte. Spätestens dann, wenn die Biologen über den Menschen reden, könnten sie nicht mehr von Entwicklungs*mechanismen* sprechen, denn der Mensch gestaltet sich selbst und seine Umwelt nach eigenen, nicht mechanischen Regeln. Doch wo Engels die Freiheit des Menschen sieht, sich sozialistisch statt sozialdarwinistisch zu organisieren, will Nietzsches *Zarathustra* einen bewussten und rücksichtslosen Kampf der Starken gegen die Schwachen. Und der Sozialaristokratie der künftigen Übermenschen müsse jedes Gewaltmittel recht sein: »Viel zu viele leben und viel zu lange hängen sie an ihren Ästen. Möchte ein Sturm kommen, der all dies Faule und Wurmfressende vom Baume schüttelt.«[215] Noch deutlicher wird Nietzsche 1884 in seinem Notizbuch. Man müsse eine »ungeheure Energie der Größe« gewinnen, »um, durch Züchtung und anderseits durch Vernichtung von Millionen Mißrathener, den zukünftigen Menschen zu gestalten und nicht zu Grunde zu gehen an dem Leid, das man schafft, und dessen Gleichen noch nie da war«.[216] Für seine Fantasie künftiger Menschengröße ist dem kranken und schwachen Nietzsche, den der Schularzt in der Kindheit gesundheitlich für erblich vorbelastet hielt, jedes Mittel recht.

Der Wille zur Macht

Von seinem selbst geschaffenen Zarathustra beschwingt, möchte Nietzsche Mitte der 1880er-Jahre nun endlich sein »vierbändiges Hauptwerk« schreiben, ein systematisches Buch, keine Aphorismen und keine Bruchstücke der Verkündigung. Es soll *Die Umwertung der Werthe heißen*, dann *Der Wille zur Macht* und schließlich *Der Antichrist*. Was genau er vorhatte, ist in der Forschung höchst umstritten. Statt einen »zusammenhängenden Bau von Gedanken«[217] schreibt Nietzsche in seinen Sommern in Sils Maria und den Wintern in Nizza jedenfalls nur eine Abfolge kleinerer Texte, *Jenseits von Gut und Böse. Vorspiel einer Philosophie der Zukunft* (1886), *Zur Genealogie der Moral. Eine Streitschrift* (1887), die *Götzen-Dämmerung oder Wie man mit dem Hammer philosophiert* (1888), ein kleineres Werk, das tatsächlich der *Antichrist. Fluch auf das Christenthum* (1888) heißt und ein Buch über sich selbst: *Ecce homo. Wie man wird, was man ist* (1888). *Jenseits von Gut und Böse* ist nach Nietzsche vor allem eine »Kritik der Modernität«. Abgestraft wird alle Philosophie, Metaphysik und auch die Weltanschauung der Naturwissenschaften. Stirners Philosophie des »Freigeistes« wird ein weiteres Mal verkündet und die Amoralität gefeiert. Nicht der »Sklavenmoral«, sondern der »Herrenmoral« gehöre die Zukunft.

Was es damit auf sich hat, erfährt der Leser ausführlicher in der *Genealogie der Moral*. Das Christentum, so Nietzsche, habe die natürliche Moral umgedeutet. Ursprünglich verehrten die Menschen das Starke, Harte und Rücksichtslose. Doch das Christentum habe die Schwäche aufgewertet und moralisch über die natürliche Ordnung gestellt. Diese Verdrehung der Moral will Nietzsche rückgängig machen. Dabei träumt er von einer Kriegerrasse, der »blonden Bestie«; Menschen, die mit der »Unschuld des Raubthier-Gewissens … von einer scheusslichen Abfolge von Mord, Niederbrennung, Schändung, Folterung mit einem Übermuthe und seelischen Gleichgewichte davongehen, wie als ob nur ein Studentenstreich vollbracht sei«.[218] Wer die Verbrechen der nationalsozialistischen SS vor Augen hat, wird Nietzsche deswegen noch nicht zu einem Nationalsozialisten erklären dürfen. Aber er wird brandstiftende Fantasien wie diese auch nicht als harmlose Literatur durchgehen lassen.

In der *Götzen-Dämmerung* sieht Nietzsche die »vollkommene Gesammteinführung« in seine Philosophie. Seine Thesen sind die hinlänglich bekannten über die Veruneigentlichung der Welt durch Platon und das Christentum und den Verlust des »Dionysischen«, das Nietzsche, in erklärtem Gegensatz zu Goethe und Johann Joachim Winckelmann, selbst wiederentdeckt und freigesetzt hätte. Neu dagegen ist der vielfältige Gebrauch psychiatrischer Fachbegriffe, die Nietzsche aus seinen jüngsten Lektüren übernimmt. Ein neues Lieblingswort ist die »décadence«, mit der er Sokrates abqualifiziert und in der Folgeschrift, dem *Antichrist*, auch das Christentum. Der 30. September 1888, der Tag an dem Nietzsche den *Antichrist* abschließt, ist für ihn ein welthistorischer Tag, der Beginn einer neuen Zeitrechnung. Nicht anders ist der Tonfall in der autobiografischen Selbstreflexion *Ecce homo*. Jesus oder Nietzsche, der »Gekreuzigte« oder »Dionysos« – für einen von beiden soll sich der Leser entscheiden. Wer sich für Dionysos entscheidet, der überwinde die »zwei Jahrtausende Widernatur und Menschenschändung« durch das Christentum. Und er tritt ein in eine »neue Partei des Lebens, welche die größte aller Aufgaben, die Höherzüchtung der Menschheit in die Hände nimmt, eingerechnet die schonungslose Vernichtung alles Entarteten und Parasitischen«.[219]

Ende 1888 hat Nietzsche sich so in seine Wahnwelt gesteigert, dass er zwischen sich und Zarathustra, dem nur halb bekannten ehemaligen Altphilologen Friedrich Nietzsche und dem größten Philosophen und Verkünder der Menschheitsgeschichte nicht mehr unterscheidet. Das geplante Großwerk über den »Willen zur Macht« kann er in diesem Zustand nicht mehr ordentlich konzipieren, geschweige denn fertigstellen. Doch was für ein Buch wäre es geworden?

Nietzsche möchte den Menschen »zurückübersetzen in die Natur«,[220] denn wir »leiten den Menschen nicht mehr von ›Geist‹, von der ›Gottheit‹ ab, wir haben ihn unter die Thiere zurückgestellt«.[221] Doch wenn der Mensch ein Tier unter anderen ist, gibt es dann überhaupt einen moralischen Maßstab, nach dem man bestimmtes Verhalten hoch schätzt und anderes gering? Nietzsche betrachtet den Menschen nicht allein als Verhaltensforscher einer sich selbst täuschenden Spezies. Er möchte der Menschheit eine neue Moral schenken. Aber wie soll man in der, nach Nietzsche, außermoralischen Welt der Biologie zu Werten und Wertungen kommen? Diese Lücke soll durch den »Willen zur Macht« gefüllt werden. Denn in Nietzsches biologischer Welt gibt es in jedem Lebewesen eine inwendige Kraft, sich auszubreiten und zu steigern.

In dem von seiner Schwester eigenständig und eigenwillig zusammengebastelten Nachlasswerk *Der Wille zur Macht* (1901) redet Nietzsche von einer »Akkumulation der Kraft«. »Nicht bloß Konstanz der Energie: sondern Maximal-Ökonomie des Verbrauchs. So daß das *Stärker-werden-wollen von jedem Kraftzentrum* aus die einzige Realität ist.« Nichts »will sich erhalten, alles soll summiert und akkumuliert werden«.[222] Das Leben »strebt nach einem Maximal-Gefühl von Macht ... Streben ist nichts anderes als Streben nach Macht –: das Unterste und Innerste bleibt dieser Wille: Mechanik ist eine bloße Semiotik der Folgen.«[223] Die Frage nach dem Sinn des Lebens, die Nietzsche als Erster so stellte und die ihn die ganze Zeit beschäftigt, ist damit beantwortet: Der Sinn des Lebens ist seine Steigerung, mit anderen Worten: die Realisierung des »Willens zur Macht«.

Was ist davon zu halten? Dass alles Leben nach Höherem oder einem »mehr« strebt, ist die Entwicklungstheorie Lamarcks, nicht diejenige Darwins. Doch Schnecken und Muscheln, die sich über zweihundert Millionen Jahren nicht verändert haben, schränken die Geltung dieser Hypothese stark ein. Wo ist ihr Drang zur »Steigerung«? Zu Nietzsches Zeit ist die Vervollkommnungsthese unter Biologen allerdings noch immer populär, und auch Spencer orientiert sich ja daran. Genau wie dieser überträgt Nietzsche seine These von der Biologie in die Moral. Das, was *ist*, soll die Spielregeln dafür vorgeben, was sein *soll* – ein Verstoß gegen Humes Gesetz, wonach Tatsachen stets gar nichts darüber verraten, was sein soll. Sollte zutreffen, dass alles nach Macht strebt, so könnte man ebenso gut folgern, dass sich die Menschheit kluge Spielregeln ausdenken solle, wie man trotzdem möglichst reibungslos miteinander auskommt. Den »Willen zur Macht« anzuerkennen und ihm deshalb alle Tore zu öffnen ist keine logische Schlussfolgerung. Zudem könnte es, wie wir sehen werden, durchaus noch andere Triebfedern menschlichen Strebens und Tuns geben, als sich rücksichtslos durchzusetzen. Warum versuchen Menschen nur in seltenen Fällen so viele Kinder wie möglich zu bekommen, um ihre biologische Macht, ihr genetisches Potenzial, so mächtig wie möglich durchzusetzen? Und nicht zuletzt: Wie konnte in einem durch und durch vom »Willen zur Macht« durchwirkten Lebewesen überhaupt eine Gegenkraft entstehen, die, mächtiger als der allmächtige »Wille zur Macht«, diesen in die Schranken weist? Und das auch noch durch die von Nietzsche als »schwach« gebrandmarkten Christen?

Die geforderte Wieder-Umkehrung der Werte leidet daran, dass sich nicht plausibel erklären lässt, wieso die ursprünglichen Werte überhaupt erst einmal auf den Kopf gestellt werden konnten, wenn sie sich doch einem allmächtigen physikalisch-biologischen Willen verdanken. Und die Christen, wie alle Menschen ohne Willensfreiheit, sollen das bewerkstelligt haben? Doch wo Verkündigung waltet, hat die Logik einen schweren Stand. Und die neue Lehre, »stark genug, um *züchtend* zu wirken, stärkend für die Starken, lähmend und zerbrechend für die Weltmüden«,[224] trifft auf so fruchtbare Weise den Zeitgeist, dass sie tatsächlich gewaltige Folgen zeitigt.

Folgenreiches, Allzufolgenreiches

Im Jahr 1888 wird Nietzsche von vielen düsteren Depressionen heimgesucht. »Es giebt Nächte«, schreibt er, »wo ich mich auf eine vollkommen demüthigende Weise nicht mehr aushalte.«[225] Von Nizza zieht er nach Turin. Es ist sein letztes Jahr in geistiger Helle. Am 3. Januar 1889 überwältigt ihn das Mitleid, als ein Droschkenkutscher auf sein Pferd eindrischt. Nietzsche wirft sich dem leidenden Tier an den Hals und umarmt es weinend. Der endgültige Zusammenbruch! Noch elf Jahre wird Nietzsche weiterleben. Aber sein Leben ist keine Steigerung mehr, sondern Rückschritt und Verfall. Seine Schwester nimmt ihn auf, kümmert sich um seinen Nachlass und vermarktet ihren Bruder zugleich nach allen Regeln der Kunst bis über dessen Tod im Jahr 1900 hinaus.

Mit der Neuauflage seiner Werke wird Nietzsche von 1890 an viel bekannter. Besucher strömen in die Villa Silberblick in Weimar, um den dumpf vor sich hin stierenden Denker zu sehen. In der zweiten Hälfte der 1890er-Jahre ist der Philosoph in seiner Dämmerung eine Attraktion, und seine Werke sind eine aufrüttelnde und frivole Lektüre für Künstler und Bohemiens. Wer etwas auf sich hält, wer sich leidenschaftlich übermannen lassen will, wer Tiefe und Tragik sucht, studiert Nietzsche. Der dänische Schriftsteller *Georg Brandes* (1842–1927) machte ihn schon vor dessen Zusammenbruch in Dänemark bekannt. Der Anthroposoph *Rudolf Steiner* (1861–1925) lässt sich von Nietzsche nachhaltig beeindrucken und veröffentlicht 1895 die Schrift: *Friedrich Nietzsche. Ein Kämpfer gegen seine Zeit.* Der Komponist *Richard Strauss* (1864–1949) komponiert 1896 sein sinfonisches Werk *Also sprach Zarathustra. Thomas Mann* (1875–1955) übernimmt von Nietzsche das vielfach gestaltete Bild des dionysischen Künstlers. Die Kunst ist eine schwindelerregende Höhe und ein Abgrund, sie vereint Wahrheit, Genialität und Wahnsinn. Manns Künstlerromantik, die er weit ins 20. Jahrhundert trägt, hat seinen Ursprung in Nietzsches Wagner-Kult und lässt sich weder durch den nüchternen Fortschritt der Moderne noch durch zwei Weltkriege beirren.

Intellektuell anspruchsvoller setzt sich der österreichische Schriftsteller *Robert Musil* (1880–1942) mit Nietzsche auseinander. Ihn fasziniert nicht der Schwärmer, sondern der Kritiker, der Psychologe und Phänomenologe. Dass die vermeintlich rationale Philosophie nicht den letzten Grund findet und die Phänomene des Lebens unzulässig verkürzt, inspiriert Musil zur Literatur. Er will »Beiträge zur geistigen Bewältigung der Welt« geben, und zwar durch den Roman. Nietzsche hatte die Philosophie literarisch gemacht; Musil macht in seinem unvollendeten Riesenroman *Der Mann ohne Eigenschaften* die Literatur philosophisch. Subtiler und geschliffener als Nietzsche, verfügt Musil über einen unnachahmlichen feinen Humor – eine Dimension, ohne die große Literatur kaum gelingen kann und die Nietzsche fehlt. Wo Nietzsche urteilt, spiegelt Musil Perspektiven in der Frage des richtigen Lebens, dem Wert der Wissenschaften, dem komplizierten Verhältnis von Vernunft und Gefühl, dem zweifelhaften Fortschritt des Zeitgeists, der moralischen Bodenlosigkeit der Moral und der Vermutung, dass »Gott die Welt keineswegs wörtlich« meint.

Dass Nietzsche den Blick der Philosophie wieder auf das Existenzielle gerichtet hat, macht ihn zum Inspirationsquell für ungezählte Schriftsteller, Musiker und bildende Künstler. Neben Mann und Musil sind dies Harry Graf Kessler, Heinrich Mann, Hugo von Hofmannsthal, Rainer Maria Rilke, Arthur Schnitzler, Christian Morgenstern, Gerhart Hauptmann, Stefan George, Gottfried Benn, Hermann Hesse, Gabriele D'Annunzio, Marcel Proust, Guillaume Apollinaire, André Gide, Paul Valéry, Albert Camus – die Liste der Literaten nimmt kaum ein Ende. Das Gleiche gilt auch für die bildende Kunst. Kein anderer Philosoph dürfte so sehr auf ihre Entwicklung eingewirkt haben wie Nietzsche. Wassily Kandinsky, Edvard Munch, Paul Klee, Franz Marc,

August Macke, Max Beckmann, Pablo Picasso, Otto Dix, Auguste Rodin, Wilhelm Lehmbruck und andere hatten allesamt ihr Nietzsche-Erlebnis.

Als Kritiker ist Nietzsche, trotz großer Wissenslücken in der Philosophie und einiger maßlos überzogener Urteile, erfrischend, manchmal sogar brillant; ein Quell an Inspirationen, von denen aus sich weiterdenken lässt. Als philosophischer Architekt eines Neuen hingegen konnte er, wie gesehen, nicht viel; ein Schicksal, das die meisten seiner philosophischen Nachahmer bis in die Gegenwart des 21. Jahrhunderts mit ihm teilen. Die stolze Haltung, die Durchblicker-Pose, der pubertäre Überschwang, die Sprachverliebtheit und die Rolle des Provokateurs eignen sich hervorragend für die Erkenntniskritik, nicht aber für die Erkenntnistheorie.

Gleichwohl ist seine Wirkung nahezu unvergleichlich. Mit Nietzsche zieht der Typus des Philosophen in die deutsche Tradition ein, der Künstler und Philosoph zugleich sein will, Provokateur und systemischer Erneuerer. Die akademische Philosophie, vor allem der allgegenwärtige Neukantianismus, versteht sich dagegen als strenge Wissenschaft. Entsprechend zögerlich nimmt man Ende des 19. Jahrhunderts mit Nietzsche Tuchfühlung auf. Alois Riehl schreibt 1897 sein erstaunlich freundliches Buch *Friedrich Nietzsche. Der Künstler und Denker*. Obwohl selbst ein systematischer Denker, bescheinigt er Nietzsches unsystematischem Denken eine besondere Qualität. Denn »gerade im Unfertigen und Problematischen, der Paradoxie der Gedanken und dem Wechsel der Stimmungen, der seltsamen Mischung von Gesundem und Krankhaftem liegt ein besonderer Reiz der Schriften Nietzsches; je nach Verständnis oder Missverständnis kann man aus ihnen Nahrung oder Gift nehmen«.[226] Noch anerkennender fällt das Urteil von *Hans Vaihinger* (1852–1933) aus, von dem im nächsten Band noch ausführlich die Rede sein wird. Mit seinem Buch *Nietzsche als Philosoph* (1902) erklärt er den Provokateur zu einem maßgeblichen Denker, an dem die zeitgenössische

Philosophie nicht länger vorbeisehen darf: Wir alle »werden zugeben, daß Nietzsches Lehre ein beachtenswertes, nicht zu unterschätzendes Ferment der Zeit ist. Es wäre zu wenig gesagt, wenn wir ihr nur das übliche Prädikat des ›Anregenden‹ geben wollten Sie ist mehr als anregend, sie ist aufregend.«[227]

Zur Jahrhundertwende, zum Zeitpunkt seines Todes, ist Nietzsche ein allseits berühmter Mann. Für die Philosophie wird er zum Wendepunkt, zum Wegweiser für die Moderne. Während der Neukantianismus Nietzsche sorgfältig durchkämmt auf Philosophisches und Unphilosophisches, erhält die »Lebensphilosophie« einen gewaltigen Auftrieb. Was mit Schopenhauer und Kierkegaard beginnt – die Frage: »Was bedeutet das alles *für mich*?« –, rückt nun in den Mittelpunkt schulbildender Denker. Dilthey findet mit Nietzsche zahlreiche Gemeinsamkeiten. Und mit Henri Bergson, Karl Löwith, Martin Heidegger und Jean-Paul Sartre wird die Lebens- und Existenzphilosophie zur einflussreichsten Strömung der deutschen und französischen Philosophie in der ersten Hälfte des 20. Jahrhunderts.

Von Bedeutung ist Nietzsche, wie wir noch sehen werden, auch für die Entwicklung der Psychoanalyse durch Sigmund Freud. Der Mensch, hilflos zwischen dem Abgrund einer sinnlosen Welt und dem Abgrund einer dunklen, sich nach Sinn sehnenden Seele – nicht anders ist die Ausgangskonstellation bei Freud. Und das Triebwesen, das seine Ängste verdrängt oder in Vernunfttheorien sublimiert, die ihm das Schicksal erleichtern sollen, wird uns in der Psychoanalyse auf Schritt und Tritt erhalten bleiben. Fast ebenso einflussreich ist Nietzsche für die Soziologie. Sowohl Georg Simmel als auch Max Weber übernehmen Nietzsches Blick auf die Funktionsweise gesellschaftlicher Moral. Dass Moral nichts Metaphysisches sei, sondern eine Verabredung zur Organisation von Macht, wird beide Gründungsväter der deutschen Soziologie nachhaltig prägen. Kritisch dagegen betrachten ihn viele Sozialisten. Der Feuerbach-Anhänger *Julius Duboc* (1829–1903) sieht in Nietzsche den Inbegriff des rücksichtslosen, entfesselten Kapitalismus, der jede gesellschaftliche Moral fahren lässt. Und auch der Publizist und Historiker *Franz Mehring* (1846–1919) verachtet Nietzsche als zynischen Lobpreiser des ausbeutenden Großkapitals.

Obwohl auch der eine oder andere linke Denker Nietzsche etwas abgewinnt, ist er politisch vor allem ein Vordenker der Konservativen und der Rassisten. Der Kulturphilosoph *Oswald Spengler* (1880–1936) hält Nietzsche für den einzigen Deutschen von Rang neben Goethe. Wagners Schwiegersohn, der Schriftsteller *Houston Stewart Chamberlain* (1855–1927), ärgert sich zwar sowohl über Nietzsches Bruch mit Wagner als auch über dessen konsequenten Atheismus, übernimmt aber gleichwohl viel von ihm, insbesondere Nietzsches Vorstellungen über Rassenzüchtung und Eugenik. Von Chamberlain wiederum führt ein direkter Weg zu Adolf Hitler und den zahlreichen »Rassenhygienikern« des »Dritten Reichs«. Nietzsches einseitige Interpretation der Evolution und sein weit über Darwin hinausgehender Biologismus streuen damit die Saat für unsägliche Menschheitsverbrechen. Dabei hätte der Künder vom »Übermenschen« seine biologischen Annahmen durchaus am Stand der Wissenschaft korrigieren können. Er hätte es besser wissen können, wenn er gewollt hätte …

Evolution und Ethik

Großfürst und Anarchist – Der Sozialismus in der Natur – Evolution oder Ethik? – War Kant Sozialist? – Animalische Moral

Großfürst und Anarchist

Er ist gerade zwei Jahre älter als Nietzsche. Doch während der junge Sachse im Gymnasium Hölderlin liest, erste Gedichte und Dramen entwirft und sich dazu entschließt, Altphilologe zu werden, reitet viele tausend Kilometer weiter im Osten ein junger Russe durch den sibirischen Schnee. Bis in die entlegensten Gebiete im fernen russischen Osten stößt das kleine Korps des Zaren vor, geleitet vom gerade neunzehnjährigen *Pjotr Alexejewitsch Kropotkin* (1842–1921). Unter den harten unwirtlichen Bedingungen einer primitiven und gefährlichen Expedition genießt ihr Anführer das »unabhängige« Leben »mit ein paar Pfund Brot und einigen Unzen Tee im Lederbeutel, einem Kessel und einem Beil am Sattelknauf und unterm Sattel eine Decke, die am Lagerfeuer über ein Bett aus frischgeschnittenen Tannenzweigen gebreitet wird«.[228]

Mehr als fünf Jahre, die Zeit zwischen 1862 und 1867, verbringt Kropotkin in Sibirien, erschließt bislang unbekanntes Terrain und liest wissenschaftliche Bücher, darunter Darwins *Über die Entstehung der Arten*. Die Lektüre beschäftigt ihn sehr. Dass das Leben des Menschen ein »Kampf ums Dasein« ist, wird ihm im sibirischen Winter jeden Tag klar. Aber ist dieser Kampf ums Dasein ein Kampf der Individuen *gegeneinander*? »Die Jahre, die ich in Sibirien lebte, lehrten mich vieles«, schreibt Kropotkin später in seinen Memoiren. So etwa »entwickelte ich nicht nur für die Menschen und den menschlichen Charakter ein Verständnis, sondern auch für die inneren Triebfedern und das Funktionieren der menschlichen Gesellschaft«.[229] Er studiert die »keineswegs einfachen Formen der sozialen Organisation«, die die Völker im Amurgebiet »weitab vom Einfluss jeder Zivilisation ausgearbeitet haben«. Und »ihre halbkommunistische brüderliche Organisation« beeindruckt ihn tief.

Der Kampf jeder gegen jeden, der sich als Leitmotiv von Hobbes über Adam Smith und Malthus bis zu Darwin zieht, trifft auf die Dörfer in Ostsibirien nicht zu. Stattdessen entdeckt Kropotkin überall wechselseitige Hilfe und Zusammenhalt der Menschen gegen die raue Natur. Hat Darwin die englische Gesellschaftsordnung seiner Zeit zu naiv auf die Natur und den Menschen übertragen? Was der für die allgemeinen Gesetze der Natur hält, spiegelt für Kropotkin nur den englischen Kapitalismus. Andere Völker und andere Zivilisationen, die nicht im industrialisierten England leben, haben ganz andere Spielregeln. Warum sollte der kapitalistische Kampf gegeneinander um Ressourcen und Marktvorteile ursprünglicher sein als die friedliche Zusammenarbeit der Menschen in Sibirien? Sind sie nicht viel naturbelassener und deshalb ursprünglicher als die englische Gesellschaft des späten 19. Jahrhunderts?

Das Herz für die Schwachen und die Freude über ihre Zusammenarbeit und Solidarität wurden dem jungen Russen nicht in die Wiege gelegt. Kropotkin stammt aus dem russischen Hochadel, er ist von Geburt »Prinz von Smolensk«, und die Familie lässt mehr als tausend Leibeigene auf ihren Ländereien schuften. Mit fünfzehn tritt der junge Fürst in das Sankt Petersburger Pagenkorps ein, *die* Kaderschmiede der Elite, vergleichbar etwa mit der *École nationale d'administration* (ENA) im heutigen Frankreich. In seiner Autobiografie beschwert er sich laut über die rüden Sitten. Aber er absolviert die Militärakademie mit Bravour. Seine neu geweckten Interessen gelten nicht dem überkommenen Geist des Zarismus, sondern der Französischen Revolution, dem englischen Liberalismus und den neuen republikanischen Ideen in Westeuropa.

Als Zar Alexander II. die Aufhebung der Leibeigenschaft in Russland für das Jahr 1863 ankündigt, ist Kropotkin begeistert. Im Juni 1861 wird er als Jahrgangsbester zum Kammerpagen des Zaren ernannt. Doch der Hochmut des Herrschers stößt ihn ab. Kropotkin scheut die Palastwelt und bewirbt sich für das sibirische Expeditionskorps. Sein rastloser Geist studiert die Natur der Taiga, die Tiere und die Menschen in den abgeschiedenen Dörfern auf der Suche nach neuen Gedanken und Erkenntnissen. Und er beginnt die Bauern »unter einem ganz neuen Licht zu sehen«.

Im Alter von fünfundzwanzig Jahren kehrt Kropotkin zurück nach Sankt Petersburg. Seine erstaunlichen Beobachtungen der sibirischen Natur machen ihn zu einem gefragten Mann in der Fachwelt. Aber der Fürstensohn will keine Koryphäe der Naturforschung werden. Er möchte sein Wissen anwenden, um die erbärmlichen Lebensverhältnisse der russischen Landbevölkerung zu verbessern. Doch der Reformeifer des Zaren ist erlahmt. Nach zwei knapp überlebten Attentaten in den Jahren 1866 und

1867 greift Alexander II. mit gnadenloser Härte gegen alle ihm missliebigen politischen Strömungen durch. Kropotkin quittiert seine militärische Laufbahn, arbeitet für die Geographische Gesellschaft, studiert Mathematik und Physik und vertieft sich in die Werke Herbert Spencers. Dessen Idee einer gesellschaftlichen Evolution zum Höheren übernimmt er sofort. Doch Kropotkin durchschaut auch, wie sehr Spencer dem viktorianischen Zeitgeist frönt. Bei Spencer gehen Evolution und Kapitalismus Hand in Hand. Für Kropotkin beruht die Gleichsetzung auf Vorurteilen und Denkfehlern.

Anfang der 1870er-Jahre verlässt der renitente Großfürst Russland. Intellektuelle Inspiration ist für ihn nur noch im Ausland zu erlangen. Im Februar 1872, Nietzsche hat gerade *Die Geburt der Tragödie* veröffentlicht, reist Kropotkin in die Schweiz, erst nach Zürich, dann nach Genf. In Zürich tummelt er sich in der Enklave der russischen Sozialisten. In Genf tritt er der dortigen Sektion der Internationale bei, entzweit sich aber schnell mit deren Führern. Wenige Tage bei den Uhrmachern im Jura genügen ihm, um vom Kritiker des russischen Feudalsystems zum sozialistischen Anarchisten zu werden: »Als ich die Berge nach einer guten Woche Aufenthalt bei den Uhrmachern wieder hinter mir ließ, standen meine sozialistischen Ansichten fest: Ich war ein *Anarchist.*«[230]

Auf seiner Reise in die Schweiz lernt der junge Fürst viele radikale Flüchtlinge aus Frankreich kennen. Dort hatte die Staatsmacht im Jahr zuvor die Pariser *Kommune* zerschlagen. Als überzeugter Anarchist reist Kropotkin in den Folgejahren zwischen Russland, England, Frankreich und der Schweiz hin und her. Er gründet Zeitungen, wirbt für den Anarchismus und ist bald überall ein bekannter Mann. 1876 wird er verhaftet und in Sankt Petersburg eingekerkert. Doch er bricht aus dem Gefängnis aus, flieht in die Schweiz, wird ausgeliefert und in Frankreich zu fünf Jahren Haft verurteilt. Durch internationalen Druck vorzeitig entlassen, geht der nun Vierundvierzigjährige im Jahr 1886 zunächst nach Paris. Er schreibt ein Buch über seine Erfahrungen in russischen Gefängnissen und zieht weiter nach London.

In England wird Kropotkin freundlich aufgenommen. Mittlerweile sieht er aus wie sein Zeitgenosse Leo Tolstoi, mit einem gewaltigen Rauschebart, aber mit Nickelbrille und viel freundlicher als der Literat. Auch Kropotkin entfacht nun eine rege schriftstellerische Tätigkeit. Von russischen Spitzeln belauscht und beobachtet, schreibt er ungezählte Zeitungsartikel über soziale Fragen und staatliche Organisation. Er lernt die bedeutendsten linken Intellektuellen Londons kennen, darunter den Kreis der 1884 gegründeten Fabian Society mit den Schriftstellern *George Bernard Shaw* (1856–1950) und *Oscar Wilde* (1854–1900). Mit ihnen teilt er die Hoffnung, dass die gesellschaftliche Evolution unweigerlich auf einen sozialistischen Anarchismus zulaufe. Doch dann erscheint ausgerechnet in *The Nineteenth Century*, der Zeitschrift, für die auch Kropotkin gerne schreibt, ein Essay, den der menschenfreundliche Anarchist zutiefst verurteilt …

Der Sozialismus in der Natur

Im London des späten 19. Jahrhunderts ist *Thomas Henry Huxley* (1825–1895) ein weltberühmter Mann. In jungen Jahren hatte er die Ansichten Darwins öffentlich verteidigt. Das ganz große Schauspiel! Denn Huxley war nicht eben zimperlich mit seinem Gegenspieler Samuel Wilberforce, dem Bischof von Oxford, umgegangen. Als »Darwins Bulldogge« berühmt und berüchtigt, war der junge Biologe auch der Erste gewesen, der den Menschen neben dem Orang-Utan, dem Schimpansen und dem kurz zuvor entdeckten Gorilla ins Tierreich einsortiert hatte. Nach Darwins Tod im Jahr 1882 ist Huxley der wichtigste Vertreter des Darwinismus, einer der Letzten aus dem inneren Kreis derer, die die neue Evolutionstheorie von Anfang an vertreten hatten. Ende der 1880er-Jahre ist diese Theorie in England kaum noch strittig, und auch auf dem Kontinent hat sie sich weitgehend durchgesetzt.

Doch viel stärker als Darwin selbst begreift Huxley dessen Lehre als eine Weltanschauung – als einen biologisch fundierten Materialismus, der jeden Idealismus entzaubert. In diesem Punkt nahe bei Spencer, veröffentlicht er 1888 einen Essay mit dem Titel: »Struggle for Existence and Its Bearing upon Man« (Der Kampf ums Dasein in der menschlichen Gesellschaft) in *The Nineteenth Century*. Gegen Leibniz und Schopenhauer, deren Optimismus und Pessimismus Huxley nicht ernst nimmt, beschreibt er die Natur des Menschen als die eines Tieres, das völlig frei von Moral seinen Vorteil sucht im »Kampf ums Dasein«. Nur zwei Dinge hätten diese Bestie notdürftig gezähmt: die Lohnarbeit (wobei Huxley daran erinnert, dass man die Löhne aus Wettbewerbsgründen niedrig halten sollte) und die starken staatlichen Institutionen. Niemand anderes also als der Kapitalismus und der Staat haben die Moral institutionalisiert und die wilde Menschennatur zivilisiert. Eine berühmte Erzählung. Und ihr Schatten wird tief ins 20. Jahrhundert reichen, bis zu den Erklärungsmustern des Leipziger Kulturanthropologen *Arnold Gehlen* (1904–1976).

Kropotkin ist entsetzt. Was hat Huxley nur aus Darwins Evolutionstheorie gemacht? Eine Begründung für den viktorianischen Kapitalismus! Und wie unwissenschaftlich erscheint dem Russen die alte englische Theorie vom »Kampf jeder gegen jeden«, die jedes Schulkind in England als weise Einsicht von Thomas Hobbes übernehmen soll. Kropotkin denkt zurück an seine Erfahrungen in Sibirien. Kein Kapitalismus, keine wirksamen staatlichen Institutionen – und doch ein feines Netzwerk an gegenseitiger Hilfe, moralischen Geflechten, selbst gegebenen Regeln und Normen.

Kropotkin ahnt längst, dass er einer wichtigen Einsicht auf der Spur ist. Er hat bei dem Franzosen Alfred Victor Espinas über die Organisation von Tiergesellschaften gelesen und von Ludwig Büchner gelernt, welche große Bedeutung die »Liebe« als Brutpflegeinstinkt für das Funktionieren von Herden, Horden und Rudeln in der Tierwelt hat. Was noch fehlt, ist, diese Erkenntnis mit der Evolutionstheorie systematisch zu verknüpfen; die Einsicht, dass »gegenseitige Hilfe als Naturgesetz und Entwickelungsfaktor eine wesentliche Lücke« in der Darwin'schen Theorie ausfüllt.[231]

Kropotkin fragt den Herausgeber von *The Nineteenth Century*, ob er auf Huxley antworten darf, und schreibt eine ganze Serie von Artikeln gegen die »völlige Entstellung« der Evolutionsgesetze durch den Biologen. Er berichtet von Ameisen und Bienen, von Möwen und Krähen, von Kranichen und Papageien, Füchsen und Wölfen, von Löwen, Eichhörnchen und Murmeltieren. Überall entdeckt er nicht nur Kooperation, sondern auch Zugeständnisse an das Gemeinwohl der Schwärme, Rudel, Rotten, Gruppen, Herden und Horden. Er sieht eigennützigen Gemeinsinn ebenso wie uneigennützigen. Ob bei der Brutpflege, beim Jagen, beim Vermeiden von Konflikten oder beim Schutz von Artgenossen – Zusammenarbeit und Teamgeist, Selbstlosigkeit und Fürsorge, wohin das Forscherauge blickt. »Fit« in Darwins Sinne müssen nicht nur die einzelnen Tiere sein, sondern die Fitness einer Tierart zeigt sich oft in ihrem Zusammenhalt gegen äußere Gefahren. Hier, so Kropotkin, findet der wahre »Kampf ums Dasein« statt: in der Auseinandersetzung der Tiergruppen mit ihrer Umwelt. Nicht Egoismus, Rücksichtslosigkeit und Gewalt sichern das Überleben, sondern Zusammenarbeit und Zusammenhalt.

Man kann sich die Situation kaum prekär genug vorstellen. Ein russischer Adeliger, der sich zum Anarchismus bekennt, verbessert vor den Engländern in ihrem Heimatland deren größte Leistung der jüngeren Wissenschaft – die Evolutionstheorie. Die wichtigste Nachricht des Russen lautet: Auch Tiere besitzen elementare Voraussetzungen zur Moral. Und unsere Vorfahren in der Frühgeschichte seien gewiss nicht roh und amoralisch gewesen, sondern kooperativ. Der Sozialreformer *Henry Stephens*

Salt (1851–1939) ist von Kropotkins Berichten über das Sozialverhalten der Tiere so beeindruckt, dass er 1891 mit namhaften Mitstreitern die Humanitarian League gründet; eine Vereinigung, die den Vegetarismus auf ihre Fahnen schreibt, Tierversuche bekämpft und den Fortschritt der Menschheit danach bemisst, wie sie mit ihren schwächsten Mitgliedern, den Tieren, umgeht. Salts kurz darauf publiziertes Buch *Animal's Rights. Considered in Relation to Social Progress* (Das Recht der Tiere) gilt heute als Gründungsakte der Tierrechtsbewegung.

Huxley ist von Kropotkin wenig beeindruckt. Nach dem Tod seiner Tochter verfinstert sich sein Gemütszustand zunehmend, Moral und Natur passen für ihn definitiv nicht zusammen: Die Natur ist grausam durch und durch. Im Jahr 1893 besteigt der wortgewaltige Achtundsechzigjährige das Podium im brechend vollen Hörsaal in Oxford. Er referiert über »*Evolution and Ethics*« (Evolution und Moral). Er erzählt von der Grausamkeit und Amoralität der Natur. Was für ein Glück, dass die Menschen gegen sie die Moral ins Feld führen können, um ihren Wildwuchs zurückzuschneiden. Die Moral, so verkündet Huxley, ist das »scharf geschmiedete Schwert« des Menschen, »um den Drachen seiner tierischen Herkunft zu schlachten«.[232]

So weit, so dramatisch – und so unbiologisch! Für Darwin entspringt die Moralität der Natur, für Huxley aber scheint sie »von außen« zu kommen, um die Natur zu bekämpfen. Doch was soll dieses »von außen« sein? Huxley ist glühender Atheist und überzeugter Materialist. Wie aber kann die Natur etwas hervorbringen, die Moral, was nicht Natur ist? Löwen können nicht beschließen, Vegetarier zu werden. Doch wieso kann der Mensch sich entgegen seiner bestialischen Natur verhalten?

Die Antwort, so Kropotkin, ist ganz einfach: weil Moral nicht außerhalb seiner Natur ist, sondern Teil der Natur des Menschen! Bei dem jungen französischen Dichter und Philosophen *Jean-Marie Guyau* (1854–1888) entdeckt er die für ihn faszinierende These, dass der Selbsterhaltungstrieb beileibe nicht der einzige Grundtrieb des Menschen sei. Ebenso treibe ihn ein Wille zur Entfaltung, eine unbestimmte Neugier, ein Wunsch nach Selbstverwirklichung gemeinsam mit anderen Menschen. Parallel zu Nietzsche hatte Guyau 1884 in seinem *Esquisse d'une morale sans obligation ni sanction* (*Sittlichkeit ohne »Pflicht«*) die unbewussten Antriebe der Moral untersucht. Das positive Ergebnis einer natürlichen Moralität irgendwo im schemenhaften Grenzgebiet zwischen Unbewusstem und Verstand missfällt Nietzsche zutiefst. Obwohl er mit dem Ursprung der Moral aus dem Unbewussten übereinstimmt, schreibt er erboste Kommentare zu Guyaus Schlussfolgerungen in sein Leseexemplar. Nietzsche hält den Menschen von Natur aus nicht entfernt für ein moralisches Wesen. Kropotkin hingegen sieht sich durch den französischen Dichterphilosophen bestätigt: Nicht nur der Egoismus, auch der Altruismus ist uns angeboren.

Im Jahr 1902 bündelt Kropotkin seine vielen Essays und Überlegungen in dem Buch *Mutual Aid* (*Gegenseitige Hilfe in der Tier- und Menschenwelt)*. Seine Theorie, dass es in der Natur insgesamt mehr auf Zusammenhalt ankommt als auf einen Verdrängungskampf, ist ein ketzerischer Gedanke. Er widerspricht ganz entschieden der vorherrschenden Ideologie des späten 19. Jahrhunderts. Im England der Königin Victoria, dem Frankreich Napoleons III. und im Deutschen Reich Wilhelms I. passt der »Kampf aller gegen alle« nur allzu willkommen in den Zeitgeist. Auf genau dieser Grundlage beuten die Fabrikherren ihre Arbeiter aus, mobilisieren die Staaten ihre Soldaten gegen die Nachbarländer, erobert und plündert die weiße Herrenrasse ihre Kolonien. Wer anderes behauptet als das natürliche Recht des Stärkeren, macht sich schnell verdächtig.

Der preußische Jurist *Julius Hermann von Kirchmann* (1802–1884), weder ein Umstürzler noch ein Sozialist, brachte sich um Schlips und Kragen, als er 1866 in einem Vortrag vor dem Berliner Arbeiterverein »*Ueber den Communismus in der Natur*« referierte.[233] Er bezeichnete es als ein Gesetz der Natur, dass das Streben nach mehr Macht und Besitz den Menschen nicht dauerhaft erfüllt. Umgehend setzte das Obertribunal in Berlin eine Disziplinaruntersuchung an. Es enthob den Vizepräsidenten beim Oberlandesgericht in Ratibor wegen »verwerflicher und unsittlicher Ausführungen« seines Amtes. Der grausame Kampf ums Dasein, wie der preußische Staat ihn sah, schien offensichtlich sittlicher zu sein als der Gedanke an die kooperative Natur des Menschen.

Auch Kropotkin weitet sein Studium der Kooperation von den Tieren auf die Menschen aus. Dabei ist ihm völlig klar, dass »ein Geschöpf, das so wehrlos ist, wie es der Mensch in seinen Anfängen war, seinen Schutz und seinen Weg zum Fortschritt … in gegenseitigem Beistand gefunden« hat »gleich anderen Tieren«, und nicht »in rücksichtslosem Kampf um persönliche Vorteile, ohne sich um die Interessen der Art zu kümmern«.[234] Doch genau so hatte Huxley den frühen Menschen beschrieben. Hatte er nicht Hobbes' rein hypothetischen »Naturzustand« mit seinem »Kampf aller gegen alle« viel zu ernst genommen? Wie konnte ein Biologe, der sich mit unseren Vorfahren befasste, allen Ernstes einen solchen Unsinn schreiben wie Huxley, wenn er in seinem Essay von 1888 festhielt: »Abgesehen von den beschränkten und nur zeitweiligen Beziehungen der Familie war der Hobbes'sche Krieg aller gegen alle der normale Zustand zu existieren.«[235]

Für Kropotkin ist dieses Menschenbild fahrlässig, falsch und gefährlich. In seinen Kapiteln über die Entwicklung der gegenseitigen Hilfe in der Menschenwelt zeichnet er den Weg nach von unseren frühesten Vorfahren über heutige Naturvölker zu den Sitten der »Barbaren«, den Übereinkünften des Mittelalters bis zur Kultur der Gegenwart.

Mit Darwin nimmt Kropotkin an, dass unser nächster Verwandter der Schimpanse sei und nicht, wie Huxley meint, der Gorilla. Schimpansen aber bilden größere Horden. Sie sind in hohem Maße gesellig. Nicht anders leben die meisten Naturvölker.

Sie bilden Clans aus Familien und Großfamilien. Der Anteil des Gemeineigentums, beschreibt Kropotkin, sei größer als der Privatbesitz. Naturvölker leben »primitiv kommunistisch«. Ob bei Buschmännern oder Hottentotten, Australiern und Papuas, Eskimos oder Aleuten – überall diagnostiziert er »Stammessolidarität« und »Gemeinsinn«. Obwohl die Gesetze des Zusammenlebens ungeschrieben sind, werden sie doch als Normen, Sitten und Gebräuche befolgt. Nicht Regierungen, Gesetze und Gerichte nötigen die Menschen zum freundlichen Umgang miteinander, wie bei Hobbes, sondern die Anerkennung durch den jeweils anderen.[236] Der Verlust dieser Anerkennung durch eine schlechte öffentliche Meinung ist die höchstmögliche Strafe für das Fehlverhalten. Ein hübsches Beispiel für die öffentliche Meinung als moralische Instanz ist der Handel beim Eskimovolk der Aleuten. Wer etwas verkaufen will, bestimmt den Preis nicht selbst. Vielmehr einigt er sich mit dem Käufer auf einen neutralen Dritten, der den Preis festsetzt, einen Tarifschlichter. Die Fairness ist damit gewahrt und allen anderen sichtbar demonstriert.

Das Bild, das Kropotkin von der Kultur der »Wilden« zeichnet, ist liebevoll und freundlich. Aber natürlich kennt auch er die Berichte vieler zeitgenössischer Forschungsreisender und Völkerkundler, die von ausgesetzten Greisen, getöteten Kindern und von Kannibalismus bei den Naturvölkern erzählen. Doch all dies, so Kropotkin, sei eher die Ausnahme als die Regel. Und selbst ein Volk von Kopfjägern, wie die Dayak auf Borneo, verhalte sich jenseits dieses befremdlichen rituellen Brauchs untereinander fürsorglich und sozial.

Hat Kropotkin recht, so ist die ursprüngliche Lebensgemeinschaft des Menschen die Horde oder der Clan. Wieder einmal ist Huxley der Gegenspieler. Für Darwins Mitstreiter steht am Anfang der menschlichen Evolution die Kleinfamilie. Und alle anderen Sozialgemeinschaften seien erst viel später entstanden. Für Kropotkin aber steht am Anfang die Großfamilie der Horde. Die Kleinfamilie dagegen sei eine sehr späte Entwicklung des Menschen, genau genommen sei sie eine europäische Erfindung der letzten Jahrhunderte.

Der Mensch, so Kropotkin, sei von Natur aus gesellig und weitgehend friedlich. Mag der »pessimistische Philosoph« auch »triumphierend« Krieg und Unterdrückung zur wahren Menschennatur verklären – »wenn wir die vorgefassten Meinungen der meisten Historiker und ihre ausgesprochene Vorliebe für die dramatischen Momente der Geschichte beiseitelassen«, dann sehen wir, dass das Zusammenleben der Menschen meistens doch irgendwie gelingt. »Die hellen und sonnigen Tage« sind die Regel, »die Stürme und Orkane« die Ausnahme.[237] Auch die sesshaften »Barbaren«, zu denen sich viele »Wilde« entwickelten, zeigen vielfältige Formen der gegenseitigen Hilfe. Sie halten Versammlungen ab, feiern Feste und teilen große Teile ihres Besitzes. Im Verhältnis zur Welt des späten 19. Jahrhunderts in Westeuropa spielt der Privatbesitz kaum eine Rolle. Alles Wesentliche gehört dem Dorf und wird nach einiger Zeit neu verteilt. Im Mittelalter garantierten die Zünfte den geregelten Ablauf der gegenseitigen Hilfe. Nicht nur Kaufleute und Handwerker hatten Zünfte, selbst die Bettler schlossen sich zusammen. Mächtige Bünde verhelfen den italienischen Städten zu Reichtum, in Nordeuropa ist es die Hanse. Erst der Aufschwung der Zentralstaaten zerstört diese blühende Infrastruktur.

Für Kropotkin ist der kommunistische Anteil in der Natur des Menschen größer als der egoistische. Und kein Egoist zu sein ist demnach eigentlich keine Kunst, sondern das Wesen der Menschennatur. Die Freude am geteilten Leben, am geteilten Geld und am geteilten Erfolg wiegt schwerer als die Missgunst, der Eigensinn und das Triumphgefühl des Egoismus. Mit Kopfschütteln quittiert Kropotkin die politische Situation Ende des 19. Jahrhunderts, die es den Arbeitern in England, Deutschland und Russland verbietet, sich gemeinschaftlich zu organisieren. Ein Verhalten, das noch wenige hundert Jahre zuvor als völlig normal angesehen worden war.

Was war das bloß für eine schreckliche Sicht, die den Menschen so unhistorisch und falsch zum Raubtier erklärt? Die ihn unausgesetzt nach Privatbesitz gieren lässt, obschon ihm das kaum dauerhaftes Glück bringt? Die ihn nach Vorteilen streben lässt, die letztlich gar keine sind? Eine Ideologie ist dies, so meint Kropotkin, die es zu überwinden gilt, weil sie auf einem schiefen Menschenbild basiert. Denn in »der Betätigung gegenseitiger Hilfe ... finden wir den positiven und unzweifelhaften Ursprung unserer Moralvorstellungen; und wir können behaupten, dass in dem ethischen Fortschritt des Menschen der gegenseitige Beistand – nicht der Kampf gegeneinander – den Hauptanteil gehabt hat. In seiner umfassenden Betätigung auch in unserer Zeit«, so schließt Kropotkin sein Buch, »erblicken wir die beste Bürgschaft für eine noch stolzere Entwicklung des Menschengeschlechts.«[238]

Dieser stolzen Entwicklung des Menschengeschlechts wird der Autor noch zwei Jahrzehnte als scharfer Beobachter beiwohnen. Als die Russische Revolution ausbricht, kehrt der Exilant nach langer Abwesenheit aus London nach Sankt Petersburg zurück. Eine sechzigtausendköpfige Menge feiert Kropotkin bei seiner Ankunft wie einen Messias. Und die bürgerliche Übergangsregierung bietet ihm sofort einen Ministersessel an. Der Anarchist lehnt dankend ab. Doch auch unter den Kommunisten findet er keine Heimat. Die Treffen mit Wladimir Iljitsch Lenin enden enttäuschend. Die rigide Diktatur der bolschewistischen Partei ist gewiss nicht das, was sich ein kommunistischer Idealist unter der selbstbestimmten und freien Herrschaft des Volkes vorstellt.

Im Februar 1921 stirbt der Mann, der Großfürst, Anarchist und Naturforscher in einer Person war, an einer Lungenentzündung. Lenins Regierung würdigt den ihr fremd gewordenen Pionier eines herrschaftsfreien Kommunismus, indem sie die Gefängnistore öffnet. Einige inhaftierte russische Anarchisten erhalten Freigang zum Begräbnis. Der Trauerzug gerät zu einer bis zum Ende der Sowjetunion beispiellosen Demonstration: Zehntausende folgen Kropotkins Sarg, darunter zahlreiche entschiedene Gegner des bolschewistischen Regimes.

Evolution oder Ethik?

Kropotkin musste sich nicht wie Nietzsche zum Sozialaristokraten emporschreiben; er war Aristokrat von Geburt. Das Herrische und Heroische zog ihn nicht an, sondern stieß ihn ab. Was Nietzsche für die Zukunft hielt, die Welt der gefühlskalten Helden, hielt Kropotkin für ein Kapitel aus der Vergangenheit. Und wo der in Gesellschaft leicht überforderte Nietzsche nur Egoismus sieht, erkennt der Menschenfreund Kropotkin Fürsorge und Anteilnahme. Die Berge im Engadin spiegeln Nietzsche seine Einsamkeit zurück, die verschneite Taiga lehrt Kropotkin den Blick auf die Verbundenheit des Menschen in der Unwirtlichkeit. Genau dasselbe beschreibt der US-amerikanische Schriftsteller *Jack London* (1876–1916) in seiner Kurzgeschichte. »Das weiße Schweigen« (1898) der Tundra lehrt uns nicht nur die Teilnahmslosigkeit der Natur, sondern auch den Grund für den Gemeinschaftssinn des Menschen.

So gegensätzlich ihre Charaktere sind, so grundverschieden sie den Menschen und die Natur sehen, so haben Nietzsche und Kropotkin doch eine Gemeinsamkeit. Sie glauben beide an eine gesellschaftliche Evolution zum Höheren. Bei Nietzsche liegt das »Höhere« im Übermenschentum, bei Kropotkin in einer herrschaftsfreien Welt, einer klassenlosen Gesellschaft freier Menschen. Die Geschichte der Menschheit ist »geschrieben«, sie steht prinzipiell fest. Der Menschheitsfortschritt ist eine Evolution auf einer vorgezeichneten Bahn, nur dass die meisten Menschen diese Bahn nicht erkennen; man muss sie darüber aufklären. Diese Vorstellung teilt der Idealist Hegel mit dem Kommunisten Marx und der Anarchist Kropotkin mit Nietzsche, dem Philosophen der menschlichen Tragödie.

In Deutschland begeistert sich vor allem der Sozialist *Gustav Landauer* (1870–1919) für Kropotkin. 1904 übersetzt er dessen *Mutual Aid* ins Deutsche. Er erkennt, dass Kropotkin zwar keine Naturgesetzlichkeit, wohl aber eine Tendenz der Evolution beschreibt, sich vom Grundsatz der »wechselseitigen Hilfe« aus höher zu entwickeln, zu immer ausgefeilteren Formen der Kooperation. Landauer ist fasziniert. Er engagiert sich in der anarchistischen Bewegung und bezahlt dies mit dem Tod. In den vier Wochen der Münchner Räterepublik im April 1919 wird er Beauftragter für Volksbildung und nach dem Sturz der Räteregierung am 2. Mai 1919 von Freikorpssoldaten ermordet.

Zuvor allerdings war in den Tagen des Kaiserreichs eine heftige Debatte über die Frage entbrannt: Ist der Fortschritt hin zum Endziel einer sozialistischen oder kommunistischen Gesellschaft tatsächlich vorherbestimmt oder nicht? Wie geschildert, hatte Marx eine solche aufsteigende Linie von Hegel übernommen, als dialektische Höherentwicklung. Bestätigt von der Darwin'schen Evolutionstheorie schreibt er im Vorwort zur ersten Auflage des ersten Bands des *Kapitals* sogar, die »Entwicklung der ökonomischen Gesellschaftsformation« sei ein »naturgeschichtlicher Prozess«.[239] Und in einem Text über die britische Kolonialregierung meint Marx, »bürgerliche Industrie und bürgerlicher Handel schaffen die materiellen Bedingungen einer neuen Welt in der gleichen Weise, wie geologische Revolutionen die Oberfläche der Erde geschaffen haben«.[240]

Ein wenig seltsam liest sich das gegen Ende des 19. Jahrhunderts schon. 1890 hat die Regierung des Kaiserreichs die »Sozialistengesetze« aufgehoben und zuvor erste Sozialgesetze verabschiedet. Sie sichern die Arbeiter nun notdürftig gegen Krankheit und Unfälle und für das Alter ab. Der preußische Staat und der Kapitalismus erscheinen damit noch unerschütterbarer, und die von Marx (mit Proudhon) prophezeite »Massenverelendung« bleibt aus. So schlecht es um die Lebensverhältnisse der Arbeiter im späten 19. Jahrhundert auch bestellt ist, sie leben definitiv nicht elender als in den ersten Jahrzehnten der industriellen Revolution, alles in allem gesehen sogar etwas besser.

Für die Sozialisten in ganz Europa ist das kein geringes Problem. Wie lange wird die Marx'sche Prophezeiung noch auf sich warten lassen? Und wie wissenschaftlich ist die Prognose? Hat Marx wirklich eine vergleichbare Leistung wie Darwin erbracht, wie Engels bei der Beerdigung seines Freunds gesagt hat? Doch je näher die Sozialisten ihre »naturgesetzliche« Theorie vom logischen Absterben des Kapitalismus an die Evolutionstheorie heranrücken, umso unverständlicher ist es, wenn die vorhergesagten Entwicklungsschritte nicht wie angekündigt eintreffen.

Genau das beschäftigt auch den sozialdemokratischen Theoretiker *Eduard Bernstein* (1850–1932). In Deutschland verfolgt und aus der Schweiz ausgewiesen, geht er 1888 nach London. Als zwei Jahre später die Sozialistengesetze aufgehoben werden, erarbeitet er zusammen mit dem deutsch-tschechischen Philosophen *Karl Kautsky* (1854–1938) das Erfurter Programm (1891) der SPD. Doch der marxistische Optimismus des Parteiprogramms verfliegt, als Bernstein sich durch die Studien »bürgerlicher« Ökonomen über die Wohlstandsentwicklung im Kaiserreich ackert. Die »Verelendungstheorie« ist nicht mehr zu halten. Doch wenn Marx mit seinem vorgezeichneten Weg der Geschichte unrecht hat, woran soll sich der Sozialist dann halten? Bisher konnte er sich als Vollzugsorgan der Weltgeschichte fühlen, der für das kämpft, was ohnehin einmal kommen wird. Doch wenn diese »Naturgesetzlichkeit« nicht besteht, was ist in diesem Fall der Weg und das Ziel des Sozialismus? Beides muss offensichtlich selbst gefunden und neu definiert werden.

In dieser Lage schreibt Bernstein sein Buch über *Die Voraussetzungen des Sozialismus und die Aufgaben der Sozialdemokratie* (1899). Seit neun Jahren wieder zugelassen, ist die SPD inzwischen zu einer ernst zu nehmenden politischen Kraft geworden: »Wir setzen heute«, schreibt Bernstein 1898 in der Parteizeitung *Vorwärts*, »durch Stimmzettel, Demonstrationen und ähnliche

Pressionsmittel Reformen durch, für die es vor hundert Jahren blutiger Revolutionen bedurft hätte.«[241] Doch wenn die Sozialdemokratie Tag für Tag um praktische Erfolge ringt, so braucht sie dabei eine ethische Haltung. Und sie muss entscheiden, was mit dieser Ethik vereinbar ist und was nicht. Genau das aber liefert ihr Marx nicht. Ethische Maximen hatte Marx stets als »bourgeois« belächelt. Die Arbeiterklasse benötigt sie nicht, weil sie der Vollstrecker einer ohnehin vorgezeichneten Entwicklung ist. Gewiss, der Revolutionär braucht ein *Ethos* – etwa das, sein Leben seiner Aufgabe unterzuordnen. Aber er braucht keine *Ethik*. Denn nicht er selbst entscheidet, was das Richtige ist, sondern die Geschichte. In *Der Bürgerkrieg in Frankreich* schreibt Marx unmissverständlich: Die Arbeiterklasse »hat keine Ideale zu verwirklichen; sie hat nur die Elemente der neuen Gesellschaft in Freiheit zu setzen, die sich bereits im Schoß der zusammenbrechenden Bourgeoisgesellschaft entwickelt haben«.[242]

Das sieht Bernstein mehr als fünfzig Jahre später ganz anders. Der Lauf der Geschichte lehrt ihn, dass Marx einen großen Fehler machte, als er Hegels Geschichtsphilosophie »auf die Füße gestellt« übernahm. Deren Prophetie war nämlich viel zu euphorisch und zum Scheitern verurteilt. »Diese geschichtliche Selbsttäuschung, wie sie der erste beste politische Schwärmer kaum überbieten konnte, würde bei einem Marx, der schon damals ernsthaft Oekonomie getrieben hatte, unbegreiflich sein, wenn man in ihr nicht das Produkt eines Restes Hegelscher Widerspruchsdialektik zu erblicken hätte, das Marx – ebenso wie Engels – sein Lebtag nicht völlig losgeworden ist.«[243] Die Arbeiterklasse hat ihren Befreiungsauftrag nicht von einem Gesetz her erhalten – weder einem dialektischen noch von einem evolutionistischen oder jener Mischung aus beidem, die Marx und Engels nach ihrer Darwin-Lektüre vertraten. Wer diesen Fußstapfen folge und an einen »wissenschaftlichen Sozialismus« glaubt, wie der Parteigründer der SPD *August Bebel* (1840–1913) und Bernsteins Mitstreiter beim Erfurter Programm Kautsky, der belüge sich selbst. Der Weg der Befreiung führt nicht über den schnellen Tod des Kapitalismus und eine einzige große Revolution, sondern über das mühsame Geschäft schrittweiser Verbesserungen.

Die Reaktion Kautskys lässt nicht lange auf sich warten. Auf den Zweifel des Parteigenossen antwortet er mit *Bernstein und das Sozialdemokratische Programm. Eine Antikritik*. Ausführlicher noch kritisiert er den »Revisionismus« Bernsteins in seiner Schrift *Ethik und materialistische Geschichtsauffassung* (1906). Mit Marx behauptet er, ein ethisches Ideal »habe nichts zu suchen im *wissenschaftlichen* Sozialismus, der wissenschaftlichen Erforschung der Entwicklungs- und Bewegungsgesetze des gesellschaftlichen Organismus zum Zwecke des Erkennens der notwendigen Tendenzen und Ziele des proletarischen Klassenkampfes«.[244]

Doch obwohl Bernstein in der Partei in der Minderheit ist, lässt er sich nicht beirren. Ein festes Ziel, die klassenlose Gesellschaft oder sonst was, existiere nicht. Und die Höherentwicklung der Menschheit ist nicht Naturprogramm, sondern die fortwährende Aufgabe von Menschen, die sich daran abarbeiten. Kropotkin hatte aus den Dorfgemeinschaften Sibiriens geschlossen, dass quasi sozialistische Selbstverwaltung und Kooperation die wahre Natur des Menschen seien. Aber warum sind die Verhältnisse in England und Deutschland dann so anders? Beide Male handelt es sich doch um Menschenwerk. Menschen können sich offensichtlich höchst unterschiedlich verhalten und organisieren, ohne dass die Natur sie in vorgezeichnete Bahnen lenkt. Diese Bahnen müssen erst selbst gezeichnet und durchgesetzt werden. Der »Geschichte ehernes Maß« bestimmt von sich aus nichts. Und mit den Kahlschlag-Fantasien der Anarchisten, alle bestehenden Institutionen, Machtverhältnisse und Gesetze einzuebnen, konnte Bernstein schon 1892 in seiner Kritik des Anarchismus nicht viel anfangen: »Die moderne Gesellschaft, wie wir sie zunächst überkommen und weiter zu entwickeln haben, ist ein viel zu komplizierter Organismus, als daß sie sich ohne Gefahr für das Wohl ihrer Mitglieder ohne weiteres nach einer willkürlichen Schablone umgestalten ließe.«[245]

Sieben Jahre später trifft die gleiche Kritik die sozialistischen Parteigenossen. Auch der Sozialismus ist keine bereits vorhandene Blaupause für das Glück aller. Er steht nicht fest, sondern wird im Kampf um Rechte und Teilhabe gestaltet. Dafür aber braucht man eine Ethik. Für Bernstein ist der Sozialismus nämlich vor allem eine »Idee«. Und Ideen verwirklichen sich nicht wie bestimmte Naturvorgänge. Sie können nur angestrebt und verfochten werden.

Doch was macht den Sozialismus überhaupt zu einer »richtigen« Idee, wenn die vorgezeichnete Geschichte sie nicht mehr heiligt? Den Ansatzpunkt dafür findet Bernstein bei Friedrich Albert Lange. Die Wissenschaft kennt Tatsachen und Fakten, aber sie kann sie nicht moralisch beurteilen. Dies kann nur die Ethik, indem sie den »Standpunkt des Ideals« einnimmt, sich an ihm orientiert und von dort aus ihre Bewertungen vornimmt. Vom »Standpunkt des Ideals« aus hatte Lange für die Rechte der Arbeiter gestritten. Und das Gleiche will Bernstein tun. Da Menschen sich nur dann verwirklichen können, wenn sie in jeder (nicht zuletzt in materieller) Hinsicht frei sind, muss die Freiheit aller das Ziel sein. Und dieses Ziel, wie auch immer im Detail umgesetzt, nennt sich Sozialismus. Wie man diesen Gedanken noch tiefer und sorgfältiger entwickeln kann, liest Bernstein 1904 in einem Buch mit dem Titel *Ethik des reinen Willens*. Sein Verfasser ist der inzwischen zweiundsechzigjährige Neukantianer Hermann Cohen.

War Kant Sozialist?

In seinen Anfängen, in den 1860er- bis 1880er-Jahren, war der Neukantianismus ein liberales Projekt gewesen. Doch zur Jahrhundertwende haben sich die Vorzeichen geändert. Während

Windelband in Heidelberg konservative und nationalistische Töne anschlägt, öffnen sich die »Marburger« Cohen und Natorp mehr und mehr für den Sozialismus.

Ebenso denkt ihr zeitweiliger Kollege, der Jurist *Rudolf Stammler* (1856–1938). Von 1882 bis 1884 ist er in Marburg außerordentlicher Professor, bevor er über Gießen nach Halle und schließlich nach Berlin geht. 1896 veröffentlicht er sein Buch *Wirtschaft und Recht nach der Materialistischen Geschichtsauffassung*. Wie Bernstein ist Stammler Sozialist, aber kein »wissenschaftlicher Materialist«. Als »Sozialidealist« teilt er das Ziel, die Arbeiter zu befreien und das Unrecht im Kapitalismus zu beseitigen. Doch weder hält er den Lauf der Geschichte für vorherbestimmt noch hält er den Klassenkampf für ein geeignetes Mittel, die Übel der Ausbeutung zu beseitigen.

Stattdessen orientiert sich Stammler wie seine Philosophenkollegen in Marburg an Kant. Aus der Würde des Individuums, sein Leben frei und selbstbestimmt zu gestalten, folgt für ihn der Auftrag, diese Bedingungen für alle Mitglieder der Gesellschaft zu schaffen. Als Jurist und Rechtsphilosoph möchte er diesen Gedanken im Rechtssystem verankert sehen. Gesetze sind dann gut und richtig, wenn sie die Rahmenbedingungen eines guten Lebens für alle schaffen, nämlich Freiheit, politische, juristische und weitgehend wirtschaftliche Gleichheit, dazu Sicherheit und Ordnung. Gesetze sollen nicht, wie Marx meinte, Ausdruck wirtschaftlicher Verhältnisse sein. Sie sollen sich an universellen Prinzipen orientieren, die es Menschen ermöglichen, ganz im Sinne Kants, ein gutes Leben zu führen.

Mit seiner gleichsam naturrechtlichen Begründung wendet sich Stammler zugleich gegen den vorherrschenden »Rechtspositivismus« seiner Zeit. Danach beruht das Recht nicht auf philosophischen Grundsätzen, sondern auf Rechtnormen. Rechtspositivisten wie ihr geistiger Vater Bentheim bestehen nicht auf einer Definition von »Gerechtigkeit«, sondern auf (sinnvollen) Absprachen und Festlegungen. Ein solches Recht ist nicht »ethisch« und will es nicht sein, ebenso wenig wie zum Beispiel die Verkehrsregeln. Doch Stammler widerspricht energisch. Wer soziale Harmonie in der Gesellschaft anstrebt, der brauche ein Rechtssystem, in dem dieses Ziel verankert ist – nicht zuletzt in wirtschaftlicher Hinsicht.

Zur gleichen Zeit beschäftigt sich auch der Solinger Gymnasiallehrer *Karl Vorländer* (1860–1928) mit der Frage, inwieweit Kants Philosophie, zeitgenössisch interpretiert, zwangsläufig zu sozialistischen Forderungen führt. Vorländer stammt aus Marburg und hat dort bei Cohen und Natorp studiert. Allgemeine Bekanntheit erlangt er durch seine gut und verständlich geschriebene Philosophiegeschichte, mit der er möglichst viele Menschen gewinnen will, sich mit Philosophie zu beschäftigen. In seinem Werk *Kant und der Sozialismus* (1900) erklärt er den berühmten Philosophen zwar nicht zum Sozialisten, wohl aber zum Vater einer Theorie, die konsequent weitergedacht zum Sozialismus führen muss. Sollten die deutschen Sozialisten nicht ihren Materialismus fahren lassen und sich stattdessen auf Kant berufen? Auf den Sozialismus als »sittliche Idee« statt als gesellschaftliche Notwendigkeit?

Dem schließt sich auch der Wormser Gymnasiallehrer und Philosoph *Franz Staudinger* (1849–1921) an. Nicht die Geschichte oder die natürliche Evolution, sondern die Ethik treibe die Gesellschaft zum Besseren. Und was könne besser sein als eine Gesellschaft, die jedem ein sittliches Leben ermögliche? Sittlichkeit muss folglich immer als soziale, gesellschaftliche und politische Aufgabe verstanden werden und nicht dem Einzelnen als Privatangelegenheit überlassen sein. Staudinger leistet dazu seinen eigenen Beitrag. Von 1896 an macht er sich als unermüdlicher Reisender für Konsumgenossenschaften stark, um den Arbeitern die Möglichkeit zu geben, sich selbst mit günstigen Nahrungsmitteln zu versorgen.

Die ausführlichste Begründung, warum Kantianer Sozialisten und Sozialisten Kantianer sein sollen, aber liefert Cohen in seiner

Ethik des reinen Willens, dem aufsehenerregendsten Teil seines systematischen Werks über Erkenntnis, Ethik und Ästhetik. Der Ausgangspunkt ist Kants dritte Formulierung des kategorischen Imperativs; nämlich, dass wir angewiesen sind, die Menschheit in unserer Person und in der eines jeden anderen jederzeit zugleich als *Zweck* und niemals bloß als *Mittel* zu behandeln. Menschen, so lautet die Pointe, sind ein Selbstzweck und dürfen nicht verzweckt werden. Diesem Imperativ schließt sich Cohen mit größter Emphase an: »In diesen Worten ist der tiefste und mächtigste Sinn des kategorischen Imperativs ausgesprochen; sie enthalten das sittliche Programm der neuen Zeit und aller Zukunft der Weltgeschichte ... Die Idee des Zweckvorzugs der Menschheit wird dadurch zur Idee des Sozialismus, daß jeder Mensch als Endzweck, als Selbstzweck definiert wird.«[246]

Nun war Kant schon deshalb kein Sozialist gewesen, weil es *den* Sozialismus und die Arbeiterbewegung zu seiner Zeit noch gar nicht gab. Im Preußen des späten 18. Jahrhunderts war es bereits aufrührerisch und radikal, wenn man Religion zur Privatsache, Gott zur »regulativen Idee« und die Menschen als sittlich prinzipiell gleichrangig erklärte. Doch für Cohen ist das, was im Preußen des 18. Jahrhunderts »liberal« war, im Kaiserreich des frühen 20. Jahrhunderts »sozialistisch«. Nehmen wir doch einfach mal ernst, dass Menschen ein Selbstzweck sind, der nicht verzweckt werden darf. Wie soll das mit dem Kapitalismus zusammengehen? Der Kapitalist lässt andere Menschen fortwährend für seinen Gewinn schuften und verzweckt sie am laufenden Band! Kein Fabrikherr und kein Industriemagnat sieht in seinen Arbeitern die »Menschheit in seiner Person«, sondern nur ein Mittel zu seinem eigenen Zweck. Kants Definition der »Menschenwürde« widerspricht fundamental dem Prinzip der kapitalistischen Ausbeutung. Und insofern – wenn auch nur insofern – kann Cohen schreiben, dass Kant »der wahre und wirkliche Urheber des deutschen Sozialismus« ist.[247]

Keine Institutionen, die nicht gesetzgebend von allen geschaffen werden – das ist für Cohen das Ergebnis, wenn man Kants Formel vom Menschen als Selbstzweck gesellschaftlich weiterdenkt. Nicht nur die Politik, auch die Arbeitswelt muss dementsprechend demokratisch werden, und zwar durch Teilhabe und Mitbestimmung. Weil das aber mit dem bestehenden Kapitalismus unvereinbar ist, muss er verändert werden. Statt weiterhin Eignern zu gehören, sollen die Fabriken sozialisiert werden zu Produktionsgenossenschaften. Denn nur so kommt der »Gesamtwille« der Menschen zum Tragen. Die Genossenschaft gehört ihren Mitgliedern. Und diese fühlen sich dazu verpflichtet, so zu produzieren, dass das, was sie tun, den Zwecken aller Individuen in der Gesellschaft dient. Auf diese Weise, erträumt sich Cohen, bekäme die Wirtschaftspolitik als Ganzes ein ethisches Ziel, das ihr im Kapitalismus fehlt. Statt Bedarf zu wecken, wird er gedeckt, und statt kurzsichtiger Profitinteressen herrschen »Wahrhaftigkeit« und vorausblickende Verantwortung.

So weit, so idealistisch. Von einer konkreten Agenda, wie und durch welche (gewaltsamen?) Mittel ein solcher Zustand erreicht werden soll, verrät Cohen nichts. Nur eines ist klar: Damit sich all dies umsetzen lässt, braucht man, wie schon Godwin und Owen wussten, entsprechend informierte und gebildete Arbeiter. Gedanken dazu macht sich vor allem Cohens Schüler und Freund Natorp. Der »Sozialidealismus« soll zur »Sozialpädagogik« ausgebaut werden. Natorp füllt den Begriff, eine Wortschöpfung der Herbart-Schule, mit Bestimmungen wie freie »Selbstbildung«, »Selbsttat« und »Selbstschöpfung«. Diese Selbstbildung ist ein unendlicher Prozess. Denn zu allem Wissen über die Welt und über sich selbst kommen Menschen, wie Natorp 1899 schreibt, durch das »Buchstabieren von Erscheinungen«.[248]

Dem Philosophen selbst fällt dieses Buchstabieren und Entziffern oft selbst nicht leicht. Als Sozialist, der die Arbeiter vom kapitalistischen Joch befreien will, begrüßt Natorp (ähnlich wie viele Sozialdemokraten) den Ersten Weltkrieg. In völliger Fehleinschätzung der Situation hofft er darauf, der siegreiche Krieg würde, wenn er auch der »entsetzlichste der Kriege« sei, nicht der »Deutschheit in der Sonne irdischer Glorie« nützen, sondern dem Durchbruch zum Sozialismus. Die schrägen Töne, die in Titeln wie *Deutscher Weltberuf* und *Der Tag des Deutschen* anklingen, haben seinen Ruf nachhaltig beschädigt. Dass es ihm dabei nicht um Nationalismus ging, beweist Natorp in den Tagen der Münchner Räterepublik. Hier kämpft er für die von Cohen geforderte Vergenossenschaftung des Bodens, möchte die Kapitalisten enteignen und die Betriebe sozialisieren. In den letzten Jahren bis zu seinem Tod 1924 mischen sich dann verstärkt mystische Gedanken in seine kritische Philosophie.

Mit der Emeritierung Cohens (1912) und Natorps (1922) endet die Blütezeit des Marburger Neukantianismus. Nachfolger auf Cohens Lehrstuhl wird bezeichnenderweise kein Philosoph, sondern der Psychologe *Erich Rudolf Jaensch* (1883–1940). Der Siegeszug der von den Neukantianern so heftig bekämpften Psychologie ist nicht aufzuhalten. Im Jahr 1921 organisiert Jaensch in Marburg den ersten Kongress der Gesellschaft für Experimentelle Psychologie nach dem Ersten Weltkrieg. Einen furchtbaren Namen macht er sich später als flammender Nationalsozialist, Rassentheoretiker und Parapsychologe.

Animalische Moral

Hatte Kropotkin recht, als er mit Marx und Darwin meinte, die Geschichte der Menschheit verrate eine Tendenz zur stufenweisen Höherentwicklung? Man kann darüber streiten. Nur wenige werden leugnen, dass sich die Menschheit seit ihren Anfängen zu einer immer umfangreicheren Zivilisation und immer subtileren Kultur entwickelt hat. Und auch die positive Entwicklung von Freiheit und Wohlstand in den Industrieländern der letzten zweihundert Jahre lässt sich nicht abstreiten. Doch ob diese Evolution dialektisch oder naturgesetzlich ist, ob sie langfristig zu einer klassenlosen Gesellschaft führen wird und ob es zwingend einer entsprechenden Ethik bedarf – darüber lohnt sich bis heute die Auseinandersetzung.

Das fruchtbarste Erbe Kropotkins war deshalb etwas anderes. Schon früh sah er in der Moral keine exklusive Erfindung des Menschen. Wenn Huxley meinte, die Moral sei das »scharf geschmiedete Schwert des Menschen, um den Drachen seiner tierischen Herkunft zu schlachten« – so nahm er an, dass allein der Mensch über Ethik und Moral verfügte. Und dass sie sich, wie Kropotkin anmerkte, damit aus dem Nichts entwickelt haben mussten. Eine völlig unbiologische Vermutung! Kropotkins Studien über die »gegenseitige Hilfe in der Tierwelt« legen dagegen die Saat für eine Disziplin, die heute als Soziobiologie oder evolutionäre Psychologie vor allem in den angelsächsischen Ländern zahlreiche Lehrstühle beansprucht. Ihre Frage lautet: Worin besteht das animalische Erbe des Menschen und wie weit reicht es in unser Verhalten hinein?

Nach Evolution und Ethik zu fragen ist eine andere Frage, als sich weltanschaulich zwischen Evolution oder Ethik entscheiden zu müssen. Die erste Disziplin *beschreibt* einen Zusammenhang; die zweite befragt ihn nach seiner moralischen *Verbindlichkeit* für das menschliche Handeln. Nach Humes berühmter Unterscheidung von Tatsachen und Normen gehen aus Fakten keine moralischen Handlungsanleitungen hervor. Ein animalisches Erbe zu besitzen, das unsere Triebe, vielleicht sogar unsere Werte bestimmt, bedeutet nicht, diese in jedem Fall gutzuheißen oder auszuleben. Aber kann es nicht nützlich sein, darüber so gut wie möglich informiert zu sein und sich somit besser zu kennen?

Zu Kropotkins Zeiten steckt die Forschung über das, was Tiere tun und empfinden, noch in den Kinderschuhen. Von der Natur der Tiere auf den Menschen zu schließen, bedeutete, in Klischees zu sprechen. Man denke nur an die seit der Antike gängige Formel, der Mensch sei dem Menschen ein Wolf. Sie sieht Wölfe nicht als die sozialen Wesen, die sie sind, sondern als asoziale.

Obwohl bereits der Römer Plinius Tiergeschichten sammelte, blieb die seit dem 18. Jahrhundert genannte »Thierseelenkunde« ein noch abseitigeres Interesse als die »Erfahrungsseelenkunde« des Menschen. Und selbst als man anfing, die Verhaltensmuster von Tieren seit Mitte des 19. Jahrhunderts als »Instinkt« zu bezeichnen, wurde er nur selten erforscht.

So gehört Kropotkin zu den Ersten, die ihr Augenmerk auf jenes Verhalten richten, das man beim Menschen »moralisch« zu nennen pflegt, das aber auf ähnliche Weise auch vielfältig im Tierreich vorkommt. Wie und warum organisieren sich sozial lebende Tiere? Warum haben manche Tiere Mitgefühl? Und warum sollte beim Menschen ausschließlich rational sein, was bei den Tieren sozialer »Instinkt« ist? Lässt sich nicht womöglich, wie Darwin andeutete, der Ursprung des ethischen Empfindens und Denkens aus der Evolution erklären? Und die Welten, die Bernstein und Cohen so bewusst auseinanderhalten, das Deskriptive und das Normative, lassen sie sich nicht zumindest nach ihren natur- und kulturgeschichtlichen Abhängigkeiten befragen?

Das Ergebnis solcher Forschungen, das weiß Kropotkin auch, darf allerdings nichts streng Normatives sein wie bei Spencer oder Haeckel. Die Untersuchung des »Sollens«, von Normen oder Idealen, soll nicht dazu führen, das, was man beschreibt, für richtig oder falsch, verbindlich oder unverbindlich zu erklären. Menschen haben ein weit gefächertes Verhaltensrepertoire. Aber offensichtlich gibt es weniges, was alle Menschen im doppelten Wortsinn als »Menschlichkeit« verbindet. Vielleicht geht es in der Moral deshalb gar nicht um übergreifende moralische Prinzipien, sondern schlicht um Verabredungen und Gewohnheiten?

Einer der ersten Forscher, der diese Sicht sehr konsequent vertritt, ist der finnische Philosoph, Soziologe und Ethnologe *Edvard Westermarck* (1862–1939). Im Jahr 1891 wird der Achtundzwanzigjährige aus Helsinki schlagartig mit seiner Doktorarbeit berühmt; ein Buch über den Ursprung und die Geschichte der menschlichen Ehe. Der junge Wissenschaftler entzaubert darin einen Mythos: die weit verbreitete Vorstellung, dass frühere menschliche Gesellschaften Matriarchate gewesen und von Frauen regiert worden seien. Außerdem findet Westermarck überall in der Kulturgeschichte Hinweise auf die Monogamie. Dafür hatte es nicht erst der in seinen Augen überschätzten Ideen des Juden- und des Christentums gebraucht. Das Buch sorgt für Furore und steht in ganz Westeuropa für eine vorurteilsfreie und radikal moderne Sicht der Moral. In der Komödie *Mensch und Übermensch* (1903) lässt George Bernard Shaw seine Heldin Violet als sehr moderne Frau auftreten – erkennbar daran, dass sie Westermarck gelesen hat!

Das Buch über die Ehe macht den Finnen berühmt und verschafft ihm zahlreiche Stipendien. Der ehrgeizige Westermarck möchte ein Werk schreiben, in dem er alle sozialen Spielregeln unter Tieren und unter Menschen zusammenträgt und auswertet. Er möchte »Moralwissenschaft« betreiben in enger Verbindung von Tierpsychologie und Anthropologie. Die neu entstehenden Wissenschaften der Ethologie und der Ethnologie trennt anfangs nur ein einziger Buchstabe. Beide wollen den Ausdrucksreichtum und die Vielfalt von Verhalten erkunden. Westermarck plant eine Weltreise, um möglichst viele Kulturen zu studieren. 1898 startet er mit Marokko. Doch was er hier vorfindet, ist für ihn so spannend und reichhaltig, dass seine erste Etappe zugleich die letzte bleibt. Insgesamt neun Jahre bleibt er im Maghreb, kauft eine Villa in Tanger und veröffentlicht derweil so viel, dass er 1904 an die London School of Economics berufen wird. 1906 richtet ihm die Universität Helsinki eine Professur für Praktische Philosophie ein, sodass Westermarck von nun an zwischen England, Finnland und Marokko hin und her reist.

Derweil entsteht sein Hauptwerk: *The Origin and Development of the Moral Ideas* (*Ursprung und Entwickelung der Moralbegriffe*). Er veröffentlicht es 1906 und 1908 in zwei dicken Bänden: eine Philosophie der Moral auf naturwissenschaftlicher und kulturwissenschaftlicher Grundlage. Die radikale Pointe ist leicht formuliert: Moral ist ein biologisches Phänomen, ein Ensemble von widersprüchlichen Instinkten, die von Gesellschaft zu Gesellschaft völlig unterschiedlich normiert werden können. Einen absoluten Haltepunkt gibt es dabei nicht. Kein moralisches »Gesetz« in uns, keine verbindliche Maxime und keine goldene Regel höherer Ordnung machen den Menschen zum Menschen.

Was wir seit Kant unsere Handlungsmaximen nennen, beruhe nicht auf unserer inneren Verfassung. Die innere Stimme sei schlichtweg sozial antrainiert. Und unsere Urteile – in diesem Punkt folgt Westermarck Hume – sind nicht mehr als der Ausdruck unserer Gefühle des Gefallens und des Missfallens. Um es schonungslos zu sagen: Unsere moralischen Prinzipien seien eben keine Konstanten, sondern Variablen. Und einen objektiven Maßstab, um sie zu bewerten, gibt es nicht. Wenn wir dies endlich begreifen, so Westermarck, ginge nicht viel verloren. Im Gegenteil, wir gewännen an Verständnis und Großzügigkeit dazu: »Könnte den Menschen wieder klargemacht werden, dass es keinen moralischen Standard gibt, dann würden sie wahrscheinlich eher toleranter in ihren Urteilen werden und besser darauf hören, was ihr Verstand ihnen eingibt.«[249]

Dass Moral frei von Emotionen sei, haben nur wenige Philosophen behauptet. Insbesondere Aristoteles, Thomas von Aquin, Spinoza, Hume und Smith hatten sich sehr intensiv mit moralischen Gefühlen beschäftigt. Doch Westermarck verankert die Gefühle tiefer in der animalischen Natur des Menschen als jeder andere zuvor. Durch zahlreiche Vergleiche mit Tieren, die er vom Lesen und Hörensagen kennt, erstellt er ein Ensemble von moralischen Gefühlen, die unser soziales Verhalten bestimmen. So prägt er den Begriff der »retributiven Emotionen« – Gefühle, die uns dazu verleiten, Handlungen, die wir als ungerecht empfinden, durch »Rache« auszugleichen. Doch »retributive Emotionen« sind nicht nur negativ. Auch Wohltaten, die wir empfangen, wollen wir nach Möglichkeit durch eine Gegenleistung ausgleichen – ein Gedanke, der sich schon bei Nietzsche findet, den Westermarck nicht kennt. »Retributive Emotionen« knüpfen mit der Zeit ein kompliziertes Gespinst an Abhängigkeiten und tragen so dazu bei, dass sich Gemeinschaften einspielen und stabilisieren.

Ein weiterer Eckpfeiler sozialer Beziehungen ist für Westermarck die »mitfühlende Missbilligung«. Oft wollen wir nicht, dass auch anderen ein Unrecht geschieht – weil wir uns in sie hineinversetzen können. Auf einer dritten Stufe können wir dieses Gefühl so sehr abstrahieren, dass wir zu einer allgemeinen Moral kommen. Wir legen dann fest, dass *jeder* das Recht hat, nicht ungerecht behandelt zu werden. Während wir »retributive Emotionen« mit vielen anderen Tieren teilen, sind es bei »mitfühlender Missbilligung« nur noch wenige. Und allein die dritte Stufe der »Abstraktion« ist exklusiv menschlich.

Bedauerlicherweise steht Westermarcks »evolutionäre Ethik« zu Anfang des 20. Jahrhunderts tief im Schatten seines »moralischen Relativismus«. Die Zeitgenossen im spätviktorianischen England interessieren sich mehr für seine areligiöse Erklärung der Ehe, für Inzesttabus und vielfältige Sexualpraktiken in aller Welt als für Tierpsychologie. Die Philosophie einfach Philosophie sein zu lassen und alle moralischen Phänomene und kulturellen Normen psychologisch, soziologisch oder sozialanthropologisch zu erklären erscheint ihnen ebenso unverfroren wie verführerisch. Und der Grundsatz, dass die Moral keine Grundsätze braucht, um erfolgreich zu wirken, ist eine zeitlose Provokation.

Als Westermarck am Vorabend des Zweiten Weltkriegs 1939 in der finnischen Ortschaft Tenhola stirbt, kann er sicher sein, dass er die Anthropologie nachhaltig beeinflusst hat. Sein berühmter französischer Nachfolger Claude Lévi-Strauss bedenkt den Finnen mit großem Lob. Westermarck habe unser Verständnis des Sozialen und Moralischen erneuert – hin zu einer umfassenden Beschreibung der Menschheit. Dass Ethnologen und Anthropologen heute manches anders sehen als der Forscher vor hundert Jahren, dürfte daran nicht viel ändern. Denn noch immer gibt es überraschend wenig Einigkeit in der Frage, was allen Kulturen gemeinsam ist. Im Jahr 1945 veröffentlicht der US-amerikanische Anthropologe *George Peter Murdock* (1897–1985) von der Yale University eine Liste von Gemeinsamkeiten in allen Kulturen. Er nominiert dafür dreiundsiebzig Kandidaten. In Bezug auf moralisches Verhalten nennt er »Ethik«, »Etikette«, »Gastfreundschaft«, »Geburtshilfe«, »gesellschaftliche Ordnung«, »Gesetze«, »Inzesttabu«, »nachgeburtliche Versorgung«, »politische Führung«, »Schenken«, »Schwangerschaftsregeln«, »sexuelle Beschränkungen« und »Strafen«.

Die Tatsache, dass jede Kultur eine Vorstellung von Gut und Böse hat, sagt allerdings noch nichts über die Qualität des Guten und Bösen aus. Für manche Kultur und Religion ist ein Schwangerschaftsabbruch »böse«, für andere dagegen nicht. Und die Vorstellungen von einem »guten« Nazi im »Dritten Reich« lassen uns heute moralisch erschauern. So aufschlussreich die sozialanthropologische Forschung ist – ersetzt sie tatsächlich, wie Westermarck und manche seiner Zeitgenossen meinten, die Philosophie? Und als sei die Herausforderung einer »Moralwissenschaft« statt einer Ethik nicht schon groß genug, verübt vor der Jahrhundertwende zugleich noch ein berühmter Physiker ein folgenschweres Attentat auf die Philosophie; einen Anschlag, der explosiver kaum sein könnte …

Wer ist Ich?

Ein Sommertagstraum – Abschied vom Ich – Alles ist Empfindung! – Monismus oder Dualismus? – Das wiedergefundene Ich – Psychologie oder Logik? – Das Wahre ist das Unbewusste

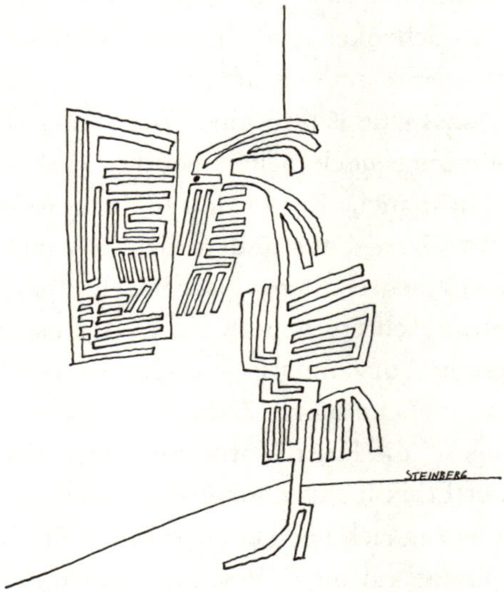

Ein Sommertagstraum

Im Jahr 1855 macht ein siebzehnjähriger Mathematikstudent einen Spaziergang in der Umgebung von Wien. Das Erlebnis hinterlässt bei dem jungen Naturwissenschaftler einen tiefen Eindruck. Fünfundvierzig Jahre später, als Professor im Ruhestand, wird er darüber schreiben: »An einem heiteren Sommertage im Freien erschien mir einmal die Welt samt meinem Ich als *eine* zusammenhängende Masse von Empfindungen, nur im Ich stärker zusammenhängend. Obgleich die eigentliche Reflexion sich erst später hinzugesellte, so ist dieser Moment für meine ganze Anschauung bestimmend geworden.«[250]

Der Name des Studenten ist *Ernst Mach* (1838–1916). Und die Schlussfolgerungen aus seinem Sommertagserlebnis werden zu einem der wichtigsten Knotenpunkte der modernen Philosophie. Dabei wollte Mach überhaupt keine eigene Strömung schaffen, keine nach ihm benannte »Machsche Philosophie«.[251] Er selbst sah sich, listig und bescheiden, als einen »philosophischen Sonntagsjäger« und »naiven Beobachter«. Doch oft missverstanden und einseitig interpretiert, machte das, was Mach dachte, eine vielfältige und oft irrlichternde Karriere: als »Positivismus«, »Empiriokritizismus«, »Monismus« oder »philosophischer Impressionismus«.

Geboren wurde Mach 1838 in Chirlitz (Chrlice) bei Brünn. Sein Vater war Lehrer und Erzieher und gehörte zur deutschsprachigen Minderheit. In seinen Erinnerungen beschreibt sich Mach als »ein schwaches, elendes Kind, das sich sehr langsam entwickelte«.[252] Als der Junge zwei Jahre alt ist, lässt sich der Vater mit der Familie in Untersiebenbrunn in der Umgebung Wiens nieder und wird Bauer. Zwischen sieben und neun wird der Sohn von ihm privat unterrichtet, er begeistert sich vor allem für Handwerk und Technik. Der Versuch, den auf diese Weise geförderten Jungen in die Gymnasialklasse des Benediktinerstifts Seitenstetten einzuschulen, schlägt fehl. Mach ist überfordert. In seiner Not unterrichtet der Vater den Sohn weiter als Hauslehrer und prägt ihn zugleich durch seine politisch fortschrittliche Gesinnung. Doch die frühen 1850er-Jahre sind keine hoffnungsfrohe Zeit. In Österreich-Ungarn stehen sie, wie fast überall in Europa, im Zeichen der Restauration. Machs Vater erlebt sie als bedrückend und hoffnungslos. Er bewegt seinen Sohn dazu, das Schreinerhandwerk zu erlernen, um Österreich zu verlassen und später erfolgreich in die USA auszuwandern zu können. Als Mach mit fünfzehn ein zweites Mal ins Gymnasium eingeschult wird, bewährt er sich allerdings so gut, dass er den Plan aufgibt.

Sein erstes großes Bildungserlebnis hat der Junge aber nicht in der Schule. Als Halbwüchsiger findet er Kants *Prolegomena zu einer jeden künftigen Metaphysik, die als Wissenschaft wird auftreten können* im Bücherschrank seines Vaters. Mach schätzt Kants hohen Anspruch an die Wissenschaftlichkeit der Philosophie. Wer konsequent philosophisch denkt, kann kein naiver Realist mehr sein, weil alle Dinge der Welt uns nur als Bewusstseinsinhalte zugänglich sind. Für einen technisch-praktisch ausgebildeten Menschen eine große gedankliche Herausforderung. Doch Mach erkennt die Wahrheit in Kants transzendentalphilosophischem Ansatz. Wie viele andere Kant-Kritiker vor ihm lässt er sich allerdings nicht dazu verführen, neben der Bewusstseinswelt ein metaphysisches Reich der Freiheit anzunehmen, eine Welt des »Dings an sich«. Der naive Realismus des technisch und praktisch denkenden Menschen ist falsch. Aber auch der metaphysische Idealismus Kants befriedigt nicht. Die Wahrheit muss irgendwo zwischen diesen beiden Polen liegen – diese frühe Einsicht bleibt ihm ein Leben lang erhalten!

Im Jahr 1855 beginnt Mach sein Studium in Wien. Er studiert Mathematik und Naturwissenschaften und erlangt nach fünf Jahren seinen Doktorgrad. Ein Jahr später habilitiert er sich in Physik und wird Privatdozent. Doch sein philosophisches Interesse ist nach wie vor so groß wie sein naturwissenschaftliches. Wie spielen Außenwelt und Innenwelt des Menschen zusammen, das Physische und das Psychische? Liegt die Lösung in dem, was der Mediziner, Psychologe, Physiker und Naturphilosoph *Gustav Theodor Fechner* (1801–1887) »Psychophysik« nennt?

Fechner ist ein vielseitig interessierter, ein schillernder Gelehrter. Er ist eng mit Lotze befreundet und denkt weit über alle Fachgrenzen hinaus. Im Herzen ist er ein Romantiker, und alle Natur ist für ihn beseelt. Auffällig wird er, als er sich 1848 intensiv mit dem »Seelenleben« der Pflanzen beschäftigt. Warum soll es bei so hochempfindsamen Wesen wie Pflanzen keine »Pflanzenseele« geben, wenn es doch auch eine »Tierseele« gibt? Als Physik- und später Philosophieprofessor in Leipzig möchte Fechner grundsätzlich klären, wie Physisches und Psychisches gesetzmäßig zusammenspielen. Wie kann es sein, das physische Reize psychische Prozesse und ein reges Vorstellungsleben auslösen? Was geschieht dabei? Diese Frage hatten sich schon die Empiristen und Sensualisten des 18. Jahrhunderts gestellt. Aber sie waren nicht zu befriedigenden Lösungen gekommen.

Im Alter von neunundfünfzig Jahren veröffentlicht Fechner sein umfangreiches Hauptwerk, die zweibändigen *Elemente der Psychophysik* (1860). Er sieht die neue Disziplin als ein Teilgebiet der noch ganz jungen experimentellen Psychologie. Den Prozess, der unsere Sinne Reize erleben lässt, nennt Fechner *äußere* Psychophysik; die neuronale Verarbeitung der Erlebnisse im Gehirn *innere* Psychophysik. Leider ist die Neurophysiologie noch nicht entfernt so weit, dass sie über die innere Psychophysik viel wüsste. Fast alles, was von Philosophen und Medizinern Mitte des 19. Jahrhunderts darüber erzählt wird, ist ähnlich unbeholfen wie Herbarts Fantasie, die Druck- und Stoßbewegungen im Gehirn ähnelten denen der Gestirne am Himmel. Schon deshalb konzentriert sich der Leipziger Forscher vor allem auf die Wahrnehmung von Reizen. Welche Impulse nehmen unsere Sinne überhaupt wahr? Was sehen, fühlen, hören, riechen und schmecken wir und was nicht? Fechner stürzt sich dazu in ungezählte Versuche und notiert Beobachtung um Beobachtung.

Mach in Wien ist elektrisiert. Im Januar 1861 schreibt der junge Physiker dem erfahrenen Psychophysiker einen Brief: »Seit längerer Zeit beschäftigte ich mich mit mathematischer Psychologie; mein Streben ging dahin, für die Psychologie ähnliche Methoden des Experimentes und der Beobachtung ausfindig zu machen, wie sie in der Physik längst bekannt sind. Ich konnte aber für meine Ideen keine rechte Basis finden bis endlich Ihre Psychophysik erschien. Mit Fieber las ich das Buch und fand meine Erwartungen weit übertroffen. Meiner Meinung nach lassen sich Ihre Methoden noch viel weiter ausdehnen …«[253]

1864 wird Mach Professor für Mathematik in Graz und im

Wintersemester 1867/1868 Professor und Institutsleiter für Physik in Prag. Hier entsteht 1872 sein erstes größeres Werk: *Die Geschichte und die Wurzel des Satzes von der Erhaltung der Arbeit*. Der sonderbare Titel im Mischjargon von Mathematik und Ökonomie verrät den enorm hohen Anspruch. Mach möchte drei Dinge in einem Buch klären: Was sind wissenschaftliche Theorien und wozu dienen sie? Wie führen physikalische Reize zu psychischen Zuständen? Und woran liegt es, dass die Physik auf die zweite Frage keine gute Antwort hat? Die Erklärung folgt sofort. Das Problem kann nur in der Begrenztheit der klassischen Mechanik liegen. Für Mach wimmelt es in der Physik von überflüssigen und irreführenden Substanzbegriffen wie der absoluten Zeit, dem absoluten Raum und der absoluten Bewegung. Was der Physiker für Realismus halte, ist für ihn waghalsige Spekulation ohne irgendeine Möglichkeit, sie in der Erfahrung zu bestätigen. Das Gleiche gilt nach Mach natürlich auch für die Philosophie. Auch die Philosophen versagen, weil sie entweder Materialisten (wie die meisten Physiker) oder metaphysische Idealisten (wie Kant) sind. Von beiden Seiten her aber ließe sich das psychophysische Problem nicht aufschlüsseln.

Was tun? Abrüsten, empfiehlt Mach. Von vorne anfangen, Spekulationen sein lassen, unbewiesene »Substanzen« aufgeben. Ein zukünftiger Wissenschaftler hantiere nur mit Wissen, das die Erfahrung ihn lehrt, und mit begrifflichem Handwerkszeug, das zur Erkenntnis unbedingt nötig ist. Nicht anders arbeite ja auch unser menschliches Bewusstsein. Bereits John Locke, der Vater des Empirismus, hatte von der »*narrowness of the human mind*«, der Enge des Bewusstseins, gesprochen. Und Mach fordert von allen Erkenntnistheoretikern, in der Theorie nicht anders vorzugehen als im Leben. Das Zauberwort heißt »Denkökonomie«; eine Losung, die er bei den Kollegen Helmholtz, Gustav Robert Kirchhoff und Richard Avenarius vorfindet.

Während er philosophisch über die große psychophysische Frage nachsinnt, führt Mach an seinem Prager Institut zahlreiche Experimente zur Sinneswahrnehmung, zum Hören und zum Sehen durch. Er schreibt über *Optisch-akustische Empfindungen* (1872) und verfasst *Grundlinien der Lehre von den Bewegungsempfindungen* (1875). Ihm fällt auf, dass sich die Beschleunigung und die Trägheit eines Körpers nicht isoliert feststellen lassen, sondern nur in Bezug auf andere Massen im Universum. Das »Mach'sche Prinzip« und die umfangreiche Kritik an der Newton'schen Physik gelten als wichtiger Vorläufer für das, was Albert Einstein 1916, in Machs Todesjahr, »Allgemeine Relativitätstheorie« nennt. In den 1880er-Jahren folgen bedeutsame Versuche mit Raketenprojektilen und zum Überschall, die Machs Namen in die Physik einschreiben in Form des Mach-Zehnder-Interferometers, des Mach'schen Knotens, der Mach-Zahl, des Mach'schen Kegels, des Machmeters und der Machwelle. Dass 1924 die Schallgeschwindigkeit nach ihm benannt wird und die Concorde später mit Mach 2 durch die Luft donnern wird, ist diesen Forschungen zu verdanken.

Abschied vom Ich

Während er im Prager Labor und auf niedersächsischen Feldern mit Raketenprojektilen und Luftwiderstand experimentiert, findet Mach zugleich die Zeit, sich in der Philosophiegeschichte zu verewigen. 1886 erscheinen seine *Beiträge zur Analyse der Empfindungen*; ein Buch, das er vierzehn Jahre später als *Die Analyse der Empfindungen und das Verhältnis des Physischen zum Psychischen* (1900) noch einmal umschreibt und ergänzt. In der zweiten Auflage ist das Werk ein großer Erfolg. Es gehört zu jenen charakteristischen Büchern der Jahrhundertwende, die alle auf ihre Weise eine neue Zeit und eine neue Welt ankündigen. Seit an Seit steht es mit Haeckels *Die Welträthsel*, Sigmund Freuds *Die Traumdeutung*, Georg Simmels *Philosophie des Geldes* und Nietzsches *Der Wille zur Macht*.

Das Thema erinnert stark an Fechners Psychophysik. Mach arbeitet das aus, was er 1872 in seiner Programmschrift skizziert hat. Er möchte die Erkenntnistheorie auf ein neues Fundament stellen. Dafür muss er, wie jeder Erkenntnistheoretiker, gute Antworten auf die beiden Fragen finden, die die Philosophie seit jeher bewegen: Wie wirklich ist die Wirklichkeit? Und woher weiß ich, was ich weiß?

Die erste Frage ist für Mach im Zeitalter Darwins kein großes Problem. Der menschliche Geist ist ein Produkt der Evolution, entstanden durch permanente Anpassung an die Umwelt. Aus diesem Grund dürfen wir getrost davon ausgehen, dass das, was wir wahrnehmen, viel mit *der* Realität zu tun hat. Zwar ist uns *die* Realität, wie jeder Kant-Leser weiß, nicht unmittelbar zugänglich, sondern nur in Form von Bewusstseinsinhalten, aber das schadet nichts. Dass das, was uns als Realität erscheint, auch Realität ist, garantiert kein Apriori, sondern folgt aus der Evolutionstheorie. Der Mensch hat sich so gut an die Welt angepasst, dass er sich darin orientieren und folglich überleben kann. Dass Menschen sich permanent in Bezug auf ihre Umwelt täuschen, ist abwegig, denn dann hätten sie nicht überlebt. Denkökonomisch betrachtet können wir also getrost davon ausgehen, dass es die physikalische Welt tatsächlich gibt und dass wir grundsätzlich in der Lage sind, sie auch richtig zu erkennen.

Bleibt also nur die zweite Frage. In Machs Denkwelt verteilt sie sich auf drei Fragen: 1. Wie korrespondiert meine Innenwelt so mit der Außenwelt, dass aus Reizen Vorstellungen und Begriffe werden? 2. Wieso kann ich in mir Farben und Töne, ja ganze Landschaften und Melodien zum Leuchten bringen, ohne sie in diesem Moment durch einen Außenreiz vermittelt zu bekommen? 3. Woher weiß ich, dass ich ein »Ich« bin, sogar ein ganz bestimmtes »Ich«, das darum weiß, dass es von sich selbst weiß? An solchen Fragen, insbesondere an zwei und drei, war der Empirismus bislang gescheitert. Aber was könnte weiterhelfen? Ein Empiriokritizismus?

Das sperrige Wort, das so oft für Machs Philosophie verwendet wird, stammt nicht von ihm selbst. Es ist das Programm des Zürcher Professors für induktive Philosophie, *Richard Avenarius* (1843–1896). Avenarius, der eigentlich Habermann heißt, hatte Philosophie, Philologie und Psychologie studiert. 1876 hat er sich vorgewagt mit einer kurzen Schrift mit einem langen Titel *Philosophie als Denken der Welt gemäß dem Prinzip des kleinsten Kraftmaßes. Prolegomena zu einer Kritik der reinen Erfahrung.* Avenarius ist ein naher Verwandter im Mach'schen Geist. Auch er möchte nichts gelten lassen, was nicht »reine Erfahrung« ist. Und auch er lehnt den Dualismus von Subjekt und Objekt ab und plädiert für einen »Monismus«. In seinem zweibändigen Hauptwerk *Kritik der reinen Erfahrung* (1888/1890) unterscheidet Avenarius stattdessen zwischen verschiedenen »Werten«. Was wir in unserer »Umgebung« wahrnehmen, besitzt einen »R-Wert«, Sprache und Erkenntnis sind »E-Werte«, und das Zentralnervensystem hat einen »C-Wert«. Da Avenarius die gesamte philosophische Tradition ablehnt, sind die Buchstaben willkürlich gewählt. Das Alphabet der »reinen Erfahrung« muss auf ähnliche Weise neu erfunden werden wie die vielen Begriffe bei Kant. Die fortlaufende Nummerierung in Hunderte Einzelabschnitte und die ungezählten mathematischen Gleichungen zeugen vom Versuch, die Erfahrung so wissenschaftlich wie möglich zu behandeln. Obwohl durchaus subtil, wirkt die ganze Untersuchung dadurch oft unfreiwillig komisch. Wenig überraschend, dass Avenarius nicht der Erfolg beschieden war, den er sich wünschte. Aus aufmerksamkeitsökonomischer Sicht war der Vater der »Denkökonomie« ein Verlierer.

Mach erkennt die Schwachstelle des Gleichgesinnten sofort. »Ich gebe gerne zu«, schreibt er in der *Analyse*, »dass ich in meiner Abneigung gegen eine künstliche Terminologie vielleicht in das entgegengesetzte Extrem verfallen bin als *Avenarius.*«[254] So vermeidet Mach, die Erfahrung zu mathematisieren. Gemeinsam mit dem Zürcher Kollegen ist ihm allerdings der radikale Ansatz vom Nullpunkt; eine in der Philosophie berühmte Methode, hatte sie doch schon dreihundert Jahre zuvor René Descartes verwendet. Und genauso geht auch der methodisch strenge Physiker als Denkökonom vor. Doch während Descartes jeder sinnlichen Erfahrung misstraut, lässt der Physiker gerade umgekehrt alles weg, was nicht aus der Erfahrung gewusst ist! Das größte Opfer, das er dafür bringen muss, ist das »Ich«. Dass ich ein »Ich« bin, das mit einer »Welt« im Austausch steht, ist für Mach der folgenschwerste Irrtum der Philosophie in der Nachfolge von Descartes. Wenn ein Denkender erkennt, dass es ohne die Tätigkeit des Denkens keine Gedanken gibt, dann begründet er nach Mach nämlich kein »Ich«. Erkannt wird nur eine *Tätigkeit*, nämlich das Denken als das Verbinden von Vorstellungen und Begriffen.

Gleich zu Anfang der *Analyse* verkündet der Physiker dem Leser in deutlichen Worten: »Das Ich ist unrettbar. Teils diese Einsicht, teils die Furcht vor derselben führen zu den absonderlichsten pessimistischen und optimistischen, religiösen und philosophischen Verkehrtheiten. Der einfachen Wahrheit, welche sich aus der psychologischen Analyse ergibt, wird man sich auf die Dauer nicht verschließen können. Man wird dann auf das Ich, welches schon während des individuellen Lebens vielfach variiert, ja im Schlaf und bei Versunkenheit in eine Anschauung, in einen Gedanken, gerade in den glücklichsten Augenblicken, teilweise oder ganz fehlen kann, nicht mehr den hohen Wert legen … Man wird hierdurch zu einer freieren und unverklärten Lebensanschauung gelangen, welche Mißachtung des fremden Ich und Überschätzung des eigenen ausschließt.«[255]

Was für eine Pointe! Niemand ist glücklicher, als wenn er erkennt, dass er kein »Ich« ist und dadurch vollkommen im Moment aufgeht. Machs Sommertagserlebnis lässt grüßen. Doch was wie ein Loblied auf einen *Flow* klingt, will viel mehr sein. Denn nicht zeitweilig, sondern ganz und gar soll das »Ich« verschwinden, das sich Milliarden Menschen offensichtlich nur einbilden. Die Frage, warum sie das tun und was dies möglicherweise mit der Evolution und einer besonderen denkökonomischen Lösung zu tun hat, übergeht Mach. Könnte die Entwicklung eines »Ichs« und das Wissen darum, Urheber der eigenen Taten zu sein, nicht evolutionär sehr erfolgreich gewesen sein? Und haben nicht auch manche Tiere (und nicht nur verkehrt denkende Philosophen) ein Ich-Bewusstsein?

Auch Mach kommt am Begriff des »Ichs« nicht so sauber vorbei, wie er möchte. Aber zumindest als »Substanz« will er das »Ich« loswerden und noch mehr als »Konstanz«. Zu sich »Ich« zu sagen bedeutet für ihn nicht, dass dieses »Ich« sich zeitlich als ein und dasselbe durchhält. Es mag Ich-Empfindungen geben, aber es existiert keine Identität dieses »Ichs«. Gleich zu Anfang der *Analyse* gibt Mach in einer Anmerkung zwei Beispiele dafür, wie flüchtig das »Ich« ist. Man hält sich nur deshalb für ein »Ich«, weil man sich »persönlich sehr schlecht« kennt: »Als junger Mensch erblickte ich einmal auf der Straße ein mir höchst unangenehmes widerwärtiges Gesicht im Profil. Ich erschrak nicht wenig, als ich erkannte, dass es mein eigenes sei, welches ich in einer Spiegelniederlage vorbeigehend durch zwei gegen einander geneigte Spiegel wahrgenommen hatte. – Ich stieg einmal nach einer anstrengenden nächtlichen Eisenbahnfahrt sehr ermüdet in einen Omnibus, eben als von der anderen Seite auch ein Mann hereinkam. ›Was steigt doch da für ein herabgekommener Schulmeister ein‹, dachte ich. Ich war es selbst, denn mir gegenüber befand sich ein großer Spiegel. Der Klassenhabitus war mir also viel geläufiger als mein Specialhabitus.«[256]

Was so flüchtig, unzuverlässig, wandlungsfähig und kenntnislos gegenüber sich selbst ist, kann nach Mach keine feste Größe namens »Ich« sein. Der Denkökonom kann es zur Seite legen. Für ihn gehen die Empfindungen »*allein* in der Welt spazieren«.[257] Auf diese Weise drückt Mach aus, was bereits Hume im 18. Jahrhundert festgestellt hatte. Wenn es ein »Ich« gibt, dann nicht als Gegenstand der Erfahrung, sondern nur als »Zusammensetzung der Wahrnehmungen«. Eine Illusion zwar, aber möglicherweise eine notwendige Illusion, die dem Menschen das schöne (und unverzichtbare?) Gefühl gibt, einen Supervisor im Gehirn zu besitzen.

Stimmt das? Ist das Ich eine Illusion? Ist das, was jeder normale Mensch zu sein glaubt, nur ein betrügerischer Hokuspokus im Gehirn? Haben sich die Philosophen des Abendlands zweitausend Jahre lang etwas vorgemacht, als sie mit größter Selbstverständlichkeit von einem Ich ausgingen, das sich mehr oder weniger erfolgreich mit den Dingen der Welt herumschlägt? Ist unser Ich etwa nicht das Oberstübchen, in dem all meine geistigen, emotionalen und willentlichen Akte ein und aus gehen? Die Trutzburg, die alles Auf und Ab des Lebens überdauert? Der ungeschnittene Spielfilm, der garantiert, dass ich mich durch alle Lebensjahrzehnte als ein und derselbe empfinde?

Die Antwort der Philosophie und der Naturwissenschaften ist bis heute nicht eindeutig. Ohnehin hatte die philosophische Tradition, von wenigen Ausnahmen abgesehen, ja nicht behauptet, dass das »Ich« ein Gegenstand oder eine Substanz sei. Kant sprach vom »Ich« als einem »Gegenstand des innern Sinnes«, im Gegensatz zum »Gegenstand äußerer Sinne«, dem Körper. Was wir »Ich« nennen, ist vor allem ein »Ich-Gefühl«, eine Melodie des Selbst sozusagen, die zwar biologisch nicht erfassbar, aber gleichwohl psychisch vorhanden ist. So wie die Beschreibung aller Instrumente eines Konzertsaals keine Sinfonie ergibt, so kann man das Ich nicht als Gegenstand erfassen. Viele Hirnforscher neigen heute zu der Ansicht, dass es nicht *ein* Ich gibt, sondern viele verschiedene Ich-Zustände: Mein *Körper-Ich* sorgt dafür, dass ich weiß, dass der Körper, mit dem ich lebe, tatsächlich mein eigener Körper ist; mein *Verortungs-Ich* sagt mir, wo ich gerade bin; mein *perspektivisches Ich* vermittelt mir, dass ich der Mittelpunkt der von mir erfahrenen Welt bin; mein *Ich als Erlebnissubjekt* sagt mir, dass meine Sinneseindrücke und Gefühle tatsächlich meine eigenen sind und nicht etwa die von anderen; mein *Autorschafts- und Kontroll-Ich* macht mit klar, dass ich derjenige bin, der meine Gedanken und meine Handlungen zu verantworten hat; mein *autobiografisches Ich* sichert, dass ich nicht aus meinem eigenen Film falle, dass ich mich durchgängig als ein und derselbe erlebe; mein *selbstreflexives Ich* ermöglicht mir, über mich selbst nachzudenken; das *moralische Ich* schließlich bildet so etwas wie mein Gewissen, das mir sagt, was gut und was schlecht ist.[258]

Zu all diesen Ich-Zuständen finden Psychopathologen Störungen, bei denen das eine oder andere Ich nicht richtig funktioniert, wie etwa in den Geschichten des britischen Psychoanalytikers *Oliver Sacks* (1933–2015) *The Man Who Mistook His Wife for a Hat* (*Der Mann, der seine Frau mit einem Hut verwechselte*) aus dem Jahr 1985. Untersucht man Patienten mit partiellen Ich-Störungen mithilfe von bildgebenden Verfahren, so lassen sich auch die Gehirnareale ausfindig machen, die hier offensichtlich nicht normal funktionieren. Das *Körper-Ich* und das *Verortungs-Ich* zum Beispiel haben etwas mit der Arbeit des Parietallappens zu tun, das *perspektivische Ich* mit dem rechten unteren Temporallappen, das *Ich als Erlebnissubjekt* hängt ebenfalls mit der Arbeit des rechten unteren Temporallappens zusammen, aber auch mit der Amygdala und anderen Zentren des limbischen Systems usw.

Doch so säuberlich diese Ich-Zustände hier geschieden werden, so zusammengekocht sind sie in der Realität unseres Gehirns. Mal drängt sich der Geschmack des einen auf und mal der des anderen. Nahezu ununterscheidbar in unserem Alltagsbewusstsein spielen sie alle zusammen. Manches liegt nur manchmal auf der Zunge, anderes ist immerzu allgegenwärtig. Und auch die Herkunft der Zutaten scheint eine ganz unterschiedliche zu sein. Einiges ist nur gefühlt, anderes auf gewisse Weise gewusst. Für mein perspektivisches Ich kann ich wenig, es ist jedem normalen Menschen vorgegeben, ebenso das Körper-Ich. Aber mein autobiografisches Ich ist ohne Zweifel etwas, das ich mir selbst schaffe, und zwar dadurch, dass ich rede. Ich erzähle von mir und erzähle dadurch mir selbst und anderen mein Ich und bilde es gleichzeitig dadurch aus. Das Gleiche gilt für mein selbstreflexives Ich und vielleicht auch für mein moralisches Ich.

Auf jeden Fall bildet sich im Alter von achtzehn bis vierundzwanzig Monaten bei jedem normalen Menschen ein allgemeines Ich-Gefühl aus. Es ist die Zeit, in der Kleinkinder sich das erste Mal im Spiegel und auf Fotos erkennen können. Später entsteht die gesellschaftlich-juristische »Person«: das Ich als mehr oder weniger verantwortlich handelndes Mitglied der Gesellschaft. Manche dieser Fähigkeiten und Eigenschaften entwickeln sich im Gehirn erst während und nach der Pubertät. Die Entwicklung der Persönlichkeit ist untrennbar verbunden mit dem Ich-Gefühl. Die alte Vorstellung, dass der Mensch von einem Supervisor namens Ich geistig zusammengehalten wird, ist damit eher bestätigt als widerlegt. Dieses Ich ist eine komplizierte Sache, es lässt sich mitunter in verschiedene Ichs zerlegen, aber es ist gleichwohl so etwas wie eine gefühlte Realität, die sich naturwissenschaftlich nicht einfach erledigen lässt. Reicht denn nicht schon die Beobachtung aus, dass wir uns als ein Ich fühlen, um festzustellen, dass es ein Ich gibt? »Man ist Individuum«, schreibt der Soziologe Niklas Luhmann, »ganz einfach als der Anspruch, es zu sein. Und das reicht aus.« Den gleichen Satz könnte man wohl auch über das Ich sagen.

Mach mag recht haben, wenn er schreibt: »Das Ich ist keine unveränderliche, bestimmte, scharf begrenzte Einheit.« Doch dass unsere Empfindungen deshalb *»allein* in der Welt spazieren« gehen, ist eher unwahrscheinlich. Das Ich ist ein ziemlich aufmerksamer Kindergärtner, und meistens ist es beobachtend, mitfühlend und mehr oder weniger wachsam bei uns – als ein schillerndes, vielschichtiges und multi-perspektivisches Ich. Mach jedoch möchte ohne das gefühlte Ich durch die Erkenntnistheorie laufen. An die Stelle von »Subjekt« und »Objekt« treten neue Grundbausteine – die *Elemente*.

Alles ist Empfindung!

Die pointierteste Zusammenfassung findet sich in Machs Autobiografie. Dort schreibt er, »dass sich das ganze Innenleben des Menschen in Elemente auflösen lässt, deren Abhängigkeit von zwei Gruppen dieser Elemente das gesamte Erleben des Menschen darstellt und zwar das Aussenleben, oder das physische oder Empfindungsleben und das Innenleben oder das psychische Leben als Vorstellungsleben«.[259] Die entsprechende Unterscheidung von Außenwelt und Innenwelt kennen wir bereits von Fechner. Neu ist der physikalisch anmutende Begriff der »Elemente«. Wo die Philosophen »Ich« und »Welt« unterschieden, sieht Mach nur einen nervös-neuronalen Erkenntnisapparat, der sinnliche Erfahrungen macht. Objektivität kommt nicht dadurch in die Welt, dass ein Denker die logischen Voraussetzungen seines Denkens ergrübelt wie bei Kant. Objektiv ist für Mach die biologisch-physiologische Grundausstattung des Menschen. Statt eines transzendentalen Apriori, kennt der Psychophysiker ein *physiologisches Apriori.*

Für Mach besteht die ganze Welt aus Elementen. Allerdings erscheinen sie uns qualitativ unterschiedlich, je nachdem, ob sie uns als physikalische Reize der Außenwelt begegnen oder als psychische Erzeugnisse unseres Bewusstseins. Ob etwas als »Ich« oder »Welt«, subjektiv oder objektiv erscheint, ist keine Eigenschaft der Dinge, sondern eine Frage der Perspektive. Aus der Innensicht erscheinen die Dinge psychisch, die aus der Außensicht physikalisch sind. Damit ist für Mach das große Leib-Seele-Problem der Philosophie gelöst. Physikalisches verwandelt sich nicht in Psychisches, sondern ob etwas physikalisch oder psychisch ist, ist nur *eine Frage der Betrachtung*.

Aus der Innenperspektive ist die Welt ein *Ensemble von Empfindungen.* Und jede dieser Empfindungen ist wahr, weil vorhanden. Es gibt keine falschen Empfindungen, sondern nur falsche Schlussfolgerungen. Wenn uns der Himmel blau erscheint,

erscheint er uns tatsächlich blau. Dass er physikalisch gesehen blau sein soll, ist hingegen eine falsche Schlussfolgerung aus einer wahren Empfindung. Um beides zu unterscheiden, braucht der Mensch die Wissenschaft. Sie ist die höchste Stufe einer Evolution, in der Menschen gelernt haben, Erkenntnisse zu gewinnen. Je mehr ich über bestimmte Dinge weiß, umso geringer wird die Gefahr, schlechte Erfahrungen zu machen. Erkenntnisse gibt es, weil sie nützlich sind. Sie ersparen Energieverlust durch unnötige Erfahrungen und sichern das Überleben.

Um in der Erkenntnis fortzuschreiten, mussten Menschen lernen, ihre Erfahrungen so optimal wie möglich zu speichern. Diese Datenträger sind die Begriffe. Sie folgen dem Prinzip der Denkökonomie. Ein Begriff sagt mehr als tausend Gesten und ist ungleich präziser. Über die Sprache werden sich Menschen ihrer Empfindungen bewusst und können sie so besser überschauen und in eine Ordnung bringen. Stück für Stück konturiert sich damit unsere Innenwelt, bis hin zu komplexen Vorstellungen, Ideen und Theorien. Auf der höchsten Stufe des Ganzen stehen die exakten Wissenschaften. Statt mit Begriffen arbeiten sie mit noch abstrakteren Zeichen wie Zahlen und einzelnen Buchstaben. Der Mensch der Neuzeit lebt in einem selbst geschaffenen symbolischen Universum aus extrem verdichteten Zeichen; ein gewaltiger Fortschritt, erkauft durch den allmählichen Verlust seiner Instinkte.

Das Forschungsprogramm für künftige Philosophen, Psychologen und Neurowissenschaftler ist damit benannt: Es geht darum, *Empfindungskomplexe zu erforschen*. Einfach ist das nicht. Immerhin ist die »Empfindung« einer der heikelsten Begriffe der Philosophie; man kann sie nicht dingfest machen. Kein Wunder, dass viele Philosophen einen Bogen um sie schlugen. Herbart, wir erinnern uns, war einer der wenigen, der sie erforschen wollte: Wie werden Phänomene der Erfahrungswelt zu inneren Vorstellungen? Wenn die Außenwelt mit der Innenwelt über Empfindungen korrespondiert, was muss man sich dann unter ihnen vorstellen? Herbart merkte, dass er es hier mit äußerst schwierigem Terrain zu tun hatte, und erfand dazu eine komplette innere Himmelsphysik – so hübsch wie unüberprüfbar. Das Problem ist hartnäckig: Wer über Empfindungen spricht, der kommt nicht umhin, von Gegenständen und Reizen zu reden. Aber die Empfindung ist selbst kein Gegenstand und kein Reiz. Oder man redet über Empfindungen wie »schön«, »angenehm«, »erschütternd«, »irritierend«, »behaglich«, »abstoßend« und so weiter – aber dies sind ebenfalls keine Empfindungen, sondern Beurteilungen. *Der Reiz liegt vor der Empfindung, das Urteil nach ihr.* Sie selbst aber irrt wie ein Geist zwischen Dingen und Urteilen umher und lässt sich nicht greifen.

Selbst Mach kann die Empfindung nicht erklären. Aber er will auch gar nicht! Empfindungen sind psychische Elemente, also Grundbausteine. Und was elementar ist, muss nicht hinterfragt werden. Bislang hatten Physiker und Philosophen physikalische Körper und das bewusste Ich häufig als Substanzen betrachtet und die Empfindung dazwischen als etwas Erklärungsbedürftiges. Mach aber sieht umgekehrt die Empfindungen als substanziell an und stattdessen Körper und Ich als erklärungsbedürftig. Da er das »Ich« bereits in die Ferien verabschiedet hat, bleiben noch die physikalischen Körper übrig. Was sie sind, beschreibt Mach in seinem Buch *Die Mechanik in ihrer Entwicklung. Historisch-kritisch dargestellt* (1883) bereits drei Jahre vor seinem Empfindungs-Buch: »Ein Körper ist eine verhältnismässig beständige Summe von Tast- und Licht*empfindungen*, die an dieselben Raum- und Zeitempfindungen geknüpft ist.«[260] Es wird verständlich, warum man Mach als »Impressionisten« bezeichnet hat. Materie ist für ihn nichts weiter als eine gesetzmäßige Verbindung von Empfindungen. *Tatsächlich* sind nur die Eindrücke, nicht aber das, was die Physik oder die Philosophie zu Substanzen erklärt hat.

Von nun an geht Mach völlig freihändig. Die »metaphysischen« Krücken »Ich« und »Körper, Materie, Gegenstand oder

Ding« hat er beiseitegelegt. Bleiben nur noch die Empfindungen, also die psychisch wahrgenommenen Elemente. Sie konstruieren unsere »Welt«. Lösen bestimmte Reize aus der Außenwelt immer wieder die gleichen Empfindungen aus, so halten wir den Ursprung dieser Reize für etwas Reales, eine »Substanz«. Das geht, weil wir ein Gedächtnis haben, das frühere Empfindungen speichert und mit neuen Empfindungen abgleicht. Durch unser Gedächtnis werden unsere Empfindungen plastisch, wir ordnen sie zeitlich und räumlich. Die Empfindungen selbst sind, nach Mach, übrigens nie neutral. Alles, was wir empfinden, geht mit Wertungen einher, nämlich (wie bereits Kant wusste) mit »angenehm« oder »unangenehm«. In diesem Punkt unterscheiden sich Menschen nicht von anderen Tieren. Besonders menschlich ist nur, dass wir diese Wertungen sehr stark abstrahieren können, sodass noch eine andere Wertung hinzukommt, nämlich »richtig« und »falsch«. Ohne diese Wertung keine Moral und keine Wissenschaft.

Weil Menschen alles, was sie unbewusst oder bewusst wahrnehmen (der Unterschied ist für Mach nicht allzu wichtig), werten, lösen unsere Empfindungen *Vorstellungen* aus. Solche Vorstellungen sind nichts anderes als assoziativ miteinander verbundene Empfindungen, die sich zu gewaltigen Vorstellungskomplexen ausweiten können, wie etwa mein »Ich« oder meine Weltanschauung, meine politische Überzeugung, meine moralische Haltung usw. Während ich für einfache Vorstellungen keine Sprache brauche, helfen mir die Begriffe, Vorstellungen zu größeren Komplexen zu vernetzen.

Doch warum haben Menschen überhaupt das Bedürfnis dazu? Schuld ist, nach Mach, unser Überlebenswille. Er treibt uns vorwärts und differenziert sich dabei immer weiter aus. Je komplexer der Wille, umso anspruchsvoller die Vorstellungen. Und je komplexer die Vorstellungen, umso anspruchsvoller der Wille. So wichtig der Wille bei Mach ist, so einfach ist er für ihn erklärbar. Was Schopenhauer für die ganz große dunkle Gewalt hält, sei nur ein wichtiger Steuerungsmechanismus in einem komplexen physikalischen Zusammenspiel.

Alles, was Mach schreibt, überträgt er entweder aus der Physik auf das Bewusstsein, oder er erkennt es dadurch, dass er in sich hineinhorcht und sich selbst beobachtet. Völlig befriedigend ist das, wie er selbst weiß, nicht. Zu gerne hätte er seine Theorie neurowissenschaftlich abgesichert und belegt. Doch die Erforschung des Gehirns ist auch um die Jahrhundertwende noch weit entfernt davon, solche Theorien überprüfen zu können. Der spanische Arzt *Santiago Ramón y Cajal* (1852–1934) erhält 1906 den Nobelpreis dafür, dass er die kleinsten Einheiten des Gehirns, die Neuronen, in ihrer Bedeutung erkannt und ihre feinen Verbindungen und Verästelungen gezeichnet hat. Sein englischer Kollege *Charles Scott Sherrington* (1857–1952), ein Helmholtz-Schüler, prägt 1897 den Begriff »Synapse« für die Verknüpfung der Nervenzellen. Komplexe Empfindungszusammenhänge aber lassen sich um die Jahrhundertwende nicht erforschen. Von dem Rätsel, wie Reize zu Bewusstsein führen, ganz zu schweigen. Und doch erkennen Neurobiologen in Machs Theorie wichtige Vorarbeiten für die moderne Hirnforschung. Wenn wir heute geneigt sind, Empfindungen für neuronale Erregungszustände zu halten, die sich in Wellen ausbreiten, dann steht Mach für diese Idee Pate. Und wenn »Welt« für Hirnforscher wie Philosophen des Geistes heute »Repräsentationen« im Gehirn sind, dann hatte der philosophierende Physiker in seinem Prager Labor das schon genauso gesehen.

Monismus oder Dualismus?

So bedeutend Mach als Physiker und Philosoph ist, so umstritten ist er unter Psychologen. Zwar ist der Siegeszug der experimentellen Psychologie nicht aufzuhalten, aber auf das »Ich« zu verzichten, von dessen Erforschung die Psychologie ja überhaupt erst ihren Ausgang nahm, fällt nur den wenigsten ein. Was soll die Psychologie denn sein, wenn sie nicht mehr die Naturwissenschaft vom »Ich« ist?

In Großbritannien steckt zu Machs Zeit der Schotte *Alexander Bain* (1818–1903) das Terrain ab. Bain ist ein enger Freund von John Stuart Mill und ein vielseitig interessierter Mann. Der ehemalige Junge aus armem Hause verfasst eine englische Grammatik für den Schulunterricht und macht sich auch sonst viele Gedanken darüber, die Bevölkerung zu bilden. Im Unterricht plädiert er dafür, vieles zu entstauben. Bain will die Naturwissenschaften stärken und die Schüler dazu anhalten, moderne Sprachen zu lernen. Einen Namen als Psychologe macht er sich 1855 und 1859 mit seinen Büchern *The Senses and the Intellect* (Die Sinne und der Verstand) und *The Emotions and the Will* (Die Gefühle und der Wille). Was Comte und Mill für die Soziologie und die Logik geleistet hatten, will Bain auch für die Psychologie sicherstellen. Die Disziplin soll jede Metaphysik über Bord werfen. Alle psychischen Zustände seien eindeutig physiologisch erklärbar und das Fach »Psychologie« eine Naturwissenschaft. Selbst das, was Menschen ihren »Willen« nennen, gehe allein aus dem Wirken ihrer Gliedmaßen hervor. Ein größerer Unterschied zu dem, was der späte Schopenhauer und der junge Eduard von Hartmann zeitgleich in Deutschland über den Willen denken, ist kaum vorstellbar. Was den Deutschen ein metaphysisches Prinzip ist, ist Bain nicht mehr als ein schnöder Ausdruck körperlicher Bedürfnisse.

In Deutschland hingegen entwickelt sich die Psychologie noch lange Zeit eng verbunden mit der Philosophie. Fechner und sein Leipziger Kollege *Ernst Heinrich Weber* (1795–1878) gehören zu den wenigen, die ihre »Psychophysik« experimentell erforschen und begründen wollen. Typischer für die Zeit ist die Verbindung von traditioneller Philosophie mit empirischen psychologischen Forschungen, wie Lotze sie betreibt. Die Psychologie soll »Physiologie der Seele« sein, aber die »Philosophie-Psychologie«

bleibt davon weitgehend unbetroffen. Für die höheren Bewusstseinsvorgänge ist sie weiterhin allein zuständig. Physiologie fürs Grobe, Philosophie fürs Komplexe – an dieser Bereichsteilung änderte die Psychologie für Lotze nichts. Und so wissbegierig er auf dem Gebiet der Psychologie war, eigene Experimente führte er nicht durch. Er maß nicht, analysierte keine Daten und hielt die Mathematik außen vor. Lotzes Arbeitsplatz war die Schreibstube, nicht das Labor.

Die große Wende erfolgt 1879, kurz vor Lotzes Tod, durch den Leipziger Philosophieprofessor *Wilhelm Wundt* (1832–1920). Der Mann aus Neckarau hat in Heidelberg und Tübingen Medizin, Naturwissenschaften und Philosophie studiert. In Berlin arbeitet er am Institut des berühmten Physiologen *Johannes Müller* (1801–1858) und für du Bois-Reymond. Von 1858 bis 1863 ist Wundt in Heidelberg Assistent von Helmholtz und veröffentlicht dort seine *Beiträge zur Theorie der Sinneswahrnehmung*. Von den Besten seines Fachs ausgebildet, wird Wundt in Heidelberg Professor für Anthropologie und Medizinische Psychologie. Im Jahr 1874 ist er kurzzeitig in Zürich als Professor für induktive Philosophie, bis Avenarius die Stelle übernimmt. 1875 beginnt Wundt seine lange Wirkungszeit in Leipzig, an der Universität Fechners und Webers, dem Zentrum der Labor-Psychologie. Hier gründet er seine »Experimental-Psychologische Versuchsanstalt«, 1884 umbenannt in »Institut für experimentelle Psychologie«.

Bereits in Heidelberg hatte Wundt seine *Grundzüge der Physiologischen Psychologie* geschrieben (1874). Die Stoßrichtung ist die gleiche wie bei Lotzes *Medicinischer Psychologie* zweiundzwanzig Jahre zuvor: Es gibt physiologische Vorgänge und psychologische Vorgänge. Beide sind qualitativ grundverschieden. Einfache Seelenvorgänge auf der einen, bewusste Seelenvorgänge auf der anderen Seite. Doch wie funktioniert ihr Zusammenspiel in der Seele? Wenn Wundt von der »Seele« spricht statt dem »Ich«, denkt er ebenso wenig an eine Substanz wie zur gleichen Zeit Mach. Was wir »Seele« nennen, ist nichts als das *psychische Geschehen*.

Der Experimentalpsychologe erforscht keine Personen mit ihren Biografien. Was er wissenschaftlich in den Blick bekommt, sind *Vorgänge*. Um solche Akte oder Geschehnisse zu verstehen, müssen drei Tätigkeiten untersucht werden: das Fühlen, das Vorstellen und, wie Wundt hinzufügt, das *Wollen*. Ohne den »Voluntarismus« bleiben fast alle Seelentätigkeiten unverständlich – mit dieser wichtigen Ergänzung geht Wundt über Fechner und Weber hinaus. Dabei seziert er das »Wollen« sehr viel gründlicher als Schopenhauer. Für den »Buddha aus Frankfurt« war der Wille ein einziger, alles durchwaltender Urtrieb gewesen. Für Wundt dagegen ist das »Wollen« nur eine Ursprungsmotivation, die allen Gefühlen und auch den Trieben vorausgeht. Was Schopenhauer eine Einheit ist, ist Wundt erstens ein Anstoß und zweitens eine unübersehbare Vielfalt sorgfältig zu unterscheidender Bedürfnisse, Gelüste, Wünsche, Sehnsüchte und anderer Motivationen.

Wo Mach seinen festen Boden in den »Elementen« findet, sieht Wundt ihn in der »fundamentalen Tatsache« des Willens. Seine Leipziger Experimente lassen die *Grundzüge* im Laufe der Zeit auf drei Bände anwachsen und machen ihn zum bedeutendsten Psychologen im Europa seiner Zeit. Studenten aus aller Welt kommen nach Leipzig, um der Seele beim Arbeiten zuzusehen. Fast zweihundert von ihnen werden vom Meister promoviert. Doch Wundt will mehr. Er träumt von einem widerspruchfreien philosophischen System, das alle klassischen Disziplinen, also Logik, Ethik und Metaphysik, auf der Höhe der psychologischen Forschung neu ausarbeitet.

Doch was Wundt für ein »System« hält, wächst sich unter der Hand zu einer gewaltigen und immer unübersichtlicheren Materialsammlung mit philosophisch-psychologischen Mischerklärungen aus. In der *Logik* (1880) kümmert er sich in der Nachfolge Mills um die Frage nach der richtigen wissenschaftlichen Methodik und füllt damit nach und nach drei Bände, ohne wirklich Neues zu sagen. In der *Ethik* (1886) interpretiert er Kants Sittengebote als gesetzmäßige Erzeugnisse einer allgemeinen geistigen Entwicklung in der Natur. Je bewusster das Leben wird, umso ethischer wird es, um im Willen zum Guten seine höchste Stufe zu erreichen. *Kant meets Spencer* – eine Melange, die der Meister aus Königsberg sicher niemals akzeptiert hätte. Und als Wundt sich von da aus zu einer zehnbändigen *Völkerpsychologie* (1900 bis 1920) versteigt, die Völker als komplexe Organismen mit eigenen Entwicklungsgesetzen begreift, fällt er weit hinter Westermarck zurück.

Doch der Leipziger Psychologe hält sich bis zuletzt für den großen Synthetiker. Für den Ersten, der ein »widerspruchsloses System« schafft, das »die Forderungen des Verstandes und die Bedürfnisse des Gemüts« zu einer »befriedigenden Welt- und Lebensanschauung« zusammenfasst.[261] So schreibt er es 1889 in seinem *System der Philosophie*. Wie schon in der *Ethik* knüpft Wundt an Kant an. Die Psychologie kann nur das beschreiben, was dem menschlichen Verstand begreifbar ist. Für alles andere sind die Vernunft und die Metaphysik zuständig. Diese liefern auch weiterhin wichtige »Annahmen«. In diesem Punkt unterscheidet sich Wundt radikal von Mach. Für den Physiker in Prag hat die Metaphysik im Zeitalter der experimentellen Psychologie bekanntlich ausgedient. Wundt dagegen findet sie unverzichtbar. Er braucht sie, wenn er einen menschlichen »Gesamtwillen« behauptet, der über alle beschränkten Willenssphären hinaus die gesamte Menschheit in der »bewussten Vollbringung bestimmter Willenszwecke vereinigen« soll. Für Wundt steht der dunkle Einzelwille am Anfang, der ethische Gesamtwille im Ziel der gesellschaftlichen Evolution. Ein bisschen Leibniz'sche Monadologie, eine gute Portion Schelling und Hegel und eine naturalistische Backform – und schon geht im Ofen der Evolution die Hefe des psychophysischen Gesamtwillens auf.

All das beobachtet Mach in Prag mit wachsendem Befremden. Versackt die so vielversprechende Psychophysik in Leipzig wieder im Sumpf der Metaphysik? Bleibt es beim unseligen »Dualismus« von Seele und Welt, Bewusstsein und Materie? Kann sich die Psychologie nicht zu einem nach Mach längst fälligen »Monismus« freikämpfen? Muss sie den »Willen« weiterhin metaphysisch entrücken? Auch politisch trennen den zunehmend konservativen Wundt und den Sozialdemokraten Mach Welten. »Nationalitäten«, für Wundt Ausdruck von Willensgemeinschaften, lehnt der Physiker rigoros ab. Und den in Österreich zur Jahrhundertwende auflodernden Nationalismus hält er für »eine bedauerliche Borniertheit und einen furchtbaren Rückschritt«.[262] Seine sozialdemokratische Gesinnung und die enge Freundschaft mit Victor Adler, dem Vorsitzenden der österreichischen Sozialdemokraten, verzögern sogar lange, dass der inzwischen weithin berühmte Physiker an die Universität Wien berufen wird. Erst 1895 erfolgt der ersehnte Ruf als Professor für »Philosophie, insbesondere der Geschichte der induktiven Wissenschaften«. Doch gerade drei Jahre in Wien, erleidet Mach einen Schlaganfall.

Seit 1901 endgültig im Ruhestand, wird er gleichwohl zu einer Kultfigur der Wiener Jahrhundertwende. Wissenschaftler aller Fachrichtungen und zahlreiche Intellektuelle suchen seine Bekanntschaft. Die breite Öffentlichkeit kennt ihn durch seine allgemeinverständliche Aufbereitung schwerer naturwissenschaftlicher Fragen in seinen *Popular-wissenschaftlichen Vorlesungen* (1896). Im Jahr 1905 folgt sein zweites philosophisches Hauptwerk: *Erkenntnis und Irrtum*. Hier arbeitet er aus, was in der *Analyse* vorbereitet ist: Alles Denken dient dem Überleben, es sei denn, es hat sich in der Fantasie zu künstlerischer Assoziation verselbstständigt. Je mehr im Fortschritt der Menschheit das Denken überprüft und »verifiziert« wird, umso wissenschaftlicher wird unser Weltbild, bis das Denken der Spezies Mensch irgendwann völlig wissenschaftlich geworden ist. Naturwissenschaftliche Experimente sind demnach nichts anderes als wilde, schöpferische Vorstellungen, die wir unausgesetzt danach abgleichen, ob sie sich »verifizieren« lassen – mit anderen Worten, ob ihre Ergebnisse konstant und deshalb »wahr« sind. Für Mach sind auch die vielen Irrtümer wichtige Stationen auf dem Weg zur Wahrheit. Robert Musil, der 1908 über Mach promoviert, wird dafür in *Der Mann ohne Eigenschaften* die schöne Formulierung finden: »Wir irren vorwärts!«

Das wiedergefundene Ich

Obwohl oder gerade weil Machs Philosophie auffällig unfertig bleibt, elektrisiert er in Wien die Techniker, Philosophen und Literaten gleichermaßen. Fasziniert verfolgt man, wie sich das traditionelle Denken im neuen »Monismus« auflöst. Mit seinem Empfindungsimpressionismus trifft Mach, ohne dass er es ahnen konnte, den Zeitgeist des Fin de Siècle wie kaum ein anderer. Man bewundert den radikal neuen Denker und sieht in ihm einen Guru; vergleichbar späteren Querdenkern wie dem Kybernetiker Norbert Wiener, dem Phänomenologen Vilém Flusser oder dem Medientheoretiker Marshall McLuhan.

Das Wien der Jahrhundertwende hat zwei Millionen Einwohner. Und für eine Dauer von drei bis vier Jahrzehnten ist es eine der Kulturhauptstädte der Welt. Während die äußere Prunkfassade die Vergangenheit der Donaumonarchie spiegelt, zerstören die Philosophen, Literaten, Künstler, Architekten und Musiker dahinter das Selbstbild, das sich die Menschen so lange von sich gemacht haben. Zur siebten Ausstellung der Secession malt Gustav Klimt das Fakultätsbild »Die Philosophie« an die Decke der Wiener Universität (vgl. Abb. S. 327). Neben dem Entstehen und dem fruchtbaren Sein stehen das Sterben und Vergehen. Die Weltkugel als Welträtsel ist dunkel, die Stimmung düster, keine leuchtende Vernunft erhellt den menschlichen Albtraum, pausbäckig und fett verstrahlt die trübe Göttin des Wissens keinen Glanz mehr. Die Architekten Otto Wagner und stärker noch Adolf Loos brechen mit dem Baustil des Historismus und weisen den Weg in die Architektur der Moderne. Und in der Musik werden Gustav Mahler und Arnold Schönberg zum Wegbereiter und zum Hauptvertreter der »Neuen Musik«.

Doch der Umbruch der Kultur ist mehr als intellektuelles und künstlerisches Spektakel. Die Stimmung ist gereizt, und wo Fundamente wegrutschen, gedeihen Gewaltfantasien, mithin ein Fundamentalismus. Im Herbst 1907 bewirbt sich der achtzehnjährige Adolf Hitler vergeblich als Kunststudent an der Wiener Akademie. Weil viele führende Intellektuelle, Ärzte, Kaufleute und Juristen jüdischen Glaubens sind, gedeiht der Antisemitismus. Rechte Fantasien erblühen ebenso wie linke. Wien ist zugleich die Stadt des Sozialdemokraten Victor Adler, des Austromarxisten Otto Bauer und des Publizisten Theodor Herzl, dem wichtigsten Vater des Zionismus.

Auch zahlreiche ausländische Intellektuelle zieht es um die Jahrhundertwende nach Wien. Von anderen Migranten erfährt der junge russische Arzt und Philosoph *Alexander Bogdanow* (1873–1928) von Mach. Der Bolschewist macht den Physiker-Philosophen durch sein dreibändiges Werk *Empiriomonismus* (1904 bis 1906) in der jungen russischen Intelligenzija bekannt – und erntet dafür die harsche Kritik *Wladimir Iljitsch Lenins* (1870–1924). Der Parteigründer der Bolschewiki befürchtet nicht zu Unrecht, dass der Empiriokritizismus die Fundamente des Materialismus untergräbt und damit zugleich die marxistische Weltanschauung. In den Wirren des politischen Kampfes und trotz Flucht nach Helsinki und Genf nimmt sich Lenin die Zeit zu einer mehr als vierhundertseitigen Abrechnung: *Materialismus und Empiriokritizismus* (1908).

Kenntnisreich konfrontiert der vielbelesene Revolutionär die empiristische Tradition seit Berkeley und Hume mit dem Materialismus der französischen Aufklärung, um diese Konfliktlinie bis in die Gegenwart zu zeichnen. Ob Feuerbach, Helmholtz oder der Neukantianismus, alles wird geröntgt, um die jeweilige Vorstellung von »Materie« zu ergründen. Für Lenin sind die Empfindungslehren von Avenarius und Mach nicht die Folge, sondern Ausdruck einer Krise der Physik, der gegen Ende des 19. Jahrhunderts die Materie abhandenkommt. Der Empiriokritizismus läge nicht, wie er selbst meint, jenseits des Dualismus von Ich und Materie. Lenin sieht Machs Lehre als den neuesten Schrei des Idealismus – einer Tradition, die er durch Marx und Engels für überwunden hält.

In Wien diskutieren derweil im Café Central die Literaten über Mach. Der Autor und Kritiker *Hermann Bahr* (1863–1934), die Mittelpunktsfigur der Wiener Kulturszene, veröffentlicht 1903 den Zeitungsessay »Das unrettbare Ich«. Enthusiastisch verweist Bahr auf Machs *Analyse* und lobt deren »wunderbarste Klarheit«. Am Autor selbst rühmt er den »milden, leise durchschimmernden Humor, der einen gutmütigen Spott liebt, weiß er die Darstellung so heikler Fragen, die sich manchmal schon fast über die Grenzen der Sprache entfernen, auf das anmutigste zu beleben«. Der »Unrettbarkeit« des »Ich« stimmt Bahr vollständig zu: Das »Ich« »ist nur ein Name. Es ist nur eine Illusion. Es ist ein Behelf, den wir praktisch brauchen, um unsere Vorstellungen zu ordnen. Es gibt nichts als Verbindungen von Farben, Tönen, Wärmen, Drücken, Räumen, Zeiten, und an diese Verknüpfungen sind Stimmungen, Gefühle und Willen gebunden. Alles ist in ewiger Veränderung. Wenn wir von Kontinuität oder Beständigkeit sprechen, so ist es nur, weil manche Änderung langsamer geschieht. Die Welt wird unablässig und indem sie wird, vernichtet sie sich unablässig. Es gibt aber nichts als dieses Werden. Es gibt kein Ding, das zurückbleiben würde, wenn man die Farben, Töne, Wärmen von ihm abzieht.«[263]

Bestürzender empfindet Bahrs Dichterkollege *Hugo von Hofmannsthal* (1874–1929) die Erfahrung vom Verlust des Ichs. In seinem *Chandos-Brief* schreibt er im Sommer 1902 die berühmten Sätze: »Es ist mir völlig die Fähigkeit abhanden gekommen, über irgend etwas zusammenhängend zu denken oder zu sprechen … Ich empfand ein unerklärliches Unbehagen, die Worte

›Geist‹, ›Seele‹ oder ›Körper‹ nur auszusprechen, (denn) die abstrakten Worte, deren sich doch die Zunge naturgemäß bedienen muß, um irgendwelches Urteil an den Tag zu geben, zerfielen mir im Munde wie modrige Pilze.«[264] Dass es keinen Halt mehr gibt, dass auch das Ich unaufhörlich hin- und hergerissen wird, flüchtig, von Launen getrieben, gefangen in seinen Lebenslügen, durchzieht die Dramen *Arthur Schnitzlers* (1862–1931) und das Werk *Richard Beer-Hofmanns* (1866–1945).

Während die Literaten der »Wiener Moderne« lustvoll oder verängstigt über Auflösungen schreiben, hat ein anderer einflussreicher Philosoph der Zeit das »Ich« wieder gebündelt. *Franz Brentano* (1838–1917) ist die neben Mach prägendste Figur der Wiener Philosophie, bis er 1895 nach Florenz übersiedelt. Der Neffe des romantischen Dichters Clemens Brentano hatte eigentlich eine kirchliche Laufbahn eingeschlagen. Doch als die katholische Kirche 1870 auf dem Ersten Vatikanischen Konzil das Dogma von der Unfehlbarkeit des Papstes verkündet, rebelliert er. 1873 verlässt der Priester in Würzburg die Kirche, um bald darauf in Wien Philosophieprofessor zu werden. Zur gleichen Zeit veröffentlicht er sein umfangreiches Hauptwerk *Psychologie vom empirischen Standpunkt* (1874).

Wie so viele andere Psychologen bemüht sich Brentano um eine möglichst objektive wissenschaftliche Psychologie. Seine Vorbilder sind Locke, Hume, John Stuart Mill und der fast vergessene Mathematiker und Philosoph *Bernard Bolzano* (1781–1848), dessen vierbändige *Wissenschaftslehre* aus dem Jahr 1837 er bei seinen Wiener Schülern bekannt macht. Doch anders als für die immer zahlreicheren empirisch arbeitenden Kollegen benötigt Brentano für Objektivität und Wissenschaftlichkeit in der Psychologie keine naturwissenschaftliche Methodik. Psychische Phänomene sind Bewusstseinszustände. Wir stellen uns etwas vor, urteilen und vollziehen dabei Gemütsbewegungen. Wenn wir wissen wollen, was sich hier abspielt, so müssen wir uns selbst wahrnehmen. Denn unsere Vorstellungsinhalte sind für niemand anderen wirklich wahrnehmbar. Deshalb kann die Psychologie die Selbstwahrnehmung nicht durch Experimente ersetzen. *Evidenz* stellt sich nur dann ein, wenn etwas uns selbst klar und deutlich ist und nicht für jemanden, der uns beobachtet.

Im Rückgriff auf Aristoteles und die mittelalterliche Scholastik belebt Brentano den philosophischen Begriff der »Intentionalität«. Wann immer wir etwas erleben, so setzten wir uns zu etwas in Bezug. Wir sehen ein Haus und bestimmen es als unser Haus oder das eines anderen. Wir denken an unsere Kindheit, und indem wir das tun, beziehen wir Vergangenes auf unsere gegenwärtigen Empfindungen und Urteile. Alles Empfinden und alles Denken ist ein »Sich-in-Bezug-Setzen«, ganz gleich, ob das, was wir uns vorstellen oder vergegenwärtigen, real existiert oder nicht.

Psychologie richtig verstanden, ist nach Brentano deshalb keine Naturwissenschaft, sondern Bewusstseinsphilosophie. Mithilfe des Maßstabes der »Evidenz« verschafft sich das Bewusstsein Klarheit über sich selbst. Es nimmt sich selbst wahr. Und es unterscheidet dabei verschiedene Denkakte, durch die ich mich zu mir selbst oder zu etwas anderem in Bezug setze. Brentanos Philosophie ist »Aktpsychologie«. Das »Ich«, das der Physiker Mach nicht findet, kann nach Brentano auch gar nicht naturwissenschaftlich gefunden werden. Aber damit wird es noch lange nicht zu einer »metaphysischen Verkehrtheit«. Das »Ich« ist das Zentrum meines Erlebens, das sich zu etwas in Bezug setzt. Es ist immer da, ohne je greifbar zu sein.

Um herauszufinden, wie wir uns zu den Dingen in Bezug setzen und nach welchen Gesetzmäßigkeiten wir Objekte erfassen, muss man sich intensiv mit Wahrnehmung befassen. Brentano hat dies in seiner zu Lebzeiten unveröffentlichten *Deskriptiven Psychologie* getan. Ebenso wie Mach mit seinen vielen Studien zur Raumwahrnehmung inspiriert er damit eine neue Wissenschaftsdisziplin, die Gestaltpsychologie. Ihr Begründer, der österreichische Philosoph *Christian von Ehrenfels* (1859–1932), ist Brentano-Schüler. Ebenso der Berliner Direktor des Psychologischen Instituts *Carl Stumpf* (1848–1936). Als Oberhaupt der »Berliner Schule der Gestalttheorie« beschäftigt er sich intensiv mit der Wahrnehmung von Tönen und Musik.

Was ist Erleben? Wer schlüsselt es auf? Naturwissenschaft oder Introspektion? Messen oder In-sich-hinein-Horchen? Und was ist der richtige Ausgangspunkt aller Erkenntnis – die »Elemente«, der »Wille« oder die »Intentionalität«? In der Zeit, in der Mach seine *Analyse* schreibt und Brentano über eine *Deskriptive Psychologie* nachsinnt, kann man zwei weitere Männer in den Straßen Wiens beobachten, die später beide dazu ihren maßgeblichen Beitrag leisten werden. Der eine Mitte und der andere Ende zwanzig, überstrahlen sie heute alle anderen Denker ihrer Zeit. Der erste, ein Mathematiker, leistet dort seinen Militärdienst ab und begeistert sich für Brentanos Psychologie. Der zweite, ein frisch habilitierter Privatdozent für Neuropathologie, hat Brentano schon als Medizinstudent gelauscht und möchte die Psychologie gleichwohl auf ein festes naturwissenschaftliches Fundament stellen. Die Rede ist von *Edmund Husserl* (1859–1938) und *Sigmund Freud* (1856–1939).

Psychologie oder Logik?

Der junge Mathematiker, der in Brentanos Vorlesungen sitzt, ist ein Suchender. Im Jahr 1859 in Proßnitz in Mähren als Sohn eines jüdischen Tuchhändlers geboren, hat er in Leipzig Mathematik, Physik und Astronomie studiert. Bereits die Vorlesungen des aufstrebenden Großmeisters Wilhelm Wundt entzünden in Husserl den Wunsch, das eine – die Welt der Logik – und das andere – die Welt der Psycho-Logik – miteinander zu verbinden. Wie hängen Logik und Psychologie zusammen? Kann es das eine ohne das andere geben? Und was ist ursprünglicher? Ist alle Logik letztlich nur eine besondere Kunstform des Denkens, geboren aus einem psychologischen Bedürfnis nach Klarheit, wie viele

Psychologen in der Tradition Benekes vermuten? Oder geht die Logik als unabhängige Tatsachenwissenschaft allen subjektiven psychologischen Bedürfnissen voraus und ist davon unberührt, wie Trendelenburg und die Neukantianer in Marburg und Heidelberg meinen?

Als Husserl 1878 sein Mathematikstudium in Berlin weiterführt, setzt er sich auch in die Vorlesungen des Pädagogen und Philosophen Friedrich Paulsen. Von ihm lernt er die Gedankenwelt Kants kennen, allerdings in einer an Helmholtz, Meyer und Lange angelehnten psychologischen Interpretation. Sein Interesse an philosophischen Fragen begleitet ihn nach Wien, wo er 1881 an die Universität wechselt und zwei Jahre später in Mathematik promoviert.

Während seines Militärdiensts findet Husserl von 1884 bis 1886 die Zeit, den Vorlesungen Brentanos zu lauschen. Dass der abtrünnige Priester die Psychologie auf ein objektives Fundament stellen will, trifft genau Husserls Interesse. Von Brentano übernimmt der junge Mathematiker die Kritik aller Metaphysik und auch dessen negatives Urteil über Kant. Das gesuchte Fundament für die Mathematik und die Psychologie darf keinerlei Spekulation enthalten, sondern muss streng wissenschaftlichen Kriterien genügen. Diesen Maßstab wird Husserl zeit seines Lebens beibehalten. Von Brentano lernt er zugleich die Kritik an der empirischen Psychologie. Alles, was sich im menschlichen Bewusstsein abspielt, ist, wie Brentano betont hat, »intentional« und nicht kausal wie die Abfolge von Ursache und Wirkung in den Naturwissenschaften. Etwas mit *Absicht* zu tun, ist etwas anderes, als etwas aus einer physikalischen *Zwangsläufigkeit* heraus zu tun. Husserl prägt es sich scharf ein.

Doch wie erlangt man unumstößliche Gewissheit, wenn sie nicht naturwissenschaftlich gewonnen werden kann? Dadurch, dass eine Einsicht unmittelbar *evident* ist, lautet das Ziel von Brentanos deskriptiver Psychologie. Auch auf diesen Zug springt Husserl auf. Die Suche nach Evidenz wird er nach allen Regeln der Gedankenkunst weiterverfolgen. Was fehlt, ist nur die richtige Methode nach der das, was sich an *Intentionalem* in unserem Bewusstsein abspielt, so *evident* beschrieben werden kann, dass man von einer *objektiven Wissenschaft* des Bewusstseins sprechen kann.

Da Brentano keinen ordentlichen Lehrstuhl besetzt und keine Stellen zu vergeben hat, geht Husserl nach Halle an der Saale. Dort habilitiert er sich 1887 bei Stumpf *Über den Begriff der Zahl.* Vier Jahre später wird er diesen Versuch, die Mathematik vollständig aus der Psychologie zu erklären, aufgeben. In seinem folgenden Werk, *Philosophie der Arithmetik*, stellt er sich die umgekehrte Frage: Wie schaffen wir es, uns Zahlen vorzustellen, die eigentlich gar nicht vorstellbar sind? Gewiss, die Zahl Drei kann man sich vorstellen, man muss nur an drei Äpfel denken. Aber sehr große Zahlen kann man sich überhaupt nicht sinnlich vorstellen, dazu fehlen uns die Zeit und die Kraft der Fantasie. Das Gerüst, an dem sich die Mathematiker festhalten, verlässt also die Psychologie. Eine objektive Logik gibt ihnen die Spielregeln vor, ohne dass zwischen Alltagserfahrung und Mathematik noch irgendeine Brücke besteht. Diese Beobachtung weist für Husserl weit über die Mathematik hinaus. Denn sie bedeutet: Es gibt ganz offensichtlich doch eine eigenständige Welt der Logik, die unberührt von der Psychologie ist! Bestärkt sieht er sich darin durch Lotzes *Logik* sowie durch den Mathematiker *Gottlob Frege* (1848–1925), von dem im nächsten Band dieser Philosophiegeschichte die Rede sein wird. Freges Kritik bringt Husserl in der Mitte der 1890er-Jahre dazu, der Psychologie vollständig den Rücken zu kehren.

Die Befreiung von Brentano und der Psychologie demonstriert Husserl in einem zweibändigen Werk: den *Logischen Untersuchungen* (1900/1901). Zu den Kontrahenten, die er widerlegen möchte, gehören auch Mach und Avenarius. Husserl entzündet sich am Prinzip der »Denkökonomie«. Hatten die beiden Empiriokritizisten nicht behauptet, dass die Wissenschaft nichts anderes sei als eine schrittweise Weiterführung der Alltagserfahrung mit präziseren Mitteln und abstrakten Formeln? Genau das aber ist sie für Husserl nicht mehr. Für ihn ist die Wissenschaft von der Alltagserfahrung gänzlich unabhängig; sie folgt einer »reinen Logik« und ist von keiner Psychologie getrübt.

Husserl hätte die »Denkökonomie« auch von einer ganz anderen Seite her kritisieren können. Folgt die Evolution, wie Avenarius und Mach behauptet hatten, tatsächlich nur ökonomischen Prinzipien? Wozu gibt es dann die Millionen von Tier- und Pflanzenarten? Ist das nicht Verschwendung statt Sparsamkeit? Und ist, wie der polnische Philosoph *Stanisław Lem* (1921–2006) in der zweiten Hälfte des 20. Jahrhunderts schreiben wird, die Leistung der Alge, nur aus Sonnenlicht Energie zu gewinnen, nicht enorm eindrucksvoll? Jedenfalls viel ökonomischer als die Leistung einer biologisch viel weiter entwickelten Art wie dem Adler, der jeden Tag höchst mühselig andere Tiere erlegen muss, um seine Lebensenergie zu erhalten? Und widerspricht nicht auch vieles von dem, was ein Lebewesen wie der Mensch tut, der Denkökonomie? Was zum Beispiel soll es wert sein, über die Grundlagen der Erkenntnis zu philosophieren? Worin liegt der Vorteil fürs Überleben?

Doch Husserl argumentiert nicht evolutionsbiologisch. Er bemängelt, dass Mach die Wissenschaft psychologisch herleitet. In den nächsten beiden Jahrzehnten wird er den Empiriokritizismus noch oft kritisieren; vor allem deshalb, weil ihm die Programme von Avenarius und Mach eigentlich gar nicht so unsympathisch sind. Wenn Mach alle Vorannahmen über Bord wirft und die höchste »Evidenz« in den Empfindungen sieht – so fühlt Husserl sich ihm nahe. Auch er erstrebt eine Philosophie, deren Vorstellungen unmittelbar evident sind. Aber der philosophierende Mathematiker bezweifelt stark, dass an der Elemententheorie des philosophierenden Physikers irgendetwas evident sei. Es empfindet sie doch niemand so, wie Mach sie konstruiert! Kein normaler Mensch sieht seine Empfindungen »alleine spazieren gehen«.

Stattdessen sieht er sich als das Zentrum, von dem alle Absichten, Ideen, Wünsche und Vorstellungen ausgehen. Das »Ich« ist rettbar – sofern man nicht ominöse »Elemente« in den Mittelpunkt stellt, sondern Brentanos »Intentionalität« des menschlichen Bewusstseins. Mag mein »Ich« als *Person* ein Konstrukt sein, mein »Ich« als *Erlebnissubjekt*, als Ausgangspunkt meiner Absichten, ist es nicht. Das Schema von »Ich« und »Welt«, von erlebendem Subjekt und erlebtem Objekt ist nicht hinfällig, solange Menschen sich zu dem, was sie erleben, in irgendeine Form von Beziehung setzen. Alles, was wir erleben, erleben wir in »Bewusstseinsakten« oder »intentionalen Erlebnissen« – mit dieser Einsicht Brentanos, die er bei aller Kritik beibehält, fühlt sich Husserl gegen Mach gut gewappnet.

Als der Zweiundvierzigjährige 1901 seine Philosophieprofessur in Göttingen antritt, hat er seine Gedanken geordnet, zumindest seine Kritik an den wichtigsten Erkenntnistheorien seiner Zeit: Die *empirische Psychologie* fragt nach den *Ursachen* von Bewusstseinszuständen und möchte sie kausal zurückverfolgen. Doch so viele Experimente sie auch durchführt, zu sicheren Erkenntnissen kann sie nicht gelangen. Was objektiv sein soll, bleibt immer Interpretation von außen. Der *Empiriokritizismus* möchte den Menschen naturwissenschaftlich als Empfindungskomplex in einer Welt aus *Elementen* beschreiben. Aber diese »Elemente« sind und bleiben Konstruktionen, sie sind nicht selbstevident. Die dritte wichtige Strömung, der *Neukantianismus*, könnte Husserl eigentlich sympathisch sein, immerhin teilt er mit ihm den Glauben an die Logik und die Kritik der Psychologie. Doch die neukantianischen Gedankengebäude erscheinen Husserl seltsam blutleer. Gewiss ist es logisch richtig, das *Urteil* zum Ausgangspunkt zu nehmen. Das »Urteil« der Neukantianer ist der »Intention« Brentanos gar nicht so fern, wie dieser behauptet. Doch dem Neukantianismus fehlt die sinnliche Dimension. Es gibt keine genaue Beschreibung der Bewusstseinsakte. Und es fehlt das Wissen um die Gesetze der Wahrnehmung, zum

Beispiel die Möglichkeit des Bewusstseins, sich in etwas »einzufühlen«.

Den Begriff der »Einfühlung« übernimmt Husserl von dem Münchner Philosophieprofessor *Theodor Lipps* (1851–1914). Lipps soll in München das wiederholen, was Wundt in Leipzig geschafft hat: ein Institut für experimentelle Psychologie aufzubauen. Zu Lebzeiten berühmt, kennt man Lipps heute allenfalls noch als Vordenker der Empathie: Indem wir uns in ein anderes Ich einfühlen, *verobjektivieren* wir uns selbst. Denn in der Einfühlung erfahren wir zugleich deren Grenzen. Wir spüren, dass wir gerade nicht der andere sind, sondern der, der dem anderen gegenübersteht. Einfühlung (Empathie) wird so zum Mittel der Selbsterfahrung und Selbsterkenntnis; ein Gedanke, den Nietzsche vorbereitet hat, und der später über Husserl zu Heidegger und Sartre kommt.

Husserl wird von Lipps so stark inspiriert, dass er schließlich dessen ganzes ehrgeiziges Programm übernimmt. Philosophie soll zur *Phänomenologie* werden. Die Ankündigung motiviert viele Studenten dazu, von München nach Göttingen zu Husserl überzulaufen. Denn Husserls Phänomenologie will mehr sein als die von Lipps. Was der Münchner Professor unter »Phänomenologie« versteht, ist nahe verwandt mit Brentanos deskriptiver Psychologie: eine feine Beschreibung unserer Wahrnehmung und deren Verarbeitung. Husserl dagegen will die Philosophie ganz neu erfinden. Er möchte nicht bei den vielen neuen psychologischen Beobachtungen und Begriffen stehen bleiben. Vielmehr nimmt er sie als Baumaterial für ein neues Gebäude: eine vollständige *Logik der Bewusstseinstätigkeiten.*

Die angedachte Architektur soll das Beste von allem neu kombinieren: Ihr Gerüst besteht, nicht anders als das der Neukantianer, aus der Logik unserer intentionalen Denkakte. Dazu nimmt sie die Bausteine und den Putz aus dem reichhaltigen Wissen der Wahrnehmungspsychologie, die Husserl um viele weitere einprägsame Begriffe erweitern wird. Um den monumentalen Entwurf durchzuführen, braucht es ein enormes Wissen. Der Professor in Göttingen tritt mit den Neukantianern in Kontakt, besucht 1905 den geschätzten Dilthey in Berlin und bekommt 1906 endlich die ersehnte Vollprofessur. Doch der ehrgeizige Weg zu einer »Phänomenologie« als »Wesensschau« der Dinge ist lang und mühselig: »Welche Summe von Unklarheit … wie viel halb getane Arbeit, wie viel qualvolle Unsicherheit im Einzelnen«, notiert er auf einem Vorlesungsmanuskript.[265] Die Befürchtungen und Selbstzweifel sollen sich, wie wir im vierten Band dieser Philosophiegeschichte sehen werden, bestätigen. Zunächst aber werfen wir einen Blick auf den anderen jungen Mann, der sich zur genau gleichen Zeit aufmacht, seine so ganz andere, berühmt-berüchtigte »Wesensschau« aus der Taufe zu heben …

Das Wahre ist das Unbewusste

Rein aus Neugier und Interesse sitzt der Medizinstudent Sigismund Schlomo Freud in der Mitte der 1870er-Jahre in den Vorlesungen des berühmten Brentano; eine willkommene Abwechslung von der gehassten Arbeit im Hospital. Freud liebt es, sich mit philosophischen Fragen zu beschäftigen. Eine kurze Zeit, im Frühjahr 1875, überlegt er sogar, lieber in Philosophie zu promovieren als in Medizin. Aber der Rat des Meisters fällt anders aus. Warum, empfiehlt Brentano dem Neunzehnjährigen, nicht Doktorarbeiten in beiden Fächern schreiben, wie der berühmte Lotze? Doch gleich zwei Doktorarbeiten? Das ist sogar dem selbstbewussten Freud zu viel.

Geboren wurde Freud 1856 in Freiberg in Mähren, im damaligen Österreich und heutigen Tschechien. Ebenso wie bei Husserl ist auch Freuds Vater ein jüdischer Wollhändler, allerdings beileibe nicht so wohlhabend. Der Vater geht kurz nach der Geburt seines Sohns bankrott, und als eines von acht Kindern wächst Sigismund in entsprechend ärmlichen Verhältnissen auf. Die Familie zieht erst nach Leipzig und kurze Zeit später nach Wien. Der älteste Sohn ist ein hervorragender Schüler und der Liebling seiner Mutter. Das Abitur legt er mit Auszeichnung ab. Von 1873 an studiert er in Wien Medizin.

Wie Husserl ist Freud ein Grenzgänger. Sein Interesse liegt genau zwischen den Natur- und den Geisteswissenschaften. Philosophische Fragen nach Leben und Sterben, Evolution und Dasein faszinieren ihn – nicht aber die verstaubte akademische Philosophie. In den Naturwissenschaften dagegen fehlt ihm der philosophische Blick für das Ganze; zu viel empirische Detailforschung, zu wenig große Erkenntnisse. Und wenn sich ein Biologe an die großen Daseinsfragen heranwagt wie der populäre Haeckel, predigt er zumeist einen radikalen Materialismus. Der aber beantwortet nicht entfernt die Fragen, die er für gelöst hält. Die Wahrheit, erkennt Freud, kann allein in der schrittweisen naturwissenschaftlichen Arbeit zutage gefördert werden. Allerdings nur, sofern sie die großen philosophischen Zusammenhänge dabei nicht völlig aus den Augen verliert.

1879 vermittelt Brentano dem sprachbegabten Freud einen Auftrag, um ein bisschen dazuverdienen zu können. Er soll drei Texte von John Stuart Mill übersetzen: *Über Frauenemancipation*, *Die Arbeiterfrage* und *Der Socialismus*. Für Freud ist es die erste intensive Begegnung mit philosophischen Gedanken zu gesellschaftspolitischen Fragen. Derweil arbeitet er in den feuchten Kellergewölben des Labors von *Ernst Wilhelm von Brücke* (1819–1892). Der Professor ist neben du Bois-Reymond und Helmholtz der berühmteste Physiologe seiner Zeit. Für ihn zerschneidet der junge Wissenschaftler Aale und Meerneunaugen und untersucht Hoden und Rückenmark. 1881 promoviert er damit zum Doktor der Medizin.

Doch Freud kann nicht länger an der Universität bleiben, es fehlt ihm dazu das Geld. Schweren Herzens sucht er sich eine Stelle am Wiener Allgemeinen Krankenhaus, wo er drei Jahre bleibt. Als Sekundararzt des bedeutenden Hirnanatomen *Theo-*

dor Meynert (1833–1892) seziert er noch einmal Fische vor allem das Gehirn des Neunauges. Den großen Durchbruch erhofft er sich aber nicht hier, sondern von seinen umfangreichen Selbstexperimenten mit Kokain. Er nimmt an, dass es sich gegen hysterische Nervenleiden einsetzen lässt. Der ehrgeizige Nachwuchswissenschaftler veröffentlicht fünf Arbeiten über Kokain, ohne Erfolg. Auch der Versuch, einen morphiumsüchtigen Freund mit Kokain zu heilen, misslingt. Freud, der sich nun Sigmund nennt, zieht es vor, das Ereignis in seinen Schriften zu verschweigen.

Voller Selbstbewusstsein macht er 1885 eine Studienreise nach Paris. In einem Brief schreibt er: »O wie schön wird das sein. Ich komme dann mit einem großen, großen Nimbus nach Wien zurück, und ich kuriere alle unheilbaren Nervenkrankheiten.«[266] In Paris trifft Freud *Jean-Martin Charcot* (1825–1893), den selbstbewussten »Napoleon der Hysteriker«, den führenden Mann auf dem Gebiet der Nervenkrankheiten. Er öffnet Freud die Augen für die nicht physiologischen, sondern psychologischen Ursachen vieler geistiger Störungen und weist ihn in die Kunst der Hypnose und der Suggestion ein.

Nach seiner Rückkehr lässt sich Freud in der Rathausgasse in Wien als Nervenarzt nieder. Gleichzeitig leitet er die neurologische Abteilung im Ersten öffentlichen Kinder-Krankeninstitut. Er heiratet Martha Bernays aus einer angesehenen Rabbiner- und Gelehrtenfamilie, die sechs Kinder zur Welt bringt. Doch Freud ist alles andere als ein warmherziger, liebevoller Vater. Seinen Kindern gegenüber ist er zumeist unnahbar. Zu Anfang der 1890er-Jahre beschäftigt sich der Fünfunddreißigjährige noch einmal intensiv mit der Anatomie des Gehirns. Er schreibt einen Aufsatz über Sprachstörungen infolge von Hirnerkrankungen, und er erkennt, welche ungeheure Zukunft die Hirnforschung haben wird, um viele Rätsel des Geistes zu lösen. Doch sein *Entwurf einer Psychologie* (1895), der Versuch, den »seelischen Apparat« mithilfe von Santiago Ramón y Cajals brandneuer Neuronenlehre zu erklären, bleibt in der Schublade.

Für Freuds gewaltigen Anspruch, Nervenkrankheiten zu heilen und psychische Störungen zu beheben, ist die Hirnforschung noch lange nicht weit genug. Zu abstrakt und zu allgemein sind Ramón y Cajals neue Einsichten in die Funktion und das Zusammenwirken der Nervenzellen im Gehirn. Der spanische Arzt legt sich die Gehirne von Leichen in Madrid auf den Seziertisch, um seine »rationale Psychologie« zu begründen; Freud dagegen wählt eine andere Praxis. Er legt von nun an seine lebenden Studienobjekte in Wien auf die Couch, um ihre Gehirne zu erforschen.

Was gibt es da zu entdecken? Brentanos »deskriptive Psychologie« war völlig ohne Experimente ausgekommen; sie lebte vom Hineinhorchen in sich selbst. War das Wissenschaft? Die Experimente der Laborpsychologie dagegen sind wissenschaftlich. Aber sind sie nicht allenfalls dazu geeignet, die Intelligenz eines Pferds zu überprüfen, wie Carl Stumpf es 1904 mit dem zählenden Wunderpferd, dem berühmten »Klugen Hans«, machen wird? Weder die eine noch die andere Psychologie kann Menschen heilen oder ihr »Unbewusstes« freilegen!

Genau das aber ist Freuds neues Ziel. Das »Unbewusste« ist jenes dunkle ferne Land, in dem alle Philosophen zuvor umgekommen sind. Freud will es als Erster vermessen. 1889 hat er den französischen Internisten und Neurologen *Hippolyte Bernheim* (1840–1919) in Nancy besucht, der Versuche mit der sogenannten posthypnotischen Suggestion durchführt. Freud schließt daraus, dass es auf das »Unbewusste« mehr ankommt als auf das Bewusste. Nicht das Bewusste, das Unbewusste ist das Wahre! Das Verborgene ist für Freud verantwortlich für einen Großteil menschlicher Handlungen. Und das Beste ist: Es gibt einen Zugang zu diesem Unbewussten, man muss ihn nur finden!

Vom »Unbewussten« hatten, wie geschildert, bereits Schelling, Carl Gustav Carus und Eduard von Hartmann gesprochen. Der Begriff ist nicht neu. Was Freud von seinen Vorgängern unterscheidet, ist der sehr ernsthafte Versuch, dieses Unbewusste systematisch zu erforschen. Er hat sogar eine ungefähre Vorstellung davon, wo es im Gehirn anzusiedeln ist: in den subcorticalen Zentren des Endhirns und im Hirnstamm. So weit ist sein Lehrer Meynert mit der Anatomie des Gehirns immerhin gekommen. Aber mit den Mitteln der Hirnforschung ist dem Unbewussten in den Neunzigerjahren des 19. Jahrhunderts nicht beizukommen.

1891 zieht Freud in die Berggasse 19 um, wo er siebenundvierzig Jahre lang arbeitet und wohnt. Seit 1896 nennt er das, was er betreibt, *Psychoanalyse*. Er übernimmt den Begriff von dem befreundeten Arzt Josef Breuer. Für den ist die Psychoanalyse ein »Ausforschungsverfahren«. Erprobt hat er es an seiner traumatisierten Patientin Bertha Pappenheim. Er hat sie dazu motiviert, ihre seelischen Verletzungen offen auszusprechen. Auch Freud erforscht in der Folgezeit sexuelle Gewalterfahrungen von Frauen, indem er sie zum Reden bringt. Zuvor jedoch beginnt er sich selbst auszuforschen. 1897 diagnostiziert er bei sich selbst – stellvertretend für sein Geschlecht – den »Ödipus-Komplex«: die Verliebtheit von drei- bis fünfjährigen Jungen in die Mutter, die Aggressionen gegen den Vater auslöst.

Wissenschaft im strengen Sinne sind Freuds Entdeckungen nicht. Die führenden Psychologen Wundt und Mach nehmen ihn nicht wahr. Auch die berühmten Psychiater seiner Zeit, der Schweizer *Auguste Forel* (1848–1931) und der Wundt-Schüler *Emil Kraepelin* (1856–1926) in Heidelberg, übergehen ihn. Selbst für jene Philosophen, die wie Dilthey »Lebensphilosophie« betreiben, bleibt er uninteressant. Entsprechend gering ist der Erfolg der vielen Bücher, die Freud in rascher Folge veröffentlicht: *Die Traumdeutung* (1900), die der Autor selbst für eine Pionierleistung und ein Meisterwerk hält, *Zur Psychopathologie des Alltagslebens* (1904), *Der Witz und seine Beziehung zum Unbewussten* (1905), *Drei Abhandlungen zur Sexualtheorie* (1905) und *Die »kulturelle« Sexualmoral und die moderne Nervosität* (1908).

Fragt man, wo Freud zu Anfang des 20. Jahrhunderts in der Philosophie steht, so lautet die Antwort: genau daneben! 1900 hat er sich die gerade erschienene Nietzsche-Werkausgabe gekauft. Aber aus Angst vor zu vielen Übereinstimmungen und um sich den originären Blick freizuhalten, liest er angeblich nicht in ihr. Erst viel später wird er zugeben, dass Nietzsches »Ahnungen und Einsichten sich oft in der erstaunlichsten Weise mit den mühsamen Ergebnissen der Psychoanalyse decken«.[267]

Mithilfe der Psychoanalyse bastelt sich Freud ein ganz eigenes Forschungsuniversum. Traum, Witz und Sexualität sind im Alltag äußerst wichtig und klassische Motive der »Erfahrungsseelenkunde«. Zugleich aber sind es Themen, um die Philosophen, insbesondere Logiker, gerne einen Bogen machen. Umgekehrt ist bei Freud eine Abstimmung mit dem, was in der Philosophie, Psychologie oder Psychiatrie gerade diskutiert wird, nicht vorgesehen. In der zeitgenössischen Debatte um das »Ich«, um »Intentionalität« oder beim Streit um die Logik oder Psycho-Logik von Bewusstseinsakten leistet er keinen Beitrag.

Nichtsdestotrotz ist der Psychoanalytiker in der Berggasse immer wieder tief gekränkt darüber, dass ihn die akademische Welt kaum wahrnimmt. Zu seiner Freude gelangt er 1902 gleichwohl auf eine Stelle als außerordentlicher Titularprofessor an der Universität Wien. Mit der Psychologischen Mittwoch-Gesellschaft gründet er sich einen eigenen Wirkungskreis – die Vorform der späteren Wiener Psychoanalytischen Vereinigung. Seine Zeit wird noch kommen, und der Weltruhm, schon früh und heftig erstrebt, wird sich am Ende einstellen. Ganz anders übrigens als bei jenem kongenialen Zeitgenossen, der gerade auf der anderen Seite des Atlantiks eine völlig andere Symboltheorie erarbeitet, deren volle Bedeutung erst Jahrzehnte nach seinem Tod erkannt wird …

Auf der Suche nach Klarheit

Kant reloaded – Logik versus Erfahrung – Pragmatismus – Zeichen und Geist – Die Metaphysik der Liebe

Kant reloaded

Im Jahr 1872 ist die Harvard University noch nicht weltberühmt. Auch das 1861 gegründete Massachusetts Institute of Technology ist weit entfernt davon, einmal zur Kaderschmiede der weltbesten Techniker und Bioingenieure zu werden. Und so ist Cambridge, Massachusetts, unweit von Boston, nicht mehr als eine aufstrebende Kleinstadt mit großen Ambitionen an der nordamerikanischen Ostküste. Der verheerende Bürgerkrieg ist noch keine sieben Jahre vorbei, und seine Auswirkungen sind überall spürbar. Während Bismarck in Deutschland das Kaiserreich gründet, französische Truppen die Pariser Kommune niederschlagen, Charles Darwin sein Werk *Über die Abstammung des Menschen* veröffentlicht, Karl Marx in der Internationale seinen zweiten Frühling erlebt und Nietzsche an der *Geburt der Tragödie* arbeitet, entsteht in den Neuenglandstaaten ein neuer Aufbruchsgeist. Nicht Weltanschauungen, Religionen und Doktrinen sollen die Menschen beglücken, sondern Wirtschaftswachstum und technologischer Fortschritt.

Im Januar 1872 treffen sich in Cambridge zum ersten Mal junge Akademiker verschiedener Fachrichtungen, um über die Philosophie der Zukunft zu diskutieren. Der kleine Metaphysical Club versammelt Physiker, Biologen, Juristen, Theologen und Schriftsteller. Am Ende wird er als Brutkasten einer neuen, äußerst folgenreichen Philosophie in die Geschichte eingehen: des US-amerikanischen *Pragmatismus*. Zumindest zwei der ehrgeizigen Mitglieder des Clubs werden sich als Väter der neuen Denkrichtung einen großen Namen machen. Der Jüngere ist ein Millionenerbe, empfindsamer Feingeist und frisch promovierter Arzt namens *William James* (1842–1910), der Ältere ein Landvermesser, studierter Chemiker, exzellenter Logiker und bewanderter Wissenschaftshistoriker. Sein Name: *Charles Sanders Peirce* (1839–1914).

Peirce ist zweiunddreißig Jahre alt, als er den Metaphysical Club gründet. Seit er fünfundzwanzig ist, hält er in Harvard nebenberuflich Vorlesungen über Wissenschaftstheorie und Wissenschaftsgeschichte. Das Thema liegt in der Luft. In Europa haben die Positivisten Comte und Mill versucht, alle philosophischen Themen zu wissenschaftlichen Themen zu machen, erklärbar mit der Methode der *Science*. Peirce, der Sohn eines Mathematikprofessors in Harvard, kennt diese Bestrebungen gut. Er hat alles an Philosophie studiert, dessen er habhaft werden kann, vom Mittelalter-Philosophen Johannes Duns Scotus bis zu Lotze. Im Alter von sechzehn bis neunzehn Jahren hat er sich über Kants *Kritik der reinen Vernunft* gebeugt, die er fast auswendig kennt wie andere die Bibel. Während er sein Geld als Geodät bei der United States Coast and Geodetic Survey verdient, arbeitet er sich

Stück für Stück an Kant ab. Peirce bewundert den Königsberger Gelehrten über die Maßen; aber es hält ihn nicht davon ab, ihn zu kritisieren. Der Landvermesser in Cambridge möchte das, was Kant mit den Möglichkeiten des späten 18. Jahrhunderts analysierte, auf den Stand der wissenschaftlichen Logik und Methodik des späten 19. Jahrhunderts bringen.

Das Erste, was dem Logiker missfällt, sind Kants »Kategorien«, jene Werkzeuge, mit denen wir die Welt erfassen und logisch begreifen. Der Philosoph des 18. Jahrhunderts hatte vier klassische Kategorien vorgefunden: die Quantität, die Qualität, die Relation und die Modalität. Zu jeder der vier hatte Kant drei Möglichkeiten gefunden. So etwa kann Quantität bedeuten, dass es *eines*, *vieles* oder *alles* gibt. Und zur Modalität gehört, dass etwas *möglich* beziehungsweise unmöglich ist, dass etwas *da* ist oder nicht und dass etwas *notwendig* oder zufällig ist. Auf diese Weise erkennt Kant viermal drei Möglichkeiten, also insgesamt zwölf Kategorien.

Peirce ist nicht überzeugt. Für den Logiker, der stets nach der schlankesten und elegantesten Form sucht, reichen drei Kategorien völlig aus. Es sind genau die drei, die Kant unter »Modalität« aufzählt: *Möglichkeit*, *Wirklichkeit* und *Notwendigkeit*. Im Laufe seines Lebens wird Peirce diese drei Kategorien immer wieder neu beleuchten und zu einem umfassenden System ausbauen. Am Ende steht eine Theorie, die Biologie, Wahrnehmungspsychologie und Logik in eins setzt – eine Grammatik unseres Bewusstseins, die erklären soll, wie Menschen die Welt erfassen.

Aus dem, was Kant »Möglichkeit« nennt, wird bei Peirce die *Erstheit*. Wenn wir etwas erleben, dann treffen unsortierte Reize unser Nervensystem. Wir wissen nicht, was es ist, sondern erfahren nur eine diffuse Möglichkeit von etwas. Die Erstheit ist unbestimmt und unmittelbar. Erst im zweiten Schritt erhalten wir eine Vorstellung davon, dass das, was uns da erscheint, eine bestimmte Sache ist. Unsere Nerven übertragen die Energie weiter, und wir sind dadurch in der Lage, einen Reiz von anderen Reizen zu unterscheiden. Auf diese Weise formt sich ein Wille zu erkennen, und mit ihm ein Sinn für das Hier und Jetzt einer Sache, seine »Existenz«. Etwas als existierend zu begreifen, als ein Subjekt oder ein Objekt, ist für Peirce *Zweitheit*. Auf der letzten Stufe, der *Drittheit,* verarbeitet unser Bewusstsein die Eindrücke und kombiniert sie zu Begriffen und Gedanken. Wir sind jetzt in der Lage, mithilfe unseres synthetisierenden Nervensystems zu abstrahieren, zu suggerieren und zu assoziieren. Wir schlussfolgern und erkennen dabei Zusammenhänge und ihre »Notwendigkeit«.

Die ersten Überlegungen zu dieser neuen Bewusstseinstheorie veröffentlicht Peirce 1868 in den *Proceedings of the American Academy of Arts and Science* mit dem bescheidenen Titel »On a New List of Categories« (Über eine neue Liste von Kategorien). Erst später wird er sich darum kümmern, dass das, was logisch erscheint, auch physiologisch plausibel ist. Zunächst aber muss er noch einen zweiten Punkt bei Kant korrigieren, der mit Peirces Vorstellung einer modernen *Science* des Bewusstseins nicht vereinbar ist: die alte leidige Sache mit dem »Ding an sich«.

Die Philosophen der Antike hatten die Welt geteilt: auf der einen Seite das menschliche Bewusstsein und auf der anderen Seite die objektive Welt der Dinge, der Logik – und bei Platon auch noch der »Ideen«. Die Frage war: Wie erkenne ich die Dinge richtig, also so, wie sie »an sich« sind? In der Philosophie des Mittelalters, die Peirce gut kennt, war der Streit darüber ausgebrochen, ob es die Dinge, die ich zu erkennen glaube, tatsächlich »an sich« gibt, insbesondere die abstrakten Dinge wie »die Menschheit« oder »die Liebe«. Damit war jener Zweifel gesät, der später bei George Berkeley, David Hume und Immanuel Kant zu der Frage führte: Kann das menschliche Bewusstsein überhaupt etwas von den Dingen »an sich« wissen? Leben wir nicht in einer typisch menschlichen Vorstellungswelt? Und sind all unsere Vorstellungen nicht im menschlichen Bewusstsein gefangen wie in einem Gefäß? Kant hatte sich schließlich mit der Theorie angefreundet, dass zwar all unsere Gedanken im Gefäß gefangen sind, dass es aber trotzdem eine Welt des »Dings an sich« geben sollte, ein ominöses »Reich der Freiheit«, das wir ahnen, aber nicht betreten können.

Diese Welt des »Dings an sich« ist, wie erwähnt, schon von Kants Zeitgenossen stark bezweifelt worden. Der Helmstedter Professor Gottlob Ernst Schulze erklärte sie bereits 1792 mit klugen Argumenten für groben Unfug. Und auch die meisten Neukantianer, die gleichzeitig mit Peirces Bemühungen auf der anderen Seite des Atlantiks Kants Auferstehung feiern, haben sich vom »Ding an sich« verabschiedet. So gesehen ist die Kritik alles andere als neu. Doch Peirce rechnet in diesem Punkt nicht nur mit Kant ab, sondern mit der ganzen »nominalistischen« Tradition. Wer wie Wilhelm von Ockham oder Berkeley, Hume und Kant daran zweifelt, dass unser Bewusstsein die »Welt an sich« adäquat erfassen kann, der nimmt offensichtlich an, dass es eine solche »Welt an sich« gibt. Doch woher will er davon wissen, wenn unser Bewusstsein nur ein verschlossenes Gefäß ist? Die Vorstellung, dass unser Bewusstsein gegenüber der »Welt an sich« verschlossen ist, und die gleichzeitige Vorstellung, dass diese »Welt an sich« existiert, ist ein Widerspruch. Denn alles, was ich überhaupt wissen kann, ist und bleibt ein Bewusstseinsinhalt. Und wenn es »Dinge an sich« geben soll, dann entweder *im* Bewusstsein oder gar nicht. Da aber »an sich« und »im Bewusstsein« ein Widerspruch sind, lässt sich nur eines folgern: Jedes Gerede um eine unzugängliche »Welt an sich« ist Quatsch. Und alles, was es in der Welt gibt, lässt sich erkennen.

Logik versus Erfahrung

Wenn Peirce die Vorstellung zerlegt, dass es eine »Realität an sich« gibt, mit der Menschen nicht eins zu eins in Kontakt treten können, dann geht es ihm nicht darum, den Ruf Kants zu schmälern. Der Hauptgegner des weitgehend unbekannten Küstenvermessers ist der große John Stuart Mill. Dabei teilen sie eine wichtige Voraussetzung. Beide glauben nicht daran, dass Wahrheit intuitiv bewiesen werden kann. Es existieren keine »Urteile a priori«, die die grübelnde Vernunft in sich selbst entdeckt. Die einzige Erkenntnismethode ist *Science*. Doch es gibt einen großen Unterschied. Für Mill gründet alles Wissen auf *Erfahrung*. Für Peirce aber ist die Welt, wie einst für Galilei, in der Sprache der Mathematik geschrieben, insbesondere in jener der formalen *Logik*. Und die Logik ist keine Erfahrungswissenschaft, sie existiert völlig unabhängig von jeder konkreten Erfahrung.

Als Mill 1843 *A System of Logic, Ratiocinative and Inductive, Being a Connected View of the Principles of Evidence, and the Methods of Scientific Investigation* (*System der deduktiven und induktiven Logik*) veröffentlicht, ist es das bedeutendste Buch zum Thema seit Langem. Mill möchte zeigen, wie Menschen ihre Erfahrungen machen und zu Erkenntnissen kommen. Zunächst einmal dadurch, dass wir Begriffe benutzen. Aber wie »wahr« sind diese Begriffe? Das halbe Mittelalter hindurch haben sich die »Realisten« und die »Nominalisten« darüber gestritten, wie »wahr« unsere abstrakten Begriffe sind. Dieter mag es geben, und das Pferd, das ich gerade sehe, ebenso. Aber gibt es *den* Menschen und *das* Tier? Für die »Realisten« war auch *der* Mensch etwas, was existiert. Für die »Nominalisten« hingegen gibt es nur Dieter; *der* Mensch ist eine nützliche sprachliche Konvention, der allerdings nichts Reales entspricht. Das Gleiche gilt für *die* Liebe oder *das* Gute – und somit (und darin lag der ketzerische Sprengstoff) auch für Gott. Im Spätmittelalter und später bei Descartes und bei Hobbes war noch eine dritte Variante aufgetaucht, die zwischen beiden Positionen vermittelt. Danach bilden die allgemeinen Begriffe wie »Mensch« zwar keine äußere Realität ab, aber sie geben Gedanken Namen, die wir alle in uns auffinden. Die Allgemeinbegriffe benennen unsere »Konzepte« von etwas. Sie sind somit nicht völlig beliebig, wie die Nominalisten meinen, sondern denknotwendig. Der »Konzeptualismus« war in der Welt und milderte die Schärfe des Nominalismus ab.

Das Vermittlungsangebot kann Mill nicht überzeugen. Er ist Nominalist, und *der* Mensch existiert weder als äußere Realität noch als Abbild einer inneren. Denn wenn ich von *dem* Menschen rede, beanspruche ich doch nicht, eine Vorstellung zu benennen; ich beanspruche, dass ich etwas Reales bezeichne, selbst wenn ich gleichzeitig weiß, dass es nicht als Realität existiert. Mit Berkeley hält Mill nicht einmal *die* Materie für existent. Alle allgemeinen Begriffe sind Konventionen.

Zudem treten Begriffe in zwei Spielarten auf. Die einen bezeichnen ein Ding, etwa: »Das ist ein Pferd.« Die anderen fügen einem Ding *eine Eigenschaft hinzu*, etwa: »Das Pferd ist weiß.« Die erste Spielart *denotiert*, die zweite *konnotiert*, sie illustriert durch eine »Mitbedeutung« (Kon-Notation). Denotate gelten nur für einen bestimmten Gegenstand: »Das ist *Stuttgart.*« Konnotationen können sich auf viele Gegenstände beziehen: »Das ist das *graue* Stuttgart; das ist ein *grauer* Esel.« Über die Frage, ob es Stuttgart gibt, lässt sich nicht diskutieren (das geht nur bei Bielefeld); über die Frage, ob Stuttgart grau ist, aber schon. Denotationen sind wahr, wenn sie den Fakten entsprechen. Sie haben eine *Bedeutung*, aber keinen *Sinn*. Welchen Sinn sollte »Stuttgart« haben? Konnotationen hingegen können, aber müssen nicht faktisch überprüfbar sein. Trotzdem geben sie einer Sache Sinn. Der Satz: »Stuttgart ist grau« färbt die Stadt mit einer gewissen negativen Sinnhaftigkeit; der Satz: »Stuttgart ist schön« mit einer positiven. Lässt sich eine Konnotation faktisch überprüfen – Stuttgart hat etwa 630 000 Einwohner –, ist sie Teil einer *realen* Aussage. Lässt sie sich nicht überprüfen – »Stuttgart ist großartig« –, ist die Aussage nur *verbal*. Ob etwas *existiert*, lässt sich also danach bemessen, ob und in welcher Reichweite es *sinnlich vorstellbar* ist. Und ob etwas *wahr* ist, entscheidet sich anhand des *richtigen Gebrauchs der Namen* (»Stuttgart«, »grau«, »schön«) und ihrer Kombination.

Als Peirce Mills *Logik* liest, protestiert er energisch. Wie will man auf solche Weise komplizierte Theorien in der Mathematik oder in den Naturwissenschaften beweisen oder zurückweisen? All das lässt sich weder sinnlich abgleichen noch durch Sprachkombinationen auf seinen Wahrheitswert befragen. Für Peirce gründet der Wahrheitswert einer Aussage nicht darin, die richtigen Worte zu benutzen. Auch ein »Kauderwelsch«, schreibt Peirce, kann ausreichen. Jemand, der zeit seines Lebens ein falsches Wort in dem für ihn relevanten Kontext richtig gebraucht, macht logisch keinen Fehler. Wenn jemand, wie viele es tun, »scheinbar« sagt, wenn er »vermutlich« oder »wahrscheinlich« meint, so benutzt er semantisch ein falsches Wort. Denn »scheinbar« bedeutet »*nur* dem Schein nach«. Das richtige Wort wäre »anscheinend«. Trotzdem kann jemand ein Leben lang das Wort »scheinbar« mit Erfolg statt des Wortes »anscheinend« gebrauchen. Mit Erfolg meint hier: Es erfüllt seine Funktion! Und genau das ist für Peirce die entscheidende Wahrheitsfrage: Welche *Funktion* erfüllt ein Wort? Und noch weitergehend: Welches *Verhalten* löst es aus?

Ob etwas richtig oder falsch, wahr oder nicht wahr ist, ist keine Frage, die auf der Ebene sinnlicher Vorstellungen entschieden werden kann, sondern nach ihrer *logischen Funktion*. Tatsächlich untersuchen heutige Sprachphilosophen in erster Linie die *Struktur* der Aussagesätze und entscheiden von hier aus über den Wahrheitscharakter. So wie Mill Wahrheit definiert, bleibt zudem der *Kontext* verborgen, in dem etwas geäußert wird. »Stuttgart ist großartig« kann ernst gemeint sein, aber auch ironisch. Und ob etwas Teil eines Befehls oder eines Gedichts ist, lässt die Worte in völlig anderer Bedeutung aufscheinen.

Das zweite Feld, auf dem Peirce den Empiriker Mill angreift, sind die logischen Schlussverfahren. Mit vielen Kritikern seit dem Mittelalter erkennt Mill die Schwächen einer Logik, die vom Allgemeinen auf das Besondere schließt. Der Syllogismus des Aristoteles, »Alle Menschen sind sterblich – Sokrates ist ein

Mensch – Also ist Sokrates sterblich«, hat einen Haken. Die Logik steht und fällt mit dem Ausgangssatz. Wenn ich sage: »Alle Menschen sind Hunde – Sokrates ist ein Mensch – gilt: Sokrates ist ein Hund!« Der syllogistische Schluss beweist immer die Prämisse, ganz gleich, ob sie stimmt. Und er bestätigt nur Bekanntes, bringt aber keine neuen Erkenntnisse zur Welt. Dafür darf der Weg nicht vom Allgemeinen zum Besonderen (Deduktion), sondern muss vom Besonderen zum Allgemeinen führen (Induktion). Die wichtigsten Erkenntnisse verdanken wir unserer Erfahrung oder jener anderer Menschen in der Gegenwart oder Vergangenheit. Allerdings muss man Erfahrungen auch interpretieren können, sodass der Deduktion zumindest hier ein gewisses Aufgabenfeld zukommt.

Wenn es um elementare Wahrheiten geht, macht Mill keine Gefangenen: alles induktiv gewonnen! Die Geometrie, was wäre sie ohne die anschauliche Erfahrung und Beweisführung, Arithmetik und Algebra? Abstraktionen aus der Empirie. Jeder mathematische Beweis gilt nur, weil er sich in der Erfahrung bestätigt und wir uns sein Gegenteil nicht vorstellen können. Mill stellt fünf Regeln für induktives Schließen auf: Die Methode der *Übereinstimmung*, die Methode des *Unterschieds*, die *Kombination aus beiden*, die Methode der *Rückstände* und die Methode der *begleitenden Veränderungen*. Als »Mills Regeln« machen sie in der Wissenschaftsphilosophie Karriere.

Wiederum grätscht Peirce dazwischen. Zunächst einmal stört ihn, dass Mill nur zwei logische Schlussverfahren kennt, Deduktion und Induktion. Bereits bei Aristoteles gibt es auch noch die *Apagoge*. Man ist mit einem Ergebnis konfrontiert und schließt von dort aus auf eine mögliche Regel, die dazu geführt hat. Im Jahr 1893 wird Peirce hier das erste Mal von *Abduktion* reden: *dem hypothetischen Schluss vom Einzelnen auf eine Regel*. Gerade die Abduktion und das Aufstellen von ungedeckten Hypothesen macht die Wissenschaft dynamisch und bringt sie voran. Die gleiche Kritik hatte auch schon William Whewell an Mill geübt. Kein Naturwissenschaftler, polterte der Cambridge-Professor gegen seinen jungen Konkurrenten, gehe induktiv vor! Wo bleibt die Intuition des begnadeten Forschers, der mit ungedeckten Vermutungen und steilen Hypothesen beginnt und gerade dadurch Neues entdeckt?

Nun hatte Mill die Intuition des Forschers gar nicht bestritten, sondern bewusst zugestanden. Seine Regeln sollten nicht den Forschungs*prozess* beschreiben, sondern einzig die Frage klären, wie sich wissenschaftliche Wahrheiten *begründen* lassen. Doch spätestens mit Peirces Einführung der Abduktion ist das Spektrum der Logik wieder um ein fast vergessenes Schlussverfahren erweitert.

Gerade die Erkenntnisse der Abduktion aber lassen sich nicht empirisch begründen. Wenn ich weiße Bohnen vor mir liegen sehe und die Regel kenne, dass alle Bohnen aus dem Sack neben mir weiß sind, dann ist noch lange nicht bewiesen, dass alle Bohnen, die da liegen, aus dem Sack stammen. Es ist allerhöchstens wahrscheinlich, dass die Bohnen aus dem Sack sind, aber kein aus der Erfahrung sicher überprüftes Wissen. Und gilt das Gleiche nicht auch für die Induktion? Ich habe Bohnen vor mir, von denen ich weiß, dass sie aus dem Sack neben mir sind. Alle diese Bohnen sind weiß. Also schließe ich, dass alle Bohnen im Sack weiß sind. Ein sauberer Induktionsschluss, aber kein Erfahrungsbeweis. Dafür müsste ich den Sack aufschlitzen und alle Bohnen überprüfen. Weder Induktion noch Abduktion leben einzig und allein von der Erfahrung. Sie sind zeitlose und immer gültige Schluss*verfahren* – unabhängig davon, ob sie zu richtigen oder falschen Schlüssen führen. Für Peirce ist die Logik eine »Universalie«, etwas, was es schlichtweg gibt. Ein Beweis für ihre Gültigkeit durch Übereinstimmung mit irgendwelchen Tatsachen ist weder möglich noch nötig.

Wenn Peirce mit Mill abrechnet, dann verabschiedet er damit zugleich eine ganze philosophische Tradition: die Erkenntniskritik. Wie komme ich zur richtigen Erkenntnis der Welt, wenn mir die eigentliche Wirklichkeit doch nicht direkt zugänglich ist? Für Peirce eine falsch gestellte Frage. Stattdessen müsste sie lauten: Wie komme ich mithilfe der Logik zu wahren Aussagen über die Welt, wenn sich die Schlüsse der Induktion und Abduktion nicht empirisch überprüfen lassen? Nicht wie ich zu wahren Erkenntnissen komme, ist die Frage, sondern wie ich ihren *Sinn* überprüfen kann. Aus Kants *Erkenntniskritik* wird bei Peirce *Sinnkritik*. Alles, was es an Realität gibt, kann prinzipiell erkannt werden! Und das bevorzugte Mittel dazu ist die *Logik*. Sie ist der scharfe Dolch, den der Mensch im Laufe seiner Evolution der Natur abgetrotzt und in Besitz genommen hat, um die Realität immer besser zu durchschneiden. Die Frage ist nur, woran man erkennt, welche der vielen induktiven und abduktiven Schlussfolgerungen letztlich wahr sind und welche nicht. Und um genau diese Frage zu klären, diskutiert Peirce mit seinen Freunden und Mitstreitern im Metaphysical Club.

Pragmatismus

Der berühmteste Kopf des Clubs ist ein einundvierzigjähriger Biologe. Rund zehn Jahre älter als die meisten anderen Mitglieder, ist *Chauncey Wright* (1830–1875) eine Respektsperson. Als leidenschaftlicher Anwalt von Darwins Evolutionstheorie nimmt er sie gegen Kritiker, aber auch gegen verfälschende Anhänger, insbesondere gegen Spencer, in Schutz. Und noch vor Kropotkin beschäftigt sich Wright mit der Entwicklung des Bewusstseins bei Tieren und der allmählichen Entwicklung zum Selbstbewusstsein beim Menschen. Was Peirce über Evolution denkt, verdankt er wesentlich Wright. Wichtiger aber wird ein anderer Wright'scher Gedanke, nämlich, dass alle abstrakten Prinzipien der Forschung nur eine einzige Funktion erfüllen: Sie bilden nicht die Realität ab, sondern sie sollen *nützlich* sein.

Dazu passt auch das, was der Jurist Nicholas St. John Green

im Metaphysical Club über die evolutionäre Psychologie Alexander Bains vorträgt. Der hat in seinem Werk über die Gefühle und den Willen alles menschliche Denken und Meinen auf seine *praktische Funktion* zurückgeführt. Wenn wir eine Überzeugung gewonnen haben, fühlen wir uns sicher und beruhigt. Und nur große Unbehaglichkeit zwingt uns dazu, die beruhigende Heimstatt der Überzeugung zu verlassen und daran zu zweifeln.

Peirce ist von beidem überzeugt. Von Bain übernimmt er die Theorie, dass Menschen aus ganz praktischen Gründen Überzeugungen suchen, die sich mit der Zeit zu Gewohnheiten und Handlungsmustern verfestigen. Und von Wright übernimmt er die Vorstellung, dass sich der Wert einer Theorie nach ihrer Nützlichkeit bemisst. *Bedeutungen* im Alltag wie in der Wissenschaft entstehen also immer funktional – sie sollen bestimmte Überzeugungen ausdrücken, Handlungsgewohnheiten festigen und sich in der Praxis bewähren. William James, der Peirce im Metaphysical Club lauscht, nennt dessen Vorträge später die Gründungsurkunde des Pragmatismus.

Im Jahr 1878 veröffentlicht Peirce seinen berühmtesten Aufsatz: »How to Make Our Ideas Clear«. (»Über die Klarheit unserer Gedanken«). »Gedanken in Aktion«, heißt es darin, »haben das einzig mögliche Motiv, Gedanken wieder zur Ruhe zu bringen; und was sich nicht auf eine Überzeugung bezieht, ist nicht Teil des Gedankens selbst.«[268] In Anlehnung an Kant formuliert Peirce daraus nach und nach sieben verschiedene Varianten, der von ihm so genannten »Pragmatische Maxime«. In der bekanntesten Formulierung lautet sie: »Überlege, welche Wirkungen, die denkbarerweise praktische Relevanz haben können, wir dem Gegenstand unseres Begriffs in unserer Vorstellung zuschreiben. Dann ist unser Begriff dieser Wirkungen das Ganze unseres Begriffs des Gegenstandes.«[269] Mit anderen Worten: Die *Bedeutung* eines Gedankens entspricht der *Verhaltensweise* (oder der Bereitschaft dazu), die er motiviert.

Peirces Erklärung, wie Bedeutung entsteht, kommt völlig

ohne eine Erkenntnistheorie aus. Wo früher ein Subjekt einer Welt gegenüberstand, die es erkennen will, kommt es bei Peirce auf kein »Subjekt« an. Er braucht noch nicht einmal ein »Ich« durchzustreichen wie Mach. Denn was eine Bedeutung hat und was nicht, zeigt sich nicht beim Grübeln, sondern entsteht einzig und allein im Austausch mit anderen. »Einstweilen wissen wir«, schreibt Peirce, »dass der Mensch keine Ganzheit ist und dass er wesentlich ein mögliches Mitglied der Gesellschaft ist. Insbesondere ist die Erfahrung eines Menschen, solange sie alleine steht, nichts. Wenn er etwas sieht, was andere nicht sehen können, nennen wir es Halluzination. Es ist nicht ›meine‹ Erfahrung, sondern ›unsere‹ Erfahrung, an die zu denken ist; und dieses ›wir‹ hat unbegrenzte Möglichkeiten.«[270]

Bedeutung entsteht im Kontext. Und das gilt erst recht für die *Wahrheit*. Ob etwas wahr ist oder nicht, entscheidet nicht der einzelne Mensch. Und er allein kann das, was er für wahr hält, auch nicht zuverlässig mit der Realität abgleichen. Grundsätzlich kann nämlich jede Bedeutung unwahr sein, so wie auch jede wissenschaftliche Hypothese – ein Prinzip, das Peirce *Fallibilismus* nennt.

Doch wie kommt dann die Wahrheit in die Welt? In seiner unveröffentlichten *Logik* von 1873 sieht Peirce vier Möglichkeiten. Da wäre einmal die Methode der *Hartnäckigkeit*. Wenn ich mich nicht belehren lasse, die Augen schließe und auf das poche, was ich einmal für wahr erkannt habe, dann verfestigt es sich für mich zur Wahrheit. Als soziale Verhaltensweise hält Peirce die Hartnäckigkeit allerdings nicht für empfehlenswert. Die zweite Methode ist jene der *Autorität*. Man denke nur an das katholische Mittelalter, das von oben durch kirchliche Autorität festlegte, was die Wahrheit sei. Aber so etwas kann bekanntlich nie auf ewig gelingen. Die dritte Möglichkeit ist die *Apriori*-Methode: Ein Denker wie Kant formuliert erste und letzte Einsichten, die er für unwiderlegbar hält. Dass Peirce von dieser Methode nichts hält, weil sie erstens spekulativ bleiben muss und zweitens dauerhaft keinen Bestand hat, hatte er schon bei seiner Kant-Kritik herausgestellt. Bleibt also nur die vierte Methode, diejenige der *Wissenschaft*. Eine der Idee nach unbegrenzte Gemeinschaft von Forschern überprüft die vielen hypothetischen Aussagen darauf, ob sie logisch stimmig sind. Von einer solchen Fahndung nach der Wahrheit verspricht sich Peirce »einen höheren Grad der Klarheit des Denkens«[271] als all das, was Denker wie Descartes, Leibniz und Kant zustande bringen konnten. Am Ende winkt eine immer besser verstandene Welt, entschlüsselt von einer idealen Forschergemeinschaft.

Was seinen Optimismus anbelangt, ist Peirce nahe bei Mach. Beide Naturwissenschaftler versprechen sich viel von einer globalen Forschergemeinde, die die Realität entziffert und die vielen Irrtümer der Menschheitsgeschichte beseitigt. Doch der Unterschied ist gleichwohl beträchtlich. Für Mach ist Wahrheit ganz traditionell (die von vielen Forschern abgenickte) *Übereinstimmung von Behauptungen mit der Realität*. Für Peirce ist Wahrheit die Übereinstimmung der unbegrenzten Forschergemeinschaft untereinander, was dann als gleichbedeutend mit der Realität angesehen wird. Mach argumentiert als *Korrespondenztheoretiker* (Behauptung entspricht Realität). Peirce dagegen ist der wohl erste *Kohärenztheoretiker* in der Geschichte der neuzeitlichen Philosophie (über den Wahrheitswert einer Aussage entscheidet ihre logische Richtigkeit, bestätigt durch *Übereinstimmung unter den Forschern*).

Der Ansatz ist radikal modern. Es ist das Ende der Vorstellung, dass sich Wahrheit an der Realität abgleichen lässt. Peirces Wahrheit wird nicht *abgeglichen* oder a priori *definiert*, sondern in einem langen Prozess, *on the long run*, wie er sagt, *ermittelt*. Dafür benötigt es den richtigen Gebrauch der Logik und eine unbegrenzte Forschergemeinschaft, eine *ideal community*. Mit Mach teilt Peirce die optimistische Annahme, dass wissenschaftliche Forschung einzig darauf aus sei, die Wahrheit zu ermitteln. Dass der Wissenschaftsbetrieb in erheblichem Maße auch aus

Neid und Missgunst, Weltanschauungen, persönlichen Karriereinteressen und der Notwendigkeit, sich durch eigene Originalität abzugrenzen, besteht, kommt in dieser Vorstellung nicht vor. Peirces *ideal community* ist eine Fiktion, oder, wie er selbst sagt, eine »regulative Idee« im Sinne Kants: eine Vorstellung, die unser Denken und Handeln zwingend leitet, weil wir ohne sie nicht auskommen.

Wie wenig ideal die *ideal community* ist, erfährt der Logiker am eigenen Leibe. Zunächst scheinen die Dinge noch gut zu laufen. Peirce bereist in fünf längeren Aufenthalten Europa und trifft sich mit ausgewählten Forschern. 1879 bekommt er eine halbe Stelle an der neu gegründeten Johns Hopkins University in Baltimore. Er versammelt einen neuen Metaphysical Club um sich und stürzt sich in seine Forschungen zu Mathematik und Logik. Dazu studiert er die bahnbrechenden Arbeiten der englischen Mathematiker *George Boole* (1815–1864) und *Augustus De Morgan* (1806–1871). Wie Boole in seinen *Laws of Thought* (1854; Gesetze des Denkens) hält Peirce alle geistigen Prozesse für logische Prozesse, darstellbar durch logische Zeichen. Er macht Booles Algebra dadurch schlanker, dass er sie auf zwei zweistellige Operationen zurückführt. Etwas wird dadurch logisch, dass es entweder *Nicht-Und* (NAND) sein kann (ein Löwe kann *nicht* Katze *und* Hund sein). Oder es wird dadurch logisch, dass es *Nicht-Oder* (NOR) ist (ein bestimmter Mensch kann entweder existieren *oder nicht* existieren). Zudem führt Peirce neue algebraische Zeichen in die Logik ein, um damit zu beweisen, dass seine Theorie der Erstheit, Zweitheit und Drittheit nicht einfach nur psychologisch, sondern logisch ist. Die Erstheit ist für ihn logisch eine *absolute Relative*, weil hier nichts mit etwas anderem in Bezug gesetzt werden kann. In der Zweitheit handelt es sich um eine *einfache Relative*, weil ich etwas in Bezug auf etwas anderes definiere. Die Drittheit ist nach Peirce eine *konjugative Relative*, bei der viele und komplizierte Bezüge möglich sind.

Mit seinem Versuch, alle geistigen Prozesse durch logische

Zeichen auszudrücken, revolutioniert Peirce gleichzeitig mit dem ihm völlig unbekannten Jenaer Mathematiker Gottlob Frege die Logik. Doch die glückliche Zeit währt nicht lange. Im Jahr 1884 wird Peirce von der Universität gekündigt, vermutlich wegen der Scheidung von seiner ersten Frau, vielleicht aber auch wegen seines berüchtigt schwierigen Charakters und seiner für Logiker nicht seltenen Arroganz. Das große systematische Werk, das er schreiben möchte, seit er fünfundzwanzig Jahre alt ist, wird nicht gefördert und bleibt unfertig. Alles, was er bislang zur Philosophie veröffentlicht hat, sind Zeitschriftenartikel. Dabei mehren sich die ungezählten Entwürfe, systematischen Überlegungen und Einzelbetrachtungen auf seinem Schreibtisch. Wie passen die früh erarbeitete und immer wieder überarbeitete Kategorienlehre aus Erstheit, Zweitheit und Drittheit mit seinen Neuerungen in der formalen Logik möglichst perfekt zusammen? Und wie lassen sie sich elegant mit dem Pragmatismus und der Kohärenztheorie verbinden? Und auch ein metaphysischer Überbau ist längst angedacht: die Einbettung seiner von Logik durchwalteten Philosophie (»logischer Idealismus«) in den naturgeschichtlichen Prozess der Evolution.

Man hat Peirce aufgrund seiner bahnbrechenden Arbeiten zur Logik, seines logischen Idealismus und der Fülle an unveröffentlichten Einzeluntersuchungen oft mit Leibniz verglichen. Doch anders als Leibniz, dem die größte Zeit seines Lebens alle Türen offen standen, fallen die von Peirce mit dem Ende seiner kurzen Universitätskarriere ins Schloss. Die Entscheidung, mit seiner zweiten Frau von nun an auf einer kleinen Farm bei Milford in Pennsylvania zu leben, isoliert ihn von der Forschergemeinschaft. 1891 kündigt er überdies seine Stelle bei der U.S. Coast Survey aufgrund von Spannungen zu seinem neuen Vorgesetzten. Was er in Milford schreibt, woran er akribisch arbeitet, bekommt, von wenigen Freunden abgesehen, keiner mit. Dabei entsteht hier sein bedeutendster Beitrag zur Philosophie: die Begründung einer logischen Zeichenlehre – die *Semiotik*.

Zeichen und Geist

Wenn Menschen denken, dann denken sie notgedrungen in Zeichen. Diese Erkenntnis hat Peirce schon früh: »Wir haben kein Vermögen, ohne Zeichen zu denken.«[272] Immer, wenn wir etwas erfahren, verwandeln wir einen unbestimmten Eindruck (Erstheit) in ein *Objekt* unserer Erfahrung (Zweitheit), um es dann genauer zu *interpretieren* (Drittheit). Das grundsätzliche Konzept dahinter stammt bereits von Kant: Mithilfe unserer bestimmenden Urteilskraft bilden wir aus Erscheinungen Vorstellungen und ordnen sie unter Begriffen ein. Wie das genau funktioniert, welche Möglichkeiten es dabei gibt und wie dies mit der *Produktion von Zeichen* einhergeht, möchte der Logiker genauer aufdröseln.

Inspiriert fühlt sich Peirce durch die mittelalterliche Scholastik. Auch die Logiker des Spätmittelalters, insbesondere der nicht genau identifizierte Petrus Hispanus und der deutsche Universalgelehrte *Nikolaus von Kues* (1401–1464), deuteten alle Erkenntnis der Welt als eine regelhafte Interpretation von Zeichen. Gemäß dem logischen Schema von Erstheit, Zweitheit und Drittheit sieht Peirce dabei genau *drei* logische Möglichkeiten. Auf der Ebene der Erstheit, des unbestimmten Eindrucks, nehmen wir ausschließlich sinnliche Zeichen wahr (*Quali*-Zeichen). Diese Zeichen sind bildhaft (*Ikons*). Unbewusst interpretieren wir sie als Stille, Ton oder Farbe (*Rhema*). Am konkreten Beispiel: Wir hören, dass es klingelt. Auf der Ebene der Zweitheit, der Objekt-Unterscheidung, deuten wir Zeichen im Hinblick auf ihr konkretes Sein (*Sin*-Zeichen). Die Zeichen geben uns einen Hinweis (*Index*) auf das, was sie sind. Wir sind jetzt in der Lage, eine Aussage (*Proposition*) zu bilden. So etwa bestimmen wir das Klingeln als ein Klingeln an der Haustür. Auf der Ebene der Drittheit können wir abstraktere Zeichen interpretieren (*Legi*-Zeichen), die unsere Erfahrung in bekannte Handlungsmuster einordnen (*Symbole*). Wenn es dreimal an unserer Haustür klingelt, dann scheint es dringlich zu sein, und vielleicht wird uns dann klar, dass es ein Freund ist, mit dem wir verabredet sind, oder eine dringende Briefzustellung. Solche komplexen Gedankenzusammenhänge nennt Peirce *Argument*.

Gemäß der Kategorienlehre deutet ein Quali-Zeichen auf eine Möglichkeit hin, ein Sin-Zeichen auf die Wirklichkeit einer Sache und ein Legi-Zeichen auf eine Notwendigkeit. Die drei Arten von Zeichen führen dabei zu drei Arten von Objekt-Beziehungen (Ikon, Index und Symbol) und zu drei unterschiedlich komplexen Möglichkeiten, sie zu interpretieren (Rhema, Proposition, Argument). Aus der Unmittelbarkeit erfühlter Bilder werden durch Hinweise Aussagen und dynamische Handlungen. Und die Symbole ermöglichen es uns, komplexer zu urteilen und logische Schlussfolgerungen zu ziehen.

Die neue Zeichenlehre (*semeiotic*), an der Peirce zeit seines Lebens feilt, entsteht genau parallel mit einem ähnlichen Versuch, von dem er nichts weiß. So entwirft der Schweizer Sprachwissenschaftler *Ferdinand de Saussure* (1857–1913) ebenfalls eine Zeichenlehre, die er *sémiologie* nennt. Seine bahnbrechende Arbeit, der *Cours de linguistique générale* (*Grundfragen der allgemeinen Sprachwissenschaft*), bleibt allerdings zu Lebzeiten unveröffentlicht und erscheint erst drei Jahre nach de Saussures Tod. Der Schweizer Gelehrte, der in Paris und Genf unterrichtet, untersucht nur *sprachliche* Zeichen. Die Parallele zu Peirce ist dennoch groß. Auch für de Saussure legt nicht das Zeichen fest, was das Bezeichnete bedeutet. Denn jedes Zeichen eröffnet immer einen unbestimmten Bedeutungs*spielraum*. Es ist, wie de Saussure sagt, willkürlich (*arbitraire*). Ein »Schwein« kann als Tier verstanden werden, aber auch als Beleidigung. Natürlich lässt sich nicht jedes Wort völlig beliebig benutzen oder verstehen, aber eindeutig festgelegt ist die Bedeutung eben auch nicht. Was etwas bedeutet, liegt nicht in der Sache selbst oder dem dafür verwendeten Wort, sondern es entsteht durch seinen *Gebrauch* und dem Unterschied zum Gebrauch anderer Worte. So gesehen ist de Saussures Semiotik ebenfalls pragmatistisch: Bedeutung entsteht dadurch, dass jemand ein Zeichen in einem bestimmten Kontext interpretiert. Und nicht die Sache selbst hat eine Bedeutung, sondern die Sprach*handlungen* entscheiden darüber.

Die Metaphysik der Liebe

Während Peirce seine Zeichenlehre ausarbeitet, hält er sich notdürftig mit Lexikonbeiträgen, Übersetzungen und Rezensionen über Wasser. 1890 wird er Autor für zwei freigeistige Zeitschriften des deutsch-amerikanischen Verlegers Paul Carus, *The Monist* und *The Open Court*. Beide befassen sich mit dem Verhältnis von Naturwissenschaft und Religion. Für Peirce ist es die Chance, seine metaphysischen Ansichten zu veröffentlichen – die Grundbausteine für seinen unverwirklichten Gesamtentwurf.

Was steht für den Logiker am Anfang der Welt? Gewiss ist der Urgrund allen Seins nicht die Materie und er liegt ebenso wenig in der Kausalität. Die Welt wird nicht durch die unveränderliche Abfolge naturgesetzlich festgelegter Ursachen und Wirkungen bestimmt, wie die meisten Naturwissenschaftler meinen. Mit solcher Naivität gibt Peirce sich nicht zufrieden. Denn auch Materie und Kausalität brauchen einen Urgrund, aus dem sie entspringen. Am Anfang steht für ihn deshalb der »Geist«, jene unbestimmte Energie, die Peirce beim deutschen Naturphilosophen Schelling als »das Absolute« findet. Dieser Geist schafft die Zeit, den Raum, die Materie und die Naturgesetze. Peirce geht sogar so weit, in der Materie nur »eine kraftlose Form des Geistes« zu sehen. Und Naturgesetze sind nicht ewig und absolut, sondern sie entstehen aus »tief verwurzelten Gewohnheiten«.[273]

Damit gilt auch für das Universum die Kategorienabfolge von Erstheit, Zweitheit und Drittheit. Am Anfang steht das Zufällige und Unbestimmte. Allmählich entwickeln sich daraus spielerisch Gesetzmäßigkeiten, die Dinge beginnen als etwas Bestimmtes zu existieren (Zweitheit). Und auf der dritten Ebene etablieren sich daraus Verhaltensmuster und Gewohnheiten. Wie im Himmel so auf Erden, und wie auf Erden so im menschlichen Bewusstsein. Alles folgt der gleichen logischen Abfolge. »Auf solche Weise nahm die Tendenz zur Gewohnheit ihren Anfang, und hieraus entwickelten sich, zusammen mit den anderen Prinzipien der Evolution, alle Regelmäßigkeiten des Universums.«[274]

Für Peirce unterliegt alles der Evolution. Nicht nur Pflanzen und Tiere, sondern ebenso die Naturgesetze. Wer sagt, dass die Naturkonstanten auf ewig konstant seien? Warum soll sich die Physik nicht ebenfalls evolutionär verändern? Damit geht Peirce weit über Darwin hinaus. Und er sieht auch nicht überall den reinen Zufall walten. Wenn die Welt ihrer Natur nach geistig und logisch ist, dann kann die Evolution nicht einfach aus Würfelspiel bestehen. Natürlich gibt es, wie Darwin gezeigt hat, zufällige Anpassungen in der Natur. Aber es gibt auch mechanische Notwendigkeiten und formende Kräfte.

Die zentrale formende Kraft ist für Peirce – die Liebe! Schon Schopenhauer hatte die Liebe zur »Zentralheizung des Universums« erklärt, aber er hatte die Natur gleichwohl für kalt und grausam gehalten. Peirce dagegen glaubt, dass die Liebe untrennbar mit der Natur verbunden ist. Sie waltet in der physikalischen Dynamik und im biologischen Wachstum, sie bestimmt die Vermehrung, sie ermöglicht die Empfindsamkeit des Lebendigen, und sie strahlt hell, wenn höher entwickelte Lebewesen Mitgefühl empfinden und aufeinander Rücksicht nehmen. Allein durch die Kraft der Liebe entwickelt sich die Evolution immer höher. Am Ende steht das menschliche Bewusstsein, ein Produkt höchster Empfindsamkeit, das ohne andere Menschen weder existieren noch die Welt erkennen kann. Auf diese Weise lässt sich selbst die Pragmatische Maxime mit der Liebe verknüpfen. Ohne den beständigen Austausch mit anderen können Menschen sich nicht zuverlässig in der Welt orientieren. Doch indem sie das tun, befeuern sie den natürlichen Fortschritt und arbeiten mit an der Entwicklung hin zur großen kosmischen Harmonie.

Das Gedankengebäude, das Peirce in Arisbe, seinem Farmhaus in Milford, errichten will, ist monumentaler kaum vorstellbar: Durchwirkt von den drei logischen Kategorien Möglichkeit, Wirklichkeit und Notwendigkeit entwickelt sich die Welt vom unbestimmten Geist zur immer vollkommeneren Harmonie. Der Mensch, ein Teil der Natur, macht jede Minute den gleichen Prozess durch. Aus unbestimmten Gefühlen werden mithilfe der ausgeklügelten Zeichen-Interpretation komplexe Urteile. Deren Bedeutungen müssen in einer der Idee nach unbegrenzten Abgleichungsgemeinschaft überprüft werden. Auf diese Weise mehren sich die Summe der als wahr erkannten Tatsachen und zugleich die Liebe unter den Menschen, weil Erkenntnis und Ethik sich wechselseitig befeuern.

Dazu, sein kühnes Gedankenschloss mit einer großen Forschergemeinschaft abzugleichen, wird Peirce allerdings kaum kommen. Seine finanzielle Lebenssituation verschlechtert sich dramatisch. Stück für Stück muss er sein Grundstück und sein Haus mit immer drängenderen Schulden belasten. Allein ein guter Freund aus den alten Tagen des Metaphysical Clubs kümmert sich darum, den Vater des Pragmatismus vor dem totalen Desaster zu bewahren, indem er ihm immer wieder Vorlesungen und öffentliche Vorträge zuschanzt. Es ist William James …

Leben ist Problemlösen

Freiheit und Notwendigkeit – Der Strom des Bewusstseins – Alles ist Erfahrung – Der pragmatische Korridor – Vom Nutzen der Wahrheit – Der Wille zum Glauben – Ist der Pragmatismus ein Humanismus? – Rolle und Identität – Philosophie als Praxis

Freiheit und Notwendigkeit

Nicht jeder Philosoph des späten 19. Jahrhunderts taugt heute noch zum Gesprächsstoff in einer Fernsehserie. Doch in der Folge *Samaritan Snare* (*Das Herz eines Captains*) des *Raumschiffs Enterprise* empfiehlt Captain Picard seinem jungen Kollegen zu Ausbildungszwecken ein dickes philosophisches Buch zu lesen: eines von William James. Dass die Drehbuchautoren es 1989 hilfreich fanden, dass Raumflotten-Offiziere im 24. Jahrhundert James lesen sollten, darf nicht verblüffen. Bis heute der populärste unter den großen US-amerikanischen Philosophen, ist James nicht nur als bedeutender Psychologe in die Geschichte eingegangen. Er ist auch der Verfasser einer Vorlesungsreihe mit dem Titel *A Pluralistic Universe* (*Das pluralistische Universum*) aus dem Winter 1908/1909. Um sich »in der Welt zuhause zu fühlen« müsse der Mensch lernen, ihre Vielfalt zu ertragen. Es gibt kein Eines, kein Ganzes, kein absolutes Prinzip, das alles eint. Der Wert des Ganzen liegt in jedem seiner Teile. Gleichwohl verleihen wir dem Einzelnen oft durch seinen Bezug zu einem vorgestellten ideellen Ganzen einen Wert. Dieses Ganze hat keine Realität; aber es ist »wahr« als ein tiefmenschliches Bedürfnis. Weise Worte des alten James kurz vor seinem Tod – und eine zeitlos gültige Einsicht noch im 24. Jahrhundert.

Im Gegensatz zu Peirce ist James, sein Freund und Gesprächspartner im Metaphysical Club, ein freundlicher, charmanter und überaus höflicher Mensch. Auch er wächst in einer Gelehrtenfamilie auf; sein Vater ist kein Professor wie derjenige von Peirce, sondern Privatgelehrter. Die Millionen, die Williams Großvater in seinem Leben verdient hat, lassen die Familie materiell sorgenfrei leben. Und das Elternhaus in New York ist *der* Mittelpunkt der überschaubaren Gelehrtenwelt der US-amerikanischen Ostküste. Der kleine William lernt Männer kennen wie den Schriftsteller und Philosophen *Ralph Waldo Emerson* (1803–1882) sowie Thomas Carlyle, den berühmten Gegenspieler John Stuart Mills. Und er lauscht seinem Vater, wenn er über seine schillernden Helden spricht: den schwedischen Universalgelehrten und Mystiker *Emanuel Swedenborg* (1688–1772), der in seinen Himmelsvisionen eine vollkommene Erde bereist, und den Sozialutopisten Charles Fourier, der sich den Himmel auf Erden ausmalt.

James' Kindheit steht im Zeichen von Reisen. Wie bei Schopenhauer zieht die Familie rastlos umher von New York nach London, weiter nach Paris und nach Boulogne-sur-Mer, nach Newport, nach Genf und nach Bonn. Nicht nur William, auch sein ein Jahr jüngerer Bruder, der spätere Schriftsteller *Henry James* (1843–1916), wird dadurch in seinem Werdegang geprägt. William möchte erst Maler werden, schreibt sich aber dann mit neunzehn an der Harvard University in Chemie ein. Hier lernt er Peirce kennen. Der junge James interessiert sich praktisch für alles. Von der Chemie wechselt er 1862 schnell zur Biologie. Grund ist seine große Faszination für die brandneue Evolutionstheorie Darwins. Von der Anatomie kommt er zur Medizin. Und 1864 begleitet er den berühmten schweizerisch-US-amerikanischen Naturforscher *Louis Agassiz* (1807–1873), einen erklärten Gegner Darwins, bei seiner Amazonas-Expedition nach Brasilien. Aus dem Schwärmer wird ein solider Naturwissenschaftler. Doch in Brasilien erkrankt er so schwer, dass er sich in deutschen Bädern erholen muss. Doch James wäre nicht James, wenn er die Aufenthalte nicht zu weiteren Studien nutzte. Er besucht Vorlesungen in Dresden und Berlin und lauscht dem Pathologen *Rudolf Virchow* (1821–1902). Er sitzt bei Helmholtz und Wundt in Heidelberg in den Vorlesungen und beim weltberühmten Physiologen *Claude Bernard* (1813–1878) in Paris. In Leipzig schließlich lässt er sich von Fechners Psychophysik beeindrucken.

Als er im Herbst 1868 in die USA zurückkehrt, ist James ein beschlagener Mediziner mit ungezählten Gedanken zur Philosophie der Naturwissenschaften. Seine Doktorarbeit in Medizin an der Harvard University ist reine Formsache. Allerdings ist seine Gesundheit weiterhin stark angeschlagen. Dazu kommen starke Depressionen. Der Siebenundzwanzigjährige erschrickt vor der logischen Konsequenz des naturwissenschaftlichen Weltbilds. Wenn alles in der Natur dem Schema von Ursache und Wirkung unterliegt, dann gibt es keinen freien Willen. Den Gedanken hatten, wie geschildert, schon manche antiken Philosophen geäußert, der Renaissancephilosoph Pomponazzi hatte ihn aktualisiert, Hume ihn bestätigt und Schopenhauer sich darin verfangen. Für James ist diese Einsicht eine persönliche Lebenskatastrophe. Die verletzte Gläubigkeit, der Zweifel am sanft religiösen Weltbild seines Elternhauses stehen am Anfang seiner Philosophie. Wie soll er sich weiterhin ernst nehmen, wenn er selbst gar nichts entscheidet? Wenn es nur Notwendigkeit gibt, aber keine Freiheit! Wie lächerlich erscheint ihm auf einmal sein Leben!

Licht am Horizont sieht James erst, als er die *Essais de critique générale* (Essays zur allgemeinen Kritik) des französischen Philosophen *Charles Renouvier* (1815–1903) liest. Der Privatgelehrte aus Montpellier hat sich intensiv mit Kant beschäftigt und wie so viele andere das »Ding an sich« abgelehnt. Aus Kants Erkenntnis, dass unser Bewusstsein nicht mit der objektiven Realität in Kontakt treten kann, folgert er allerdings viel mehr als Kant. Alles Wesentliche ist für Renouvier spirituell und damit unbegreifbar. In dieser Hinsicht ist der Franzose nahe an dem von ihm hochgeschätzten Swedenborg, an dem der junge Kant sich einst abgearbeitet hatte. Die stärkste Gegenwart des Spirituellen spüren wir in unserem Willen. Der menschliche Wille sei kein Naturtrieb, wie bei Schopenhauer, sondern frei. Kein Versuch, ihn zu erden, könne jemals gelingen. Denn was steht wohl am Anfang einer Kausalkette? Was löst sie aus? Wie später bei Peirce ist es etwas Geistiges und nichts Materielles.

Als James die Schriften Renouviers studiert, ist er unsagbar erleichtert. Zwar lässt sich die Freiheit des Willens mit den Mitteln der Naturwissenschaft nicht beweisen, aber eben auch nicht dessen Unfreiheit. Beschwingt beginnt er 1872 in Harvard Physiologie und Anatomie zu lehren. Der Determinismus kann James nicht mehr schrecken. Und ebenso nicht eine naturalistische Ethik ohne Moral, wie der ihm unbekannte Nietzsche sie mit kalter Lust in Deutschland anpreist. James erkennt, dass man noch immer Empiriker und Humanist zugleich sein kann. Das Bewusstsein ist für ihn ebenso wenig materiell erklärbar wie für du Bois-Reymond, der zur genau gleichen Zeit in Leipzig sein »Ignorabimus!« verkündet.

Gedanklich frisch sortiert, besucht James den Metaphysical Club. Hier debattiert er mit Peirce und den anderen über den später von ihm so bezeichneten »Pragmatismus«. Ist die pragmatische Weltsicht nicht um vieles klüger als der Determinismus der Naturwissenschaften? Wahrheit ist nicht, wie die wirklichen *Dinge* sind, sondern, wie die Dinge *wirklich* sind. »Wirklichkeit« und »Wahrheit« sind Qualitätssiegel, die die Forschergemeinschaft den Dingen *zuspricht*. Sie sind Ergebnisse eines kollektiven Sinnbildungsprozesses, aber niemals »an und für sich« da. Mit dieser beruhigenden Erkenntnis im Hinterkopf kann James sich in die Arbeit zu seinem Lehrbuch der Psychologie stürzen; ein Werk, das alle Anforderungen an eine moderne Naturwissenschaft erfüllen soll. Denn Psychologie als *Science* führt nicht zum Verlust der Humanität, sondern sie zeigt, wie diese zu erklären ist!

Der Strom des Bewusstseins

James ahnt nicht, dass ihn das Werk mehr als fünfzehn Jahre gefangen nehmen wird. Obwohl er 1875 in Harvard ein Labor für experimentelle Psychologie einrichtet, macht er selbst keine Experimente – hält er doch psychologische Vorgänge nicht mit physiologischen für identisch. Lieber wandert er auf den Spuren von Lotze und Brentano und verlässt sich völlig auf die feinfühlige Selbstbeobachtung – die Introspektion. Nicht die Fremdbeobachtung, sondern die Selbstbeobachtung ist für ihn im strengen Sinne Naturwissenschaft. Um bei einem so vagen und sensiblen Gegenstand wie meiner Psyche so exakt wie möglich zu sein, muss ich allerdings nicht nur meine Beobachtungen zur Diskussion stellen. Ich muss auch auf mein Vorwissen reflektieren, mit dem ich diese Beobachtungen mache.

Von Hume stammt die berühmte Unterscheidung, dass man die menschliche Seele wie ein Maler oder wie ein Anatom betrachten könne. James beherrscht beide Disziplinen vorzüglich und bringt sie zusammen. Dabei macht er bestimmte Vorannahmen. Das menschliche Bewusstsein ist für ihn ein Produkt der Evolution. Es ist so, wie es ist, weil es sich im Laufe der Entwicklungsgeschichte so ausgeprägt hat. Alles Leben ist Problemlösen. Und unser Bewusstsein ist das Produkt von Millionen vorangegangen Problemlösungen. Immer ging es dabei ums Überleben und ums Zusammenleben. Unsere Empfindungen, unsere intellektuelle Verarbeitung und unser Handeln sind genauestens darauf abgestimmt. Das Zauberwort lautet *Anpassung*. Wir können das, was wir »Realität« nennen, nicht von unseren Erkenntnismöglichkeiten lösen. Und das, was wir »Wissen« nennen, nicht von der Erfahrung mit unserer Umwelt.

Daraus folgt sogleich eine zweite Annahme: Es gibt keine Erkenntnis, die nicht irgendwie aus sinnlicher Erfahrung abgeleitet ist. Das Gleiche hatten schon die Empiristen (Locke, Berkeley, Hume) und die französischen Sensualisten (Diderot, Condillac, Cabanis) behauptet. Doch James kann es, angeregt durch Chauncey Wright, nun durch die Evolutionstheorie Darwins untermauern. Und er führt einen neuen Begriff ein, der ein anderes Licht auf die Psyche wirft als das der klassischen Empiristen. Unser Bewusstsein und unser »Ich« sind für James keine Gegenstände, sondern *Prozesse*. Alles befindet sich im Fluss, einem »Bewusstseinsstrom« (*stream of consciousness*). Nichts ereignet sich zweimal genau gleich, stets ist der Strom weitergeflossen, und die Ereignisse sind dadurch voneinander unterschieden. Auch das »Ich« ist kein Gegenstand. Doch anders als Mach möchte James es nicht streichen. Das »Ich« ist ein Prozess, eine Tätigkeit, die die Ereignisse im Bewusstseinsstrom sortiert. Es verbindet sie durch ein »und« oder ein »weil«, ein »trotzdem«, ein »wenn« und so weiter und erzeugt dadurch Sinn. Gäbe es kein »Ich«, würden wir an der Welle irre, weil wir sie weder erfassen noch begreifen könnten.

Das »Ich« (*I*) ist der Prozess, der unsere Welt strukturiert. Betrachtet es sich dabei selbst, so tritt es in die Rolle des »Mich« (*me*). Das »Mich« sieht dem »Ich« zu, es beobachtet und beurteilt Körper und Erscheinungsbilder sowie das Sozialverhalten und auch die Gedanken. Pausenlos kommentiert das »Mich« im stummen Selbstgespräch das »Ich« und sichert damit unsere Identität. James sagt damit das Gleiche wie Nietzsche, als er meinte, unser Bewusstsein sei »ein mehr oder weniger phantastischer Kommentar über einen ungewußten, vielleicht unwißbaren, aber gefühlten Text«.[275] Aber er benennt den Autor des Kommentars und nennt ihn »Mich«. Ist Erleben Erdichten?, hatte Nietzsche 1881 gefragt. Und James antwortet 1890 in seinen zweibändigen *Principles of Psychology* (*Psychologie*): natürlich – was sonst?

Nicht einmal unsere Emotionen sind frei von Dichtung. Weit gefehlt, wenn wir glauben, sie reagierten auf äußere Reize und wären schlichtweg da, wie die klassischen Empiristen meinen. Tatsächlich aber sind unsere Emotionen Teil des Bewusstseinsstroms. So etwa laufen wir nicht vor einem Bären weg, weil wir Angst haben. Wir spüren keine *vorhandene* Angst in uns, sondern nur körperliche Irritationen wie Herzklopfen, Schweißperlen und Muskelanspannung. Diese Irritationen des Nervensystems sind es, die wir *interpretieren*, wenn wir von »Angst« reden. »Angst« ist nicht die Reaktion auf den Bären, sondern die Interpretation unserer körperlichen Symptome. Und unser Bewusstsein reagiert nicht auf die Außenwelt, sondern auf unser Nervensystem. Unsere Nerven überfluten uns mit Reizen, die nur eine einzige Unterscheidung kennen: starke und schwache Reize. Ihre Qualität zu bewerten aber ist Sache unseres Bewusstseins, eines hochkomplexen Systems, das pausenlos das Gleiche tut: *Es unterscheidet Unterscheidungen von Unterscheidungen.* Genau darauf kam es im Anpassungsprozess der Evolution an und auf sonst nichts.

James' Emotionstheorie ist bahnbrechend und weist den geraden Weg in den Konstruktivismus des 20. Jahrhunderts und in die moderne Neurobiologie. Auch seine Erklärung unseres Selbstbewusstseins durch ein *erlebendes Ich* und ein *reflektierendes Ich* gehört zu den wichtigen Errungenschaften der Psychologie und hat dort noch heute einen festeren Platz als Freuds spätere Dreiteilung von »Es«, »Ich« und »Über-Ich«.

Doch James sieht auch die Grenzen dessen, was er erklären kann und was nicht. Im Schlusskapitel schreibt er über sein Lebensthema, die Freiheit des Willens. Völlig offen räumt er ein, dass die empirische Psychologie hier nicht weiterkommt. Alle psychischen Vorgänge haben ihren Ursprung in physiologischen Vorgängen. Aber gleichwohl besitzen sie eine andere Qualität. Das Bewusstsein und das Gehirn sind nicht das Gleiche. Kein Physiologe kann für James erklären, wie spontane Handlungen erklärbar sind. Woher kommt ad hoc die Energie? Immerhin besagt das Energieerhaltungsgesetz, dass Energie nie neu entsteht, sondern nur umgewandelt wird. Beim Bewusstsein aber scheint das anders zu sein; für James ein klares Indiz, dass die Physiologie bestimmte psychische Vorgänge nicht enträtseln kann. Zumindest der spontane Wille, der plötzliche Impuls und Entschluss, entzieht sich dem Zugriff der empirischen Psychologie. Mehr als ein halbes Jahrhundert nach Herbart stellen sich den Psychologen damit noch immer die gleichen unlösbaren Probleme …

Alles ist Erfahrung

Die *Psychologie* macht James fast über Nacht zum bedeutendsten Psychologen seiner Zeit neben dem in Leipzig experimentierenden Wundt. Das Buch ist ein Meilenstein in der Geschichte des Fachs. Doch sein Urheber ist nicht mit sich zufrieden. Gewiss ist die Psychologie ein spannendes neues Feld, aber ihre Erklärungsmöglichkeiten sind doch arg begrenzt. Wer den Menschen und seine Welt tatsächlich ergründen wolle, der müsse nach wie vor Philosophie treiben. Denn bei aller Schärfe im Einzelnen bekommen die Naturwissenschaften niemals das Ganze in den Griff. Stattdessen holen sie sich das Baumaterial bei anderen Wissenschaften, ohne es überprüfen zu können. Auf diese Weise entsteht zwar ein Sammelsurium an Einzelerkenntnissen, aber kein Ganzes. Und genau deshalb braucht es weiterhin eine Metaphysik, eine Wissenschaft über den Wissenschaften: Die »Absichten des Geologen haben nichts zu tun mit dem Verständnis der Zeit als solcher. Der Forscher auf dem Gebiet der Mechanik braucht nicht zu wissen, wie Aktion und Reaktion überhaupt möglich sind. Ein Psychologe hat genug zu tun, auch wenn er nicht die Frage aufwirft, wie er und ein Bewusstsein, das er untersucht, imstande sind, Kenntnis von der nämlichen Außenwelt zu gewinnen. Aber es ist klar, dass Probleme, die auf dem einen Standpunkt nebensächlich sind, auf einem anderen die Hauptbedeutung gewinnen können. Und sobald man beabsichtigt, das Maximum möglichen Einblickes in die Welt als Ganzes zu gewinnen, so bald werden die metaphysischen Probleme die wichtigsten von allen.«[276]

James ist zu sehr Naturwissenschaftler, um von einer traditionellen Metaphysik zu träumen, einer Metaphysik, die a priori die Gesetzmäßigkeiten der Welt definiert. Dass sein Freund, der einflussreiche Harvard-Professor *Josiah Royce* (1855–1916), immer noch an Hegel anknüpft und dessen Metaphysik verteidigt, will James nicht in den Kopf. »*Damn the absolute*« – vergiss das Absolute, hält er ihm entgegen.[277] Für ihn sind Metaphysiker moderne Geisterbeschwörer, die durch das Aussprechen von ominösen Namen Dämonen ihrem Willen unterwerfen. »So erschien das Universum dem natürlichen Verstand immer als eine Art Rätsel, dessen Schlüssel in Form eines erleuchtenden oder machtbringenden Wortes oder Namens gesucht werden mußte. Dieses Wort benennt das *Princip* des Universums, und es zu besitzen, heißt gewissermaßen, das Universum selbst zu besitzen.

›Gott‹, ›Materie‹, ›Vernunft‹, ›das Absolute‹, ›Energie‹ – das sind einige dieser rätsellösenden Namen. Wenn Sie sie kennen, können Sie beruhigt sein. Sie sind am Ende ihrer metaphysischen Suche angelangt.«[278]

Tatsächlich aber findet kein Denken und Ergrübeln der Welt in einem luftleeren Raum statt. Kein Ort, nirgends, von wo aus man absolute Dinge erkennen kann. Alles, was wir empfinden und denken, ist Teil des Bewusstseinsstroms. Alles ist Erfahrung! Und ein Jenseits der Erfahrung gibt es nicht. James wundert sich darüber, dass nicht mal die klassischen Empiristen hier konsequent waren. Für Denker wie Hume verwandelt unser Bewusstsein permanent Reize der Außenwelt in Begriffe. Aber tut es das wirklich? Machen wir in Wirklichkeit nicht ständig vorbegriffliche und außerbegriffliche Erfahrungen? Und all die *Verknüpfungen*, die Hume für eine Zutat des Bewusstseins hält, sind sie nicht auch durch die Erfahrung vorgegeben? Verstehen wir nicht intuitiv, dass es regnet, *weil* Regenwolken am Himmel sind? Warum soll der Regen aus der Erfahrung stammen, das *weil* aber nicht? Der Empirismus ist James zu zögerlich. Wenn alle Wirklichkeit immer Erfahrungswirklichkeit ist, dann gehören auch alle Verknüpfungen unserer Erfahrung an. Der klassische Empirismus reicht nicht aus – es braucht einen *radikalen Empirismus*!

Nun ist ein radikaler Empirismus eigentlich das Gegenteil jeder Metaphysik. Empiristen lassen bekanntlich außer der Erfahrung nichts gelten. Und Metaphysik bedeutet: »über der Erfahrung«. Doch in James' Herz hausen zwei Seelen. So bedeutend er als empirischer Psychologe ist – so wenig mag er die Empiriker. Dieser Menschenschlag, James nennt ihn die »Robusten«, nervt ihn. Überzeugte Empiriker vertrauen allein auf Tatsachen. Sie sind philosophisch gesehen Materialisten, können mit Religion nichts anfangen, treten überall als Skeptiker auf und sehen das Leben fatalistisch. Einen freien Willen, James' Lebensthema, können sie nicht finden. Pausenlos sind sie unterwegs, um anderen die Illusion zu rauben. Rechthaberisch frönen sie einem unsympathischen Pessimismus.

Unter solchen Charakteren findet sich der sensible James nicht wieder. Es ist jener Seelenteil, den er zeit seines Lebens bekämpft und der ihn häufig in die Depression treibt. Von seiner Mentalität gehört er zu den von ihm so genannten »Empfindsamen«. Doch die Empfindsamen mit ihrem Idealismus, ihrer Religiosität, ihrem gläubigen Optimismus und ihrer Neigung, apriorische oder dogmatische Weisheiten zu verkünden, beleidigen seine Intelligenz. Es sind Menschen wie Royce, den er mag, aber dem er intellektuell nicht folgen will. Die Aufgabe, die sich James stellt, ist damit klar: Die Metaphysik und den Optimismus zu retten, ohne solche unzumutbaren Dinge zu behaupten wie Royce und all die anderen philosophischen Idealisten.

Ein radikaler Empirist bastelt eine Metaphysik – wie geht er da vor? Nun, er denkt an eine »aposteriorische Metaphysik«! Sie soll zusammentragen, was die Wissenschaften im Einzelnen herausgefunden haben. Sollte sich auf diese Weise nicht ein hervorragender Wissenstand über die großen und wesentlichen Fragen ergeben? Wieder geht es um das, was der (im Zusammenhang mit Spencer bereits erwähnte) Harvard-Biologe Edward O. Wilson in den Neunzigerjahren *Consilience* – die Einheit des Wissens – genannt hat: die gemeinsame Grundlage aller Wissenschaften, die nur in einer großen Zusammenarbeit erkannt werden kann.

Ein so ehrgeiziges Programm gelingt allerdings nur, wenn wesentliche Fragen vorher geklärt sind. Das große Rätsel, ob das Bewusstsein physisch enträtselt werden kann oder ob die Psyche eine eigenständige Qualität hat, löst sich nicht durch das Zusammentragen von Informationen. James schlägt vor, dass alle Wissenschaftler vom gleichen Tatbestand ausgehen sollten: dem Strom des Bewusstseins. Was wir Realität nennen, ist ein fließender Prozess von Erfahrungen. Alle weiteren Bestimmungen, bei denen dieser Prozess zu einer Substanz namens »Bewusstsein« erklärt wird, sind überflüssig und irreführend. Auch die Unterscheidung der Substanzen »Ich« und »Welt« ist fruchtlos. Beides wird innerhalb des kontinuierlichen Erfahrungsprozesses auf gleiche Weise erlebt und erst später, durch Selbstinterpretation und durch Philosophen und Psychologen, künstlich geschieden.

Um die Wende vom 19. zum 20. Jahrhundert steht James damit auf einmal sehr nahe bei Mach. Die beiden schätzen einander, schreiben sich Briefe und treffen sich in Wien. Beide sind sie »radikale Empiristen« und »Monisten«. Und beide halten die Psyche und Physis für eine nachrangige Unterscheidung. Doch *ein* Unterschied bleibt bestehen. Auch wenn James das »Ich« nicht für eine Substanz hält, streichen möchte er es nicht. Immerhin hält er das »Selbst« (bestehend aus »Ich« und »Mich«) für eine wichtige *Funktion* zur Strukturierung unserer Welt im Bewusstseinsstrom. »Ich erinnere mich eines Gesprächs mit dem berühmten Psychologen William James, der die Einsicht der Illusion des Selbst durchaus nicht gelten lassen wollte«, erinnert sich Mach 1912. »Mir schien es, daß die Gelehrsamkeit zuweilen die naivsten und die fruchtbarsten Gedanken vertreibt.«[279]

Der Unterschied zwischen dem Physiker und dem Psychologen ist leicht benannt. Während Mach sich am sichersten fühlt, wenn er von einer physikalischen Einheit, den »Elementen«, ausgeht, fragt James bei allem: *Wozu ist es gut?* Offensichtlich ist das Selbst zu etwas nütze, sonst würden Milliarden Menschen nicht davon ausgehen, dass sie ein Selbst haben. Alles Handeln ist *interessegeleitetes* Handeln. Alles, was Menschen empfinden, denken und tun, kann auf seine *Funktion* hin befragt werden. Und noch besser. Es kann durch seine Funktion *erklärt* werden, viel zutreffender als durch metaphysische Spekulationen, durch vermeintliche »Substanzen« und alles andere. James hat seine Lektion von Peirce im Metaphysical Club gelernt und nie vergessen. Aber anders als für den Freund ist der »Pragmatismus« für James nicht einfach die Logik der Forschung. Es ist *der* feste Boden in der Philosophie – die bestmögliche Erklärung für alles, was Menschen empfinden, wollen, denken, tun und glauben.

Der pragmatische Korridor

Der 26. August 1898 ist ein besonderer Tag. Nach Jahrzehnten der Schwangerschaft wird der »Pragmatismus« endlich offiziell geboren. Die Philosophische Vereinigung der University of California in Berkeley bei San Francisco hat James zum Vortrag eingeladen. Und nun spricht der glänzende Redner im voll besetzten Hörsaal vor über tausend Zuhörern. Der Titel: »Philosophical Conceptions and Practical Results« (Philosophische Vorstellungen und praktische Ergebnisse). James erzählt von Peirces »Pragmatischer Maxime« im Metaphysical Club, und er erläutert seine eigenen Schlussfolgerungen, die sich zum Teil weit von Peirce entfernen. Alles, was Menschen erfahren, denken und tun, tun sie, weil sie dabei einen Zweck oder ein Interesse verfolgen. Folglich kann das, was etwas ist oder sein soll, aus diesem Zweck oder Interesse heraus erklärt werden. Diese Zwecke können biologisch, psychologisch oder sozial sein. Wollen wir sie verstehen, so müssen wir ihre Funktion für ein Individuum oder eine Gruppe verstehen. Andere Erklärungen sind weder sinnvoll noch fruchtbar.

Für James ist der »Pragmatismus« eine Erklärung für alles, was Menschen tun, also für ihr *individuelles* Verhalten. Zugleich ist er eine philosophische Weltanschauung, die genau darauf gründet und nichts anderes als klug und sinnvoll akzeptiert. Für Peirce war der (nicht explizit so bezeichnete) Pragmatismus das *rationale* Verhalten einer Wissenschaftsgemeinschaft, die weiß, dass Bedeutung nur im gesellschaftlichen Kontext entsteht und dafür entsprechende Regeln braucht. James' Pragmatismus ist *psychologisch*, Peirces *logisch*.

Dass sein Freund und Gönner James mit seinem Pragmatismus

weltberühmt wird, sieht Peirce mit gemischten Gefühlen. Aus seiner Sicht hat James den Begriff unzulässig erweitert und verwässert. Die von Peirce zeit seines Lebens beackerte Logik ist dem Prinzip gewichen, Wahrheiten nach ihrer relativen Nützlichkeit zu bewerten. Im Jahr 1905 distanziert sich Peirce ganz entschieden. Sein Begriff sei »in der undankbarsten Weise missbraucht worden, die Worte zu erwarten haben, wenn sie in die Krallen von Literaten fallen«. Deshalb habe er sich entschieden, »seinem Kind den Abschiedskuss zu geben«.[280] Von nun an nennt Peirce seine Philosophie *Pragmatizismus*, ein Wort, »das abstoßend genug ist, um vor Kidnappern sicher zu sein«.[281]

James nimmt Peirce die harsche Kritik nicht übel. Immer wieder hilft er dem in Vergessenheit geratenen Freund, sich finanziell über Wasser zu halten und Bühnen und Podien für seine Theorien zu finden. James schätzt das konsequent logische Denken von Peirce als große Leistung, obwohl er es nicht teilt. Im Wintersemester 1906/1907 mehrt der Psychologe seinen Ruhm als Philosoph mit einer Vorlesungsreihe an der Columbia University in New York: *Pragmatism. A New Name for Some Old Ways of Thinking* (*Pragmatismus. Ein neuer Name für einige alte Denkweisen*). Darin bewirbt er den Pragmatismus als die bestmögliche Methode, um die Philosophie zu »entkrampfen« und zu entrümpeln. Alle großen Fragen ließen sich nach dem einzigen Kriterium bewerten: Welche *praktischen Folgen* hat eine Idee, eine Vorstellung oder eine Unterscheidung? Wieder einmal erzählt James von Unterscheidungen, die einen Unterschied machen, und solchen, die es nicht tun. Mit einem modernen Beispiel erklärt: Ob Menschen einen freien Willen haben oder ob sie nur in der perfekten Illusion leben, frei zu handeln – worin soll der Unterschied bestehen? Wenn es aber keinen praktischen Unterschied gibt, dann ist die Unterscheidung belanglos. Es kommt schlichtweg nicht darauf an.

Für seine neue pragmatische Sicht hat James ein starkes Argument. Wie schon bei seiner Psychologie ist es Darwins Evolutionstheorie. Wenn wir zugeben, dass der menschliche Intellekt nicht vom Himmel gefallen ist, sondern sich im Kampf ums Überleben und in beständiger Anpassung geformt hat, dann hat das große philosophische Konsequenzen. Der Menschengeist ist gar nicht dazu gemacht, eine offensichtliche oder gut verborgene Objektivität aus »ursprünglichen Dingen, Prinzipien, ›Kategorien‹ und vermeintlichen Notwendigkeiten« zu erkennen.[282] Es ging und geht gar nicht um ein »Sein«. Sondern es ging und geht darum, sich mithilfe eines Werkzeugs namens »Intelligenz« in einer komplizierten Umwelt zurechtzufinden und zu behaupten. Unser Verstand ist so, wie er ist, weil er nützlich war. Und alles, was unser Wirbeltiergehirn begreifen kann, sind »Folgen, Ergebnisse, Konsequenzen und Tatsachen«.[283] Und allein darum geht es deshalb auch in der pragmatistischen Philosophie.

So kompromisslos James' Methode ist, so großzügig ist er gegenüber dem, was Menschen nützlich finden. Der Pragmatismus ist für ihn wie »ein Korridor in einem Hotel«. Unzählige »Zimmer öffnen sich von ihm. In einem mögen Sie einen Menschen finden, der an einem atheistischen Werk schreibt, im nächsten jemanden, der auf seinen Knien um Zuversicht und Stärke betet, in einem dritten einen Chemiker, der die Eigenschaften von Substanzen untersucht. In einem vierten wird ein System idealistischer Metaphysik ersonnen, in einem fünften wird die Unmöglichkeit aller Metaphysik nachgewiesen. Aber der Korridor gehört allen gemeinsam, und alle müssen ihn passieren, wenn sie einen geeigneten Weg suchen, um in ihre Zimmer zu gelangen oder aus ihren Zimmern zu kommen.«[284]

Vom Nutzen der Wahrheit

Wirklichkeit ist das, was Menschen in ihrem Bewusstseinsstrom nützlicherweise dafür halten. Auch das »Selbst« existiert nur deshalb, weil es für das Zurechtfinden in der Umwelt nützlich ist. Es hat eine Orientierungsfunktion. Aber ist das wirklich alles, was der Philosoph darüber sagen kann? Gibt es nicht Dinge, die unabhängig von dem, was der Mensch in seiner täglichen Erfahrung für nützlich hält, schlichtweg *wahr* sind?

James' Antwort auf diese Frage verstört viele Zeitgenossen. Unumstößliche Wahrheit gibt es eigentlich nur bei Sachverhalten, die nichts mit der Erfahrung zu tun haben. Dass zwei und drei fünf sind, mag gerne als zeitlose Wahrheit betrachtet werden. Aber alles andere, was ich »Wahrheit« nenne, ist nur eine nützliche Konstruktion. Im Laufe der Jahrmillionen prägte sich bei unseren Vorfahren in der Savanne ein Denken aus, das es nützlich fand anzunehmen, dass bestimmte Erkenntnisse auch unabhängig von dem, der sie hat, »wahr« sind. Und das, obwohl keine Erkenntnis je völlig unabhängig von dem ist, der sie hat. Deshalb waren und sind die Ansprüche an das, was »wahr« sein soll, im Alltag selten besonders hoch. Wie oft reicht es, dass *meine* Wahrheiten *für mich* stimmen? Und längst nicht bei allen bin ich darauf angewiesen, dass andere mir zustimmen.

Ob ich etwas als »Wahrheit« akzeptiere oder nicht, ist ein gut beschreibbarer psychologischer Vorgang. Wenn ich mit einer neuen Information konfrontiert bin, überprüfe ich, ob sie in meine (Denk-)Welt passt. Ich gleiche sie mit dem Vorrat an alten Erkenntnissen ab. Passt sie überhaupt nicht zu meinem bisherigen Inventar, betrachte ich die Information als abwegig, albern oder absurd. Die Herausforderung darf nie zu groß sein, weil sich Menschen, nach Bain, äußerst ungern infrage stellen. Wir nehmen neue Erkenntnisse nur dann an, wenn sie zu uns passen. Das heißt, dass es uns irgendwie besser erscheint, sie nicht zu ignorieren oder zu leugnen. In diesem allgemeinen Sinn spricht James von »Nützlichkeit«. Wahrheiten müssen nicht unmittelbar praktisch nützlich sein. Manchmal, wenn auch eher selten, akzeptieren wir sogar unbequeme oder verstörende Wahrheiten. Wir tun es aus einer gewissen Klugheit heraus, weil wir merken, dass es wirklich zu dumm wäre, diese Wahrheiten auszublenden oder zu bestreiten. Wenn wir erfahren, dass ein guter Freund von uns gestorben ist, ist das nicht entfernt nützlich. Aber es wäre gleichwohl idiotisch, die Information deshalb nicht ernst zu nehmen. Nützlichkeit bedeutet, dass wir eine Information als »wahr« akzeptieren, weil sie uns *zweckdienlich* dafür erscheint, um uns in der Welt erfolgreich zu *orientieren*.

Für James entsteht Wahrheit dadurch, dass jemand sie für sich zu einer solchen erklärt. Die Bewahrheitung (*Verifikation*) ist kein logischer, sondern ein psychologischer Vorgang. Genau hiergegen hat der Logiker Peirce scharfen Protest eingelegt und sich ausdrücklich von James distanziert. Denn James lehnt beide großen Wahrheitstheorien ab: sowohl die *Korrespondenztheorie* als auch die Peirce'sche *Kohärenztheorie*. Dass James mit der Korrespondenztheorie nicht viel anfangen kann, ist klar. Niemand kann sicher überprüfen, ob seine Vorstellungen mit den objektiven Tatsachen übereinstimmen. Denn egal ob Vorstellungen oder Tatsachen – beides wird zunächst völlig gleichrangig im Bewusstseinsstrom erlebt und erst im Nachhinein auseinandersortiert. Doch ohne unmittelbaren Zugang zu einer an sich existierenden Objektivität kann ich nichts an ihr abgleichen.

Aber auch Peirces Kohärenztheorie befriedigt James nicht. Wir erinnern uns: Für Peirce entsteht Wahrheit dadurch, dass eine (ideale) Forschergemeinschaft Behauptungen und Hypothesen kontinuierlich überprüft und sie *on the long run* verifiziert. Für James ist das allenfalls ein Sonderfall. Denn viele mit hohem Wahrheitsanspruch vorgetragene Wahrheiten lassen sich gar nicht objektiv verifizieren: unsere Werte, unsere Lebenseinstellungen, unser Glaube. Trotzdem ist es für uns wichtig, sie für wahr zu halten, weil sie uns dabei helfen, uns im Leben zu orientieren. Sie machen es verlässlicher und erwartbarer. Wären nur das Wahrheiten, was Experten in einem schier unendlichen Prozess als solche bestimmen, dann blieben nicht viele übrig. Tatsächlich aber brauchen Menschen ziemlich viele Wahrheiten und erzeugen sie daher ständig neu.

Solche subjektiven Wahrheiten sind natürlich keine ewigen Wahrheiten, sondern typisch menschliche Wahrheiten: »Die Spur des Menschlichen durchzieht ... alles.« Was wir dagegen für »unabhängige Wahrheit« und »nicht zu verbessernde Wahrheiten« halten, sei »nur das tote Herz eines lebenden Baumes, und ihre Existenz besagt nur, daß auch Wahrheit ihre Paläontologie hat und ›verjähren‹, in vielen Dienstjahren ergrauen und erstarren und aus menschlicher Sicht aufgrund schierer Überalterung versteinern kann«.[285]

Dass Wahrheiten sämtlich relativ sind und nie völlig objektiv oder absolut, hat James den Vorwurf eingehandelt, er mache die Wahrheit beliebig. Aber das ist nicht die Pointe, auf die es ihm ankommt. Sein Punkt ist, dass das Menschentier niemals den engen Kasten seines Denkens und seiner Bedürfnisse verlässt – und dass man beides nicht voneinander trennen kann. Wir denken, wie wir denken, weil es uns dabei geholfen hat, unser Bedürfnis nach Orientierung zu erfüllen. Deshalb ist auch unsere Sprache kein Instrument, um die absolute Wahrheit zu erkennen und zu beschreiben: »Man kann den menschlichen Faktor nicht ausmerzen. Unsere Substantive und Adjektive sind allesamt vermenschlichte Erbteile, und die innere Ordnung und Struktur unserer Theorien, in die wir diese Begriffe einbauen, wird vollständig von menschlichen Absichten beherrscht, die intellektuelle Stimmigkeit ist nur eine davon.«[286]

Dass wir bestimmte Dinge für wahr erachten, ist also kein Selbstzweck und keinem höheren Erkenntnisinteresse geschuldet. Wir tun es, weil wir nur dann sinnvoll weiterdenken können, wenn wir bestimmte Pflöcke einschlagen. Ansonsten verlören wir jegliche Orientierung. Die Wirklichkeit möglichst genau zu beschreiben ist nicht sinnlos, sondern eine große Bereicherung. Denn mit jeder Beschreibung erweitern wir diese Wirklichkeit ja um neue Einsichten und Theorien. Je mehr wir über die Welt nachdenken und herauszufinden meinen, umso komplexer wird sie – ein Gedanke, den James von dem hochgeschätzten Lotze übernimmt. Was der Göttinger Philosoph gemeint hatte, als er den Menschen als seinen eigenen »Mikrokosmos« beschrieb, wird nun zu einer eleganten Theorie.

James' Konzept der Wahrheit als das, was für mich funktioniert und sich entsprechend bewährt, macht die Wahrheit subjektiver, als sie es in der Geschichte der neuzeitlichen Philosophie je war. Es schießt weit über Peirce hinaus, der die Wahrheit von einer idealen Gemeinschaft objektiv ermitteln lassen will. Doch je stärker James damit auf die angelsächsische Philosophie einwirkt, umso heftiger hagelt es Kritik. Logiker, Rationalisten und empirisch arbeitende Naturwissenschaftler protestieren gleichermaßen. Man wirft James »Hemdsärmeligkeit« vor und diskreditiert den Pragmatismus als »Philosophie des Dollars«. Wo bleibt die Objektivität der Forscher, wo die Wahrheit der Vernunft? Den wohl klügsten Einwand formuliert später der US-amerikanische Philosoph *Brand Blanshard* (1892–1987).[287] Unter dem Einfluss des Pragmatismus gebildet, entgeht ihm nicht, dass Pragmatisten eine implizite Wahrheit versteckt in der Hinterhand haben, die sie nicht zugeben. Wenn ein Pragmatist behauptet, Wahrheit sei das, was funktioniert und sich bewährt, dann erhebt er dabei einen Wahrheitsanspruch. Er erstellt eine Definition von dem, was Wahrheit sei (Funktionierendes und Sich-Bewährendes). Aber er kann sich überhaupt nicht sicher sein, dass diese Definition selbst funktioniert und sich bewährt! Folglich scheint auch er an irgendetwas zu glauben, das ihm sagt, dass seine Definition stimmt. Und wahrscheinlich ist das, woran er glaubt, das Gleiche wie bei Korrespondenztheoretikern: dass seine Definition von Wahrheit in irgendeiner Weise mit der Realität übereinstimmt …

Der Wille zum Glauben

Dass James seinen Pragmatismus mit sehr persönlichen Wertentscheidungen verwebt, zeigen seine Metaphysik des freien Willens und sein Verhältnis zu Gott. Auch das Interesse am Spirituellen verbindet ihn mit Lotze. So naturwissenschaftlich beschlagen sie sind und so kenntnisreich sie die Physiologie der Psyche beschreiben – die Welt des religiösen Glaubens wollen sie damit gleichwohl nicht erledigen. Lotze hatte sein Buch über Religion nicht mehr fertigstellen können. James dagegen hatte bereits im Sommer 1896 – der Pragmatismus war von ihm noch nicht als solcher benannt – einen Text für die Philosophical Clubs der Universitäten Yale und Brown veröffentlicht: *The Will to Belief* (Der Wille zum Glauben), den er um andere Essays zum Thema ergänzt.

James fragt sich, ob es nach Darwin noch möglich sei, an Gott zu glauben. Bei einem Empiristen erwartet man hier vermutlich ein klares Nein. Aber bei einem *radikalen* Empiristen sollte man dies nicht tun! Der radikale Empirist hält nämlich nicht nur alle metaphysischen Annahmen wie Gott, den freien Willen und die Existenz des Guten für Konstruktionen. Den gleichen Verdacht hegt er auch bei naturwissenschaftlichen Theorien. Machen sie nicht allesamt unbewiesene Vorannahmen, etwa die, dass die Naturgesetze ewig konstant seien und die Natur immer logischen Gesetzen folgt? Auch Naturwissenschaftler sind für James bloß Menschen. Sie stellen nützliche Theorien auf und finden mit ausgewählten nützlichen Methoden bestimmte Dinge heraus. Die Wahrheit haben sie allerdings nicht gepachtet: »Objektive Existenz und Gewißheit sind sicherlich sehr schöne Ideale, mit denen es sich spielen läßt, aber wo sind sie zu finden auf diesem mondbeschienenen, von Träumen heimgesuchten Planeten?«[288]

Kein Empiriker besitzt für James die Instrumente, um herauszufinden, ob es einen freien Willen gibt oder nicht. Wer überall Kausalitäten sucht, findet sie natürlich auch im menschlichen Fühlen, Denken und Handeln. Aber sind sie damit wirklich vollständig erklärt? Und dann schreibt der radikale Empirist den vielen Anhängern der Evolutionstheorie, die den freien Willen leugnen, das bis heute wohl beste Gegenargument ins Stammbuch: Warum sollte die Evolution, die über Jahrmillionen dafür gesorgt hat, dass Menschen sich immer besser an eine immer kompliziertere Umwelt anpassen, sie mit der völlig widersinnigen Illusion ausgestattet haben, dass sie über einen freien Willen verfügen? Die Wahrscheinlichkeit, dass wir uns *nicht* täuschen, wenn wir unseren Willen für frei halten, ist doch allemal höher, als dass wir uns täuschen. Natürlich sind wir nicht völlig frei. Wir sind gebunden an unsere vorangegangenen Erfahrungen, und unser Denken und Handeln hat sehr viel damit zu tun. Aber steht es uns nicht frei, den Cursor unserer Aufmerksamkeit trotzdem zu lenken und dort zu verweilen, wo wir wollen? Und sollte dies stimmen, so sollten wir von dieser Freiheit des Willens Gebrauch machen – indem wir uns frei dazu entscheiden, an den freien Willen zu glauben!

Was für den freien Willen gilt, gilt ebenso für den Glauben. Da wir ohnehin nichts Verbindliches darüber wissen können, können die Naturwissenschaften ihn auch nicht widerlegen. Widerlegbar sind nur konkrete religiöse Erzählungen und Erklärungen, wie die Religionen sie verbreiten. Aber dass es einen Schöpfer gibt und mit ihm die Existenz des »Guten« in der Welt, daran kann man glauben oder nicht. Alles in allem, meint James, ist es wohl besser, wir tun es. Wie Kant braucht er den Glauben, um Menschen dazu zu bringen, sich moralisch verpflichtet zu fühlen. Wer an Gott glaubt, fühlt sich einer moralischen Instanz unterworfen, welche die Naturwissenschaften nicht aufbieten können. Insofern ist es für einen selbst und die Menschheit ziemlich nützlich, an Gott zu glauben. Dass die Grundlage dieses Glaubens nur ein Gefühl ist – geschenkt! Alle Motive und Absichten des Menschen beruhen auf Emotionen, sogar der Vorsatz, sich von ihnen frei zu halten.

Wie der freie Wille, so gehört auch das Bedürfnis zu glauben zu den Grundbedürfnissen vieler Menschen. Sie entdecken es durch Introspektion in sich selbst, und es hat viel mit ihrem Selbstgefühl zu tun. Und dieser Glaube versetzt bekanntlich Berge. Wenn Menschen aufgrund ihres Glaubens meinen, dass sie bestimmte Dinge tun sollen, dann hat das faktische Auswirkungen auf die menschliche Gesellschaft. David Humes strenge Trennung von *Sein* (Tatsachen) und *Sollen* (Normen) wird durch die Alltagserfahrung nicht bestätigt. Oft genug nämlich bringt ein Sollen ein Sein überhaupt erst hervor. Wiederum widerspricht der radikale Empirist als Pragmatiker dem klassischen Empiristen. James' Beobachtung wird 1928 von den US-amerikanischen Soziologen *Dorothy Swaine Thomas* (1899–1977) und *William Isaac Thomas* (1863–1947) aufgegriffen. 1928 formulieren sie das später so genannte Thomas-Theorem: *Wenn die Menschen Situationen als wirklich definieren, sind sie in ihren Konsequenzen wirklich.*[289] Wenn der Papst und die Kreuzritter den ersonnenen Auftrag spürten, das Heilige Land von den Muslimen zu befreien, dann mündete das in das ganz reale Gemetzel der Kreuzzüge. Das Gleiche gilt für den Rassenwahn der Kolonialherren und der Nationalsozialisten. Wenn Menschen fantasieren, dass ihre Kinder vom Teufel besessen sind, dann hat das sehr faktische Konsequenzen für diese Kinder. Und wenn jemand sich ohne erkennbaren Grund für zu dick hält, dann hat das meist reale Folgen für sein Essverhalten.

Da Menschen immer nur das erkennen, was ihnen theoretisch oder praktisch nützlich erscheint, hat das auch Auswirkungen auf unser Verständnis des Universums. Ebenso wie Peirce wagt James im Alter den Versuch einer Kosmologie. Sein wichtigster Punkt ist, dass es *das* Universum nicht geben kann, sondern immer nur Perspektiven, die der Mensch zeichnet. Mal sehen wir die Dinge logisch verknüpft, dann kausal, und ein anderes Mal moralisch oder ästhetisch. Mit Lotze hält James alle diese Perspektiven auf ihre Weise für berechtigt. Man denke an den Satz aus dem schönen Gedicht »The Speed of Darkness« der US-amerikanischen Schriftstellerin *Muriel Rukeyser* (1913–1980), das dem ersten Band dieser Philosophiegeschichte vorangestellt ist: »*The Universe is made of stories, not of atoms.*« Mit James müsste man sagen: Das Universum besteht *sowohl* aus Atomen *als auch* aus Geschichten.

Die »Geschichten«, die James über den Menschen, seine Welt und das Universum erzählt, machen ihn zu *dem* US-amerikanischen Philosophen seiner Zeit. Doch sein sensibler Leib ist den Atomen und der Physiologie stärker unterworfen, als ihm lieb ist. Immer wieder leidet er unter Schwächezuständen. Eine letzte Erholungsreise in die Schweiz bringt nicht die erhoffte Genesung. Im August 1910 lässt ihn sein leidender Körper im Stich. James stirbt im Alter von achtundsechzig Jahren auf seinem Landsitz in Chocorua in New Hampshire. Den Ort hatte er, gemeinsam mit einem Freund, selbst umbenennen lassen. Und die hügelige Seelandschaft am Mount Chocorua war ihm der Zufluchtsort auf der Suche nach einem ruhiger fließenden Bewusstseinsstrom: »Die Landschaft scheint das Bewusstsein aufzuheben, besser als alles andere im Leben. Sie ist mir das Einzige im Gedächtnis, von dem ich mir wünsche, dass ich es mit durch den Schleier nehmen könnte, namenlos und unverändert.«[290]

Ist der Pragmatismus ein Humanismus?

James' Pionierleistung ist kaum zu überschätzen. Der nüchterne Poet der Wissenschaft enträtselte die gleitende Logik der Psyche und befreite sie von aller falschen Metaphysik. Fakten kommen von »facere« – machen – und Tatsachen kommen von Tun. Der Mensch ist der Baumeister seiner Welt, der Erfinder seines Wissens, nicht sein Archäologe. Indem James die Evolutionstheorie von der Anpassung an die Umwelt ernster nahm als jeder Philosoph vor ihm, erkannte er das Bild der Welt als eine Landkarte, die uns hilft, uns zu orientieren. Dort zeichnen wir ein, was uns weitergeholfen hat, und wir markieren Unterscheidungen, die in unserem Leben wichtige Unterschiede gemacht haben. Eine solche Landkarte zu entwerfen ist die große Leistung unseres Bewusstseins. Es verwandelt Reize in Emotionen und konstruiert mithilfe von Emotionen Gedanken. Die eigentliche Logik ist die *Psycho-Logik der Unterscheidungen*, die sich empirisch nicht erfassen lässt. In diesem Punkt unterscheidet sich James entscheidend von Peirce. Der zunehmend befremdete Freund hält die Logik nicht für eine Leistung des Bewusstseins, sondern das Bewusstsein für eine Leistung der Logik.

Mit seiner Theorie der selbst gemachten Wirklichkeit, entsprungen aus den Anforderungen, sich an die Umwelt anzupassen, denkt James voraus, was im 20. Jahrhundert als »Konstruktivismus« in vielen Facetten Karriere macht. Doch auch der um so vieles erfolglosere Peirce wird noch zu seinem Recht kommen. Nach seinem Tod im Jahr 1914 halten ihn zunächst nur ein paar Logiker in Ehren. Erst in den Fünfziger- und Sechzigerjahren beginnt die intensive Beschäftigung mit seiner Semiotik. Seinen Durchbruch als »größter US-amerikanischer Philosoph« erfährt er, als der Frankfurter Philosoph *Karl-Otto Apel* (1922–2017) seine Werke Ende der Sechzigerjahre in Deutschland herausbringt. Von Peirce übernimmt Apel den Gedanken, dass jeder Geltungsanspruch, jede Wahrheit die mutmaßliche Zustimmung einer »idealen Kommunikationsgemeinschaft« voraussetzt. Kants Philosophie, die ihre Wahrheiten a priori begründet, müsse mit Peirce umgeformt werden. Geltungsansprüche bewähren sich nicht a priori, sondern durch die Zustimmung anderer. Von hier aus entwirft Apel den sogenannten Transzendentalpragmatismus und gemeinsam mit *Jürgen Habermas* (*1929) die »Diskursethik«. Weil jedes Urteil potenziell mit allen anderen abgeglichen werden sollte, ist es notwendig, die anderen zu *achten*. Von der idealen Kommunikationsgemeinschaft zu einer letztbegründeten Ethik ist es für Apel ein zwingend logischer Schritt.

Die Frage, wie der Pragmatismus zu einer Ethik führen könnte, beschäftigt bereits die Nachfolgegeneration von Peirce und James. Der in Altona geborene und in England aufgewachsene Philosoph *Ferdinand Canning Scott Schiller* (1864–1937) veröffentlicht 1891 das Buch *Riddles of the Sphinx. A Study in the Philosophy of Evolution* (Die Rätsel der Sphinx. Eine evolutionsphilosophische Studie). Aus Sicherheitsgründen erscheint es, wie C. F. C. Schiller im Vorwort schreibt, anonym. Die Fragen der Sphinx sind für ihn die großen Fragen der Menschheit: Wer löst das Rätsel des freien Willens, des Bewusstseins, die Frage nach Gott und dem Sinn des Lebens, nach den »Universalien« wie Schönheit, Wahrheit oder Gerechtigkeit? Wie James, so kommt auch Schiller zu dem Schluss, dass weder die Naturwissenschaften noch die philosophischen Idealisten diese Fragen beantworten können. Deshalb sind sie gezwungen zusammenzuarbeiten, um ähnlich wie bei James eine naturwissenschaftlich gut informierte Metaphysik zu schaffen. Nur wenn beide Perspektiven zusammenkommen, lässt sich möglicherweise eines Tages erklären, warum das Universum existiert, Leben möglich wurde und aus Unbewusstem Bewusstsein entstand. Einige Dinge scheinen für Schiller allerdings jetzt schon festzustehen: Die Evolution ist eine aufsteigende Linie mit dem Ziel einer perfekten Harmonie, in der alle Widersprüche aufgehoben sind. Das Gute besiegt das Böse, die Zeit steht still, und Gefühl und Verstand sind nicht mehr getrennt.

Wer der Autor des Werks ist, spricht sich schnell herum. Schiller wird Professor an der Cornell University in Ithaca bei New York und bald darauf Professor in Oxford. Nachdem er sich intensiv mit James beschäftigt hat, bemüht er sich, dessen Philosophie noch konsequenter auszuarbeiten. Wenn James davon spricht, dass es besser sei, an Gott zu glauben, so ergänzt Schiller, dass es ebenso besser sei, an die ewige Gültigkeit von Ursache und Wirkung zu glauben, an die Existenz von Zeit und Raum und an die überzeitliche Regelhaftigkeit der Natur. All dies ist für den einzelnen Menschen ebenso sinnvoll wie für die ganze

Menschheit. In diesem Sinne nennt Schiller den Pragmatismus einen »Humanismus« – die Welt wird zugeschnitten durch und für die Bedürfnisse des Menschen. Doch mit seinem äußerst subjektiven Wahrheitsbegriff, seinem alles durchdringenden »Humanismus« und seinem Glauben an eine zielgerichtete Evolution zum Höheren bleibt Schiller seinen Philosophenkollegen in Oxford zeitlebens suspekt. Mehr Anerkennung bekommt er in den USA. Hier lehrt er von 1929 an bis zu seinem Tod 1937 als Professor an der University of Southern California.

Jenseits des Atlantiks ist der Pragmatismus zu Anfang des 20. Jahrhunderts die wichtigste philosophische Strömung. Und sie ist beseelt vom Gedanken eines permanenten Fortschritts der Menschheit, an den sowohl Peirce als auch James und Schiller glauben. Ein weiterer pragmatistischer Optimist ist *Charles Horton Cooley* (1864–1929). Aufgewachsen in Sichtweite der University of Michigan in Ann Arbor, schreibt sich der Sohn eines hochrangigen Juristen dort ein. Doch Cooleys Interesse gilt nicht einem einzigen Fach. Ein Jahr lang absolviert er ein Ingenieursstudium, dann studiert er Politikwissenschaft. Nach Abschluss des Studiums geht er nach Deutschland und unterrichtet kurzzeitig Ökonomie und Soziologie in München. Seinen Doktor macht er an der Columbia University in New York mit einer Arbeit über moderne Verkehrsnetze.

Stärker noch als James und Schiller versteht Cooley die Rolle des Philosophen als die eines Scouts. Gelehrsamkeit und analytisches Interesse sind kein Selbstzweck. Ihre Aufgabe ist es, die Gesellschaft zu verbessern. Als Professor für Soziologie arbeitet Cooley an der wirtschaftswissenschaftlichen Fakultät der University of Michigan. Der rasante Aufstieg der USA zu der am schnellsten wachsenden Industrienation der Welt stellt die Gesellschaft vor enorme soziale Herausforderungen. Wie soll der Egoismus, der die USA groß gemacht hat, in den neuen Millionenstädten zivilisiert werden? Welche Organisationen und Institutionen braucht es dafür? Wie könnte eine künftige Gesellschaftsordnung aussehen, die verhindert, dass die Städte im Chaos von Gewalt, Korruption, Selbstsucht und Ausbeutung versinken, wie sie es um die Jahrhundertwende immer mehr tun?

Cooley antwortet darauf 1902 mit dem Buch *Human Nature and the Social Order* (Menschliche Natur und gesellschaftliche Ordnung). Lange Zeit hat er sich mit Darwin und mit Spencer beschäftigt. Doch der Ausgangspunkt, die Evolution vom Eigeninteresse des Individuums aus zu denken, leuchtet ihm nicht ein. Zumindest beim Menschen lässt sich von keiner einzigen Willensregung sprechen, die nicht zugleich gesellschaftlich geformt ist. Der einzelne Mensch, so hat Cooley von Peirce und James gelernt, steht der Gesellschaft nicht gegenüber, sondern er ist untrennbar mit ihr verbunden. Wer sollten wir denn anderes sein als das Spiegelbild, das andere uns zurückwerfen? Immer sehen wir uns durch den vorgestellten Blick der anderen und entwickeln von dort unser Selbstwertgefühl. Unabhängig von Nietzsche, den er nicht kennt, entwickelt Cooley damit sein Konzept vom Spiegelbildeffekt (*Looking-glass self*).

Doch wenn jeder der Spiegel des anderen ist, dann unterscheidet sich die menschliche Gesellschaft fundamental von Tiergruppen oder Tierstaaten. Was für die Evolution niederer Tiere gilt, gilt nicht für den Menschen. Hier kommen Faktoren hinzu, die Spencer nicht sieht oder sehen will. Denn die menschliche Gesellschaft besteht nicht aus einzelnen Körpern, sondern aus geistigen Vorstellungen voneinander. Diese wechselseitige Spiegelung erzeugt ein »Wir-Gefühl«, das weit über Tiergemeinschaften hinausgeht. Bedenkt man dazu die neuen Errungenschaften der Technik wie Züge, Straßenbahnen, Dampfschiffe, Telegrafie und Telefon, so vernetzen sich diese »Wir-Gruppen« heute schneller und besser als je zuvor. Die ganze Welt wird zu einem Netzwerk, einer, wie Cooley optimistisch meint, »großen Familie«. Dafür die besten Voraussetzungen zu schaffen sei die große Aufgabe der Soziologie. Als eine Art Sozialreligion soll sie den idealen Nährboden erforschen für ein gedeihliches Miteinander.

Mit seinem Fortschrittsoptimismus reiht sich Cooley neben Peirce, James und Schiller ein. Die Herrlichkeit, die die Theologen und manche Idealisten wie Platon an den Anfang der Welt gestellt hatten, kann nicht in der Rückschau entdeckt werden. Hier findet sich keine erhabene Schöpfung und keine Welt idealer Ideen, sondern es finden sich Naturkräfte und Affen. Die Herrlichkeit muss also in der Zukunft liegen, und der Weg dorthin, die Evolution, hat bereits das Zeug dazu. Peirce sah die Evolution auf dem langen Weg zum Sieg der Wahrheit und der Liebe. Und James' Fortschrittsglaube ist eng verknüpft mit dem, was er »Meliorismus« nannte – die Entwicklung zum Besseren. Nicht Gut und Böse streiten in der Welt, denn in Reinform gibt es sie ja kaum. Worum es geht, ist, die Erde jeden Tag ein Stück menschengerechter und damit *besser* zu machen. In diesem Sinne ist schon bei James der Pragmatismus ein Humanismus – eine unaufhaltsame Anpassung der sozialen Welt an die Bedürfnisse des Menschen.

Rolle und Identität

Dass Cooley die Menschheit als eine mentale Schicksalsgemeinschaft begreift, ist gedanklich nur ein konsequenter Schritt. Seine Sozialtheorie eines mentalen Netzwerks legt den Grundstein zu dem, was man nach seinem Freund und Kollegen *George Herbert Mead* (1863–1931) als »symbolischen Interaktionismus« bezeichnen wird. Als Pfarrerssohn aus South Hadley in Massachusetts schlägt sich der junge Mead mit dem gleichen Problem herum wie James. Wie lässt sich im Windschatten Darwins erhalten und neu begründen, was mit den alten Erklärungsmustern nicht mehr funktioniert? Wenn Gott tot ist und die idealistische Metaphysik verstaubt, wer oder was sichert dann in der Zukunft humane Gesellschaften?

Wie Cooley meint Mead, dass sich die Gesellschaft nicht aus

der Psychologie einzelner Menschen erklären lässt. Gruppen haben ihre eigenen Gesetze. Wenn Insekten ihre Arbeit teilen, dann sind sie dafür biologisch programmiert. Menschen hingegen sind sozial motiviert und organisiert. Sie leben in einem Gefüge von Bedingungen, die auch ganz anders sein könnten. Wer die Arbeitsteilung beim Menschen erklären will, wird weder in der Biologie noch in der Psychologie des Einzelnen fündig. Doch wie stabilisiert eine Gruppe oder Gesellschaft die Erwartungen aneinander, wenn diese nicht festgelegt sind? Wie kommt es, dass Menschen sich untereinander nicht permanent stören, sondern viel häufiger unterstützen?

Von seinem Lehrer Wundt, bei dem er von 1888 bis 1891 in Leipzig studiert hat, hat Mead gelernt, dass Tiere über »Gebärden« miteinander kommunizieren. Doch wo Wundt meint, Gebärden würden sich dadurch verselbstständigen, dass andere Tiere sie nachahmen, hält Mead die Sache für komplizierter. Gebärden wie Zähne fletschen oder Aufheulen werden nicht einfach instinktiv kopiert. Sie werden bewusst eingesetzt, wobei das jeweilige Tier sich selbst wahrnimmt, also »weiß«, was es tut. In ganz besonderem Maße gilt das für den Menschen. Unsere Reaktionen auf andere Menschen sind nicht biologisch eindeutig festgelegt. Unser Nervensystem erlaubt es uns, verzögert auf Reize zu reagieren. Mehr noch als bei Gesten gilt dies für Worte. Dabei finden Menschen gemeinhin die Zeit, sich vorzustellen, wie ein anderer auf die Geste oder die Worte, die »Symbole« unserer Kommunikation, reagieren wird. Bei nahezu allem, was wir in Gemeinschaft tun, erwarten wir eine mehr oder weniger bestimmte Reaktion anderer auf unser Verhalten. Wir verhalten uns für andere erwartbar, weil wir die entsprechenden Erwartungen erwarten. Kurz gesagt: Menschen bilden sich Erwartungserwartungen. Sie antizipieren den inneren Kosmos der anderen und versuchen dem im Regelfall zu entsprechen. In diesem Sinne spielen Menschen soziale »Rollen« – ein Begriff, dem eine enorme Karriere in den Sozialwissenschaften bevorsteht.

Von James übernimmt Mead die Unterscheidung von *I* und *me*. Die Begriffe eignen sich gut, um zu erklären, wie das soziale Rollenspiel funktioniert. Das *I* ist mein animalischer Antrieb, das *me* verkörpert die verinnerlichten Erwartungen der anderen. Das Ergebnis dieses Zusammenspiels meines Wollens und meiner erwarteten Erwartungen an mein Verhalten ist das Selbst (*self*). Je harmonischer ich Antriebsstruktur und Erwartungserwartungen aneinander angleichen kann, umso besser ist es um mein Selbst bestellt. In immer wieder neuen sozialen Situationen präge ich ein differenziertes Rollenverhalten aus und halte damit mein Selbst im Einklang. Genau diesem Zweck dient, nach Mead, bereits das kindliche Spiel. Im *play* denkt sich das Kind ein Gegenüber aus und schlüpft in beide Rollen. Beim *game* spielen mehrere Kinder miteinander und stimmen dabei ihre Erwartungen und ihr Verhalten ab. Während das Erste dazu dient, die Erwartungen anderer zu verstehen, hilft das Zweite dabei, sie arbeitsteilig zu koordinieren und sich einem gemeinsamen Ziel unterzuordnen – dem Gelingen des Spiels.

Seinen bedeutendsten, aber oft übersehenen Beitrag zur Philosophie liefert Mead mit seiner Theorie der Objekte und in der Ethik. Menschen sortieren ihre Umwelt dadurch, dass sie sie in lauter verschiedene »Objekte« einteilen. Personen, Dinge, Einsichten, ja sogar ganze Weltanschauungen werden so zu fest umrissenen und bewerteten Objekten. Wie das Design dieser Objekte aussieht, wird durch die subjektiven Umstände bestimmt, durch die sie in mein Leben treten. Nur so komme ich zu festen Überzeugungen über Hunde, Herrn Müller, einen Fußballverein, einen Mercedes oder den Kommunismus. Der Wert eines Objekts ist niemals davon zu lösen, wie er zustande kommt. Entscheidend ist am Ende nicht die Sache, sondern der »Akt«, in dem das Objekt geformt und damit bewertet wird.

Das hat, wie sollte es anders sein, gewaltige Folgen für die Moral. Auch hier kommt es vor allem auf das Situative an und auf den Kontext. Wirkliche moralische Entscheidungen gibt es nach

Mead eigentlich ziemlich selten. Denn meistens wissen wir in sozialen Situationen ziemlich genau, was wir tun werden. Überlegt wird nur, wenn wir mit etwas überfordert sind und ein Konflikt entsteht: Wie bewerte ich das, was ich will, im Hinblick auf das, was andere wollen, was ich tue? In einer solchen Situation hilft mir meine Ausstattung mit Fürsorgeverhalten, das Mead für so biologisch hält wie Kropotkin, nicht weiter. Und ebenso wenig nützt mir das, was die Moralphilosophie anbietet. Der Utilitarismus verzichtet darauf, die Motive meines Handelns zu bewerten; ihn interessieren nur die Folgen. Bei Kant soll ich das tun, was meinem guten Willen entspricht, der mich zu einem bestimmten Wollen verpflichtet. Doch beide Konzepte haben nach Mead den gleichen Fehler: Sie glauben, dass es bei der Moral darum geht, die eigene Lust mit der Lust oder dem Schaden anderer abzugleichen. Und dass ich in beiden Fällen das Gleiche lernen soll: nämlich dass die größte Befriedigung darin besteht, die Entscheidung im Sinne aller oder der meisten zu fällen.

Aber geht es bei der Moral wirklich um Lust? Mead macht einen ganz anderen Vorschlag. Für ihn geht es in Konfliktsituationen darum, *die eigene Identität zu wahren*. Wenn ich nicht weiß, was ich tun soll, treibt mich dies in eine Persönlichkeitskrise. Ein unschöner Zustand, der mich dazu anhält, die Konsistenz meines Selbst wiederherzustellen. Die US-amerikanischen Sozialpsychologen *Leon Festinger* (1919–1989) und *Stanley Schachter* (1922–1997) entwickeln daraus in den Fünfzigerjahren die berühmte Theorie der »kognitiven Dissonanz«. Sie tritt ein, wenn eine Information, die ich über eine Sache habe, oder eine Handlung, die ich begehe, im Widerspruch zu meinen Gefühlen, Überzeugungen oder Werten steht. Und wie bereits bei Mead setzen wir alles daran, diesen Zustand schnellstmöglich zu überwinden.

Irritationen meines Selbst zwingen mich, eine Situation neu zu bewerten. Und damit, so Mead, bewerte ich mich zugleich selbst neu. Mein moralisches Bewusstsein erhält damit die Möglichkeit, sich auf höherer Stufe neu aufzustellen. Je höher die Reflexion, umso größer die Rationalität. Einer solchen Logik zufolge müssten Menschen, ja ganze Gesellschaften nach und nach moralischer immer reflektierter, rationaler und zugleich toleranter werden. Und genau das ist Meads Hoffnung, die er mit den anderen Pragmatisten teilt. Wie Peirce sieht er die Menschheit auf dem Weg zu einer riesigen Kommunikationsgemeinschaft, tolerant, aufgeschlossen, wissbegierig und in diesem Sinne *demokratisch*. Hart strafende Justiz, Patriotismus und Kriege werden irgendwann nicht mehr nötig sein. Die Menschheit wird sie überwinden. Sie wird den wissenschaftlichen Fortschritt vorantreiben, einen Weltmarkt für Güter schaffen, die Menschheit kommunikativ vernetzen und die Welt demokratisch machen. Aber sie wird es nicht deshalb tun, weil dieser Weg vorgezeichnet ist. All das wird mit gewisser Wahrscheinlichkeit langfristig so geschehen, weil die Menschheit ihre Probleme in einer immer volleren Welt nur so kreativ lösen kann.

Veröffentlicht werden diese Gedanken erst nach Meads Tod. Seine Theorie der sozialen Kommunikation 1932 in *Mind, Self, and Society* (*Geist, Identität und Gesellschaft*). Und seine Überlegungen zur Bildung von »Objekten« und zur Ethik 1938 in *The Philosophy of the Act* (Philosophie der Sozialität). Doch als Mead seine Ideen zu Papier brachte, war gerade erst Jahrhundertwende, und der Soziologe blickte aus dem neugotischen Fenster seiner Universität in den Süden der Stadt. Seit 1894 lehrte und forschte er in genau der US-Metropole, die neben New York zum Laboratorium der Moderne wurde – in Chicago. Und hier arbeitete er Tür an Tür neben einem anderen Pfadfinder der modernen Gesellschaft. Es ist die dritte Sonne im berühmten Dreigestirn des Pragmatismus neben Peirce und James – *John Dewey* (1859–1952).

»Die Straßen durch die Jurgis und Ona schlenderten, ähnelten Miniatur-Gebirgslandschaften. Die Fahrbahnen lagen meist bis zu einem Meter tiefer als die Häuser, und diese waren durch hochgesetzte Plankenstege miteinander verbunden; Pflaster gab es keines – nur Berge und Täler, Bäche, Abflußgräben, Gossen und große Löcher voll grünem, stinkendem Wasser. In diesen Lachen spielten Kinder, wälzten sich im wahrsten Sinne des Wortes im Schlamm, und hier und dort sah man sie darin nach irgendwelchen Schätzen wühlen, auf die sie mit den Füßen gestoßen waren. Nicht minder verwundert nahm man die Fliegenschwärme wahr, die über allem hingen und den Himmel verfinsterten, und ebenso den eigenartigen üblen Geruch, der einem in die Nase drang, einen gräßlichen Gestank nach allem Faulen und Verwesten der Welt.«[291]

Mit drastischen Worten wie niemand zuvor beschreibt der US-amerikanische Schriftsteller *Upton Sinclair* (1878–1968) das Chicago des Jahres 1904. Sein Roman *The Jungle* (*Der Dschungel*) erzählt vom Elend der Arbeiter in der Fleischindustrie und von ihrem vergeblichen Widerstand im Massenaufstand. Die Kulisse für das Sozialdrama des engagierten Sozialisten ist gut gewählt. War Chicago 1850 noch eine kleinere Ortschaft mit gerade einmal 30 000 Einwohnern, so ist es seit 1890 eine Millionenstadt. 1904 sind es fast zwei Millionen Menschen. Die neben New York am schnellsten wachsende Stadt der Welt ist auf diese Entwicklung nicht vorbereitet. Während in der City die ersten Hochhäuser gebaut werden und 1893 hier eine Weltausstellung stattfindet, wüten Epidemien unter den ungezählten Zuwanderern – denn ihre ärmlichen Holzhütten stehen auf Müllbergen! Im Mai 1886 schlägt die Polizei einen großen Arbeiteraufstand blutig nieder und ermordet seine Anführer. Als *Haymarket Riot* begründet der Aufstand die Tradition des 1. Mai als Kampftag der Arbeiter und späteren Internationalen Tag der Arbeit. Elend,

Ausbeutung und Gewerkschaftsbewegung auf der einen, ungebremster Kapitalismus und bedingungsloser Fortschrittsglaube auf der anderen Seite machen Chicago zu einem ganz anderen Schmelztiegel als das zwischen Tradition und Fortschritt hin- und hergerissene Wien des Fin de Siècle.

Die Stadt, in der Bertolt Brecht später auf Sinclairs Spuren seine »heilige Johanna der Schlachthöfe« irre werden lässt, weiß um ihre großen Probleme. Zwischen 1870 und 1900 entstehen vier Universitäten. Die ehrgeizigste davon ist die private, mit reichlich Geld ausgestatte University of Chicago. In Windeseile zählt sie zu den bedeutendsten der USA. Hierhin kommt 1894, gemeinsam mit Mead, der vierunddreißigjährige Farmerssohn John Dewey. Beide waren sie zuvor an der University of Michigan in Ann Arbor. Als junger Mann hat der hochbegabte Dewey dem eigenwilligen Peirce an der Johns Hopkins University gelauscht und dort über Kants Psychologie promoviert. Doch nach anfänglicher Begeisterung für Hegel hat kein Buch Deweys gedanklichen Werdegang so sehr geprägt wie James' *Psychologie*. Als der junge Institutsleiter in Chicago ankommt, ist er ein Empirist wie James. Auch den Weg in den Pragmatismus, den sein Idol in den 1890er-Jahren begeht, macht Dewey begeistert mit, ohne in seinem langen Denkerleben je davon abzurücken.

Dass Leben Problemlösen bedeutet, teilt sich Dewey noch viel unmittelbarer mit als James. Die Universität erwartet von ihren Professoren einen enormen praktischen Nutzen. Die Vertreter der Geistes- und Gesellschaftswissenschaften sollen Sozialingenieure sein, Leute, die die vielen drängenden sozialen Probleme der Stadt lösen.

Doch bevor er sich mit gesellschaftlichen Fragen beschäftigt, arbeitet Dewey aus, was er in James' *Psychologie* nicht konsequent zu Ende geführt sieht. Wie genau spielen Physiologie und Bewusstsein zusammen, sodass von einem freien Willen gesprochen werden kann? In einem Beitrag für die britische Zeitschrift

Mind erklärt Dewey 1896, dass das gängige Schema der Physiologen falsch sei. Unser Bewusstsein empfängt nicht einfach einen neutralen Reiz, ein Licht, einen Ton, einen körperlichen Widerstand, und reagiert dann darauf. Stattdessen trifft es bereits eine Auswahl, auf welchen Reiz es reagiert und was es ignoriert. Der Cursor der Aufmerksamkeit ist von Anfang an beteiligt, er wird nicht vom Reiz eingeschaltet. Ein Reiz, der uns trifft, ist also nicht einfach da, sondern er wird als solcher zugelassen – oder genau genommen als »Reiz« in unserem Bewusstsein hergestellt. Was den Physiologen ein Bogen ist, der vom Reiz zum Bewusstsein führt, ist für Dewey ein »Schaltkreis« (*circuit*). Aufgrund unserer vorgängigen Erfahrungen lassen wir bestimmte Reize als »wichtig« zu und speisen sie in den Schaltkreis unseres Bewusstseins als relevant ein.

Deweys Erklärung, die er 1912 in seinem Artikel »Perception and Organic Action« (Wahrnehmung und körperliche Aktivität) für das *Journal of Philosophy, Psychology and Scientific Methods* ausbaut, beeinflusst nicht nur seinen Freund Mead. Dessen Theorie der verzögerten Wahrnehmung, die es uns erlaubt, Erwartungen einzukalkulieren und Folgen vorauszusehen, ist ohne Dewey nicht denkbar. Das Schaltkreis-Modell ist seiner Zeit auch sonst weit voraus. Jahrzehntelang werden die »Behavioristen« um Deweys Chicagoer Kollegen *John B. Watson* (1878–1958) unbelehrbar versuchen, alles Verhalten von Tieren und Menschen mit einem Reiz-Reaktions-Schema zu erklären, bei dem der Reiz schlichtweg »empfangen« wird. Dagegen ließe sich mit Dewey sinngemäß argumentieren: Bei einem Fußballspiel sieht mancher nur den Ball und die an der unmittelbaren Handlung beteiligten Spieler. Ein wenig Sportbegeisterter nimmt stattdessen vielleicht das ästhetische Erscheinungsbild der Spieler wahr und ihre modischen oder modisch unpassenden Trikots. Der Cursor unserer Aufmerksamkeit entscheidet darüber, was unser Bewusstsein überhaupt als relevanten Reiz betrachtet und was nicht. Schon das Ausgangsmodell der Behavioristen ist also falsch. Gleichwohl werden sie mit ihrem unzulässig vereinfachten Schema die Diskussion bis in die Fünfzigerjahre bestimmen.

Worum es Dewey geht, ist leicht zu sagen. Wie Cooley möchte er zeigen, dass Menschen nicht wie Maschinen handeln. Statt neutral auf die Umwelt, reagieren sie immer auch auf ihre eigenen sozialen Erfahrungen. Was den Menschen zum Menschen macht, liegt nicht in irgendwelchen apriorischen Festlegungen, wie die philosophischen Idealisten von Kant bis Hegel meinten. Es liegt in der besonderen Art und Weise, wie wir mit unserer Umwelt kommunizieren. Wir *reagieren* nicht einfach auf sie, sondern wir *konstruieren* sie uns als unsere Welt.

Wenn es richtig ist, dass Menschen ihre Welt aus sozialen Erfahrungen konstruieren, dann hat das enorme Auswirkungen darauf, wie man Erziehung und Bildung betrachtet. Das Ziel muss darin bestehen, junge Menschen dazu zu bringen, ihre Welt möglichst sensibel und intelligent zu konstruieren. Für Dewey trägt das US-amerikanische Schulwesen dazu allerdings nicht viel bei. Was er aus eigener Erfahrung in seiner Kindheit in Vermont kennt und bei seinen fünf Kindern in den Schulen von Ann Arbor und Chicago beobachtet, ist entmutigend. Die Lehrer sehen keine Persönlichkeit des Kindes, sondern zerlegen sie in einzelne »Vermögen«, nämlich zu rechnen, zu lesen, zu schreiben usw. Der »Stoff« ist schlichtweg vorgegeben, und die Vermögen sollen trainiert werden wie einzelne Muskeln. Doch wenn wir nach Darwin und James eigentlich nur das dauerhaft lernen, was uns wichtig zur Orientierung und für künftige Handlungen erscheint und was wir deshalb sinnvoll finden, dann muss die Pädagogik revolutioniert werden. Wie der Wille, so entscheiden unsere *Interessen*, was (aus welchen Gründen auch immer) für uns nützlich ist. Statt »Vermögen« zu trainieren, sollten wir uns deshalb um das »Ich« des Kindes kümmern, um dessen Bewertungen, dessen Identifikationen und Sinnbildungen.

Mit seinem Aufsatz »Interest as Related to Will« (Das Interesse als Verwandter des Willens), den Dewey 1895 im *Herbart*

Yearbook veröffentlicht, geht er weit über Friedrich Fröbel, Pestalozzi und Herbart hinaus. Dass sich Kinder mit dem, was sie lernen, identifizieren müssen, war zuvor niemals so klar behauptet worden. Für Dewey dagegen ist es die logische Konsequenz seiner pragmatistischen Grundüberzeugung. Im Jahr 1896 gründet er mit seiner Frau Alice die University of Chicago Laboratory Schools, um ein Lernen auszuprobieren, das ganz auf der Erfahrung der Kinder beruht: Projektunterricht statt Eintrichtern, Experimentieren statt schnödem Auswendiglernen.

Drei Jahre später liefert Dewey zu seiner Pädagogik eine passende soziologische Begründung, *The School and Society* (Schule und Gesellschaft). Im Laufe der industriellen Revolution ging vieles verloren, was früher selbstverständlich war. Kinder halfen ihren Eltern in der Landwirtschaft, lernten mit Holz und anderen Materialien umzugehen und waren beim Kochen dabei. Die eintönige Fabrikarbeit aber lässt diese Interessen und Fertigkeiten verkümmern und erzeugt reduzierte Menschen. Dagegen muss die Schule der ganzen Persönlichkeit des Kindes Raum bieten und seine Interessen und Neigungen vielfältig fördern – nicht zuletzt im Interesse einer sich höher entwickelnden Gemeinschaft. Wie Cooley sieht Dewey die persönliche Entwicklung der Kinder untrennbar verbunden mit der Gesellschaft – eine Sicht, die er 1916 in seinem Buch *Democracy and Education: An Introduction to the Philosophy of Education* (*Demokratie und Erziehung. Eine Einleitung in die philosophische Pädagogik*) vertieft.

Mit seiner Kritik am herkömmlichen Schulsystem steht Dewey nicht allein. Seine pädagogischen Schriften fallen in die Zeit der vor allem im deutschsprachigen Raum blühenden »Reformpädagogik«. Doch der große Erfolg in der Praxis bleibt auf beiden Seiten des Atlantiks aus. Auch das US-amerikanische Schulsystem verweigert sich beharrlich allzu fortschrittlichen Reformideen. An der Universität in Chicago kommt bereits 1904 das Aus. Dewey eckt mit seiner Laborschule an. Er verlässt die Stadt und wird Professor an der Columbia University in New York, wo er

1930 emeritiert wird. Obwohl er kein mitreißender Redner wie James ist, wird er in gewisser Hinsicht dessen Nachfolger. Als bekanntester öffentlicher Intellektueller in den USA mischt er sich in die gesellschaftlichen Debatten ein. Sowohl der US-amerikanische Psychologen- als auch der Philosophenverband machen ihn zu ihrem Präsidenten. Und Deweys Buch *Schools of To-Morrow* ist ein internationaler Erfolg, ebenso wie mehrere andere seiner Werke, von denen noch die Rede sein wird.

Bevor wir seine Spur im vierten Band wieder aufnehmen, werfen wir noch einen Blick auf die zeitgleiche Entwicklung der Soziologie in Europa …

Individuum und Gesellschaft

Die Geometrie des Sozialen – Solidarität in der Moderne – Gesellschaft verstehen – Die Philosophie des Geldes – Das stahlharte Gehäuse – Dürfen Wissenschaftler werten? – Die Tragik der Kultur – Krieg als Erlösung

Die Geometrie des Sozialen

Er war der bedeutendste Kulturphilosoph seiner Zeit. Aber Professor wurde er erst mit sechsundfünfzig, vier Jahre vor seinem Tod. Sein weit ausschweifender Geist erfasste bisher sorgfältig getrennte Welten und brachte sie miteinander in Verbindung. Und seiner scharfen Beobachtungsgabe entging nichts. Kein Detail, keine soziale Dynamik und keine Seelenregung waren ihm zu unbedeutend, um nicht zumindest in einer Skizze verewigt zu werden. Auf diese Weise wurde er zum wissenschaftlichen Panoramamaler der Jahrhundertwende und zu einem herausragenden Denker, der den Mikrokosmos der Psychologie im Makrokosmos der Soziologie spiegelte wie wohl niemand vor oder nach ihm.

Georg Simmel (1858–1918) war zur richtigen Zeit am richtigen Ort. Denn die Stadt, in der er lebte, bot ihm eine unüberschaubare Fülle an Studienmaterial. Das Berlin der Jahrhundertwende steht den US-amerikanischen Großstädten kaum nach. »Spreeathen ist tot und Spreechicago wächst heran«, schreibt der Industriemagnat und spätere Außenminister Walther Rathenau im Jahr 1899.[292] Und der US-amerikanische Schriftsteller Mark Twain findet selbst Chicago geradezu »ehrwürdig« im Vergleich zu Berlin.[293]

Keine Stadt in Europa wächst so rasant: von 800 000 Einwohnern im Jahr 1870 auf über zwei Millionen im Jahr 1905. Mehr als die Hälfte der Bewohner sind neu Zugezogene, die meisten vom Land. Jetzt finden sie sich in der schnellsten Stadt des Kontinents wieder, der Welthauptstadt der Elektrifizierung und des Verkehrs. Seit 1881 gibt es elektrische Straßenbahnen. Und in den 1890er-Jahren konkurrieren die Elektrokonzerne Siemens und AEG um den Bau eines gigantischen U-Bahn-Netzes. Zehn Fernbahnhöfe bringen Tag für Tag Hunderttausende in die Stadt und zurück aufs Land. Berlin, schreibt die Baronin Spitzemberg im Winter 1898, ist »ohrzerreißend« laut vom »Rasseln der Räder«, hektisch und nervös.[294] Das »Getriebe in den Hauptverkehrsstraßen«, gebildet aus einer »ununterbrochenen Linie« von Wagen und Trambahnen, Droschken, Drei- und Zweirädern, ist in Europa beispiellos.[295] Entlang der Verkehrsadern blüht das Gewerbe, die Schankwirtschaft und die Prostitution. Die gefräßige Industriestadt dehnt sich immer weiter aus und schluckt die umliegenden Dörfer. Die Schlote des Dampfmaschinen- und Lokomotivherstellers Borsig vernebeln die Luft und ziehen über ganze Stadtteile aus armseligen Mietskasernen und lichtlosen Hinterhöfen. Und die Bauspekulanten verdienen eine Unsumme mit dem Bau von Arbeiterquartieren, erbärmlich und eng. Während am Pariser Platz und anderswo neue Prachtbauten zum preußischen Prunkinventar Unter den Linden kommen, bewohnt fast die Hälfte der Bevölkerung nur ein einziges beheiztes Zimmer. Rasch steigende Kriminalität, Seuchen und Heerscharen von Obdachlosen gehören zu Berlin wie zu New York und Chicago.

All dies beobachtet Simmel als Zeitzeuge. Doch er ist kein anteilnehmender Chronist des »Milljöhs« wie sein gleichaltriger Zeitgenosse, der Zeichner und Fotograf *Heinrich Zille* (1858–1929). Simmel ist der kühle Seismograf, er verzeichnet Erschütterungen und berechnet Linien und Kurven. Und seine Liebe gilt weniger den Menschen als dem formenreichen Ornament ihres Verhaltens, das sich ihm, von höchster Warte aus betrachtet, so anschaulich abzeichnet.

Simmel ist Spross einer Berliner Kaufmannsfamilie. Der Vater macht sein Geld mit dem Verkauf von Schokolade, unter anderem als Teilhaber der florierenden Firma Felix & Sarotti. Georg ist sechzehn, als der Vater stirbt. Hilfe kommt von Julius Friedländer, dem Mitbegründer des Musik-Editions-Verlages Peters. Er kümmert sich um den Jungen und seine sechs älteren Geschwister. Später adoptiert er ihn und hinterlässt ihm 1882 ein beträchtliches Vermögen, das Simmel zeit seines Lebens finanziell unabhängig leben und forschen lässt.

Der junge Simmel ist ein begabter Schüler und Student. Von 1876 an studiert er Geschichte und Völkerpsychologie in seiner Heimatstadt. Seine Lehrer sind berühmte Koryphäen wie *Theodor Mommsen* (1817–1903), *Heinrich von Sybel* (1817–1895) und *Heinrich von Treitschke* (1834–1896). Doch Simmels Faszination hält sich in Grenzen. Er wechselt zur Philosophie und hört Eduard Zeller und *Friedrich Harms* (1819–1880). Doch es steht nicht allzu gut um die Berliner Philosophie. Trendelenburg ist kurz zuvor gestorben, und Dilthey kommt erst 1882. Zeller, als einer der Väter des Neukantianismus bereits erwähnt, ist kein systematischer Denker, sondern besticht vor allem durch seine Kenntnisse der griechischen Klassiker. Und auch Harms gehört nicht zu den Besten seines Fachs. Sein größtes Verdienst dürfte darin bestehen, dass er schon früh Feuerbach und Schopenhauer in sein Lehrangebot aufnahm.

Als Simmel den Professoren 1881 seine Doktorarbeit unterbreitet, können diese damit wenig anfangen. *Psychologisch-ethnologische Studien über die Anfänge der Musik* – ein Versuch, die Entstehung der Musik mithilfe von Darwins Evolutionstheorie und in Bezug auf die Völkerpsychologie zu erklären. Was soll das? Ist das Philosophie? Die Arbeit fällt durch. Zu »aphoristisch«, befindet Zeller. Eine konventionellere Arbeit aus Simmels Feder hingegen gefällt den Prüfern besser. Der unangepasste Student wird schließlich über *Das Wesen der Materie nach Kant's Physischer Monadologie* promoviert, allerdings nicht mit Bestnote, sondern nur mit *cum laude*.

Nicht viel besser ergeht es Simmel bei seiner Habilitation. Die recht konventionelle Schrift über Kants Lehre von Raum und Zeit kommt 1884 bei Zeller und dem neu hinzugezogenen Dilthey gut an. Nicht aber die Antrittsvorlesung, bei der Simmel mit Zeller heftig aneinandergerät. Als der Prüfer meint, die Seele des Menschen habe in einem bestimmten Gehirnlappen ihren Sitz, weist Simmel ihn so scharf zurecht, dass dieser ihn prompt durchfallen lässt. Erst der Wiederholungsvortrag »Über das Verhältnis des ethischen Ideals zu dem logischen und ästhetischen« macht Simmel zum Privatdozenten. Eine Professur hingegen gibt man ihm weder in Berlin noch anderswo, und seine gescheiterten Berufungsverfahren sind legendär. Der Dozent erregt durchweg das Missfallen seiner Kollegen: zu ehrgeizig und zu breit interessiert! Simmel spricht in seinen Seminaren über psychologische, soziologische und philosophische Themen gleichermaßen. Dafür lieben ihn die Studenten! In Scharen strömen sie in seine oft auch öffentlichen Veranstaltungen, um den Mann zu hören, der zwar langsam, aber vielseitig und überaus pointenreich redet: über Themen wie den »Pessimismus«, die »Grundzüge der Ethik«, die »Hauptlehren der Psychologie«, die »Probleme der Sozialwissenschaft«

oder die »Neuesten philosophischen Theorien insbesondere in ihren Beziehungen zu den Naturwissenschaften«.

Während Simmel 1885 in Berlin eine große Zuhörerschaft fesselt, erscheinen in London die drei Bände von Herbert Spencers *Principles of Sociology* (*Die Principien der Soziologie*). Nach Grundlegung seiner »ersten Prinzipien« und deren Anwendung auf die Biologie und Psychologie ist Spencer nun bei der Gesellschaft angelangt. Es ist der mit Abstand umfangreichste Teil seiner »Synthetischen Philosophie«. Und der Autor möchte einlösen, was er in den »ersten Prinzipien« versprochen hat: zu zeigen, wie sich die »unbestimmte Homogenität« des Anfangs im Laufe der Evolution zu »bestimmter und kohärenter Heterogenität« entwickelt. Der Schlüsselbegriff dafür ist »Differenzierung«. Alle Materie, alle Biologie und alle aus ihr entspringende Kultur differenziert sich naturgesetzlich immer weiter aus und erzeugt so die moderne Gesellschaft.

Als Simmel die »Prinzipien« liest, ist er angetan und abgestoßen zugleich. Die Evolution als unausgesetzte Differenzierung zu betrachten leuchtet ihm sofort ein; das Ganze deshalb für ein »Naturgesetz« zu halten, nicht. Simmel hat sich zu viel mit den neuesten Entwicklungen in den Naturwissenschaften beschäftigt, um sich auf deren »Gesetze« zu verlassen, wie Comte es tat und Spencer es noch immer tut. Schlittert die Physik nicht gerade in eine Grundlagenkrise? Streiten sich Physiker nicht fundamental darüber, was Materie ist? Und haben sie denn selbst überhaupt verstanden, wie die Atome als vermeintlich kleinste Einheiten zusammenwirken? In solcher Lage mit »ersten Prinzipien« und »Gesetzen« zu hantieren, die man eins zu eins auf die Kultur und Gesellschaft überträgt, ist grob fahrlässig und in jedem Fall irreführend.

Soziale Differenzierung ja – naturgesetzliche Entwicklung nein, lautet Simmels Fazit. Wenn man die »Regeln« und »Regelmäßigkeiten« beschreiben will, nach der sich die Gesellschaft immer weiter ausdifferenziert, darf man nicht nach kleinsten Bausteinen und Naturkräften suchen. Man muss das Muster beschreiben, die »Geometrie«, wie Simmel sagt, die in diesem Prozess sichtbar wird. Der Soziologe *erklärt* nicht wie der Naturwissenschaftler. Er *versteht*, ganz im Sinne Diltheys. Deshalb sollte alle Soziologie »formale« Soziologie sein. Sie beschreibt, aber sie hat dabei keinen Richtungssinn und keine inhaltlichen Ziele im Ärmel wie Spencer. Statt Sinn und Ziel festzulegen, widmet sie sich dem komplizierten Gespinst aus »Wechselwirkungen«, aus dem sich alle modernen Gesellschaften zusammensetzen. Die »Gesellschaftsseele«, wie Simmel in seinem 1890 erscheinenden Buch *Über sociale Differenzierung. Sociologische und psychologische Untersuchungen* schreibt, muss in »die Summe der Wechselwirkungen ihrer Teilhaber« aufgelöst werden.[296]

Wenn Simmel über soziale Differenzierung nachdenkt, dann tut er es *funktional*. Welche Wechselwirkungen haben dafür gesorgt, dass sich die Menschen in den westlichen Gesellschaften immer stärker individualisieren? Und warum wird das soziale Gefüge dabei stets engmaschiger und dichter? Dass Menschen in ihrem Leben inzwischen mehr und mehr Ziele und Zwecke verfolgen, hat sie überraschenderweise nicht isolierter gemacht, sondern die Gesellschaft immer komplexer. Individualisierung und Vergesellschaftung spielen also untrennbar ineinander. Doch woran liegt das?

Keine andere Frage beschäftigt die Soziologen der Jahrhundertwende stärker als diese. Denn nur, wer diese komplizierte Grammatik versteht, begreift seine Zeit und möglicherweise auch die Zukunft. Zwei naheliegende Erklärungswege scheiden für Simmel aus. Die Frage kann weder logisch (im Sinne von Naturgesetzen) noch psychologisch (durch den Antrieb der Menschen) beantwortet werden. Beide Erklärungsmöglichkeiten greifen zu kurz. Denn ab einem bestimmten Grad von Komplexität entstehen durch die vielen Wechselwirkungen ganz neue Konstellationen. Ob durch die Arbeitsteilung, den Tausch, den Verkehr, die Geschlechterrollen, das Verhältnis der Generationen usw., überall kommt es zu vielfältig aufeinander reagierenden Entwicklungen, und die Strukturen verändern sich ständig. Das Ganze hat eine Eigendynamik, die weder durch die Logik noch durch individuelle Psychologie erklärt werden kann.

In den Wechselwirkungen findet die Soziologie ihr Thema, das bisher niemand anderes im Blick hatte. Und nur wenn man die Wechselwirkungen erforscht, begreift man, warum Individualisierung und Vergesellschaftung sich nicht ausschließen, sondern bedingen. Für Simmel geschieht dabei Folgendes: Je stärker sich der Einzelne entfaltet, umso mehr soziale Rollen muss er spielen. Dadurch wird er Teil vielfältiger sozialer Strukturen, die sich zugleich verfestigen.

Schauen wir mit Simmel zurück in die Philosophiegeschichte. Kaum jemand stand so sehr Pate für die Besonderheit des Individuums wie Rousseau. Zugleich aber stritt der hochempfindliche Individualist für die genau gleichen Rechte aller Männer in der Demokratie. Warum? Weil Individualität durch Rechte geschützt werden muss! Doch wenn meine Rechte deshalb gelten, weil ich ein Individuum bin (und nicht etwa Angehöriger einer bevorzugten Schicht), dann gelten diese Rechte zwangsläufig *für alle*. Das aber ist von enormer Bedeutung für das gesellschaftliche Zusammenleben. *Individualität* und *Gleichbehandlung vor dem Gesetz* gehen Hand in Hand. Und das bedeutet: kein Individualismus ohne Kollektivismus! Von nun an steht auch der größte Individualist nicht mehr außerhalb der Gesellschaft. Das hübsche Bild dazu liefert Simmel einige Jahre später bei der Beschreibung der künstlerischen Bohème. Ist es nicht merkwürdig, dass sich gerade die künstlerischen Avantgardisten und politischen Anarchisten immer wieder zu Gruppierungen zusammenschließen? Zu einem »Verein der Vereinsgegner« sozusagen?[297]

Wer einen »Gradmesser der Kultur« haben möchte, der muss studieren, in wie vielen sozialen Kreisen sich die Mitglieder einer Gesellschaft bewegen.[298] Umgekehrt beschreibt der Soziologe das Individuum dadurch, in welchen und in wie vielen sozialen Kreisen es verkehrt. Denn gerade die Summe der »Gruppenkombinationen« macht den Einzelnen besonders. Kaum jemand dürfte ganz genau die gleichen Schnittmengen in den Kreisen der sozialen Geometrie haben wie ich. Eine wegweisende Entdeckung! Denn Simmel nimmt damit nicht nur auf seine Weise die Theorie der »sozialen Rolle« vorweg, die Mead in den folgenden Jahrzehnten ausarbeitet und der US-amerikanische Kulturanthropologe *Ralph Linton* (1893–1953) später ausbaut. Mehr als hundert Jahre vor den sozialen Netzwerken und ihrer kommerziellen Ausschlachtung im 21. Jahrhundert beschreibt er das Individuum als ein Muster aus Schnittmengen, als die Summe seiner im Sozialen ablesbaren Spuren.

Doch anders als die Sachwalter des Palo-Alto-Kapitalismus mit ihrem »Profiling« und ihrer algorithmischen Analyse des Verhaltens, weiß Simmel, dass die sozialen Spuren das Individuum nicht als Ganzes ausmachen. Ablesbar ist nämlich nur die »quantitative Individualität«. Für die Soziologie ist diese ausreichend, nicht aber für die Philosophie. Zur gleichen Zeit wie James in Harvard erkennt, dass die Psychologie der Philosophie bedarf, um ihre viel zu großen Fragen zu beantworten, benennt Simmel in Berlin die Grenzen der Soziologie. Das »qualitative Individuum« bekommen Soziologen nicht zu Gesicht! Für eine umfassende Kulturphilosophie ist das Gehäuse des Fachs zu klein.

Die nächsten zehn Jahre wird Simmel deshalb an einem Werk arbeiten, das die Soziologie kulturphilosophisch übersteigt und sein Thema gleich aus allen erdenklichen Perspektiven beleuchtet. Doch bevor er damit fertig wird, entsteht in Frankreich eine Art Konkurrenzprojekt, ein alternatives Konzept zum Prozess der sozialen Differenzierung. Und die Aufmerksamkeit, die es erregt, übertrifft die von Simmels Aufsätzen bei Weitem.

Solidarität in der Moderne

Der introvertierte Student fällt kaum auf. Was sich der scheue Franzose denkt, als er 1885 in Berlin in den Seminaren der berühmten Ökonomen *Gustav von Schmoller* (1838–1917) und *Adolph Wagner* (1835–1917) sitzt, erfährt die Öffentlichkeit erst später aus zwei Zeitungsartikeln. Die Rede ist von *Émile Durkheim* (1858–1917), und der Eindruck, den die beiden Lehrer in Berlin auf ihn machen, wird ihn ein Leben lang begleiten. Schmoller und Wagner gehören zu den führenden Köpfen der »Kathedersozialisten«, einer Bewegung, die vom Deutschen Reich mehr Sozialpolitik fordert – nicht zuletzt deshalb, um den immer stärker werdenden Sozialdemokraten das Wasser abzugraben. Doch Schmoller argumentiert nicht nur strategisch. Für ihn ist Moral ein »Kulturwert«. Und die unteren Schichten der Gesellschaft sozial besser abzusichern sei eine moralische Aufgabe der Wirtschaft und des Staats.

Man muss verhindern, dass die moderne Gesellschaft auseinanderfällt! Wenn sich die Lebenswelt so dramatisch verändert, wie sie es am Ende des Jahrhunderts tut, dann sind die Experten gefragt. Die gute alte Moral muss unter fremden neuen Bedingungen geschickt ins System implementiert werden. Ansonsten droht Anarchie, fliegt der ganze Laden auseinander! So sehen das die »Kathedersozialisten«, und genau dies wird auch Durkheims Lebensthema. Voll Bestürzung blickt er zurück auf das 19. Jahrhundert, insbesondere auf die politische Entwicklung Frankreichs. Acht verschiedene Regime hat das Land seit der Französischen Revolution erlebt und vierzehn Verfassungen. Der Traum der Saint-Simonisten von einem kontinuierlichen Fortschritt hat sich nicht erfüllt. Die soziale Frage ist ungelöst, das Elend der unteren Schichten nach wie vor groß. Und statt Comtes Zivilreligion ist es noch immer die katholische Kirche, die sich in das Erziehungs- und Bildungswesen einmischt. Dazu kommt der verlorene Krieg von 1870/1871, der die Grande Nation nicht mehr allzu groß erscheinen lässt. Vorbei die Zeit, in der Comte davon träumen konnte, dass am französischen Wesen die Welt genesen sollte, Paris das Mekka des Okzidents sein würde.

Was war falsch gewesen an Comtes weltverbessernder Soziologie? Und was, so fragt Durkheim, kann man in Zukunft besser machen, um das alte Ziel von einer glorreichen, fortschrittlichen und wohlgeordneten Gesellschaft doch noch zu erreichen? Im Anschluss an sein Berliner Semester hat sich der Sohn eines lothringischen Rabbiners noch wichtige Anregungen in Leipzig geholt. Von Wundt lernt er, die Gegenwart trotz allem positiv zu sehen. Dass Ethische ist nicht einfach nur eine unerreichbare philosophische Forderung. Es existiere als eine Tatsache, ablesbar an der sozialen Höherentwicklung der fortschrittlichen Industriegesellschaften.

Dass er in seiner Studienzeit in Deutschland weder Dilthey noch den gleichaltrigen jungen Privatdozenten Simmel hört, ist Durkheim oft als Nachteil ausgelegt worden. Doch die Unkenntnis hat auch einen Vorteil. Sie hilft dem ehrgeizigen Franzosen dabei, ein ziemlich abgerundetes System zu basteln, ja sogar eine Denkrichtung, die »Durkheim-Schule«, zu begründen. Eine solche Geschlossenheit und scharf umrissene Lehre sind Dilthey und Simmel, trotz aller entsprechenden Mühen, unmöglich. Durkheim dagegen, von allzu fundamentalen Zweifeln verschont, glaubt nach wie vor daran, dass der Soziologe es mit klar erkennbaren Entwicklungsgesetzen zu tun hat. In dieser Hinsicht bleibt er ein treuer Nachfolger Comtes und der Saint-Simonisten. Und diese Gesetze sollen vor allem eins besagen: dass sich die Gesellschaft trotz allen Chaos moralisch immer höher entwickelt. Und zwar nicht nur durch Reformen, wie sie die »Kathedersozialisten« fordern, sondern vorwiegend durch eine »innere« Logik der Entwicklung.

Wie Simmel so entwickelt auch Durkheim eine Theorie der sozialen Differenzierung. Zunächst ist der Rückkehrer aus Deutschland Lehrbeauftragter und später Professor für Sozialwissenschaft und Pädagogik in Bordeaux. Unermüdlich arbeitet er an einem umfangreichen Buch: *De la division du travail social: Étude sur l'organisation des sociétés supérieures* (*Über soziale Arbeitsteilung. Studie zur Organisation höherer Gesellschaften*).

Der Titel irritiert. Denn Durkheims Zeitgenossen erwarten eine starke politische Parteinahme. Die Frage, ob Arbeitsteilung ein Segen oder ein Fluch von differenzierten Gesellschaften sei, ist, wie geschildert, stark vermint. Während die Nationalökonomen seit Adam Smith nicht müde werden, die enorme Steigerung der Produktivität durch Arbeitsteilung zu betonen, sahen Marx und Engels darin die Fußfessel des Kapitalismus schlechthin. Je differenzierter die Arbeitsteilung ist, umso mehr werde die menschliche Natur in einförmiger und stupider Lohnarbeit geknechtet. Bei Schmoller hingegen hatte Durkheim lernen können, dass die Arbeitsteilung der menschlichen Natur entspreche und aus ihr entspränge. Verfügt nicht jeder Mensch über andere Fähigkeiten und Talente? So weit, so richtig. Doch was soll dies im Angesicht der monotonen Industriearbeit im späten 19. Jahrhundert heißen? Reduziert sie Arbeit nicht auf immer gleiche Handbewegungen?

Ein heißes Eisen. Und Durkheim vermeidet es, vorschnell Partei zu ergreifen. Der junge Soziologe will lieber wissen, wie und warum die Arbeitsteilung überhaupt *funktioniert*. Seine Ausgangsfrage gleicht der von Simmel: Wie ist es möglich, dass so viele Institutionen im modernen Staat und in der modernen Wirtschaft erfolgreich zusammenwirken können? Und was passiert mit den Menschen, wenn sie den Weg in eine immer höher differenzierte Gesellschaft mit all den daraus erwachsenden Anforderungen und Verpflichtungen gehen? Warum löst sich die Gesellschaft nicht auf, sondern verfestigt sich sogar? Mit Durkheim gesagt: »Wie geht es zu, dass das Individuum, obgleich es immer autonomer wird, immer mehr von der Gesellschaft abhängt? Wie kann es zu gleicher Zeit persönlicher und solidarischer sein?«[299]

Während die Arbeitsteilung bei Simmel nur ein Faktor unter anderen ist, ist sie für Durkheim der Schlüssel schlechthin, um die moderne Gesellschaft zu verstehen. Zunächst entledigt er sich der berühmten klassischen Sichtweise der britischen Nationalökonomen, die auch Spencer weiterhin in die Welt posaunt: Die Arbeitsteilung habe sich durchgesetzt, weil sie wirtschaftlich *nützlich* war. Historischer Unsinn, befindet Durkheim. Der finanzielle Gewinn war allenfalls eine schöne Folge, nicht aber das Motiv. Der wahre Grund läge in den sozialen Herausforderungen. Wenn Menschen sich stark vermehren, kommt es zur Verstädterung. Menschen- und Warenverkehr explodieren, ebenso die Kommunikation.

Doch wie bewältigt man diese Herausforderung? Durch umfangreiches Spezialistentum! Ein jeder sucht sich seine eigene soziale Nische. Damit verhindert er, dass blinde Konkurrenz die Menschen in einen Kampf aller gegen alle verstrickt. Zugleich aber steigt die soziale Abhängigkeit. Man kann nicht mehr alles alleine erledigen, sondern braucht einander. Insofern erwachsen aus der »mechanischen Solidarität« einfacher Gesellschaften, in denen jeder im selben Boot sitzt, nicht Chaos und Anarchie. Sondern es entsteht eine immer differenziertere Arbeitsteilung und mit ihr eine neue »organische Solidarität« aus wechselseitigen Abhängigkeiten und Verträgen. Die alte moralische Ordnung einfacher und überschaubarer Gesellschaften wird ersetzt. Eine neue moralische Ordnung aus arbeitsteiliger Abhängigkeit entsteht.

So weit, so logisch. Doch Durkheim hat lange genug in Berlin gelebt, um viel«Unorganisches»zu sehen, dem es an jeglicher Solidarität mangelt. Und er erkennt sehr genau, dass die Industriegesellschaften des späten 19. Jahrhunderts keine perfekt funktionierenden Moralgemeinschaften sind. Irgendetwas läuft offensichtlich nicht so rund, wie es sollte. Wer hat daran schuld? Für Durkheim ist es vor allem das rasante Tempo der wirtschaftlichen und sozialen Veränderungen. Sozialordnung und Moral kommen nicht mit der Entwicklung hinterher und führen damit zu einem Wertverlust. Beim Dichterphilosophen Guyau findet Durkheim dafür den Begriff »Anomie« (»Nicht-Ordnung«) und führt ihn in die Soziologie ein. Geschieht der Wandel zu schnell, so werden ungerechte und mitunter unmenschliche Arbeitsteilungen erzwungen. Genau das ist für Durkheim überall in Frankreich, Deutschland oder England seiner Zeit der Fall. Und wie die »Kathedersozialisten« sieht er die Wirtschaft und den Staat in der Pflicht, das Versäumte nachzuholen und dafür zu sorgen, dass sich die moralische Ordnung den neuen Verhältnissen anpassen kann.

Was hat Durkheim geleistet? Vor allem eine neue Betrachtungsperspektive. Soziale Phänomene können für ihn völlig befriedigend durch Soziales erklärt werden, ohne dass es dafür biologischer oder psychologischer Erklärungsmuster bedarf. Die Gesetze des Sozialen sind soziale Gesetze und sonst nichts. Und das Thema der Soziologe sind »soziale Tatbestände«. Wer andere Deutungen, Weltanschauungen und Wertungen heranzieht, ist nicht objektiv, sondern möchte nur seine »Ideologie« bestätigt sehen. Am Ende des Jahrhunderts steht das Wort nicht mehr für eine vorurteilsfreie Wissenschaft, sondern für eine verengte Weltsicht.

1895 legt Durkheim seine Methode in *Les règles de la méthode sociologique* (*Die Regeln der soziologischen Methode*) fest. Und 1897 erprobt er sie in *Le suicide: Étude de sociologie* (*Der Selbstmord*). Dafür studiert er umfangreich das statistische Material über Suizide. Als Soziologe möchte Durkheim nicht wissen, aus welchem persönlichen Beweggrund jemand sich das Leben nimmt. Ihn interessiert die Bindungskraft sozialer Institutionen. Protestanten begehen häufiger Suizid als Katholiken, weil sie in weniger strengen kirchlichen Gemeinschaften leben. Juden begingen seltener Suizid, weil sie als Minderheit eng zusammenhielten. Und Verheiratete nähmen sich deutlich seltener das Leben als Alleinstehende, weil die Familie sie moralisch bindet. Selbst der Krieg entfaltet nach Durkheim eine gewisse solidarisierende Bindungskraft. Wo sich die Völker abschlachten, bringen sich die Zivilisten fast nie selbst um. Siebzehn Jahre vor der massenhaften Kriegsbegeisterung zu Beginn des Ersten Weltkriegs eine denkwürdige Erkenntnis.

Damit sieht Durkheim als bewiesen an, was er beweisen möchte. Integration, Zusammenhalt und moralische Ordnung gehen Hand in Hand und sind auch für funktional differenzierte Gesellschaften überaus segensreich. Die moderne Gesellschaft ist damit nicht per se zum Scheitern verurteilt. Mag die Gegenwart von sozialen Auseinandersetzungen und Verteilungskämpfen geprägt sein, mögen sich die Ansprüche der Individuen auch immer weiter erhöhen – all das bildet keinen Widerspruch dazu, dass die Gesellschaft der Zukunft irgendwann besser zusammenhalten wird als die der Gegenwart.

Als Optimist im Chaos steht Durkheim damit nicht allein da. Genauso sieht das zur selben Zeit ein deutscher Kollege in Altona bei Hamburg: *Ferdinand Tönnies* (1855–1936). Der Sohn eines Großbauern aus dem schleswig-holsteinischen Oldenswort hat in Tübingen studiert und in Kiel über Hobbes habilitiert. Während seiner Zeit als Privatdozent in Kiel arbeitet er an seinem Werk *Gemeinschaft und Gesellschaft*, das 1887 erscheint. Tönnies' Anspruch steht Durkheims in nichts nach. Auch er möchte herausarbeiten, was moderne Gesellschaften im Innersten zusammenhält. Dabei unterscheidet er den traditionellen Begriff »Gesellschaft« aus der Aufklärungszeit vom Begriff der »Gemeinschaft«. Gesellschaft entsteht, wenn ihre Mitglieder darin übereinstimmen, sich aus vernünftigen Gründen miteinander zu arrangieren und eine gemeinsame Ordnung zu finden. Seit Hobbes ist dies die richtungsleitende Idee. Der Wille zur Gesellschaft ist kein tiefer Wunsch und kein Verlangen, sondern nur der »Kürwille« zu einer vernünftigen Lösung. Ganz anders hingegen die »Gemeinschaft«. Hier herrscht der »Wesenswille« aller ihrer Mitglieder, sich aus innerer Überzeugung zusammenzuschließen.

Tönnies' Fazit ist eindeutig. Funktionieren können Gesellschaften nur, wenn sie aus funktionierenden Gemeinschaften bestehen – ein Gedanke, der sich im US-amerikanischen Kommunitarismus der Gegenwart wiederfindet. Tönnies allerdings denkt zu seiner Zeit vor allem an Genossenschaften. Von solchen gut organisierten Gemeinschaften erhofft er sich den größten Fortschritt der Gesellschaft. Bedauerlicherweise nimmt das Buch zunächst kaum einer wahr. Erst viel später, in der zweiten Auflage von 1912, erfährt es große Resonanz, weil die Jugendbewegung es für sich entdeckt. Zu diesem Zeitpunkt ist der über Altona zurück nach Kiel gelangte Professor der »wirtschaftlichen Staatswissenschaften« ein bekannter Mann. Doch die Soziologen seiner Zeit können sich mit Tönnies' Konzept immer noch wenig anfreunden. Gesellschaft auf Willensakte und damit auf Bewusstseinsinhalte zurückzuführen erscheint vielen zu unwissenschaftlich und zu nah an dem vom Autor hochgeschätzten Schopenhauer. Die Begriffe »Gesellschaft« und »Gemeinschaft« lassen sich auch nicht sauber voneinander abgrenzen. Gleichwohl gilt Tönnies mit seinem drei Jahre vor Simmels Buch *Über sociale Differenzierung* erschienenen Hauptwerk oft als Vater der modernen deutschen Soziologie.

Gesellschaft verstehen

Die Soziologie auf Willensakte von Menschen zu gründen, wie Tönnies es tut, wäre Simmel nie eingefallen. Seine Kant-Studien haben ihn gelehrt, dass Menschen der »Natur« nie unvermittelt gegenüberstehen. Stattdessen ordnen und interpretieren wir das, was wir für »Natur« halten, nach Maßgabe unseres Verstands. Warum soll das Gleiche nicht auch für die Geschichte gelten? Auch Geschichte und Sozialgeschichte sind immer Interpretationen. Das, was wir zu erkennen glauben, der »Inhalt«, ist uns immer nur durch die »Form« gegeben, die Art und Weise, *wie* wir etwas interpretieren. Auf diese Weise gewinnt Simmel, wie er über sich selbst schreibt, »einen neuen Begriff von Soziologie, indem ich die Formen der Vergesellschaftung von den Inhalten schied, d. h. den Trieben, Zwecken, Sachgehalten, die erst von den Wechselwirkungen, zwischen den Individuen aufgenommen, zu gesellschaftlichen werden«.[300]

Der Soziologe beobachtet also nicht die Psychologie von Menschen, nicht ihre Willensakte und Bewusstseinsinhalte. Sie sind ihm letztlich unzugänglich. Vielmehr studiert er die Wechselwirkungen, die diese mutmaßlichen Beweggründe in ihrem Zusammenspiel erzeugen. Nicht Triebe und Zwecke sind sein Thema, sondern nur die *Folgen* für die Gesellschaft. Hier findet die Soziologie ihren festen Boden, den sie nach Simmel auch dringend braucht. Der Privatdozent in Berlin muss nur auf die Straße gehen, um seine Zeit in einem gewaltigen Umbruch zu sehen, in einer Übergangszeit von einem überkommenen Alten in eine noch unbestimmte Moderne. Und er bezweifelt stark, dass man diesem radikalen Wandel mithilfe der Psychologie beikommen kann. Führt sie nicht in einen »haltlosen Subjektivismus und Skeptizismus«?[301] Psychologische Wirklichkeiten sind persönlich und flüchtig. Soziologische Wirklichkeiten, die aus der »lebendigen Wechselwirksamkeit« bestehen, lassen sich hingegen ziemlich gut beschreiben. Wenn in der Moderne alles relativ ist, dann liegt das, was man traditionell Wahrheit, Wert und Objektivität genannt hat, in den *Relationen*. Und wer diese Relationen untersucht, der kann dies mit einem gewissen Anspruch auf Objektivität tun. Statt »alle Festigkeiten« skeptisch zu lockern, erobert sich die Soziologie einen »neuen Festigkeitsbegriff«.

Doch wer soll Simmel hierin folgen? Für traditionelle Denker ist die Geometrie des Sozialen eine Überforderung. »Unfertig« und »unsicher« nennt Tönnies das Buch *Über sociale Differenzierung*. Ihm fehlt die alles bündelnde These. Doch Simmel möchte keine ganzheitliche Erklärung aus einem Guss. Für ihn bilden die Wechselwirkungen selbst ein »umfassendes metaphysisches Prinzip«, nicht ihre Bündelung unter eine Leitidee.

Doch kann die Darstellung der Wechselwirkungen Wissenschaft sein? Bleibt sie nicht eine Tuschezeichnung, eine Fläche von Schattierungen? Wie Dilthey mit seinen »Geisteswissenschaften«, Windelband mit seiner Unterscheidung von »Geschichte und Naturwissenschaft« und Rickert mit seiner »Kulturwissenschaft«, arbeitet sich Simmel daran ab, der Soziologie ein eigenständiges Fundament zu geben. Die Vielfalt menschlichen Lebens und Zusammenlebens objektiv einzufangen – es ist *die* wissenschaftstheoretische Herausforderung der Jahrhundertwende. In seiner Rede »Entstehung der Hermeneutik« beschreibt Dilthey das menschliche Leben als den unausgesetzten Prozess, andere Menschen zu verstehen und vorausschauend auf sie zu reagieren. Und er verkündet dies zur gleichen Zeit, in der Mead im Seminar in Chicago die Gesellschaft als ein Gespinst von Erwartungen und Erwartungserwartungen beschreibt – ohne seine Gedanken zu veröffentlichen.

Was die zentrale Rolle des »Verstehens« anbelangt, ist Simmel ganz auf Diltheys Seite. Nur von hier aus lässt sich das, was Menschen tun, erfassen, und zwar früher wie heute. Immer spielen, wie er in den verschiedenen Auflagen seiner *Probleme der Geschichtsphilosophie* (1892/1905/1907) schreibt, die menschlichen Psychen so ineinander, dass niemand die Vorgänge erklären, sondern sich ihnen nur verstehend nähern kann. Das Ideal des Historikers kann nicht der neutrale Blick sein, nicht das Verschwinden seiner subjektiven Perspektive. Wer das könnte, der hätte überhaupt nichts zu sagen, weil er nichts begreift. Das Ideal ist ein subjektives Bewusstsein, das sich meisterhaft in alles und jeden *einfühlt*, wie in der Empathie-Theorie von Theodor Lipps. Wer dieses Ideal versteht, der versteht auch, dass die Geschichte weder einen Sinn noch einen gesetzmäßigen Verlauf hat, wie Marx geglaubt hatte. Die Wechselwirkungen sind nämlich viel zu komplex, um ganz bestimmte Strukturen zu Gesetzmäßigkeiten zu verklären auf Kosten anderer. Simmels begabter Schüler, der Schriftsteller und Kulturphilosoph *Siegfried Kracauer* (1889–1966), wird später den schönen Satz sagen: »Wann immer in Mikro-Analyse gewonnene Details in die Makro-Dimension gebracht werden, kommen sie dort oben leicht beschädigt an.«[302]

Wer Geschichte schreibt, macht rund, was zuvor eckig und sperrig war. Er bringt in eine Reihenfolge, was nicht linear erlebt wurde. Er verknüpft Ereignisse zu Sinnzusammenhängen, die als solche nicht da sind. Und doch ist diese Arbeit sinnvoll. Denn nur in Zusammenhängen lässt sich verstehen, und nur durch Weglassen werden die Dinge plausibel. Geschichtswissenschaft ist nicht die Wiedergabe einer Wahrheit, sondern deren Konstruktion. Je mehr dieser Konstruktionen man kennt und durchdenkt, umso reichhaltiger wird das Bild der Welt. Parallel zu William James, der zeitgleich von seiner »aposteriorischen Metaphysik« spricht, träumt Simmel von einem durchdachten Wissenskosmos, der hilft, das, was Menschen tun, begreifen zu können. Dabei kommen beide Metaphysiker der Moderne in einem völlig überein. Was Wahrheit ist, lässt sich immer nur an erfolgreichem Handeln bemessen. Und sie entsteht durch Zusammentragen, nicht durch einen direkten Kontakt mit der Wirklichkeit.

Mit genau diesem Blick schreibt Simmel seine zweibändige *Einleitung in die Moralwissenschaft* (1892/1893). An der Ethik erprobt er zum ersten Mal sein Programm zur Erforschung von Wechselwirkungen. Dabei misstraut der Autor aller traditionellen Ethik, die Normen, Werte und metaphysische Prinzipien aufstellt. Noch vor Westermarck fordert er eine völlig unidealistische Herangehensweise an die Ethik. Es gibt kein »Wesen« der Moral, sondern nur als mehr oder weniger nützlich befundene Erscheinungsformen. Was soll es bringen, über Antriebe wie Egoismus und Altruismus zu philosophieren? Beides existiert selten in Reinform, und beides kann immer nur von den Folgen eines Handelns her spekulativ rekonstruiert werden. Gar nicht zu reden, was Menschen, die das vermeintlich Gute wollten, an Schlechtem angerichtet haben. All das verrät nichts über das Wesen der Moral und ihre verschiedenen gesellschaftlichen Ausprägungen. Um Ethik zu verstehen, sollte man stattdessen das zeit- und kulturübergreifende Material studieren, das Ethnologen, Historiker und Sozialwissenschaftler bereitstellen. Mit einem Wort: »Die Geschichte der englischen Fabrikgesetzgebung belehrt uns besser über das Verhältnis von Egoismus und Altruismus, als die scharfsinnigste Zergliederung dieser Begriffe.«[303] Klarer könnte die Absage an Kant nicht sein.

Doch Simmel schreibt nur eine umfangreiche »Einleitung«. Kulturübergreifend alle erdenklichen Regeln, Sitten, Traditionen und Gebräuche zu untersuchen, wie Westermarck es tun wird, ist seine Sache nicht. Denn längst hat er ein Thema im Visier, an dem sich die Wechselwirkungen in der Gesellschaft noch viel tiefer und anspruchsvoller aufzeigen lassen als an der Moral – durch eine Untersuchung der Tauschbeziehung aller Tauschbeziehungen, die die moderne Gesellschaft ausmacht – den Geldverkehr!

Die Philosophie des Geldes

Als nach langer Arbeit im Jahr 1900 die *Philosophie des Geldes* erscheint, hat der ehrgeizige Autor das Thema intensiver, übergreifender und subtiler bearbeitet als jeder Ökonom, Psychologe oder Philosoph vor ihm. Ein Meisterwerk nicht nur der Soziologie, sondern auch der Philosophie! Denn am Geld kann Simmel nicht nur zeigen, wie der Tausch als die durchdringendste aller Wechselwirkungen die Gesellschaft formt. Er demonstriert auch, wie das Geld alles »Substantielle« früherer Gesellschaften nach und nach in Relationen aufgelöst hat. Wenn man eine Erklärung dafür sucht, warum die Gesellschaft schneller, flüchtiger und gleichsam »freischwebender« wird, dann hilft einem Durkheims »Arbeitsteilung« nicht viel weiter. Von Tönnies' Verlust und Wiederkehr der Gemeinschaft gar nicht zu reden. Beides sind gewiss Phänomene. Aber richtig einleuchtend wird die »Virtualität« moderner Gesellschaften erst dann, wenn man versteht, wie das Geld sich über etablierte Werte und Hierarchien hinweggesetzt, wie es unbegrenzt nach Einsatzmöglichkeiten sucht und wie es die wirtschaftliche Kommunikation immer mehr beschleunigt. Mit alldem formt das Geld die Psychologie der Menschen um und schafft eine völlig neue Kultur.

Simmel schreibt dies auf dem Höhepunkt der wirtschaftlichen Spekulation in Berlin. Immobilienunternehmer kaufen dörfliches Land, bauen Arbeiterquartiere, errichten Prunkbauten und bilden Aktiengesellschaften. Wenn die Städte so rasant wachsen, dann wachsen sie wegen des unbegrenzten und unkontrollierten Geldverkehrs. Die Spekulation ist ein heißes Thema, bewundert und bekämpft. Die ganze Geschäftswelt verwandelt sich in ein Hochrisikospiel aus Wetten auf die Zukunft, Zusammenschlüssen und Tricksereien. Man reißt in Windeseile ab, was Jahrhunderte stand, und baut ebenso rasch Neues. Hier schäumt der Champagner, dort wächst die Armut. Das schnelle Geld verwandelt die Menschen, macht sie leichtfertiger, vulgärer, genussfreudiger und risikobereiter.

Wie konnte es dazu kommen? Was für ein seltsamer Wert ist dieses allmächtige Geld, dem nichts heilig ist, sondern das selbst Religion geworden zu sein scheint? Um zu beschreiben, wie etwas eigentlich Wertloses zum Wert aller Werte werden konnte, kann Simmel auf die wegweisenden Analysen von Moses Hess und Marx zurückgreifen. Geld ist die einzige Sache in der Welt, deren Qualität sich allein an der Quantität bemisst. Durch das Geld erhalten die entlegensten Dinge einen Vergleichsmaßstab und werden plötzlich tauschbar. Aus absoluten, weil unvergleichbaren Werten, werden Waren, deren Wert sich beziffern lässt. So weit waren auch Simmels Vorgänger gekommen. Doch der bohrt noch tiefer. Er bezweifelt, dass alles Gesellschaftliche die Folge des Wirtschaftsgeschehens ist, wie Marx behauptet. Ist die Art und Weise, wie Menschen Ökonomie betreiben, ihrerseits nicht etwa auch abhängig von einer bestimmten Kultur? Keine Henne ohne Ei, und kein Ei ohne Henne! Und Simmel stellt Fragen, die zuvor kein einziger Nationalökonom je gestellt hat. Warum funktioniert der Geldverkehr überhaupt? Was sind eigentlich Werte? In der Natur existieren sie nicht. Doch Menschen schätzen sie gleichwohl. Sie akzeptieren sogar, dass das Geld einen »absoluten Wert« darstellt, der alles andere als »viel« oder »wenig« relativiert, aber selbst niemals infrage gestellt wird.

Niemand zweifelt am Maßstab des Geldes. Aber warum nicht? Bei seiner Suche holt sich Simmel Rat beim Neukantianer Rickert. Wie erzählt, hatte sich die Südwestdeutsche Schule in der Nachfolge Lotzes mit dem Zusammenspiel von »Geltung« und »Wert« beschäftigt. Danach akzeptieren Menschen zwei grundverschiedene Wahrheiten. Erstens empirische Tatsachen und zweitens das, was logisch stimmig ist. Die Empirie sortiert unsere Vorstellungen in »Sein« und »Nichtsein«. Und die Logik sortiert sie in »Richtig« und »Falsch«. Was wir für richtig halten, erhält einen Wahrheitswert. Dabei ist »Richtig« ein Wert an sich. Das Richtige ist uns wichtig, das Falsche im Regelfall nicht. Mögen die Naturwissenschaften ihr Weltbild auf Tatsachen aufbauen, Menschen bauen das ihre darauf auf, was ihnen richtig und damit werthaltig erscheint. Und so sortieren unsere Wertungen Tag für Tag das für richtig Gehaltene vom Falschen.

Die meisten dieser Wertungen sind sehr ähnlich. So auch beim Geld. Ein Mensch, der sagt, er hätte lieber wenig Geld als viel, gilt als Spinner oder als Heiliger – in jedem Fall also als sonderbarer Mensch. Dass Geld ein Wert ist, beweist seine Akzeptanz. Doch wie bemisst sich der Wert konkreter Gegenstände? Für die Ökonomen seit den Tagen Thomas von Aquins lautet die Antwort: nach der Nützlichkeit und nach der Seltenheit. Auch hier bohrt Simmel tiefer. Was absolut selten ist, hat manchmal überhaupt keinen Wert, weil man ihn nicht bemessen kann. Und was sehr häufig ist, ist nicht nur billig, sondern oft sogar wertlos. Der ökonomische Wert beziffert also immer ein »Mittleres zwischen

Seltenheit und Nichtseltenheit«.[304] Aber nicht nur. Er ist auch abhängig davon, wie intensiv etwas begehrt wird. Ohne Begehren kein Wert. An einem modernen Beispiel erklärt: Louis-Vuitton-Taschen und Rolex-Uhren sind häufige Massenprodukte, aber gleichwohl teuer, weil Millionen Menschen sie als Statusobjekte begehren. Wertvoll ist Menschen nämlich vor allem das, dessen Erwerb Opfer kostet – also Geld, Mühe oder Zeit. Für einen normalen Menschen ist ein Einfamilienhaus wertvoll, für einen Milliardär nicht. Nur wenn das, was wir begehren, nicht sofort und mühelos erreichbar ist, sondern wir unser Begehren aufschieben müssen, wird uns ein Objekt wertvoll. Ein sofort befriedigter Trieb nichtet das Objekt des Begehrens; ein aufgeschobener dagegen verleiht dem Objekt eine »Eigenbedeutung«.[305]

Die Parallele zu Mead ist auffällig, aber trotzdem Zufall. Wenn Mead sagt, dass der Wert eines Objekts untrennbar damit verknüpft ist, was in der Phase geschieht, in der ich mich damit beschäftige, so schreibt Simmel sinngemäß genau das Gleiche. Auf den »Akt« der Bedürfnisbefriedigung kommt es an – in der Moral wie beim Warenerwerb! Je mehr Geld wir für etwas ausgeben, das wir innig begehren, umso wertvoller wird uns zugleich das Objekt. Da der Verkäufer dies im Regelfall weiß, begehrt er für das, was er verkauft, möglichst viel Geld. Der ökonomische Wert einer Sache entspringt damit aus meinem Begehren konfrontiert mit dem Begehren eines anderen – also aus einer Wechselwirkung. Begehren trifft auf Begehren, wiegt sich, wie Simmel sagt, wechselseitig auf und schafft so ein gemeinsam akzeptiertes Drittes, den »ökonomischen Wert«.

Millionenfach wiederholt, entsteht so eine feste Struktur aus Relationen, die alle Mitglieder der Gesellschaft aneinanderbindet. In diesem Sinne ist das Geld ein sozialer Kitt, der die Gesellschaft auf neue Weise zusammenhält, während es zugleich traditionelle Bindungen wie Stände, Milieus oder Religionsgemeinschaften zerstört. Das Geld treibt diesen Prozess unentwegt voran. Anarchistisch wie es ist, akzeptiert es keine traditionellen Grenzen oder Schranken. Geld nichtet über kurz oder lang alle vorgefundenen Werte und ersetzt sie durch Geldwerte. Indem »das Geld alle Mannigfaltigkeiten der Dinge gleichmäßig aufwiegt, alle qualitativen Unterschiede zwischen ihnen durch Unterschiede des Wieviel ausdrückt, indem das Geld mit seiner Farblosigkeit und Indifferenz, sich zum Generalnenner aller Werte aufwirft, wird es der fürchterlichste Nivellierer, es höhlt den Kern der Dinge, ihre Eigenart, ihren spezifischen Wert, ihre Unvergleichbarkeit rettungslos aus«.[306]

Was also machen Menschen in der modernen Welt? Sie tauschen, und zwar unausgesetzt. Alle Dinge, die man tauschen kann, haben einen Wert. Und der Tausch ist der Dreh- und Angelpunkt aller Wechselwirkungen im wirtschaftlichen Geschehen. Natürlich gibt es noch zahlreiche andere Tauschbeziehungen, die nichts mit Geld zu tun haben. Aber in der Ökonomie geht es, anders als in anderen Bereichen, *nur* ums Tauschen; um eine objektive (weil mit Geld bezifferbare) Kultur, die der subjektiven Kultur aus anderen Werten das Territorium streitig macht. Wenn, modern gesprochen, eine Sozialnorm mit einer Marktnorm in Konflikt gerät, gewinnt am Ende immer die Marktnorm. Nichts ist heilig, und jeder und jedes ist käuflich, wenn auch mitunter zu einem sehr hohen Preis. Kein Wunder, dass sich dadurch das »Lebensgefühl« der Menschen ändert. Denn ihre Schicksale werden neu und anders miteinander verkettet als früher. Simmels Buch dürfte das erste sein, das sich dafür interessiert, wie die allgegenwärtige Geld-Kultur das Lebensgefühl von Menschen verändert. Ökonomen pflegen hier zu schweigen.

Das Lebensgefühl ändert sich, weil Menschen nicht mehr fest in klar umrissene Gruppen oder Gemeinschaften eingebunden sind. Stattdessen gehen sie sehr verschiedene und meist nur flüchtige Tauschbeziehungen ein. Aus der starken Abhängigkeit von einer Gemeinschaft wird ein Gefilz schwacher Abhängigkeiten von vielen. Die Quantität steigt und mit ihr die Freiheit; die Intensität lässt nach und mit ihr die Geborgenheit. Den gleichen

Prozess hatte Tönnies beschrieben, aber nicht seine Hauptursache im Geldverkehr. Und er befürchtet auch nicht, was Simmel sieht: dass dieser Prozess immer weitergeht und dass irgendwann jeder und jedes zur Ware wird. Es scheint, als blicke Simmel mit dem Fernrohr aus seiner Charlottenburger Wohnung ins 21. Jahrhundert, wo Menschen Geld fürs Flirten im Internet zahlen, sich auf statusdiversifizierten Plattformen mit übertriebenen Selbstbeschreibungen und nach oben korrigierten Restlaufzeiten wertvoll machen; wo man sich als Objekt bei Instagram anbietet, um dafür *Likes* als Währung einzustreichen und Werbegelder zu kassieren; wo aus der Nettigkeit, jemanden mitzunehmen, das Geschäftsmodell Uber, aus der Freundlichkeit, jemandem zeitweise Unterschlupf zu gewähren, das Geschäftsmodell Airbnb geworden ist; wo Markennamen Wäsche und Unterwäsche zieren und der Anspruch, ein Individuum zu sein, der vollständigen ökonomischen Verwertung nicht mehr widerspricht.

Wie Simmel hellsichtig prophezeit, wird die Geldökonomie mehr und mehr als Naturgesetz wahrgenommen. Alles steht in einem zielgerichteten Zusammenhang, in dem das Geld die Zwecke setzt. Bezeichnenderweise gibt es darin weder einen ersten noch einen letzten Zweck, wie früher in der Religion. Der »naturgesetzliche Kosmos« des Geldes wird »von dem alles durchflutenden Geldwert so zusammengehalten … wie die Natur von der alles belebenden Energie, die sich ebenso wie jener in tausend Formen kleidet, aber durch die Gleichmäßigkeit ihres eigentlichen Wesens und der Rückverwandelbarkeit jeder ihrer Umsetzungen jedes mit jedem in Verbindung setzt und jedes zur Bedingung eines jeden macht«.[307]

Die Welt wird am Geld bemessen wie die Zeit mit der Uhr. Und in beidem spiegelt sich die Rationalität der Neuzeit, die die Welt »fein« und »sicher« durchdringt und ordnet, indem sie misst. Obwohl Simmel Marx dafür kritisiert, dass er das Wechselspiel von Ökonomie und Kultur nicht sieht, teilt er dessen Thesen von der »Entfremdung« und vom »Warenfetischismus«. Die

»Äußerlichkeiten«, die Waren und die Objekte, übernehmen die Herrschaft und zerstäuben das Leben in »tausend Gewöhnungen, tausend Zerstreuungen, tausend Bedürfnisse äußerlicher Art«.[308] Man horcht nicht mehr nach innen, sondern verliert sich im Äußeren. Allerdings ist Simmel sich nicht sicher, ob nur der Kapitalismus daran schuld ist. Vielleicht hat diese Entfremdung auch etwas Zwangsläufiges. Schon immer denken Menschen in Zwecken und Mitteln. Doch die Ansprüche der Zwecke sind andere als die der Mittel – ein ständiges Spannungsverhältnis. Wahrscheinlich musste es langfristig dazu kommen, diese Spannung aufzulösen. Das Mittel »Geld« wurde selbst zum Zweck der Menschen. Und kein alternatives Wirtschaftssystem, kein Sozialismus kann diese Entfremdung aufheben. Der Soziologe jedenfalls mischt sich nicht ein. Er nimmt all dies nur »vornehm« – nämlich aus der Distanz – wahr und beschreibt es so sorgfältig wie möglich.

Das stahlharte Gehäuse

Während Simmel an seinem epochalen Buch über das Geld arbeitet, erleidet ein sechs Jahre jüngerer Kollege in Heidelberg einen psychischen Zusammenbruch. *Max Weber* (1864–1920) hat viel mit dem Kulturphilosophen in Berlin gemeinsam. Auch er lebt in begüterten Verhältnissen, in sehr begüterten sogar. Sowohl seine Familie als auch die seiner Ehefrau gehören zu den reichsten Kaufmannsfamilien Deutschlands. Und der sensible Spross, ein materiell sorgenfreies Leben vor sich, interessiert sich nahezu für alles. Als Simmel habilitiert, sitzt Weber im Jura-Seminar der Berliner Universität. Zuvor war er in Heidelberg und anschließend studiert er in Göttingen. Zurück in Berlin erfolgt 1889 die Promotion und 1891 die Habilitation. Doch Weber wird kaum als Jurist in die Geschichte eingehen. Sein ruheloser Geist gleicht dem Simmels. Am Ende wird er seinen Fußabdruck in der Agrargeschichte, der Nationalökonomie, der Kulturgeschichte, der Philosophie, der Soziologie, den Religionswissenschaften, der Sozialforschung, der Politik und der Wissenschaftstheorie hinterlassen.

Alledem zum Trotz machen der gesellschaftliche Status, der enorme Reichtum und die vielfältigen politischen Beziehungen der Familie Weber nicht zu einem berühmten Mann seiner Zeit. Und auch nicht, dass er bereits mit neunundzwanzig Jahren außerordentlicher Professor in Berlin, ein Jahr später Professor in Freiburg und mit zweiunddreißig Professor in Heidelberg wird. Seine Universitätskarriere bleibt nur eine kurze Episode. Weber leidet an Depressionen, an Erschöpfung und versucht sich in psychiatrischen Sanatorien zu erholen. Nach nur vier Jahren beendet er seine Heidelberger Lehrtätigkeit.

Als es ihm im Jahr 1901 etwas besser geht, hat er ein großes Leitthema für sich entdeckt. Wie viele seiner Kollegen mit Interesse an soziologischen Fragen, beschäftigt Weber die seltsame Zeit, in der er lebt. Reißt der rasante Fortschritt der dritten industriellen Revolution, die Elektrifizierung, die technische Umwälzung, die Massengesellschaft, alles aus den Fugen? Oder sehen wir hier nur die Turbulenzen einer weiteren Transformation hin zu einer besseren Gesellschaft für alle? Was für ein Geist ist das, der diesen permanenten Fortschritt beseelt – falls »beseelt« hier das richtige Wort ist? Mit einem Wort: Ist der »Geist des Kapitalismus« gut oder schlecht?

Um dies zu ergründen, geht Weber zurück zu den Anfängen. Angeregt hat ihn die Lektüre des ersten Bands von *Der moderne Kapitalismus*, den der Staatswissenschaftler *Werner Sombart* (1863–1941) soeben veröffentlich hat. Um die »Genesis« des Kapitalismus zu erklären, beschreibt Sombart dessen Anfänge bei den protestantischen Sekten des 16. und 17. Jahrhunderts. Weber ist hoch inspiriert. Denn der Kapitalismus, so wie er ihn sieht, kann nicht einfach nur »materialistisch«, das heißt rein ökonomisch verstanden werden. Und auch die Historiker greifen zu kurz. Wer den Kapitalismus verstehen will, muss den Nährboden untersuchen, aus dem er entsprang. Mit Sombart entdeckt Weber die Anfänge des neuen Geistes in der Lebenshaltung protestantischer Sekten seit der Zeit Jean Calvins. Dadurch, dass die Calvinisten und später die Methodisten, Pietisten und Quäker ihr Dasein auf Erden als »Bewährung« verstanden, entwickelten sie eine ganz bestimmte Haltung zum Leben. Gemäß der Prädestinationslehre bemaßen sie die Gewissheit, von Gott geliebt zu sein, an ihrem wirtschaftlichen Erfolg. Sie ordneten ihr Leben dem ökonomischen Ziel unter und lebten »rationell«. Ihre Lebensführung wurde«innerweltlich-asketisch»und der Beruf zur »Berufung«.

Weber behauptet nicht, dass das Lebensideal des Protestantismus vollständig erklärt, warum sich überall in Europa ein »rationaler Betriebskapitalismus« entwickelte. Aber er sieht darin den Dünger, den es brauchte, um den Kapitalismus vor allem in den protestantischen Ländern wie Holland, England und der Schweiz stark voranzutreiben. Eine erste Abhandlung zum Thema *Die protestantische Ethik und der Geist des Kapitalismus* ist bereits veröffentlicht, als Weber sich im August 1904 mit seiner Frau Marianne, einer engagierten Frauenrechtlerin, und seinem Freund, dem Theologen *Ernst Troeltsch* (1865–1923), nach Amerika einschifft. Anlass ist die Weltausstellung in St. Louis, verbunden mit einem International Congress of Arts and Science. Für den Kapitalismusforscher eine hervorragende Gelegenheit, seinen Horizont zu erweitern. Neben dem Studium der Anfänge will er in den USA auch viel über die Zukunft des Kapitalismus lernen. Wie Tocqueville ein Menschenalter zuvor analysiert Weber die Stärken und Schwächen der US-amerikanischen Wirtschafts- und Gesellschaftsordnung. Dabei ist sein Blick, anders als der seiner Frau und jener von Troeltsch, ausgesprochen milde, wenn es um die Schattenseiten geht. Die beiden anderen erschrecken über den Lärm, Schmutz und Gestank von New York und Chicago, bestürzt klagen sie über das Elend der Arbeiter. Weber hingegen bewundert die Dynamik des Fortschritts und den freien Markt. In den Schlachthöfen von Chicago sieht er nur die brandneue Fließbandproduktion, nicht aber die menschlichen

Schicksale. Und während Marianne und Troeltsch die vielen ungelösten Probleme der Einwanderungsgesellschaft beklagen, den Rassismus und die Ständegesellschaft des Südens, sieht Weber sie als überwindbare Hindernisse auf dem Weg zum US-amerikanischen Ideal der »freien Lebensführung«.

Der Geist des Fortschritts in den Vereinigten Staaten versetzt Weber in einen Rausch. Unermüdlich studiert er das Land und entdeckt überall das »charakteristisch amerikanische Muster« großer Freiheit und Betriebsamkeit; für ihn die Folge aus der Organisationsstruktur protestantischer Sekten. Weber besichtigt die Niagarafälle, trifft den berühmten William James in Boston, spricht mit Indianern, nimmt an einer Landauktion teil und spaziert auf Ölfeldern herum. Er bekommt den Beginn des Umweltschutzes und der Nationalparks im Westen des Landes mit, besucht schwarze Gottesdienste und lernt den ersten schwarzen Bürgerrechtler kennen. Überall sucht er das Gespräch mit führenden Repräsentanten, insbesondere der Religionsgemeinschaften, und lässt sich reichlich Material für seine Studien geben. Und fortwährend macht er sich Notizen für seine zweite Abhandlung zur protestantischen Ethik und für einen späteren Aufsatz über »›Kirchen‹ und ›Sekten‹ in Nordamerika«. Der Kongress selbst, zu dem auch Tönnies und Sombart kommen, ist nur eine Randnotiz. Weber taucht tief ein in das Zusammenspiel von Ökonomie, gesellschaftlicher Dynamik und moralischer Ordnung in den USA.

Seine beiden Abhandlungen über die Bedeutung der protestantischen Ethik für den modernen Kapitalismus gehören heute zu den Klassikern der Soziologie. Und seine Schlüsselbegriffe, die »Rationalisierung«, die«Bürokratisierung»und die »Massengesellschaft«, sind heute nicht mehr aus dem Fach wegzudenken. Zunächst allerdings erregt Webers These vor allem Kritik. Den »materialistisch« denkenden Ökonomen und Wirtschaftshistorikern ist seine Herleitung zu spekulativ; ein Vorwurf, der den akribischen Wissenschaftler schwer trifft und gegen den er sich heftig zur Wehr setzt. Um seine Sicht breit zu untermauern, beschäftigt sich Weber intensiv mit anderen Kulturen und Religionen. Bezeichnenderweise tut er dies genau parallel mit Durkheim. Der Franzose, inzwischen Professor an der Sorbonne, möchte wissen, woher die Wertsysteme und mit ihnen die Normen kommen, die noch immer handlungsleitend für die Gesellschaft sind. 1912 veröffentlicht er *Les Formes élémentaires de la vie religieuse* (*Die elementaren Formen des religiösen Lebens*); ein Klassiker, der nicht nur die Ursprünge unserer Wertvorstellungen im Totemismus der frühen Religionen nachzeichnet, sondern ebenso deren Spuren in der modernen säkularisierten Gesellschaft.

Auch Weber interessieren die Herkunft von Normen und die unterschiedlichen Spielregeln der Moral. Und auch er betont die Beharrungskraft der Strukturen von gestern, die sich in der modernen Gesellschaft ihre passenden Wege suchen wie ein nicht versiegender Strom von Wasser. Zugleich aber möchte er unbedingt zeigen, dass der Kapitalismus sich aus guten Gründen weder im chinesischen Konfuzianismus und Taoismus noch im indischen Hinduismus und Buddhismus noch im antiken Judentum entwickeln konnte. Doch je tiefer Weber sich in die Verquickung von Wirtschaft und Religion in den Kulturen der Welt wühlt, umso verschwommener wird das Bild. Stärker als seine These zeichnet sich eine ganz andere Struktur ab. Alle Religionen, so Weber, erlebten im Laufe ihrer Entwicklung einen vergleichbaren Prozess der«Rationalisierung». Die menschliche Lebensführung emanzipierte sich aus dem Mythenteppich, in den sie zuvor verwoben war. Verschiedene gesellschaftliche Teilbereiche entstehen, sie versachlichen und intellektualisieren sich, sie werden spezialisierter und bürokratisierter, sie bringen Methoden und Disziplinen hervor, werden nüchterner, rationaler und »entmenschlichter« zugleich.

Das Wort »Rationalisierung« wird Weber zum wichtigsten Begriff. Was Simmel und Durkheim die »soziale Differenzierung« ist, soll sich noch besser als »Rationalisierung« beschreiben lassen. Anders als bei den Schlüsselwörtern der Kollegen schwingen in Webers Begriff moralische Untertöne mit. Dass sich etwas sozial differenziert, klingt völlig wertneutral. Dass aber alle Lebensbereiche nach und nach »rationalisiert« werden, kann man begrüßen, aber auch betrauern. Tatsächlich spiegeln sich beide Sichtweisen äußerst eindrucksvoll im Stimmungsumschwung des Autors. Hatte Weber die »Rationalisierung« zunächst gefeiert, als ein großes Ordnen und Systematisieren der Wirtschaft, der Gesellschaft, der Wissenschaft, der Technik und des Rechts, so wird ihm später immer mulmiger. Denn »rationalisieren« sich nicht auch längst die Moral, die Kultur, die Kunst, ja selbst die Sexualität? Ist eine völlig versachlichte Welt ohne Glauben und Geheimnis, ohne Alltagsmythen und Irrationalität wirklich so lebenswert? Die Ambivalenz, die Weber in der »Rationalisierung« sieht, ist genau die, die Simmel anhand seiner *Philosophie des Geldes* vorgeführt hat: ein gewaltiger, menschheitsumfassender Prozess der Entzauberung. Rationalität, die ihre ersten Erfolge in der Physik des Himmels gefeiert hatte, wird zur Mikrophysik des Sozialen und pflügt es um. Wo Werte waren, bleiben Geldwerte, wo Glaube herrschte, regieren Erwartungen, wo Intimität ruhte, fließt Geldverkehr.

Für Weber ist seine Entdeckung der unerbittlichen »Rationalisierung« ein persönliches Problem. Die als gut und richtig empfundene Welt, aus der er stammt, das protestantisch geprägte wilhelminische Großbürgertum, steht plötzlich als Anachronismus da. Das Weltbild, das er mit seinen Studien zur protestantischen Ethik und zum guten Geist des Kapitalismus nachzeichnen und auch rechtfertigen wollte, ist brüchig geworden. Und der Fortschritt, den er in den USA überall bestaunt hatte, ist ihm einige Jahre später verdächtig. Weber leidet nicht unter den »Kosten« des Kapitalismus für die Arbeiter und deren Familien; damit konnten die wohlhabenden Protestanten das ganze 19. Jahrhundert hindurch schon immer gut leben. Er leidet an der »Entseelung« der Kultur durch die »mechanisch-maschinelle Produktion«, am »Triebwerk«, das jedermanns »Lebensstil« bestimmt »bis der letzte Zentner fossilen Brennstoffs verglüht ist«.[309]

Webers Klage ist vehement und vom Kulturpessimismus gegerbt. Das »Verhängnis« hat aus dem »dünnen Mantel« der »Sorge um die äußeren Güter« ein »stahlhartes Gehäuse« gemacht. »Indem die Askese die Welt umzubauen und in der Welt sich auszuwirken unternahm, gewannen die äußeren Güter dieser Welt zunehmende und schließlich unentrinnbare Macht über den Menschen, wie niemals zuvor in der Geschichte. Heute ist ihr Geist – ob endgültig, wer weiß es? – aus diesem Gehäuse entwichen. Der siegreiche Kapitalismus jedenfalls bedarf, seit er auf mechanischer Grundlage ruht, dieser Stütze nicht mehr.«[310] Was bleibt unter einem solchen Leitstern von der Kultur übrig? Eine »mechanisierte Versteinerung, mit einer Art von krampfhaftem Sich-wichtig-nehmen verbrämt«? Dann »allerdings könnte für die ›letzten Menschen‹ dieser Kulturentwicklung das Wort Wahrheit werden: ›Fachmenschen ohne Geist, Genußmenschen ohne Herz‹: dies Nichts bildet sich ein, eine nie vorher erreichte Stufe des Menschentums erstiegen zu haben«.[311]

Die »freie Lebensführung« für möglichst alle am Kapitalismus bejubeln, die Massengesellschaft verachten – die Ambivalenz in Webers Denken könnte größer kaum sein. Ökonomisch ein großer Optimist, kulturell mehr und mehr Pessimist, liefert er dem Konservativismus in der späteren Bundesrepublik sein Denk- und Rollenmodell. Kein Klassiker der Soziologie wird sich in Parlamentsreden später einer solchen Beliebtheit erfreuen. Und keine Forderung Webers wird in der bundesdeutschen Nachkriegszeit so oft wiederholt werden wie die nach der »Wertfreiheit«, die der gerne und stark wertende Wissenschaftler seit 1904 von seinen Fachkollegen einfordert.

Dürfen Wissenschaftler werten?

Wer Webers Lebenswerk bilanziert, der sieht in ihm nicht nur den Historiker, der die kapitalistische Mentalität aus dem Protestantismus herleitet. Und er sieht ihn auch nicht nur als Urheber der These von der allumfassenden Rationalisierung. Mindestens ebenso berühmt ist seine Haltung im sogenannten Werturteilsstreit.

Zur Zeit seines Amerika-Jahrs 1904 erscheint der Aufsatz »Die ›Objektivität‹ sozialwissenschaftlicher und sozialpolitischer Erkenntnis«. Darin nimmt Weber jene Kollegen ins Visier, die, vor allem als Mitstreiter im 1873 gegründeten Verein für Socialpolitik, der Politik konkrete Vorschläge unterbreiten, wie man die soziale Lage in Deutschland verbessern soll. Für viele Mitglieder – Nationalökonomen, Sozialphilosophen und Soziologen – ist genau das der Sinn des einflussreichen Vereins. Doch Weber gießt ihnen Wasser in den Wein. Selbstverständlich könne der objektiv forschende Wissenschaftler politisch nützlich sein. Zum Beispiel dadurch, dass er erforscht, welche Mittel dafür geeignet sind, einen bestimmten gesellschaftlichen Zweck zu erreichen. Er kann die Kosten und Nutzen dieser Mittel abwägen. Und er kann die Zwecke umfassend beleuchten. Auf diese Weise kann er auf Widersprüche aufmerksam machen, Probleme aufzeigen und herausarbeiten, wie man sie möglicherweise verhindert. Aber eines kann der Wissenschaftler auf keinen Fall: exakt darlegen, welche Zwecke und welche gesellschaftlichen Ziele objektiv betrachtet wünschenswert sind und welche nicht. Es sei nämlich »niemals Aufgabe einer Erfahrungswissenschaft … bindende Normen und Ideale zu ermitteln, um daraus für die Praxis Rezepte ableiten zu können«.[312]

Keine Rezepte? Damit ist die Zielsetzung des Vereins für Socialpolitik komplett infrage gestellt. Denn für Weber ist die »Schaffung eines praktischen Generalnenners für unsere Probleme in Gestalt allgemein gültiger letzter Ideale … als solche nicht nur etwa praktisch unlösbar, sondern in sich widersinnig«.[313] Die Expertise des Sozialwissenschaftlers gilt den Mitteln, niemals den Zwecken. Denn anders als die Mittel sind die Zwecke an Werte und Weltanschauungen gebunden. Und Werte – hier widerspricht Weber auch den Neukantianern – können nicht das Ergebnis exakter Forschung sein, denn sie seien naturgemäß niemals objektiv. Eine Weile schwelt der Streit um das Werturteil im Untergrund, doch dann bricht er unter den Mitgliedern des Vereins für Socialpolitik 1909 offen aus. Hat Weber mit seiner Aufforderung, der Wissenschaftler solle in seiner Arbeit nicht von wünschenswerten Zielen sprechen, recht?

Eigentlich ist die Frage nicht schwer zu beantworten. Denn dass man aus empirischen Tatsachenfeststellungen keine Werte ableiten oder Normen folgern kann, akzeptieren die Philosophen seit Hume. Über diesen Punkt gibt es unter den Mitgliedern des Vereins für Socialpolitik keinen Streit. Und auch ein zweiter Punkt ist nicht wirklich strittig. Empirische Forschung soll in der Sache objektiv, nüchtern und allein der Wahrheit verpflichtet sein. Das gilt allerdings nur für die wissenschaftliche Arbeit selbst, nicht aber für ihre Rahmenbedingungen. Denn wer ein bestimmtes Thema oder eine wissenschaftliche Fragestellung untersucht, tut dies nicht im luftleeren Raum. Ein Wissenschaftler, der völlig sachlich in einem Konzentrationslager erforscht, welches Gas am besten geeignet ist, um möglichst viele Menschen zu töten, kann dies völlig frei von weltanschaulichen Werturteilen tun. Er experimentiert und misst streng wissenschaftlich. Das gilt aber nicht für die Wahl des Forschungsfelds! Wer hier reine wissenschaftliche Neugier als Motiv angibt, macht sich hochverdächtig, unmoralisch, zynisch und menschenverachtend zu sein. Wer Steuerhinterziehungen von Milliardären untersucht, hat oft ein anderes Motiv als der, dessen Lebenswerk die Erforschung von Sozialmissbrauch durch Transferempfänger ist. In der *Methodik* gilt das Ideal der Wertfreiheit, nicht aber in der *Themensetzung*.

Kein Wissenschaftler forscht völlig unbeeinträchtigt von seiner Weltanschauung und auch nicht unberührt von der Gesellschaft, in der er lebt. Für Geistes- und Sozialwissenschaftler gilt dies noch weit mehr als für Naturwissenschaftler. Und wer sollte dies besser wissen als Weber! Er ist ein durch und durch politischer Mensch; erst Burschenschaftler, dann Reserveoffizier und anschließend Parteipolitiker. Sein Engagement für die Nationalliberalen beförderte ohne Zweifel seine rasante Universitätskarriere. Und seine starken Haltungen zu gesellschaftlich-ökonomischen Fragen sind nicht nur Expertisen, sondern wurzeln tief in der nationalliberalen Weltanschauung seines Herkunftsmilieus.

Wenn Weber dem Verein für Socialpolitik eine Alternative entgegenstellt und 1909 mit Tönnies, Simmel und dem Sozialökonomen Heinrich Herkner von der Technischen Universität Berlin die Deutsche Gesellschaft für Soziologie gründet, dann nicht, weil sich die Soziologen der Gründerzeit darüber stritten, was wissenschaftliche Methodik ist. Der »Werturteilsstreit«, der Weber auch in seinem neuen Verein schnell einholt, betrifft nur eine einzige Frage: Sollen sich die Vertreter der Sozial- und Gesellschaftswissenschaften auf Basis ihrer Ergebnisse als Experten aktiv in die Politik einmischen, um ihr zu sagen, was sie zu tun hat? Sollen sie bewerten, was aus wissenschaftlich fundierter Sicht richtige und falsche Politik ist?

Webers erklärter Gegner in dieser Frage sind die »Kathedersozialisten«, allen voran Schmoller. Der einflussreiche Kontrahent besteht ebenfalls auf wertfreie Forschung. Aber wer, wenn nicht die Experten, soll den Politikern sagen, was gute Sozialpolitik ist? Die »Kathedersozialisten« sehen den Verein für Socialpolitik als *den* Thinktank des Kaiserreichs im Hinblick auf die soziale Frage. Was sie empfehlen, soll nach Möglichkeit auch umgesetzt werden. Und der Erfolg gibt ihnen recht. Hatten sie nicht maßgeblichen Anteil an Bismarcks Sozialgesetzgebung in den 1880er-Jahren? Und hört die Politik nicht noch immer auf sie? Doch genau dagegen empört sich Weber. Die wirkungsmächtige Konkurrenz soll sich nicht als moralischer und sozialer Gesetzgeber aufschwingen, zumal Weber die ganze politische Richtung nicht passt.

Im September 1909 bricht der Streit zwischen den meist älteren »Kathedersozialisten« und den jüngeren Soziologen um Weber offen aus. Den Aufschlag macht Sombart, als er den österreichischen Ökonomen *Eugen Philippovich von Philippsberg* (1858–1917) frontal angeht. Philippovich ist eine schillernde Figur, ein Mann, der den Patriotismus der Arbeiterschaft stärken will, in einer Mischung aus freundlicher Sozialpolitik und brutaler Kolonialpolitik. Nur wer den »Volkswohlstand« mehrt, der sichert nach Philippovich die Stabilität des Staates. Doch wie kann der Sozialökonom der Politik sagen, dass man »Volkswohlstand« mehrt? Mit diesem Pfeil zielt Sombart auf seinen Gegner: »Bedeutet der Bau einer Kirche die Förderung des Wohlstandes? Der gläubige Mann wird natürlich sagen: Gewiß, das gehört dazu … und der Atheist wird sagen: Es ist eine Schande, daß schon wieder eine Kirche gebaut wird, das Geld für so unproduktive Ausgaben zu verzetteln … Es geht alles in die subjektive Wertung hinein und die subjektive Wertung entzieht sich der objektiven Feststellung.«[314]

Der Streit wogt mehrere Jahre. Weber mischt sich mehrfach ein, und auch Schmoller wird nicht müde, seine Position zu verteidigen. Wenn Gesellschaften umso friedlicher und stabiler werden, je mehr an einen sozialen Ausgleich gedacht sei, dann sei das eine objektiv und wertfrei beobachtete Tatsache. Inwiefern soll es dann ein Regelverstoß sein, vom Staat einen solchen sozialen Ausgleich einzufordern? Die Logik ist im Grunde schlicht: Ohne Werte könne die Politik nicht handeln. Denn was wäre sie, ohne das allgemein akzeptierte Ideal des »Gemeinwohls«? Und was wären die Sozialwissenschaften, wenn sie nicht versuchten herauszufinden, wie sich Werte wie Frieden, Gerechtigkeit und Stabilität herstellen lassen, um das Gemeinwohl zu gewährleisten? Weber hingegen sei ein »Bannerträger« der Extremen, die »alle

Weltanschauung, alles ethische Urteil, alles politische Ideal aus der Volkswirtschaftslehre … verbannen« wollen.[315]

In der heutigen Zeit, in der sich die Politik von allen erdenklichen Expertenkommissionen, Stiftungen, Verbänden und Firmen beraten lässt, wirkt Webers Gebot der »Wertfreiheit« eigentümlich weltfremd. Und wie viele empirisch forschende Institute sind heute von Parteien, Verbänden und Unternehmen finanziert, die sich das Ihre davon versprechen? Gleichwohl hat die Forderung nach »Wertfreiheit« enormen Einfluss auf das Selbstverständnis der Sozial-, Geistes- und der Wirtschaftswissenschaften in der Bundesrepublik Deutschland. Dass Wissenschaftler nicht werten sollten, wird, nicht zuletzt unter dem Einfluss der US-amerikanischen Soziologie in den Fünfziger- und Sechzigerjahren, zum Credo vieler Wissenschaftler, Forschungseinrichtungen, Universitäten und Institute. Die Wissenschaft liefert die Daten und Zahlen, die Politik macht damit, was sie für richtig hält. Und beide Bereiche seien sorgfältig zu trennen. Wer diese Ansicht vertritt, verhält sich damit allerdings überhaupt nicht politisch wertfrei – sondern er bestätigt, so wie Weber es wollte, den Status quo der Gesellschaft, in der er lebt. Wissenschaftler können die Verhältnisse nun nicht mehr als Fachleute, sondern allenfalls als Privatleute kritisieren. Kein Wunder, dass der »Werturteilsstreit«, der nicht um Methoden, sondern um Weltanschauungen geführt wird, sich im sogenannten Positivismusstreit der Sechzigerjahre wiederholt. Die Befürworter der Gesellschaftsordnung in der Bundesrepublik pochen auf »Wertfreiheit«, ihre Kritiker halten diese für unmöglich. Von diesem Streit wird im vierten Band die Rede sein.

Im Streit um das Werturteil in der Wissenschaft gehört Simmel zu den leisen Stimmen. Auch er ist kein Freund davon, dass sich Ökonomen und Sozialwissenschaftler als Ratgeber aufschwingen. Aber er weiß zugleich, dass Webers Ideal des wertfreien Wissenschaftlers eine Illusion ist. Denn sind die beiden Sphären, das objektive Forschen und das normative Werten, nicht aufs Engste miteinander verschränkt? Real existierende Menschen können gar nicht jenseits ihrer »Normativität« existieren. Werte, Prägungen, Kindheitserfahrungen und sonstiges Biografisches legt man nicht ab wie einen Mantel, wenn man wissenschaftliche Studien betreibt. Jeder Mensch ist gebunden an seine eigene Biografie, an die Sprache und die Denkmuster der Kultur, in der er lebt. Er ist ihr Teil, und er besteht aus ihr, so wie die Kultur aus den Menschen besteht, die sie leben.

Doch je länger Simmel über die Zeit nachdenkt, in der er lebt, umso melancholischer wird seine Stimmung. Hatte er sich in der *Philosophie des Geldes* noch darum bemüht, die Waage zu halten zwischen den Vorteilen und Nachteilen der neuen »objektiven Kultur« des Geldes, so senkt sich die Waagschale der gefühlten Nachteile bald immer tiefer. Das Gleiche gilt für den Optimismus des Soziologen. Zu Anfang hatte Simmel ernsthaft daran geglaubt, dass sich die Tiefe der Gesellschaft von ihrer Oberfläche her weitreichend erforschen ließe. Von der Geometrie des Sozialen zu einer aufgeklärten neuen Metaphysik der Kultur sollte es einen Weg geben. Doch je intensiver Simmel die Kultur untersucht, umso stumpfer erscheint ihm das Besteck des Soziologen, ja, des Wissenschaftlers überhaupt! Spätestens nach der *Philosophie des Geldes*, vielleicht sogar schon während der Arbeit daran, verliert er den Glauben an die Erkenntnismöglichkeit der Wissenschaft.

Von nun an fließen die beiden großen Linien der Philosophie des 19. Jahrhunderts in Simmel zusammen – wie möglicherweise in keinem anderen. Da ist einmal die Philosophie als möglichst exakte Wissenschaft, gekleidet in das schicke neue Gewand der Soziologie. Sie untersucht die »Form« der Kultur, ihre »Objektivationen« in Moral, Sitte, Recht, Religion, Wissenschaft und Kunst. Sie analysiert die Wechselwirkungen, den Tausch und die vielen Konturen, Muster und Ornamente der Oberfläche. Aber bekommt sie damit das »Leben« zu fassen? Ist das »Leben«, das Simmel mit James als reißenden Fluss, als unausgesetztes Fließen deutet, nicht das, was kein Soziologe erfassen kann? Rinnt es ihm nicht wie Wasser durch die Hände? Kein allgemeines Gesetz trägt dem Einzelfall angemessen Rechnung, jedenfalls nicht, wenn es um wirkliches Leben geht. Wo bleibt die »subjektive Kultur«? Je mehr Simmel sich mit Schopenhauer und noch mehr mit Nietzsche beschäftigt, umso mehr teilt er deren Kritik an den Wissenschaften und an der Philosophie. Ist Leben nicht das, was sich in der Tiefe ereignet, während alle Forscher den Blick auf die Oberfläche richten? Ist es nicht, wie Simmel im Alter schreibt, das »unbeschreibliche Gefühl von Dasein, Kraft, Richtung«?[316]

Doch wenn das stimmt, was bleibt dann noch vom »Verstehen« des Geisteswissenschaftlers, das Simmel im Anschluss an Dilthey so lange verteidigt hat? Der Soziologe versteht doch gar nichts! Jedenfalls dann nicht, wenn man wie Dilthey glaubt, es könnte gelingen, einen Sachverhalt irgendwie korrekt zu erfassen. Simmel nimmt seinen Zweifel so ernst, dass er darauf verzichtet, noch einmal eine monumentale Abhandlung zu verfassen wie mit seiner *Philosophie des Geldes*. Von nun an schreibt er lieber Essays, kürzere Texte im Grenzgebiet von Wissenschaft und Kunst. Er definiert und handelt nicht mehr erschöpfend ab, sondern nuanciert und pointiert. Dabei umkreist er sein Thema wie ein Hai das Korallenriff. Und Riffe gibt es viele. Während Weber die ganz großen Themen beackert, den Geist des Kapitalismus, das Wesen der Religion und die alles durchdringende Rationalisierung, kümmert sich Simmel um die vermeintlich kleinen Themen. Der »Abenteurer des Geistes«, wie er sich selbst nennt, schreibt über die »Philosophie des Abenteuers«, die »Soziologie der Mahlzeit«, über »weibliche Kultur« und über Massenverbrechen. Er deutet Dankbarkeit als sozialen Kitt, Faulheit als Kraftersparnis und Alpentouristik als Kompensation für die entleerte Seele. Und in Beschleunigung und Nervosität, Blasiertheit, Koketterie, Mode, Spiel und Stil erkennt er die Zeichen der Moderne.

Simmels Analyse der modernen Großstadt gehört zum Besten, was je darüber geschrieben wird. Wie der Verkehr, die Beschleunigung und Hektik, die Gleichzeitigkeit unterschiedlichster Stile und Bedürfnisse, das Gedränge und die Massenkultur den Menschen fordern und überfordern, sind zeitlos gültige Analysen. In der »Blasiertheit« als notwendiger Distanz zu anderen Menschen erkennt er die typische Haltung des Großstadtbewohners. In der Mode gelingt es dem Einzelnen, sich gleichzeitig zu integrieren und abzuheben. Man ist »Unterschiedswesen« unter Unterschiedswesen. Je schwerer es wird, im Gedränge aufzufallen, umso wichtiger wird die Mode. Und je rasanter die Zeit, umso schneller wechselt der Stil. In der Mode reiht sich der Einzelne in eine Stilrichtung ein, wer sie nicht mitmacht, bleibt außen vor. Doch die Großstadt zwingt immer zu beidem: zur Konformität und zum Auffallen. Und genau davon lebt die Mode. Man ist angepasst, weil man der Mode folgt. Und man ist besonders in dem, was man daraus Passendes für sich aussucht. In der modernen Großstadt will damit jeder das Gleiche: anders sein als die anderen.

Was die Mode an Identifikationsangeboten bereitstellt, kommt allerdings nicht von innen, sondern von außen. Man wählt sich eine passende Ware, mithin ein Produkt der »objektiven Kultur«, um subjektiv als besonders zu gelten. Doch was ist mit dem subjektiv Besonderen? In diesem Punkt erfasst Simmel eine starke kulturpessimistische Melancholie. Besteht der Fortschritt in der Moderne nicht daraus, dass die objektive Kultur alles Subjektive »überformt«?

Eigentlich soll die »objektive Kultur« den Menschen ja befreien. Sie macht ihn unabhängiger von der Natur und ihren Zwängen. Doch all die intelligenten Mittel dazu, das Geld und auch die Technik, befreien nicht nur. Sie gewinnen ein Eigenleben und führen dazu, dass Menschen auf neue Weise abhängig werden, wo alte Zwänge wegfallen. So schlägt die Technik den Menschen in ihren Bann, weil er ohne sie nicht mehr auskommt, und jagt ihn von Stufe zu Stufe höher. Aus dem Mittel ist ein Zweck geworden, und statt Treiber der Technik zu sein, wird der Mensch zum Getriebenen. Am Ende ist die Technik ein Fetisch wie das Geld, sie wird zum Wert an sich, ohne Rücksicht auf die Frage nach den Verlusten.

In Simmels Aufsätzen »Der Begriff und die Tragödie der Kultur« (1911/1912), »Der Konflikt der modernen Kultur« (1918) und »Lebensanschauung. Vier metaphysische Kapitel« (1918) dominieren die wehmütigen Töne. Wie Weber beklagt Simmel den gewaltigen Preis, den die unausgesetzte Objektivierung und die fetischisierte Warenwelt dem Innenleben abverlangen. Das Warenangebot wird reicher, die Seele ärmer: Genau das ist der nach Simmel »tragische Konflikt« der Moderne. Dass die Nachgeborenen, die die »innere Kultur« früherer Zeiten nicht mehr kennen, diese zumeist auch nicht betrauern werden, sieht Simmel allerdings auch. Ist die »Tragödie der Kultur« vielleicht nur die Tragödie seiner Generation, die das Alte noch kannte?

Wie bei fast jedem Kulturpessimismus schwankt die Analyse hin und her zwischen Zeitbedingtem und überzeitlichem Anspruch. Gute jüngere Gesprächspartner zu diesem Thema hat Simmel genug. Wie das Haus Webers in Heidelberg ist seine Wohnung in Charlottenburg ein Treffpunkt der Hautevolee der deutschen Philosophie und Kultur. Nicht nur die bereits arrivierten Dichter Stefan George und Rainer Maria Rilke verkehren hier, sondern auch die Shootingstars der Zukunft, *Ernst Cassirer* (1874–1945), *Ernst Bloch* (1885–1977) und *Georg Lukács* (1885–1971). Sie teilen Simmels Diagnose, nicht aber dessen Melancholie. Auch seinem Begriff von »Leben«, den er neben Nietzsche dem französischen Philosophen *Henri Bergson* (1859–1941) verdankt, gewinnen sie nicht viel ab. Für Cassirer ist er zu neblig und unpräzise, für Lukács und Bloch enthält er etwas zutiefst Konservatives.

Wenn Simmel mit Schopenhauer und Nietzsche sagt, dass das Leben danach drängt, »Mehr-als-Leben« zu sein, so sieht er die Unersättlichkeit des Sündenbabels Berlin und die überschäumende Energie der elektrifizierten Großstadt. Zugleich überkommt ihn ein Gefühl des Überdrusses und des Abgestoßenseins. Viel lieber sucht er das »Mehr-als-Leben«-Sein in der Kunst. Der begeisterte Kunstsammler verfasst Werke über die Maler Rembrandt und Michelangelo sowie über die Dichter Dante, Goethe und George. Simmels Kunstgeschmack ist konservativ. Den Impressionismus liebt er, den zeitgenössischen Expressionismus lehnt er entschieden ab. Was er in der Kunst sucht, können ihm die Expressionisten mit ihren verstörenden Werken nicht bieten: Kontemplation und Geborgenheit, den Rückzug in eine Welt ohne Zwecke, in der der Mensch ganz bei sich selbst sein kann. Kunst als Fluchtraum der »subjektiven Kultur«, als ihre letzte Bastion in der verobjektivierten Welt der Mittel. Hier ist das »Mehr-als-Leben«-Sein nicht vulgär, sondern Seelengröße, sei es bei Rembrandt, bei Goethe oder bei irgendeinem anderen großen Künstler der Vergangenheit.

Krieg als Erlösung

Warum hat Simmel den Ausbruch des Ersten Weltkriegs gefeiert? Die Welt der Panzer und Kampfflugzeuge, Maschinengewehre und Stacheldrahtverhaue ist das »stahlharte Gehäuse« schlechthin. Und gibt es eine größere Verobjektivierung des Menschen denn als Kanonenfutter? Als der Krieg beginnt, im Jahr 1914, gehört Simmel zu den wenigen, die tatsächlich einen ganz großen Krieg erwarten und mit ihm einen radikalen Neuanfang. Während vorher jedes »Tun … in seinen nächsten Folgen abgeschlossen« war, gerät nun alles ins Rutschen. »Das ist das Wundervolle dieser Zeit, dass der Tag über den Tag hinausreicht, dass alles Praktische, alles Augenblickliche für die Gestaltung Deutschlands in unabsehbare Zukunft hinein, wichtig ist.«[317] Simmel benutzt sogar das Herbart-Wort »bildsam«, wenn er an die nachhaltige Entwicklungsmöglichkeit eines neuen Deutschlands denkt. Plötzlich käme es auf jeden einzelnen Menschen an, und wo Indifferenz herrschte, ist nun jeder »in sehr viel höherem Maße verantwortlich als früher«.[318]

Seine eigene Verantwortung als Hochschullehrer dagegen kann Simmel nun nicht mehr erfüllen. Kurz vor Ausbruch des Krieges hat er endlich einen ordentlichen Lehrstuhl in Straßburg erhalten. Doch er kommt kaum dazu, dort zu lehren. Es stört ihn wenig. Wie so viele andere kriegsbegeisterte Intellektuelle verfolgt er den Krieg aus der Heimat als ästhetisches und als ein einigendes Erlebnis. Von »vornehmer« Zurückhaltung keine Spur. Das versammelte Unbehagen an der Rationalisierung, Entseelung und Entfremdung des Menschen hofft nun auf den Krieg als seelische Erneuerung der Kultur. Während das Geld alles einebnet und das Leben uneigentlich macht, ist der Krieg für Simmel eine Quelle echter Lebensintensität: »Es scheint sicher, dass der Soldat, mindestens solange er in lebhafterer Aktion ist, eben dieses Tun als ungeheure Steigerung, in unmittelbarerer Nähe zu seiner flutenden Dynamik empfindet.«[319] Der Krieg als große Alternative zum »Mammonismus«? Dass die Kriegsschlachthöfe von Langemarck und Verdun ein neues Gemeinschaftsgefühl schaffen, bei dem »Licht und Finsternis«, »Edles und Gemeines« geschieden werden, dürfte kaum die Perspektive eines Beteiligten sein. Umso bizarrer nimmt sich der Sermon aus, den Simmel in Charlottenburg zum Entsetzen seiner Schüler Bloch und Lukács zu Papier bringt.

Ganz anders Max Weber. Ihn hält nichts in der guten Stube, sondern ihn ärgert, dass er, soeben fünfzig geworden, nicht mehr selbst an die Front ziehen darf. So kann er sich nur als Disziplinaroffizier der Lazarettkommission in Heidelberg einbringen. Allerdings lässt er sich vorerst nicht zu öffentlichen Bekundungen über die Glorie des Krieges hinreißen. Seine Freude über den »großen und wunderbaren« Krieg findet sich nur in einem Brief. Doch Webers Begeisterung ist tief empfunden. Mochte er für die Wissenschaft eine Werturteilsfreiheit fordern, die Nation ist für ihn ein völlig unzweifelhafter letzter und höchster Wert.

Seit 1916 mischt er sich dann rege ein. In seinen Reden und zahlreichen Zeitungsartikeln sorgt er sich darum, dass der Krieg tunlichst auch gewonnen wird. Seine größte Angst ist der Kriegseintritt der von ihm bewunderten USA. Und er befürchtet nicht zu Unrecht, dass die deutsche Politik die Vereinigten Staaten militärisch maßlos unterschätzt. Gleichwohl wirbt er noch 1917 dafür, dass der Krieg unbedingt fortgesetzt werden soll. Bis zum bitteren Ende im November 1918 hofft er auf den Sieg, selbst wenn er sich dafür »mit dem Teufel verbünden« müsse.

Wo will Weber hin? Während er über die Möglichkeiten des militärischen Siegs nachdenkt, bereitet er sich auf die Zukunft vor. Der »Fatzke« von Kaiser kann gerne abdanken. Zeitgemäßer ist ein parlamentarisches System nach britischem Vorbild. In diese Zeit fallen auch die beiden berühmten Vorträge »Wissenschaft als Beruf« und »Politik als Beruf«, die Weber im November 1917 und im Januar 1919 in einer Münchner Buchhandlung hält. Im ersten spricht Weber ein weiteres Mal von der Entzauberung der Welt. Die Moderne sei von dem Glauben geprägt, dass man alle Dinge durch Berechnungen beherrschen könne. Aber dem Sinn des Lebens komme man durch unhinterfragten Technikglauben, durch die notwendige Spezialisierung und den Beherrschungswillen gegenüber der Natur nicht näher. Der zweite Vortrag wird später in der Bundesrepublik zu einem von Politikern gerne zitierten Text. Die Begriffe »Gesinnungsethik« und »Verantwortungsethik«, mit denen Weber die beiden traditionellen Begründungsmuster der Moralphilosophie zusammenfasst, sind heute weitbekannte Klassiker. Und ebenso das Idealbild des

Politikers als das eines Berufspolitikers mit »sachlicher Leidenschaft«, »Verantwortungsgefühl« und »distanziertem Augenmaß« wird heute häufig beschworen – so oft, dass kaum noch bekannt ist, dass es aus der Feder eines kriegsbegeisterten Nationalisten stammt, der sich kurz nach Kriegsende mit seinem Vortrag wieder anschlussfähig an die westlichen Demokratien macht.

Die Liste der Kriegsverherrlicher unter den Philosophen ist lang. Der Lotze-Schüler *Rudolf Eucken* (1846–1926) in Jena ist dabei, ebenso der greise Biologe Ernst Haeckel und der junge Religionsphilosoph *Martin Buber* (1878–1965). In Göttingen schwärmt *Max Scheler* (1874–1928) für den Krieg, in Marburg, wie erzählt, Paul Natorp. Zurückhaltender ist Tönnies, der den Krieg für einen Komplott gegen Deutschland hält, zu dessen schnellem Ende er eine »Friedensreise« nach Dänemark und Schweden unternimmt, um die Wogen zu glätten. Besonders schlimm dagegen benimmt sich Sombart. Schon lange Antisemit, schließt er 1915 in seinem Machwerk *Händler und Helden. Patriotische Besinnungen* auch die Engländer in die niederen »Händlervölker« ein und begeistert damit den Schriftsteller Thomas Mann. Nach dem Krieg pendelt er gedanklich zwischen dem Sozialismus und dem Nationalsozialismus hin und her und befeuert mit zahlreichen Schriften den Judenhass. Dass er 1934 den Aufruf »Deutsche Wissenschaftler hinter Adolf Hitler« im *Völkischen Beobachter* unterzeichnet, braucht nicht zu verwundern. Als letzter Vorsitzender des Vereins für Socialpolitik organisiert Sombart 1936 dessen Selbstauflösung, bevor er 1941 stirbt.

Am Ende der großen Zeit der deutschen Soziologie steht ihr moralisches Fiasko. Alle kluge Analyse hält nicht davon ab, den imperialen Anspruch Deutschlands auf breiter Front wortreich zu verteidigen. Der Weltkrieg mit seinen zehn Millionen toten Soldaten und sieben Millionen toten Zivilisten wurde vielfach begrüßt und bejubelt, der Nationalismus blühte. Und wo nicht, da wurde, wie bei Tönnies, zumindest Deutschlands Unschuld beschworen. Der Schlussstein des »Werturteilsstreits« ist eine

Kaskade irrationaler Wertungen der pathetischsten Art. Simmel selbst erlebt das Kriegsende nicht mehr, er stirbt kurz zuvor in Straßburg an Leberkrebs. Weber erliegt im Sommer 1920 in München einer Lungenentzündung. Das lange 19. Jahrhundert, gezeugt in der Französischen Revolution, geht mit dem blutigen Weltkrieg zu Ende. Es wurde Zeit …

ANHANG

Anmerkungen

1. Gefunden im Klappentext von Étienne Cabet: *Reise nach Ikarien*, Karin Kramer Verlag 1979.
2. Zit. nach Neidhardt: *Friedrichs »Wanderer über dem Nebelmeer« und Carus' »Ruhe des Pilgers«*, S. 609.
3. Zit. nach Hinz: *Caspar David Friedrich in Briefen und Bekenntnissen* (1968), S. 92.
4. Zit. nach Hinz (1974), S. 149f.
5. Schiller: *Über das Erhabene* (1793/1794), in: ders.: *Über Kunst und Wirklichkeit. Schriften und Briefe zur Ästhetik*, Reclam 1975, S. 380.
6. Schopenhauer: *Der handschriftliche Nachlaß, Bd. 1*, S. 250.
7. Schopenhauer: *Gesammelte Briefe*, S. 55.
8. Schopenhauer: *Der handschriftliche Nachlaß*, Bd. 2, S. XIV.
9. Schopenhauer: *Ueber das Sehn und die Farben*, S. 3, SW, Bd. 2.
10. Schopenhauer: *Gesammelte Briefe*, S. 20.
11. Schopenhauer: *Die Welt als Wille und Vorstellung*, Bd. 1, S. 217f., SW, Bd. 2.
12. Schopenhauer: *Aphorismen zur Lebensweisheit*, https://gutenberg.spiegel.de/buch/aphorismen-4996/8.
13. Schopenhauer: *Die Welt als Wille und Vorstellung*, Bd. 1, § 68, SW, Bd. 2.
14. Ebd., Bd. 2, S. 175f., SW, Bd. 2.
15. Schopenhauer: *Gesammelte Briefe*, S. 245.
16. Kierkegaard: *Philosophische Brocken*, GWT, S. 113.
17. Zit. nach Rohde: *Kierkegaard*, S. 34.
18. Kierkegaard: *Über den Begriff der Ironie*, GWT, S. 255.
19. Zit. nach Rohde: *Kierkegaard*, S. 62.
20. Kierkegaard: *Briefe*, GWT, S. 104.
21. Kierkegaard: *Unwissenschaftliche Nachschrift*, Bd. 1, GWT, S. 111.
22. Ebd., Bd. 2, S. 55.
23. Ebd., Bd. 2, S. 51.
24. Kierkegaard: *Die Krankheit zum Tode*, GWT, S. 8.
25. Kierkegaard: *Entweder – Oder*, Bd. 1, GWT, S. 396.
26. Ebd., S. 5389.
27. Kierkegaard: *Die Krankheit zum Tode*, GWT, S. 9.
28. Zit. nach Rohde: *Kierkegaard*, S. 151.
29. Beneke: *Erfahrungsseelenlehre als Grundlage alles Wissens*, Mittler 1820, S. 7f.
30. Zit. nach Jahnke: *Friedrich Eduard Beneke*, S. 67.
31. In seinem *Lettre à M. F*** (Fauriel) sur les causes premières* (1806/1807), in: Cabanis: *Œuvres complètes*, Bossange frères 1823, Bd. 5, S. 1–89.
32. Kant: Brief an Marcus Herz von Anfang April 1778, in: ders.: *Werke* (Akademie-Ausgabe), De Gruyter 1970, Bd. 10. S. 232.
33. Hegel: *Phänomenologie des Geistes*, in: ders.: *Hauptwerke in sechs Bänden*, Meiner 1999, Bd. 2, S. 188.

34. Zit. nach Asmus: *J. F. Herbart*, Bd. 1., S. 104.
35. Ebd., Bd. 1, S. 172.
36. Herbart: *Lehrbuch der Psychologie*, Unzer 1834, 2. Aufl., S. 1.
37. Ebd., S. 15.
38. Kant: *Kritik der praktischen Vernunft*, Werke in sechs Bänden, Wissenschaftliche Buchgesellschaft 2016, Bd. IV., S. 287.
39. Barelmann: *Friedrich Eduard Beneke. Schriften*, S. 114 f.
40. Beneke: *Erziehungs- und Unterrichtslehre*, Mittler 1842, 2. Aufl., S. XVI.
41. Carus: *Vorlesungen über Psychologie*, Neudruck, Wissenschaftliche Buchgesellschaft 1958, S. 22.
42. Carus: *Psyche. Zur Entwicklungsgeschichte der Seele*, Scheitlins Verlagsbuchhandlung 1851, 2. Aufl., S. VII.
43. Ebd., S. 1.
44. Ebd., S. 9.
45. Zit. nach Meyer: *Goethes Naturerkenntnis. Ihre Voraussetzung in der Antike, ihre Krönung durch Carus*, Jahrbuch des Freien Deutschen Hochstifts 1929, S. 210.
46. So der Comte-Biograf Henri Gouthier, zit. nach Lepenies: *Auguste Comte*, S. 18.
47. De Bonald: *Œuvres complètes*, Bd. 3, S. 448 (Übersetzung Spaemann).
48. Ebd., S. 72.
49. Zit. nach Spaemann: *Der Ursprung der Soziologie*, S. 13.
50. Saint-Simon und Thierry, zit. nach Anonym: *Was ist der St. Simonismus?*, G. Basse 1832, S. 7.
51. Fourier: *Theorie der vier Bewegungen*, I. S. 87.
52. Ebd., I. S. 190.
53. Ebd., I. S. 56.
54. Ebd., II. S. 42
55. Engels: *Ein Fragment Fouriers über den Handel*, in: *Ökonomisch-philosophische Schriften*, S. 124.
56. Comte: *Soziologie*, Bd. 1, Gustav Fischer 1907, S. 297.
57. Zit. nach Wagner: *Auguste Comte*, S. 60.
58. Bentham: *An Introduction to the Principles of Morals and Legislation* (1828), S. 235–236.
59. Michel: Johann Wolfgang Goethe: *Sämtliche Werke. Briefe, Tagebücher und Gespräche*, Bd. 12, Deutscher Klassiker Verlag 1999, S. 715.
60. Marx: *Das Kapital. Kritik der politischen Ökonomie* (1867), in: MEGA II/5, S. 492 (Fußnote 870).
61. Ebd.
62. Spence: *Das Gemeineigentum an Boden*, Hirschfeld 1904, S. 24.
63. Zit. nach Nettlau (1925): https://anarchistischebibliothek.org/library/max-nettlau-geschichte-der-anarchie-i-der-vorfruhling-der-anarchie
64. Zit. nach Spence: *Encyclopedia of Occultism and Parapsychology*, Kessinger Publishing 2003, S. 679 (Übersetzung R.D.P.).
65. Mill: *Autobiographie*, S. 101.
66. Ebd., S. 139.
67. Ebd., S. 111.
68. Ebd., S. 137.
69. Ebd., S. 136.
70. Ebd., S. 173.
71. Tocqueville: *Gedanken über Algerien*, in: ders.: *Kleine Politische Schriften*, S. 119.
72. Mill: *Autobiographie*, S. 183 f.
73. Mill: *Grundsätze der politi-*

schen Ökonomie, Fues' Verlag 1869, 3. Aufl., S. VII f.
74. Ebd., S. 200.
75. Ebd.
76. Ebd., S. 62f.
77. Ebd., S. 61.
78. »The principles of Fourierism are clearly set forth and powerfully defended in the various writings of M. Victor Considérant, especially that entitled La Destinée Sociale; but the curious inquirer will do well to study them in the writings of Fourier himself; where he will find *unmistakable proofs of genius*, mixed, however, with the wildest and most unscientific fancies respecting the physical world, and much interesting but rash speculation on the past and future history of humanity.« https://oll.libertyfund.org/pages/reader-mill-socialism.
79. Zit. nach Cornu: *Karl Marx und Friedrich Engels*, Bd. I, S. 81.
80. Zit. nach Winiger: *Ludwig Feuerbach*, S. 48.
81. Feuerbach: *Gesammelte Werke 1*, S. 94f.
82. Ebd., Bd. 4, S. 341.
83. Ebd., Bd. 5, S. 6.
84. http://www.zeno.org/Philosophie/M/Feuerbach,+Ludwig/Vorläufige +Thesen+zur+Reform+der+Philosophie.
85. Hess: *Die europäische Triarchie*, Wigand 1841, S. 7.
86. Zit. nach Neffe: *Marx*, S. 90.
87. Zit. nach Winiger: *Feuerbach*, S. 197.
88. Vgl. Cabet: *Reise nach Ikarien* (1979), S. 519.
89. Ebd., S. 527.
90. Zit. nach von Beyme: *Politische Theorien im Zeitalter der Ideologien*, S. 673.
91. MEW 13, S. 10.
92. MEW 3, S. 5.
93. Ebd., S. 33.
94. So die Vermutung von Neffe: *Marx*, S. 147.
95. MEW 16, S. 27.
96. MEW 4, S. 466.
97. Ebd., S. 465f.
98. Ebd., S. 461.
99. MEW 5, S. 455.
100. MEW 6, S. 124.
101. MEW 8, S. 115.
102. »M. le Comte argues against all contrivance – it is what my views tend to.« (M.70) http://darwin-online.org.uk/content/frameset?pageseq=1&itemID=CUL-DAR125.-&viewtype=text (Übersetzung R.D.P.).
103. Quetelet: *Sur l'homme*, Bachelier 1835, S. 1 (Übersetzung R.D.P.).
104. MEW 30, S. 131.
105. Ebd., S. 249.
106. MEW 9, S. 226.
107. Vogt: *Physiologische Briefe*, Ricker'sche Buchhandlung 1854, 2. Aufl., S. 633f.
108. Moleschott: *Der Kreislauf des Lebens*, Victor von Zabern 1855, 2. Aufl., S. 377.
109. MEW 21, S. 278.
110. MEW 20, S. 332.
111. Haeckel: *Über die Entwicklungstheorie Darwins*, in: Schmidt (Hrsg.): *Ernst Haeckel. Gemeinverständliche Werke*, Bd. 5, S. 3–32.
112. Wilson: *Die Einheit des Wissens*, Siedler 1998, S. 15.
113. MEW 34, S. 169f.
114. Hellwald: *Culturgeschichte in ihrer natürlichen Entwicklung bis zur Gegenwart*, Lampart & Comp. 1875, S. 734.
115. Strauß: *Der alte und der neue*

Glaube, E. Strauß 1872/1875, S. 263.
116. Marx: *Das Kapital*, Bd. 1, IV. Die Produktion des relativen Mehrwerts.
117. MEW 23, S. 791.
118. Mill: *Über die Freiheit*, Reclam 1974, Kapitel V, Absatz 9.
119. Ebd., Kapitel I, Absatz 1.
120. Mill: *Die Hörigkeit der Frau*, Helmer 1991, S. 190.
121. Ebd., S. 250.
122. MEW 31, S. 13.
123. MEW 16, S. 5.
124. https://www.welt.de/wirtschaft/article172684758/Oxfam-42-Milliardaere-besitzen-so-viel-wie-die-halbe-Welt.html.
125. MEW 16, S. 19.
126. Mill: *Über Sozialismus*, Europäische Verlagsanstalt 2016, S. 17.
127. Ebd., S. 113.
128. MEW 32, S. 582 f.
129. MEW 33, S. 205.
130. MEW 17, S. 326.
131. Ebd., S. 591 f.
132. Bakunin: *Die revolutionäre Frage*, Unrast 2005, S. 62.
133. Du Bois-Reymond: *Die sieben Welträthsel. Nachtrag*, in: Bayertz u. a.: *Der Ignorabimus-Streit*, S. 167 f.
134. Haeckel: *Die Welträthsel*, Kröner 1908, S. 13.
135. Von Hartmann: *Philosophie des Unbewussten*, Carl Dunckers, 6. Aufl., S. 24 f.
136. Ebd., S. 33.
137. Von Hartmann: *Anfänge naturwissenschaftlicher Selbsterkenntnis*, in: Bayertz u. a.: *Der Ignorabimus-Streit*, S. 42.
138. MEW 20, S. 332.
139. Nordau: *Die conventionellen Lügen der Kulturmenschheit*, Schlicke 1884, S. 12.
140. Trendelenburg: *Logische Untersuchungen*, Bethge 1870, 3. Aufl., Bd. I., S. 4.
141. Ebd. Vorwort zur 1. Aufl., Bd. I, S. IV.
142. Gutenberg.spiegel.de/buch/medizinische-psychologie-834/1.
143. Lotze: *Metaphysik*, 2. Bde., Hirzel 1879, 2. Aufl., S. 464.
144. Zit. nach: https://plato.stanford.edu/entries/hermann-lotze/.
145. Dilthey: *Die Typen der Weltanschauung und ihre Ausbildung in den metaphysischen Systemen*, in: Dilthey, Groethuysen, G. und A. Misch: *Weltanschauung. Philosophie und Religion in Darstellungen*, Reichl 1911.
146. Dilthey: GS, Bd. VIII, S. 223.
147. Dilthey: GS, Bd. XXII, S. 12.
148. Dilthey: GS, Bd. VII, S. 147 f.
149. Dilthey: GS, Bd. I, S. XVIII.
150. Dilthey: GS, Bd. XIX, S. 17 ff.
151. Ebd., S. 44.
152. Dilthey: GS, Bd. XVIII, S. 199.
153. Dilthey: GS, Bd. VIII, S. X.
154. Ebd., S. 86.
155. Dilthey: GS, Bd. X, S. 17.
156. Dilthey: GS, Bd. VII, S. 373.
157. Lange: *Die Arbeiterfrage*, Falk & Volmer 1865, S. 6.
158. Zit. nach Köhnke: *Neukantianismus*, S. 233.
159. Lange: *Geschichte des Materialismus*, J. Baedeker 1876, 2. Aufl., S. 851.
160. Ebd., S. 871.
161. Lange: *Geschichte des Materialismus*, J. Baedeker 1876, 1. Aufl., S. 111.
162. Ebd., 2. Aufl., S. 3.
163. https://gutenberg.spiegel.de/buch/raum-und-kraft.
164. Zit. nach Scharlau: *Rudolf Lipschitz. Briefwechsel mit Cantor, Dedekind, Helmholtz,*

Kronecker, Weierstrass und anderen, Springer 1986, S. 130.
165. Helmholtz: *Über das Sehen des Menschen*, Voss 1855, S. 116.
166. Zit. nach Köhnke: *Neukantianismus*, S. 160.
167. Beneke: *Kant und die philosophische Aufgabe unserer Zeit*, Mittler 1832, S. 73.
168. Ebd., S. 72.
169. Ebd., S. 21.
170. Fischer: *Das Problem der menschlichen Erkenntnis als die erste Frage der Philosophie*, in: ders.: *Kant's Leben und die Grundlagen seiner Lehre. Drei Vorträge*, F. Bassermann 1860, S. 79–97, S. 82.
171. Weisse: *In welchem Sinn die deutsche Philosophie jetzt wieder an Kant sich zu orientieren hat*, Dyk'sche Buchhandlung 1841, S. 3 f.
172. Siehe hierzu die Übersichtstafel der Vorlesungen an deutschen Universitäten in Köhnke: *Neukantianismus*, S. 610 f.
173. Cohen: *Das Prinzip der Infinitesimal-Methode*, Neudruck Suhrkamp 1968, S. 47 f.
174. Natorp: *Über objektive und subjektive Begründung der Erkenntnis*, in: Philosophische Monatshefte 23 (1887), S. 257–286, hier S. 264.
175. Ebd., S. 285.
176. Natorp: *Einleitung in die Psychologie nach kritischer Methode*, Mohr 1888, S. 11.
177. Windelband: *Präludien*, Mohr 1884, S. IV.
178. Windelband: *Über Begriff und Geschichte der Philosophie*, in: *Präludien*, S. 28.
179. Rickert: *Der Gegenstand der Erkenntnis*, Mohr 1892, S. 42 f.
180. Ebd., S. 61.
181. Rickert: *Die Grenzen der naturwissenschaftlichen Begriffsbildung*, Mohr 1902, S. 358.
182. https://blog.staatsarchiv-bs.ch/krieg-und-frieden-nietzsche-in-basel.
183. Nietzsche: KSA, Bd. 7, S. 354.
184. Liebmann: *Vier Monate vor Paris*, Weise 1871, S. 13.
185. Nietzsche: *Briefe*, Bd. 2, S. 332.
186. Ebd., S. 298.
187. Nietzsche: KSA, Bd. 1, S. 528 f.
188. Zit. nach Janz: *Friedrich Nietzsche*, 1. Bd., S. 470.
189. Nietzsche: KSA, Bd. 1, S. 203.
190. Ebd., S. 248.
191. Ebd., S. 329.
192. Ebd., S. 256 f.
193. Ebd., S. 194.
194. Ebd, S. 378.
195. Ebd.
196. Ebd., S. 380.
197. Zit. nach Safranski: *Nietzsche*, S. 125.
198. Nietzsche: *Briefe*, Bd. 5, S. 183 f.
199. Nietzsche: KSA, Bd. 2, S. 54 f.
200. https://gutenberg.spiegel.de/buch/uber-wahrheit-und-luge-im-aussermoralischen-sinne-3243/1.
201. Ebd.
202. Nietzsche: KSA, Bd. 2, S. 24.
203. Ebd., S. 41.
204. Ebd.
205. Ebd., S. 349.
206. Ebd., S. 209.
207. Nietzsche: KSA, Bd. 3, S. 264.
208. Ebd., S. 353.
209. Ebd., S. 113.
210. Nietzsche: KSA, Bd. 6, S. 339 f.
211. Nietzsche: KSA, Bd. 9, S. 503.
212. Nietzsche: KSA, Bd. 4, S. 18.
213. Nietzsche: KSA, Bd. 10, S. 506.
214. Zit. nach Safranski: *Nietzsche*, S. 272.
215. Nietzsche: KSA, Bd. 4, S. 94.

216. Nietzsche: KSA, Bd. 11., S. 98.
217. Nietzsche: *Briefe*, Bd. 8, S. 49.
218. Nietzsche: KSA, Bd. 5, S. 275.
219. Nietzsche: KSA, Bd. 6, S. 313.
220. Nietzsche: KSA, Bd. 7, S. 169.
221. Nietzsche: KSA, Bd. 14, S. 180.
222. https://gutenberg.spiegel.de/buch/der-wille-zur-macht-i-6029/27 (Abschnitt 689).
223. Ebd.
224. Ebd., Abschnitt 862.
225. Nietzsche: *Briefe*, Bd. 8, S. 231.
226. http://www.gleichsatz.de/b-u-t/archiv/FN/riehl_nietzsche.html.
227. Vaihinger: *Nietzsche als Philosoph*, Reuther & Reichard 1916, 4. Aufl., S. 70.
228. Kropotkin: *Memoiren*, Bd. 1, S. 192 f.
229. Ebd., S. 238.
230. Ebd., S. 319.
231. Kropotkin: *Gegenseitige Hilfe in der Entwickelung*, Theodor Thomas 1904, S. T. (Vorwort).
232. Huxley: *Evolution and Ethics*, Princeton University Press 1989, S. 83.
233. Kirchmann: *Über den Communismus in der Natur. Ein Vortrag gehalten in dem Berliner Arbeiter-Verein im Februar 1866*, L. Heimann's Verlag 1872, 2. Aufl.
234. Kropotkin: *Gegenseitige Hilfe in der Entwickelung*, S. 77 f.
235. Huxley in: The Nineteenth Century (1888), S. 165.
236. Aus diesem Grund kann Kropotkin folgern, dass nicht erst das Fressen kam und dann die Moral, sondern umgekehrt. Vor jeder gemeinsamen Jagd steht die Moral, nämlich die Kooperation. Vgl. ders: *Die Eroberung des Brotes* (1892), Edition Anares 1989.
237. Kropotkin: *Gegenseitige Hilfe*, S. 119.
238. Ebd., S. 307.
239. MEW 23, S. 16.
240. MEW 9, S. 226.
241. Bernstein: *Die Voraussetzungen des Sozialismus und die Aufgaben der Sozialdemokratie*, Rowohlt 1969, S. 13.
242. MEW 17, S. 343.
243. https://www.marxists.org/deutsch/referenz/bernstein/1899/voraus/kap2.html#p1.
244. Kautsky: *Ethik und materialistische Geschichtsauffassung*, Dietz 1973, S. 141.
245. https://www.gleichsatz.de/b-u-t/spdk/19jhd/ebernstein-doktrin2.html.
246. Cohen: *Ethik des reinen Willens*, in: ders.: *Werke*, Bd. 7, Olms 1981, S. 320 f.
247. Einleitung mit kritischem Nachtrag zu Langes *Geschichte des Materialismus*, in: *Werke*, Bd. 5/2, Hildesheim 1984, S. 112.
248. Natorp: *Zur Streitfrage zwischen Empirismus und Kritizismus*, in: Archiv für systematische Philosophie 5 (1899), S. 194.
249. Westermarck: *Ethical Relativity*, Kegan Paul, Trench, Trubner & Co. 1932, S. 147.
250. Mach: *Die Analyse der Empfindungen* (1900), Wissenschaftliche Buchgesellschaft 1987, S. 24.
251. Siehe Mach: *Die Mechanik in ihrer Entwicklung* (1883), F. A. Brockhaus 1933, S. VII; *Erkenntnis und Irrtum* (1905), Barth 1926, S. VII; *Die Analyse der Empfindungen*, S. 300.
252. Mach: *Autobiographie* (1913), in: Blackmore: *Three Autobio-*

graphical Manuscripts by Ernst Mach, in: Annals of Science 35, 1978, S. 411–418, hier S. 411.
253. Fechner-Nachlass der Universitätsbibliothek Leipzig, siehe: Fechner-CD der Gustav-Theodor-Fechner-Gesellschaft in Leipzig. http://home.uni-leipzig.de/fechner/cd1.htm.
254. Mach: *Analyse*, S. 39.
255. Ebd., S. 17.
256. Ebd., *Analyse*, S. 3.
257. Mach: *Erkenntnis und Irrtum*, S. 460.
258. Vgl. Roth: *Fühlen, Denken, Handeln*, Suhrkamp 2003, S. 379 ff.
259. Mach: *Autobiographie*, S. 416.
260. Mach: *Mechanik*, F. A. Brockhaus 1933, 9. Aufl., S. 484 (Hervorhebung R. D. P.).
261. Wundt: *System der Philosophie*, Engelmann 1889, S. 18 f.
262. Zit. nach Voigt: »Verschollene Preziosen«, in: Der Spiegel vom 25. Januar 2011.
263. https://www.univie.ac.at/bahr/sites/all/ks/9-dialog.pdf.
264. https://gutenberg.spiegel.de/buch/ein-brief-997/1.
265. Schuhmann: *Husserl-Chronik*, S. 131.
266. Freud (Hrsg.): *Sigmund Freud. Brautbriefe. Briefe an Martha Bernays 1882–1886*, Fischer 1971, S. 94.
267. Freud: GW 14, S. 86.
268. Thought *in action has for its only possible motive the attainment of thought at rest; and whatever does not refer to believe is not part of the thought itself* (1878, CP 5.396).
269. Peirce: CP 5.402.
270. Peirce: CP 5.402.
271. Peirce: CP 5.394.
272. Peirce: CP 5.265.
273. Moore (Hrsg.): *Pierce. The Essential Writings*, Prometheus Books 1998, S. 168.
274. Ebd., S. 174.
275. Nietzsche: KSA, Bd. 3, S. 113.
276. James: *Psychologie*, Quelle & Meyer 1920, 2. Aufl., S. 462.
277. James (Hrsg.): *The Letters of William James*, Atlantic Monthly 1920, S. 135.
278. James: *Der Pragmatismus*, 2. Vorlesung.
279. Ernst Mach an Fritz Mauthner, Wien, 22. Oktober 1912, zit. nach Haller und Stadler: *Ernst Mach*, S. 243.
280. Peirce: CP 5.414.
281. Ebd.
282. James: *Der Pragmatismus*, 2. Vorlesung.
283. Ebd.
284. Ebd.
285. Ebd.
286. James: *Der Pragmatismus*, 7. Vorlesung.
287. Schilpp (Hrsg.): *The Philosophy of Brand Blanshard*, Open Court 1980, S. 47 ff.
288. https://www.gleichsatz.de/b-u-t/can/sac/james_will2b.html.
289. Thomas: *The Methodology of Behavior Study*, Kap. 13, in: *The Child in America: Behavior Problems and Programs.* Alfred A. Knopf 1928, S. 553–576.
290. »Scenery seems to wear in one's consciousness better than any other element in life … It stands out as almost the only thing in the memory of which I should like to carry over with me beyond the veil, unamended and unaltered.« (Übersetzung R.D.P.) Gefunden auf http://tamworthdistilling.com/2017/10/the-history-of-chocorua.

291. https://archive.org/stream/UptonSinclairDerDschungel.
292. Die *Zukunft*, Bd. 26, 1899, S. 36 ff.; Heimböckel: *Walter Rathenau und die Literatur seiner Zeit. Studien zu Werk und Wirkung*. Dissertation Universität Duisburg 1995, S. 81.
293. http://www.twainquotes.com/Travel1891.
294. Von Spitzemberg: *Das Tagebuch der Baronin Spitzemberg*, Vandenhoeck & Ruprecht 1960, S. 381.
295. Ebd.
296. Simmel: GA 2, S. 130.
297. Simmel: GA 5, S. 110.
298. Simmel: GA 2, S. 239.
299. Durkheim: *Über soziale Arbeitsteilung*, S. 82.
300. Zit. nach Lichtblau: *Georg Simmel*, S. 181.
301. Ebd., S. 182.
302. Kracauer, Diskussionsbeitrag (1964) in: Iser (Hrsg.): *Immanente Ästhetik. Ästhetische Reflexion. Lyrik als Paradigma der Moderne* (Poetik & Hermeneutik Bd. 2.), Fink 1966, S. 412.
303. Simmel: GA 4, S. 387 f.
304. Simmel: GA 6, S. 44.
305. Ebd., S. 43.
306. Simmel: GA 7, S. 121.
307. Simmel: GA 6, S. 593 f.
308. Ebd., S. 638.
309. Weber: *Gesammelte Aufsätze zur Religionssoziologie*, Bd. 1, S. 203 f.
310. Ebd., S. 203.
311. Ebd., S. 204.
312. Weber: *Die »Objektivität« sozialwissenschaftlicher und sozialpolitischer Erkenntnis*, in: Winckelmann: *Max Weber. Gesammelte Aufsätze zur Wissenschaftslehre*, S. 149.
313. Ebd., S. 154.
314. Verhandlungen *des Vereins für Socialpolitik in Wien, 1909*, Duncker und Humblot 1910, S. 568.
315. Schmoller: *Volkswirtschaft, Volkswirtschaftslehre und -methode*, in: Conrad (Hrsg.): *Handwörterbuch der Staatswissenschaften*, Gustav Fischer 1911, 3. Aufl., S. 493.
316. Simmel: GA 16, S. 205.
317. Simmel: *Der Krieg und die geistigen Entscheidungen. Reden und Aufsätze*, Forgotten Books 2019, S. 8.
318. Ebd., S. 9.
319. http://socio.ch/sim/krieg/krieg_kris.htm.

Ausgewählte Literatur

Die Bibliografie umfasst ausgewählte Texte zu den einzelnen Kapiteln dieser Philosophiegeschichte. Im Hinblick auf große Philosophen wie Schopenhauer, Kierkegaard, Marx, Mill, Nietzsche und Simmel begnügt sie sich meist mit wenigen Verweisen auf bekannte beziehungsweise leicht zugängliche Einführungen und Literatur. Weitergehende Verweise laden ein, einzelne Aspekte genauer zu studieren und zu vertiefen.

Der Wanderer über dem Nebelmeer

Über das Leben Caspar David Friedrichs siehe Sigrid Hinz: *Caspar David Friedrich in Briefen und Bekenntnissen*. Henschelverlag Kunst und Gesellschaft, 1. Aufl. 1968, 2. erw. Aufl. 1974; Gertrud Fiege: *Caspar David Friedrich*, Rowohlt 1977; Herbert Friedrich: *Caspar David Friedrich. Seine Landschaft, seine Liebe, sein Leben*, Maxime 2018. Zum »Wanderer über dem Nebelmeer« im Besonderen siehe: Hans Joachim Neidhardt: *Friedrichs »Wanderer über dem Nebelmeer« und Carus' »Ruhe des Pilgers«. Zum Motiv des Gipfelerlebnisses in der Romantik*, in: Ars auro prior. Studia Ioanni Bialostocki sexagenario dicata, Warschau 1981, S. 607–612. Zum Motiv der Rückenfigur siehe Hartmut Böhme: *Rückenfiguren bei Caspar David Friedrich*, in: Gisela Greve (Hrsg.): *Caspar David Friedrich. Deutungen im Dialog*, edition diskord 2006. Zu Friedrichs Bildern siehe ferner Wieland Schmied: *Caspar David Friedrich*, Prestel 1999; Werner Hofmann: *Caspar David Friedrich. Naturwirklichkeit und Kunstwahrheit*, C. H. Beck 2000, 3. Aufl. 2013; Werner Busch: *Caspar David Friedrich. Ästhetik und Religion*, C. H. Beck 2003, 2. Aufl. 2008; Hubertus Gaßner (Hrsg.): *Caspar David Friedrich. Die Erfindung der Romantik*, Ausstellungskatalog Museum Folkwang, Essen und Hamburger Kunsthalle, Hirmer 2006;

Helmut R. Leppien: *Caspar David Friedrich in der Hamburger Kunsthalle*, Hamburger Kunsthalle 2006, 2. Aufl.; Peter Märker: *Caspar David Friedrich. Geschichte als Natur*, Kehrer Verlag 2007; Christian Scholl: *C. D. Friedrich und seine Zeit*, Seemann Henschel 2015. Zum komplexen geistesgeschichtlichen Hintergrund siehe Hilmar Frank: *Aussichten ins Unermessliche. Perspektivität und Sinnoffenheit bei Caspar David Friedrich*, Akademie Verlag 2004.

Philosophie nach Hegel

Eine sinnlose Welt

Schopenhauers Werke liegen vor als: Arthur Hübscher (Hrsg.): *Arthur Schopenhauer. Sämtliche Werke* (SW), 7 Bde., wissenmedia 1988; ders.: *Arthur Schopenhauer. Gesammelte Briefe*, Bouvier 1978; ders.: *Arthur Schopenhauer. Der handschriftliche Nachlaß in fünf Bänden*, dtv 1985; Volker Spierling (Hrsg.): *Arthur Schopenhauer. Philosophische Vorlesungen. Aus dem handschriftlichen Nachlaß*, 4 Bde., Piper 1992. Zu Schopenhauers Person und Werk siehe Walther Schneider: *Schopenhauer*, Dausien 1985; Rüdiger Safranski: *Schopenhauer und Die Wilden Jahre der Philosophie* (1987), S. Fischer 2016, 8. Aufl.; Bryan Magee: *The Philosophy of Schopenhauer*, Oxford University Press 1997; Margot Fleischer: *Schopenhauer*, Herder 2001; Sabine Appel: *Arthur Schopenhauer, Leben und Philosophie*, Artemis & Winkler 2007; Dieter Birnbacher: *Schopenhauer*, Reclam 2010; Otto A. Böhmer: *Schopenhauer oder Die Erfindung der Altersweisheit*, C. H. Beck 2010; Volker Spierling: *Arthur Schopenhauer zur Einführung*, Junius 2015, 4. Aufl.; Robert Zimmer: *Arthur Schopenhauer. Ein philosophischer Weltbürger*, dtv 2012; ders.: *Schopenhauer und die Folgen. Die Person Schopenhauers und seine Bedeutung für Kunst und Philosophie der Moderne*, J. B. Metzler 2018. Kierkegaards Werke liegen vor als Emanuel Hirsch, Hayo Gerdes und Hans Martin Junghans: *Søren Kierkegaard. Gesammelte Werke und Tagebücher* (GWT) (1951–1980), Grevenberg 2003 f. Zu Kierkegaards Leben und Werk siehe Peter P. Rohde: *Kierkegaard in Selbstzeugnissen und Bilddokumenten*, Rowohlt 1959; Michael Theunissen, Wilfried Greve (Hrsg.): *Materialien zur Philosophie Søren Kierkegaards*, Suhrkamp 1979; Konrad Paul Liessmann: *Kierkegaard. Zur Einführung*, Junius 1993, 6. Aufl. 2013; Michael Bösch: *Søren Kierkegaard: Schick-*

sal – Angst – Freiheit, Schöningh 1994; Anton Bösl: *Unfreiheit und Selbstverfehlung. Søren Kierkegaards existenzdialektische Bestimmung von Schuld und Sünde*, Herder 1997; Annemarie Pieper: *Søren Kierkegaard* (2000), C. H. Beck 2014, 2. Aufl.; Tilo Wesche: *Kierkegaard. Eine philosophische Einführung*, Reclam 2003; Joakim Garff: *Kierkegaard*, Hanser 2004. Siehe ferner Odo Marquard: *Der Einzelne. Vorlesungen zur Existenzphilosophie* (1974), Reclam 2013.

Die Erforschung der Seele

Von den Werken Pierre-Jean-Georges Cabanis' sind online ders.: *Du degré de certitude de la médecine* (1798), (Digitalisat); *Rapports du physique et du moral de l'homme* (1802), zweite Ausgabe 1805, 2 Bde. (Digitalisat); auf Deutsch: *Ueber die Verbindung des Physischen und Moralischen in dem Menschen* (1804), 2 Bde. (Digitalisat). Das erste Hauptwerk von François-Pierre-Gonthier Maine de Biran: *L'influence de l'habitude sur la faculté de penser* (1802) ist online unter http://classiques.uqac.ca/classiques/maine_de_biran/influence_habitude/influence_habitude.html. Das zweite als *Essai sur les fondements de la psychologie et sur ses rapports avec l'étude de la nature* (1812), (Google Books). Zu Maine de Biran siehe ferner: Bruce Bégout: *Maine de Biran. La vérité intérieure*, Éditions Payot 1995. Johannes Nikolaus Tetens' Hauptwerk ist online zugänglich als ders.: *Philosophische Versuche über die menschliche Natur und ihre Entwicklung* (1777), 2 Bde. (Digitalisat und Google Books). Zu Tetens siehe Gideon Stiening und Udo Thiel (Hrsg.): *Johann Nikolaus Tetens (1736–1807). Philosophie in der Tradition des europäischen Empirismus*, De Gruyter 2014. Das »Magazin für Erfahrungsseelenkunde« ist online unter http://www.mze.gla.ac.uk. Friedrich Eduard Benekes Werke sind heute vergriffen und nur antiquarisch erhältlich. Einige sind auch auf Digitalisat oder Google Books einsehbar, und zwar die *Grundlegung zur Physik der Sitten* (1822), (archive.org); ders.: *Kant und die philosophische Aufgabe unserer Zeit. Eine Jubeldenkschrift auf die Kritik der Reinen Vernunft* (1832), (Google Books); ders.: *Erziehungs- und Unterrichtslehre* (1835/1836), 2 Bde. (Google Books); ders.: *System der Metaphysik und Religionsphilosophie, aus den natürlichen Grundverhältnissen des menschlichen Geistes abgeleitet* (1840), (Google Books); ders.: *Pragmatische Psychologie oder Seelenlehre in der Anwendung auf das Leben* (1850), 2 Bde. (archive.org). Eine Schriftenauswahl bietet Nikola Barelmann: (Hrsg.): *Friedrich Eduard Beneke. Schriften zur Psychologie und Pädagogik*, Volk und Wissen 1986. Über Benekes Leben und Werk siehe Francis Burke Brandt: *Friedrich Eduard Beneke, the Man and His Philosophy: An Introductory Study* (1895), Neudruck Cornell University Library 2009; Jürgen Jahnke: *Friedrich Eduard Beneke. Psychologie als Grundlage der Pädagogik*, in: Klaus-Peter-Horn und Heidemarie Kemnitz (Hrsg.): *Pädagogik unter den Linden*, Franz Steiner 2002, S. 63–77. Johann Friedrich Herbarts Werke sind online verfügbar als Gustav Hartenstein (Hrsg.): *Herbart. Sämmtliche Werke* (1851), (Google Books). Siehe zudem Dietrich Benner: *Johann Friedrich Herbart. Systematische Pädagogik*, 2 Bde., Deutscher Studien Verlag 1997. Zu Herbarts Leben und Werk siehe Walter Asmus: *Johann Friedrich Herbart. Eine pädagogische Biographie*, 2 Bde., Quelle & Meyer 1968 f. Dietrich Benner: *Die Pädagogik Herbarts. Eine problemgeschichtliche Einführung in die Systematik neuzeitlicher Pädagogik*, Juventa 1993; Matthias Heesch: *Johann Friedrich Herbart zur Einführung*. Junius 1999; Elmar Anhalt: *Bildsamkeit und Selbstorganisation. Johann Friedrich Herbarts Konzept der Bildsamkeit als Grundlage für eine pädagogische Theorie der Selbstorganisation organismischer Aktivität*, Deutscher Studien Verlag 1999. Von Carus' Werken sind online zugänglich: *Psyche. Zur Entwicklungsgeschichte der Seele* (1846), (Digitalisat); *Vorlesungen über Psychologie, gehalten im Winter 1829/30 zu Dresden*, (archive.org.); *Neun Briefe über Landschaftsmale-*

rei. 1819–1824, (archive.org.). Zu Carus' Leben und Werk siehe Wolfgang Genschorek: *Carl Gustav Carus. Arzt. Künstler. Naturforscher*, Edition Wötzel 1989; Stefan Grosche: *Lebenskunst und Heilkunde bei C. G. Carus (1789–1869). Anthropologische Medizin in Goethescher Weltanschauung*, Dissertation 1993 (PDF); Petra Kuhlmann-Hodick u. a. (Hrsg.): *Carl Gustav Carus. Wahrnehmung und Konstruktion. Essays*, Deutscher Kunstverlag 2009 (Begleitband zu den Ausstellungen in Dresden und Berlin); Harald Salfellner (Hrsg.): *Mit Feder und Skalpell*, Vitalis 2014.

Ordnung und Fortschritt

De Bonalds Werke erschienen als ders.: *Œuvres complètes*, 15 Bde., Paris 1817–1843, Neudruck 3 Bde. Archives Karéline 2011. Über die Anfänge der Soziologie bei de Bonald siehe maßgeblich Robert Spaemann: *Der Ursprung der Soziologie aus dem Geist der Restauration. Studien über L. G. A. de Bonald*, Klett-Cotta 1998. Von Joseph de Maistre sind erhältlich ders.: *Die Abende von St. Petersburg oder Gespräche über das zeitliche Walten der Vorsehung*, Karolinger 2008; ders.: *Vom Papst. Ausgewählte Texte*, Semele Verlag 2007. Online verfügbar ist *Vom Pabst* (1822), 2 Bde. (Digitalisat). Zum Fortschrittsdenken im frühen 19. Jahrhundert siehe Hans-Christoph Schmidt am Busch u. a. (Hrsg.): *Hegelianismus und Saint-Simonismus*, Mentis 2007. Die Werke Henri de Saint-Simons sind erhältlich als Kindle-Edition: Pierre Musso, Juliette Grange und Philippe Régnier: *Henri de Saint-Simon. Œeuvres complètes*, Presses universitaires de France 2012. Auf Deutsch erschien Lola Zahn (Hrsg.): *Henri de Saint-Simon. Ausgewählte Schriften*, Akademie Verlag 1977. Zu Saint-Simons Leben und Werk siehe Friedrich Muckle: *Henri de Saint-Simon. Die Persönlichkeit und ihr Werk* (1923), Neudruck Ulan Press 2012; Frank Edward Manuel: *The New World of Henri Saint-Simon*, Harvard University Press 1956; Olivier Pétré-Grenouilleau (Hrsg.): *Saint-Simon. L'utopie ou la raison en actes*, Payot 2001; Mathurin Marius Dondo: *The French Faust: Henri de Saint-Simon*, Literary Licensing 2011; Jeremy Jennings: *Revolution and the Republic: A History of Political Thought in France since the Eighteenth Century*, Oxford University Press 2011. Charles Fouriers Gesamtwerk liegt vor als ders.: *Œeuvres complètes*, 12 Bde. (1966–1968), online unter https://gallica.bnf.fr. Auf Deutsch liegen vor Walter Apelt (Hrsg.): *Charles Fourier. Die harmonische Erziehung*, Volk und Wissen 1958; Theodor W. Adorno und Elisabeth Lenk (Hrsg.): *Charles Fourier. Theorie der vier Bewegungen und der allgemeinen Bestimmungen*, Suhrkamp 1966; Daniel Guérin (Hrsg.): *Charlers Fourier. Aus der Neuen Liebeswelt und Über die Freiheit in der Liebe. Mit einem Anhang Über die Freiheit in der Arbeit*, Wagenbach 1977; Neuausgabe: Margarete Stokowski (Hrsg.): *Charles Fourier. Die Freiheit in der Liebe. Ein Essay*, Edition Nautilus 2017; Lola Zahn (Hrsg.): *Charles Fourier. Ökonomisch-philosophische Schriften. Eine Textauswahl*, Akademie Verlag 1980; Martin Burckhardt (Hrsg.): *Der Philosoph der Kleinanzeige. Ein Fourier-Lesebuch*, Semele 2006; Hans-Christoph Schmidt am Busch (Hrsg.): *Charles Fourier. Über das weltweite soziale Chaos. Ausgewählte Schriften zur Philosophie und Gesellschaftstheorie*, Akademie Verlag 2012. Zu Fouriers Leben und Werk siehe Günter Behrens: *Die soziale Utopie des Charles Fourier*, Dissertation der Universität zu Köln 1977 (Google Books); Roland Barthes: *Sade, Fourier, Loyola*, Suhrkamp 1986; Jonathan F. Beecher: *Charles Fourier. The Visionary and His World*, University of California Press 1987; Walter Euchner (Hrsg.): *Klassiker des Sozialismus. Von Gracchus Babeuf bis Georgi Walentinowitsch Plechanow*, Bd. 1 von 2 Bänden, C. H. Beck 1991; Marvin Chlada und Andreas Gwisdalla: *Charles Fourier. Eine Einführung in sein Denken*, Alibri 2014. Auguste Comtes Gesamtwerk erschien als: *Œuvres d'Auguste Comte*, 12 Bde., Édition Anthropos 1968–1971. Auf Deutsch ist erhältlich Iring Fetscher (Hrsg.): *Auguste Comte. Rede über den Geist des Positivismus*, Meiner 1994: Jürgen Brankel (Hrsg.):

Auguste Comte. System der positiven Politik, 4 Bde., Edition Turia + Kant 2012. Zu Comtes Leben und Werk siehe Henri Gaston Gouhier: *La philosophie d'Auguste Comte. Esquisses*, Vrin 1986; Werner Fuchs-Heinritz: *Auguste Comte. Einführung in Leben und Werk*, Westdeutscher Verlag 1998; Gerhard Wagner: *Auguste Comte zur Einführung*, Junius 2000; Michael Bock: *Auguste Comte (1798–1857)*, in: Dirk Kaesler (Hrsg.): *Klassiker der Soziologie*, 1. Bd., C. H. Beck 2012, 6. Aufl.; Angèle Kremer-Marietti: *Le positivisme d'Auguste Comte*, L'Harmattan 2006; dies.: *Auguste Comte et la science politique*, L'Harmattan 2007; Jürgen Brankel: *Theorie und Praxis bei Auguste Comte. Zum Zusammenhang zwischen Wissenschaftssystem und Moral*, Edition Turia + Kant 2008; Wolf Lepenies: *Auguste Comte. Die Macht der Zeichen*, Hanser 2010. Zur Entstehung der Soziologie siehe überdies: Wolf Lepenies (Hrsg.): *Geschichte der Soziologie. Studien zur kognitiven, sozialen und historischen Identität einer Disziplin*, 4 Bde., Suhrkamp 1981; Hermann Korte: *Einführung in die Geschichte der Soziologie*, VS Verlag für Sozialwissenschaften 2017, 10. Aufl.

Das Glück der größten Zahl

Die Gesamtausgabe der Schriften Jeremy Benthams erscheint (unabgeschlossen) als *The Collected Works of Jeremy Bentham*, bisher 34 Bde., Clarendon Press 1961 ff. Benthams Hauptwerk liegt auf Deutsch vor als ders.: *Eine Einführung in die Prinzipien der Moral und Gesetzgebung*, Senging 2013. Die Schrift über das Panopticon liegt auf Deutsch vor als: Jeremy Bentham: *Das Panoptikum*, Matthes & Seitz 2013. Zu Benthams Leben und Werk siehe Douglas G. Long: *Bentham on Liberty: Jeremy Bentham's Idea of Liberty in Relation to his Utilitarianism*, University of Toronto Press 1977; Ross Harrison: *Bentham*, Routledge & Kegan Paul 1983; Frederick Rosen: *Jeremy Bentham and Representative Democracy: A Study of the Constitutional Code*, Clarendon

Press 1983; James E. Crimmins: *Secular Utilitarianism: Social Science and the Critique of Religion in the Thought of Jeremy Bentham*, Clarendon Press 1990; Wilhelm Hofmann: *Politik des aufgeklärten Glücks. Jeremy Benthams philosophisch-politisches Denken*, Akademie Verlag 2002; Stephen G. Engelmann: *Imagining Interest in Political Thought: Origins of Economic Rationality*, Duke University Press 2003; Philip Schofield: *Utility and Democracy: The Political Thought of Jeremy Bentham*, Oxford University Press 2006; Christian Welzbacher: *Der radikale Narr des Kapitals. Jeremy Bentham, das »Panoptikum« und die »Auto-Ikone«*, Matthes & Seitz 2011. Charles Halls Hauptwerk ist erhältlich als ders.: *Effects of Civilization on the People in European States; with Observations on the Principal Conclusions in Mr. Malthus's Essay on Population*, Routledge, Thoemmes Press 1994 (archive.org.). Siehe auch Georg Adler und Karl Grünberg (Hrsg.): *Hauptwerke des Sozialismus und der Sozialpolitik*, Bd. 1; Heft 1–5. (Enthält: Thomas Spence: *Das Gemeineigentum am Boden*; William Godwin: *Das Eigentum*; Félicité de Lamennais: *Das Volksbuch*; Charles Hall: *Die Wirkungen der Zivilisation auf die Massen*; Prosper Enfantin: *Die Nationalökonomie des Saint-Simonismus*), (1904/1905), Neudruck Auvermann 1974. Zum englischen Frühsozialismus von Charles Hall und Thomas Spence siehe William Stafford: *Socialism, Radicalism, and Nostalgia: Social Criticism in Britain, 1775–1830, Cambridge University Press 1987;* John Dinwiddy: *Radicalism and Reform in Britain, 1780–1850*, Continuum International Publishing Group 1992. Zu Thomas Spence siehe Alastair Bonnett und Keith Armstrong (Hrsg.): *Thomas Spence: The Poor Man's Revolutionary*, Breviary Stuff Publications 2014. William Godwins *Political Justice* ist online einsehbar unter http://knarf.english.upenn.edu/Godwin/pjtp.html; gedruckt als Mark Philp (Hrsg.): *Political and Philosophical Writings of William Godwin, Routledge 1993. Zu Godwins Leben und Werk siehe* Helene Saitzeff: *William Godwin und die Anfänge des Anarchismus im XVIII. Jahrhundert. Ein Beitrag zur Geschichte des politischen Individualismus*, Dissertation Universität Heidelberg 1907 (archive.org.); *Henry Noël Brailsford: Shelley, Godwin, and their Circle, J. J. Williams* 1919 *(archive.org.); Peter H. Marshall: William Godwin: Philosopher, Novelist, Revolutionary, Yale University Press 1984. Robert Owens Werke sind erhältlich als Gregory Claeys (Hrsg.): Selected Works of Robert Owen*, Routledge 1993. Auf Deutsch liegen vor: Liane Jauch und Marie-Luise Römer (Hrsg.): *Robert Owen. Das soziale System*, Reclam 1988; Lola Zahn (Hrsg.): *Robert Owen. Eine neue Auffassung von der Gesellschaft. Ausgewählte Texte*, Akademie Verlag 1989. Zu Owens Leben und Werk siehe Arthur Bestor: *Backwoods Utopias* (1950), University of Pennsylvania Press 1970, 2. Aufl.; Arthur Leslie Morton: *The Life and Ideas of Robert Owen* (1962), International Publishers 1978, 2. Aufl.; Sidney Pollard und *John Salt (Hrsg.): Robert Owen, Prophet of the Poor: Essays in Honor of the Two Hundredth Anniversary of His Birth, Bucknell University Press 1971;* Richard Tames: *Radicals, Railways & Reform*, B. T. Batsford Ltd. 1986; *David* Santilli: *Life of the Mill Man*, B. T. Batsford Ltd. 1987; Gregory Claeys: *Machinery, Money and the Millennium: From Moral Economy to Socialism, 1815–1860*, Princeton University Press 1987; ders.: *Citizens and Saints: Politics and Anti-Politics in Early British Socialism*, Cambridge University Press 1989; Ian L. Donnachie: *Robert Owen*, Tuckwell Press 2000; Ophélie Siméon: *Robert Owen's Experiment at New Lanark: From Paternalism to Socialism*, Palgrave Macmillan 2017, 2. Aufl.; Robert A. Davis und Frank J. O'Hagan: *Robert Owen*, A & C Black 2014, 2. Aufl. William Thompsons *Inquiry* ist online unter archive.org. Sein Buch zur Befreiung der Frauen ist erhältlich als Dolores Dooley (Hrsg.): *William Thompson: Appeal of One Half of the Human Race*, Cork University Press 1997. Zu Thompsons Leben und Werk siehe Richard Pankhurst: *William Thompson, 1775–1833: Pioneer Socialist*, Pluto Press 1991; Dolores Dooley: *Equality in Community: Sexual Equality in the Writings of William Thompson and Anna Doyle Wheeler*, Cork University Press 1996; Fintan Lane: *William Thompson, Class and His Irish context, 1775–1833*, in: ders. (Hrsg.): *Politics, Society and the Middle Class in Modern Ireland*, Palgrave Macmillan 2009. Siehe ferner Noel W. Thompson: *The People's Science: The Popular Political Economy of Exploitation and Crisis 1816–34*, Cambridge University Press 1984.

Die Wissenschaft der Erfahrung

John Stuart Mills gesammelte Werke erschienen als ders.: *Collected Works of John Stuart Mill*, 33 Bde., University of Toronto Press, Routledge and Kegan Paul 1963–1991 (vollständig in der Online Library of Liberty). Seine Hauptwerke wurden wiederholt ins Deutsche übersetzt und ediert. An Werkausgaben liegen vor: Ulrike Ackermann und Hans Jörg Schmidt (Hrsg.): *John Stuart Mill. Ausgewählte Werke*, 5 Bde., Murmann 2012–2016; Michael S. Aßländer, Dieter Birnbacher und Hans G. Nutzinger (Hrsg.): *John Stuart Mill. Schriften zur Politischen Ökonomie*, 5 Bde., Metropolis 2014–2016; Hubertus Buchstein (Hrsg.): *Liberale Gleichheit. Vermischte politische Schriften*, Akademie Verlag 2013; John Stuart Mill: *Autobiographie*, Meiner 2011. Zu Mills Leben und Werk siehe Ralph Schumacher: *John Stuart Mill*, Campus 1994; Jürgen Gaulke: *John Stuart Mill*, Rowohlt 1996; Peter Rinderle: *John Stuart Mill*, C. H. Beck 2000; Erich W. Streissler (Hrsg.): *John Stuart Mill*, Duncker & Humblot 2002; Nicholas Capaldi: *John Stuart Mill: A Biography*, Cambridge University Press 2004; Peter Ulrich und Michael S. Aßländer (Hrsg.): *John Stuart Mill. Der vergessene politische Ökonom und Philosoph*, Haupt 2006; Richard Reeves: *John Stuart Mill: Victorian Firebrand*, Atlantic Books 2007; Dominique Künzel und Michael Schefczyk: *John Stuart Mill zur Einführung*, Junius 2009; Frauke Höntzsch: *Individuelle Freiheit zum Wohle Aller. Die soziale Dimension des Freiheitsbegriffs im Werk des John*

Stuart Mill, VS Verlag 2010; dies.: (Hrsg.): *John Stuart Mill und der sozialliberale Staatsbegriff*, Steiner 2011; Hans G. Nutzinger u. a. (Hrsg.): *Ökonomie Nach-Denken. Zur Aktualität von John Stuart Mill*, Metropolis 2014; Simon Derpmann: *Mill. Einführung und Texte*, UTB 2014. Alexis de Tocquevilles Hauptwerk ist erhältlich als ders.: *Über die Demokratie in Amerika*, Reclam 1986. Siehe weiterhin ders.: *Kleine Politische Schriften*, Akademie Verlag 2006. Zu Tocquevilles Leben und Werk siehe Jacob P. Mayer: *Alexis de Tocqueville. Analytiker des Massenzeitalters* (1954), C. H. Beck, 1972, 3. Aufl.; Karl Pisa: *Alexis de Tocqueville. Prophet des Massenzeitalters. Eine Biographie*, DVA 1984; André Jardin: *Alexis de Tocqueville. Leben und Werk*, Campus 1991; Karlfriedrich Herb und Oliver Hidalgo: *Alexis de Tocqueville*, Campus 2005; Hugh Brogan: *Alexis de Tocqueville: Prophet of Democracy in the Age of Revolution*, Profile Books 2006; Harald Bluhm und Skadi Krause (Hrsg.): *Alexis de Tocqueville. Analytiker der Demokratie*, Fink 2016; Skadi Krause: *Eine neue politische Wissenschaft für eine neue Welt. Alexis de Tocqueville im Spiegel seiner Zeit*, Suhrkamp 2017.

Der einzig wahre Kommunismus

Die beiden maßgeblichen Gesamtausgaben von Karl Marx und Friedrich Engels sind *Marx-Engels-Werke* (MEW), 43 Bde., Dietz 1956–1990, und *Marx-Engels-Gesamtausgabe* (MEGA), Dietz/Akademie Verlag 1975 ff. Zum Leben von Karl Marx siehe vor allem Jürgen Neffe: *Marx. Der Unvollendete*, C. Bertelsmann 2017. Siehe weiterhin Auguste Cornu: *Karl Marx und Friedrich Engels. Leben und Werk*, 3 Bde., Aufbau 1954–1968; David McLellan: *Karl Marx. Leben und Werk*, Edition Praeger 1974; ders.: *Karl Marx*, Penguin 1976; Francis Wheen: *Karl Marx*, Bertelsmann 2001; Klaus Körner: *Karl Marx*, dtv 2008; Rolf Hosfeld: *Die Geister, die er rief. Eine neue Karl-Marx-Biografie*, Piper 2009; ders.: *Karl Marx in Selbstzeugnissen und Bild-*

dokumenten, Rowohlt 2011, 2. Aufl.; Jonathan Sperber: *Karl Marx. Sein Leben und sein Jahrhundert*, C. H. Beck 2013; Gareth Stedman Jones: *Karl Marx. Die Biographie*, S. Fischer 2017; Wilfried Nippel: *Karl Marx*, C. H. Beck 2018. Aus der Fülle der Literatur zu Marx seien genannt: Louis Althusser: *Für Marx* (1965), Neuausgabe Suhrkamp 2011; Roman Rosdolsky: *Zur Entstehungsgeschichte des Marxschen »Kapital«*, 3 Bde., Europäische Verlagsanstalt 1973/1974; Wolfdietrich Schmied-Kowarzik: *Die Dialektik der gesellschaftlichen Praxis. Zur Genesis und Kernstruktur der Marxschen Theorie*, Alber 1981; Ernest Mandel: *Entstehung und Entwicklung der ökonomischen Lehre von Karl Marx*, Rowohlt 1983; Thomas T. Sekine: *The Dialectic of Capital: A Study of the Inner Logic of Capitalism*, 2 Bde., Brill Academic 2019, 2. Aufl.; Alfred Schmidt: *Der Begriff der Natur in der Lehre von Karl Marx*, Europäische Verlagsanstalt 1993, 4. Aufl.; Iring Fetscher: *Marx*, Herder 1999; Terry Eagleton: *Warum Marx recht hat*, Ullstein 2012; Michael Quante und David P. Schweikard (Hrsg.): *Marx-Handbuch. Leben – Werk – Wirkung*, J. B. Metzler 2015; Kurt Bayertz: *Interpretieren, um zu verändern. Karl Marx und seine Philosophie*, C. H. Beck 2018. Zur Aktualität des Marx'schen Denkens siehe Mathias Greffrath (Hrsg.): *Re: Das Kapital Politische Ökonomie im 21.* Jahrhundert, Kunstmann 2017. Zum jungen Marx siehe insbesondere: Michael Heinrich: *Karl Marx und die Geburt der modernen Gesellschaft. Biographie und Werkentwicklung. Bd. 1: 1818–1841*, Schmetterling 2018; Jan Gerber: *Karl Marx in Paris. Die Entdeckung des Kommunismus*, Piper 2018. Ludwig Feuerbachs Werke erscheinen als Werner Schuffenhauer (Hrsg.): *Ludwig Feuerbach. Gesammelte Werke* (18 Bde. erschienen von 22 Bänden.), De Gruyter 1967 ff. Als Einzelausgaben siehe Carlo Ascheri und Erich Thies (Hrsg.): *Ludwig Feuerbach. Vorlesungen über die Geschichte der neueren Philosophie von G. Bruno bis G. W. F. Hegel*, Wissenschaftliche Buchgesellschaft 1974; Walter Jaeschke und Werner Schuffenhauer (Hrsg.): *Lud-*

wig Feuerbach, Entwürfe zu einer Neuen Philosophie, Meiner 1996. Zu Feuerbachs Leben und Werk siehe Werner Schuffenhauer: *Feuerbach und der junge Marx* (1965), Verlag der Wissenschaften 1972, 2. Aufl.; Hans-Jürg Braun: *Die Religionsphilosophie Ludwig Feuerbachs*, Frommann 1972; Alfred Schmidt: *Emanzipatorische Sinnlichkeit. Ludwig Feuerbachs anthropologischer Materialismus*, Hanser 1973; Marx W. Wartofsky: *Feuerbach*, Cambridge University Press 1977; Hans-Martin Sass: *Ludwig Feuerbach in Selbstzeugnissen und Bilddokumenten* (1978), Rowohlt 1994, 2. Aufl.; Hans-Jürg Braun (Hrsg.): *Solidarität oder Egoismus. Studien zu einer Ethik bei und nach Ludwig Feuerbach*, Akademie Verlag 1994; Walter Jaeschke und Francesco Tomasoni (Hrsg.): *Ludwig Feuerbach und die Geschichte der Philosophie*, Akademie Verlag 1998; Christine Weckwerth: *Ludwig Feuerbach zur Einführung*, Junius 2002; Josef Winiger: *Ludwig Feuerbach, Denker der Menschlichkeit*, Lambert Schneider 2011; Francesco Tomasoni: *Ludwig Feuerbach. Entstehung, Entwicklung und Bedeutung seines Werks*, Waxmann 2015. Zum zeitgeschichtlichen Hintergrund siehe Klaus von Beyme: *Politische Theorien im Zeitalter der Ideologien*, Westdeutscher Verlag 2002. Zur Ideengeschichte des Kommunismus siehe (trotz vieler Flapsigkeiten und Schludrigkeiten) Gerd Koenen: *Die Farbe Rot. Ursprünge und Geschichte des Kommunismus*, C. H. Beck 2017; Patrick Eiden-Offe: *Die Poesie der Klasse. Romantischer Antikapitalismus und die Erfindung des Proletariats*, Matthes & Seitz 2017. Zur Szene der Saint-Simonisten in der Mitte des 19. Jahrhunderts siehe Pamela M. Pilbeam: *Saint-Simonians in Nineteenth-Century France: From Free Love to Algeria*, Springer 2014. Zu Étienne Cabet siehe maßgeblich Jules Prudhommeaux: *Icarie et son fondateur Ètienne Cabet* (1907), Neudruck Slatkine-Megariotis Reprints 1977.

Zu Mill und Marx siehe die oben angeführte Literatur. Zu Darwins Adaption von Adam Smith siehe Stephen Jay Gould: *Darwins Mittelweg*, in: ders.: *Der Daumen des Panda*, Birkhäuser 1987, S. 61–71; Scott Gordon: *Darwin and Political Economy: The Connection Reconsidered*, in: *Journal of the History of Biology*, Bd. 22, Nr. 3, 1989, S. 437–459. Herbert Spencers *System of Synthetic Philosophy* erscheint (bislang 5 Bde.) unter http://praxeology.net/HS-SP.htm. Zu Spencers Leben und Werk siehe David Duncan: *The Life and Letters of Herbert Spencer* (1909), 2 Bde., Neudruck University Press of the Pacific 2002; Ronald F. Cooney: *Herbert Spencer: Apostle of Liberty*, Freeman 1973; *Jonathan H. Turner: Herbert Spencer: A Renewed Appreciation, Sage Publications 1985;* John Offer: *Herbert Spencer: Critical Assessments*, Routledge 2004; Mark Francis: *Herbert Spencer and the Invention of Modern Life*, Acumen Publishing 2007. Zur Adaption biologischer Muster in die Philosophie siehe Ute Deichmann: *Darwinism, Philosophy, and Experimental Biology*, Springer 2010. Michail Bakunins Werke liegen (unabgeschlossen) vor als Wolfgang Eckhardt (Hrsg.): *Ausgewählte Schriften*, Bd. 1–6 (von ursprünglich geplanten 12 Bänden), Karin Kramer Verlag 1995–2011. Vollständig ist die französische Ausgabe: Bakounine: *Œuvres complètes* (CD-ROM), Edita-KNAW 2000. Siehe ferner Wolfgang Eckhardt (Hrsg.): *Michail Bakunin. Die revolutionäre Frage. Föderalismus, Sozialismus, Antitheologismus*, Unrast 2005. Zu Bakunins Leben und Werk siehe Justus Franz Wittkop: *Michail A. Bakunin in Selbstzeugnissen und Bilddokumenten*, Rowohlt 1974; Fritz Brupbacher: *Michael Bakunin. Der Satan der Revolte*, Libertad 1979; Wim van Dooren: *Bakunin zur Einführung*, Junius 1985; Madeleine Grawitz: *Bakunin. Ein Leben für die Freiheit*, Edition Nautilus 1999; Wolfgang Eckhardt: *Von der Dresdner Mairevolution zur Ersten Internationale. Untersuchungen zu Leben und Werk Michail Ba-*

kunins, Edition AV 2005; ders.: *Bakunin vs. Marx. Russland und andere Konfliktthemen in der Internationalen Arbeiterassoziation*, in: Beiträge zur Marx-Engels-Forschung, Neue Folge 2012, Argument 2014; Michael Lausberg: *Bakunins Philosophie des kollektiven Anarchismus*, Unrast 2008.

Wozu Philosophie?

Zum Materialismus- und Ignorabimus-Streit siehe die Einführungen und Textsammlungen von Kurt Bayertz, Walter Jaeschke und Myriam Gerhard (Hrsg.): *Der Darwinismus-Streit*, *Der Materialismus-Streit*, *Der Ignorabimus-Streit*, 3 Bde., Meiner 2012. Siehe weiterhin: Frederick Gregory: *Scientific Materialism in Nineteenth Century Germany*, Reidel 1977; Annette Wittkau-Horgby: *Materialismus. Entstehung und Wirkung in den Wissenschaften des 19. Jahrhunderts*, Vandenhoeck & Ruprecht 1998; Andreas Arndt und Walter Jaeschke (Hrsg.): *Materialismus und Spiritualismus. Philosophie und Wissenschaften nach 1848*, Meiner 2000; Steffen Haßlauer: *Polemik und Argumentation in der Wissenschaft des 19. Jahrhunderts. Eine pragmalinguistische Untersuchung der Auseinandersetzung zwischen Carl Vogt und Rudolph Wagner um die »Seele«*, De Gruyter 2010. Eduard von Hartmanns *Philosophie des Unbewussten* liegt im Neudruck vor als ders.: *Die Philosophie des Unbewussten*, CreateSpace 2014. Sie ist zudem einsehbar unter zeno.org. Zu von Hartmanns Leben und Werk siehe Jean-Claude Wolf: *Eduard von Hartmann. Ein Philosoph der Gründerzeit*, Königshausen & Neumann; ders. (Hrsg.): *Eduard von Hartmann. Zeitgenosse und Gegenspieler Nietzsches*, Königshausen & Neumann 2006. Die *Logischen Untersuchungen* von Friedrich Adolf Trendelenburg sind einsehbar unter Google Books. Zu Trendelenburgs Leben und Werk siehe Gerald Hartung und Klaus Christian Köhnke (Hrsg.): *Friedrich Adolf Trendelenburgs Wirkung*. Eutiner Landesbibliothek 2006; Frederick C. Beiser: *Late German Idealism: Trendelenburg and Lotze*, Oxford University Press 2013. Rudolf Lotzes *Mikrokosmos* liegt vor als Nikolay Milkov (Hrsg.): *Hermann Rudolf Lotze. Mikrokosmos. Ideen zur Naturgeschichte und Geschichte der Menschheit*, 3 Bde., Meiner 2017. Im Neudruck erhältlich ist zudem Gottfried Gabriel (Hrsg.): *Hermann Lotze. Logik. Erstes Buch. Vom Denken*, Meiner 1989; ders. (Hrsg.): *Hermann Lotze. Logik. Drittes Buch. Vom Erkennen*, Meiner 1989. Zu Lotzes Leben und Werk siehe Reinhardt Pester: *Hermann Lotze. Wege seines Denkens und Forschens. Ein Kapitel deutscher Philosophie- und Wissenschaftsgeschichte im 19. Jahrhundert*, Königshausen & Neumann 1997; Florian Baab: *Die kleine Welt. Hermann Lotzes Mikrokosmos: Die Anfänge der Philosophie des Geistes im Kontext des Materialismusstreits*, Meiner 2018. Wilhelm Diltheys Werke liegen vor als ders.: *Gesammelte Schriften* (GS), 26 Bde., Vandenhoeck & Ruprecht 1957–2006. Online zugänglich ist ders.: *Einleitung in die Geisteswissenschaften. Versuch einer Grundlegung für das Studium der Gesellschaft und der Geschichte*, Bd. 1. (1883) auf Digitalisat. Zu Diltheys Leben und Werk siehe Hans-Ulrich Lessing: *Die Idee einer Kritik der historischen Vernunft. Wilhelm Diltheys erkenntnistheoretisch-logisch-methodologische Grundlegung der Geisteswissenschaften*, Alber 1984; ders.: *Wilhelm Dilthey. Eine Einführung*, UTB 2011; ders. und Frithjof Rodi (Hrsg.): *Materialien zur Philosophie Wilhelm Diltheys*, Suhrkamp 1983; Matthias Jung: *Dilthey zur Einführung* (1996), Junius 2014, 2. Aufl.; Rudolf A. Makkreel: *Dilthey. Philosoph der Geisteswissenschaften*, Suhrkamp 2002; Frithjof Rodi und Gudrun Kühne-Bertram (Hrsg.): *Dilthey und die hermeneutische Wende in der Philosophie*, Vandenhoeck & Ruprecht 2008; Frithjof Rodi: *Diltheys Philosophie des Lebenszusammenhangs. Strukturtheorie – Hermeneutik – Anthropologie*, Alber 2016; Giuseppe D'Anna, Helmut Johach und Eric S. Nelson (Hrsg.): *Anthropologie und Geschichte. Studien zu Wilhelm Dilthey aus Anlass seines 100. Todestages*, Königshausen & Neumann 2013; Gunter Scholtz (Hrsg.): *Diltheys*

Werk und die Wissenschaften. Neue Aspekte, Vandenhoeck & Ruprecht 2013; Eric S. Nelson (Hrsg.): *Interpreting Dilthey: Critical Essays*, Cambridge University Press 2019.

Zurück zu Kant!

Friedrich Albert Langes Hauptwerk ist lieferbar als ders.: *Geschichte des Materialismus*, Zenodot 2011. Hermann Cohens Werke erschienen als ders.: *Werke*, Olms 1977 ff. Zum Neukantianismus siehe maßgeblich Klaus Christian Köhnke: *Entstehung und Aufstieg des Neukantianismus. Die deutsche Universitätsphilosophie zwischen Idealismus und Positivismus*, Suhrkamp 1986. Siehe weiterhin Hans-Ludwig Ollig: *Der Neukantianismus*, J. P. Metzler 1979; Werner Flach und Helmut Holzhey: *Erkenntnistheorie und Logik im Neukantianismus*, Gerstenberg 1979; Ferdinand Fellmann (Hrsg.): *Geschichte der Philosophie im 19. Jahrhundert*, Rowohlt 1996; Manfred Pascher: *Einführung in den Neukantianismus. Kontext, Grundpositionen, praktische Philosophie*, Fink 1997; Marion Heinz und Christian Krijnen (Hrsg.): *Kant im Neukantianismus. Fortschritt oder Rückschritt? Studien und Materialien zum Neukantianismus*, Königshausen & Neumann 2007; Nicolas de Warren und Andrea Staiti (Hrsg.): *New Approaches to Neo-Kantianism*, Cambridge University Press 2015. Zur Marburger Schule siehe Helmut Holzhey: *Cohen und Natorp*, 2 Bde., Schwabe 1986; Geert Edel: *Von der Vernunftkritik zur Erkenntnislogik. Die Entwicklung der theoretischen Philosophie Hermann Cohens* (1988), Neuauflage Edition Gorz 2010; Ulrich Sieg: *Aufstieg und Niedergang des Marburger Neukantianismus. Die Geschichte einer philosophischen Schulgemeinschaft*, Königshausen & Neumann 1994; Wolfgang Marx und Ernst Wolfgang Orth (Hrsg.): *Hermann Cohen und die Erkenntnistheorie*, Königshausen & Neumann 2001; Frederick C. Beiser: *Hermann Cohen: An Intellectual Biography*, Oxford University Press 2018. Zur Südwestdeutschen Schule siehe

Eike Bohlken: *Grundlage einer interkulturellen Ethik. Perspektiven der transzendentalen Kulturphilosophie Heinrich Rickerts*, Königshausen & Neumann 2000; Christian Krijnen: *Nachmetaphysischer Sinn. Eine problemgeschichtliche und systematische Studie zu den Prinzipien der Wertphilosophie Heinrich Rickerts*, Königshausen & Neumann 2001; Anna Donise, Antonello Giugliano und Edoardo Massimilla (Hrsg.): *Methodologie, Erkenntnistheorie, Wertphilosophie. Heinrich Rickert und seine Zeit*, Königshausen & Neumann 2016.

Philosophie der Jahrhundertwende

Der Sinn des Lebens

Die maßgeblichen Ausgaben der Werke Friedrich Nietzsches sind Giorgio Colli und Mazzino Montinari (Hrsg.): *Friedrich Nietzsche. Werke*, Kritische Gesamtausgabe (KGW), De Gruyter 1967 ff.; dies. (Hrsg.): *Friedrich Nietzsche. Briefe*, Kritische Gesamtausgabe (KGB), De Gruyter 1975–2004; dies. (Hrsg.): *Friedrich Nietzsche. Sämtliche Werke*, Kritische Studienausgabe in 15 Bänden (KSA), De Gruyter 2009, 3. Aufl.; dies. (Hrsg.): *Friedrich Nietzsche. Sämtliche Briefe*, Kritische Studienausgabe (KSB), De Gruyter 1986. Zu Nietzsches Leben siehe Ivo Frenzel: *Friedrich Nietzsche in Selbstzeugnissen und Bilddokumenten*, Rowohlt 2000, 7. Aufl.; Curt Paul Janz: *Friedrich Nietzsche. Biographie*, 3 Bde., Hanser 1978/1979; Werner Ross: *Der ängstliche Adler. Friedrich Nietzsches Leben*, DVA 1980; ders.: *Der wilde Nietzsche oder Die Rückkehr des Dionysos*, DVA 1994; Hermann Josef Schmidt: *Nietzsche absconditus oder Spurenlesen bei Nietzsche*, 4 Bde., IBDK 1991–1994; Rüdiger Safranski: *Nietzsche. Biographie seines Denkens*, Hanser 2000; Henning Ottmann (Hrsg.): *Nietzsche-Handbuch: Leben – Werk – Wirkung*, J. P. Metzler 2000; Sabine Appel: *Friedrich Nietzsche. Wanderer und freier Geist. Eine Biographie*, C. H. Beck 2011; Daniel Blue: *The Making of Friedrich Nietzsche: The Quest for Identity, 1844–1869*, Cambridge University Press 2016. Zu Nietzsches Werk siehe Eugen Fink: *Nietzsches Philosophie*, Kohlhammer 1960; Wolfgang Müller-Lauter: *Nietzsche. Seine Philosophie der Gegensätze und die Gegensätze seiner Philosophie*, De Gruyter 1971; Walter Arnold Kaufmann: *Nietzsche: Philosoph – Psychologe – Antichrist*, Wissenschaftliche Buchgesellschaft 1988; Maudemarie Clark: *Nietzsche on Truth and Philosophy*, Cambridge University Press

1990; Mazzino Montinari: *Friedrich Nietzsche. Eine Einführung*, De Gruyter 1991; Gianni Vattimo: *Nietzsche. Eine Einführung*, J. P. Metzler 1992; Volker Gerhardt: *Friedrich Nietzsche* (1992), C. H. Beck 2006, 4. Aufl.; Günter Abel: *Nietzsche. Die Dynamik der Willen zur Macht und die ewige Wiederkehr*, De Gruyter 1998, 2. Aufl.; Günter Figal: *Nietzsche. Eine philosophische Einführung*, Reclam 1999; Werner Stegmaier: *Friedrich Nietzsche zur Einführung*, Junius 2011; Barbara Neymeyr und Andreas Urs Sommer (Hrsg.): *Nietzsche als Philosoph der Moderne*, Universitätsverlag Winter 2012; Manuel Knoll und Barry Stocker (Hrsg.): *Nietzsche as Political Philosopher*, De Gruyter 2014.

Evolution und Ethik

Von Pjotr Kropotkin liegen im Neudruck vor: ders.: *Landwirtschaft, Industrie und Handwerk*, Karin Kramer Verlag 1976; ders.: *Die Eroberung des Brotes*, Edition Anares 1989; ders.: *Gegenseitige Hilfe in der Tier- und Menschenwelt*, Trotzdem 1993; ders.: *Die Große Französische Revolution 1789–1793*, Trotzdem 1999; ders.: *Memoiren eines Revolutionärs*, 2 Bde., Unrast 2002; ders.: *Ethik. Ursprung und Entwicklung der Sitten* (unvollendet), Alibri 2012. Online verfügbar sind ders.: *Die historische Rolle des Staates*, Adolf Grunau 1898 (Digitalisat); ders.: *Anarchistische Moral*, Freie Jugend 1922 (Digitalisat). Zu Kropotkins Leben und Werk siehe George Woodcock und Ivan Avakumovic: *The Anarchist Prince*, T. V. Boardman & Co. 1950; Heinz Hug: *Kropotkin zur Einführung*, Junius 1989; Alexander Bolz (Hrsg.): *Pjotr Alexejewitsch Kropotkin. Ein autobiographisches Portrait 1842–1921*, AL.BE.CH.-Verlag 2003; Justin Winkle (Hrsg.): *Kropotkin, Petr Alexseyevich: The Concise New Makers of Modern Culture, Taylor & Francis 2009;* Michael Lausberg: *Kropotkins Philosophie des kommunistischen Anarchismus*, Unrast 2016. Zur Interpretation der Evolution siehe *Daniel Philip Todes: Darwin Without Malthus: The*

Struggle for Existence in Russian Evolutionary Thought, Oxford University Press 1989. Zum Anarchismus siehe Max Nettlau: *Geschichte der Anarchie*, 9 Bde. (1927), Neudruck: Bibliothek Thélème 1993; Peter Marshall: *Demanding the Impossible: A History of Anarchism*, PM Press 2009. Zur Diskussion über Naturgesetzlichkeit, dialektische Geschichtsphilosophie und Ethik des Sozialismus siehe die Textsammlung von Helmut Holzhey (Hrsg.): *Ethischer Sozialismus. Zur politischen Philosophie des Neukantianismus*, Suhrkamp 1994. Die *Ethik des reinen Willens* liegt vor in Hermann Cohen: *Werke*, Bd. 7. (2. Aufl. 1907), (Neudruck) Olms 2012. Edvard Westermarcks Hauptwerk *The Origin and Development of the Moral Ideas* ist einsehbar unter archive.org. Zu Westermarcks Leben und Werk siehe Juhani Ihanus: *Multiple Origins: Edward Westermarck in Search of Mankind*, Lang 1999.

Wer ist Ich?

Von Ernst Machs wichtigeren Schriften ist online einsehbar ders.: *Die Geschichte und die Wurzel des Satzes der Erhaltung der Arbeit* (1872) unter Princeton, https://www.e-rara.ch/. Unter archive.org finden sich ders.: *Grundlinien der Lehre von den Bewegungsempfindungen* (1875); ders.: *Die Mechanik in ihrer Entwickelung historisch-kritisch dargestellt* (1883); ders.: *Beiträge zur Analyse der Empfindungen* (1886); ders.: *Die Analyse der Empfindungen und das Verhältniss des Physischen zum Psychischen* (1900); ders.: *Populär-wissenschaftliche Vorlesungen* (1896); ders.: *Die Principien der Wärmelehre. Historisch-kritisch entwickelt* (1896); ders.: *Erkenntnis und Irrtum. Skizzen zur Psychologie der Forschung* (1905); ders.: *Die Prinzipien der physikalischen Optik. Historisch und erkenntnispsychologisch entwickelt* (1921). Zu Machs Leben und Werk siehe John T. Blackmore: *Ernst Mach: His Life, Work, and Influence*, University of California Press 1972; John T. Blackmore und Klaus Hentschel (Hrsg.):

Ernst Mach als Außenseiter. Machs Briefwechsel über Philosophie und Relativitätstheorie mit Persönlichkeiten seiner Zeit. Auszug aus dem letzten Notizbuch von Ernst Mach, Braumüller 1985; John T. Blackmore (Hrsg.): *Ernst Mach a Deeper Look*, Kluwer Academic Publishers 1992: Rudolf Haller und Friedrich Stadler (Hrsg.): *Ernst Mach. Werk und Wirkung*. Hölder-Pichler-Tempsky 1988; Erik C. Banks: *Ernst Mach's World Elements: A Study in Natural Philosophy*, Springer 2003; Jiří Procházka: *Ernst Mach. 1838–1916. Genealogie*, 2 Bde., Item 2007–2009; ders.: *Ernst Mach. 1838–1916. Curriculum vitae*, Item 2014. Zur Streichung des »Ichs« siehe Ulrich Schmitz: *Das problematische Ich. Machs Egologie im Vergleich zu Husserl*, Königshausen & Neumann 2004. Zur Philosophie der Wiener Moderne siehe Anna-Katharina Gisbertz: *Stimmung – Leib – Sprache. Eine Konfiguration in der Wiener Moderne*, Fink 2009. Zu Lenins Kritik an Mach siehe ders.: *Materialismus und Empiriokritizismus*, in: ders.: *Werke*, Bd. 14, Dietz 1956–1972 (als PDF online). Robert Musils Dissertation über Mach liegt vor als ders.: *Beitrag zur Beurteilung der Lehren Machs und Studien zur Technik und Psychotechnik*, Rowohlt 1980. Von Richard Avenarius ist online unter archive.org. einsehbar: ders.: *Philosophie als Denken der Welt gemäß dem Prinzip des kleinsten Kraftmaßes. Prolegomena zu einer Kritik der reinen Erfahrung* (1876); ders.: *Kritik der reinen Erfahrung*, 2 Bde. (1888/1890); ders.: *Der menschliche Weltbegriff* (1891). Siehe zudem Hermann Schmitz (Hrsg.): *Richard Avenarius. Der menschliche Weltbegriff*, Xenomoi 2014. Zu Avenarius' Leben und Werk siehe Oskar Ewald: *Richard Avenarius als Begründer des Empiriokritizismus* (1905), (archive. org.); Arnold William Friedrich Carstanjen: *Richard Avenarius and His General Theory of Knowledge*, CreateSpace (Perfect Library) 2015. Von Wilhelm Wundts Werken sind gegenwärtig erhältlich ders.: *Grundriss der Psychologie*, e-artnow 2017; ders.: *System der Philosophie*, Adamant 2001; ders.: *Erlebtes und Erkanntes*, CreateSpace 2013; online einsehbar sind ders.: *Grund-*

züge der physiologischen Psychologie (1873) bei der UB Regensburg. Zu Wundts Leben und Werk siehe Alfred Arnold: *Wilhelm Wundt. Sein philosophisches System*, Akademie Verlag 1980; Wolfgang G. Bringmann und Ryan D. Tweney (Hrsg.): *Wundt Studies*, Hogrefe 1980; Georg Lamberti: *Wilhelm Maximilian Wundt (1832–1920): Leben, Werk und Persönlichkeit in Bildern und Texten*, Deutscher Psychologen Verlag 1995; Robert W. Rieber und David K. Robinson (Hrsg.): *Wilhelm Wundt in History: The Making of a Scientific Psychology*, Kluwer-Academic 2001, 2. Aufl.; Maximilian Wontorra, Annerose Meischner-Metge und Erich Schröger (Hrsg.): *Wilhelm Wundt (1832–1920) und die Anfänge der experimentellen Psychologie*, Universität Leipzig 2004; Gerd Jüttemann (Hrsg.): *Wilhelm Wundts anderes Erbe. Ein Missverständnis löst sich auf*, Vandenhoeck & Ruprecht 2006; Saulo de Freitas Araujo: *Wundt and the Philosophical Foundations of Psychology: A Reappraisal*, Springer 2016: Jochen Fahrenberg: *Wilhelm Wundt (1832–1920). Gesamtwerk: Einführung, Zitate, Rezeption, Kommentare, Rekonstruktionsversuche*, Pabst Science Publishers 2018; Oswald Passkönig: *Die Psychologie Wilhelm Wundt; Zusammenfassende Darstellung der Individual-, Tier- und Völkerpsychologie*, Wentworth 2018. Franz Brentanos psychologische Hauptwerke liegen vor als Oskar Kraus (Hrsg.): *Franz Brentano. Psychologie vom empirischen Standpunkt*, 3 Bde., Meiner 1971–1974, 2. Aufl.; Roderick M. Chisholm und Wilhelm Baumgartner (Hrsg.): *Franz Brentano. Deskriptive Psychologie*, Meiner 1982. Siehe ferner Roderick M. Chisholm und Reinhard Fabian (Hrsg.): *Franz Brentano. Untersuchungen zur Sinnesphysiologie*, Meiner 1979, 2. Aufl. Weiterführende Literatur zu Brentano findet sich in Wilhelm Baumgartner und Andrea Reimherr (Hrsg.): *Brentano Studien*, Röll 1988 ff. (bisher 15 Bde. erschienen). Theodor Lipps Werke liegen vor als Faustino Fabbianelli (Hrsg.): *Theodor Lipps. Schriften zur Psychologie und Erkenntnistheorie*, 4 Bde., Ergon 2013. Edmund Husserls Werke liegen vor in der *Husserliana*: *Edmund Husserl.*

Gesammelte Werke (bisher 42 Bde.), Nijhoff/Springer 1950/2008 ff. Die *Logischen Untersuchungen* sind erhältlich als Verena Mayer (Hrsg.): *Edmund Husserl. Logische Untersuchungen*, Akademie Verlag 2008. Zu Husserls Leben und Frühwerk siehe Karl Schuhmann: *Husserl-Chronik*, Number I in *Husserliana Dokumente*, Nijhoff 1977; Rudolf Bernet, Iso Kern und Eduard Marbach: *Edmund Husserl. Darstellung seines Denkens*, Meiner 1989; Barry Smith und David Woodruff Smith (Hrsg.): *The Cambridge Companion to Husserl*, Cambridge University Press 1995; David Woodruff Smith: *Husserl*, Abingdon 2007; Peter Prechtl: *Edmund Husserl zur Einführung*, Junius 2012, 5. Aufl.; Verena Mayer: *Edmund Husserl*, C. H. Beck 2009; Javier Yusef Álvarez-Vázquez: *Frühentwicklungsgeschichte der phänomenologischen Reduktion. Untersuchungen zur erkenntnistheoretischen Phänomenologie Edmund Husserls*, FreiDok 2010. Sigmund Freuds Werke liegen vollständig vor als Anna Freud (Hrsg.): *Sigmund Freud. Gesammelte Werke. Chronologisch geordnet*, 17 Bde., dazu ein Registerband (Bd. 18) und ein Band mit Nachträgen (Bd. 19), S. Fischer 1999. Zu Freud siehe Ernest Jones: *Sigmund Freud. Leben und Werk*, 3 Bde., dtv 1984; Hans-Martin Lohmann: *Sigmund Freud*, Rowohlt 2006; Peter-André Alt: *Sigmund Freud. Der Arzt der Moderne. Eine Biographie*, C. H. Beck 2016; Andreas Mayer: *Sigmund Freud zur Einführung*, Junius 2017; Joel Whitebook: *Freud. Sein Leben und Denken*, Klett-Cotta 2018.

Auf der Suche nach Klarheit

Die Schriften von Charles Sanders Peirce liegen vor als *Collected Papers of Charles Sanders Peirce*, Bd. I–VI, 1931–1935; Bd. VII–VIII 1958, Harvard University Press 1931–1958 (online unter https://colorysemiotica.files.wordpress.com/2014/08/peirce-collectedpapers.pdf). Auf Deutsch erschienen: Karl-Otto Apel (Hrsg.): *Charles S. Peirce. Schriften zum Pragmatismus und Prag-*

matizismus, Suhrkamp 1976 (enthält: *Zur Entstehung des Pragmatismus* und *Vom Pragmatismus zum Pragmatizismus*); Klaus Oehler (Hrsg.): *Charles S. Peirce. Über die Klarheit unserer Gedanken*, Klostermann 2018; Elisabeth Walther-Bense (Hrsg.): *Die Festigung der Überzeugung und andere Schriften*, agis 1986; dies. (Hrsg.): *Charles Sanders Peirce. Vorlesungen über Pragmatismus*, Meiner 1991; Helmut Pape (Hrsg.): *Charles S. Peirce. Phänomen und Logik der Zeichen*, Suhrkamp 1993; ders. (Hrsg.): *Charles S. Peirce. Naturordnung und Zeichenprozeß. Schriften über Semiotik und Naturphilosophie*, Suhrkamp 1998; Hermann Deuser (Hrsg.): *Charles Sanders Peirce. Religionsphilosophische Schriften*, Meiner 1995; Christian Kloesel und Helmut Pape (Hrsg.): *Charles S. Peirce. Semiotische Schriften*, 3 Bde., Suhrkamp 2000; Kenneth Laine Ketner (Hrsg.): *Charles S. Peirce. Das Denken und die Logik des Universums. Die Vorlesungen der Cambridge Conferences von 1898. Mit einem Anhang unveröffentlichter Manuskripte*, Suhrkamp 2002. Zu Peirces Leben und Werk siehe Karl-Otto Apel: *Der Denkweg von Charles Sanders Peirce. Eine Einführung in den amerikanischen Pragmatismus*, Suhrkamp 1975; Elisabeth Walther: *Charles Sanders Peirce. Leben und Werk*, agis 1989; Ludwig Nagl: *Charles Sanders Peirce*, Campus 1992; Klaus Oehler: *Charles Sanders Peirce*, C. H. Beck 1993; Joseph Brent: *Charles Sanders Peirce: A Life*, Indiana University Press 1998; Helmut Pape: *Charles S. Peirce zur Einführung*, Junius 2004; Farid Lighvani: *Die Bedeutung von Charles Sanders Peirce für den amerikanischen Pragmatismus*, Kovac 2007. Zum »Metaphysical Club« siehe: Louis Menand: *The Metaphysical Club*, Farrar, Straus and Giroux 2001; Zu Peirces Kategorien siehe Ulrich Baltzer: *Erkenntnis als Relationengeflecht. Kategorien bei Charles S. Peirce*, Schöningh 1994. Zur Logik siehe Ansgar Richter: *Der Begriff der Abduktion bei Charles S. Peirce*, Lang 1995; Friedrich Kuhn: *Ein anderes Bild des Pragmatismus. Wahrscheinlichkeitstheorie und Begründung der Induktion als maßgebliche Einflußgrößen in den »Illustrations of the Lo-*

gic of Science« von Charles Sanders Peirce, Klostermann 1996; Ralf Müller: *Die dynamische Logik des Erkennens bei Charles S. Peirce*, Königshausen & Neumann 1999. Zum Evolutionsgedanken in Peirces Werk siehe Carl R. Hausman: *Charles S. Peirce's Evolutionary Philosophy*, Cambridge University Press 1993; Zur Semiotik siehe Gerhard Schönrich: *Zeichenhandeln. Untersuchungen zum Begriff einer semiotischen Vernunft im Ausgang von Ch. S. Peirce*, Suhrkamp 1990; James Jakób Liszka: *A General Introduction to the Semeiotic of Charles Sanders Peirce*, Indiana University Press 1996; Uwe Wirth (Hrsg.): *Die Welt als Zeichen und Hypothese. Perspektiven des semiotischen Pragmatismus von Charles S. Peirce*, Suhrkamp 2000; Stefan Kappner: *Intentionalität aus semiotischer Sicht. Peirceanische Perspektiven*, De Gruyter 2004.

Leben ist Problemlösen

Die Werke von William James liegen vor als *The Works of William James*, 17 Bde., Harvard University Press 1975–1988. Auf Deutsch erschienen ders.: *Der Pragmatismus*, Meiner 1994; ders.: *Die Vielfalt religiöser Erfahrung. Eine Studie über die menschliche Natur*, Insel 1997; ders.: *Der Wille zum Glauben und andere philosophische Essays von William James*, Frommann 1999; ders.: *Pragmatismus. Ein neuer Name für einige alte Denkweisen*, Wissenschaftliche Buchgesellschaft 2001, 2. Aufl.; ders.: *Der Wille zum Glauben*, in: Ekkehard Martens (Hrsg.): *Philosophie des Pragmatismus. Ausgewählte Texte*, Reclam 2002; ders.: *Pragmatismus und radikaler Empirismus*, Suhrkamp 2006; ders.: *Das pluralistische Universum. Vorlesungen über die gegenwärtige Lage der Philosophie*, Wissenschaftliche Buchgesellschaft 2009; ders.: *Der Sinn des Lebens. Ausgewählte Texte*, Wissenschaftliche Buchgesellschaft 2010. Im Auszug online ist ders.: *Psychologie* (gleichsatz.de.) Zu James' Leben und Werk siehe Johannes Linschoten: *Auf dem Wege zu einer Phänomenologischen Psy-*

chologie. Die Psychologie von William James, De Gruyter 1961; Robert B. MacLeod: *William James: Unfinished Business*, American Psychological Association 1969; Gerald E. Myers: *William James, His Life and Thought*, Yale University Press 1986; Rainer Diaz-Bone und Klaus Schubert: *William James zur Einführung*, Junius 1996; Richard M. Gale: *The Divided Self of William James*, Cambridge University Press 1999; Helmut Pape: *Der dramatische Reichtum der konkreten Welt. Der Ursprung des Pragmatismus im Denken von Charles S. Peirce und William James*, Velbrück Wissenschaft 2002; Felicitas Krämer: *Erfahrungsvielfalt und Wirklichkeit. Zu William James' Realitätsverständnis*, Vandenhoeck & Ruprecht 2006; Deborah Blum: *Ghost Hunters: William James and the Search for Scientific Proof of Life*, Penguin 2007; Katja Thörner: *William James' Konzept eines vernünftigen Glaubens auf der Grundlage religiöser Erfahrung*, Kohlhammer 2011. Das Werk *Riddles of the Sphinx* von F. C. S. Schiller ist online unter archive.org. Zu F. C. S. Schillers Leben und Werk siehe Mark J. Porrovecchio: *F. C. S. Schiller and the Dawn of Pragmatism: The Rhetoric of a Philosophical Rebel*, Lexington Books 2011; Guido Karl Tamponi: *Homo homini summum bonum. Der zweifache Humanismus des F. C. S. Schiller*, Lang 2016. Zu Charles Cooley siehe Lewis A. Coser: *Masters of Sociological Thought: Ideas in Historical and Social Context*, Harcourt Brace Jovanovich 1971; Rainer Schützeichel: *Cooley, Mead und die symbolische Interaktion*, in ders.: *Soziologische Kommunikationstheorien*, UTB 2016, 2. Aufl.; *Doug Mann: Understanding Society: A Survey of Modern Social Theory, Oxford University Press 2008*. Die Werke George Herbert Meads sind fast vollständig online einsehbar unter https://brocku.ca/MeadProject/Mead/mead_biblio2.html. Zudem liegt auf Deutsch vor ders.: *Geist, Identität und Gesellschaft aus der Sicht des Sozialbehaviorismus*, Suhrkamp 1968; Anselm Strauss (Hrsg.): *George Herbert Mead. Sozialpsychologie*, Luchterhand 1969; Hansfried Kellner (Hrsg.): *G. H. Mead. Philosophie der Sozialität. Aufsätze zur Erkenntnisanthropologie*, Suhrkamp 1969; George Herbert Mead: *Gesammelte Aufsätze*, 2 Bde., Suhrkamp 1980–1983. Zu Meads Person und Werk siehe: Hans Joas: *Praktische Intersubjektivität. Die Entwicklung des Werkes von George Herbert Mead* (1989), Suhrkamp 2000, 2. Aufl.; Harald Wenzel: *George Herbert Mead zur Einführung*, Junius 1990; Filipe Carreira Da Silva: *G. H. Mead: A Critical Introduction*, Polity 2007. Aus der in vorliegendem Buch behandelten frühen Phase Deweys liegen auf Deutsch vor: John Dewey: *Demokratie und Erziehung. Eine Einleitung in die philosophische Pädagogik* (1930), Neudruck Beltz 2000; ders.: *Pädagogische Aufsätze und Abhandlungen (1900–1944)*, Pestalozzianum 2002; ders.: *Liberalismus und gesellschaftliches Handeln. Gesammelte Aufsätze 1888 bis 1937*, Mohr Siebeck 2010. Zu Deweys Person und Werk siehe George Dykhuizen: *The Life and Mind of John Dewey*, Southern Illinois University Press 1974; Hans Joas (Hrsg.): *Philosophie der Demokratie. Beiträge zum Werk von John Dewey*, Suhrkamp 2000; Martin Suhr: *John Dewey zur Einführung*, Junius 2005; Heidi Salaverría: *Spielräume des Selbst. Pragmatismus und kreatives Handeln*, Akademie Verlag 2007. Zu Deweys Pädagogik siehe William Harms und Ida DePencier: *Experiencing Education: 100 Years of Learning at the University of Chicago Laboratory Schools*, University of Chicago Press 1996; Fritz Bohnsack: *John Dewey. Ein pädagogisches Porträt*, Beltz (UTB) 2005; Jürgen Oelkers: *John Dewey und die Pädagogik*, Beltz 2009; Franz-Michael Konrad und Michael Knoll (Hrsg.): *John Dewey als Pädagoge. Erziehung – Schule – Unterricht*, Klinkhardt 2018.

Individuum und Gesellschaft

Die vollständigen Werke Georg Simmels liegen vor als Otthein Rammstedt (Hrsg.): *Georg Simmel. Gesamtausgabe in 24 Bänden* (GA), Suhrkamp 1989–2016. Zu Simmels Leben und Werk siehe Otthein Rammstedt (Hrsg.): *Simmel und die frühen Sozio-*

logen. Nähe und Distanz zu Durkheim, Tönnies und Max Weber, Suhrkamp 1988; Werner Jung: *Georg Simmel zur Einführung*, Junius 1990; Paschen von Flotow: *Geld, Wirtschaft und Gesellschaft. Georg Simmels Philosophie des Geldes*, Suhrkamp 1995; Klaus Christian Köhnke: *Der junge Simmel in Theoriebeziehungen und sozialen Bewegungen*, Suhrkamp 1996; Klaus Lichtblau: *Georg Simmel*, Campus 1997; Birgitta Nedelmann: *Georg Simmel (1858–1918)*, in: Dirk Kaesler (Hrsg.): *Klassiker der Soziologie*, Bd. 1, C.H. Beck 2012, 6. Aufl.; Horst Jürgen Helle: *Georg Simmel: Introduction to His Theory and Method/Georg Simmel. Einführung in seine Theorie und Methode*, De Gruyter Oldenbourg 2001; Matthias Junge: *Georg Simmel kompakt*, transcript 2009; Hans-Peter Müller und Tilman Reitz (Hrsg.): *Simmel-Handbuch. Begriffe, Hauptwerke, Aktualität*, Suhrkamp 2019. Émile Durkheims Bilanz seines Aufenthalts in Deutschland ist online verfügbar als *La science positive de la morale en Allemagne*, in: Revue internationale de l'enseignement 24 (1887), http://classiques.uqac.ca/classiques/Durkheim_emile/textes_1/textes_1_12/sc_pos_morale_allemagne.pdf. Auf Deutsch liegen vor das Hauptwerk über die Arbeitsteilung als ders.: *Über soziale Arbeitsteilung. Studie über die Organisation höherer Gesellschaften*, Suhrkamp 1988, 2. Aufl.; das Werk über die soziologische Methodik als: ders.: *Die Regeln der soziologischen Methode*, Luchterhand 2011, 7. Aufl.; das Werk über den Suizid als ders.: *Der Selbstmord*, Luchterhand 1973; das Werk zur Religionssoziologie als ders.: *Die elementaren Formen des religiösen Lebens*, Suhrkamp 1981. Zu Durkheims Leben und Werk siehe René König: *Émile Durkheim zur Diskussion. Jenseits von Dogmatismus und Skepsis*, Hanser 1976; Steven Lukes: *Émile Durkheim: His Life and Work. A historical and Critical Study*, Stanford University Press 1990; Hans-Peter Müller: *Émile Durkheim*, in: Dirk Kaesler (Hrsg.): *Klassiker der Soziologie*, Bd. 1, C. H. Beck 2012, 6. Aufl.; Tanja Bogusz und Heike Delitz (Hrsg.): *Émile Durkheim. Soziologie – Ethnologie – Philoso-*

phie, Campus 2013; Heike Delitz: *Émile Durkheim zur Einführung*, Junius 2013. Das Gesamtwerk von Ferdinand Tönnies wird derzeit ediert als chronologisch geordnete »Kieler Edition«: *Ferdinand Tönnies. Gesamtausgabe*, 24 Bde., De Gruyter 1998 ff. Zum anderen als thematisch geordnete »Klagenfurter Edition«: *Ferdinand Tönnies Gesamtausgabe*, Profil 2008 ff. Zu Tönnies' Leben und Werk siehe Eduard Georg Jacoby: *Die moderne Gesellschaft im sozialwissenschaftlichen Denken von Ferdinand Tönnies. Eine biographische Einführung* (1971), Neuausgabe Profil 2013; Cornelius Bickel: *Ferdinand Tönnies (1855–1936)*, in: Dirk Kaesler (Hrsg.): *Klassiker der Soziologie*, Bd. 1, C. H. Beck 2012, 6. Aufl.; Cornelius Bickel: *Ferdinand Tönnies. Soziologie als skeptische Aufklärung zwischen Historismus und Rationalismus*, Westdeutscher Verlag 1991; Arno Bammé: *Ferdinand Tönnies. Eine Einführung*, Metropolis 2018. Max Webers gesammelte Werke sind erhältlich als Horst Baier, M. Rainer Lepsius, Wolfgang J. Mommsen u. a. (Hrsg.): *Max Weber-Gesamtausgabe (MWG)*, 41 Bde., Mohr Siebeck 1984 ff. Dazu erschien eine Studienausgabe ohne wissenschaftlichen Apparat. Zu Webers Leben und Werk siehe maßgeblich die Werke von Dirk Kaesler: *Max Weber. Eine Einführung in Leben, Werk und Wirkung*, Campus 2014, 4. Aufl.; ders.: *Max Weber*, C. H. Beck 2011; ders.: *Max Weber. Preuße, Denker, Muttersohn. Eine Biographie*, C. H. Beck 2014. Siehe weiterhin Hans N. Fügen: *Max Weber in Selbstzeugnissen und Bilddokumenten*, Rowohlt 2000, 2. Aufl.; Volker Heins: *Max Weber zur Einführung*, Junius 2004; Joachim Radkau: *Max Weber. Die Leidenschaft des Denkens*, Hanser 2005; Volker Kruse und Uwe Barrelmeyer: *Max Weber. Eine Einführung*, UTB 2012; Wolfgang Hellmich: *Aufklärende Rationalisierung. Ein Versuch, Max Weber neu zu interpretieren*, Duncker & Humblot 2013; Jürgen Kaube: *Max Weber. Ein Leben zwischen den Epochen*, Rowohlt 2014; M. Rainer Lepsius: *Max Weber und seine Kreise. Essays*, Mohr Siebeck 2016. Zur politischen Haltung Webers siehe Wolfgang J. Mommsen: *Max*

Weber und die deutsche Politik 1890–1920, Mohr Siebeck 1959, 2. Aufl. 1974; ders.: *Max Weber. Gesellschaft, Politik und Geschichte*, Suhrkamp 1982. Zu Webers Amerikareise siehe Lawrence A. Scaff: *Max Weber in Amerika*, Duncker & Humblot 2013. Zum »Werturteilstreit« siehe Hans Albert und Ernst Topitsch (Hrsg.): *Werturteilsstreit*, Wissenschaftliche Buchgesellschaft 1971; Wolfgang Schluchter: *Wertfreiheit und Verantwortungsethik. Zum Verhältnis von Wissenschaft und Politik bei Max Weber*, Mohr Siebeck 1971; Johannes Glaeser: *Der Werturteilsstreit in der deutschen Nationalökonomie. Max Weber, Werner Sombart und die Ideale der Sozialpolitik*, Metropolis 2014. Zur Haltung der deutschen Soziologen und Philosophen zum Ersten Weltkrieg siehe Peter Hoeres: *Krieg der Philosophen. Die deutsche und die britische Philosophie im Ersten Weltkrieg*, Schöningh 2009, 2. Aufl.; Ernst Piper: *Nacht über Europa. Kulturgeschichte des Ersten Weltkriegs*, Propyläen 2013, 2. Aufl.; Ulrich Sieg: *Geist und Gewalt. Deutsche Philosophen zwischen Kaiserreich und Nationalsozialismus*, Hanser 2013.

Dank

Mein großer Dank gilt nun zum dritten Mal allen, die auf ihre Weise zum Gelingen des dritten Bands dieser Philosophiegeschichte beigetragen haben, insbesondere Hans-Jürgen Precht und natürlich Ilona. Ganz besonders danken möchte ich auch dieses Mal Christoph Jamme, dessen freundschaftlicher Rat und dessen kluge Anregungen und Kritik mir immer sicher waren.

Personenregister

Sachregister

Bildnachweis

Cover, Vor- und Nachsatz und S. 18: Bridgeman Images: Caspar David Friedrich: Der Wanderer über dem Nebelmeer, 1818 (Öl auf Leinwand)/Hamburger Kunsthalle

S. 31: Getty Images/Mansell/The LIFE Picture Collection: Jeremy Benthams Entwurf für ein Panopticon (1791)
S. 327: Getty Images/Imagno/Hulton Fine Art Collection: Gustav Klimt: Die Philosophie (1900–1907), Decke der Wiener Universität

Alle weiteren Illustrationen:

Einleitung:
Untitled, 1977
Marker, pencil, colored pencil and crayon on paper, 14½ x 23 in.
The Saul Steinberg Foundation
Originally published in The New Yorker, November 21, 1977

1. (S. 35)
Untitled, 1965–67
Ink on paper, 22 7/8 x 14 3/8 in.
The Saul Steinberg Foundation, New York

2. (S. 72)
Fingerprint Landscape, 1950
Pen and fingerprints on paper, 14½ x 11 1/8 in.
Beinecke Rare Book and Manuscript Library, Yale University

3. (S. 101)
Untitled, c. 1965–70
Rubber stamps on paper folded in half, 14 x 23 in.
The Morgan Library & Museum; Gift of The Saul Steinberg Foundation

4. (S. 140)
Parade, panel 3, 1951
Ink, crayon, and gold paper on paper, 14 9/116 x 23 1/16 in.
The Metropolitan Museum of Art, New York; Purchase, Elihu Root, Jr. Gift and Rogers Fund

5. (S. 163)
Untitled, 1954
Ink on paper
Originally published in *The New Yorker*, August 7, 1954

6. (S. 186)
Artists and War, 1969
Rubber stamps, pencil, and colored pencil on paper, 23 x 29 in.
National Gallery of Art, Washington, DC; Gift of The Saul Steinberg Foundation

7. (S. 226)
Darwin, 1964
Ink on paper, 14½ x 23 in.
Beinecke Rare Book and Manuscript Library, Yale University
Originally published in *The New Yorker*, November 7, 1961

8. (S. 262)
Untitled, 1962
Ink on paper, 14½ x 23 in.
Private collection
Originally published in *The New Yorker*, November 14, 1962

9. (S. 296)
Untitled, 1962
Ink on paper
Originally published in *The New Yorker*, June 30, 1962

10. (S. 331)
Don't, 1969
Ink on paper
Originally published in *The New Yorker*, November 8, 1969

11. (S. 372)
Untitled, 1969
Ink, pencil, and rubber stamp on paper, 22¼ x 30 in.
The Saul Steinberg Foundation, New York

12. (S. 402)
Untitled, 1965
Ink on paper
Originally published in *The New Yorker*, September 18, 1965

13. (S. 442)
Untitled, 1960
Ink on paper
Originally published in The New Yorker, August 20, 1960

14. (S. 463)
Interested, c. 1945–49
Ink on paper, 34.3 x 26.4 cm,
Private collection
The Saul Steinberg Foundation, New York

15. (S. 501)
Certified Landscape, 1969, detail
Ink, pencil, and rubber stamps on paper, 22¼ x 30 in.
The Art Institute of Chicago; Gift of The Saul Steinberg Foundation